U0787500

盐池年鉴

2022

《盐池年鉴》编纂委员会　编

方志出版社
Publishing House of Local Records

图书在版编目(CIP)数据

盐池年鉴. 2022 /《盐池年鉴》编纂委员会编.—
北京：方志出版社，2022.12
ISBN 978-7-5144-5541-0

I. ①盐… II. ①盐… III. ①盐池县－2022－年鉴
IV. ① Z524.34

中国版本图书馆 CIP 数据核字(2022)第 257441 号

责任编辑：高孟君
责任校对：刘玉霞
责任印制：梅中英
出 版 者：方志出版社
地　　址：北京市朝阳区潘家园东里 9 号(国家方志馆 4 层)
邮　　编：100021
网　　址：http://www.zgfzcb.cn
发　　行：方志出版社图书营销中心(010-67110500)
印　　刷：宁夏文之杰印刷科技有限公司
开　　本：889 毫米 × 1194 毫米 1/16
印　　张：24.9
字　　数：100 千字
版　　次：2022 年 12 月第 1 版
印　　次：2022 年 12 月第 1 次印刷
定　　价：298.00 元

·版权所有　侵权必究·

(如有印装质量问题，请与我社图书营销中心联系)

《盐池年鉴(2022)》编委会

主　任　艾　辉

副主任　曹　军　鲍菊艳(女)　范海荣(女)

委　员　张金成　李玉龙　闫生武　王玉标

张少华(女)　周于智　王　有　齐　向

唐文虎　王增吉　张文懋　陈淑艳(女)

陈艳宁(女)　党英才　强秋香(回,女)

杨　威　卢星明　胡建军　王　军

孙　峰　周　坦　郑文林　刘廷志

屈　昊　李月新(女)　郭文科　蔡向阳

刘　丽(女)　周　勇　张宏贤　官永刚

龙鹏春　张旭斌　郭晓澜　贾永锋

王新华(女)　李自仙(女)　崔雪峰　唐馥香(女)

《盐池年鉴(2022)》编辑部

主　编　党英才

副主编　张德龙

编　辑　李　彦　宋晶晶

编辑说明

一、《盐池年鉴》是由盐池县委、政府主办，盐池县委党史和地方志研究室负责逐年编纂的盐池县地方综合资料性工具书，首次编纂于2012年（其中，2012年、2021年由宁夏人民出版社公开出版，2018年、2019年、2020年由方志出版社公开出版，其他年份均作为内部交流刊物出版）。

二、《盐池年鉴(2022)》以马克思列宁主义、毛泽东思想、邓小平理论、“三个代表”重要思想、科学发展观、习近平新时代中国特色社会主义思想为指导，坚持辩证唯物主义和历史唯物主义的立场、观点和方法，坚持为盐池县域经济建设、政治建设、文化建设、社会建设、生态文明建设和党的建设而服务。

三、《盐池年鉴(2022)》主要记载盐池县2021年度政治、经济、文化和社会生活等方面的基本情况、重大事件和最新成就。该书为领导决策提供依据，为社会各界了解盐池、建设盐池提供信息咨询服务，也为地方史志留下文献资料。

四、《盐池年鉴(2022)》主要采用分类编辑法，以类目、分目和条目组成框架结构的主体部分，少数分目中增设子分目层次。全书条目标题统一用黑体字加【】表示。

五、《盐池年鉴(2022)》设特载、大事记、盐池综览、中国共产党盐池县委员会、盐池县人民代表大会常务委员会、盐池县人民政府、政协盐池县委员会、群众团体、法治、综合经济、社会事业、财政税务、生态建设与环境保护、农业与农村经济、工业经济、住房和城乡建设、交通邮政、商业贸易、教育体育科技、文化旅游广播影视、卫生医疗、金融保险、国有公司、乡镇街道、荣誉、附录等26个类目。

六、《盐池年鉴(2022)》表述形式有专文、图片、条目、大事记、表格等多种，其中条目为最基本的表述形式。本年鉴对各分目、条目之间的交叉重复，在分清主次和互补的基础上，采取平衡删留、详略互见、区别视角等不同记述方法。

七、《盐池年鉴(2022)》所辑录的文字和图片资料全部由各有关部门负责提供，并经入编单位主管领导审核。年鉴中辑录的反映盐池县经济社会发展的主要数据依据《盐池县2021年国民经济和社会发展统计公报》，统计公报中没有的以主管部门统计为准。

八、《盐池年鉴(2022)》按出版物汉字使用管理办法、出版物数字用法、标点符号用法以及《宁夏年鉴》编纂手册要求，力求规范化，科学化。使用区、市、县、乡、村名时，一般写明全称，使用机关、单位简称时，要统一规范，如“中共宁夏回族自治区党委”可称为“自治区党委”，“盐池县人民政府”可简称为“盐池县政府”等；文中“年初”“年内”“年末”是指2021年年初、年内、年末。

《城关丽日》 戴卫东 摄

永远

《永远跟党走》（2021 年 6 月摄于冯记沟乡平台村百万亩优质牧草核心区）

《凉风起兮日照渠》（2021 年 8 月摄于哈巴湖）

《古城上元夜》（摄于 2021 年 2 月）

《远霭荡山船》（2021 年 9 月张涛摄于麻黄山）

《空翠只合云山老》(2021 年 9 月摄于麻黄山)

《秋夕》(2021 年 9 月摄于青山乡猫头梁)

《近湖叠绿深》(2021 年秋摄于哈巴湖)

《粉黛占春场》(2021 年 5 月薛月华摄于麻黄山)

《冯记沟乡马儿庄村生态景观》（周勇摄于2021年7月）

《盐池县城北滩羊小镇》(周勇摄于2021年5月)

《青贮玉米统收》(2021年9月摄于冯记沟乡)

《嫩黄著绿深》(2021年5月崔振华摄于解放公园)

《花马池镇曹泥洼村户外婚礼场景》(摄于2021年8月)

《塞上芙蕖别样红》(周勇摄于 2021 年 7 月)

《城市小景》(2021 年 6 月周勇摄)

《盐池县城北樟子松种植基地》(2021 年 6 月周勇摄)

《马儿庄高效节水滴灌示范区》(摄于 2021 年 6 月)

2021 年 11 月 1 日，盐池县委书记龚雪飞（右三）到县人民医院督导检查疫情防控工作

2021 年 9 月 25 日，中国共产党盐池县第十五次代表大会第一次会议在盐池县委党校隆重召开

2021 年 6 月 4 日，盐池县人大常委会组织专题调研县人民法院院行政审判工作

2021 年 月 日，盐池县政协组织界别委员就全县中小学生源流失情况进行专题调研

2021 年 7 月 14 日至 16 日，盐池县纪委组织举办了全县纪检监察综合业务培训班

2021 年 2 月 20 日，盐池县委举办全县领导干部学习贯彻党的十九届五中全会精神专题学习班

2021 年 3 月 26 日，盐池县委书记龚雪飞为政法各单位中层以上干部、干警讲党课

2021 年 3 月 9 日至 10 日，盐池县人民检察院党组书记、检察长孙德荣（左三）带领检察官深入盐池滩羊产业发展集团有限公司等企业开展检察蓝守护滩羊品牌调研工作

2021 年 3 月 17 日，盐池县人民法院党组召开队伍教育整顿政治轮训班

2021 年 4 月 15 日，盐池县政法部门联合组织开展“4·15”全民国家安全教育宣传活动

2021 年 7 月 1 日，盐池县委召开优秀共产党员、优秀党务工作者和先进基层党组织表彰大会

2021 年 月 日，盐池县委常委、宣传部长郑慧玲（右五）带领有关部门调研政务大厅创建全国文明城市工作推进情况

2021 年 1 月 22 日，盐池县文联组织书法家开展送春联文化惠民活动

2021 年 4 月 29 日，盐池县网信办与花马池镇曹泥洼村联合举办了“民族要复兴乡村必振兴”网络主题宣传活动

2021 年 3 月 29 日，盐州路街道振兴社区组织社区居民开展国旗下系列诵读活动

2021 年 5 月 31 日，共青团盐池县委等部门组织开展了“党的故事我来讲—红领巾讲解员”实践体验活动

2021 年 6 月 12−14 日，盐池县网信办在革命历史纪念园举办了“奋斗百年路 启航新征程”网络媒体盐池行主题活动

2021 年 6 月 28 日，盐池县政协组织委员举办了“学党史 颂党恩 担使命”演讲比赛

2021 年 9 月 3 日，盐池县委统战部启动了“民族团结进步月”系列活动开展

2021 年 9 月 21 日，由盐池县委宣传部、文联、团委等单位在长城关组织举办了迎中秋·“诗韵盐池”2021 诗会

2021 年 9 月 30 日，盐池县退伍军人事务局组织现役军人和公安干警在解放公园举行“缅怀革命先烈 弘扬民族精神”烈士纪念日活动

2021 年 7 月 1 日，盐池县委宣传部等有关部门组织开展了“向党送祝福 感恩新时代”活动

2021年9月30日，盐池县委宣传部、共青团盐池县委等部门联合举办了“中国银行杯”盐池县第二届“请党放心 强国有我”创新创业大赛活动

2021年10月13日，中国—中亚及西亚减贫与发展联盟基地挂牌仪式在盐池县委党校举行

2021年10月13日，自治区工商联、天津市工商联等单位在盐池县统战部召开了全国五好县级工商联互学互促工作座谈会

2021年10中旬，盐池县工商联组织企业开展助力疫情防控献爱心活动

2021年12月3日，盐池县有关部门在宪法主题广场组织集中开展了宪法宣传日活动

2021年6月26日，盐池县编办组织到王乐井乡牛记圈村开展习近平新时代中国特色社会主义思想宣讲活动

2021 年 10 月 11 日，盐池县有关部门联合启动了网络安全宣传周活动

2021 年 10 月 13 日，共青团盐池县委组织开展纪念中国少年先锋队建队 72 周年“请党放心，强国有我”主题示范活动

庆祝建党百年华诞(2021 年 7 月李秀全摄于长城关广场)

2021 年 9 月 23 日,盐池县 2021 中国农民丰收节各项赛事系列活动表彰大会在长城关举行

2021 年 4 月 2 日，盐池县党政机关、社会各界组织开展了“守护·2021 清明祭英烈”活动

2021 年 4 月 19 日，盐池县委宣传部等部门组织的“红色基地学党史·忆苦思甜感党恩”红色教育系列活动暨杏花节在麻黄山乡李塬畔村盐池县委旧址隆重举行

2021 年 3 月 16 日，盐池县委书记、县长龚雪飞（右五）会同有关部门调研城市建设新建项目规划问题

2021 年 月 日，盐池县委、县政府组织各经济部门、乡镇进行县域经济观摩，在滩羊产业中心展厅参观

2021 年 2 月 9 日，盐池县委召开全县推进基层整合审批服务执法力量改革动员会

2021 年 4 月 13 日，盐池县四套班子领导调研城市重点项目建设推进情况

2021 年 5 月 11 日，盐池县审批局组织有关部门开展推进基层审批服务便民化改革现场观摩会，图为在青山乡办事大厅进行观摩

2021 年 5 月 27 日，由吴忠市河湖长办公室牵头，邀请庆阳市政府及有关部门对甘(环县)宁(盐池)交界苦水河跨界联防联控协调工作进行调研

2021 年 3 月 12 日，盐池县重点项目集中开工仪式在高沙窝工业园区举行

银西高铁盐池惠安堡站(周勇摄于2021年4月)

盐池县融禾牧业有限公司场景(摄于2021年)

2021年7月30日，盐池县投资促进服务中心组织10家企业参加宁夏国际肉类产业博览会

2021年8月，盐池滩羊产业研发中心及宁夏生态牧业技术研究院（滩羊研究院）正式建成

2021年11月19日，盐池县电商产业发展协会成立

2021 年 10 月 9 日，北京大学考古文博学院盐池基地暨宁夏文物考古研究所盐池工作站揭牌仪式在张家场博物馆举行

2021 年 3 月 2 日，自治区卫健委综合监督局调研了盐池县人民医院“互联网 + 医疗监管”工作运行情况

2021 年 9 月 23 日，全国农业水价综合改革现场会在盐池县召开

2021 年 9 月 27 日，水利部水保司司长蒲朝勇(右三)一行调研盐池县水土保持综合治理工作

2021 年 8 月 31 日，盐池县委书记龚雪飞带领有关部门调研政务服务中心工作

2021 年 4 月 28 日，盐池县 13 名个人及 9 个集体在全区脱贫攻坚总结表彰大会上获得表彰

2021 年 月 日，盐池县统计局组织全县有关单位、企业举办了全县统计法律法规知识 专题培训班

2021 年 4 月 28 日，盐池县农业经济经营管理站组织各乡镇召开壮大村集体培训会

2021 年 月 日，盐池县成立了新时代关爱退役军人基金会

2021 年 7 月 15 日，国家人社部有关部门组织对盐池县机关事业单位养老保险制度改革工作进行评估调研

2021 年 3 月 22 日，盐池县不动产登记新系统上线，“互联网 + 不动产”业务落地应用

2021 年 9 月 18 日，盐池县司法局组织到县内旅游景区开展司法行政系统政府开放日活动

2021 年 7 月 6 日，吴忠市推进绿色矿山建设现场观摩交流会分别到盐池县金家渠煤矿、青山石膏矿区进行观摩，市县有关部门、矿山企业负责人 60 余人参加观摩

2021年5月7日，盐池县有关部门和企业组织启动了消费促进月暨饮马湖广场夜市美食节系列消费文化活动

2021年5月28日，盐池县长盐资源开发服务有限公司组织青年职工开展净化城市志愿服务活动

2021年4月1日起，盐池县生态林场向各义务植树区、乡镇绿化点、工业园区提供苗木支持，确保春季造林绿化工作顺利完成

2021年9月27日，盐池县退伍军人事务局组织举办了2021年返乡退役士兵适应性培训班

2021年3月24日，盐池县林草中心聘请吴忠市园艺场技术人员、盐池县职业中学老师到麻黄山乡李塬畔村联合举办红梅杏春季修剪及冻害防治培训班

2021 年 5 月上旬，盐池县公安局围绕治安防控体系建设，针对重点行业场所开展大清查、大排查、大整治行动 46 次

2021 年 7 月 26 日，盐池县审计局在花马广场专场举办了“再创审计新理念、再强审计新体系、实现审计新跨越”专场文艺演出

2021 年 7 月 27 日，盐池县资源能源中心党支部组织在李源畔开展“传承红色基因践行社会主义核心价值观”主题党日活动

2021 年 6 月 11 日，盐池县能源资源中心联合油气企业开展“学党史 感党恩跟党走凝心聚力谋发展”主题党日活动

2021 年 7 月 28 日，中国人民银行盐池县支行组织举办了“献礼建党百年，助力乡村振兴”金融系统助力老区乡村振兴文艺汇演

2021 年 5 月，盐池县有关部门组织举办千人华服游盐州古城活动（薛月华摄）

2021 年 1 月 16 日，全国乡村春晚“百县万村”区域联动暨“我要上村晚”盐池县分会场演出实况

目录

特载

大事记

盐池综览

综　述

中国共产党盐池县委员会

法　治

综合经济

生态建设与环境保护

农业与农村经济

交通　邮政

商业贸易

教育　体育　科技

乡镇　街道

荣 誉

附 录

特 载

紧密团结　真抓实干
为建设"强美富优"现代化新盐池而努力奋斗

——在中国共产党盐池县第十五次代表大会上的报告

（2021 年 9 月 25 日）

盐池县委书记　龚雪飞

这次大会，是在中国共产党成立 100 周年的辉煌时刻，在开启全面建设社会主义现代化国家新征程的关键时期，召开的一次重要会议。大会的主题是：坚持以习近平新时代中国特色社会主义思想为指导，深入贯彻习近平总书记视察宁夏重要讲话精神，全面落实党中央决策部署和区市党委要求，动员和号召全县广大党员干部群众，紧密团结，真抓实干，为建设产业强、生态美、百姓富、治理优的现代化新盐池而努力奋斗。

一、回首五年路，风雨兼程砥砺奋进

第十四次党代会以来，我们积极应对重大挑战、克服诸多困难，团结带领广大党员干部群众，举全县之力打赢了精准脱贫攻坚战、全面小康决胜战、疫情防控阻击战，走过了一段极不平凡的奋斗历程，取得了一批来之不易的光辉成就，先后荣获全国脱贫攻坚先进集体、全国社会治安综合治理先进集体等国家级荣誉 75 项，农村全面小康建设先进单位、实施乡村振兴战略先进集体等省部级荣誉 146 项，连续 7 年位列全区效能目标责任制考核优秀等次，高质量完成了十四次党代会确定的目标任务，为开启现代化建设新征程奠定了坚实基础。

五年的拼搏奋进，综合实力

显著提升。坚持以推动高质量发展为主题，建立了“1+4+X”农业特色产业体系，实施了国家滩羊产业融合发展示范园、黄花菜国家级标准化示范基地、中国天然石膏制品基地等一批重点项目，天然气提氦技术打破国际垄断、填补国内空白，建成3家全国AAAA级旅游景区，累计完成社会消费品零售总额116亿元，经济的结构、质量、效益同步提升。地区生产总值、工业总产值突破“百亿元大关”，分别达到115亿元和144亿元，人均地区生产总值达到7.2万元、超过全国平均水平，金融存款余额达到119亿元，全面建成小康社会综合指数跨入全区第一方阵。一组组数据、一项项成果，让我们看到了一个不断优化升级的盐池，看到了自信从容、充满希望的盐池。

五年的接续攻坚，千年脱贫圆梦今朝。坚持以脱贫攻坚统揽经济社会发展全局，老区人民以非常之策和超常之举，发扬工匠精神、下足绣花功夫，3100余名结对帮扶干部同困难群众想在一起、干在一起，353名第一书记和799名驻村工作队员扎根基层、奋战一线，闽宁对口协作、中航油定点帮扶以及社会各界倾力相助，实现了74个贫困村11129户34364名贫困人口全部脱贫，全区第一个高标准摘掉了贫困帽子。严格落实“四个不摘”要求，巩固提升脱贫攻坚成果，农民人均可支配收入达到13922元、增幅连续5年领跑全区，脱贫户人均可支配收入达到12662元、实现了翻番，健康扶贫、金融扶贫等经验在全国交流推广，斩获全国脱贫攻坚组织创新奖等多项重量级荣誉。回顾这场彪炳史册的攻坚战，全县上下并肩同行、无私奉献，走过了一段坚定充实、充满感动的奋斗历程。

五年的改革创新，发展活力空前释放。坚持以改革破难题，新型城镇化改革等266项改革任务全部完成，县域医共体建设、农业综合水价改革等8项改革经验在全国推广，马儿庄高效节水等15项改革工作走在了全区前列，建成县乡村三级政务服务“一张网”，一大批“微改革、微创新”惠及全县人民，入选全国首批、宁夏唯一的国家创新型县。坚持以开放增动力，深化与长三角、珠三角等发达地区交流合作，累计招引项目133个，落实到位资金396亿元。在改革开放的激流中，盐池人始终勇敢地站立潮头迎风搏浪，多项试点走出了“盐池路子”，多项改革探索出了“盐池模式”，多次大考交出了亮丽的答卷。

五年的倾心用力，民生事业跨越发展。坚持践行以人民为中心的发展思想，85%以上的财力用于民生事业，盐州古城墙保护修复全线贯通，县委党校、县图书馆、健身中心、职业中学等公共设施建成投用，新建美丽小城镇5个、美丽村庄84个，村村建成文化广场，城乡供水一体化实现全覆盖，成功创建全国“四好农村路”示范县、国家公共文化服务体系示范区。学前教育和高中阶段毛入学率均超全国平均水平，创成国家义务教育发展基本均衡县。承办了全国自行车邀请赛等多项国家级体育赛事，荣获全国体育事业突出贡献奖。县乡村三级医疗服务机构全部达到标准化，全民参保率达95%以上，被评为首批国家级健康促进县、全国残疾人工作先进单位。城镇登记失业率控制在3%以下，“零就业”家庭实现动态清零。“1+6”基层治理纵深推进，扫黑除恶专项斗争和政法队伍教育整顿取得实效，“七五”普法高标准通过验收，一站式多元解纷和诉讼服务体系等做法在全国推广，荣获国家信访工作“三无县”等荣誉。特别是面对突如其来的新冠疫情，广大医护人员冲锋在前，全体党员干部奋战一线，全县群众同舟共济，“四级网格化”治理体系全面发力，实现了疫情零输入、零感染。一批批暖心事、一件件急难事的解决，办到了老百姓的心坎上，更兑现了人民至上的铿锵誓言。

五年的精心呵护，生态福利全民共享。坚持“红色盐池、绿色发展”理念，高标准实施长城旅游观光带生态修复、环城10千米生态圈等重点生态工程，累计完成营造林55.5万亩，森林覆盖率、草原综合植被盖度分别达到27.32%和58.45%，“一圈一带三区多点”生态安全格局全面构建，先后荣获全国防沙治沙先进县等称号。严格落实环境保护政策，全面推行河（湖）长制，重拳整治环境污染突出问题，铁腕推进环保督察整改工作，全县优良天数比例达到90%以上。漫步盐州大地，人人爱环境，处处见风景，“价值”与“颜值”相得益彰。

五年的从严从实，党的建设全面加强。坚持贯彻新时代党的建设总要求，扎实开展“两学一做”学习教育、“不忘初心、牢记使命”主题教育和党史学习教育，着力推进农村、城市、非公、机关、国企、教育医疗党建工作全面进步、全面过硬，坚持好干部标准培养选拔干部，圆满完成乡镇、村（社区）“两委”换届，盐池县委被自治区党委评为“干事创业好班子”。全面从严治党深入推进，充分发挥审计监督、巡察利剑作用，持之以恒落实中央八项规定、纠治“四风”问题，查处违纪违法案件379件436人，政治生态更加风清气正。意识形态领域持续向善向好，民族宗教工作再上新台阶，荣获全国民族团结进步模范集体。民主法治建设全面加强，支持人大依法依规高效履职，推动政府持续提升治理效能，召开县委政协工作会议广泛凝聚各界共识，党管武装和双拥共建不断进步，工会、共青团、妇联桥梁纽带作用有效发挥，科协、文联、工商联、残联、红十字会、关工委等各项工作取得长足发展。县委总揽全局、协调各方的领导作用持续加强，人心思齐、共谋发展的氛围愈加浓厚，凝聚起了携手同行的强大合力。

各位代表、同志们，过去五年我们虽然干得很艰辛，但走得很坚定、做得很出彩，每一位盐池人民都了不起，每一项发展成果都值得去珍惜。这是上级党委坚强领导的结果，饱含着全县上下、特别是广大基层党员干部的艰苦付出和共同努力，汇聚着全体盐池儿女团结拼搏、社会各界大力支持的磅礴伟力。在此，我代表十四届县委，向全县各级党组织、广大党员干部、离退休老同志、驻盐部队和武警官兵、各民主党派和社会各界人士表示衷心的感谢并致以崇高的敬意！

五年的发展历程，使我们更加深刻地认识到，任何时候都必须坚持党的领导，始终同以习近平同志为核心的党中央保持高度一致，这是我们迎难而上的根本依靠；必须坚持改革创新，坚决破除不合时宜的思想观念和体制机制障碍，这是我们推动发展的根本动力；必须坚持人民至上，心中装着人民、凡事依靠人民、一切为了人民，这是我们所有工作的根本目的；必须坚持问题导向，切实把发现和解决问题作为工作的突破口，这是我们事业发展的根本方法；必须坚持从严治党，锻造一支忠诚干净担当的干部队伍，这是我们取得进步的根本保障。这些宝贵经验，我们必须倍加珍惜、长期坚持、丰富发展。

五年的发展实践，我们也清醒地看到，当前还存在一些制约经济社会高质量发展的深层次问题。一是经济总体实力不强，龙头企业少、产业链条短、科技附加值低，倚重倚能结构偏重，财税收入结构不良，营商环境建设相对滞后。二是生态环境质量不高，污染防治和生态修复任务艰巨，环境承载能力不强，监管机制不够健全，水资源短缺约束日益趋紧。三是城乡发展水平不均，城乡居民收入差距较大，教育、医疗、就业等基本公共服务还不均衡，乡村建设和城市更新任务较重。四是基层治理能力不优，县域治理联动机制不够完善，智慧治理水平较低，风险隐患防范化解能力还需提升。五是干部思想解放不够，部分干部视野不宽、思路不活、开拓创新能力不足，跟不上新时代发展需要等。这些问题需要我们今后尽心竭力去改进，绝不辜负人民的期待。

二、启航新征程，科学谋划发展路径

一个时代有一个时代的主题，一代人有一代人的使命。放眼国际，当今世界百年未有之大变局加速演进，“东升西降”已成大势，我国在全球发展中的新优势正在重塑，“两个循环”新发展格局的活力日益增强。纵观国内，国家大力实施新时代西部大开发、黄河流域生态保护和高质量发展、东西部协作等重大战略，自治区推进的“九大重点产业”“四大提升行动”“十大工程项目”等战略举措和现代化美丽新吴忠建设，也与盐池县的资源禀赋、产业基础、发展优势有着更多契合。立足盐池，我们面临着前有标兵与后有追兵的双重挑战，面临着发展不足与生态脆弱的双重压力，面临着扩大总量与提升质量的双重任务，面临着培育优势与补齐短板的双重难题，但也要看到，盐池四省七县交界的区位优势、资源能源富集的发展优势、文化底蕴深厚的人文优势、干群团结向上的作风优势得天独厚。我们必须坚定信心、铆足干劲、乘势而上。

党的十八大以来，在以习近平同志为核心的党中央坚强领导下，全党团结带领全国各族人民进行了许多新的伟大斗争，开创了中国特色社会主义伟大事业新局面，形成了一系列治国理政新理念新思想新战略，为我们推进各项事业发展提供了强大思想武器。特别是2016年7月习近平总书记视察宁夏时提出了“三个着力”的要求，明确了“努力实现经济繁荣民族团结环境优美人民富裕，确保与全国同步建成全面小康社会”的奋斗目标；2020年6月习近平总书记再次视察宁夏时，又赋予了我们“建设黄河流域生态保护和高质量发展先行区”的时代使命，自治区党委站位全局，提出“坚决守好促进民族团结、维护政治安全、改善生态环境‘三条生命线’，走出一条高质量发展的新路子”，并深刻审视吴忠发展特征，要求“扎实做好调、转、增、融‘四篇文章’”，这都为我们厘清了发展思路、指明了发展路径。我们要紧扣区市党委的目标定位，坚定自觉地用习近平总书记视察宁夏重要讲话精神统一思想、统揽全局、统领发展。

今后五年，全县工作的总体要求是：坚持以习近平新时代中国特色社会主义思想为指导，深入贯彻党的十九大和十九届二中、三中、四中、五中全会精神，全面落实习近平总书记视察宁夏重要讲话精神和区市党委部署要求，把握新发展阶段，贯彻新发展理念，融入新发展格局，以供给侧结构性改革为主线，以改革创新为动力，以满足人民日益增长的美好生活需要为目的，大力实施高质量发展战略、高品质生活战略、高效能治理战略，扎实推进“六大重点产业”“四大提升行动”“六大领域治理”和“双十重大项目”，努力建设产业强、生态美、百姓富、治理优的现代化新盐池，为加快建设黄河流域生态保护和高质量发展先行区、继续建设经济繁荣民族团结环境优美人民富裕的美丽新宁夏做出盐池贡献。

今后五年工作的主要目标是：

——产业强。打造全区产业转型发展示范区，推动产业发展效益取得重要突破。建成滩羊、黄花菜现代农业全产业链体系，打造清洁能源、新型材料百亿元级产业集群，市场主体总量突破2万户，服务业增加值占地区生产总值比重达到45%以上，R&D经费投入强度达到2.5%以上，高新技术企业占比达到30%。经济增长主要指标高于区市平均水平，地区生产总值年均增长8%以上、突破200亿元，工业总产值突破300亿元，固定资产投资累计突破400亿元，招商引资到位资金累计突破500亿元，争创西部百强县。

——生态美。打造全区生态文明建设示范区，推动生态系统质量取得重要突破。万元地区生产总值综合能耗、碳排放、主要污染物排放总量和单位地区生产总值用水量下降15%以上，地表水国考断面全部达到Ⅲ类水体，绿色地区生产总值达到98%以上。空气质量优良天数稳定保持90%以上，森林覆盖率达到30%，草原综合植被盖度达到60%，争创全国生态文明建设示范县。

——百姓富。打造全区城乡融合发展示范区，推动百姓生活品质取得重要突破。人均地区生产总值超过11万元，城乡居民人均可支配收入分别超过4.2万元和2.3万元、倍差缩小到1.9以内。人民群众物质生活更加殷实，精神文化生活更加富足，享有更充分的就业、更优质的教育、更高水平的医疗、更舒适的居住条件、更可靠的社会保障。优化提升“一城三镇多点”布局，乡村建设和城市更新行动取得明显成效，基本建成“宜居宜业的中心县城、产城融合的特色小镇、美丽整洁的现代乡村”，争创全国文明城市。

——治理优。打造全区县域基层治理示范区，推动社会治理水平取得重要突破。“四级网格化”治理体系更加完善，大数据赋能基层治理更加有力，乡村、社区、宗教、学校、企业、社团治理成效明显提升，公众安全感和法治建设满意度保持95%以上。重大风险防范化解能力、突发事件应对处置能力、防灾减灾救灾能力明显增强，本质安全水平更加巩固，争创全国平安建设先进县。

历史只会眷顾坚定者、奋进者、搏击者，而不会等待犹豫者、懈怠者、畏难者。要实现新的奋斗目标，我们必须增强五种意识：一是必须增强“自觉看齐、维护核心”的政治意识。要坚持把讲政治放在首位，坚决服从以习近平同志为核心的党中央集中统一领导，切实在思想上拥护核心、政治上维护核心、行动上紧跟核心，确保党中央政令和区市党委要求在盐池畅通无阻、落地生根。二是必须增强“对标一流、走在前列”的争先意识。要坚持跳出盐池看盐池，在全区全国的坐标体系里，在更高的参照维度中找准方位、明确定位，敢于和最好的比、与最强的赛，切实在比学赶超中实现争先率先。三是必须增强“项目为王、效益为先”的实干意识。要坚持把项目作为发展的“强引擎”和“硬支撑”，千方百计引项目、坚定不移上项目、全力以赴建项目，注重项目质量和效益，坚持领导干部带头干，苦干实干加巧干，以项目的实效性和干部的务实性确保发展的持续性。四是必须增强“顺势而为、包容创新”的开放意识。要坚持放宽眼界、放大格局，招才聚才用才、借势借智借力，敢于“吃螃蟹”、争当“弄潮儿”，切实用新理念、新思路、新举措创造新成效，推动盐池融入更为广阔的发展空间。五是必须增强“以人为本、情系百姓”的为民意识。要坚持以百姓之心为心，扎扎实实解决好百姓的操心事、烦心事、揪心事，干一件成一件，干一件就让百姓满意一件，真正让幸福指数跑赢地区生产总值增速。

各位代表，同志们，过往可鉴、当下可为、未来可期。憧憬盐池发展的美好未来，全县各级党组织和广大党员既要有处变不惊的平常心，也要有只争朝夕的紧迫感，更要有务实担当的真作为，始终把发展的方向、工作的重点和主观的努力有机结合，准确识变、科学应变、主动求变，奋力开创盐池现代化建设新篇章。

三、奋进新时代，全力迈向现代化

奋战今后五年，我们要紧紧围绕建设“强美富优”现代化新盐池的发展目标，大力实施“三高”战略，扎实推进“四大”任务，走出一条贯彻党中央决策、落实区市要求、彰显盐池特色的社会主义现代化发展之路。

（一）实施高质量发展战略，建设现代化产业新体系

坚持把做强实体经济作为主攻方向，聚力发展“六大重点产业”，推动经济发展实现量的合理增长和质的稳步提升。

推动产业全面升级。坚持产业高端化、绿色化、智能化、融合化发展方向，推动传统产业转型升级、新兴产业战略崛起。一要提质发展现代农业。坚持以龙头带动、基地支撑、品牌引领、高端突破为发力点，构建产业、生产、经营三大体系，加快建设盐池滩羊全产业链发展项目，提标打造国家级黄花菜标准化示范基地、杂粮产业链一体化示范基地，全面推进肉牛、奶牛、生猪、滩鸡、瓜果蔬菜、中药材等特色产业发展，努力形成集研发、种植、加工、营销、文化、生态于一体的现代农业全产业链体系。大力发展高效节水农业，实施扬黄灌区渠系配套及调蓄水库建设项目，加快现代化生态灌区和设施农业建设步伐，农业灌溉水有效利用系数达到0.7以上。二要培育壮大现代工业。坚持“工业强县”战略不动摇，大力实施“四大改造”行动，重点推动化工新材料、石膏和水泥建材产业改造升级、延链补链，清洁能源、绿色食品产业扩大规模、提档增效。加快推进天然气开发及综合利用、光伏全产业链一体化、天然石膏精深加工等项目，打造规模体量大、延伸配套好、带动能力强的产业集群。三要大力拓展现代服务业。紧贴生产需要，推动生产性服务业向专业化和高端化延伸，加快发展现代物流、电子商务、会展经济、现代金融、信息服务等新业态。紧跟消费需求，推动生活性服务业向高品质和多样化升级，加快发展健康、养老、托幼、文体、旅游、家政、物业等服务业，增强个性化、多样化、柔性化服务能力。优化提升滩羊美食城、长城关、振远街等特色街区，规划建设创新创业孵化示范园，培育更多充满活力的市场主体。

坚持创新驱动发展。坚持创新在现代化建设全局中的核心地位，围绕六大产业链布局创新链。一要加强科技力量建设。实施创新主体和创新平台“双倍增”计划，加快推动各类创新要素向企业聚集，支持企业牵头组建研发机构、承担科技项目、开展技术改造，实施科技型企业梯次培育工程，建立创新型示范企业、高新技术企业、科技“小巨人”企业、科技型中小企业培育库，推动有研发活动的规上企业占比达到35%以上。实施产学研融通创新工程，推动工业园区、企业与高等院校、科研院所合作共建创新平台，在先进地区设立“飞地”研发中心，争取新建自治区级科研平台5家以上。二要激发人才创新活力。开展“产业＋人才”行动计划，积极扩大县内人力资源规模，大力培养专技式人才和“工匠式”员工。完善常态化人才柔性使用机制和县外高端人才“传帮带”机制，加大人才培养引进、评价激励、待遇保障力度，实施名校优生引进计划和本土人才培养计划，引进“双一流”高校毕业生回盐就业创业500人以上，培育“盐州英才”50人，人才密度达到15%以上。三要加快创新成果转化。制定出台科技成果转移转化优惠政策，加强知识产权应用保护，加快盐池滩羊产业研究院、高端石膏产业研究院成果研发应用，重点推进天然气提氦规模化生产、食品级藻蓝蛋白提取等现代产业技术，科技进步贡献率达到60%，争创自治区科技成果转化应用示范区。

全面推进深化改革。坚持改革系统集成、协同高效，推动有效市场和有为政府更好结合。一要深化重点领域改革。深入推进用水权、土地权、排污权、山林权“四权改革”，统筹推进公共服务、农业农村、文化教育等领域改革，突出抓好县域医共体等国家级试点，以及农村集体经营性建设用地入市、“以地换林”、水协会社会化服务、残疾人基层组织建设等自治区级试点，形成更多可复制可推

广的“盐池经验”。二要激发市场主体活力。推动滩羊集团、融盐公司落实国有企业改革三年行动计划，加快建立现代企业制度，稳妥推进混合所有制改革，提升国有资本经济效益和社会效益。优化民营经济发展环境，大力促进中小微企业和个体工商户发展，加快建设各级盐池商会，努力构建亲清政商关系。建立健全金融有效支持实体经济发展的工作机制，支持地方金融机构持续健康发展。三要持续优化营商环境。加大“放管服”改革力度，推进政务服务标准化体系建设，健全强有力的行政执行系统，建设职责明确、依法行政的政府治理体系。大力推进柔性执法和包容审慎监管，完善失信联合惩戒、守信正向激励制度，“不见面马上办、一件事一次办”比例达到95%以上，县域营商环境综合评价进入全区前列。

主动融入区域发展。坚持开放思维、市场手段，全面融入“两个循环”新发展格局。一要深化区域合作。加强与京津冀、长三角、粤港澳大湾区等发达地区的对接合作，精准承接产业转移。深化与宁陕甘蒙毗邻县区协同发展，全面融入能源化工“金三角”和银川都市圈建设，加快推进与宁东能源化工基地一体化发展，全力争取银太高铁在盐设站，努力打造四省边际资源要素集聚中心。积极推进外贸发展，培育一批出口优势产业和外向型龙头企业，主动服务“一带一路”建设。二要精准招商引资。完善招商引资政策体系和工作机制，注重投资强度、科技能力、亩均产出、环境影响等准入标准，综合运用以商招商、产业招商、专业招商等多种形式，突出引龙头、带配套、补链条。探索推进工业园区“管委会＋公司”市场化运营改革，加快建设园区热力岛及城市供热替代项目，提升园区公共配套服务能力和综合承载能力，推动园区主营业务收入和税收收入实现翻番。三要提质项目建设。把项目作为发展的主抓手，扎实推进“十大工程项目”“十大民生项目”，积极争取一批带动能力强的政策项目，引进一批关联度高的产业项目，谋划一批补齐短板的重点项目，充分发挥项目建设协调领导小组统筹联动作用，完善全过程、精细化、保姆式项目服务体系，实现培育百家规上企业、转化百项科技成果、落地百个亿元项目的“三个一百目标”。

（二）实施高品质生活战略，满足人民日益增长新需求

坚持以人民为中心的发展思想，深入推进民生改善“四大提升行动”，不断满足人民群众对美好生活的向往。

筑牢生态屏障。坚持“生态立县”战略不动摇，统筹推进山水林田湖草沙系统治理。一要加大污染防治。加强油区、矿区、园区、保护区等重点区域污染防控，加大“散乱污”企业监管治理力度，争创全国绿色矿业发展示范县。严格落实河（湖）长制，持续开展泾河、苦水河、红山沟等河湖沟道水环境治理，强化饮用水源地保护，推动工业废水、城乡污水全部回收利用。巩固大气污染防治成果，深入推进农业面源污染治理和城市垃圾无害化处理，彻底整治环保督察反馈问题，持续打好蓝天碧水净土保卫战。二要加快生态建设。持续开展大规模国土绿化行动，提升城市中心区、居民生活区、沿路林网区、生态防护区的绿化质量，充分利用农户房前屋后院落空闲地、村庄边角地、村道两侧地、村围绿化地，实施“一村万树”工程，实现村庄见缝插绿、村民出门见绿，争创国家森林城市和全国绿水青山就是金山银山实践创新基地。加强荒漠化草原治理和采矿区复垦整治，实施百万亩天然草原修复补播改良和优质牧草种植基地建设项目，持续开展小流域综合治理，严格落实生态保护红线和永久基本农田政策，持续抓好禁牧封育，争创全国生态保护修复示范县。三要推动低碳发展。对标实现碳达峰碳中和目标任务，严格落实能耗总量

和强度双控要求，全面推进水泥、化工、供热等重点用能单位技术改造，坚决遏制“两高”项目盲目发展。积极发展和利用新能源，加快实施国家级整县推进屋顶分布式光伏开发试点项目，优先利用节能技术和相关产品。大力发展循环经济，培育节能环保产业，开展绿色生活创建行动，促进人与自然和谐共生，争创国家绿色低碳县城。

加速城乡融合。坚持把县城、乡镇和农村作为一个整体来抓，全面推进乡村振兴，精心打造品质城市。一要建设美丽村庄。大力实施乡村建设行动，加快推进“多规合一”实用性村庄规划编制，全面推动特色产业发展、基础设施改建、公共服务提升，统筹推动“五大振兴”。每年集中打造一批乡村振兴示范村，全面实施移民安置区农村生活污水处理项目、农村冬季清洁能源取暖项目，持续开展农村人居环境整治“十百千”创建行动，努力实现“一年一个样、三年大变样、五年上台阶”。二要打造特色乡镇。全力推动惠安堡交通枢纽型、大水坑商贸物流型、高沙窝工贸服务型重点小城镇建设，加快实施冯记沟乡政府驻地搬迁，积极推进王乐井乡、青山乡、麻黄山乡农旅融合发展和美丽小城镇建设，进一步增强中心城镇综合服务功能，打造服务农民的区域中心。三要提升城市品质。大力实施城市更新行动，加快推进以县城为核心的新型城镇化步伐，高标准创建全国文明城市，努力建设宜居城市、韧性城市、智慧城市。加快推进老旧小区改造项目和民生微实事项目，推动基本公共服务、市政公用设施提级扩能，促进房地产市场平稳健康发展，提高物业管理覆盖率，提升社区建设和城市精细化管理水平。

增进民生福祉。坚持普惠性、保基本、均等化、可持续原则，不断提高公共服务供给能力和共享水平。一要建设教育强县。深入实施基础教育质量提升行动，全面落实立德树人根本任务，扩大学前教育资源供给，率先争创国家义务教育优质均衡发展县。集聚资源建强盐池高中，推动职业教育产教深度融合，扶持特殊教育健康发展，着力培养德智体美劳全面发展的社会主义建设者和接班人。全面实施名师名校长培育项目，加强师德师风建设，健全完善学校家庭社会协同育人机制，创新开展各类课后服务，巩固“互联网＋教育”应用成效，促进“六牌联创”取得实质性进展。二要打造健康盐池。深入实施全民健康水平提升行动，全面推进医疗健康总院建设、“互联网＋医疗健康”应用、家庭医生签约服务，提升县级医院诊疗能力和乡村卫生机构服务能力，创建三级医院。深化县级医保支付方式改革及药品耗材集中采购谈判议价机制，常态化聘请区内外专家来盐坐诊，推动医疗卫生资源合理配置和纵向流动。加强医防协同，提升突发公共卫生事件监测和救治能力，慎终如始抓好新冠疫情防控。完善公共卫生服务体系，加强重要疾病提前筛查干预，推动人均预期寿命基本达到全国平均水平。广泛开展全民健身体育运动，争创全国全民健身模范县。三要加强社会保障。稳步提高基本养老、基本医疗、社会救助等保障水平，加快推动残疾人工作和慈善事业健康发展，构建多层次社会保障体系。大力实施医防医养融合发展项目，建成自治区级医养服务中心和康复托养中心。

促进共同富裕。弘扬脱贫攻坚精神，加快提升城乡居民收入水平，逐步缩小城乡、区域、行业收入差距。一要巩固脱贫攻坚成果。全面做好脱贫攻坚与乡村振兴衔接，持续深化闽宁对口协作、中航油定点帮扶和社会帮扶，健全防止返贫动态监测和帮扶机制，坚决守住不发生规模性返贫底线，逐步实现由集中资源支持脱贫向全面推进共同富裕平稳过渡，打造巩固拓展脱贫攻坚成果同乡村振兴有效衔接的全国样板。二要提升致富增收能力。深入实施城乡居民收入提升行动和百万移民致富提升行动，挖掘经营性、工资性和财产性收入潜力，巩固深化“龙头企业+村集体经济+经营主体+农户”利益联结机制，完善收入分配调节和劳动报酬增长机制，提高低收入群体收入，扩大城乡居民中等收入群体。三要拓展就业创业空间。加快实施就业创业促进项目，健全就业公共服务体系、劳动关系协调机制、职业技能培训制度，加大对城乡闲置劳动力、退役军人、残疾人等重点人群就业精准帮扶，确保城镇调查失业率控制在5.5%以内。把创业富民作为重点来突破，大力拓展电子商务发展空间和创业培训覆盖面，帮助引导更多的人在家门口实现创业创收。

创建全域文明。大力践行社会主义核心价值观，以文旅融合为主线，赓续红色血脉，提升社会文明程度和文化软实力。一要传承红色基因。实施红色资源挖掘保护运用项目，整合盐池革命历史纪念园和李塬畔、唐平庄革命旧址等重点红色文化资源，建设一批富有文化底蕴的红色革命教育基地和爱国主义教育基地。全面贯通红色旅游观光带，推动文旅融合发展，打造全国重要的红色旅游目的地和红色文化传承区。二要弘扬新风正气。深入实施文化惠民工程，完善县乡村三级文化站所服务功能，支持开展各类群众性文化活动，提升公共文化服务水平。加强非物质文化遗产保护和传承，加快建成北京大学张家场考古实习基地，争创全国文物保护利用示范区。加强新时代文明实践阵地建设，大力推进移风易俗和全国婚俗改革试点，完善公民道德建设和社会诚信建设体系，深入开展群众性精神文明创建活动，县级及以上文明单位创建率达到80%以上。三要发展全域旅游。开展旅游基础设施改造升级行动，加快长城、长征国家文化公园建设，推动盐州古城、哈巴湖生态旅游景区提级扩能，大力开发生态休闲游、长城观光游、红色研学游等旅游产品，积极培育民宿旅居、蔬果采摘等文旅农综合体，加大旅游路线推广和文旅产品开发力度，丰富旅游消费业态，让游客既要想来、玩好，更要住下、消费，创建国家AAAAA级旅游景区1个以上，新改建四星级旅游酒店2家以上，旅游综合收入达到10亿元以上。

（三）实施高效能治理战略，打造共建共治共享新格局

坚持统筹发展和安全，纵深推进“六大领域治理”，不断提升基层治理体系和治理能力现代化水平。

加强民主法治建设。坚持党的领导、人民当家作主、依法治县有机统一，不断推进社会主义政治建设。一要发展民主政治。支持人大及其常委会依法行使职权，更好发挥人大代表作用。支持政协积极履行政治协商、民主监督、参政议政职能，推动协商民主广泛多层次制度化发展。扎实推进群团改革，增强政治性、先进性、群众性。深化双拥共建和国防教育，争创全国“双拥模范县”。二要深化法治建设。加强法治政府建设，深化行政执法体制改革，争创全区法治政府示范县。创新建立“互联网+公共法律服务”体系，扎实开展“八五”普法和法治乡村创建活动，让法治思维和法治方式成为百姓行动自觉。三要完善监督体系。持续推进政法领域全面深化改革，构建完善执法司法制约监督体系，努力让人民群众在每一个司法案件中感受到公平正义。建立健全权力规范运行和多元监督机制，进一步完善党务、政务、司法和各领域办事公开制度，推进公权力运行法治化、规范化。

提高基层治理效能。坚持加强和创新基层治理，推动社会治理从“管控型”向“善治型”和“参与型”转变。一要搭建“智慧”大脑。加快建设社会治理大数据中心，统筹规划城乡智慧建设工作，强化系统集成、数据融合和网络安全保障，构建网格化管理、精细

化服务、信息化支撑、开放共享的基层智慧治理平台，建成全国市域治理现代化试点合格县。二要疏通“脉络”体系。加强乡村治理，加快国家“数字乡村”试点县建设，推动自治、法治、德治有机融合，健全完善乡村治理组织体系。加强社区治理，推动社会治理资源向网格内集中和下沉，构建起“党建引领、多方参与、居民自治”的社区多元共治新模式。加强校园治理，完善校园矛盾纠纷防范化解机制，提高校园内外治安联防能力，确保阵地稳固、校园稳定。加强企业治理，保障企业人员合法权益、促进企业诚信守法经营、履行环境保护社会责任，提升企业生产经营管理水平。加强社团治理，不断规范社团行为，打造服务型社团品牌。三要延伸“末梢”服务。加快推进县乡村三级综治中心联动联通，整合提升村社党群服务中心和“四级网格”服务功能，健全完善村民自治制度，进一步理顺乡镇(街道)、村(社区)事权关系，建设人人有责、人人尽责、人人享有的基层治理共同体。

构筑共有精神家园。深入贯彻习近平总书记关于加强和改进党的民族工作的重要思想，以铸牢中华民族共同体意识为主线，推动新时代党的民族工作高质量发展。一要增强情感认同。准确把握新时代民族工作特点，广泛开展铸牢中华民族共同体意识主题教育活动，引导各族群众加强交往交流交融，促进各民族在理想、信念、情感、文化上的团结统一。二要强化示范引领。深入开展民族团结进步示范点创建，在深化内涵、丰富形式、创新方法上下足功夫，在各行各业打造特色鲜明、百花齐放的民族团结进步工作品牌，促进各民族在中华民族大家庭中像石榴籽一样紧紧抱在一起。三要坚持依法治理。严厉打击民族分裂和极端宗教思想。

全面建设平安盐池。认真贯彻总体国家安全观，不断维护社会持续和谐稳定。一要多角度防范化解风险。抓好政治安全领域风险防控，积极稳妥做好金融风险防范、政府债务化解、僵尸企业处置等工作，深入开展道路交通、危险化学品等重点领域安全专项整治行动，严防重特大安全事故发生。二要多元化调处矛盾纠纷。坚持和发展新时代“枫桥经验”，深化完善“四联”“五调对接”等机制，持续推进信访积案集中化解攻坚，年度矛盾纠纷化解率稳定在98%以上，实现小事不出村、大事不出乡、矛盾不上交，争创国家信访工作示范县。三要全方位保障社会稳定。推进扫黑除恶斗争常态化，加强社会治安防控体系建设，严厉打击盗抢骗、黄赌毒等各类违法犯罪活动，开展安全生产专项整治三年行动，实施自然灾害防治“八大工程”，全力保障食品和药品安全，全面提高公共安全保障能力。

四、铸就新辉煌，党建引领筑牢保障

蓝图已经绘就，关键在于落实。新的征程上，我们必须弘扬伟大建党精神和“打不垮的红色政权”精神，以高质量党建引领高质量发展。

（一）切实加强思想政治建设。坚持把党的政治建设摆在首位，胸怀“两个大局”、心系“国之大者”，保持政治定力，站稳政治立场，谋事多想政治要求，干事多想政治影响，成事多想政治效果，不断增强政治判断力、政治领悟力、政治执行力，切实增强“四个意识”、坚定“四个自信”、做到“两个维护”。深化理论武装，学懂弄通做实习近平新时代中国特色社会主义思想，引导广大党员干部坚定理想信念、筑牢初心使命。严格落实意识形态工作责任制，加强互联网内容建设管理和融媒体中心建设，营造朗朗向上的网络空间。

（二）切实加强基层组织建设。全面落实新时代党的组织路线，持续巩固“三大三强”行动、“两个带头人”工程成果，深化农村党建“一抓两整”、城市党建“五联五化”、国企党建“六化六提升”、非公党建“五强五促”和“让党中央放心、让人民群众满意”模范机关创建行动，推动基层党建质量全面提升。坚持党组织书记抓党建述职评议考核机制，严肃规范党内政治生活，强化党员发展教育管理监督，加强党内激励关怀帮扶。坚持抓党建促乡村振兴、促基层治理，持续发展壮大村集体经济，推动村集体经济经营性平均收入实现翻番。

（三）切实加强干部队伍建设。坚定践行新时代好干部标准，深入实施干部政治能力和专业能力提升工程，打造信念、政治、能力、作风、廉洁“五个过硬”的高素质干部队伍。坚持选贤任能，健全完善“选育管用”全链条机制，加大年轻干部选拔培养力度，统筹用好各年龄段干部，增强各级班子整体能力。坚决落实干部能上能下、容错纠错和澄清正名机制，旗帜鲜明为实干者撑腰、为干事者鼓劲。坚持勇争一流的工作作风，弘扬“钉钉子、啄木鸟和挑战不可能”精神，拿出“困难面前有干部、干部面前没困难”的魄力，破除看摊思想、展现有为风貌。

（四）切实加强纪律作风建设。深入贯彻全面从严治党方针，压实“两个责任”，坚定不移推进党风廉政建设和反腐败斗争，不断释放一严到底的主基调。强化作风建设，严格落实中央八项规定以及自治区“八条禁令”、县委“十个严禁”要求，坚决查处重点领域和群众身边腐败问题。一体推进纪律监督、巡察监督、派驻监督、审计监督等各类监督贯通融合，加强对“一把手”和关键少数的监督，强化各类监督反馈问题整改，始终保持为民务实清廉的政治本色。

各位代表、同志们，征途漫漫、唯有奋斗。让我们更加紧密地团结在以习近平同志为核心的党中央周围，坚持以习近平新时代中国特色社会主义思想为指导，全面落实党中央决策部署和区市党委要求，动员和号召全县各级党组织和广大干部群众，大力实施“三高”战略，扎实推进“四大”任务，紧密团结，真抓实干，为建设产业强、生态美、百姓富、治理优的现代化新盐池而努力奋斗，为加快建设先行区、继续建设美丽新宁夏做出盐池新的更大贡献！

盐池县人大常委会工作报告(节选)

——在盐池县第十八届人民代表大会第一次会议上

(2021 年 10 月 28 日)

盐池县人大常委会主任　吴　科

过去五年工作回顾

盐池县十七届人大常委会任期的五年，是全县上下凝心聚力实现“十三五”发展目标、决胜全面建成小康社会的五年，也是盐池县民主法治建设扎实推进、人大工作取得明显进步的五年。五年来，在盐池县委的坚强领导下，盐池县十七届人大常委会坚持以习近平新时代中国特色社会主义思想为指导，深入贯彻党的十九大和十九届二中、三中、四中、五中全会精神，全面落实习近平总书记视察宁夏重要讲话精神，坚持党的领导、人民当家作主、依法治国有机统一，围绕中心，主动作为，认真履行宪法法律赋予的各项职责，为推进全县民主法治建设和经济社会高质量发展作出了人大贡献。

一、坚持党的领导，树牢正确政治方向

常委会始终坚持把党的领导作为人大工作必须遵循的首要政治原则，突出思想引领、扛稳政治责任，确保人大各项工作高效开展。

更加坚定政治自觉。旗帜鲜明讲政治是人大政治地位和工作性质的必然要求。常委会把党的领导作为根本政治原则，增强政治觉悟，坚定不移推进政治机关建设，落实县委重大部署，严格执行请示报告制度，向县委常委会报告年度工作 5 次，就 14 项重大事项向县委请示报告，依法行使重大事项决定权、监督权和人事任免权，切实增强“四个意识”、坚定“四个自信”、做到“两个维护”。

更加坚定思想自觉。旗帜鲜明讲政治是推动人大事业发展的重要前提。常委会学思践悟习近平总书记关于坚持和完善人民代表大会制度的重要思想，掌握精神实质，在常学常新中筑牢做好新时代人大工作的思想根基，拧紧思想上的“总开关”。充分发挥党组把方向、谋大局、议大事作用，制定出台了《人大党组工作规则》等规章制度，规范决策程序，使党组与人大常委会的工作有机统一、深度融合。

更加坚定行动自觉。旗帜鲜明讲政治是做好人大工作的根本遵循。常委会坚持在县委的领导下谋划、推进人大工作，不折不扣执行党的各项方针政策，把县委决策作为人大及其常委会的工作目标和方向，确保人大工作与县委在思想上同心、目标上同向、行动上同步。

二、坚持服务发展，依法决定重大事项

常委会始终坚持把行使重大事项决定权作为推动县域经济社会发展的重要抓手，依法行使重大事项决定权，充分反映民意，广泛凝聚共识，确保人民当家作主落到实处。

依据中央和自治区党委有关精神，制定出台了《盐池县人大常委会讨论决定重大事项和县人民政府重大决策出台前向人大报告暂行办法》，进一步规范人大常委会行使重大事项决定权应遵循的原则、要求、工作程序。紧紧围绕县委确定的事关全县经济社会发展的战略性重大事项，每年就计划、财政预算执行、新增财力安排等作出决定，对"十四五"规划、政府债务管理、国有资产管理情况等重大事项作出决议，有效推动计划规划的科学实施。紧紧抓住人民群众普遍关注的热点难点焦点问题，先后对教育、医疗、养老、脱贫攻坚及城乡人居环境等事项依法作出决议决定，推动全县社会各项民生事业的全面进步。五年来，共作出重大事项决议决定53项。

三、坚持务实高效，依法开展监督检查

常委会始终坚持正确把握监督与支持的关系，积极回应群众关切，加强对法律法规实施和"一府一委两院"工作的监督，为推动全县经济社会发展贡献人大力量。

高度关注全县经济发展。牢固树立全县工作"一盘棋"的思想，坚决扛起以法治方式服务转型发展的职责使命。紧盯重点工作开展监督。对滩羊产业发展中的品牌保护、优质优价等进行视察，向自治区人大提出"关于进一步加强滩羊品种繁育和品牌保护"的立法建议，助推滩羊产业高质量发展；对城市运行管理中重点项目建设、绿地管护、物业管理等进行检查，完善城市管理的制度和机制，提升城市品位；对规上工业企业纳税、僵尸企业盘活、高新技术企业增量等进行督查，推动工业经济转型升级；对文化旅游中的文旅产品推介、特色景点打造等进行专题调研，加快全域旅游示范县建设。紧盯财政工作开展监督。对财政预算执行及调整等进行检查，有效促进了政府债务管理、预算绩效评价工作，每年依法听取财政预算执行和其他财政收支审计情况报告，严肃财经纪律，促进财政资金规范管理。紧盯审议意见整改开展监督。加强人大监督职能，对常委会形成的审议意见，严格督促被监督部门制定整改方案，持续跟踪审议意见的落实和问题的整改，对没有落实的事项紧盯不放、一督到底，形成闭环管理，切实做到人大履职不错位、支持不越位、尽责不缺位。

促进民生事业持续改善。紧扣人民群众日益增长的美好生活需要，及时将民生关切纳入监督范围。聚焦打赢脱贫攻坚战。对脱贫攻坚中群众增收、房屋保障、满意度等开展视察、检查、督查、调研，盐池县在全区率先高质量脱贫摘帽。聚焦保障群众权益。坚持以人为本，对"互联网+教育"中的信息化教学、信息化设备配备及维护等开展检查，实现优质教育资源共享；对乡村医疗运行中医务人员业务能力、服务意识、绩效评价等开展检查，不断提高群众满意度；对人饮安全管网设施维护、扬黄灌区水资源及高效节水灌溉运行管理等开展检查，提升全县饮水安全保障能力和现代化灌区运行管理水平。聚焦改善生态环境。加强环境保护监督，对植树造林机制建设、环境保护目标完成情况开展督查检查，生态环境持续向好；就哈巴湖自然保护区管理和花马湖人行步道开放等群众关注的问题对相关部门进行了约谈，推动问题切实解决。

实现法治建设稳步推进。自觉站位法治一线，把推进法治建设作为根本任务，营造良好的法治环境。推进法治宣传常态化。坚持“宪法至上”的理念，依法作出“七五”普法决议和学习宣传贯彻新修订《中华人民共和国宪法》的决定，在每年“12·4”法制宣传日，组织新任职国家机关工作人员集中向宪法宣誓，维护宪法尊严，提高全民尊崇宪法的意识。五年来，共95名新任职人员进行了集中宪法宣誓。推进法律实施规范化。依法组织对《中华人民共和国道路交通安全法》《中华人民共和国传染病防治法》等9部法律法规贯彻实施情况进行执法检查，召开司法监督征求意见建议座谈会，广泛听取基层群众和法律工作者的意见建议，有效维护了公平正义和公正司法。认真落实深化国家监察体制改革要求，依法支持县监察委员会行使好监察权。推进社会治理现代化。对法院执行工作、刑事诉讼和检察院行政执法与刑事司法“两法”衔接、公益诉讼等工作进行专项检查，促进审判、检察机关忠实履行宪法法律赋予的职责。依法对扫黑除恶专项斗争工作进行检查，督促公检法司形成合力，着力提升人民群众的安全感。

五年来，共组织视察调研、执法检查280次，听取审议专项工作报告78项，工作评议5次，工作测评61次，形成审议意见20份，对政府规范性文件备案审查24件。

四、坚持人民至上，依法支持代表履职

常委会始终坚持重视代表工作，不断创新工作机制，丰富活动内容，充分发挥代表桥梁纽带作用，为代表依法履职搭建平台，代表履职质量和效果不断提升。

搭建活动平台，创新代表履职载体。搭建“线上”阵地平台，积极推进“互联网＋代表履职”智慧平台建设，实现代表“网上安家”，使常委会委员联系代表、代表联系群众“零距离”“快速度”；抓好“线下”平台的规范化建设，对代表活动阵地提档升级，为代表履行职责、联系群众创造条件。盐池县代表履职平台建设的做法得到区市人大充分肯定，吴忠市“人大代表之家”建设经验交流会在盐池县召开。

丰富活动形式，推动代表履职尽责。持续深化和拓展“五贴近双联系”活动，开展了“人民选我当代表、我当代表为人民”“助力脱贫攻坚、人大代表在行动”“三联一家亲”等各具特色的乡镇（街道）人大活动，将代表作用发挥在日常，体现在一线。面对突如其来的新冠疫情，常委会迅速行动，及时发出《致全县各级人大代表倡议书》，632名各级人大代表积极响应，展现了人大担当。区人大代表马冬梅、市人大代表陈海、县人大代表闫宝强等一批优秀代表的先进事迹在全国人大办公厅《联络动态》和《全国人大》中刊发。盐池县代表工作始终走在全区全市前列，在全区代表工作经验交流会、全国县乡人大工作和建设经验交流会上进行交流发言。

强化服务保障，激发代表履职热情。出台了《盐池县人大常委会代表履行职能积分评价办法》，建立了代表履职报告制度，每年通过举办履职培训、网络培训等方式分批次对各级人大代表进行全员培训，让代表肩有责任、干有标准、做有保障。开展履职评议活动，组织代表向本选区选民述职。邀请县乡人大代表和群众代表305人（次）列席常委会会议，不断扩大公民的政治参与。注重讲好人大代表履职故事，展示代表履职风采，评选出“金、银、铜”牌人大代表履职典型，编辑印刷了《身影·声音·深情》等专刊，多家媒体对盐池县人大代表履职风采进行了宣传报道。五年来，共评选

出30名优秀代表。

加强建议督办，增强代表履职实效。严格执行常委会领导牵头督办、“一府一委两院”分管领导领办制度，对办理情况进行“三回访”，办理质量和办结率逐年提高。同时，加强闭会期间代表意见建议办理，建立台账销号制度，实现了闭会期间人大代表意见建议办理数量和质量双提升。五年来，人代会期间代表议案建议办结193件，闭会期间转交“一府一委两院”办理363件。

五、坚持党管干部，依法进行人事任免

常委会始终坚持党管干部和人大依法任免干部相统一，规范人事任免工作程序，使党的主张通过法定程序变为广大人民的共同意愿。

认真履行人事任免权。对县委提名的“一府一委两院”拟任国家机关工作人员，认真实施干部任前法律考试、供职承诺、向宪法宣誓等程序。五年来，共依法任免“一府一委两院”国家机关工作人员254人(次)，全面实现了县委的人事意图。强化任后监督。注重在日常工作中监督检验国家机关工作人员依法履职、公正司法的能力，每年年终集中对常委会任命的国家机关工作人员进行履职评议。五年来，共对任命的136名国家机关工作人员“依法履职、依法行政”进行了述职评议，评议结果向县委报告，向社会公开。

六、坚持强基固本，依法加强自身建设

常委会始终坚持以建设“两个机关”为目标，把讲政治、转作风、提效能作为切入点，不断夯实履职基础，持续加强自身建设。

把政治建设摆在首位。主动适应新时代发展需要，深入开展“两学一做”学习教育、“不忘初心、牢记使命”主题教育及党史学习教育，不断创新学习方式，推动学习教育走深走实，切实提高机关干部职工的政治素质、法治素养和履职能力。今年被评为全国“七五”普法工作先进单位和“区级文明单位”。

把作风建设抓在手上。认真履行党风廉政建设“一岗双责”制度，严守政治纪律和政治规矩，开展贯彻落实中央八项规定精神突出问题专项治理活动，不断强化权力运行制约和监督。坚持把接待群众来信来访作为密切联系群众的重要途径，用法治手段化解社会矛盾，促进社会和谐稳定。五年来，共办理群众来信来访350件，接待群众来访523人次。

把制度建设贯穿始终。始终把加强制度建设作为重点工作来抓，制定完善了《常委会议事规则》《代表约见(约谈)试行办法》《工作评议暂行办法》等20项制度办法，严格执行民主集中制的原则，建立完善“三重一大”决策机制等，确保人大各项工作有章可循。

各位代表，一木难为林，众志方成城。五年来人大常委会所取得的成绩，得益于习近平新时代中国特色社会主义思想的科学指引，得益于县委的坚强领导和区市人大常委会的精心指导，得益于全县各级人大代表的依法履职，得益于“一府一委两院”的积极配合，得益于全县乡镇、街道人大的鼎力支持。

五年来的工作体会

各位代表，五年的工作实践和探索使我们深刻体会到：一是必须旗帜鲜明讲政治。始终把坚持党的领导作为人大工作的根本保证，自觉维护县委的核心地位，充分发挥人大制度独特的政治优势。二是必须主动作为敢担当。始终扛起以法治方式服务发展的使命担当，寓支持于监督之中，不越位不失职，监督工作更有权威。三是必须情系代表激活力。始终把发挥人大代表主体作用作为人大工作的动力源泉，在思想上尊重代表、工作上依靠代表、情感上凝聚代表。四是必须守正创新强基础。始终把加强自身建设作为人大工作的履职根基，不断加强思想淬炼、政治历练、实践锻炼，提升“两个机关”建设水平。

岁月不居，时节如流。回望过去五年的工作，我们也清醒地认识到，还存在许多需要加强和改进的地方，主要是：在服务发展大局、履行好各项法定职责方面还需要不断增强；在增强刚性监督、督促审议意见落实、推动相关问题解决方面还需要持续发力；在提升代表服务能力和水平、更好发挥代表主体作用方面还需要稳步推进。

今后五年工作建议

各位代表，盐池县第十五次党代会擘画了建设“强美富优”现代化新盐池的宏伟蓝图，开启了全县“十四五”高质量发展的新征程。本次大会即将选举产生的盐池县十八届人民代表大会常务委员会，承载着全县人民的期望，肩负着新时代的重任。新一届人大及其常委会将在县委的坚强领导下，坚持以习近平新时代中国特色社会主义思想为指导，深入贯彻党的十九大和十九届二中、三中、四中、五中全会精神，全面落实习近平总书记视察宁夏重要讲话精神，坚持党的领导、人民当家作主、依法治国有机统一，把握新发展阶段，贯彻新发展理念，融入新发展格局，以供给侧结构性改革为主线，以改革创新为动力，以满足人民群众日益增长的美好生活需要为目的，大力实施高质量发展战略、高品质生活战略、高效能治理战略，扎实推进“六大重点产业”“四大提升行动”“六大领域治理”和“双十重大项目”，认真履行法定职责，充分发挥职能作用，努力建设产业强、生态美、百姓富、治理优的现代化新盐池，为加快建设黄河流域生态保护和高质量发展先行区、继续建设经济繁荣民族团结环境优美人民富裕的美丽新宁夏作出积极贡献。

一、以更高站位谋划人大工作，在彰显制度优势上凝聚合力

牢牢把握政治机关属性，强化政治机关意识，深入学习贯彻习近平总书记在中央人大工作会议上的重要讲话精神，掌握核心要义，紧紧围绕全县工作大局依法履职，充分发挥人大制度优势，锚定新时代人大工作的新方位，以更高站位做好新时代人大工作，以强烈的政治责任感和历史使命感，开拓进取，真抓实干，筑牢绝对忠诚的人大根基，丰富人大制度在盐池的生动实践，开创新时代人大工作新局面。

二、以更实举措增强监督质效，在服务转型发展上精准发力

准确把握人大监督的政治定位和法律定位，不断提升监督实效。在实施高质量发展战略方面，锚定发展“六大重点产业”，对产业全面升级、创新驱动发展、全面推进深化改革等工作开展监督，在建设现代化产业新体系中体现人大作为。在实施高品质生活战略方面，聚焦民生改善“四大提升行动”，对筑牢生态屏障、加速城乡融合、增进民生福祉、创建全域文明等工作开展监督，不断满足人民群众对美好生活的向往。在实施高效能治理战略方面，紧盯“六大领域治理”，对民生法治建设、提高基层治理效能、全面建设平安盐池等工作加强司法监督，提升基层治理体系和治理能力现代化水平。在实施高水平监督方面，精准谋划年度监督重点，坚持小中见大、解剖麻雀，总结提炼创新亮点，分析存在问题、提出合理化建议，形成高质量审议报告，为县委决策部署提供参考。对存在问题强化跟踪督办和闭环管理，让人大监督更具刚性。

三、以更优服务支持代表履职，在密切联系群众上深挖潜力

注重完善办理机制，让代表想履职。进一步探索建议办理的评价机制、公开机制，畅通闭会期间代表意见建议办理渠道，不断提高办理的满意率。注重加强服务保障，让代表能履职。组织专题履职培训班，落实代表履职经费保障，畅通代表履职渠道，积极邀请代表广泛参与常委会各项工作。注重创新活动载体，让代表善履职。建好管好用好代表之家、代表工作室、代表活动室，有计划地组织代表开展活动，促进代表履职常态化，打造人大工作品牌。

四、以更高标准加强自身建设，在提升履职水平上持续用力

全面贯彻落实中央、区市党委人大工作会议精神和县委的决策部署，以更加有力的举措强化自身建设，把深入开展党史学习教育作为重要政治任务，坚决扛起全面从严治党主体责任，严格执行中央八项规定精神，不断提升服务保障水平，交出群众满意的新时代答卷。

各位代表，使命重在担当，实干铸就辉煌。我们坚信新一届人大及其常委会在县委的坚强领导下，在上级人大常委会的精心指导下，紧紧依靠全体人大代表，切实肩负起宪法法律赋予的神圣职责，同心同德，凝心聚力，必将为全县实施“三高”战略，推进“四大”任务，建设“强美富优”现代化新盐池作出新的更大贡献！

词语注释：

1.“三高”战略：高质量发展战略、高品质生活战略、高效能治理战略。

2.“四大” 任务：“六大重点产业”“四大提升行动”“六大领域治理”和“双十重大项目”。

3.六大重点产业：滩羊及牧草、肉(奶)牛及其他畜禽、新型材料、绿色食品、清洁能源、文化旅游及现代物流产业。

4.“四大提升行动”：百万移民致富提升行动、城乡居民收入提升行动、基础教育质量提升行动、全民健康水平提升行动。

5.六大领域治理：乡村治理、社区治理、宗教治理、校园治理、企业治理和社团治理。

6.双十重大项目：十大工程项目和十大民生项目。

7.十大工程项目：百万亩优质牧草基地建设项目、盐池滩羊集团全产业链发展项目、城北生态治理及水资源综合利用项目、扬黄灌区渠系配套及调蓄水库建设工程、天然气开发及综合利用项目、工业园区热力岛及城市供热替代工程、创新创业孵化示范园项目、城市更新提升项目、红色资源挖掘提升保护运用项目、社会治理大数据中心建设项目。

8.十大民生项目：乡村振兴示范村项目、移民安置区农村生活污水处理项目、农村冬季清洁能源取暖项目、老旧小区改造项目、民生微实事项目、就业创业促进项目、名师名校长培育项目、义务教育优质均衡发展提升项目、医疗服务能力提升项目、医防医养融合发展项目。

9.“两个机关”：全面担负起宪法法律赋予的各项职责的工作机关，同人民群众保持密切联系的代表机关。

10.“三回访”：建议办理前同代表联系了解意图，办理中同代表沟通办理进度，办理后向代表答复办理结果。

11.“五贴近双联系”：贴近选民、做百姓的知心人，贴近实际、做选民的代言人，贴近群众、做公民的维权人，贴近民生、做发展的带头人，贴近基层、做法律的宣传人，委员联系代表、代表联系选民。

12.“三联一家亲”：党代表、人大代表、村民代表联抓共促，一体化履职；联合共治，多元化参与；联建共享，精准化管理。实现联系群众全覆盖、服务效能最大化、长效联动有保障。

政府工作报告（节选）

——在盐池县第十八届人民代表大会第一次会议上

（2021年10月27日）

盐池县人民政府代理县长　王海宁

过去五年的工作

盐池县十七届人大一次会议以来的五年，是全县上下负重拼搏、砥砺奋进的五年，是老区盐池蓬勃向上、日新月异的五年。五年来，盐池县人民政府坚持以习近平新时代中国特色社会主义思想为指导，在区市党委、政府和县委的坚强领导下，在县人大和政协的监督支持下，团结带领全县人民，沉着有力应对各种风险挑战，坚定不移推动高质量发展，经济社会各项事业取得了新的历史性成就，迈出了全面开启社会主义现代化建设新征程的坚实步伐。

五年来，我们决战贫困，全面建成小康社会。始终紧盯消除绝对贫困目标，整合资金66.2亿元，统筹实施九大工程，闽宁对口协作、中航油定点帮扶倾力相助，74个贫困村全部出列，现行标准下34364名贫困人口全部脱贫，率先在全区摘掉了贫困帽子，荣获全国脱贫攻坚先进集体、脱贫攻坚组织创新奖等全国全区脱贫攻坚荣誉奖项46项，金融扶贫、健康扶贫等一批经验向全国推广。城乡居民人均可支配收入分别从20920元、7674元提高到29831元、13922元，农村居民人均可支配收入增幅连续五年领跑全区，人均国内生产总值从4万元增加至7.2万元、超过全国平均水平，全面建成小康社会综合指数跨入全区第一梯队，兑现了“小康路上一个都不能少”的庄严承诺。

五年来，我们聚力产业，发展动能更加强劲。始终紧盯高质量发展目标，实施重大项目384个，固定资产投资增长42%，县级一般公共预算收入提高到8.86亿元，地区生产总值突破“百亿元大关”、达到115亿元。构建了“1+4+X”特色农业产业体系，盐池滩羊规模化养殖比例达到66%、品牌价值突破88亿元，成功创建国家农村产业融合发展示范园，农牧业总产值增长1.8倍、达到22.7亿元。壮大了工业“四大主导产业”，风光电并网达到477万千瓦，绿色建材年产值突破10亿元，清洁能源、新型材料产业快速发展，规上工业企业增加到67家，工业总产值达到144亿元、年均增长19.4%，对经济增长的贡献率超过65%。打造了“两华一节”文旅体育特色品牌，创建国家AAAA级旅游景区3家，获评首批自治区级全域旅游示范区，建成全区首家民营铁路物流中心，服务业增加值达到43.5亿元，翻了一番。

五年来，我们创新突破，改革活力竞相迸发。始终紧盯融入新发展格局目标，完成重点改革266项，农业水价综合改革、综合医改等23项改革经验向全国全区推广。基层审批服务执法力量改革全面推进，建成县乡村政务服务“一张网”，“证照分离”实现全覆盖，企业开办时间压缩至半个工作日。国资国企改革扎实推进，整合19家国资企业组建融盐公司、滩羊集团，总资产突破23亿元。抢抓“一带一路”及东部地区产业转移等战略机遇，招引项目133个、到位资金396亿元，出口额年均增长7.5%、累计超过1.8亿元。实施重大科技项目50个，荣获自治区科技进步奖11项，天然气提氦技术打破国际垄断、填补国内空白。R&D投入强度由0.24%增长到1.25%，成功创建全国首批、全区唯一的国家创新型县。

五年来，我们统筹全域，城乡面貌焕然一新。始终紧盯城乡一体化目标，持续优化“一城三镇多点”发展格局，编制实用性村庄规划27个，建成全区特色小城镇1个、美丽小城镇5个、美丽村庄84个、乡村振兴示范村36个，综合改造老旧小区92个、棚户区2296户、危窑危房6497户，新增商住面积98万平方米，车位达到2.1万个。全民健身中心、环城公园等一批民心工程如期投用，城市绿化覆盖率、绿地率分别达到44.3%和40.9%，人均公园绿地面积达到19.9平方米，均高于国家标准，村级文化广场、城乡供水一体化实现全覆盖，新型城镇化综合试点、支持农民工返乡创业经验在全国推广，城镇化率达到52.3%，成功入围第七届全国文明城市提名。全面推行“路长制”，新修乡村道路2426千米，通车总里程达到3609千米，成功创建全国“四好农村路”示范县。

五年来，我们守护生态，环境质量大幅改善。始终紧盯绿色发展目标，重拳整治环境污染突出问题，建成了德胜墩水资源综合利用、上峰环保产业园等一批循环经济项目，城区20蒸吨以下燃煤锅炉全部淘汰，工业园区污水集中处理实现全覆盖，平均优良天数比例达到90%以上，县城污水处理率超过92%、中水回用率达到100%，水土环境总体安全稳定。全面构建“一圈一带三区多点”生态安全格局，实施了长城旅游观光带、环城10千米生态圈等一批生态工程，完成营造林55.5万亩、草原生态治理35.5万亩，森林覆盖率、草原综合植被盖度分别达到27.32%和58.45%，高于区市平均水平，宁夏东部生态安全屏障更加牢固，先后荣获全国防沙治沙先进县、三北防护林体系建设工程先进集体等多项国家级荣誉。

五年来，我们践行初心，民生福祉显著提升。始终紧盯共享发展成果目标，85%以上财力用于改善民生。城镇登记失业率控制在3%以内，零就业家庭动态清零。学前教育、高中阶段毛入学率、人均体育场地面积高于全国平均水平，荣获全国义务教育发展基本均衡县、体育事业突出贡献奖。县医院、中医院成功创建二级甲等医院，药品耗材集中带量采购均价降幅超过30%，“互联网+医疗健康”、医共体建设等经验在全国交流，获评首批国家健康促进县。特别是面对突如其来的新冠疫情，全县上下闻令而动、精准防控，始终保持疫情零输入、零感染，中小学率先在全区安全复学，积分制评估复工经验在全区推广。建成图书馆、档案馆，村级文化服务中心全部达到标准化，成功创建国家公共文化服务体系示范区。城乡低保持续提标，高于全区平均水平。普惠养老纵深推进，行政村养老设施实现全覆盖。政府残工委获评全国残疾人工作先进单位。

五年来，我们提升效能，自身建设不断加强。始终紧盯建设人民满意政府目标，把党的政治建设贯穿政府工作全过程、各方面，巩固深化“两学一做”学习教育、

“不忘初心、牢记使命”主题教育成果，扎实开展党史学习教育，重大事项主动向县委请示、汇报，向人大报告、与政协协商，自觉接受人大法律监督、政协民主监督和社会舆论监督，代表议案建议、委员提案、社情民意办复率和满意度均达100%，政府开放日、政策文件图解实现全覆盖，政府凝聚力、执行力、公信力显著增强。高质量完成“七五”普法，依法行政进一步规范。深入开展扫黑除恶专项斗争，“四级网格化”治理体系全面构建，安全生产形势稳定向好，应急救援能力持续提高，连续5年被评为全区平安县。工青妇等群团组织作用充分发挥，国防动员和后备力量建设有力推进，民族宗教工作有序开展，供销、气象、慈善、红十字等事业取得长足进步。

各位代表，五年披荆斩棘、破冰搏浪，五载春华秋实、硕果盈枝。我们培育了一批积蓄动能的重点产业，实施了一批关乎全局的重大改革，办成了一批增进福祉的民生实事，先后荣获国家级荣誉75项、省部级奖项146项，连续5年位列全区效能目标责任制考核优秀等次。这些成绩，得益于上级党委、政府和县委的坚强领导、科学决策，得益于县人大、政协的有效监督、鼎力支持，得益于全县干部群众的同心同德、艰苦奋斗，得益于社会各界的广泛参与、关心帮助，我们必须倍加珍惜！在此，我代表县人民政府，向17.3万老区人民，向各位人大代表、政协委员、各民主党派、工商联、无党派人士和人民团体，向驻盐单位、驻盐部队和武警官兵，以及所有关心、支持盐池发展的老领导、老同志和各界朋友，致以崇高的敬意和衷心的感谢！

五年的发展历程，使我们深刻认识到：始终坚持党的全面领导，严格执行党的路线方针政策，坚决贯彻党中央、国务院决策部署，认真落实区市党委、政府及县委工作要求，是政府工作的根本原则；始终坚持发展第一要务，坚定不移贯彻新发展理念，全力以赴加快经济社会高质量发展，是政府工作的不懈追求；始终坚持深化改革创新，用改革的思维、创新的办法，破解瓶颈制约，闯出新的路径，是政府工作的动力源泉；始终坚持以人民为中心，把人民对美好生活的向往作为奋斗目标，不断提高人民群众的获得感、幸福感、安全感，是政府工作的永恒主题；始终坚持真抓实干作风，奔着问题去，迎着困难上，盯着目标干，以钉钉子精神抓落实，是政府工作的坚强保障。

过往值得深刻铭记，征途不容丝毫懈怠。我们也清醒认识到，全县经济社会发展还面临一些困难和问题，主要表现在：经济增长后劲不足。科技创新引领作用不强，重大项目接续不畅、固定资产投资增长乏力，税源结构单一、收入质量不优，稳增长压力依然很大。产业发展层次不高。重点产业链条短，龙头企业带动能力不强，战略性新兴产业基础薄弱，工业倚重倚能特征明显，农业产品附加值低，服务业规模小，转型升级步伐还需加快。民生服务供给不均。城乡发展不均衡，公共服务供给总量不足、质量不优，城乡居民收入差距较大，就业、教育、医疗、养老等领域供需矛盾依然存在。抵御风险能力不强。安全生产、环境保护、灾害防治等领域风险较多，生态环境依然脆弱，水资源约束日益趋紧，资源优势转化还不充分。政府职能转变不快。一些干部思想解放不够、服务意识不强，不作为、慢作为现象不同程度存在，营商环境还需进一步优化，等等。针对这些问题，我们一定要高度重视，采取有效措施，切实加以解决。

今后五年的主要目标和任务

踏上新征程，奋斗正当时。新一届政府的任期，正值全面开启社会主义现代化建设新征程、向第二个百年奋斗目标进军的关键时期，也是实现盐池高质量发展的历史窗口期，优势与问题并存，机遇和挑战同在。县十五次党代会综合分析大势，提出了努力建设“强美富优”现代化新盐池的发展目标。心向往之、行必能至。我们唯有拿出“立大志、干大事”的决心和气魄，锐意进取、真抓实干，才能推动盐池在高质量发展中抢占先机、赢得未来。

今后五年政府工作的总体要求是：坚持以习近平新时代中国特色社会主义思想为指导，深入贯彻党的十九大和十九届二中、三中、四中、五中全会精神，全面落实习近平总书记视察宁夏重要讲话精神和区市党委、政府部署要求及县委工作安排，把握新发展阶段，贯彻新发展理念，融入新发展格局，以供给侧结构性改革为主线，以改革创新为动力，以满足人民群众日益增长的美好生活需要为目的，大力实施高质量发展战略、高品质生活战略、高效能治理战略，扎实推进“六大重点产业”“四大提升行动”“六大领域治理”和“双十重大项目”，努力建设产业强、生态美、百姓富、治理优的现代化新盐池，为加快建设黄河流域生态保护和高质量发展先行区、继续建设经济繁荣民族团结环境优美人民富裕的美丽新宁夏做出盐池贡献。

主要奋斗目标是：全县地区生产总值年均增长8%以上，固定资产投资年均增长5%左右，规上工业增加值年均增长11%以上，县级一般公共预算收入年均增长5%左右，城乡居民人均可支配收入年均分别增长7%和10%以上，社会消费品零售总额增长6%左右。到2026年，县域综合实力显著增强，地区生产总值突破200亿元、人均地区生产总值突破11万元，经济增长主要指标高于区市平均水平，争创西部百强县。

一、抓创新、促转型，奋力实现产业强

坚持创新在现代化建设全局中的核心地位，加快发展“六大重点产业”，构建区域化产业集群、现代化产业体系，着力打造全区产业转型发展示范区。

——工业经济提质扩量。坚持工业强县战略不动摇，紧盯“双碳”目标，大力实施“四大改造”，构建绿色、低碳、循环的新型工业体系。加快化工新材料、绿色建材产业改造升级、延链补链，促进清洁能源、绿色食品产业扩大规模、提档增效，推进两个千亿方级气田开发及综合利用、浙江正泰新能源装备制造产业园项目建设，培育清洁能源、新型材料百亿级产业集群，打造宁夏清洁能源枢纽中心。实施“5G+智慧工业”工程，新建一批产业创新平台、技改技创示范企业，建成区级科研平台5家以上，推动有研发活动的规上企业占比达到35%以上。持续优化工业园区空间和产业布局，推动高沙窝集中区和大水坑石膏深加工区集聚发展，推行“管委会+公司”运营模式，完善基础设施配套，不断提升园区承载力。到2026年，工业总产值突破300亿元，R&D投入强度达到2.5%以上，高新技术企业占比达到30%，实现培育百家规上企业、转化百项科技成果、落地百个亿元项目“三个一百目标”。

——特色农业提档增效。坚持以特色产业培育优质企业，以企业发展带动产业提升。强化龙头企业示范引领作用，培育和引进一批新型农业经营主体，引导乡镇特色产业差异化、错位式发展，提升农业质量效益和竞争力。聚焦正宗、品质、效益三大目标，推进“种养+”一体化，加快实施滩羊优势特色产业集群项目，建成自治区滩羊标准化养殖示范县，打造盐池滩羊国家地理标志产品保护示范区，全力推动盐池滩羊质优价更优。坚持“产加销”一体化发展，高标准推进“三基地一园区”建设，不断提升黄花菜、小杂粮、中药材、优质牧草产业水平，农产品加工转化率超过70%。大力发展设施农业，建设高标准农田5万亩，农业灌溉水有效利用系数达到0.7以上，不断夯实粮食安全、农业现代化基础。到2026年，农牧业总产值突破30亿元。

——现代服务业提速升级。持续增强生产性服务业对产业升级的支撑能力，着力引导生活性服务业趋向品质化、精细化。加快特色街区、城乡商网和专业市场建设，提升康养托幼、家政物业、特色餐饮等产业层次和服务水平，鼓励物流企业共建共享基础设施和配送渠道，打通农产品进城“最初一千米”和消费品下乡“最后一千米”，全面释放消费潜力。加强与东部沿海地区商贸合作，精心打造盐池县新经济产业园和滩羊小镇商服综合体，促进会展经济、直播带货等新业态发展壮大，大幅提升电商孵化园实体化运营效能。加快长城、长征国家文化公园建设，不断优化全域旅游发展格局，推动盐州古城历史文化旅游区成功创建国家AAAAA级旅游景区。到2026年，电商交易额突破10亿元，服务业增加值占国内生产总值比重达到45%以上。

——项目建设提标加速。坚持把重大项目作为高质量发展的战略支撑，全力推进“十大工程项目”“十大民生项目”建设。综合运用产业招商、以商招商、专业招商等各种形式，突出引龙头、带配套、补链条，主动承接东部发达地区产业转移，加强毗邻县区产业协作，融入能源化工“金三角”，推进与宁东能源化工基地一体化发展，谋划实施国电投铝型材、新珂源天然气液化二期扩建、新大泽螺旋藻等一批重大产业类项目。抢抓黄河黑山峡水利枢纽和陕甘宁革命老区供水工程建设机遇，实施供水能力提升工程，加快建设扬黄灌区渠系配套及调蓄水库项目，全面提升水利支撑保障能力。积极融入国家高铁网络，争取建设银太高铁盐池中心站，加快推动银百—银昆高速连接线、青银高速盐池段扩建工程规划建设，建成县城至麻黄山快速通道，持续完善“四纵八横”交通体系。到2026年，固定资产投资累计突破400亿元，招商引资到位资金累计突破500亿元。

二、抓治理、重保护，奋力实现生态美

坚持生态立县战略不动摇，扎实开展生态修复，毫不放松抓好环境保护治理，坚决守好生态环境生命线，着力打造全区生态文明建设示范区。

——加强生态建设。统筹推进山水林田湖草沙冰系统治理，持续开展大规模国土绿化，全面实施“一村万树”工程，大幅提升生态系统碳汇能力，完成营造林51万亩、灌木抚育50万亩、退化草原生态修复20万亩，森林覆盖率、草原综合植被盖度分别达到30%和60%，实现城区三季有花、四季常青，打造“村在绿中、路在林中、房在园中、人在景中”的美丽乡村，争创国家生态文明建设示范县、国家森林城市和全国绿水青山就是金山银山实践创新基地。持续开展小流域综合治理，加快百万亩天然草原修复补播改良和优质牧草基地建设，争创国家水土保持示范县。严格落实生态保护红线和永久基本农田政策，坚决遏制耕地“非农化”、防止“非粮化”。

——加大环境治理。坚决打好蓝天、碧水、净土保卫战，深化“四尘同治”“五水共治”“六废联治”，加强农业面源污染防治，平均优良天数比例保持在90%以上，城市生活污水处理全部达到地表准Ⅳ类水质、地表水国考断面全部达到Ⅲ类水体，危废固废安全处置率达到100%、土壤环境安全可控。综合防范油区、矿区、园区、保护区等多源污染，强力推进环保督察反馈问题整改销号。深入开展能耗总量和强度双控行动，坚决遏制“两高”项目盲目发展。到2026年，绿色国内生产总值占比超过98%，万元国内生产总值综合能耗、碳排放和主要污染物排放总量下降15%以上。

——加快绿色发展。坚持环境效益、社会效益、经济效益一体布局，全力打造城北生态文化旅

游区，加快全国整县屋顶分布式光伏开发试点、上峰固废危废协同处置基地建设，持续释放生态红利。紧盯节水增效、盘活增值、降污增益、植绿增绿，深化节水型社会建设，推动自治区“以地换林”试点改革取得重大突破、“四权”改革走在区市前列。建立生态补偿基金制度，加大小型采矿企业归并整合力度，全面提高资源节约集约利用水平，争创全国干旱节水型绿色矿业发展示范区。严格土地供应保障，深入推进城镇低效用地再开发，积极盘活闲置土地，提升土地资源利用效率。

三、抓基础、惠民生，奋力实现百姓富

坚持把实现好、维护好、发展好最广大人民根本利益作为发展的出发点和落脚点，深入实施“四大提升行动”，扎实推动共同富裕，确保每年民生支出占比保持在85%以上，让全县群众的获得感更具成色、幸福感更可持续，着力打造全区城乡融合发展示范区。

——全面推进乡村振兴。统筹“五大振兴”，加快“数字乡村”建设，接续推进“多规合一”实用性村庄规划编制，全面开展人畜分离整治，新建美丽村庄40个，乡村振兴示范村实现全覆盖，构建干净、整洁、宜居、美观的农村人居环境。实施乡村人才“四大工程”，发挥“两个带头人”作用，培养更多爱农业、懂技术、善经营的新型职业农民。全面深化农业农村改革，稳妥推进农村集体土地流转，支持集体资产和财政扶持资金参股农民专业合作社和工商企业，培育“一村一企”，不断拓宽村集体经济收入来源。持续深化闽宁协作、中航油定点帮扶，健全防止返贫动态监测和帮扶机制，确保“三类人口”动态清零，坚决守住不发生规模性返贫底线，打造巩固拓展脱贫攻坚成果同乡村振兴有效衔接全国样板。

——全位促进城乡融合。强化以工补农、以城带乡，完成国土空间规划编制，加快新型城镇化建设，构建区域协调发展新格局。加速城市更新，实施一批居民小区提档升级、公共服务提标扩面、产业配套提质增效、环卫设施提级扩能项目，全面建成“15分钟便民生活圈”，争创全国文明城市。打造惠安堡交通枢纽型、大水坑商贸物流型、高沙窝工贸服务型和王乐井、青山、冯记沟、麻黄山农旅融合发展型特色乡镇，全面增强中心城镇综合服务功能。健全就业创业服务体系，加大城乡闲置劳动力、退役军人、残疾人等重点人群就业帮扶，强化农民工市民化政策保障，有效解决“就业难”“招工难”，确保城镇调查失业率控制在5.5%以内。到2026年，城乡居民人均可支配收入分别突破4.2万元和2.3万元、倍差缩小到1.9以内，城镇化率提高到60%。

——全力优化民生供给。坚持立德树人根本任务，深入开展教育评价改革，建立“县管校聘”长效机制，开展“四项计划”，加快“六牌联创”，积极引进优质教育资源，整合优化农村小规模学校，持续提升乡镇寄宿制学校标准化水平，办好新时代人民满意的教育。扎实推进健康盐池建设，深化“三医联动”，健全完善疫情防控、疾病救治和医疗保障体系，探索“县外重点医院＋县域医共体”共建发展模式，常态化聘请专家来盐坐诊，力促县医院创建三级乙等医院。实施全民健身设施补短板工程，建成县城“10分钟健身圈”，经常参加体育锻炼人数达到40%以上，促进全民健身和全民健康深度融合。积极发展普惠互助养老，优化生育政策，健全救助体系，推动慈善、残疾人和妇女儿童事业健康发展，切实提高基本服务兜底保障能力。深入实施文化惠民工程，优化城乡资源供给，加强文物保护，全面提升文化软实力。

四、抓服务、保稳定，奋力实现治理优

坚持统筹发展和安全，纵深

推进“六大领域治理”，构建共治共享社会治理新格局，着力打造全区县域基层治理示范区。

——深化平安盐池建设。健全公共安全体系，稳妥做好金融风险防范、政府债务化解、僵尸企业处置等工作，常态化开展扫黑除恶斗争，推进信访积案集中化解，年度矛盾纠纷化解率稳定在98%以上，争创全国信访工作示范县。深入开展安全生产专项整治，加强道路交通、危险化学品、食品药品等重点领域安全风险管控和隐患治理，严防较大以上事故发生，持续提升本质安全水平。加快“天网”“地网”建设，筑牢反诈防控网络，公众安全感保持在95%以上，争创全国平安建设先进县。

——打造一流营商环境。深化“放管服”改革，探索完善区域资源配置、利益分配、服务共享等合作新机制，支持专业的人干专业的事，推动有效市场和有为政府更好结合。深化金融、财税等领域改革，优化行政审批流程，加快政务服务事项划转，“不见面马上办、一件事一次办”比例达到95%以上，营商环境综合评价进入全区前列，推动高质量“引进来”和高水平“走出去”。加快融盐公司、滩羊集团市场化改革，提升国有资本经济社会效益。到2026年，全县市场主体总量突破2万户，出口额超过2亿元，国企总资产达到30亿元以上、实现收入6亿元。

——提升政府服务效能。坚决服从县委领导，自觉接受县人大法律监督、政协民主监督、监委监察监督和社会舆论监督。建立“互联网+公共法律服务”体系，扎实开展“八五”普法和法治乡村创建，法治建设满意度保持在95%以上，争创全区法治政府示范县。启动城乡智慧社区（村）规划编制，全面推进全国婚俗改革试点县建设，建成全国市域治理现代化试点合格县。深入开展民族团结进步示范创建，依法管理民族宗教事务，落实落细意识形态工作责任制，铸牢中华民族共同体意识，切实构筑共有精神家园。支持群团组织工作，深化双拥共建和国防教育，争创全国双拥模范县、全国科普示范县。

2022年重点工作

2022年全县经济社会发展的主要预期目标是：地区生产总值增长9%，固定资产投资增长10%，县级一般公共预算收入增长5%，城乡居民人均可支配收入分别增长7%和11%，社会消费品零售总额增长6.5%，规上工业增加值增长12%，完成年度能耗“双控”任务。

一、坚持项目为王，夯实经济增长基础

坚持把经济发展的着力点放在实体经济上，立足投资拉动、项目支撑、产业转型，推动经济发展实现量的合理增长和质的稳步提升。

精准扩大有效投资。瞄准国家和自治区“十四五”投资方向、政策导向，加快实施黎明水库、省道201、202、309改扩建等一批打基础、利长远的重大基础设施项目，完成争项目争资金32亿元以上。聚焦“六大重点产业”高质量发展，健全部门、乡镇全员招商考核激励机制，精准开展产业招商、专业招商、以商招商、资本招商，全年落地5亿元以上重大产业项目10个，招商引资到位资金85亿元以上。落实重点项目清单化推进机制，加快晟荣信息新材料、中民新能共享储能电站等一批社会效益高、产业互补强的好项目投产达效，全年实施重点项目110个。

加快工业转型升级。启动“气化盐池”“光伏+”工程，加快定北、青石峁气田勘探开发和天然气就地转化利用，推动天利丰液化天然气联产氦气、巨拓石膏深加工等项目建成投用，力促风光电并网超过500万千瓦、天然气日处理能力突破500万立方米、

石膏产业总产值达到5亿元以上。探索建立“管委会+公司”服务管理机制，实施动力岛、污水处理等配套项目，提升工业园区集聚能力和服务水平。鼓励重点用能企业节能改造和技术提升，实施技改技创项目10个。支持怡健生物、迪葳食品等出口型企业做大做强，出口额突破亿元大关。加强重点企业运行监测，年内新增规上企业5家以上。

推动三产多元融合。加快城北生态文化旅游区建设，实施长城遗址保护修缮和基础设施提升等文旅项目5个，创建国家3A级景区1个，引进重点文旅企业2家，高标准举办“两华一节”，旅游综合收入达到7亿元。开展消费惠民行动，培育新型消费产品5个，发展品牌连锁店10家。实施智慧物流提升工程，加快宁夏邮政仓储物流分拣中心、德昌铁路物流二期、汪水塘物流中心建设，快递收发量突破1500万件、铁路货物到发量超过160万吨。加快电商孵化园改造提升，完善滩羊小镇基础设施，支持电商新业态发展，完成交易额5亿元以上。新增入规上限服务业企业10家，服务业增加值增长8%。

二、加快有效衔接，推动“三农”全面发展

坚持农业农村优先发展，推动脱贫攻坚同乡村振兴有效衔接，促进农业高质高效、农村宜居宜业、农民富裕富足。

全力提升农业质效。实施“三名工程”，打造“一乡一品”富民产业，引进培育龙头企业2家、新型经营主体30个。加强盐池滩羊地理标志农产品保护和企业品牌培育，启动实施盐池滩羊全产业链项目，加快建设滩羊现代农业产业示范园，建成国家畜禽核心育种场1个、标准化养殖示范村22个，新改建生态牧场30个，滩羊规模化养殖比例达到70%、饲养量稳定在320万只以上。启动建设“种养+”一体化示范区，建成高标准农田1万亩，提标改造国家级黄花菜绿色生产示范基地5000亩，抚育中药材6万亩，种植小杂粮50万亩，新增优质牧草15万亩，粮食产量稳定在13.5万吨以上。农牧业总产值达到25亿元以上。

加快建设宜居乡村。优化乡村空间布局，编制“多规合一”实用性村庄规划25个，建设乡村振兴示范村25个、美丽村庄8个，加快高沙窝高标准重点小城镇建设，启动冯记沟乡政府驻地搬迁，新修改建村组道路90千米。深入开展农村人居环境整治，加快“十百千”示范创建，完成村庄绿化5000亩，改厕1500户、农村改厕率达到68%，新建农村污水处理设施7个，生活垃圾无害化处置实现全覆盖。健全现代乡村“三治”融合治理体系，优化提升乡村治理中心6个，培育良好家风、淳朴民风、文明乡风。

稳步增加农民收入。实施新型农民培育和就业能力提升工程，培养农技人员80人、高素质农民400人，解决脱贫群众就业1.3万人次以上。探索“文旅+”“电商+”等联农带农新业态，因地制宜发展乡村旅游、庭院经济，鼓励土地向新型经营主体适度集中、规模经营，培育引进农产品深加工企业2家以上，不断拓展群众经营性、工资性收入来源。扎实推进百万移民致富提升行动，鼓励移民村发展特色产业，拓宽就地就近就业渠道。探索村企合作、村企联建发展模式，村均集体经营性收入超过15万元。

三、深化改革创新，持续激发内生动力

坚持改革为要、创新赋能，全面释放社会创造力，全方位提升市场竞争力。

强化创新引领。突出企业科技创新主体作用，支持企业设立

“飞地”研发中心，培育国家级高新技术企业、科技小巨人、农业高新技术企业3家，自治区级科技型企业3家，科技创新平台2个。实施名校优生引进和本土人才培养计划，新增科技特派员10名，引进专家25名，人才密度达到10%。深化院地、企地共建，加强科技成果转化，集中攻关盐池滩羊基因速测、石膏添加剂制品、人工甘草品质提升等一批关键技术，引进产业科技项目15个，培育新技术10个、新品种20个，R&D经费投入强度达到1.6%。

深化重点改革。建立全市农村集体经营性建设用地入市试点改革机制，完善末级渠系分类水价改革制度，开展资源权益有偿使用和交易，初步实现资源有价、使用有偿、交易有市、改革有效，探索一批可复制、可推广的“四权”改革“盐池模式”。推进财税体制改革，实行绩效评价与部门预算“双监控”，不断提高财政资源配置效率和使用效益。深化国企改革三年行动，完善国有资产监管机制，推动国有企业稳健发展，实现收入3.2亿元。

优化营商环境。加快数字政府建设，提升“互联网+政务服务”水平，网上可办率、“最多跑一次”事项占比达到90%以上，推动69件高频事项“跨省通办”“区内通办”。进一步精简规范办事流程，审批事项办结时限总体压缩80%，新增市场主体2500户。建立“府院联动”协作机制，源头治理“僵尸企业”不愿退、退不出，盘活“僵尸企业”7家。深化精准服务企业专项行动，严格落实稳企惠企政策，促进小微企业健康发展，着力打造更优营商环境。

四、完善城市功能，丰富城市颜值内涵

紧盯创建全国文明城市目标，加快城市更新，提升全民素养，全面增强城市竞争力、展示城市新形象。

提升承载能力。统筹推进市政一体化，实施花马池街、广惠街雨污分流改造等项目12个，完善安全、可持续的城市基础设施支撑体系。健全“多主体供给、多渠道保障、租购并举”的住房制度，新开发商住面积控制在20万平方米以内，综合改造老旧小区27个、整合零散小区10个，盘活安置房500套，加快推进公租房小区天然气入户，鼓励支持有条件的小区加装电梯，为市民提供更加舒适便利的居住环境。

提升城市形象。加快老城区再开发，挖掘历史文化元素，改造提升民族街、滩羊美食街等古韵特色街区，稳步开展背街小巷整治、危旧房屋征收，分批改造迁户小区和老街道外立面，着力塑造古城新风貌。坚持新建增绿、拆违植绿，加快城北湿地公园建设，腾退城区土地50亩，实施绿化提升项目12个，新增城市绿地300亩，城市绿化覆盖率、绿地率分别达到45.4%和41.2%，实现“开窗见绿、出门进园”。

提升管理水平。加快智慧城市建设，新建5G基站100个、车位500个、充电桩40个，整治交通陋习、维护市场秩序、推动三线入地，加快城市道路建管养无缝对接，促进城市治理向精细化转型。健全社区管理服务机制，提高物业服务质量和标准化水平，培育引进物业管理公司2家。完善差别化落户政策，增强农业转移人口和外来移民安家落户吸引力，城镇化率再提高0.8个百分点。

五、守好青山绿水，筑牢生态安全屏障

坚持保护优先，统筹生产、生活、生态发展空间，持续深化生态文明建设。

加大修复力度。加快退化草原植被修复和荒漠化草原治理，实施重大生态保护和修复项目14个，抚育碳汇林5万亩，完成营造林12万亩、柠条平茬40万亩、退化草原生态修复4万亩，治理水土流失100平方千米，森林覆盖率、草原综合植被盖度分别达到28%和58.8%。严格落实生态环境损害赔偿、依法披露等制度,让保护生态得到合理回报、破坏环境付出沉重代价。

巩固防治成果。建立重污染天气应急管控机制,推进“散乱污”企业和非煤矿山扬尘治理,科学划定县城高污燃料禁燃区,改造清洁取暖9000户,平均优良天数比例保持在90%以上。实施水污染综合治理工程,启动建设县城第二污水处理厂、污水集中处理率达到97%,整治河沟道43千米、“三河三沟”和水源地水质全部稳定达标。完善土壤环境质量监测网络,强化固废危废污染综合防治、安全规范处置率保持在100%,秸秆综合利用率、残膜回收利用率均达到90%以上。

发挥资源效益。推动矿业转型与绿色发展,归并整合高耗低产矿山企业10家,引进培育新型矿山企业2家。健全完善土地供应保障机制,推动城乡存量土地再开发、盘活闲置土地500亩,促进土地与资本互换增值、完成跨省补充耕地指标交易2万亩,不断提高土地节约集约利用水平。全面推进“互联网+城乡供水”建设,强化分类分区管控,城镇污水回用率超过95%。

六、推进共建共享,擦亮群众幸福底色

坚持民之所望、施政所向,加强普惠性、基础性、兜底性民生事业建设,不断满足人民群众对美好生活的新期待。

促进就业创业。深入实施城乡居民收入提升行动,完善就业创业支持政策,发放创业担保贷款8000万元,培育创业园区3个、创业实体400个,农村劳动力转移就业4.3万人次,新增城镇就业1200人,确保零就业家庭动态清零。强化职业教育,联合宁夏职业技术学院开设宁夏盐池滩羊现代产业学院,全面推进“盐”字号产业技能培训,完成培训3200人次以上。畅通工资争议处理绿色通道,切实保障劳动者合法权益。

提高教育质量。扎实推进基础教育质量提升行动,完成五中、一小、长城希望小学改扩建项目,建成二中、四幼等中小学、幼儿园5所,新增学位4300个,彻底消除大校额、大班额。启动教育评价改革试点和名师名校长培育工程,加强师德师风、教风学风和未成年人思想道德建设,全面推行课后服务“5+2”模式,有序推进“双减”工作,推动学生德智体美劳全面发展。

增进健康水平。全面开展全民健康水平提升行动,推进医疗健康总院实体化运行,新建肿瘤中心、慢病中心,建成乡镇发热门诊2个、中医药专家传承工作室1个,聘请专家来盐坐诊300人次以上,县域群众就诊率、基层就诊率分别提高到88%和58%。深化医保支付方式改革,持续推进药品耗材集中带量采购。加强常态化疫情防控,坚决守护全县人民生命安全和身体健康。

繁荣文体事业。坚持文化资源共享,加强红色资源挖掘保护,创作文艺精品20部,开展公益演出300场次以上,加快数字图书馆、文化馆分馆建设,创建国家一级图书馆。广泛开展全民健身活动,新改扩建公共体育健身场馆3个,数字化升级全民健身场地10个,改造健身步道13千米,争创全国全民健身模范县。

兜牢民生底线。继续办好十个方面的民生实事,不断扩大民生微实事项目规模,真正把好事办好、实事办实。积极应对人口老龄化,完善医养康养服务体系,新建社区医养中心2个、康护机构4个,适老化改造200户。提升婴幼儿照护服务水平,完善居住社区婴幼儿活动场所9个,千人托位数达到100个以上。统筹社会救助、社会福利、慈善事业,积极推进城乡最低生活保障提标,改造重度残疾人家庭无障碍环境120户。

提升治理能力。新建社会治理大数据中心，持续开展扫黑除恶斗争，严厉打击各类违法犯罪，完善矛盾纠纷多元调处机制，加大涉法涉诉疑难案件化解力度，信访积案化解率稳定在98%以上。深入开展"八五"普法。稳妥化解政府债务，规模控制在绿色等级。巩固提升安全生产专项整治三年行动，建成应急指挥中心和实训实操基地，不断提高防灾减灾救灾能力，坚决防范较大以上安全生产事故发生。充分发挥工青妇等群团组织桥梁纽带作用，深化双拥共建，持续推进民族团结进步创建，促进各民族交往交流交融。

全面加强政府自身建设

各位代表，社会主义是干出来的，幸福是奋斗出来的。面对全县人民的热切期盼，面对高质量发展的紧迫任务，新一届政府必须在县委的坚强领导下，强化担当、认真履职，全力建设人民满意的服务型政府，为加快建设产业强、生态美、百姓富、治理优的现代化新盐池提供有力保障。

忠诚施政。始终坚持以习近平新时代中国特色社会主义思想为指导，持续深化第一议题制度，不断增强"四个意识"、坚定"四个自信"、做到"两个维护"，切实提高政治判断力、政治领悟力、政治执行力。坚决贯彻党中央、国务院决策部署，认真落实区市党委、政府工作要求，做到县委有安排、政府有行动。

依法行政。严格落实"三重一大"决策程序，把政府决策与群众参与、专家咨询、法律审查有机结合，自觉接受人大法律监督、政协民主监督，认真办理人大代表议案建议和政协委员提案，持续推进政府信息公开，不断提高决策透明度和公众参与度。

务实勤政。坚持把抓落实作为政府工作的第一要求，锚定改革发展稳定任务，开展清单式交办、项目化推进，破除思维定式、克服传统依赖，持续精文减会、改进调查研究，大力破解产业、项目、融资和用地等难题，做到定必干、干必成。

为民当政。始终把百姓冷暖放在心上、把群众满意摆到首位，进一步畅通渠道、简化程序、创新服务，下更大力气解决好群众、企业、基层反映强烈的共性问题、深层次问题、老大难问题，确保发展前进一步、民生改善就跟进一步。

从严治政。坚决扛起全面从严治党政治责任，严格执行中央八项规定及其实施细则精神、自治区"八条禁令"和县委"十个严禁"，强化监委、财政、审计、统计监督，加强土地出让、政府采购、工程招投标等领域监管，大力压减一般性支出和非重点支出，从严惩治各类腐败，确保政治清明、政府清廉、干部清正。

名词解释：

1.九大工程：基础设施建设、产业扶贫、金融扶贫、教育扶贫、健康扶贫、精神扶贫、社会帮扶、扶贫对象动态调整、脱贫攻坚"回头看"工程。

2."1+4+X"特色农业产业体系、工业"四大主导产业"、"两华一节"文旅体育特色品牌："1+4+X"特色农业产业体系即1是指滩羊，4是指黄花菜、小杂粮、牧草和中药材，X是指生猪、肉牛(驴)、油料、西甜瓜、蔬菜等适合家庭经营的产业。工业"四大主导产业"即煤化工、油气化工、农副产品和石膏精深加工。"两华一节"文旅体育特色品牌即"盐州大集 民俗嘉年华"冬春季文化旅游、"航空嘉年华"文化旅游体育赛事和"中国农民丰收节"滩羊美食文化旅游体育赛事系列活动。

3."四权"改革：用水权、土地权、排污权和山林权改革。

4.一城三镇多点：以县城为中心，以大水坑商贸物流型、惠安堡交通枢纽型、高沙窝工贸服务型重点小镇为次中心的城乡发展格局。

5.一圈一带三区多点：围城生态圈，长城旅游观光和生态修复带，南部水土流失防治生态区、中部水源涵养生态区、北部防沙治沙生态区串联的城乡绿网。

6.三基地一园区：国家级黄花菜绿色生产标准化示范基地、国家级杂粮杂豆繁育基地、百万亩优质牧草基地和万亩盐碱生物科技产业园。

7."双碳目标""两高项目"：双碳目标即二氧化碳排放力争于2030年达到峰值，努力争取2026年实现碳中和目标。两高项目即高耗能、高排放的项目。

8.四大改造：结构改造、绿色改造、技术改造、智能改造。

9."四纵八横"交通体系：四纵即银百高速、省道202+国道338冯记沟至惠安堡＋国道211、高利乌苏至王乐井至青山＋省道201（青山至麻黄山）、国道338线宁蒙界至盐池＋省道201线县城至猫头梁＋东干线（猫头梁至沙崾岘）；八横即营西经苏步井至东塘（左蔡线）、青银高速、国道307、省道308+国道338线郑记堡至县城、定武高速、国道244、省道309线、省道310+萌城至麻黄山至前塬。

10."四尘同治""五水共治""六废联治"：四尘同治即扬尘、煤尘、汽尘、烟尘共同治理，五水共治即治污水、防洪水、排涝水、保供水、抓节水共同治理，六废联治即实施建筑垃圾、生活垃圾、危险废弃物、畜禽养殖废弃物、工业固废、电子废弃物联合治理。

11.乡村人才"四大工程"：高素质农民培育、农业实用技术培训、新型农业主体能力提升和现代青年创新创业培训工程。

12.三类人口：脱贫不稳定户、边缘易致贫户、突发严重困难户。

13."四项计划""六牌联创"：四项计划即学校党建和德育品牌创建、名师名校长培育、课堂教学质量增优、校园治理能力提升计划；六牌联创即创建全区学前教育普及普惠县、义务教育优质均衡发展县、"五育"并举示范县、体教融合示范县、校园治理示范县、全国未成年人思想道德建设先进县。

14.县管校聘：坚持中小学教师"以县为主"管理体制，按照"总量控制、统筹调配、竞聘上岗、合同管理"工作要求，完善县管人员编制、人员结构、岗位设置、交流轮岗，校管岗位聘用、绩效工资分配、考核奖惩等管理机制；建立教职工编制、岗位和年度专业技术职务评聘计划总量控制机制，有效解决教师阶段性缺编和学科性缺编问题，促进教师资源合理配置。

15.三医联动：医保体制改革、卫生体制改革与药品流通体制改革联动。

16.气化盐池：依托已探明的青石峁、定北两个千亿立方米级大气田勘探开发，实现天然气就地转化利用，使用天然气代替工业企业和群众生产生活燃煤需求。

17.三名工程：培育一批知名企业、知名品牌、知名企业家。

18."十百千"示范创建：每年创建10个农村人居环境整治示范村、100个农村人居环境整治示范组、1000户农村人居环境整治示范户。

19."飞地"研发中心：指县外企业到盐池县设立或者县内企业到县外设立，主要从事研究开发、技术转化等科技创新活动，具有相对独立地位的研究开发机构。

20.府院联动：加强政府与法院之间协作联动，有序推进法治政府建设、多元矛盾化解、"僵尸企业"处置等工作，实现行政与司法的良性互动。

21.三线入地：指供电、通信、有线电视等线路，从以往架在空中的方式改为全部埋入地下的方式。

22."双减""课后服务'5+2'模式"：双减即减轻义务教育阶段学生作业负担，减轻学生校外培训负担；课后服务"5+2"模式即学校每周5天都要开展课后服务，每天至少开展2小时，结束时间与当地正常下班时间相衔接。

中国人民政治协商会议
第十届盐池县委员会常务委员会工作报告

——在政协第十一届盐池县委员会第一次会议上

（2021 年 10 月 26 日）

盐池县政协主席 贺满文

五年工作的回顾

过去的五年，是盐池县发展历史上极不平凡的五年，也是政协发展历程中极不平凡的五年。全县高水平完成脱贫攻坚任务，高质量完成“十三五”规划目标，小康社会全面建成，中国共产党盐池县第十五次代表大会擘画了盐池县新的发展蓝图。自治区党委历史性地开展贯彻落实中央和自治区党委政协工作会议精神专项督查，盐池县委政协工作受到高度评价。县委、县政府高度重视政协工作，历史性地召开了县委政协工作会议，党政主要领导参加政协全体会议和联组讨论会议，听取委员意见建议，并对政协工作和委员履职提出希望。五年来，在县委的坚强领导下，在区、市政协的悉心指导下，政协常委会坚持以习近平新时代中国特色社会主义思想为指导，全面贯彻落实中共中央和自治区、市、县委政协工作会议精神，坚决贯彻县委的决策部署，围绕中心、履职尽责，政协工作再上新台阶、作出新贡献。

（一）习近平新时代中国特色社会主义思想学习持续深化。五年来，常委会始终坚持把学习作为首要政治任务，紧紧围绕习近平新时代中国特色社会主义思想、习近平总书记视察宁夏重要讲话及最新讲话精神的学习领会，对标习近平关于新时代加强和改进人民政协工作重要思想、中共中央和各级党委对人民政协工作的新部署、新要求，扎实推进“两学一做”学习教育、“不忘初心、牢记使命”主题教育、党史学习教育、“新时代新使命新样子”学习讨论等主题学习教育。以政协党组理论学习中心组、政协“习近平新时代中国特色社会主义思想学习座谈会”学习研讨为引领，以常委会、主席会议、专委会功能型党支部、机关党支部学习、委员集中培训学习等为载体，以“盐池议政”微信平台每日推送学习、书香政协建设等为辅助，实现了学习讨论对政协机关干部、全体政协委员的全覆盖。共召开各类形式的学习研讨会 47 次，集体学习会 200 余次，组织政协委员集中培训 10 次，收集和发表学习体会和理论文章 360 余篇。在建党 100 周年之际，县政协围绕学史明理、学史增信、学史崇德、学史力行总要求，扎实推动以习近平总书记在庆祝中国共产党成立100周年大会上的重要讲话精神和“四史”学习为重点，以学党史、悟思想、办实事、开新局为目标，结合政协实际，创新推动在政协委员中开展党史学习教育等13项自选动作，取得显著成效。通过持续性学习研讨，政协委员和机关干部思想认识、理论素养、履职能力不断提升，增强“四个意识”、坚定“四个自信”、做到“两个维护”的思想根基不断夯实，履职的责任感和使命感不断增强。

（二）协商议政成果丰硕。全面高质量完成了县委确定的各年度协商计划议题。五年来，县政协围绕助推高质量发展、打好“三大攻坚战”、实施“三大战略”、守好“三条生命线”、推进“六大重点特色产业”、实现“十四五”良好开局等目标任务，深入开展协商议政活动。聚焦“放管服”等各领域改革、城镇化建设、环境治理、“健康盐池”建设、公共法律服务体系建设、重点产业发展等关系全县发展全局性问题的11个议题，深入调研，召开专题议政性常委会会议，组织专题协商议政。针对特色产业、石膏等资源开发、中小企业发展、义务教育均衡发展、红色资源挖掘利用、农村“厕所革命”以及科技创新平台、天然草原建设等全县经济社会发展重要领域的24个议题，开展专题协商会议重点协商。围绕社区矫正、健康养老、宗教场所文化阵地建设、老旧小区管理、新冠疫情影响下的专业市场运营情况、特色产业链延伸、青少年法治教育、“农特产品直播带货”等一大批涉及群众切身利益的具体问题，开展以专委会为基础、政协委员广泛参与的对口协商、界别协商、“大家来协商”等“一线”协商。扎实推进提案办理协商，5年累计提出提案438件，审查立案359件，办复率达100%。积极参与自治区、市、县三级政协针对脱贫攻坚、“健康宁夏”建设、协商民主在县域治理中的作用等议题开展联动调研、网络议政和远程协商活动。每年组织三级政协委员视察县域经济，听取政府关于全县经济运行、重点项目建设、招商引资等情况通报并组织协商讨论。召开5次专题常委会，听取涉及医疗卫生、国资管理、文化产业、工业园区等体制改革情况和乡村振兴、“十三五”规划完成和“十四五”规划编制以及财政绩效管理、区域物流集散中心建设等重点专项工作情况的通报，并组织调研讨论，开展决策之前和决策执行之中的政协协商。针对工业园区“散乱污”治理和“僵尸企业”整治、城市综合执法体制改革、全域旅游三年行动方案落实、特色小城镇建设、大气和水环境治理、中央环保督察组转办问题整改等情况开展协商式民主监督，对社保局、车管所、师资培训中心工作和扶贫办技能培训工作、公安局扫黑除恶专项斗争工作等，进行民主评议监督，应邀选派政协委员担任特邀监督员、行风评议员，列席县委常委会、政府常务会议、参加政府部门“开放日”活动等，开展日常监督。所有协商和民主监督活动均组织扎实的调研、充分的协商讨论、形成协商报告，提出意见建议。政协各次全会、政协委员县域经济视察、常委会听取情况通报等建言献策情况均以会议简报和协商情况综述形式上报县委、县政府，累计形成各类协商报告60多篇，归纳提交政协全会、政协常委会委员发言形成的意见建议1000多条。政协履职成果得到党政主要领导批示，受到社会关注。委员们的意见建议或被相关部门直接采纳，或融入党政决策程序，为县委、县政府科学决策提供参考。

（三）专门协商机构建设成效显著。丰富协商形式。以全体会议全面协商、专题议政性常委会会议专题协商、专题协商会议重点协商以及对口协商、界别协商、“大家来协商”、提案办理协商等多层次、大密度协商格局全面形成。健全协商规则。先后制定并落实党委会同政府、政协制定年度协商计划制度、县政协协商工作规则、凝聚共识实施意见、政协委员责任担当实施意见、政协委员退出和暂停履职管理办法以及界别联系社会组织、政协委员参加“第二界别”、界别工作室、委员会客室、年度务虚会、机关工作、党的建设等制度80多项，实现了协商议政和政协工作的制度规则全覆盖，从协商计划议题征集、协商活动开展，到协商成果凝结和报送等程序机制进一步规范。规范协商行为。全面推行协商工作中的“七要七不要”协商规则、“六可六不可”调研工作作风和协商会议开法“九条”制度，创新提出并坚持“学习培训不到位、政策理解不透彻不调研，调查研究不深入、情况摸不清不协商，协商报告问题找不透、建议提不准不上报”的“三不”调研协商原则。鼓励支持专委会、政协委员、民主党派、参加单位独立撰写调研报告，累计收集专题调研报告和政协全会、常委会委员发言材料352篇。创新提案办理协商工作机制，建立以“数量适度、质量为要”为原则，以“三审立案”、“三方面商”、“双向评价”、“清单管理”、重要提案摘报、党政主要领导领衔重点督办、政府分管领导领办、政协领导全面督办、县委、县政府督查室专项督查等为重点举措的提案工作制度机制，提案工作质效大幅提升；推行协商会议中政府领导、部门负责人回应委员关切、与委员互动交流做法，协商氛围更加活跃；建立协商成果采纳、办理、落实情况统计评价工作机制，着力推动协商议政由“做了什么”“做了多少”向“做出了什么效果”转变。

（四）凝聚共识工作扎实有效。建立发扬民主和增进团结相互贯通、建言资政和凝聚共识双向发力的程序机制，着力发挥政协组织的统战功能，把加强思想政治引领、广泛凝聚共识作为中心环节贯穿履职全过程。邀请各界人士参与以凝聚共识为目的的三级政协委员视察县域经济和重要协商议政活动；坚持主席会议成员走访各民主党派、政协参加单位、政协委员制度，广泛听取意见建议，累计走（接）访和联系界别群众2500余人次。构建以专委会为引领，依托9个基层联系点、9个界别工作室、5个委员会客室开展工作的“1+3”联络体系和“3+2+3”联系制度机制，激发了委员联系界别群众的积极性，涌现出委员会客室“金点子智囊团”等经验典型，为联系界别群众、反映社情民意、征集提案和协商议题线索拓宽了渠道。高水平推进社情民意信息工作，建立工作制度和分析评价、激励约束机制，信息来源渠道进一步畅通，质量不断提升。通过《社情民意》《民情直通车》，累计向县委、县政府报送社情民意信息300余条，其中2021年报送的涉及创建全国文明城市方面的信息36条，绝大多数得到县委、县政府领导批示和相关部门的积极回应。累计向区市政协报送涉及政策建议性的社情民意信息25条，其中《关于在惠安堡镇建设盐同红区域全封闭标准化屠宰中心的建议》《关于搬迁338国道治超检查站的建议》《关于加快申报中国重要农业文化遗产的建议》等10条社情民意得到自治区领导批示，推动了有关问题的解决，社情民意工作在反映各界群众意见建议、凝聚智慧和共识等方面的重要作用得到充分发挥，经验做法被自治区政协发文推广。广大政协委员以实际行动践行履职为民理念，积极投身扶贫帮困、疫情防控、社会民生及慈善事业，累计开展有组织的界别活动、公益活动100余次，捐资捐物价值2000余万元，30余名政协委员受到省部级以上表彰奖励。充分发挥政协委员的人才和智力优势，坚持面向社会传播共识，组织委员深入基层，开展解读政策、解疑释惑、回应关切、增进“四个认同”等的“大讲堂”“微讲堂”30余场次，围绕界别活动、走访视察和议题协商召开的各类座谈会100多场次。注重发挥文史资料“存史、资政、团结、育人”作用,文史资料《马文良》《回汉支队在盐池的战斗历程》入选全国政协编撰的《回族百年实录》,文史资料《花马池问史录》《盐池工业》《使命与担当》等编印出版;政协书画院工作在促进主题教育、团结联谊、文化交流及文化事业发展方面发挥了积极作用。重视政协组织间的交流学习,结合年度协商计划议题,组织委员赴国内一些市县及本区市县(区)政协考察学习,形成考察报告报县委、县政府。接待全国政协、各省及本区市县政协来盐考察调研80余批次。

（五）政协党建及自身建设全面加强。全面贯彻中央和自治区党委关于加强新时代人民政协党的建设工作的若干意见和实施意见精神,认真落实县委各项决策部署,始终坚持在县委领导下开展工作,确保党对政协工作的领导落到实处。政协全体会议、重大活动成立临时党组织,4个专委会成立了功能型党支部,制度化开展“两会一联系”活动,实现了党的组织对党员委员、党的工作对政协委员的全覆盖。建立政协委员管理和履职积分考核制度,33人次被评为优秀政协委员,责令6人辞去委员职务,依章程撤销5人的委员资格。严格落实重大事项请示报告制度和管党治党责任,政协机关所有工作和干部职工行为均置于制度规范之下,服务保障能力进一步提升。党组成员、机关干部主动参与全县各项重点任务和督查工作,为经济社会发展贡献力量。切实加强政协意识形态和新闻宣传工作,国内和自治区主流媒体400余次报道了县政协工作。政协党建、委员联络、提案等工作经验在全区市县(区)政协经验交流会上交流。

五年工作的体会

各位委员,过去五年,是十届政协积极探索、务实作为、收获成果的五年,也是不断深化对政协工作规律性认识、积累宝贵经验的五年。政协工作实践中,我们有以下几点体会:

（一）必须坚持中国共产党的领导。这是做好人民政协工作必须坚守的根本政治原则。政协一切工作都要置于党的领导之下,始终在思想上政治上行动上同以习近平同志为核心的党中央保持高度一致。要持续深化习近平新时代中国特色社会主义思想、习近平关于新时代加强和改进人民政协工作重要思想、中共中央和各级党委政协工作会议精神的学习贯彻,坚定不移贯彻党的路线方针政策,不断增强“四个意识”,坚定“四个自信”,做到“两个维护”。要始终在县委的领导下,充分发挥政协党组把方向、管大局、保落实的重要作用,充分发挥政协委员和政协机关中的共产党员先锋模范作用,始终保持与县委思想上同心同德、目标上同心同向、行动上同心同行,确保政协工作的正确政治方向。

（二）必须不断加强专门协商机构建设。这是做好人民政协工作的重要基础。人民政协作为党领导的协商民主的重要渠道和专门协商机构,在国家治理体系中发挥着独特的作用。要牢牢把握人民政协的性质定位,坚持把民主协商作为主要任务,把搭建平台作为主要形式,把推动“双向发力”作为工作重点,积极推动政协协商与其他各类协商有效衔接。要围绕人民政协制度更加成熟更加定型目标,注重探索创新,培育协商文化,提高协商能力,保持协商密度,不断提高政协协商制度化、规范化、程序化水平,确保专门协商机构专出特色、专出质量、专出水平。

（三）必须把凝聚共识贯穿履职全过程。这是做好人民政协工作的根本要求。要牢牢把握团结和民主两大主题,发挥统战组织功能,把广泛凝聚共识作为履职中心环节,融入视察考察、调查研究、协商议政等各环节、全过程。牢固树立建言资政是履职成果、凝聚共识是更重要的履职成果理念，不断探索发扬民主和增进团结相互贯通、建言资政和凝聚共识双向发力程序机制，坚持一致性和多样性统一，体现大团结大联合组织的巨大包容性和广泛代表性，最大限度地团结一切可以团结的力量，确保为助推全县战略目标顺利实现凝聚智慧、汇集力量。

（四）必须坚持围绕中心服务大局。这是人民政协履行职能的基本遵循。要紧紧围绕全县重点产业、中心任务、重点工作，坚持问题和质量导向，聚焦高质量发展和党政所需、群众所盼，认真调研、精准建言，扎实开展协商议政活动，做到党委要求什么，政协就议什么；政府干什么，政协就帮什么；群众期盼什么，政协就反映什么，确保政协协商工作体现出应有的效果和价值。

（五）必须始终坚持履职为民理念。这是做好人民政协工作的出发点和落脚点。牢固树立以人民为中心的思想，始终把群众的操心事烦心事揪心事放在心上，带着问题、深入一线、贴近群众，同各界人士、各界群众交朋友，及时反映社情民意，积极建言献策，当好人民群众的“代言人”。畅通各界群众利益诉求表达渠道，搭建党和政府与人民群众的“连心桥”，协助县委、县政府做好协调关系、理顺情绪、化解矛盾工作，助力群众普遍关心的热点难点问题解决，确保社会和谐稳定。

（六）必须重视发挥委员主体作用。这是做好人民政协工作的重要保障。要始终坚持委员主体地位，全方位做好服务保障工作。按照“懂政协、会协商、善议政，守纪律、讲规矩、重品行”的总要求，持续加强政协委员理想信念教育和业务知识培训，不断提高政协委员政治把握能力、调查研究能力、联系群众能力、合作共事能力。建立健全政协委员责任担当和服务管理制度体系。加强委员联络工作，畅通联系渠道，营造宽松和谐、开放包容的协商文化和协商氛围，确保为委员创造良好的履职环境和条件，激发委员履职热情。

回顾十届政协五年来的工作和取得的成绩，我们倍感欣慰与自豪。这些成绩的取得，是县委正确领导和县人民政府全力支持的结果，是各民主党派、工商联和无党派人士、各参加单位及全体政协委员、政协工作者共同努力的结果，也是全县各乡镇、各部门、各单位支持帮助的结果。在此，我代表十届政协常委会表示衷心的感谢！

总结成绩、展望未来，我们清醒地认识到工作中还存在诸多不足：政协协商议政能力和水平与党政需求和群众期望还有一定差距，民主监督和凝聚共识工作的有效性还需进一步提升，政协“两支队伍”能力建设还需进一步加强，政协信息化运用和宣传工作水平还有待提高，政协“两个薄弱”问题还需有效解决，等等。这些问题，都需要认真研究，切实加以解决。

对今后工作的建议

新时代、新阶段、新使命对人民政协提出了新要求。县政协今后工作的总体要求是：坚持以习近平新时代中国特色社会主义思想为指导，深入贯彻中共十九大及十九届二中、三中、四中、五中全会和习近平总书记视察宁夏重要讲话精神，全面落实中共中央关于政协工作各项决策部署以及区市县党委政协工作会议精神和中国共产党盐池县第十五次代表大会精神，全面加强党对政协工作的领导，牢牢把握团结和民主两大主题，着力发挥专门协商机构作用，围绕实施高质量发展战略、高品质生活战略、高效能治理战略和推进“六大重点产业”“四大提升行动”“六大领域治理”“双十重大项目”，积极开展协商议政、建言献策，为全面建设产业强、生态美、百姓富、治理优的现代化新盐池、加快建设黄河流域生态保护和高质量发展先行区、继续建设经济繁荣民族团结环境优美人民富裕的美丽新宁夏贡献政协力量。

（一）全面加强党对政协工作的领导。坚持以习近平新时代中国特色社会主义思想学习座谈会制度为引领的理论学习制度体系，强化从政协机关到全体委员的理论学习，增强“四个意识”，坚定“四个自信”，做到“两个维护”。严格执行重大事项请示报告制度，自觉遵守党的政治纪律、组织纪律、工作纪律、群众纪律、廉洁纪律，不断提高政协党组织的政治领导力、思想引领力、群众组织力、社会号召力。开展政协党建工作调查研究，完善党对政协工作领导的制度机制，加强专委会功能型党支部建设，落实好“两会一联系”制度，确保中共中央大政方针和各级党委决策部署不折不扣地贯彻落实到政协全部工作之中。

（二）持续加强专门协商机构建设。依据政协理论创新和具体实践，与时俱进抓好相关制度的修订完善，推动政协工作再上新台阶。继续坚持“不学习就不调研，不调研就不协商”等协商原则，牢固树立质量导向，不断创新各项协商工作机制。注重落实决策之前和决策执行之中的协商制度，健全成果凝结和落实反馈机制，积极探索开展网络议政和远程协商。加强政协委员队伍建设和管理，健全和落实委员责任担当激励机制，营造良好的委员履职环境，切实发挥好政协委员主体作用。加强专委会建设，发挥专委会在专题调研、提案督办、一线协商、界别联系中的基础性作用。

（三）聚焦全县重大发展战略和重点任务献计出力。紧扣“十四五”规划和县十五次党代会确定的发展战略、重点任务和“强美富优”目标，高水平开展协商议政和建言献策，为党政决策提供有益参考。围绕涉及群众切身利益的实际问题，通过对口协商、界别协商、“大家来协商”以及提案和社情民意，助推问题解决。针对县委、县政府决策部署落实，开展政协委员视察县域经济和有效开展民主监督等工作。2022年，建议聚焦高质量发展战略、“六大重点特色产业”发展、重点领域改革，围绕清洁能源产业发展、山林权改革，开展专题议政性常委会协商；围绕美丽乡村建设、长城文化公园建设开展专题协商会议协商；围绕电商产业发展开展民主监督协商。

（四）扎实做好凝聚共识工作。认真落实凝聚共识工作实施意见，充分发挥人民政协“重要阵地”“重要平台”“重要渠道”作用，开展以凝聚共识为目的的委员视察活动，把凝聚共识贯穿政协工作全过程，集中体现“双向发力”优势。继续优化委员基层联系点、界别委员工作室、委员会客室功能和工作机制，拓展界别联系社会组织工作，畅通政协委员与界别群众沟通渠道，反映界别群众意见诉求。坚持政协领导同委员谈心谈话、走访看望委员制度。发挥委员“大讲堂”“微讲堂”传播凝聚共识功能，宣传好党和国家大政方针政策、解读好区市县党委决策部署、传授好科学文化知识、理顺好基层群众情绪。扎实开展政协委员读书活动，涵养协商文化，建设书香政协。继续加强文史工作，发挥好“存史、资政、团结、育人”作用。

（五）不断加强政协自身建设。坚持和完善委员管理制度，强化委员讲责任的自觉、负责任的态度、担责任的行动。立足增强“四个认同”、提高“四个能力”，健全完善委员培训学习、思想引领、责任担当等制度机制，充分发挥委员在本职工作中的带头作用、政协工作中的主体作用、界别群众中的代表作用。认真落实中央八项规定和区市县有关规定，加强机关思想建设、作风建设、制度建设、廉政建设和干部队伍建设，努力建设一支“政治坚定、团结和谐、务实创新、服务优良”的政协干部队伍，推动政协工作高质量发展。

名词解释：

1.“四史”：党史、新中国史、改革开放史、社会主义发展史。

2.“两会一联系”：在专委会建立习近平新时代中国特色社会主义思想学习座谈会，专委会功能型党支部召开组织生活会制度，建立党员委员联系党外委员制度。

3.“七要七不要”协商规则：协商讨论要紧扣议题、不要跑偏走样；要依章依规、不要轻率随意；要言之有据、不要道听为实；要理性有度、不要偏激偏执；要坦诚交流、不要各说各话；要求同存异、不要强加于人；要落实共识、不要流于形式。

4.协商会议开法“九条”：协商会议要做到精心选题，戒大戒空；及早通知，认真准备；学习调研，深入分析；规模适当，时间充裕；预约发言，求实求深；即席发言，简明扼要；聚焦重点，多提建议；相互尊重，有商有议；凝聚共识，尊重异议。

5.“六可六不可”工作作风：在调研、协商过程中，可请有关部门提供已有材料，但不可要求对方专门组织材料；可让相关部门推荐调研点，但不可要求部门负责人参加调研；可征求相关部门对调研报告的意见，但不可要求对方代写调研报告；可允许基层有关负责人参加调研相关活动，但不可要求全程陪同；可多安排委员参加调研，但到基层后要分组进行、不可扎堆大呼隆；可预约委员作会议发言，但不可硬性要求委员撰写发言材料。

6.“1+3”联络体系：构建以专委会功能型党支部为引领，依托委员基层联系点、界别委员工作室、委员联络站开展工作的“1+3”联络基层组织体系。

7.“3+2+3”联系制度机制：主席、副主席联系常委和参加单位，常委联系委员，委员联系社会的“三联系”；党组成员联系功能型党支部和党员委员，党员委员联系党外委员的“两联系”；主席、副主席走访民主党派、参加单位、委员制度，“两述职、两通报”制度，委员积分考核制度“三项制度”。

8.“两述职、两通报”制度：政协常委定期听取所联系委员述职，常委会听取常委述职；年底常委会向常委通报活动开展情况，全委会向委员通报活动开展情况。

9.“三审立案、三方面商、双向评价、清单管理”：三审立案，即：推行专门委员会初审委员提案线索，提案审查委员会全会前预审提案质量和全会中审查立案的提案三审立案工作机制。三方面商，即：提案办理中，政协提案和委员联络委、政协委员、承办单位三方面对面协商办理提案，推动提案办理协商工作落实到办理全过程。双向评价，即：政协主席会、提案审查委员会、政协委员和承办单位对提案质量、提案办理质量进行双向评价，并通过分析评价数据，发现提案工作问题，改进提案工作措施，提升提案工作质量。清单管理，即：对提案工作中“提、审、办、督、评”五个主要环节实行全过程清单化管理，提高提案工作针对性、精准性，推动提案工作提质增效。

10.“两支队伍”：委员队伍、机关干部队伍。

11.“两个薄弱”：基础工作薄弱、人员力量薄弱。

12.“四个能力”：政治把握能力、调查研究能力、联系群众能力、合作共事能力。

13.“四个认同”：政治认同、思想认同、理论认同、情感认同。

14.“重要阵地”“重要平台”“重要渠道”：习近平总书记在中央政协工作会议暨庆祝中国人民政治协商会议成立70周年大会上指出，“人民政协要通过有效工作，努力成为坚持和加强党对各项工作领导的重要阵地、用党的创新理论团结教育引导各族各界代表人士的重要平台、在共同思想政治基础上化解矛盾和凝聚共识的重要渠道。”

大 事 记

1月

4日 盐池县政府县长、县应对新型冠状病毒感染肺炎疫情工作指挥部指挥长龚雪飞主持召开盐池县应对新型冠状病毒感染肺炎疫情工作指挥部第21次会议，传达学习自治区疫情工作领导小组第16次会议和《自治区应对新冠疫情工作指挥部关于进一步做好2021年元旦和春节期间新冠疫情防控工作的通知》精神，听取全县新冠疫情防控工作情况汇报。

6日 吴忠市委常委、盐池县委书记、县委应对新型冠状病毒感染肺炎疫情工作领导小组组长滑志敏主持召开县委应对新冠疫情工作领导小组第19次会议，书面传达自治区应对新冠疫情工作指挥部办公室《关于转发〈山东省青岛市瞒报迟报疫情有关情况通报〉的通知》，听取县应对新冠疫情工作指挥部关于做好冬春季新冠疫情防控工作情况汇报。

是日 吴忠市委常委、盐池县委书记滑志敏主持召开县村(社区)“两委”换届工作领导小组第1次会议，书面传达自治区党委组织部《关于受党纪政务处分村(社区)干部影响使用情形的意见》等4个指导性规定的通知精神，听取村(社区)“两委”换届工作情况的汇报。

是日 宁夏回族自治区双拥模范城(县)命名暨双拥模范单位和个人表彰大会在银川召开。盐池县被命名为自治区双拥模范县，盐池县民政局局长李学春被表彰为全区双拥模范个人。

9日 盐池县委副书记、政府县长、县应对新冠疫情工作指挥部指挥长龚雪飞主持召开县应对新冠疫情工作指挥部第22次会议，传达学习有关会议、文件精神，分析研判当前盐池县面临的复杂疫情防控形势，部署重点工作。

10日 由文化和旅游部公共文化服务司、宁夏回族自治区文化和旅游厅主办，盐池县文化旅游广电局组织承办的2021年全国“村晚”示范展示活动盐池分会场在北塘新村、曹泥洼村举办。

13日 吴忠市委常委、盐池县委书记、人武部党委第一书记滑志敏主持召开全县2020年度党管武装工作述职会议。

是日 宁夏回族自治区生态环境厅党组书记、厅长张柏森调研盐池县生态环境保护工作。张柏森厅长一行先后察看宁夏萌生环保科技有限公司水泥窑协同处置危险废物及安全填埋场项目、宁夏胜宝能源有限公司污油泥处置项目运行情况，现场了解了青山石膏资源开发利用专项整治情况。

是日 吴忠市人民政府副市长、市公安局局长章中全到盐池县督导调研疫情防控及改革加强公安派出所工作。

14日 吴忠市委常委、盐池县委书记滑志敏主持召开2020年度全县基层党(工)委(党组)书记抓基层党建、落实党风廉政建设主体责任暨乡镇纪委书记落实监督责任、落实意识形态工作责任制述职汇报会议。吴忠市委宣传部副部长杜娟、吴忠市委组织部组织二科科长岳宝华应邀到会指导。

15日 盐池县委副书记、政府县长龚雪飞调研全县疫情防控工作,并召开座谈会。

是日 盐池县委副书记、政法委书记、信访工作联席会议召集人施选峰在县党政大楼六楼第三会议室主持召开盐池县信访工作联席会议2021年第1次会议。

16日 吴忠市委常委、盐池县委书记滑志敏主持召开全县疫情防控工作会议,会议通报全县疫情防控工作开展情况和存在问题,进一步分析研判当前形势,安排部署常态化疫情防控重点工作。

17日 盐池县委副书记、政府县长、县疫情工作指挥部指挥长龚雪飞主持召开全县疫情工作指挥部第23次会议。传达学习全国、全区疫情防控工作电视电话会议精神,认真贯彻落实全县疫情防控工作会议安排部署。

18日 盐池县村(社区)"两委"换届工作调度会在县城召开,对进一步做好换届工作进行再安排再部署。吴忠市委常委、盐池县委书记滑志敏出席会议并讲话。

19日 盐池县政府县长、党组书记龚雪飞主持召开政府党组理论学习中心组2021年第1次学习会,传达学习习近平总书记关于安全生产、应急管理、防灾减灾的重要论述。

是日 盐池县人大常委会党组书记、主任吴科、副主任刘宝清一行深入惠安堡镇,调研指导疫情防控及村委换届工作。

20日 吴忠市委常委、盐池县委书记、县委应对新冠疫情工作领导小组组长滑志敏主持召开县委应对新冠疫情工作领导小组第20次会议,传达学习全区疫情防控工作电视电话会议精神,听取县指挥部关于贯彻落实全国全区疫情防控工作电视电话会议精神、进一步加强冬春季疫情防控工作情况的汇报。

是日 吴忠市委常委、盐池县委书记滑志敏主持召开2021年第1次县委理论学习中心组学习会。传达学习习近平总书记在中央政治局民主生活会上的讲话精神,领学了《中国共产党宣传工作条例》,书面传达中央经济工作会议、中央农村工作会议精神等。

是日 宁夏回族自治区高级人民法院党组成员、执行局局长、执行局执行二庭副庭长张凌一行5人到盐池县法院调研指导执行工作。

21日 大水坑至遵化南敞顶箱焦炭专列首发仪式在宁夏德昌铁路物流中心举行,太原货运中心、银川货运中心、县发改局、交通局等相关部门负责人参加仪式。

22日 盐池县被国家卫健委授予"2018—2020年全国计划生育优质服务先进单位"称号。

是日 《中国旅游报》要闻版头条"两晒一促"亮出盐池县旅游形象,吴忠市委常委、盐池县委书记滑志敏通过短视频推介长城文化资源、低空旅游资源、美食资源等。

25日 盐池县被宁夏回族自治区健康宁夏建设领导小组授予2020年度健康宁夏建设考核一等奖。

26日 宁夏回族自治区公安局处长会议在银川召开,自治区副主席、公安厅党委书记、厅长杨东出席并讲话。盐池县公安局被评为"全区优秀公安局",刑侦大队被评为"全区优秀公安基层单位",民警杨智被评为"全区优秀人民警察"。

28日 盐池县滩羊集团在中拍网成功举办"2021年春节专用高端风味盐池滩羊首场拍卖会",100只春节专用高端风味盐池滩羊全部售罄,单只最高拍出5313元,溢价率高达144%,成交价共计14.48万元。

29日 盐池县2021年新冠疫情防控应急演练活动在县城开展,进一步提高各工作专班(组)、各成员单位(部门)疫情防控应急处置能力,有效防范和积极应对2021年冬春季可能出现的新冠疫情。

是日 宁夏东部旅游集散中心集旅游接待、导游服务、特色商品展示、旅游信息查询、大数据监测、游客休闲以及VR科技体验于一体的综合性旅游集散地开放。

是月 自然资源部网站公布全国绿色矿业发展示范区名单。此次示范区评选经省级推荐、专家评审、实地调研和社会公示后最终确定,全国共确定绿色矿业发展示范区50家,盐池县是全区唯一入选的县(市、区)。

2月

1日 吴忠市委常委、盐池县委书记滑志敏一行走村入户,看望慰问了全国及区市劳模、乡贤村贤、致富带头人、道德模范、援鄂医护人员、疫情防控医护人员、脱贫示范户、尊老敬老模范、扶贫一线干部、下岗失业困难户、离退休老干部、退役军人、贫困党员、离任村干部、贫困学生、留守儿童、贫困残疾人等各类人员5017人(户),慰问吴忠军分区、武警吴忠支队、吴忠市消防救援支队、县人武部、县消防救援大队、武警中队、驻村工作队、县中心敬老院、基层派出所、在盐企业等82个单位。共安排资金403.25万元。

3日 盐池县安全生产工作暨2021年县安委会第1次全体(扩大)会议在县城召开,县委副书记、政府县长、安委会主任龚雪飞出席会议并讲话,县委副书记、政法委书记、安委会副主任施选峰主持会议。会议主要任务是传达学习国务院、自治区有关会议和文件精神,总结2020年安全生产工作,部署2021年工作。

5日 吴忠市委常委、盐池县委书记滑志敏主持召开县委常委会2020年度民主生活会。吴忠市纪委监委派驻第七纪检监察组组长张亚星,吴忠市委组织部干部教育科副科长、二级主任科员倪建利应邀到会指导。

7日 盐池县政府党组书记、县长龚雪飞主持召开政府党组2020年度民主生活会。

是日 盐池县人大常委会党组书记、主任吴科主持召开盐池县人大常委会党组2020年度民主生活会。

8日 盐池县政协主席贺满文主持召开了县政协党组领导班子2020年度民主生活会。

是日 中国共产党盐池县第十四届纪律检查委员会第五次全体会议在盐池举行,出席这次全会的县纪委委员17人,列席189人。吴忠市委常委、盐池县委书记滑志敏出席并讲话。

9日 吴忠市委常委、盐池县委书记、县委机构编制委员会主任滑志敏主持召开了盐池县推进基层整合审批服务执法力量改革动员会议,部署了推进基层整合审批服务执法力量改革各项工作。

10日 吴忠市委常委、盐池县委书记滑志敏对盐池县节前安全生产、物资保障和疫情防控等工作进行了调研。

12日 吴忠市委常委、盐池县委书记滑志敏调研春节期间旅游景点疫情防控、氛围营造、服务保障、安全秩序、花灯展示等工作开展情况。

14日 盐池县委副书记、政府县长龚雪飞一行到盐池县公安局及疫情防控卡点督导检查春节期间安保工作,并看望慰问节日期间坚守在一线的工作人员。

18日 吴忠市委书记徐耀到中民投宁夏(盐池)新能源综合示范区、高沙窝工业园区宁夏天利丰能源利用有限公司调研盐池县油气化工综合利用、煤炭资源开发利用及重大项目建设情况。

是日 盐池县委副书记、政

府县长龚雪飞主持召开2021年政府全体（扩大）暨廉政工作会议。安排部署了2021年重点工作，县委常委纪委书记孙佰柱就做好政府系统党风廉政建设工作提出了明确要求。

是日 吴忠市委常委、盐池县委书记滑志敏，县委副书记、政府县长龚雪飞分别带领县委、县政府班子成员到盐池县公安局看望慰问了公安民辅警，向全体民辅警致以新年的祝福和诚挚的问候。

19—20日 盐池县领导干部学习贯彻党的十九届五中全会精神专题学习班在县委党校举行。

23日 盐池县委副书记、政府县长龚雪飞主持召开全县重点特色产业高质量发展专题会议，审议2021年滩羊、文化旅游、化工新材料等11个产业高质量发展实施方案。

25日 盐池县工程建设政府采购等重点领域突出问题专项治理动员部署会在盐池县党校召开，县委副书记施选峰出席并讲话，标志着盐池县专项治理工作拉开帷幕。该次专项治理为期两年。

是日 全国政协委员、民盟宁夏区委会主委冀永强一行，先后走进盐池县第六小学、第三中学和第三小学，对盐池县课后服务工作开展情况进行了调研。

是日 全国脱贫攻坚总结表彰大会在北京人民大会堂隆重举行。盐池县2名个人和1个集体接受表彰，盐池县惠安堡镇狼布掌村党支部书记杨锋、盐池县扶贫开发办公室村级发展互助资金管理中心干部郭状获评“全国脱贫攻坚先进个人”，中国共产党盐池县委员会被授予“全国脱贫攻坚先进集体”，吴忠市委常委、盐池县委书记滑志敏代表吴忠市先进集体现场接受表彰。

26日 吴忠市委常委、盐池县委书记、县扶贫开发领导小组组长滑志敏主持召开县扶贫开发领导小组2021年第1次会议，传达学习全国脱贫攻坚总结表彰大会精神，部署近期巩固拓展脱贫攻坚成果同乡村振兴有效衔接重点工作。

27日 盐池县委副书记、政府县长龚雪飞带领考察组到宁夏宝丰集团参观学习。

3月

3日 吴忠市委常委、纪委书记、监委主任王海燕一行到盐池考察。

4日 吴忠市委常委、县委书记滑志敏主持召开县委党史学习教育领导小组第一次会议，审议《关于在全县开展党史学习教育的实施方案》，部署全县党史学习教育工作。

是日 宁夏回族自治区党委常委、政法委书记雷东生到盐池县，暗访基层政法单位贯彻落实宁夏回族自治区党委政法工作会议精神，推进基层治理等情况。

5日 吴忠市委常委、盐池县委书记滑志敏主持召开宁夏宝丰集团与盐池县座谈会。宁夏宝丰集团董事长党彦宝出席会议并讲话。

是日 盐池县举行以“传承雷锋精神，创建文明城市”为主题的全县2021年新时代文明实践“学雷锋志愿服务月”暨助力全国文明城市创建志愿服务活动启动仪式。

是日 盐池县政法队伍教育整顿动员部署会在盐池县城召开。宁夏回族自治区公安厅督察总队政委、一级高级警长马占文等人应邀到会指导，盐池县委副书记、政法委书记、县政法队伍教育整顿领导小组组长施选峰出席会议并讲话，盐池县委常委、组织部部长马丽红主持会议，盐池县委常委、纪委书记、监委主任孙佰柱，政府副县长、公安局局长薛双及法检两院主要负责人出席会议。

4—5日 宁夏回族自治区教育厅党组成员、副厅长王建平带领“互联网＋教育”专家验收组，对盐池县“互联网＋教育”工作进行了评估验收。

9日 盐池政府县长、党组书记龚雪飞主持召开政府党组理论学习中心组2021年第3次学习会，传达学习习近平总书记在党史学习教育动员会上的重要讲话精神，全区党史学习教育动员大会、市委常委会（扩大）会议暨党史学习教育领导小组第一次会议和县委常委会（扩大）会议暨党史学习教育领导小组第一次会议精神及“党史百年天天读”有关内容。

10日 宁夏回族自治区副主席王和山带领调研组先后到盐池县供销社现代农业服务中心、高沙窝镇黄记场村、黄记台村等地调研滩羊、饲草产业发展等情况。宁夏回族自治区政协副主席参加随后召开的座谈会。

是日 宁夏回族自治区“晒文旅·晒优品·促消费”大型文旅推介活动总结部署会在银川举行。盐池县荣获2020宁夏“晒文旅·晒优品·促消费”大型文旅推介活动“最佳效果奖”。

11日 宁夏回族自治区党委常委、宣传部部长李金科到盐池县调研长城国家文化公园及盐池县党史学习教育开展情况。宁夏回族自治区党委宣传部副部长、文化和旅游厅厅长刘军，吴忠市委常委、盐池县委书记滑志敏，盐池县委副书记、政府县长龚雪飞，县委常委、宣传部部长马瑞英参加调研。

是日 宁夏回族自治区政协常委、农业和农村委员会分党组书记、副主任许兴带领调研组先后到盐池县惠安堡镇老盐池村盐碱地现场、冯记沟中泉饲料加工厂、马儿庄村集体生态牧场等地调研分党组与基层党组织共建共享等情况。

12日 盐池县委书记、县深化医药卫生体制改革领导小组组长滑志敏主持召开盐池县深化医药卫生体制改革领导小组暨县级公立医院管理委员会2021年第一次会议，听取县域综合医改工作推进情况，研究审定《盐池县2021年医保支付方式改革实施方案》等方案，部署2021年全县医改工作。

是日 盐池县2021年重点项目集中开工暨汉唐能源项目启动仪式在高沙窝镇工业园区举行。盐池县委书记滑志敏出席启动仪式并宣布2021年全县重点项目开工，盐池县委副书记、政府县长龚雪飞出席启动仪式并致辞，吴忠市发改委主任王天珍、盐池县人大常委会主任吴科、盐池县政协主席贺满文等出席启动仪式，盐池县委副书记、政法委书记施选峰主持启动仪式。

是日 宁夏回族自治区残联党组书记、理事长马军生到盐池县龙辰社区调研残疾人工作开展情况。

是日 盐池县委副书记、政府县长龚雪飞在县委党校主持召开盐池县创建全国文明城市动员大会，部署创建工作。

是日 盐池县革命历史纪念园被确定为第一批党史学习教育参观学习点。

17日 盐池县委农村工作会议在县委党校召开，盐池县委书记滑志敏出席会议并讲话，盐池县委副书记、政府县长龚雪飞主持会议。

18日 盐池县领导干部“学党史、强党性、提能力”专题学习班开班仪式在县委党校举行。盐池县委书记滑志敏出席开班仪式并作动员讲话，吴忠市委党史学习教育第一巡回指导组组长雍学华、成员魏国栋到会指导，盐池县委常委、组织部部长马丽红主持仪式。

19日 2021年宁夏回族自治区春季森林草原防灭火实战演习在哈巴湖自然保护区举行。宁夏回族自治区应急管理厅党组书记、厅长张吉胜出席观摩活动并宣布演习开始，宁夏回族自治区林草局党组书记、局长徐庆林出席观摩活动并讲话，盐池县委书记滑志敏主持活动并致辞。

是日 2021年盐池院地共建

基地专题调研座谈会在县城召开。盐池县委副书记、政府县长龚雪飞、宁夏农林科学院院长李月祥出席会议并讲话，政府副县长张晨出席会议，宁夏农林科学院副院长张富国主持会议。

是日 盐池县委副书记、政府县长龚雪飞主持召开2021年第一季度经济形势分析会，总结分析盐池县第一季度经济形势，安排部署近期重点工作。

24日 2021年第3次县委理论学习中心组学习会在盐池县城召开。

是日 宁夏回族自治区公安厅法制总队杨德政委一行到盐池县公安局调研督导执法办案管理中心建设及涉案财物管理工作。

25日 盐池政府县长、党组书记龚雪飞主持召开政府党组理论学习中心组2021年第4次学习会。观看了警示教育专题片，传达学习了习近平总书记在中央纪委十九届五次全会上的重要讲话精神、全区领导干部廉政警示教育周活动暨理论学习中心组（扩大）学习会精神及中央纪委国家监委《清风传家》《严以治家》等廉政警示教育周活动要求的必学书目。

26日 上海电气风电集团、中国能建山西电建与盐池县风电装备制造项目战略合作签约仪式在县城举行。上海电气风电集团北京公司总经理朱嘉骅，中国能建山西电建副总经理秦鹏，自治区商务厅招商引资局三级调研员赵宏出席签约仪式，县委副书记、政府县长龚雪飞主持签约仪式。

是日 盐池县政法队伍教育整顿专题党课在盐池县委党校举行。盐池县委副书记、政府县长龚雪飞为全县政法干警作专题党课，县委副书记、政法委书记施选峰主持党课。

29日 盐池县领导干部大会在盐池县委党校召开。吴忠市委常委、组织部部长解峰出席会议并宣读自治区党委干部任免决定。滑志敏主持会议，龚雪飞出席会议并发言。

是日 吴忠市政协副主席曹玉华带领市教科卫体委部分政协委员，来盐池开展“加快推进体教融合 进一步提高青少年素质”监督性专题调研。

是日 盐池县委书记龚雪飞在督导调研全县政法队伍教育整顿开展情况。

29—30日 宁夏回族自治区政协副主席洪洋带领调研组到盐池县开展“全区贯彻落实《中华人民共和国草原法》情况”监督性协商议题调研，并召开座谈会。

31日 龚雪飞、吴科、贺满文等盐池县委、人大、政府、政协、法检两院领导及全县各机关、企事业单位干部职工来到花马池镇城北生态防护林区，开展2021年春季机关义务植树活动。

是月 “盐池县2021年重点项目集中开工暨汉唐能源50万吨/年甲醇制乙醇及产业链一体化项目启动仪式”在高沙窝镇举行。

是月 在第三届中国呼吸学科发展大会上，国家PCCM科规范化建设工作组公布了第十二批PCCM科规范化建设项目认定名单，盐池县人民医院呼吸与危重症医学科榜上有名，成为国家二级医院呼吸学科达标单位，并获颁资格证书。

2月4日至3月6日 盐池县委、县政府主办，县文化旅游广电局会同相关部门承办2021年“盐州大集·民俗嘉年华”冬春季文化旅游系列活动，“畅游古城猜灯谜”“书香新春阅读季”等活动受到群众广泛参与，游九曲、民俗花灯登上央视新闻联播

4月

1日 盐池县委书记龚雪飞主持召开2021年第4次县委理论学习中心组学习会暨党史学习教育专题研讨会，传达学习习近平总书记在中央党史学习教育动员大会上的重要讲话、在福建考察重要讲话和革命文物保护指示精神。

是日 盐池县委书记龚雪飞

主持召开县委党史学习教育领导小组第二次会议，听取全县党史学习教育工作情况汇报，审议《关于开展我为群众办实事实践活动工作方案》，部署下一步工作。

是日 盐池县委书记龚雪飞主持召开盐池县扶贫开发领导小组2021年第2次会议，审议《盐池县2021年实现巩固拓展脱贫攻坚成果同乡村振兴有效衔接实施方案》《盐池县2021年防止返贫动态监测和帮扶工作实施方案》等。

2日 盐池县在革命历史纪念园举行了“守护·2021清明祭英烈”主题教育活动。龚雪飞、吴科、贺满文等县委、人大、政府、政协全体领导，人武部、法院、检察院副处级以上领导；县委、县政府各部门，直属各事业单位；驻地部队官兵、烈属、退役军人、团员青年、中小学师生代表参加活动。县委副书记、政法委书记施选峰主持活动。

5日 盐池县委书记、县政法队伍教育整顿领导小组组长龚雪飞主持召开全县政法队伍教育整顿领导小组2021年第四次会议，研究部署下一步重点工作。

7日 县委书记龚雪飞一行到高沙窝工业园区宁夏天利丰能源利用有限公司调研低温重大核心装备研发实验中心项目建设及天利丰50万吨高纯氦气、40万吨液化天然气联产100万立方米高纯氦气项目筹建情况。

8日 盐池县委书记、县委全面深化改革委员会主任龚雪飞主持召开县委全面深化改革委员会2021年第1次会议，部署改革任务突出问题自查梳理和整改落实工作。

是日 盐池县组织、宣传思想、统战工作会议在县城召开，盐池县委书记龚雪飞出席会议并讲话。

是日 盐池县乡领导班子换届工作领导小组第1次会议在盐池宾馆召开，县委书记、县乡领导班子换届工作领导小组组长龚雪飞主持会议并讲话。

12日 盐池县委书记、县政法队伍教育整顿领导小组组长龚雪飞主持召开全县政法队伍教育整顿第三次推进会，部署下一阶段政法队伍教育整顿重点工作任务。

13日 盐池县委书记龚雪飞、县人大常委会主任吴科、县政协主席贺满文一行调研2021年老旧小区基础设施改造、古玩书画市场巷道硬化改造等项目规划建设情况，并就项目规划编制中问题细节调整进行了现场研究，提出了指导性意见。

14日 盐池县委书记龚雪飞先后到青山乡杨成沟村长庆第第三采油厂红井子作业区、污油泥处理厂，大水坑镇李伏渠村、王新庄村长庆第五采油厂、第五采油厂麻西作业区等地，调研各厂、区污水处理站产建立及污水处置、油区绿化、污废处置、原油处置输送、麻西作业区产建等情况，并听取了相关情况的介绍。

15日 宁夏回族自治区体育局党组书记、局长撒承贤、盐池县委书记龚雪飞及相关部门负责人一行先后到县六小、一中等地，详细了解各学校特色体育项目开展、体育训练及青训师资队伍建设、体育活动场地利用等情况，并与学校负责人进行交流，了解体教融合工作开展情况。

是日 宁夏回族自治区党委党史学习教育第二巡回指导组赵建峰、芦毅一行到振兴社区调研党史学习教育。

16日 盐池县委书记龚雪飞主持召开县委农村工作领导小组2021年第一次会议，传达学习中央农村工作会议、全国巩固拓展脱贫攻坚成果同乡村振兴有效衔接工作会议、全国扶贫开发工作会议及自治区党委农村工作会议精神。

18日 第四次宁夏回族自治区人民法庭工作会议在银川召开。会上，盐池县惠安堡法庭获“塞上枫桥”人民法庭称号。

20日 盐池县委书记龚雪飞深入企业、农村调研全县生态修复、环境保护及生态环保督察反馈问题整改情况。

22日 全国人大常委会委员、民盟中央副主席、全国人大农业与农村委员会副主任龙庄伟一行来盐池县调研长城国家文化公园和生态建设情况。宁夏回族自治区人大常委会委员、民盟宁夏区委会主委冀永强，吴忠市委常委、政府副市长童伟东等人参加。

23日 盐池县委书记龚雪飞一行先后到青山乡郝记台村、大水坑镇柳条井村、宁夏盐池滩羊选育场、奋林农畜交易中心等地,详细了解乡村人居环境整治、乡村振兴示范村建设和滩羊育种繁育、规模化养殖助推滩羊产业高质量发展等情况。

是日 盐池县2021“中国体育彩票杯”第四届农民篮球争霸赛开幕式在县城举行。

26日 中国航空油料集团有限公司党委常委、副总经理张志刚带领调研组到盐池县调研乡村振兴等情况。

27日 盐池县在花马广场举办“永远跟党走”——盐池县庆祝中国共产党成立100周年群众性主题宣传教育活动暨党史学习教育文艺宣传启动仪式。

是日 宁夏回族自治区脱贫攻坚总结表彰大会在银川举行。盐池县人大常委会党组书记、主任吴科等13名个人和盐池县扶贫开发办公室等9个集体获评全区脱贫攻坚先进个人、先进表彰。

是日 盐池县委书记、县委机构编制委员会主任龚雪飞主持召开了县委机构编制委员会2021年第1次会议,研究推进基层整合审批服务执法力量改革涉及机构编制人员调整和部分行政事业单位涉及编制人员调整有关事宜。

28日 盐池县领导干部大会在县委党校召开，吴忠市委常委、组织部部长解峰出席会议并宣布自治区党委和吴忠市委干部任免决定，盐池县委书记龚雪飞主持会议并讲话，王海宁出席会议并发言。

是日 盐池县委书记、县扶贫开发领导小组组长龚雪飞主持召开县扶贫开发领导小组2021年第3次会议，传达全区脱贫攻坚总结表彰大会、全区中央定点扶贫单位座谈会和自治区实施百万移民致富提升行动会议精神，通报全县2020年第四季度脱贫攻坚及乡村振兴审计反馈问题整改落实情况，听取《2020年国家脱贫攻坚成效考核反馈问题整改方案》的汇报，部署相关工作。

是日 九三学社中央常务副主席邵鸿率国务院有关部门和社内外专家组成的调研组，到盐池县调研县域医共体信息化平台、全闭环的互联网医疗健康服务生态圈、医疗信息互联互通情况。

29日 盐池县委书记龚雪飞带领县四套班子，到盐池县公安局交管大队，对一线执勤的交警进行节日前的慰问。

30日 盐池县委书记、县政法队伍教育整顿领导小组组长龚雪飞督导调研政法队伍教育整顿工作并主持召开全县政法队伍教育整顿领导小组重点核查线索督办会议。龚雪飞先后到县公安局、法院、政法委，通过实地察看、听取汇报、查阅资料等方式,全面了解政法队伍教育整顿工作开展情况。

是日 盐池县委书记龚雪飞等四套班子主要领导和分管领导一行深入环卫、消防、交巡警、建筑工地走访慰问了一线职工。

是日 盐池县政协党组书记、主席贺满文主持召开县政协2021年第4次党组理论学习中心组学习会。

是日 盐池县出土的石刻胡旋舞墓门亮相郑州《黄河珍宝——沿黄九省区文物精品展》。

5月

3日 盐池县委副书记、政府代理县长王海宁,政府副县长、公安局局长薛双及相关部门负责人深入企业、旅游景区和道路交通执勤卡点等地，对全县“五一”劳动节期间安全生产、疫情防控和道路交通安全等情况进行调研。

7日 盐池县委副书记、政府代理县长王海宁主持召开政府党组理论学习中心组(扩大)2021年第5次学习会暨党史学习教育专题研讨会，传达学习习近平总书记在福建考察时的重要讲话精神、对革命文物工作重要指示精神和自治区在中国共产党成立100周年庆祝活动中突出发挥红色资源作用暨加强文物保护工作视频会议精神，学习习近平《论中国共产党历史》及习近平论坚持总体国家安全观(2021年)和习近平论民族和宗教工作（2021年)等内容。县委常委、政府副县长刘永辉以及教体局、冯记沟乡主要负责人进行了交流发言。

8日 宁夏回族自治区人大常委会副主任杨玉经带领调研组到盐池县调研自治区人大议案建议办理工作并召开座谈会。宁夏回族自治区文化和旅游厅副厅长卫忠，盐池县委副书记、政府代理县长王海宁，盐池县人大常委会主任吴科及相关部门负责人参加座谈。

7—9日 盐池县委书记龚雪飞到上海市参加宁夏品质中国行上海站“盐池滩羊”推介会。

10日 盐池县委副书记、政府代理县长、县应对新冠疫情工作指挥部指挥长王海宁主持召开县应对新冠疫情工作指挥部第24次会议，研究县应对新冠疫情工作指挥部组成人员调整有关事宜，听取全县新冠疫苗接种和新冠疫情防控工作情况汇报，部署下一步工作。

是日 盐池县委副书记、政府代理县长王海宁到滩羊集团开展调研指导工作。

11日 宁夏回族自治区扶贫办党组成员、副主任米超一行调研盐池县乡村振兴工作。

是日 盐池县委书记龚雪飞主持召开盐池县建设黄河流域生态保护和高质量发展先行区推进会暨“四权”改革动员部署会议，研究部署盐池县用水权、土地权、排污权、山林权“四权”改革工作。

是日 盐池县委书记龚雪飞深入冯记沟乡、惠安堡镇看望慰问少数民族群众代表，并调研全县百万移民致富提升行动及乡村振兴示范村建设情况。

12日 盐池县委副书记、政府代理县长王海宁慰问少数民族困难群众并调研疫情防控工作。

17日 盐池县委书记龚雪飞一行先后到花马池镇惠泽村、北塘新村等地调研全县乡村振兴示范村建设及百万移民致富提升行动落实情况。

18日 宁夏回族自治区党委常委、纪委书记、监委主任艾俊涛带领相关部门负责人先后到花马池镇惠泽村、北塘新村调研百万移民致富提升行动落实情况。

是日 由宁夏回族自治区文化和旅游厅、吴忠市主办，盐池县承办的2021年“5·18国际博物馆日、宁夏长城保护宣传日”“5·19中国旅游日”暨庆祝建党100周年文化旅游体育赛事系列活动在盐州古城旅游区长城关广场拉开帷幕。宁夏回族自治区文化和旅游厅副厅长卫忠出席启动仪式并讲话，盐池县委书记龚雪飞出席启动仪式并致辞。

19日 盐池县委书记、县创建全国文明城市指挥部总指挥龚雪飞调研创建全国文明城市工作并召开创建全国文明城市指挥部会议。

是日 中国人民大学医改研究中心主任、教授王虎峰、国家心血管病中心、中国医学科学院阜外医院党委副书记、纪检书记、研究员李天庆等一行10人组成的国家综合医改专家组到盐池县评估综合医改工作。

20日 盐池县委书记龚雪飞主持召开2021年第7次县委理论学习中心组学习会，传达学习自治区党委书记陈润儿为全区党员干部作的题为“传承党的百年光辉史基因、铸牢中华民族共同体意识”党史学习教育专题党课报告等内容。

21日 吴忠市政协副主席、总工会党组书记、主席陈克安带领调研组先后到盐池县滩羊集团、文化馆、总工会等地对盐池工会工作进行调研。

是日 盐池县委书记、县委应对新冠疫情工作领导小组组长龚雪飞主持召开县委应对新冠疫情工作领导小组第21次会议，听取全县疫情防控工作情况汇报。

是日 盐池县委书记、县委党史学习教育领导小组组长龚雪飞为全县领导干部上了一堂以《从中国共产党人的精神谱系中汲取奋进力量》为题的专题党课。

20—22日 第七届宁夏“互联网+”大学生创新创业大赛“青年红色筑梦之旅”活动在盐池县举行。

25日 由滩羊集团与宁夏回族自治区宣传部、宁夏大学地理科学与规划学院、中国科学院地理科学与资源研究所、盐池县农业农村局、盐池县花马池镇皖记沟村委会合作完成的“盐池滩羊花马池镇干旱草原生境保护与可持续发展案例”被评为优质地理产品生态环境保护与可持续发展案例第1案例。

是日 盐池县委副书记、政府代理县长王海宁到花马池镇调研百万移民致富提升情况，并召开座谈会。

26日 吴忠市委常委、宣传部部长高建博到盐池县督查暗访全国文明城市创建和新时代文明实践工作。

是日 盐池县委副书记、政府代理县长王海宁到高沙窝镇长流墩村调研乡村振兴示范村和果蔬产业示范区发展情况，并在高沙窝镇召开座谈会。

27日 宁夏回族自治区副主席赖蛟带领调研组调研盐池县百万移民致富提升行动工作落实情况。

是日 盐池县李塬畔革命旧址入选第二批党史学习教育参观学习点。

28日 宁夏回族自治区党委讲师团团长张虎带领调研组深入盐池县公安局、花马池镇曹泥洼村、融盐公司、芙蓉社区等地，调研党史学习教育开展情况，并召开座谈会。

29日 盐池县委副书记、政府代理县长王海宁一行到花马池镇曹泥洼村调研乡村振兴、人居环境整治等工作开展情况。

29—30日 盐池县委副书记、政府代理县长王海宁带领县四套班子分管领导及各乡镇、各部门主要负责人，对各乡镇乡村振兴示范村建设及农村人居环境整治工作开展情况进行实地观摩，并召开工作推进会。

31日 盐池县委书记龚雪飞主持召开新任职处级领导干部宣布会议和全县重点工作推进会。

是日 盐池县安委会召开2021年第二次全体(扩大)会议暨风险普查、防汛抗旱工作会议。盐池县委副书记、政府代理县长、安委会主任王海宁出席会议并讲话，县委副书记、政法委书记、安委会副主任施选峰主持会议。

是日 盐池县扶贫开发办公室重组为县乡村振兴局，为县人民政府工作部门，机构规格为正科级，由县农业农村局统一领导和管理，主要职责是巩固拓展脱贫攻坚成果、统筹推进实施乡村振兴战略有关具体工作。

是月 盐池县被国家体育总局授予“首批全国县域足球典型”称号。盐池县代表队选手刘彦峰荣获中国武术协会主办的中国——拉美和加勒比国家太极拳网络大赛传统套路——陈式太极拳D组二等奖及网络人气奖二等奖，王玉兰荣获规定套路——简化24式太极拳D组二等奖及网络人气奖一等奖。

6月

1日 盐池县委书记龚雪飞，县委副书记、政府代理县长王海宁先后深入盐池县第一小学等3所小学、第三幼儿园2所幼儿园和残疾人康复中心，开展“六一”儿童节慰问活动，并为每所学校送去1万元慰问金。

是日 盐池县委副书记、政府代理县长王海宁一行到县第五小学、第二幼儿园等地慰问少年儿童及教育工作者。

是日 盐池县在花马广场举行了主题为“童心向党 快乐成长”庆“六一”文艺演出。

2日 财政部党组成员、副部长邹加怡到盐池调研产业扶贫、金融扶贫情况。

3日 盐池县委书记龚雪飞主持召开县委党史学习教育领导小组第三次会议，听取全县党史学习教育工作情况汇报，部署下一阶段工作。

是日 盐池县委副书记、政府代理县长王海宁先后到盐池高级中学、试卷保密室等地，调研全县2021年普通高校招生全国统一考试安全保障工作。

是日 盐池县人民政府与国家电投集团铝电投资有限公司战略合作协议签约仪式在盐池县城举行。盐池县委书记龚雪飞，县委副书记、政府代理县长王海宁，国家电投集团铝电投资有限公司总经理冯建清、相关负责人及各有关部门负责人参加签约仪式。

6日 组织参加“非遗进万家·文旅展风采”——2021年宁夏黄河流域非遗作品创意大赛暨系列活动，文化旅游广电局耳机产品获得“两晒一促”优品大赛三等奖，博物馆讲解员获得非遗讲解大赛银奖，刺绣、剪纸等3个作品获得非遗作品创意大赛二等奖、优秀奖等好成绩。

5—6日 盐池县委书记龚雪飞带领县党政考察团到青铜峡市、利通区、红寺堡区、太阳山开发区考察学习。

7日 盐池县委书记龚雪飞深入惠安堡镇调研乡村振兴、农村人居环境整治、党史学习教育、黄花菜产业发展等情况，并召开座谈会。

是日 “滩羊之乡·扛硬盐池”8分钟宣传片在宁夏卫视《宁夏文旅荟》精彩亮相。

7—8日 2021年普通高校招生全国统一考试在盐池高级中学圆满完成，共有1625人报名参加考试，其中文史类463人、理工类852人、高职类310人，共设考场45个。盐池县委书记龚雪飞，盐池县委副书记、政府代理县长王海宁等县领导对高考组织管理和服务保障工作进行巡查。

8日 宁夏回族自治区人社厅党组书记、厅长李晓波一行先后到盐池县花马池镇北塘新村、宁夏金裕海化工有限公司等地，详细了解盐池县百万移民致富提升行动、援企稳岗等工作开展情况。

是日 盐池县委书记龚雪飞主持召开2021年第8次县委理论学习中心组学习会暨党史学习教育第4次集中研讨会，专题学习习近平总书记视察宁夏重要讲话精神。

是日 盐池县委副书记、政府代理县长王海宁深入部分企业、交通路口，调研全县安全生产工作。

9日 中央第四督导组宁夏小组下沉督导盐池县政法队伍教育整顿工作反馈会召开。中央第四督导组宁夏小组副组长曹代学出席会议并讲话，吴忠市委常委、统战部部长、政法委书记、市教育整顿领导小组副组长兰德明出席会议，盐池县委书记、县政法队伍教育整顿领导小组组长龚雪飞向中央第四督导组宁夏小组汇报盐池县政法队伍教育整顿工作情况。

是日 新华社总编室副主任、国传办主任倪四义、新华社宁夏分社社长王磊，调研盐池县红色文化保护利用工作。

是日 盐池县委书记龚雪飞、县委副书记、政府代理县长王海宁一行先后到盐州商贸城东侧地块、体育馆商业步行街等地，调研城市规划建设、广场文化和特色商业街区等情况，详细了解项目规划设计、项目特色、业态布局现状，并就如何提升功能、强化管理、做好服务等方面存在的困难和问题，提出解决方案。

是日 盐池县政协党组书记、主席贺满文主持召开县政协2021年第6次党组理论学习中心组学习会议。会议学习了习近平总书记视察宁夏重要讲话精神，围绕习近平总书记视察宁夏重要讲话精神进行学习交流。

11日 盐池县委书记、县委全面深化改革委员会主任龚雪飞主持召开县委全面深化改革委员会2021年第2次会议，研究部署全面深化改革各项重点任务。

是日 盐池县委书记、县委网络安全和信息化委员会主任龚雪飞主持召开县委网络安全和信息化委员会第三次会议，研究部署网络安全和信息化有关重点工作。

15日 吴忠市委常委、吴忠军分区政委李敏调研盐池县基层党管武装工作。

是日 盐池县人武部党委第一书记任职通知宣布大会在县城召开。吴忠市委常委、市军分区政委李敏出席会议并讲话，县委书记龚雪飞出席会议并发言。会议宣读了吴忠军分区党委党内任职通知，任命龚雪飞为县人武部党委第一书记，李敏为龚雪飞颁发了任职通知书。

16日 盐池县委书记龚雪飞，县委副书记、政府代理县长王海宁调研督导全县生态环保督察反馈问题整改情况。

17日 宁夏回族自治区人大常委会副主任董玲一行到盐池县惠安堡动物防疫指定通道等地调研《中华人民共和国畜牧法》贯彻实施情况。

是日 在收听收看全国、全区安全生产电视电话会议后，盐池县立即召开会议，部署贯彻落实工作。县委副书记、政府代理县长、安委会主任王海宁出席会议并讲话。

是日 宁夏回族自治区人大常委会副主任姚爱兴带领调研组先后到盐池县王乐井乡孙家楼村退化草原生态修复项目区、县滩羊集团生态牧场、大水坑向阳“全球变化对荒漠草原生产力及生态系统稳定性影响研究”项目区等地，调研盐池县草原生态保护工作。

18日 中国煤炭地质总局到盐池县考察座谈会在县城召开。中国煤炭地质总局水文地质局党委书记、局长蒋向明，中国煤炭地质总局乡村振兴部副部长李卫宁一行出席会议，盐池县委书记龚雪飞主持会议并讲话。

是日 盐池县委副书记、政府代理县长王海宁一行先后到县荣丰天然气有限公司北站、南站、宁夏安顺达运输有限公司、县振华液化气销售有限责任公司、县医院东侧及盐林路与文化街交叉口等地，详细了解城市天然气管道、危货运输行业、特种设备液化石油气瓶充装领域、县医院救治能力提升项目建设、2021年污水提质增效项目雨污分流及道路改造等安全生产工作开展情况。

是日 盐池县政协党组书记、主席贺满文主持召开政协2021年第8次党组理论学习中心组学习(扩大)会议。会议学习习近平总书记在庆祝中国共产党成立95周年大会上的重要讲话精神，围绕“党的百年历史”专题进行研讨。

21日 “85峥嵘岁月·续写盐池华章”庆祝盐池县解放85周年专场文艺晚会在县文化艺术中心举行。县委书记龚雪飞出席晚会并致辞。

22日 盐池县委书记龚雪飞、县委副书记、政府代理县长王海宁一行先后到玺悦府住宅小区建筑工地、惠安堡镇中心小学、宝丰四股泉煤矿、宁夏明峰萌成建材有限公司等地，进行调研并召开座谈会。

是日 盐池县委书记龚雪飞主持召开2021年第9次县委理论学习中心组学习会暨党的百年历史专题研讨会。吴忠市委党史学习教育第一巡回指导组副组长王洁及成员到会指导。会上，侯凤章应邀讲述《盐池革命老区的峥嵘岁月》有关内容，县领导吴科、王海宁、施选峰围绕“党的百年历史”进行专题研讨发言。

28日 盐池县委书记、总河长龚雪飞主持召开县总河长第5次会议，传达学习自治区、吴忠市总河长第5次会议精神，听取《2021年度盐池县河湖长制工作要点》汇报。

28—29日 龚雪飞、王海宁、吴科、贺满文等盐池县四套班子领导分别到各乡镇、街道办走访慰问老党员和困难党员，为部分老党员颁发“光荣在党50年”纪念章，向他们转达党中央和自治区、市、县党委、政府的深切关怀和良好祝愿，并通过他们向全县各行各业、各条战线的共产党员致以节日的祝贺和亲切的问候。

30日 盐池县优秀共产党员、优秀党务工作者和先进基层党组织表彰大会在文化艺术中心举行。会议宣布《中共盐池县委关于表彰全县优秀共产党员、优秀党务工作者和先进基层党组织的决定》。盐池县委书记龚雪飞出席会议并讲话。

是日 盐池县委副书记、政府代理县长王海宁调研高沙窝镇重点小城镇规划建设情况。

是日 由县委、人大、政府、政协主办，县委宣传部、文化旅游广电局承办的庆祝中国共产党成立100周年“奋斗百年路 启航新征程”群众文艺晚会在花马广场举行。

是月 盐池县花园社区成功创建宁夏回族自治区健康社区示范点。

7月

1日 盐池县委书记龚雪飞主持召开县委庆祝中国共产党成立100周年座谈会。

是日 盐池县委书记龚雪飞主持召开县委常委会（扩大）会议，专题学习习近平总书记在庆祝中国共产党成立100周年大会上的重要讲话精神，并开展专题研讨。

6日 盐池县委书记龚雪飞主持召开全县建设黄河流域生态保护和高质量发展先行区第二次推进会，会议听取包抓领导关于滩羊、牧草等重点特色产业推进情况的汇报。贺满文、吴科进行综合点评，对全县重点项目建设和产业发展提出意见建议。

7日 盐池县召开2021年政银企对接座谈会，盐池县委副书记、政府代理县长王海宁出席会议并讲话。部分金融部门、企业负责人进行交流发言。

8日 宁夏回族自治区人大常委会副主任姚爱兴带领调研组到盐池县调研“互联网+教育”工作开展情况。宁夏回族自治区教育厅副厅长王建平，盐池县委副书记、政府代理县长王海宁参加调研。

是日 四川省政协党组副书记、副主席崔保华一行到盐池县考察调研国家文化公园建设情况。宁夏回族自治区政协副主席冯志强，盐池县委书记龚雪飞参加调研。

7—8日 宁夏回族自治区级全域旅游示范区创建验收组组长郭建广带领验收组到盐池县验收全域旅游示范区创建工作。

9日 审计署社保司司长文华宜带领调研组到盐池县调研民政工作。宁夏回族自治区民政厅厅长妥永苍，宁夏回族自治区审计厅党组成员、副厅长张龙，盐池县委副书记、政府代理县长王海宁参加调研。

是日 盐池县委书记龚雪飞调研全县重点项目能耗及“两高”问题整改。

9—10日 青铜峡市党政考察团先后到盐池县曹泥洼民俗村、张建明民俗文化馆、花马古城、长城关、宁夏长城博物馆、九曲民俗文化园、滩羊集团等地考察学习乡村振兴、人居环境整治等工作。

13日 盐池县委书记、县委教育工作领导小组主任龚雪飞主持召开县委教育工作领导小组

2021年第一次会议，就2021年重点工作进行部署。

14日 盐池县委书记龚雪飞深入县城各街道、城乡接合部、小区调研创建全国文明城市工作开展情况。

是日 盐池县委副书记、政府代理县长王海宁到惠安堡镇、大水坑镇调研乡村振兴示范村建设和农村人居环境整治工作开展情况。

是日 盐池县政协主席贺满文主持召开学习贯彻习近平总书记“七一”重要讲话精神座谈会暨专题研讨会。会议传达学习习近平总书记在庆祝中国共产党成立100周年大会上的重要讲话精神，与会人员围绕会议主题进行专题研讨。

15日 盐池县委书记龚雪飞主持召开2021年第10次县委理论学习中心组学习会，专题学习习近平总书记在庆祝中国共产党成立100周年大会上的重要讲话。

是日 盐池县委副书记、政府代理县长王海宁到王乐井乡调研旱情、乡村振兴示范村建设及农村人居环境整治、草原补播改良基地建设等情况。

是日 盐池县委副书记、政府代理县长王海宁看望慰问新冠疫苗接种防疫人员。

16日 十三届全国人大常委会副委员长、农工党中央主席、中国红十字会会长陈竺到盐池县调研县域综合医改、互联网＋医疗健康、村卫生室等建设工作。

17日 第四届吴忠黄花菜产业发展高峰论坛暨产销对接大会在盐池县举行。原农业部党组成员、国务院参事室特约研究员、中国农产品市场协会会长张玉香、市政府副市长王天军、自治区农业农村厅副厅长赖伟利、中国小康建设研究会副会长兼秘书长李彬选分别进行了致辞，县委书记龚雪飞以《种下一片金针叶富了一方百姓家》为题作了主旨报告。

17—18日 吴忠市人民政府、中国小康建设研究会主办，中共盐池县委员会、盐池县人民政府、吴忠市农业农村局承办，盐池县文化旅游广电局协办的2021年盐池县“母亲花开·忘忧盐州”黄花节开幕。

19日 中能建设宁夏盐池120MWp光伏复合发电项目在高沙窝镇高沙窝村胡记圈自然村开工建设。

21日 盐池县委书记龚雪飞先后到县医保局、疾控中心、永宏乐丰康复生态养生园、中医院、卫健局，深入了解全县医疗保障、康养融合、医养结合、卫生健康等工作开展情况。

是日 盐池县委副书记、政府代理县长王海宁调研城市建设等情况。

22日 盐池县委书记龚雪飞主持召开全县2021年上半年经济形势分析会，部署下半年经济发展工作。会上，县委副书记、政府代理县长王海宁对下半年经济工作进行部署。

23日 盐池县委书记龚雪飞、县委副书记、政府代理县长王海宁看望慰问武警吴忠支队、消防救援支队、吴忠军分区官兵，为他们送去慰问品，并致以节日的问候和美好的祝愿。

25日 宁夏回族自治区党委副书记陈雍、自治区政府副主席王和山调研盐池县抗旱工作开展情况。

26日 盐池县委书记龚雪飞主持召开全县严肃换届纪律集体谈心谈话会。教育引导各级党员领导干部要提高政治站位，严格遵守换届纪律，正确对待进退留转，着力营造风清气正的换届环境。

是日 盐池县委书记龚雪飞在基层联系点王乐井乡刘四渠村，以“牢记初心使命·践行党的宗旨·为实现人民对美好生活的向往不懈努力”为题，宣讲习近平总书记“七一”重要讲话精神。

是日 盐池县2021年招商引资工作推进会在县委党校召开。县委副书记、政府代理县长王海宁出席会议并向受聘的12名招商顾问颁发了聘书，工业园区管委会、投资促进服务中心、自然资源局、审批局、招商顾问代表分别作交流发言，县政府、园区管委会分别同15家企业签订投资协议。

28日 宁夏回族自治区婚姻登记业务培训班在盐池县举办。民政部社会事务司婚姻管理处处长郝海波应邀进行授课，宁夏回族自治区民政厅副厅长张隽华作动员讲话。全区各市县(区)婚姻登记业务相关工作人员参加培训。

是日 盐池县麻黄山乡何新庄村、盐池县麻黄山乡李塬畔村入选宁夏回族自治区特色旅游村镇名单。

26—28日 吴忠市宣讲团先后到高沙窝、大水坑、青山、花马池、惠安堡等乡镇新时代文明实践所，开展习近平总书记“七一”重要讲话精神基层宣讲活动。

31日 盐池县政法队伍教育整顿总结会在县城召开。盐池县委书记、县政法队伍教育整顿工作领导小组组长龚雪飞出席会议并讲话。

是日 盐池县委副书记、政府代理县长、县应对新冠疫情指挥部指挥长王海宁主持召开县应对新冠疫情指挥部第25次会议，审议了相关工作事宜。

是月 文化和旅游部、中央宣传部、中央党史和文献研究院、国家发展改革委联合发布“建党百年红色旅游百条精品线路”，盐池县革命烈士纪念馆被列入“红旗漫卷六盘山”精品线路。

8月

1日 盐池县委书记、县委应对新冠疫情工作领导小组组长龚雪飞主持召开县委应对新冠疫情工作领导小组第22次会议，对疫情防控再部署再安排。

是日 石狮市委书记黄春辉一行人到盐池县考察。盐池县委书记龚雪飞在盐池宾馆主持召开盐池·石狮对口协作联席会议。

3日 盐池县委副书记、政府代理县长、重点项目建设领导小组组长王海宁主持召开全县2021年重点项目建设领导小组第1次会议，分析研究全县重点项目建设过程中存在的问题，加快推进项目建设。

5日 盐池县委书记龚雪飞先后到县火车站、花马寺、县医院，实地察看体温测量、消毒防护、核酸检测、疫苗接种等疫情防控措施落实情况，并提出建议要求。

是日 盐池县委副书记、政府代理县长、中小学教师“县管校聘”改革试点工作领导小组组长王海宁主持召开全县中小学教师“县管校聘”改革试点工作领导小组会议，研究全县中小学校长拟聘用人员。

是日 盐池县委副书记、政府代理县长王海宁到乡镇、社区、车站、酒店等地，督查全县疫情防控工作，听取近期疫情防控工作落实情况及下一步工作安排。

7日 盐池县委书记龚雪飞先后到南关社区、县委党校、青银高速花马池出口、县中医院、县疫情防控指挥部，详细了解社区、疫情防控集中隔离点、交通检查站、全县疫苗接种等有关工作情况。

8日 盐池县委副书记、政府代理县长、县应对新冠疫情防控指挥部指挥长王海宁督查部分文化娱乐场所、医院、敬老院、企业、社区、新冠疫情防控指挥部等疫情防控工作。

9日 盐池县委书记龚雪飞到青山乡对旱情、疫情防控、基层党组织建设、党史学习教育等工作进行调研，并召开座谈会。

10日 盐池县委副书记、政府代理县长王海宁到各项目建设现场，调研全县重点项目建设情况。

11日 盐池县委书记、县委应对新冠疫情工作领导小组组长龚雪飞主持召开县委应对新冠疫情工作领导小组第23次会议，安排部署疫情防控相关工作。

13日 固原市委副书记、市长冼国义一行先后到盐池县马儿庄现代化生态灌区、德胜墩水库，考察盐池县高效节水灌溉、再生水资源综合利用项目建设运行暨城北生态文化旅游项目等情况。

14日 盐池县委书记、县委应对新冠疫情工作领导小组组长龚雪飞主持召开全县疫情防控工作会议,部署下一步工作。

17日 宁夏回族自治区党委书记陈润儿来盐池调研旱情及抗旱工作情况。县委书记龚雪飞陪同调研。

是日 盐池县政协经济委界别活动室开展农特产品直播带货协商活动。县政协主席贺满文、副主席蒋刚等应邀参加活动，部分政协委员、企业代表、自媒体代表参加活动。

18日 盐池县乡村振兴示范村建设及人居环境整治第二次现场推进会在县城召开。县委书记龚雪飞出席会议并讲话，县委副书记、政府代理县长王海宁主持会议。

19日 盐池县委书记龚雪飞深入高沙窝镇走访慰问一线医务工作者，并对高沙窝镇高标准重点小城镇建设项目进行调研。

是日 正值第四个“中国医师节”,盐池县委副书记、政府代理县长王海宁走访慰问一线医务工作人员。

是日 宁夏回族自治区地方金融监管局党组书记、局长吴琼，自治区供销社副主任刘正虎一行9人到盐池县供销社调研“数字供销”运行情况。

20日 盐池县委书记、县创建全国文明城市指挥部总指挥龚雪飞主持召开创建全国文明城市指挥部第3次会议，部署创建全国文明城市相关工作。

31日 盐池县创建全国文明城市半年工作总结会在县城召开,县委书记、县创城指挥部总指挥龚雪飞出席会议并讲话。

是月 宁夏回族自治区人民政府发布《第六批自治区级非物质文化遗产代表性项目名录》,盐池县1项民间文学（野狐岭的传说)、1项传统技艺（惠安堡羊羔肉制作技艺)榜上有名。

9月

2日 盐池县委书记、县委退役军人事务工作领导小组组长龚雪飞主持召开县委退役军人事务工作领导小组2021年第三次全体会议,部署2021年全县退役军人事务相关工作。

4日 福建省石狮市委书记黄春辉带领考察组到盐池县考察特色产业发展情况。盐池县委副书记、政府代理县长王海宁参加随后召开的对口协作联席会议。

5日 盐池县举办新时代文明实践暨第六个“中华慈善日”活动，宁夏慈善总会副秘书长孔繁宗出席活动并致辞，吴忠市人大常委会副主任、慈善总会会长马云峰,盐池县委书记龚雪飞,县委副书记、政府代理县长王海宁,县人大常委会主任吴科，县政协主席贺满文，县慈善协会会长韩向春,县委常委、政府常务副县长刘永辉出席活动,县委常委、政府副县长马学荣主持活动。

6日 盐池县委副书记、县政府代理县长王海宁深入各文化旅游项目现场，实地调研全县文化旅游工作。

是日 盐池县乡村振兴专题示范培训班在福建省泉州市石狮市委党校开班。该次培训为期5天。盐池县有关部门(单位)负责人、部分村党支部书记共40人参加培训。

7日 中航油集团公司党委副书记、工会主席曹永晖一行到盐池县调研定点帮扶工作，并召开座谈会。

是日 盐池县委书记龚雪飞先后到花马池镇北塘新村、盈德村、十六堡新村等地,调研百万移民致富提升行动落实情况。

是日 盐池县委副书记、县政府代理县长王海宁先后到宁夏天朗环境科技有限公司、宁夏圣洁鑫能源综合利用有限公司、县城生活污水处理厂,督查各相关企业关于自治区2021年生态环境保护专项督察转办问题整改情况、自治区2020年生态环保督察督办问题整改落实情况、生活污水处理及曝气池运行情况等。

是日 盐池县人大常委会主任吴科带领视察组对全县城市运行管理及创建全国文明城市工作开展情况进行视察，并召开座谈会。

8日 盐池县人大常委会主任吴科带领视察组对全县工业经济运行情况进行视察并召开座谈会。

是日 盐池县获评首批自治区级全域旅游示范区。

10日 龚雪飞、王海宁、吴科、贺满文等县领导分别深入各幼儿园、中小学开展走访慰问活动。

是日 盐池县委副书记、政府代理县长、重点项目建设领导小组组长王海宁主持召开全县2021年重点项目建设领导小组第2次会议，分析全县项目建设形势，研究解决重点项目建设过程中存在的问题。

13日 盐池县委书记龚雪飞召开全县排查整顿农村发展党员违规违纪问题工作启动培训会、盐池县国土空间规划建设领导小组2021年第3次会议、《中国共产党盐池县第十四届委员会工作报告》征求意见讨论会。

13—14日 宁夏回族自治区乡村振兴促进法宣传贯彻暨乡村治理和“一村一年一事”行动现场观摩培训会在盐池县召开。

15日 宁夏回族自治区生态环境厅党组书记、厅长张柏森、监察专员杨金生一行先后到盐池县工业园区正大万瑞源生猪生态养殖基地、宁夏天利丰化工有限公司、德胜墩水库等地调研生态环境保护工作。

16日 盐池县委书记龚雪飞到王乐井乡，实地调研乡村振兴示范村建设及基层党建工作情况。

18日 盐池县委书记龚雪飞主持召开《中国共产党盐池县第十四届委员会工作报告（征求意见稿）》征求意见会。

19日 盐池县滩羊集团被农业农村部列为2021年度全国农业农村信息化示范基地。

20日 盐池县委副书记、政府代理县长王海宁深入文化旅游项目现场，实地调研文化旅游工作准备情况。

21日 中秋佳节，盐池县委书记龚雪飞走访慰问了敬老院特困供养老人和部分城市低保困难户，为他们送去慰问品。

23日 盐池县委书记龚雪飞，县委副书记、政府代理县长王海宁，县委副书记、政法委书记施选峰，县委副书记禹晓平，县委常委、纪委书记丁立群参加盐池县2021年“中国农民丰收节”暨滩羊美食文化旅游体育赛事系列活动开幕式。

是日 盐池县革命历史纪念园被自治区文化和旅游厅评为国家AAAA级旅游景区。

25日 中国共产党盐池县第十五次代表大会在盐池县委党校开幕，全县来自各条战线的275名代表出席大会，71名邀请人员列席会议。县委副书记、政府代理县长王海宁主持，县委书记龚雪飞代表中国共产党盐池县第十四届委员会向大会作了题为《紧密团结　真抓实干　为建设“强美富优”现代化新盐池而努力奋斗》的报告，县委常委、纪委书记、监委代理主任丁立群代表中国共产党盐池县第十四届纪律检查委员会向大会提交了题为《把握新发展阶段　履行新时代使命　为盐池县经济社会高质量发展提供坚强纪法保障》的报告。

26日 中国共产党盐池县第十五次代表大会第三次全体会议在县委党校召开，县委书记龚雪飞主持会议。吴忠市纪委监委派驻第四纪检监察组组长高敬原、市直机关工委副书记王友成出席会议。

是日 中国共产党盐池县第十五届纪律检查委员会召开第一次全体会议。丁立群受中国共产党盐池县第十五次代表大会主席团的委托主持会议。市纪委监委派驻第四纪检监察组组长高敬原出席会议，艾辉代表县委作中国共产党盐池县第十五届纪律检查委员会常委、书记、副书记候选人建议名单的说明。

是日 中国共产党盐池县第十五届委员会召开第一次全体会议。龚雪飞受中国共产党盐池县第十五次代表大会主席团委托主持会议。

是日 盐池县法治政府建设工作推进会在盐池县城召开，安排部署下一步工作。县委副书记、政府代理县长王海宁出席会议并讲话。

28日 盐池县安委会召开2021年第三次全体（扩大）会议暨安全生产专项整治三年行动推进会。县委副书记、政府代理县长、县安委会主任王海宁出席会议并讲话，部署了下一步工作。

30日 盐池县委副书记、政府代理县长王海宁到部分街道暗访创建全国文明城市工作。

是日 盐池县委书记龚雪飞，县委副书记、政府代理县长王海宁，县委副书记禹晓平，县委常委马学荣、张飞、刘永辉、张旭、丁立群、艾辉、郑慧玲参加盐池县2021年烈士纪念日活动。

9月18日至10月15日 盐池县2021“中国农民丰收节”暨滩羊美食文化旅游体育赛事系列活动在长城关启动。

10月

1日 盐池县委副书记、政府代理县长王海宁到部分企业，实地调研安全生产工作开展情况。

7日 盐池县委书记龚雪飞先后到王乐井乡曾记畔村、供销合作社，青山乡雷记沟村、斗沟子村以及县革命历史纪念园，调研全县红色资源挖掘保护运用工作。

9日 北京大学考古文博学院盐池基地暨宁夏文物考古研究所盐池工作站揭牌仪式在张家场博物馆举行。国家文物局副局长宋新潮、宁夏回族自治区副主席王道席，北京大学党办校办主任、校长助理、秘书长孙庆伟，宁夏回族自治区政府副秘书长丁波，宁夏回族自治区文化和旅游厅党组书记、厅长刘军，吴忠市委常委、宣传部部长高建博，盐池县委书记龚雪飞，县人大常委会主任吴科，县政协主席贺满文等领导，专家出席揭牌仪式，县委副书记、政府代理县长王海宁主持仪式。该基地是北京大学考古文博学院2020年在全国建设的3个标准化考古实习基地之一。盐池县张家场城址被认为是目前所知地处河套地区的一座规模最大、出土文物最为丰富的秦汉时期的古城遗址之一。

是日 盐池县委书记龚雪飞深入大水坑镇调研乡村振兴示范村建设等情况，并召开座谈会。

是日 吴忠市委宣传部暗访盐池县创建全国文明城市工作反馈会在县城召开。吴忠市委常委、宣传部部长高建博出席会议并讲话。

11日 宁夏回族自治区工程建设政府采购等重点领域突出问题专项治理领导小组办公室到盐池县检查工作。

13日 山东省政协副主席王艺华带领考察团到盐池县考察特色富农产业发展、特色农产品品牌创建、农民增收等情况。

15日 盐池县委书记龚雪飞主持召开2021年第14次县委理论学习中心组学习会，传达学习习近平总书记在中央民族工作会议上的重要讲话精神、中共宁夏回族自治区第十二届委员会第十三次全体会议精神、自治区《关于贯彻落实〈中共中央、国务院关于以铸牢中华民族共同体意识为主线推进新时代党的民族工作高质量发展的意见〉的实施意见》重点内容。

16日 由县委宣传部、县科协、团县委、县妇联、县教体局联合主办，盐池科技馆、盐池县机器人协会、盐池高级中学承办的盐池县第二届青少年人工智能创新大赛在盐池高级中学举办。

18日 盐池县委副书记、政府代理县长王海宁调研民生项目建设、人大议案建议和政协提案办理情况。

是日 盐池县召开应对西安市、银川市新冠疫情输入风险防范工作专题会议。会议通报疫情情况，分析研判疫情形势，安排部署了全县近期疫情防控工作。

是日 宁夏回族自治区政协原副主席、宁夏老年大学校长蔡国英带领的宁夏老年大学考察调研组到盐调研盐池滩羊产业高质量发展及其精深加工、品牌打造、市场销售等情况。

19日 盐池县委副书记、政府代理县长王海宁到部分交通卡点、超市、医院、部门实地调研疫情防控工作。

是日 全市公安机关第三季度重点工作通气会暨百日攻坚行动推进会召开，盐池县公安局因前三季度执法质量考评连续位列第一，荣获“执法质量优胜奖”。

16—19日 国家乡村振兴局督查专员贾希为到盐池县惠安堡镇惠苑村调研乡村振兴示范村建设及肉牛养殖、基层组织建设情况，花马池镇曹泥洼村调研产业发展和乡村振兴示范村建设情况；前往宁夏盐池滩羊产业发展集团调研盐池滩羊全产业链发展情况，花马池镇皖记沟村调研防止返贫监测预警系统运行、生态牧场建设和网格化管理情况。

20日 宁夏回族自治区退役军人事务厅党组书记、厅长娄晓萍带领调研组先后到盐池县长城驾校、县滩羊集团、退役军人事务局等地调研退役军人事务工作。

是日 盐池县委书记、县委应对新冠疫情工作领导小组组长龚雪飞主持召开县委应对新冠疫情工作领导小组第24次会议，通报全县疫情防控工作开展情况，听取疫情防控各工作专班情况汇报，部署下一步疫情防控工作。

21日 宁夏回族自治区党委副书记陈雍、自治区农业农村厅厅长滑志敏调研哈巴湖国家级自然保护区、宁夏花马湖房车(汽车)旅游度假营地项目、盐池县红色文化传承保护工作、城北生态防护林建设等情况。

22日 盐池县委书记、县委应对新冠疫情工作领导小组组长龚雪飞主持召开县委应对新冠疫情工作领导小组第25次暨指挥部第27次会议，传达学习全国及区、市疫情防控工作相关会议精神，通报全县近期新冠疫情防控工作督查情况，审议《关于进一步加强疫情防控工作的意见》，部署疫情防控相关工作。

26日 中国人民政治协商会议第十一届盐池县委员会第一次会议在县城召开。贺满文受政协第十届盐池县委员会常务委员会的委托，向大会作工作报告。

27日 盐池县第十八届人民代表大会第一次会议在县委党校召开。开幕大会由大会执行主席龚雪飞主持。代理县长王海宁代表县人民政府向大会作工作报告。

是日 盐池县委书记、县委应对新冠疫情工作领导小组组长龚雪飞主持召开县委应对新冠疫情工作领导小组第26次暨指挥部第28次会议，传达学习自治区党委应对新冠疫情工作领导小组扩大会议精神，听取盐池县疫情防控相关工作开展情况，部署下一步工作。

28日 中国人民政治协商会议第十一届盐池县委员会第一次会议在县城闭幕。闭幕大会由政协十一届盐池县委员会执行主席张晨主持。

是日 盐池县第十八届人民代表大会第一次在县城闭幕。闭幕大会由大会执行主席龚雪飞主持。

29日 盐池县召开疫情防控专题会议，部署下一步防控工作。县委书记龚雪飞主持并讲话。

是日 盐池县委副书记、政府县长、县应对新冠疫情指挥部指挥长王海宁主持召开县应对新冠疫情指挥部第30次会议，听取全县疫情防控相关工作开展情况，部署下一步工作。

31日 盐池县委书记龚雪飞深入花马池镇北塘新村，实地调研百万移民致富提升行动落实情况。龚雪飞沿着村道看村庄规划布局、基础设施、绿化美化、环境整治，并走进群众家中察看冬季取暖、居住环境、庭院卫生。

是月 在中国群众展演广播体操团体赛决赛上，宁夏盐池县花马池镇代表队以总成绩92.64分夺得团体赛农村乡镇组第一名，摘得本届全运会首枚金牌。

是月 国家知识产权局办公室发布《关于确定2021年国家地理标志产品保护示范区筹建名单的通知》，核准由盐池县人民政府筹建"盐池滩羊"国家地理标志产品保护示范区。这是宁夏唯一被批准筹建的国家地理标志产品保护示范区，筹建期限为3年，至2024年9月底结束，标志着"盐池滩羊"品牌化建设迈入更高阶段。

11月

1日 盐池县委书记龚雪飞先后到县医院、万悦水晶酒店、中医院、青银高速盐池出口、盛逸宾馆、县职业技术学校、第六小学、李培学中医综合诊所等地，详细了解医院院感防控、核酸检测、集中医学观察点和储备点、高速公路卡口、居民小区、学校等重点环节、重点区域的疫情防控工作以及疫情防控期间全县线上教育教学等工作落实情况。

是日 盐池县委副书记、政府县长王海宁到部分核酸采样点、小区、热源厂、学校，实地督导检查疫情防控工作落实情况。

2日 宁夏回族自治区党委常委、纪委书记、监委主任艾俊涛一行到盐池调研指导工作。艾俊涛深入农村、医学隔离点、交通卡点、医院实地考察指导盐池县疫情防控工作，并主持召开座谈会，专题研究疫情防控工作。

3日 宁夏回族自治区人大常委会副主任沈左权调研园区疫情防控及经济运行情况。

是日 盐池县委副书记、政府县长、园区党工委书记王海宁主持召开工业园区党工委2021年第三次会议暨理论学习中心组(扩大)学习会议。会议传达《中共中央 国务院关于完整准确全面贯彻新发展理念做好碳达峰碳中和工作意见》、中共盐池县第十五次党代会精神、县十八届人大一次会议精神、县政协十一届一次会议精神；听取工业园区疫情防控工作开展情况和工业园区2021年工作进展情况及2022年工作谋划情况的汇报。

是日 盐池县游九曲民俗文化成功入选"2021—2023年度中国民间文化艺术之乡"名单。

5日 盐池县委书记、县委应对新冠疫情工作领导小组组长龚雪飞主持召开县委应对新冠疫情工作领导小组第28次暨指挥部第31次会议，传达学习自治区党委常委会会议暨应对新冠疫情工作领导小组第20次会议、《自治区应对新冠疫情工作指挥部关于进一步从严从紧从实抓好当前疫情防控工作的紧急通知》、自治区领导督导调研吴忠市和盐池县疫情防控会议精神。听取全县近期新冠疫情防控、街道办疫情防控情况的汇报。

是日 盐池县委书记、县委农村工作领导小组组长龚雪飞主持召开县委农村工作领导小组2021年第2次会议，部署相关工作。

是日 盐池县滩羊集团成功取得农业农村部农产品质量安全中心颁发的中国良好农业规范认证一级证书。这是宁夏畜产品在农业农村部农产品质量安全中心获得的第一张畜产品的证书，是通过欧盟标准认证的一级牧场，也是全国第一家羊场获得该项认证。

8日 盐池县委副书记、政府县长王海宁到惠安堡镇主要交通卡点，实地调研疫情防控工作开展情况。政府副县长郑参参加调研。

10日 宁夏回族自治区党委常委、政法委书记赖蛟一行到盐池县调研"四大提升行动"推进情况及疫情防控工作落实情况。

是日 盐池县委副书记、政府县长王海宁到高沙窝镇、花马池镇调研2022年乡村振兴示范村项目和"一村万树"工程谋划情况。

12日 盐池县政协党组书记、主席张晨主持召开政协2021年第11次党组理论学习中心组学习(扩大)会议。

是日 盐池县委副书记、政府县长、县应对新冠疫情工作指挥部指挥长王海宁主持召开县应对新冠疫情工作指挥部第32次会议,部署下一步工作。

16日 盐池县委书记龚雪飞到部分施工现场、社区,实地调研创建全国文明城市及盐州路街道办工作情况,并主持召开座谈会。

是日 盐池县委书记龚雪飞一行到纪委监委、巡察办、花马池派出所南关警务室检查指导工作。

17日 盐池县委书记龚雪飞主持召开会议,专题听取盐池县公安局2021年工作完成情况及2022年工作谋划的汇报。

18日 盐池县委书记龚雪飞先后到县志愿者之家、职工书画培训基地、科技馆、长城民俗博物馆、春雪文化产业园等地,调研群团组织工作情况,并主持召开座谈会。

是日 国家能源集团宁夏煤业公司与盐池县企地座谈会在县城举行。会议由县委书记龚雪飞主持。宁夏煤业公司党委书记、董事长张胜利一行12人,县领导王海宁、禹晓平、刘永辉、薛双及有关乡镇、部门、企业负责人参加会议。

是日 盐池县文化馆被评定为国家一级馆。

19日 盐池县委副书记、政府县长、重点项目建设领导小组组长王海宁主持召开全县2021年重点项目建设领导小组第3次会议。

是日 盐池县政府县长、党组书记王海宁主持召开政府党组党史学习教育暨理论学习中心组(扩大)2021年第13次学习会,传达学习《习近平总书记关于〈中共中央关于党的百年奋斗重大成就和历史经验的决议〉的说明》、国务院党组会议和自治区政府党组(扩大)会议精神。

22日 盐池县委书记龚雪飞深入部分企业、矿场,调研督导全县生态环保及中央、自治区督导反馈问题整改落实情况。

23—24日 盐池县开展深入实施"四大提升行动"、全面促进乡村振兴工作现场观摩活动,龚雪飞、王海宁、吴科、张晨等县四套班子领导,各乡镇党委(街道党工委)书记,县直部分有关部门主要负责人,部分区市驻盐单位主要负责人参加观摩。

24日 宁夏回族自治区举办中央宣讲团党的十九届六中全会精神宣讲报告会。中央宣讲团成员、中央政策研究室副主任田培炎作宣讲报告,宁夏回族自治区党委书记陈润儿出席报告会并讲话,龚雪飞、王海宁、吴科、张晨等县四套班子全体领导,法检两院、工业园区管委会,各乡镇、街道办,县委、县政府各部门、直属各事业单位及各人民团体、区市驻盐相关单位负责人在盐池县分会场收听收看报告会。

25日 盐池县政协党组书记、主席张晨主持召开政协2021年第12次党组理论学习中心组学习(扩大)会议。

12月

1日 盐池县春雪非遗扶贫就业工坊获2021年度全区先进保护传承基地。

5日 盐池县委副书记、政府县长王海宁到部分企业、矿场,督导调研全县生态环境保护工作。

6日 吴忠市委常委、县委

书记龚雪飞主持召开县委全面深化改革委员会2021年第3次会议，部署相关工作。

8日 盐池县领导干部学习宣传贯彻党的十九届六中全会精神专题研讨班在县委党校开班，宁夏回族自治区宣讲团成员、统战部副部长柴建国为全县领导干部作专题辅导，吴忠市委常委、县委书记龚雪飞主持开班仪式。

10日 吴忠市委副书记、代理市长王学军一行到盐池县督导调研中央环保督察转办问题整改工作。

11日 吴忠市委常委、县委书记、县委应对新冠疫情工作领导小组组长龚雪飞主持召开县委应对新冠疫情工作领导小组第29次暨指挥部第33次会议，传达学习全国及区市疫情防控工作会议精神，部署疫情防控相关工作。

是日 吴忠市委常委、盐池县委书记、县委机构编制委员会主任龚雪飞主持召开了县委机构编制委员会2021年第2次会议。

13—15日 吴忠市委常委、盐池县委书记龚雪飞到北京参加平安中国建设表彰大会，盐池县获得“2017—2020年度平安中国建设示范县”称号。

16日 盐池滩羊产业融合示范基地被评为国家AA级旅游景区。

是日 盐池县烈士陵园管理所更名为盐池县双拥和烈士纪念设施管理服务中心。

17日 盐池县委副书记、政府县长、县应对新冠疫情工作指挥部指挥长王海宁主持召开县应对新冠疫情工作指挥部第34次会议，部署下一步工作。

是日 盐池县委副书记、政府县长王海宁先后到城南集中祭祀点、哈巴湖管理局、城北防护林卡口等地调研森林草原防火工作。

24日 吴忠市委常委、县委书记龚雪飞到部分高速出口疫情防控检查点，实地调研疫情防控工作落实情况。

27日 吴忠市委常委、盐池县委书记龚雪飞到盐池县工业园区，实地检查了青山石膏加工企业、宁鲁石化有限公司、古长城重点保护节点等重点区域，对园区整合优化、治理企业排污、拆除威胁古长城安全建(构)筑物等整改问题进行现场督办；陪同巩固脱贫攻坚成果同乡村振兴有效衔接后评估工作组到盐池县考核评估。

是日 国家评估工作组（以下简称“评估组”）到盐池县开展脱贫攻坚成果第三方评估工作。

28日 盐池县安委会召开2021年第四次全体(扩大)暨冬春火灾防控工作会议。部署今冬明春全县道路交通安全重点工作、森林草原防灭火工作、安全生产和消防工作。吴忠市政协副主席、盐池县委副书记、政府县长、安委会主任王海宁出席会议并讲话。

31日 吴忠市委常委、盐池县委书记龚雪飞先后到宁夏瑞业工贸有限公司、县危货运输停车场、宁夏迪葳食品有限公司、清大华普酒店、汽车站等地调研全县安全生产和疫情防控工作。

是日 吴忠市政协副主席、盐池县委副书记、政府县长、县重点项目建设领导小组组长王海宁主持召开全县2021年重点项目建设领导小组第4次会议。

盐池综览

综 述

【地理环境】 盐池县南北长约110千米，东西宽约66千米，总面积8522.2平方千米，是宁夏东部土地面积最大的一个县级地区。西与本区灵武、同心相连，东邻陕西定边，南接甘肃环县，北靠内蒙古鄂托克前旗，位于毛乌素沙漠南缘，属陕、甘、宁、内蒙古四省（区）交界地带，2条铁路、3条高速、5条国省干道纵贯县域，交通便捷。地势南高北低，南部为黄土丘陵区，海拔1600～1800米，沟壑纵横；北部为鄂尔多斯缓坡丘陵区，海拔1400～1600米，开阔平缓。

【行政区划】 盐池县辖4个镇、4个乡、1个街道办事处、102个行政村、11个社区。花马池镇、大水坑镇、惠安堡镇、高沙窝镇；王乐井乡、冯记沟乡、青山乡、麻黄山乡；盐州路街道办事处。总人口17.2万人，其中农业人口14.3万人。

【历史沿革】 盐池历史悠久。汉初设县，名昫衍；梁承圣二年（553）改为盐州；北宋时期为西夏22州之一；明正统八年（1443）置花马池营；明正德二年（1507）筑花马池城；1913年置盐池县，隶属朔方道；1936年6月21日西征红军解放盐池县城，建立宁夏第一个县级红色政权。

【名优特产】 盐池滩羊：盐池县是“中国滩羊之乡”，为中国驰名商标，产品畅销全国26个大中城市高端市场，曾登上G20杭州峰会和厦门金砖五国峰会国宴餐桌。2019年，“盐池滩羊”入选达沃斯（大连）论坛文化晚宴食材，获中国农产品区域公用品牌最佳市场表现品牌；盐池滩羊成为2019年中国品牌强县十大最具代表性县域经典案例；盐池滩羊产业示范园入围国家农村产业融合发展示范园。甘草和荞麦：“盐池甘草”被评为中国驰名商标；盐池县被中国特色之乡推荐暨宣传活动组织委员会命名为“中国荞麦之乡”和“中国苦豆子之乡”。盐池黄花菜是盐池县主要的蔬菜作物之一。由于独特的地理和气候优势，盐池黄花菜花蕾肥大、油分充足、色泽鲜亮、丰润饱满，制干后的盐池黄花菜长度一般≥10厘米，具有黄花菜特有的香味，稚嫩爽口，并富含类胡萝卜素和总游离氨基酸，不仅是美味的食品，还是难得的保健品。盐池黄花菜2017年获全国果菜产业发展绿色百佳地标品牌和全国十佳蔬菜地标品牌，2018年获宁夏十大农产品区域公用品牌，2019年入选第一批全国名特新产品名录，2019年盐池县获批中国特色农产品优势区，是产业融合发展先导区创建县之一；2021年，全县黄花种植面积8.1万亩，实现总产鲜花2万吨，实现总产值2.8亿元，带动全县3000余户黄花菜种植户实现户均增收4.5万元。

【自然资源】 全县耕地134.6万

亩,可利用草原714万亩。境内有石油、煤炭、石灰岩、石膏、石英砂、砂砾石、池盐、芒硝、铜、铁等,其中探明石油储量4500万吨、煤炭储量81亿吨。地下蕴藏的矿产资源已发现有16种,其中,石膏4.5亿立方米、白云岩3.2亿立方米、石灰石11亿立方米,开发利用前景十分广阔。

【气候环境】 盐池县日照长、温差大,属典型的大陆性季风气候,干旱少雨,光能丰富,日照充足,年平均气温7.8℃,冬夏两季平均温差28℃。2021年,最高气温37.4℃,最低气温-27.1℃,年平均气温10.2℃,全年降水量227.9毫米,日照2681.5小时,无霜期158天,扬沙16次。2021年,持续打好污染防治攻坚战,"散乱污"企业和建成区35蒸吨以下燃煤锅炉实现动态清零,空气优良天数比例达到88.6%以上,工业园区污水实现全收集、全处置、达标排放,智慧河长信息平台建成投运,刘家沟、骆驼井水源地水质稳定达到Ⅲ类水质标准,医疗机构和化工企业危险废物安全规范处置率达100%,农残回收率超过90%,中央及自治区生态环境保护督察反馈问题整改有力有序推进。

【历史文化遗存】 盐池地理位置独特,历史悠久。这里远古、现代文明沉积,既有秦汉时期的长城墩堠,又有近代革命的历史遗迹,既有中原的农耕文化,又有塞外的游牧文化,既有陕北的信天游,又有西北的花儿,形成了盐池独特的多边文化。全县第三次全国文物普查统计结果中,经文物部门实地调查登记在册的不可移动文物共489处。其分布类型分别为古遗址(聚落址、村落址)110处,烽火台136处,堡址44处,城址21处,古建筑(坛庙祠堂)49处,清真寺9处,古墓葬33处,长城及长城附属建筑15处,石窟2处,近现代重要史迹及代表性建筑10处,其他类60处。

【特色旅游】 盐池县境内有隋、明长城4道250余千米,绵延横亘,气势恢宏,被誉为中国的"长城博物馆"。长城关、烽火台、深沟高垒、八步站台等遗址雄踞边塞,如此完整的隋长城在全国已不多见。哈巴湖生态博物馆物种多样,值得观赏。盐池革命纪念园,为全国著名红色旅游胜地。

国民经济和社会发展

【概况】 2021年,盐池县实现地区生产总值1629789万元,同比增长8.8%(按可比价格计算,下同),增速较上年同期下降1.7个百分点,两年平均增长9.6%。分产业看,第一产业实现增加值119676万元,增长8.3%,增速较上年同期提高3.9个百分点,两年平均增长6.1%;第二产业实现增加值1036305万元,增长8.7%,增速较上年同期下降6.8个百分点,两年平均增长11.6%;第三产业实现增加值473808万元,增长9.1%,增速较上年同期提高4.2个百分点,两年平均增长6.7%。从三次产业的构成看,三次产业增加值结构为7.3∶63.6∶29.1,与上年同期相比,第一产业比重下降0.4个百分点,第二产业比重上升3.3个百分点,第三产业比重下降2.9个百分点。从三次产业对经济增长的贡献来看,第一、二、三产业对经济增长的贡献率分别为7.3%、59.6%和33.1%;第一产业拉动经济增长0.6个百分点,第二产业拉动经济增长5.3个百分点,第三产业拉动经济增长2.9个百分点。按常住人口计算,全县人均地区生产总值101862元,同比增长7.9%,两年平均增长8.8%。

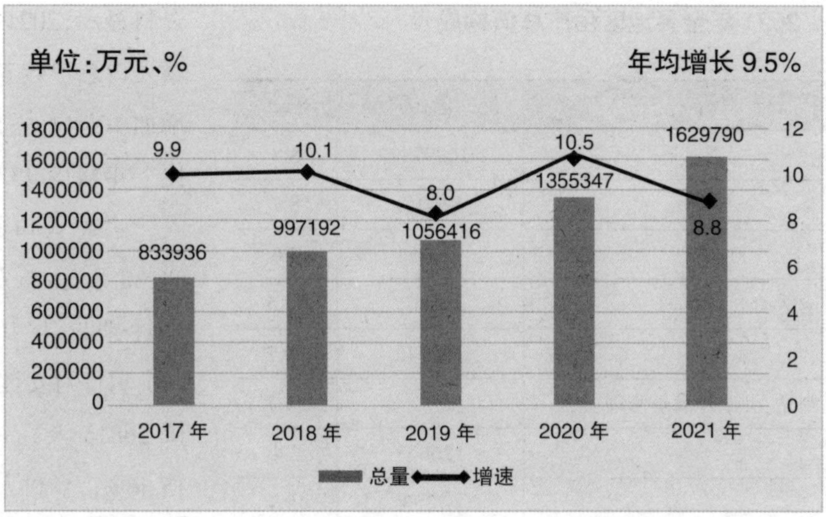

图 1　2017—2021 年地区生产总值总量及增速图

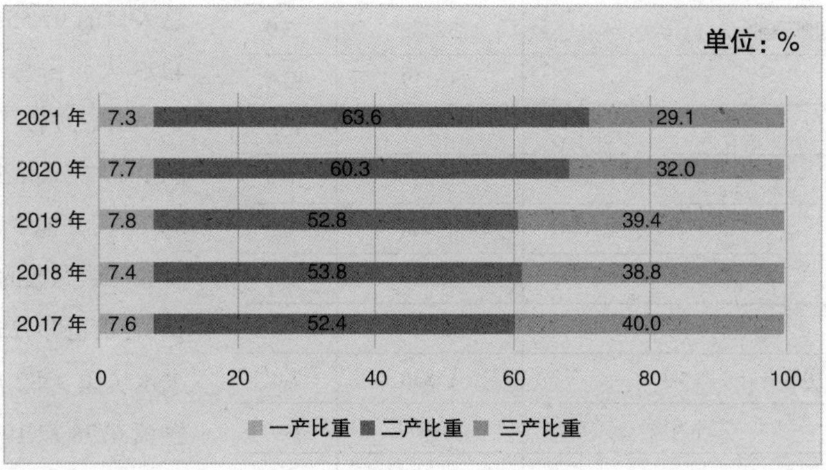

图 2　2017—2021 年地区生产总值构成图

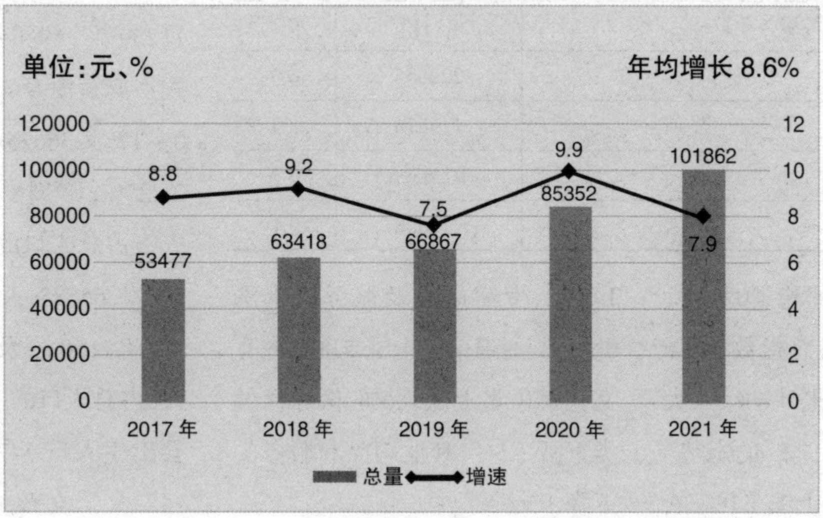

图 3　2017—2021 年人均地区生产总值总量及增速图

表 1　2021 年全县地区生产总值构成表

指　标	绝对值(万元)	增长%
地区生产总值	1629789	8.8
农林牧渔业	126043	8.1
工业	910751	9.6
#其中:开采辅助活动	1100	57.5
制造业	166946	30.7
#其中:金属制品、机械和设备修理业	9	24.7
建筑业	126663	3.4
批发和零售业	67353	19.1
批发业	22535	22.8
零售业	44818	17.4
交通运输、仓储和邮政业	32482	13.9
住宿和餐饮业	16119	10.6
住宿业	1056	6.9
餐饮业	15062	10.9
金融业	45658	-0.2
房地产业	18250	3.7
K门类	2413	3.4
居民自有住房服务	15836	3.8
其他服务业	286471	8.3
营利性服务业	63636	15.2
信息传输、软件和信息技术服务业	22221	26.0
其他营利性服务业	41415	9.7
非营利性服务业	222835	6.5
第一产业	119676	8.3
第二产业	1036305	8.7
第三产业	473808	9.1

物价水平基本平稳。2021 年,全县居民消费价格总指数 101.6(以上年为 100),增长 1.6%。八大类商品呈现“七涨一降”的态势。其中,食品烟酒类上涨 1.1%,衣着类上涨 1.2%,居住类上涨 1.0%。生活用品及服务类上涨 0.8%,交通通信类上涨 5.0%,教育文化娱乐类上涨 0.6%,医疗保健类上涨 1.5%,其他用品和服务类下降 1.5%。

【人口】 户籍人口。据公安年报资料显示,2021 年年末,全县户籍人口总户数 68614 户,比上年增加 105 户,总人口 172387 人,比上年减少 437 人。男性 88149 人,占总人口的 51.13%,女性 84238 人,占总人口的 48.87%,人口性别比为 104.6(以女性为 100,男性对女性的比例)。城镇人口 26815 人,占全县总人口的 15.56%;乡村人口 145572 人,占全县总人口的 84.44%。全县 172387 人中,汉族 168164 人,占总人口的 97.55%,少数民族人口 4223 人,占总人口的 2.45%,其中,回族 3749 人,占全县总人口的 2.17%,占少数民族总数的 88.78%;其他少数民族 474 人,占少数民族总数的 11.22%。花马池镇(含街道办)25621 户 57659 人,大水坑镇 9582 户 25028 人,惠安堡镇 6778 户 19482 人,高沙窝镇 4594 户 11983 人,王乐井乡 8347 户 22448 人,冯记沟乡 4358 户 11259 人,青山乡 4970 户 12856 人,麻黄山乡 4364 户 11672 人。0~17 岁 36625 人,占总人口的 21.25%;18 周岁至 34 周岁 43116 人,占总人口的 25.01%;35 岁至 59 岁 65585 人,占总人口的 38.04%;60 岁及以上人口 27061 人,占总人口的 15.7%。2021 年全县出生人口 1420 人,其中,男孩 742 人,女孩 678 人,出生率 8.24‰。死亡人口 671 人,其中,

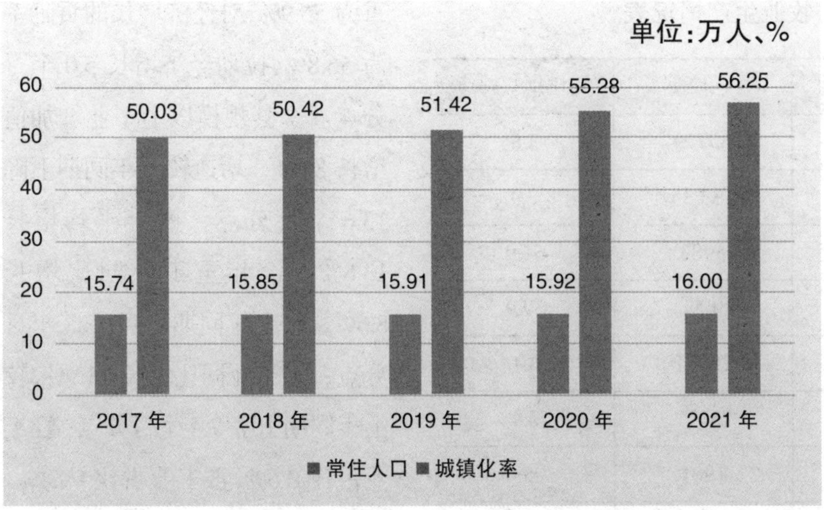

图 4　2017—2021 年常住人口及城镇化率图

男性 383 人,女性 288 人,死亡率 3.89‰。人口自然增长率为 4.35‰。人口变动抽样调查数据显示:2021 年,全县常住户 6.4 万户,常住人口数为 16 万人,其中,男性 8.5 万人,女性 7.5 万人,平均家庭人口数 2.49 人 / 户。年末,城镇常住人口 9 万人,乡村人口 7 万人,城镇化率为 56.25%,比上年提高了 0.97 个百分点。2021 年全县常住人口出生人口 0.16 万人,死亡人口 0.09 万人,自然增长人口 0.07 万人,人口出生率为 10.00‰,死亡率为 5.63‰,人口自然增长率为 4.37‰。分民族情况看:汉族 15.38 万人,占常住人口比重 96.13%,回族 0.58 万人,占比 3.62%,其他少数民族 0.04 万人,占比 0.25%。

【农业】 种植业。2021 年全年粮食播种面积 80.6 万亩,同比增长 32.1%;夏粮播种面积 2.0 万亩,同比增长 11.1%,秋粮播种面积 78.6 万亩,同比增长 32.8%。其中,玉米播种面积 29.0 万亩,同比增长 59.3%;马铃薯播种面积 4.7 万亩,同比增长 56.7%。全年粮食总产量 10.51 万吨,同比增长 32.4%,其中,夏粮产量 0.12 万吨,同比增长 657.6%;秋粮产量 10.39 万吨,同比增长 31.1%。秋粮玉米产量 8.7 万吨,同比增长 32.6%,马铃薯产量 0.75 万吨,同比增长 25.3%。畜牧业。2021 年,

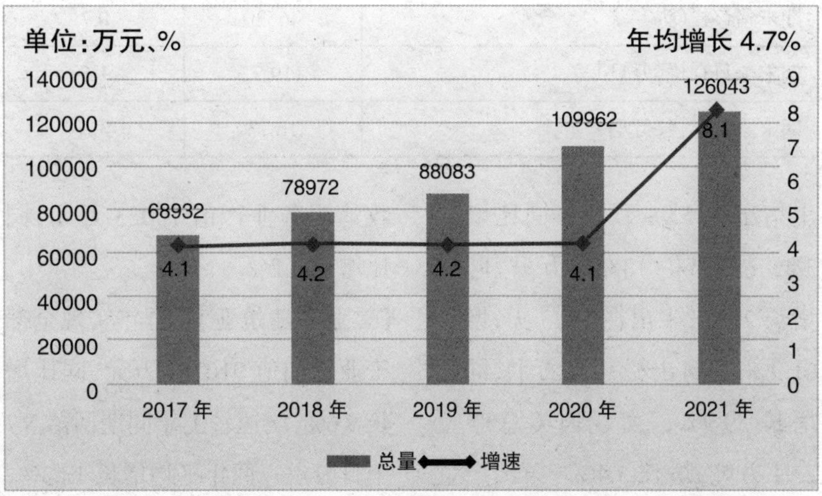

图 5　2017—2021 年农林牧渔业增加值总量及增速图

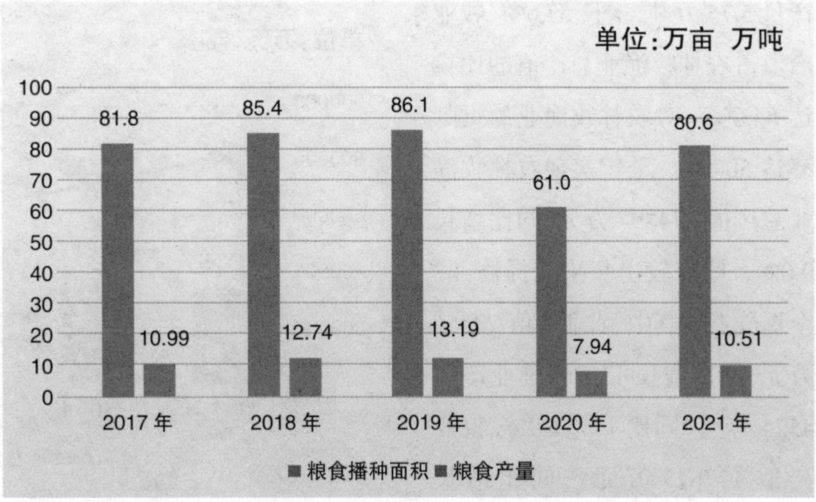

图 6　2017—2021 年粮食播种面积及产量图

表 2 2021 年全县畜牧业生产情况表

畜牧业生产情况	1—12 月	同比增长(%)
生猪出栏(头)	59779	3.8
羊出栏(万只)	133.35	2.9
牛出栏(头)	5983	61.9
家禽出栏(万羽)	9.79	39.9
肉类总产量(吨)	29091	3.1
羊肉产量(吨)	23277	2.4
禽蛋产量(吨)	1901	-8.0
牛奶产量(吨)	57488	57.6
期末牛存栏(头)	21870	12.9
期末猪存栏(头)	46530	0.7
期末羊只存栏(万只)	119.72	1.6
期末家禽存栏(万羽)	16.73	40.1

生猪出栏 5.98 万头，同比增长 3.8%；羊出栏 133.35 万只，同比增长 2.9%；牛出栏 5983 头，增长 61.9%；家禽出栏 9.79 万羽，同比增长 39.9%；实现肉类总产量 2.91 万吨，增长 3.4%。羊肉产量 2.33 万吨，同比增长 2.4%；牛奶产量 5.75 万吨，增长 57.6%。牧业产值占农林牧渔业总产值的比重达 64.6%，对农林牧渔业的贡献率达 50.4%。全年实现农林牧渔业总产值 274897 万元，同比增长 9.0%，增速较上年同期提高 4.3 个百分点。其中，农业产值 73556 万元，同比增长 15.5%，林业产值 4524 万元，同比下降 6.9%，牧业产值 177643 万元，同比增长 8.0%，渔业产值 4244 万元，农林牧渔服务业产值 10023 万元，同比增长 4.2%。

【工业和建筑业】 全年实现全部工业增加值 910751 万元，同比增长 9.6%，增速较上年同期回落 8.7 个百分点，两年平均增长 13.3%，工业增加值占地区生产总值的比重为 55.9%，对经济增长的贡献率为 56.8%，拉动经济增长 5.0 个百分点。全县规模以上工业增加值增长 8.6%，增速较上年同期下降 13.6 个百分点，两年平均增长 13.8%。全年重工业同比增长 8.6%，较上年同期下降 13.8 个百分点；轻工业同比增长 11.9%，较上年同期上涨 7.4 个百分点。轻工业占比 0.6%，重工业占比 99.4%，重工业增幅的下降对规上工业增速下拉较为明显。分行业大类看，电气机械和器材制造业增长明显，木材加工制造业下拉明显。全县监测的 16 个行业大类呈“十增六降”态势。增长的行业有：煤炭开采和洗选业增长 8.4%；农副食品加工业增长 22.2%；石油、煤炭及其他燃料加工业增长 41.3%；化学原料和化学制品制造业增长 4.9%；橡胶和塑料制品业增长 19.1%；非金属矿物制品业增长 11.4%；通用设备制造业增长 1.6%；电气机

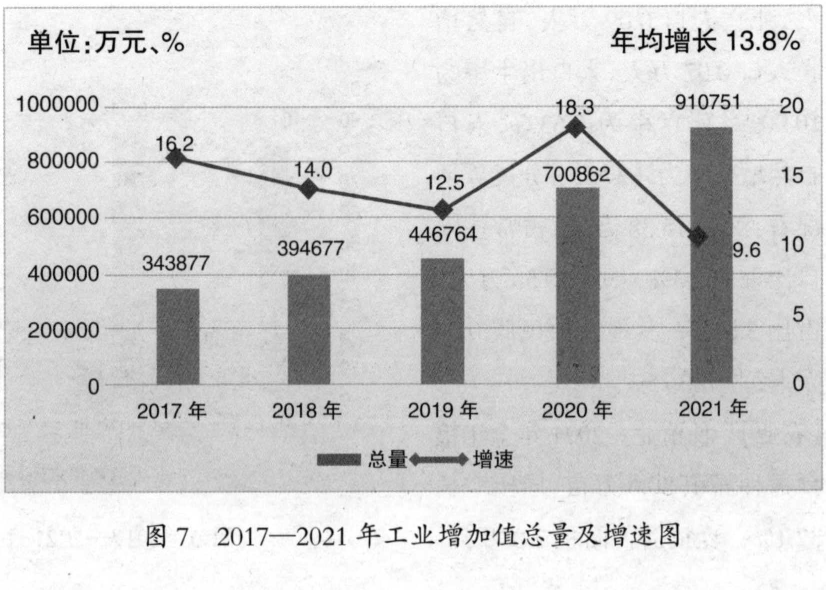

图 7 2017—2021 年工业增加值总量及增速图

械和器材制造业增长55.4%；废弃资源综合利用业增长1.0%；电力、热力生产和供应业增长11.0%。下降的行业有：石油和天然气开采业下降2.0%；食品制造业下降29.8%；皮革、毛皮、羽毛及其制品和制鞋业下降12.0%；木材加工制造业下降64.3%；燃气生产和供应业下降19.5%；水的生产和供应业下降10.4%。分产品看，柴油产量增长明显。全县监测17种产品产量呈"十二增五降"态势。产品产量增长的有：水泥增长27.3%；硅酸盐水泥熟料增长2.6%；鲜、冷藏肉增长17.4%；冷冻蔬菜增长23.1%；自来水生产量增长13.1%；塑料制品增长23.9%；电力电缆增长66.7%；原煤增长49.1%；汽油增长184.5%；柴油增长215.1%；液化石油气增长61.0%；风力发电增长28.7%。产品产量下降的有：营养、保健食品下降15.3%；涂料下降3.5%；天然毛皮服装下降7.6%；石灰石下降3.5%；太阳能发电下降8.5%。

全县实现建筑业增加值126663万元，同比增长3.4%，占地区生产总值的比重为7.8%，占比较上年同期下降了0.8个百分点。

表3　2021年主要工业产品产量（规模以上工业）统计表

项　目	产　量	增长±%
原煤（万吨）	971.08	49.4
水泥（万吨）	209.03	27.3
鲜、冷藏肉（吨）	4907.45	17.4
发电量（万千瓦时）	662673.48	20.6
天然毛皮服装（万件）	9.07	−7.6
柴油（吨）	136215.12	215.1
自来水生产量（万立方米）	116523.49	184.5

【服务业】 2021年，盐池县实现服务业增加值473808万元，增长9.1%，增速较上年同期提高4.2个百分点，两年平均增长6.7%。分行业看，总体呈现"七增一降"发展态势。批发零售业实现增加值67353万元，增长19.1%，占服务业比重14.2%；住宿餐饮业实现增加值16119万元，增长10.6%，占服务业比重3.4%；交通运输、仓储和邮政业实现增加值32482万元，增长13.9%，占服务业比重6.9%；房地产业实现增加值18250万元，增长3.7%，占服务业比重3.9%；营利性服务业（租赁和商务服务业，科学研究和技术服务业，居民服务、修理和其他服务业，文化、体育和娱乐业）实现增加值63636万元，增长15.2%，占服务业比重13.4%；非营利性服务业（水利、环境和公共设施管理业，教育、卫生和社会工作，公共管理、社会保障和社会组织）实现增加值222835万元，增长6.5%，占服务业比重47.0%；农林牧渔服务业实现增加值6366万元，增长3.6%，占服务业比重1.3%；金融业实现增加值45658万元，下降0.2%，占服务业比重9.6%。截至2021年年底，全县公路通车总里程为3635.5千米，其中国道8条588千米，省道6条280千米，县道1条6千米、乡道20条386千米，村道273条2375.5千米；高速公路282.3千米，一级公路48千米，二级公路378千米，三级公路570.2千米，四级公路2357千米，分别占总里程的7.8%、1.3%、10.4%、15.7%、64.8%；沥青（水泥、机砖）路面公路3158.5千米，砂砾路面公路477千米，分别占总里程的86.9%、13.1%，等级公路密度为42.66千米/百平方千米。全县境内普通铁路总里程为137.6千米，其中，正线60.9千米，联络线76.7千米；全县境内高速铁路60.78千米。以县城为中心，4条高速公路为骨架，10条国省干线公路为依托，县乡公路为支脉，南通北畅、东进西出、外通内连的公路"四纵八横"覆盖城乡的交通网络。2021年邮政电信业务总量1.74

亿元,增长25.2%。年末,固定电话用户数7100部,移动电话用户数19.51万户,宽带用户7.34万户。

【社会消费品零售总额】 全年实现社会消费品零售总额250763万元,同比增长3.7%,增速较上年同期提高9.5个百分点。从销售所在地看,城镇实现社会消费品零售总额206960万元,增长5.7%,乡村实现社会消费品零售总额43803万元,同比下降4.9%,城镇销售额增速高于乡村10.6个百分点。分行业看,批发业74544万元,增长6.3%,零售业137562万元,增长1.6%,餐饮业36640万元,增长6.5%,住宿业2018万元,增长4.6%。按消费形态分,餐饮收入38658万元,增长6.4%,商品零售212105万元,增长3.2%。

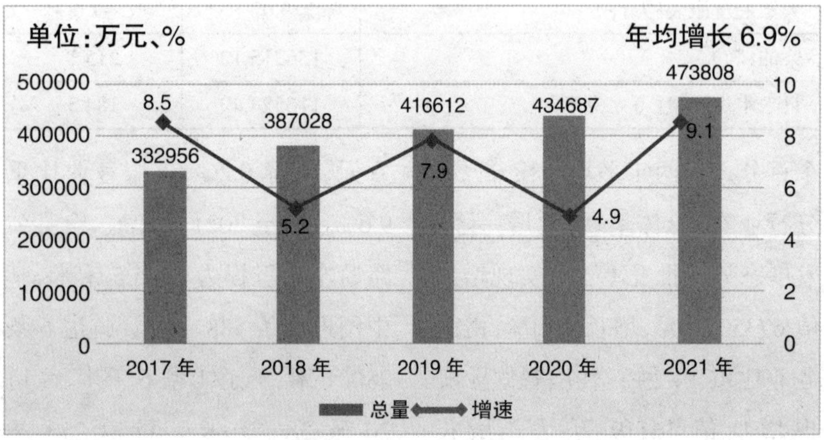

图8 2017—2021年服务业增加值总量及增速图

【固定资产投资】 2021年,全县固定资产投资同比增长15.3%,增速较去年同期提高14.2个百分点,分别高于全区、全市增速13.1个百分点和7.3个百分点。从产业结构来看,第一、二、三产业呈现"两降一升"。一产投资同比下降54.5%,下拉投资增速1.9个百分点;二产投资同比上升60.7%,上拉投资增速31.3个百分点;三产投资同比下降31.4%,下拉投资增速14.1个百分点。从项目地域来看,区属中央项目投资大幅下降。全年县属地方项目投资同比上升44.7%,上拉投资增速29.3个百分点,占全县固定资产投资总量的82.3%;房地产项目完成投资同比上升19.7%,上拉投资增速1.1个百分点;区属中央项目投资同比下降52.9%,下拉投资增速15.1个百分点,占全县固定资产投资总量的11.7%。从投资主体看,社会投资持续减弱。全年国有经济投资同比上升56.6%,占全县固定资产投资总量的65.7%,国有经济投资上拉投资增速27.4个百分点;民间投资同比下降23.3%,占全县固定资产投资总量的34.3%,民间投资下拉投资增速12.1个百分点。

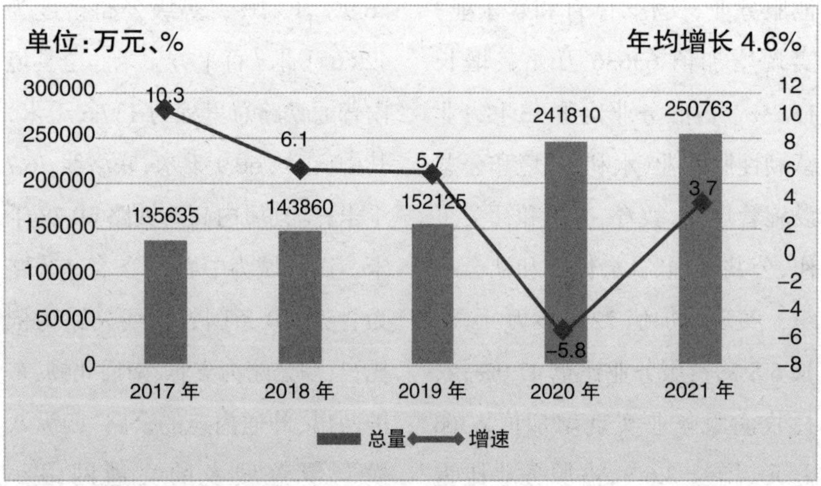

图9 2017—2021年社会消费品零售总额及增速图

【财政金融】 2021年,全年财政总收入完成240638万元,同比增长6.0%,其中,中央级收入完成59310万元,同比增长18.1%;自治区级收入完成82532万元,同比增长29.4%;县级财政收入完成98795万元,同比下降12.6%。在县级收入中,县级一般公共预算收入完成83379万元,同比下降5.9%,完成年度预算的91.1%。

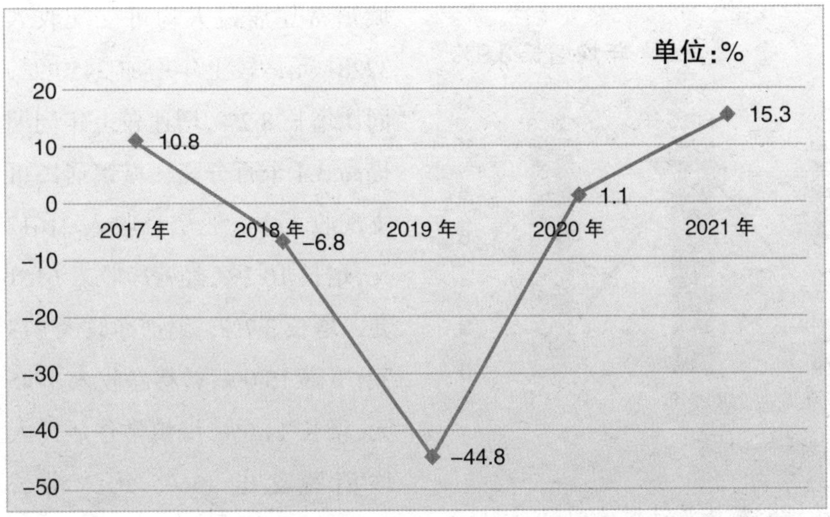

图 10　2017—2021 年固定资产投资增速图

其中税收收入完成 44993 万元，同比增长 9.4%，占县级一般预算收入的 54%。县级一般公共预算支出 376410 万元，同比下降 4.4%。其中，一般公共服务支出 27417 万元，同比下降 1.9%；公共安全支出 8632 万元，同比增长 9.3%；教育支出 54008 万元，同比增长 13.1%；科学技术支出 6601 万元，同比增长 9.3%；文化体育与传媒支出 8525 万元，同比下降 18.4%；社会保障和就业支出 48823 万元，同比增长 10.1%；卫生健康支出 20390 万元，同比下降 38.5%；节能环保支出 14634 万元，同比下降 12.6%；城乡社区事务支出 37568 万元，同比下降 20.4%；农林水支出 105930 万元，同比增长 0.9%；交通运输支出 7636 万元，同比下降 33.8%。

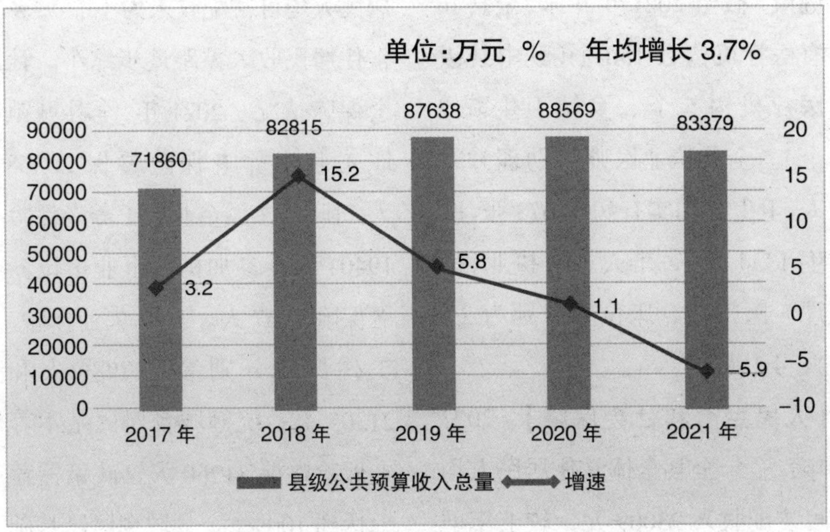

图 11　2017—2021 年县级财政收入总量及增速图

年末，全县金融机构各项存款余额 1203362 万元，较上年末增加 8821 万元，同比增长 0.7%，环比增长 1.3%。其中，住户存款余额 842898 万元，较上年年末增加 45433 万元，同比增长 5.7%；非金融企业存款余额 149311 万元，较上年年末减少 15746 万元，同比下降 9.5%；机关团体存款余额 178080 万元，较上年年末减少 29763 万元，同比下降 14.3%；财政性存款余额 33072 万元，较上年年末增加 8897 万元。金融机构各项贷款余额 983156 万元，较上年年末增加 98336 万元，同比增长 11.1%，环比增长 3.1%。其中，住户贷款余额 619517 万元，较上年年末增加 14984 万元，同比增长 2.5%；企事业单位贷款余额 363640 万元，较上年年末增加 83352 万元，同比增长 29.7%。

【教育文化卫生】 教育教学。2021 年，全县现有各级各类学校 68 所，其中，普通高中 1 所，中等职业学校 1 所，初级中学 5 所，完全小学 20 所，教学点 15 所，幼儿园 25 所，特殊教育中心 1 所。全县共有在校生 26849 人，其中，幼儿园在园幼儿 5352 人，小学在校生 12008 人，初中在校生 5369 人，普通高中在校生 3056 人，中等职业学校在校生 979 人，特殊教育中心在校生 85 人；小学毕业生数 1953 人，初中毕业生数

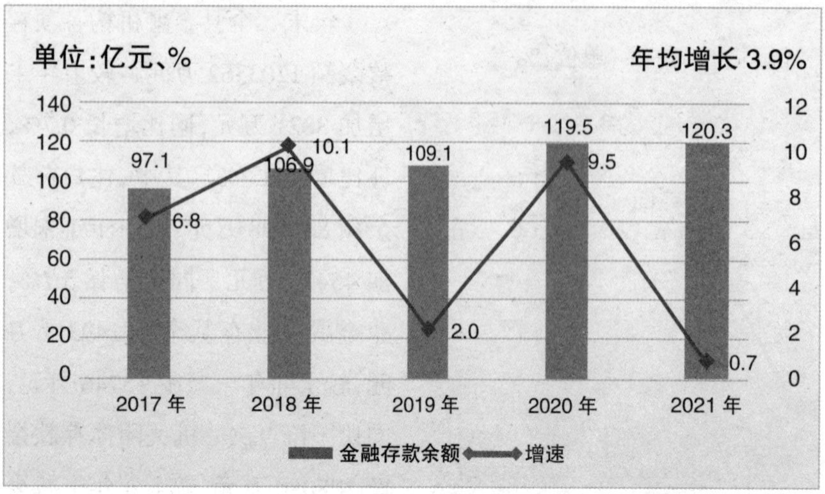

图 12　2017—2021 年金融存款余额总量及增速图

2002 人，普通高中毕业生数 872 人，中等职业学校毕业生数 361 人；小学招生数 1951 人，初中招生数 1825 人，普通高中招生数 1034 人，中等职业学校招生数 316 人；学龄儿童入学率 100%，初中净入学率 100%，初中升学率 96.3%，高中升学率 93.3%。全县共有各级各类学校教职工 2272 人、专任教师数 2056 人；其中，幼儿园教职工数 662 人，专任教师数 511 人，小学教职工数 847 人、专任教师数 824 人，初中教职工数 443 人、专任教师数 428 人，普通高中教职工数 243 人、专任教师数 222 人，中等职业学校教职工数 64 人、专任教师数 64 人，特殊教育中心教职工数 13 人、专任教师数 7 人。文化旅游广电事业。2021 年年末，全县健身活动站共计 18 个；乡镇文化体育活动中心共 8 个，全年举办各类大型文艺和广场文化演出场次 313 场，观众 16.2 万人次；全县有线电视用户数 1.2 万户，广播电视综合人口覆盖率为 100%。全年共接待区内游客 172 万人，旅游综合收入 5.6 亿元。创建首批宁夏特色旅游村 4 个，星级乡村旅游示范点 12 个。创建 3 星级、4 星级饭店各 1 家。北京大学考古文博学院盐池基地、宁夏文物考古研究所盐池工作站挂牌成立，全域旅游总体布局初步形成。卫生健康。截至 2021 年年末，全县共有医疗机构数 150 个（其中县级医疗机构 5 个、乡镇卫生院 8 个）。全县执业医师（助理）398 人，卫生机构实有病床 673 张，医生 1334 人，每千人拥有执业（助理）医师数、床位数分别为 2.5 人、4.2 张。

【人民生活和社会保障】 2021 年，全年全县全体常住居民人均可支配收入 23009 元，较上年增加 1893 元，同比增长 9.0%。全县城镇常住居民人均可支配收入 32281 元，较上年增加 2450 元，同比增长 8.2%，增速较上年同期提高 3.4 个百分点；城镇居民可支配收入中，工资性收入 21612 元，增长 10.2%，经营净收入 6151 元，增长 3.7%，财产净收入 773 元，下降 15.0%，转移净收入 3745 元，增长 11.0%；城镇常住居民人均消费支出 15605 元，增长 0.3%。全县农村常住居民人均可支配收入 15245 元，较上年增加 1323 元，同比增长 9.5%，增速较上年同期回落 5.3 个百分点。农村常住居民可支配收入中，工资性收入 1827 元，增长 8.9%，经营净收入 10820 元，增长 8.6%，财产净收入 317 元，增长 5.6%，转移净收入 2281 元，增长 15.0%；农村常住居民人均消费支出 12656 元，增长 15.4%。城乡居民可支配收入比为 2.1∶1（以农村居民人均可支配收入为 1）。城乡常住居民收入差距逐步缩小。社会保障情况。2021 年，全县城镇职工基本养老保险参保 26368 人。其中，参加企业职工养老保险 19401 人，参加机关事业单位养老保险 6967 人。年末，失业保险、工伤保险分别参保 7986 人和 21305 人；统筹城乡居民基本养老保险参保 81260 人，政策覆盖率达到 100%。全县城乡居民基础养老金由 205 元调整至 210 元。

企业退休人员养老金实现“十七连调”,人均月增资154元。机关事业单位退休人员养老金连续第6次与企业退休基本养老同步调整,人均月增资193元。2021年,全县医疗保险总参保人数165545人,完成目标任务的103.1%;其中城镇职工基本医疗保险参保20906人,完成目标任务的121.6%,城乡居民基本医疗保险参保144639人,完成目标任务的100.9%;特困供养、低保、边缘易致贫、已脱贫人口等12类特殊人群参保率100%。全县城镇实有登记失业人员1090人(其中女性631人),失业人员就业人数1216人,城镇登记失业率2.17%。2021年年末,城镇居民最低生活保障人数1759人;农村居民最低生活保障人数7671人。全县现有公办养老服务机构4所,民办养老服务机构3所,农村互助养老院6个,共设养老床位数1306张,每千名老人拥有机构养老床位52张以上。2021年年末共收养各类老人192人。

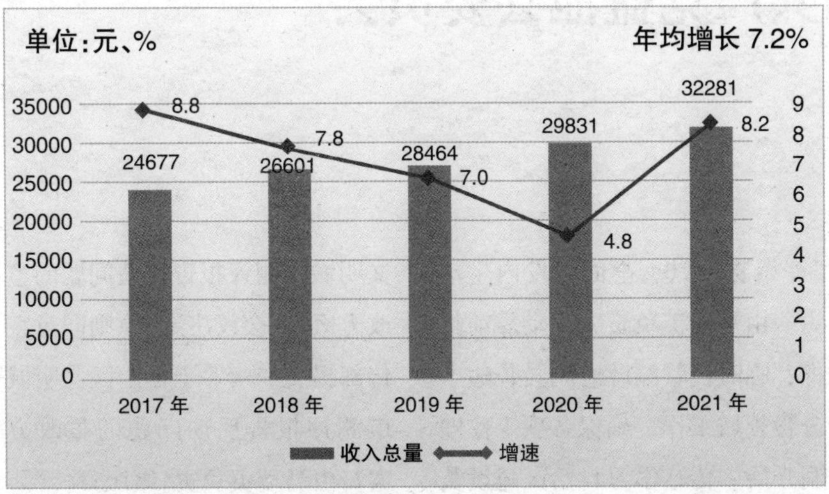

图13 2017—2021年城镇居民可支配收入总量及增速图

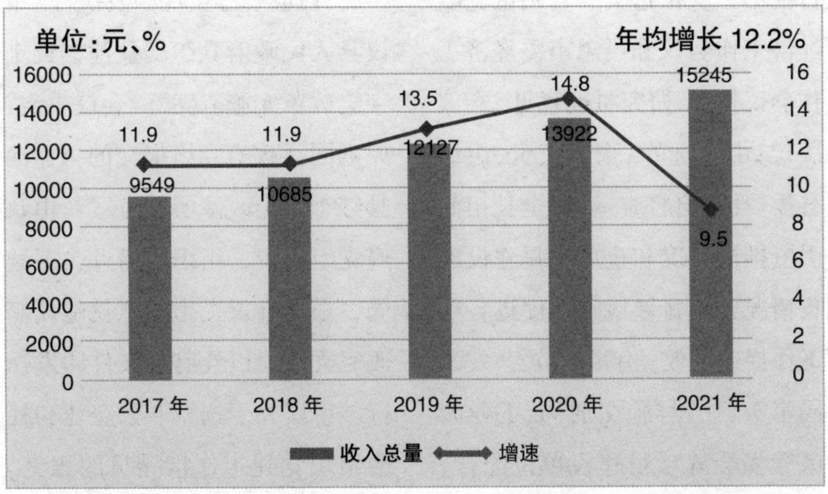

图14 2017—2021年农村居民人均可支配收入总量及增速图

【能源和安全生产】 2021年全县规模以上工业能耗72.9万吨标准煤,同比增长8.3%;单位工业增加值能耗同比下降0.3%。2021年全年共发生各类生产安全事故5起,同比下降28.6%;死亡5人,同比下降44.4%。全县单位GDP生产安全事故死亡率0.037%,下降52.6%。重特大生产安全事故零发生。

中国共产党盐池县委员会

党委重要会议

【十四届县委2021年第1次常委会会议】 2021年1月6日召开，滑志敏主持。专题学习习近平总书记在中央农村工作会议、中央全面深化改革委员会第十七次会议、全国政协新年茶话会上的重要讲话精神和发表的重要文章《共同构建人类命运共同体》和二〇二一年新年贺词精神。会议决定：由龚雪飞负责，组织县人民政府党组，进一步明确县人民政府党组领导班子责任分工，确保各项工作高效推进。由吴科、马丽红负责，继续分管农业农村及脱贫攻坚相关工作，确保工作不断档、不脱节；组织扶贫办，改进完善盐池县脱贫攻坚动态监测预警系统考评制度，切实发挥考核激励作用；组织扶贫办、各乡镇，对全县“精神贫困”群众进行全面摸排，并建立帮扶机制，扭转群众“等靠要”思想，全面激发内生动力。由马瑞英负责，主动靠前指挥，临时代管原政府副县长边卡分管领域工作，确保各项工作顺利开展。传达学习自治区建设黄河流域生态保护和高质量发展先行区第三次推进会、自治区党委经济工作会议和吴忠市委经济工作会议精神，研究贯彻意见。会议决定：由施选峰、张晨负责，组织县委、县政府督查室，对全县招商引资推进情况和重点项目建设准备情况开展督导检查，促进各项工作提速增效。由张晨负责，发改局牵头，住建局、交通局、工业园区管委会等项目建设单位配合，全力做好项目审批服务各项工作，确保3月集中开工项目于3月10日前具备开工条件，力促项目尽快落地、快建设、快投产。常委会套开县委应对新冠疫情工作领导小组第19次会议。套开州区村(社区)“两委”换届工作领导小组第1次会议。审议《关于自治区文明城市测评报告反馈问题的整改方案》。会议决定：原则同意宣传部提交的《关于自治区文明城市测评报告反馈问题的整改方案》，由马瑞英负责，组织宣传部，根据会议提出的意见建议修改完善后，以县委办文件印发执行。审议县人民政府党组《盐池县红十字会改革实施方案》。会议决定：原则同意政府党组提交的《盐池县红十字会改革实施方案》，由政府党组负责，组织政府办、卫健局，根据会议提出的意见建议修改完善后，以政府办文件印发执行。审议关于选派非公企业和社会组织党建工作指导员的意见。会议决定：原则同意组织部提出的关于选派非公企业和社会组织党建工作指导员的意见，由马丽红负责，组织部根据会议提出的意见建议修改完善后，以组织部文件印发执行，并抓好组织实施。研究干部事宜。

【十四届县委2021年第2次常委会会议】 2021年1月20日召开,滑志敏主持。专题学习中共中央政治局常委会会议、习近平总书记在省部级主要领导干部学习贯彻党的十九届五中全会精神专题研讨班开班式上的重要讲话、《正确认识和把握中长期经济社会发展重大问题》重要文章以及对政法工作作出的重要指示精神。会议决定:由施选峰负责,信访局牵头,各乡镇、街道办配合,进一步对信访案件进行梳理,制定科学化解举措,有力推进问题解决。由马瑞英负责,组织宣传部,筹备召开全县领导干部学习贯彻党的十九届五中全会精神专题研讨班,进一步推进学习走深走实、入脑入心。传达学习中共中央办公厅印发《关于加强巡视巡察上下联动的意见》的通知精神,研究贯彻意见。会议决定:由孙佰柱负责,组织巡察办,对2017年以来巡察发现问题进行梳理分析,对“共性问题”制定指导性意见,对“个性问题”点对点进行整改,进一步巩固提升巡察成果。传达学习全国宣传部长会议和全国文明办主任会议精神。传达学习全国、全区双拥模范城(县)命名暨双拥模范单位和个人表彰大会精神。套开县委应对新冠疫情工作领导小组第20次会议。研究关于成立平安盐池建设协调小组及制定办公室工作规则有关事宜。会议决定:原则同意政法委提出的关于成立平安盐池建设协调小组及制定办公室工作规则事宜,由施选峰、马丽红负责,组织部、政法委,根据会议提出的意见建议修改完善后,以平安盐池建设协调小组文件印发执行。审议县人民政府党组《盐池县2021年元旦春节慰问暨送温暖活动实施方案》。会议决定:原则同意县政府党组提交的《盐池县2021年元旦春节慰问暨送温暖活动实施方案》,由县政府党组负责,组织民政局,根据会议提出的意见建议修改完善后,以县委办、政府办文件印发执行。审议《盐池县文明单位、文明村镇、文明校园奖励办法》。会议决定:原则同意县文明办提交的《盐池县文明单位、文明村镇、文明校园奖励办法》,由马瑞英负责,组织文明办,根据会议提出的意见建议修改完善后,以文明办、组织部、机关工委、财政局、人社局文件联合印发执行。审议《十四届县委第十四轮巡察工作情况报告》。会议决定:原则同意巡察办提交的《十四届县委第十四轮巡察工作情况报告》,由孙佰柱负责,组织巡察办,根据会议提出的意见建议修改完善后,按程序组织反馈,并抓好整改落实。研究干部事宜。

【十四届县委2021年第3次常委会会议】 2021年2月3日召开,滑志敏主持。专题学习中央政治局会议、习近平总书记在中央政治局第二十七次集体学习、北京河北考察冬奥会和冬残奥会及筹办工作汇报会上的重要讲话、《全面加强知识产权保护工作　激发创新活力推动构建新发展格局》重要文章精神。传达学习中国共产党第十九届中央纪律检查委员会第五次全体会议和自治区第十二届纪律检查委员会第五次全体会议精神,研究贯彻意见。会议决定:由孙佰柱负责,组织纪委监委,全面抓好“案件质量提升年”活动,进一步提高纪检监察水平,推动全面从严治党向纵深发展。传达学习自治区和吴忠市“两会”精神,研究贯彻意见。会议决定:由政府党组负责,组织政府办,根据区市《政府工作报告》,进一步细化盐池县落实任务,增补工作举措,明确责任分工,确保各项工作落到实处。传达学习陈润儿在2020年度地级市党委和自治区各行业系统党(工)委书记抓基层党建述职评议考核会上的讲话精神,研究贯彻意见。会议决定:由马丽红负责,组织部,深入推进农村党建“抓乡促村、整乡推进、整县提升”示范县乡创建行动,进一步提升农村基层党支部标准化、规范化建设水平,开创基层党建工作新局面。传达学习全国安全生产电视电话会议、全区安全生产暨2021年度自治区安委会第一次电视电话会议及全市安全生产电视电话会议精神。传达学习自治区党委农村工作会议精神。传达学习全区宣传部长会议精神。听取县级领导包抓重点特色产业工作推进情况汇报。会议决定:由施选峰、张晨负责,组织县委办、政府办,结合公务员年度考核办法,制定县级领导包抓重点工作考核办法,推动包抓责任落实落细。听取全县2021年重点项目建设情况汇报,审议县人民政府党组《县级领导同志包抓重点项目工作机制》。会议决定:原则同意政府党组提交的《县级领导同志包抓重点项目工作机制》,请政府党组负责,组织发改局等有关部门,根据会议提出的意见建议进一步修改完善后,以县委办、政府办文件印发执行。由施选峰、张晨负责,组织县委、县政府督查室,针对一季度集中开工的57个重点项目,加强前期手续办理情况督导检查,推进情况定期向县委、县政府工作报告。审议《关于开展全县工程建设政府采购等重点领域突出问题专项治理工作的实施方案》。会议决定:原则同意纪委监委提交的《关于开展全县工程建设政府采购等重点领域突出问题专项治理工作的实施方案》,由孙佰柱负责,组织纪委监委,根据会议提出的意见建议修改完善后,以县委办、政府办文件印发执行。审议《盐池县麻黄山乡李塬畔村开展推动组织振兴建设红色美丽村庄试点工作的实施方案》。会议决定:原则同意组织部提交的《盐池县麻黄山乡李塬畔村开展推动组织振兴建设红色美丽村庄试点工作的实施方案》,由马丽红负责,组织部,根据会议提出的意见建议修改完善后,以县委办、政府办文件印发执行。审议关于表彰全县2020年度武装工作先进单位和先进个人的意见。会议决定:原则同意人武部提出的关于表彰2020年度武装工作先进单位和先进个人的意见,由人武部负责,按程序组织表彰。研究关于成立盐池县国家安全人民防线建设领导小组有关事宜。会议决定:原则同意政法委提出的关于成立盐池县国家安全人民防线建设领导小组事宜,由施选峰、马丽红负责,组织部、政法委,根据会议提出的意见建议修改完善后,以县委办文件印发执行。审议关于"七一勋章"提名和全国"两优一先"推荐建议人选的意见。会议决定:原则同意组织部提出的关于"七一勋章"提名和全国"两优一先"推荐建议人选的意见,由马丽红负责,组织部,按程序组织上报。研究关于召开盐池县纪委十四届五次全体会议有关事宜,审议《盐池县纪委十四届五次全体会议工作报告(送审稿)》。会议决定:原则同意县纪委监委提交的关于召开盐池县纪委十四届五次全体会议的建议和《盐池县纪委十四届五次全体会议工作报告(送审稿)》,由孙佰柱负责,组织纪委监委,根据会议提出的意见建议进一步修改完善后,《盐池县纪委十四届五次全体会议工作报告(送审稿)》提交盐池县纪委十四届五次全体会议审议,并抓好大会各项筹备工作,确保会议圆满成功。研究干部事宜。安排了近期重点工作。要严格抓好疫情防控工作。指挥部办公室要根据国务院最新部署,结合区市要求,进一步细化盐池县春节期间疫情防控工作措施;公安局、交通局等部门要强化交通"第一关口"筛查、属地"第一落点"管控,抓好外来人员、冷链物流等管控,特别要严防"特权"现象,筑牢疫情输入防线;文广局、市场监管局等部门要严格管控商场、超市、农贸市场、影院、娱乐场所等重点领域,严格控制人流量,防止出现大规模聚集活动;各乡镇、街道办要引导群众居家过年、线上联欢、网络拜年,减少人员流动和旅途风险;宣传部要加大正面宣传力度,加强政策解读和疏导劝说;网信办要强化舆情监测力度,做好舆论引导,及时有效处置,掌握舆情主动权。要严防各类安全事故发生。公安局、自然资源局、交通局、应急管理局等部门要强化春运、烟花爆竹、森林草原防火、非煤矿山等安全监管，严肃查处超载超限和酒驾醉驾；市场监管部门要高度关注食品安全，确保不发生食品安全问题；文化旅游部门要加强旅游景点安全管理,要加强执法,严防事故发生。要全力做好服务保障。发改局等部门统筹做好节日期间粮、油、肉、蛋、菜、奶等重要农副产品市场供应，维护正常市场流通秩序;水、电、气、暖、网络通信等单位要搞好生产调度,确保群众生活正常有序；住建局要加大节日期间卫生保洁力度,让群众在清爽干净的环境中过节。要持续紧抓党风廉政建设。各级党政机关和领导干部要严格落实中央八项规定精神，严防变形变异“四风”新问题出现;纪委监委要加强节日期间执纪监督力度,发现一起、查处一起,严肃追究相关责任人的责任。要认真做好值班备勤。各级领导干部要严格执行外出报备制度和节假日带班值班制度，县处级领导要在岗带班，相关部门负责人带班和工作人员值班必须坚守岗位，坚决杜绝值班人员擅离职守、非正式人员顶岗值班等现象。县委、县政府督查室要不定时抽查检查,对发现问题或造成严重后果的,纪委监委、组织部要追究相关责任人责任。节假日期间所有乡镇党政正职、部门主要负责人原则上不得离开宁夏,各乡镇(街道)党政主要负责人不得同时外出。

【十四届县委 2021 年第 4 次常委会会议】 2021 年 2 月 26 日召开,滑志敏主持。专题学习习近平总书记在党史学习教育动员大会、中央全面深化改革委员会第十八次会议、2021 年春节团拜会、贵州考察、会见探月工程嫦娥五号任务参研参试人员代表并参观月球样品和探月工程成果展览时的重要讲话精神，在中国—中东欧国家领导人峰会上的主旨演讲，给上海市新四军历史研究会百岁老战士、给河北省平山县西柏坡镇北庄村全体党员的回信,致第 34 届非洲联盟峰会、中尼建交 50 周年的贺电,学习《中国共产党统一战线工作条例》《中国共产党党员权利保障条例》《中国共产党地方组织选举工作条例》《中共中央关于加强新时代少先队工作的意见》。会议决定:由马瑞英负责，组织宣传部，按照中共中央、自治区动员会议和文件要求,尽快成立领导小组，制定活动方案，全面启动党史学习教育各项活动。套开县扶贫开发领导小组 2021 年第 1 次会议。传达学习自治区维护政治安全工作座谈会精神，听取全县维护政治安全工作情况汇报。会议决定:由施选峰负责,政法委牵头、各乡镇(街道办)配合,加大重要敏感节点、重大政治活动期间政治安全风险排查,强化管控措施，坚决守好维护政治安全生命线。传达学习全国、全区组织部长会议精神。传达学习全国、全区统战部长会议精神。传达学习中央、自治区党委政法工作会议精神。审议《盐池县党委(党组)意识形态工作责任制实施细则》。会议决定:原则同意宣传部提交的《盐池县党委(党组)意识形态工作责任制实施细则》,由马瑞英负责,组织宣传部,根据会议提出的意见建议修改完善后,以县委办文件印发执行。审议县人民政府党组《盐池县促进文化旅游产业发展扶持办法（修订)》《“引客入盐”旅游项目以奖代补管理办法(修订)》《盐池县创建国家全域旅游示范区重点任务推进工作方案》。会议决定:原则同意县政府党组提交的《盐池县促进文化旅游产业发展扶持办法（修订)》《“引客入盐”旅游项目以奖代补管理办法(修订)》《盐池县创建国家全域旅游示范区重点任务推进工作方案》，由政府党组负责,组织文广局,根据会议提出的意见建议进一步修改完善后,以县委办、政府办文件印发执行。审议《盐池县柔性引进人才实施办法》《盐池县本土人才培养若干措施》。会议决定:原则同意组织部提交的《盐池县柔性引进人才实施办法》《盐池县本土人才培养若干措施》,由马丽红负责,组织部,根据会议提出的意见建议修改完善后,以县委办、政府办文件印发执行。审议关于2020年度全县村级组织和村干部绩效考核有关事宜。会议决定:原则同意组织部提出的2020年度全县村级组织和村干部绩效考核结果意见,由马丽红负责,组织部,认真核实后,以县委办、政府办文件印发执行。审议关于2020年度全县城镇社区和社区工作者绩效考核有关事宜。会议决定:原则同意组织部提出的2020年度全县城镇社区和社区工作者绩效考核结果意见,由马丽红负责,组织部,认真核实后,以县委办、政府办文件印发执行。审议关于2020年度全县星级党组织创建评定工作有关事宜。会议决定:原则同意组织部提出的2020年度全县星级党组织创建评定意见,由马丽红负责,组织部,按程序组织实施。审议关于增补县财政局等5个党组成员的意见。会议决定:原则同意组织部提出的关于增补县财政局等5个党组成员的意见,由马丽红负责,组织部按程序组织办理。审议《县委领导班子2020年度民主生活会整改方案》。会议决定:原则同意县委办提交的《县委领导班子2020年度民主生活会整改方案》,由施选峰、马丽红负责,组织县委办,根据会议提出的意见建议修改完善后,以县委办文件印发执行,并抓好整改落实。研究干部事宜。

【十四届县委2021年第5次常委会(扩大)会议】 2021年3月4日召开,滑志敏主持。专题学习习近平总书记在听取中央政治局委员及全国人大常委会等党组书记述职汇报时的重要讲话,《坚定不移走中国特色社会主义法治道路,为全面建设社会主义现代化国家提供有力法治保障》重要文章精神。套开县委党史学习教育领导小组第一次会议。传达学习中央巡视指导督导专题培训会议和十二届自治区党委第十一轮巡视动员部署会精神,研究贯彻意见。会议决定:由施选峰、尹益龙负责,政法委、统战部牵头,各乡镇、街道办配合,严格落实自治区防范打击邪教组织专项工作,依法打击非法宗教活动,防范邪教向农村渗透,坚决维护国家政治安全和社会稳定。审议《关于中国共产党成立100周年庆祝活动实施方案》。会议决定:原则同意县委办提交的《关于中国共产党成立100周年庆祝活动实施方案》,由施选峰负责,组织县委办,根据会议提出的意见建议修改完善后,以县委文件印发执行。审议《盐池县政法队伍教育整顿实施方案》。会议决定:原则同意政法委提交的《盐池县政法队伍教育整顿实施方案》,由施选峰负责,组织政法委,根据会议提出的意见建议修改完善后,以县委文件印发执行。审议关于盐池滩羊选育场党委书记职务任免的意见。会议决定:原则同意组织部提出的关于盐池滩羊选育场党委书记职务任免的意见,由马丽红负责,以县委文件下发。

【十四届县委2021年第6次常委会会议】 2021年3月11日召开,滑志敏主持。专题学习习近平总书记在中央政治局会议和中央政治局第二十八次集体学习时的重要讲话精神。会议决定:由李国强负责,组织医保局,深入开展打击欺诈骗保专项治理,加大执法力度,完善监督机制,形成医保基金监管高压态势。传达学习中国共产党吴忠市第五届纪律检查委员会第六次全体会议精神。审议《盐池县创建全国文明城市工作规划(2021—2023年)》《盐池县2021年创建全国文明城市工作实施方案》《盐池县创建全国文明城市动员大会会务方案》。会议决定:原则同意文明委提交的《盐池县创建全国文明城市工作规划(2021—2023年)》《盐池县2021年创建全国文明城市工作实施方案》,由马瑞英负责,组织文明委、创城指挥部办公室,根据会议提出的意见建议修改完善后,以县委、县政府文件印发执行。由马瑞英负责,组织创城指挥部办公室,做好盐池县创建全国文明城市动员大会各项筹备工作,确保会议圆满成功。审议《关于开展2021年“全县领导干部廉政警示教育周”活动方案》。会议决定:原则同意纪委监委提交的《关于开展2021年“全县领导干部廉政警示教育周”活动方案》,由孙佰柱负责,组织纪委监委,根据会议提出的意见建议修改完善后,以县委办文件印发执行。审议县人民政府党组《盐池县贯彻落实自治区生态环境保护督察反馈意见整改方案》。会议决定:原则同意政府党组提交的《盐池县贯彻落实自治区生态环境保护督察反馈意见整改方案》,由政府党组负责,组织市生态环境局盐池分局等部门,根据会议提出的意见建议修改完善后,以县委办、政府办文件印发执行。审议《关于开展“导师帮带制”试点工作的方案》。会议决定:原则同意组织部提交的《关于开展“导师帮带制”试点工作的方案》,由马丽红负责,组织部,根据会议提出的意见建议修改完善后,以县委办文件印发执行。审议《关于推荐全区扫黑除恶专项斗争嘉奖正处级干部、先进个人和先进集体的意见》。会议决定:原则同意扫黑办提出的《关于推荐全区扫黑除恶专项斗争嘉奖正处级干部、先进个人和先进集体的意见》,由施选峰负责,组织扫黑办,按程序组织上报。

【十四届县委2021年第8次常委会会议】 2021年4月1日召开,龚雪飞主持。专题学习全国两会精神和习近平总书记在全国两会期间的重要讲话精神,在中央政治局会议、中央财经委员会第九次会议、视察福建、视察武警第二机动总队、会见全国扫黑除恶专项斗争总结表彰大会代表时的重要讲话精神,部署贯彻落实工作。会议决定:由张晨负责,发改局牵头,工业园区管委会、市生态环境局盐池分局配合,结合区市要求,制订盐池县碳达峰、碳中和控制计划,加快推进经济发展绿色转型。听取全县政法队伍教育整顿进展情况汇报,安排部署下一步工作。会议决定:由施选峰负责,组织政法队伍教育整顿领导小组办公室,成立全县政法队伍教育整顿督导组,加强工作督导指导,推动各项任务落实到位。听取全县安全生产工作情况汇报,部署下一步工作。会议决定:由李国强、薛双负责,组织住建局、应急管理局,在全县开展一轮建筑施工领域安全生产隐患排查,全面整治违规操作行为,规范行业生产秩序。套开县委党史学习教育领导小组第二次会议。套开州区扶贫开发领导小组2021年第2次会议。审议全县2020年效能目标管理责任制考核情况及表彰奖励2020年度各项工作先进集体先进个人的意见。会议决定:由施选峰负责,组织考核办,全面梳理全县在2020年区市考核中的丢分因素,分析存在问题,增补工作举措,补齐工作短板;对标自治区考核体系,合理调整全县考核体系指标设置,增强工作针对性和实效性。原则同意县效能目标管理责任制考核领导小组提交的关于2020年度乡镇部门效能目标管理责任制考核结果的意见,由施选峰负责,组织县责任制考核办公室认真核实后,以县委办、政府办文件印发。原则同意县效能目标管理责任制考核领导小组提交的关于表彰奖励2020年度各项重点工作、重点项目先进集体和先进个人的意见,以县委、县政府名义在全县总结表彰大会上予以表彰。审议《2021年盐池县全面从严治党党风廉政建设和反腐败工作主要任务分工方案》。会议决定:原则同意纪委监委提交的《2021年盐池县全面从严治党党风廉政建设和反腐败工作主要任务分工方案》,由孙佰柱负责,组织纪委监委,根据会议提出的意见建议进一步修改完善后,以县委办文件印发执行。审议县人民政府党组《2021年盐池县实施创新驱动战略推动工业经济高质量发展意见》。会议决定：原则同意政府党组提交的《2021年盐池县实施创新驱动战略推动工业经济高质量发展意见》，由政府党组负责，组织发改局，根据会议提出的意见建议修改完善后，以县委办、政府办文件印发执行。审议《关于巩固深化“不忘初心、牢记使命”主题教育成果的具体措施》。会议决定：原则同意组织部提交的《关于巩固深化“不忘初心、牢记使命”主题教育成果的具体措施》，由马丽红负责，组织部，根据会议提出的意见建议修改完善后，以县委办文件印发执行。

【十四届县委2021年第9次常委会会议】 2021年4月8日召开，龚雪飞主持。专题学习习近平总书记在参加首都义务植树活动时的重要指示、对革命文物工作作出的重要指示和致厦门大学建校100周年的贺信精神，安排部署贯彻落实工作。会议决定：由马瑞英、李国强负责，组织文广局，制定全县挖掘、保护、管理和运用革命文物和文化工作方案，提升革命文物工作科学化、规范化、制度化水平。传达学习赵永清在自治区党委保密委员会、密码和电子政务内网工作协调小组暨全区保密机要密码工作会议上的讲话精神，研究贯彻落实意见。会议决定：由施选峰负责，组织保密局，定期对全县保密工作开展督导检查，进一步强化保密管理，压实保密工作责任。传达学习《关于十二届自治区党委前八轮巡视整改“回头看”情况的通报》精神，研究贯彻落实意见。会议决定：由孙佰柱负责，组织纪委监委、巡察办，对全县落实自治区党委巡视及“回头看”反馈问题整改情况，开展抽查检查，确保巡视整改质量。套开县委全面深化改革委员会2021年第1次会议。套开全县县乡领导班子换届工作领导小组第1次会议。审议县人民政府党组《进一步加强全县城镇社区专职工作者队伍建设实施方案》。会议决定：原则同意政府党组提交的《进一步加强全县城镇社区专职工作者队伍建设实施方案》，由政府党组负责，组织民政局，根据会议提出的意见建议修改完善后，以县委办、政府办文件印发执行。审议《关于推荐全区优秀共产党员、优秀党务工作者和先进基层党组织的意见》。会议决定：原则同意组织部提出的《关于推荐全区优秀共产党员、优秀党务工作者和先进基层党组织的意见》，由马丽红负责，组织部，按程序公示后，组织上报。

【十四届县委2021年第10次常委会会议】 2021年4月16日召开，龚雪飞主持。专题学习习近平总书记对深化东西部协作和定点帮扶工作、对打击治理电信网络诈骗犯罪工作作出的重要指示精神，部署贯彻落实工作。会议决定：由张晨负责，组织扶贫办等部门，围绕盐池县产业发展和对口帮扶单位资源优势，梳理闽宁协作和中航油定点帮扶工作项目资金、帮扶方式、合作领域，细化工作任务，稳步推进新一轮帮扶工作。传达学习中共中央办公厅《党委（党组）网络意识形态工作责任制实施细则》精神，听取全县意识形态工作情况汇报。会议决定：由马瑞英负责，组织宣传部、网信办，结合区市工作要求，制定盐池县贯彻落实《党委（党组）网络意识形态工作责任制实施细则》实施方案，切实将党中央决策部署落实到位。套开县委农村工作领导小组2021年第一次会议。审议《关于推荐全国乡村振兴（扶贫）系统先进集体和先进个人的意见》。会议决定：原则同意县扶贫系统先进集体和先进个人评选工作领导小组办公室提出的《关于推荐全国乡村振兴（扶贫）系统先进集体和先进个人的意见》，由马丽红负责，组织领导小组办公室，按程序组织上报。审议《关于推荐全区脱贫攻坚先进个人和先进集体的意见》。会议决定：原则同意县脱贫攻坚总结表彰推荐评选工作领导小组办公室提出的《关于推荐全区脱贫攻坚先进个人和先进集体的意见》，请马丽红负责，组织领导小组办公室，按程序组织上报。研究干部事宜。

【十四届县委 2021 年第 11 次常委会会议】 2021 年 4 月 28 日召开，龚雪飞主持。专题学习习近平总书记在领导人气候峰会、考察清华大学时的重要讲话精神，在博鳌亚洲论坛 2021 年年会开幕式上的主旨演讲、对职业教育工作作出的重要指示精神，安排部署贯彻落实工作。部署“五一”假期安全生产、疫情防控、值班值守等工作。套开州区扶贫开发领导小组 2021 年第 3 次会议。传达学习自治区党委陈润儿书记在吴忠市调研座谈时的讲话精神，研究贯彻落实意见。会议决定：由张晨负责，组织扶贫办，制定全县“百万移民致富提升行动”3 年规划，高质量推进易地扶贫搬迁后续扶持工作。传达学习自治区工程建设政府采购等重点领域突出问题专项治理工作领导小组会议精神，听取全县工程建设政府采购等重点领域突出问题专项治理工作情况汇报。会议决定：由孙佰柱负责，组织专治办，对各责任单位自查整改情况开展督查检查，切实提升问题整改质量。传达学习自治区纪委关于严重违纪违法案件的通报精神，研究贯彻落实意见。传达学习中共中央办公厅、国务院办公厅《关于坚决遏制“两高”项目盲目发展的通知》精神，研究贯彻落实意见。会议决定：由张晨负责，组织发改局、工业园区管委会、市生态环境局盐池分局等有关部门，对全县建成、在建、拟建的“两高”项目逐一进行评估检查，形成问题台账，逐项整改销号，确保符合中央要求。审议《关于废止、宣布失效和修改部分党内规范性文件的决定》。会议决定：原则同意县委办提交的《关于废止、宣布失效和修改部分党内规范性文件的决定》，由施选峰负责，组织县委办，根据会议提出的意见建议修改完善后，以县委文件印发执行。研究干部事宜。

【十四届县委 2021 年第 14 次常委会会议】 2021 年 5 月 21 日召开，龚雪飞主持。专题学习习近平总书记在中共中央政治局会议、中央政治局第二十九次集体学习时、在河南考察调研以及在推进南水北调后续工程高质量发展座谈会上的重要讲话精神，《把握新发展阶段贯彻新发展理念构建新发展格局》《用好红色资源　传承好红色基因　把红色江山世世代代传下去》重要文章精神，向全国广大劳动群众致以节日的祝贺和诚挚的慰问、向首届中国国际消费品博览会的贺信精神，安排部署贯彻落实工作。会议决定：由马瑞英负责，组织宣传部、文广局、党史学习教育领导小组办公室，加大和区市对接力度，争取把盐池县更多红色资源列入区市党史学习教育教学点，带动红色教育、红色旅游发展。传达学习赵乐际在广西调研、杨晓渡同志在宁夏调研时的讲话精神、陈润儿在 4 月 30 日自治区党委常委会会议上的讲话及全区纪检监察系统推进作风建设工作会议精神，研究贯彻意见。会议决定：由孙佰柱负责，组织纪委监委，结合自治区加强作风建设“八条禁令”，制定盐池县相关具体规定，推动作风建设常态长效。套开县委应对新冠疫情工作领导小组第 21 次会议。传达学习全国巡视工作会议暨十九届中央第七轮巡视动员部署会和五届市委第十一轮巡察工作动员部署会精神，审议《十四届县委第十五轮巡察情况综合报告》。会议决定：原则同意县委巡察办提交的《十四届县委第十五轮巡察情况综合报告》，由孙佰柱负责，组织巡察办，根据会议提出的意见建议修改完善后，以县委巡察工作领导小组文件印发。审议《关于开展整治非法宗教活动遏制宗教渗透蔓延工作的实施方案》。会议决定：原则同意统战部提交的《关于开展整治非法宗教活动遏制宗教渗透蔓延工作的实施方案》，由尹益龙负责，组织统战部，根据会议提出的意见建议修改完善后，以县委办、政府办文件印发执行。审议县人民政府党组《盐池县2021年民生微实事项目实施方案》。会议决定：原则同意政府党组提交的《盐池县2021年民生微实事项目实施方案》，由政府党组负责，组织民政局，根据会议提出的意见建议修改完善后，以县委办、政府办文件印发执行。审议关于2020年度公务员记三等功和给予嘉奖奖励的意见。会议决定：原则同意组织部提出的关于2020年度公务员记三等功和给予嘉奖奖励的意见，由马丽红负责，组织部根据会议提出的意见建议修改完善后，以县委、县政府文件印发进行嘉奖奖励。审议关于推荐全市优秀共产党员、优秀党务工作者、先进基层党组织的意见。会议决定：原则同意组织部提出的关于推荐全市优秀共产党员、优秀党务工作者、先进基层党组织的意见，由马丽红负责，组织部，按程序组织上报。审议关于设立中国共产党盐池县应急管理局委员会撤销中国共产党盐池县应急管理局党组的意见。会议决定：原则同意组织部提出的关于设立中国共产党盐池县应急管理局委员会撤销中国共产党盐池县应急管理局党组的意见，由马丽红负责，组织部，根据会议提出的意见建议修改完善后，以县委文件印发执行。研究干部事宜。

【十四届县委2021年第16次常委会会议】 2021年6月8日召开，龚雪飞主持。专题学习以习近平同志为核心的党中央推进生态文明建设纪实、《中国共产党组织工作条例》，部署贯彻落实工作。会议决定：由施选峰负责，组织县委督查室，对全县贯彻落实习近平总书记视察宁夏重要讲话精神推进情况开展一轮“回头看”，推动各项任务稳步推进、落实落细。听取全县政法队伍教育整顿及扫黑除恶斗争常态化工作推进情况汇报，部署下一阶段工作。会议决定：由施选峰负责，政法队伍教育整顿领导小组办公室牵头，政法各部门配合，扎实做好迎接中央第四督导组下沉盐池督导各项筹备工作，全面展现盐池县工作成效。审议《盐池县乡镇领导班子换届考察方案》。会议决定：原则同意组织部提交的《盐池县乡镇领导班子换届考察方案》，由艾辉负责，组织部根据会议提出的意见建议修改完善后，以县委文件印发执行。审议关于设立中国共产党盐池县乡村振兴局党组撤销中国共产党盐池县扶贫开发办公室党组的意见。会议决定：原则同意组织部提出的关于设立中国共产党盐池县乡村振兴局党组撤销中国共产党盐池县扶贫开发办公室党组的意见，由艾辉负责，组织部根据会议提出的意见建议修改完善后，以县委文件印发执行。研究干部事宜。

【十四届县委2021年第17次常委会会议】 2021年6月17日召开，龚雪飞主持。专题学习习近平总书记对湖北十堰市张湾区艳湖社区集贸市场燃气爆炸事故作出的重要指示和李克强总理批示精神，听取全县安全生产工作情况汇报。会议决定：由刘永辉负责，组织住建局、资能中心等部门，迅速开展全县燃气油气及相关领域安全专项整治，6月底前完成问题隐患排查整改，12月底前开展一轮“回头看”；组织县安委办，加强对特种运输公司、车辆、驾驶员的管理和培训，进一步规范行业行为，降低安全风险。传达学习中宣部和自治区党委宣传部庆祝中国共产党成立100周年宣传工作专题会议精神、自治区庆祝建党100周年信访安全保障工作会议和安保维稳工作动员部署会议及防范化解近期突出风险维护社会稳定会议精神，听取全县安保维稳和信访工作情况汇报，部署庆祝建党100周年有关工作。会议决定：由施选峰、马瑞英、艾辉负责，组织县委办、组织部、宣传部等有关部门，召开专题工作会议，对庆祝建党100周年各项工作调度部署，确保各项工作稳步开展。

由施选峰、薛双负责，组织政法委、信访局，建立全县安保维稳和矛盾纠纷排查化解日报告制度，确保各类安全稳定和信访矛盾隐患第一时间排查到位、处置到位。传达学习中央党史学习教育指导组培训会及自治区党委关于做好党史学习教育工作专题会精神，研究贯彻意见。会议决定：由马瑞英负责，组织党史学习教育领导小组办公室，对全县党史学习教育工作阶段性推进情况，开展一轮督导检查，确保各项规定动作落实到位。传达学习自治区关于开展生态环境保护专项督察的通知精神，听取自治区党委第二环保督察组反馈问题整改落实情况汇报。会议决定：由马学荣负责，组织生态环境局，持续加强专项调度、定期调度，做好自治区生态环保专项督查各项准备工作，全面展现盐池县生态环境治理成果。审议《关于调整县处级以上领导干部联系包抓工作的请示》。会议决定：原则同意组织部提交的《关于调整县处级以上领导干部联系包抓工作的请示》，由艾辉负责，组织部根据会议提出的意见建议修改完善后，以县委办、政府办文件印发执行。审议关于全县“两优一先”拟表彰对象的请示。会议决定：原则同意组织部提交的关于全县“两优一先”拟表彰对象的请示，由艾辉负责，组织部按程序公示后，召开全县“两优一先”表彰大会予以表彰。审议《盐池县委换届工作筹备方案》《关于召开中国共产党盐池县第十五次代表大会决议（草案）》及其《说明》。会议决定：原则同意组织部提交的《盐池县委换届工作筹备方案》《关于召开中国共产党盐池县第十五次代表大会决议（草案）》及其《说明》，由艾辉负责，组织部根据会议提出的意见建议修改完善后，《盐池县委换届工作筹备方案》以县委文件印发执行，《关于召开中国共产党盐池县第十五次代表大会决议（草案）》及其《说明》，提交县委全会研究审议。

【十四届县委 2021 年第 19 次常委会会议】 2021 年 6 月 28 日召开，龚雪飞主持。专题学习习近平总书记在青海考察、参观“不忘初心、牢记使命”中国共产党历史展览时的重要讲话精神，《以史为镜、以史明志，知史爱党、知史爱国》重要文章、给北京大学留学生们的回信精神。会议决定：由刘永辉负责，组织发改局，加快推进盐池县“两高”项目技术改造项目实施，进一步加大能耗双控工作力度，确保完成年度能耗目标任务。传达学习全区党委（党组）书记集体谈心会和《宁夏回族自治区加强作风建设八条禁令》精神，审议《盐池县关于进一步加强作风建设的通知》。会议决定：原则同意纪委监委提交的《盐池县关于进一步加强作风建设的通知》，由丁立群负责，组织纪委监委，根据会议提出的意见建议修改完善后，以县委办文件印发执行。由丁立群负责，组织纪委监委，深化作风建设专项监督检查，进一步加强作风治理，推动作风建设常态化。套开盐池县总河长第 5 次会议。审议县人民政府党组《盐池县改革完善社会救助制度实施方案》。会议决定：原则同意政府党组提交的《盐池县改革完善社会救助制度实施方案》，由政府党组负责，组织民政局，根据会议提出的意见建议修改完善后，以县委办、政府办文件印发执行。审议县人大常委会党组《关于做好全县县乡两级人民代表大会换届选举工作的意见》《关于全县县乡两级人民代表大会换届选举有关情况的请示》。会议决定：原则同意人大常委会党组提交的《关于做好全县县乡两级人民代表大会换届选举工作的意见》《关于全县县乡两级人民代表大会换届选举有关情况的请示》，由人大常委会党组负责，组织人大办，根据会议提出的意见建议修改完善后，《关于做好全县县乡两级人民代表大会换届选举工作的意见》以县委文件转发；《关于全县县乡两级人民代表大会换届选举有关情况的请示》，修改完善形成《决定》,以人大常委会文件印发执行。部署“七一”期间重点工作。会议强调,做好庆祝中国共产党成立100周年各项工作,是全县政治生活中的头等大事。各级各部门要以最强担当、最高标准、最严措施,全力做好保安全、护稳定工作,为党的百年华诞创造安全稳定的社会环境。要隐患整治到位。应急管理局等部门要扎实开展安全生产风险隐患大排查、大治理,坚决整治各领域存在的风险隐患,对容易出现安全问题的关键部位,明确专人盯办,跟踪落实,一抓到底,确保安全隐患整改到位。要活动管控到位。县委办、组织部、宣传部等部门要严格按照县委统一部署做好庆祝活动各项工作,加强对座谈会、研讨会、群众教育等活动的规范管理,牢固树立安全意识,统筹做好疫情防控和安全管理,确保庆祝活动安全有序、隆重热烈。要将责任落实到位。各县领导要严格落实坐班接访要求,各乡镇、各部门要严格执行在岗带班值班、“日报告、零报告”和24小时值班制度,确保人员到岗、信息畅通。应急管理局、消防队要加强值班备勤,一旦发现上险情,必须第一时间妥善处置。公安部门要全力做好社会面管控,绝不能发生报复社会型暴力犯罪事件。

【盐池县委常委会(扩大)会议】 2021年7月1日召开,龚雪飞主持。专题学习习近平总书记在庆祝中国共产党成立100周年大会上的重要讲话精神,研究贯彻意见。会议强调,在庆祝党的百年华诞之际,习近平总书记发表重要讲话,全面回顾中国共产党百年奋斗的光辉历程,科学展望中华民族伟大复兴的光明前景,内涵深刻、立意深远,思想深邃、高屋建瓴,为新征程上党和国家各项事业发展明确了前进方向。各级各部门要认真学习、深刻领会,坚决抓好贯彻落实。要深刻领会重大意义。习近平总书记以“一个庄严宣告”“一个伟大梦想”“四个伟大成就”“一个伟大精神”“九个必须”“一个殷切期望”“一个号召”,系统阐述以史为鉴、开创未来的奋斗历程、经验启示、根本要求,是指引我们党全面建设社会主义现代化强国的指导方针,是团结带领全党全国各族人民向第二个百年奋斗目标的政治宣言。各级各部门要认真学习讲话原文,深刻领会丰富内涵,准确把握精神实质,坚决把思想和行动统一到习近平总书记的重要讲话精神上来。要准确把握重点任务。习近平总书记以“九个必须”,为在新征程上更加坚定自觉地牢记初心使命、开创美好未来,推进党和国家各项事业发展提出了目标要求。各级各部门要传承“坚持真理、坚守理想,践行初心、担当使命,不怕牺牲、英勇斗争,对党忠诚、不负人民”的伟大建党精神,坚决响应党中央号召,不负时代,不负韶华,发扬革命传统、激发奋斗之志,担当历史使命,为新时代坚持和发展中国特色社会主义不懈奋斗,带领全县人民向着实现第二个百年奋斗目标,实现中华民族伟大复兴的中国梦阔步前行。要严格落实贯彻责任。各党委党组要以党史学习教育为主线,采取组织推动学、领导带头学、个人主动学、专题研讨学多种形式,认真学习领会习近平总书记重要讲话的重大意义、科学内涵、实践要求,切实深刻领会精神实质和精髓要义。组织部、党校要把习近平总书记重要讲话纳入干部教育培训主要内容,分层级、分批次对党员干部开展轮训,扎实做好宣讲阐释工作。宣传部要创新宣传方式,广泛开展有声势、有深度、有影响的宣传,努力营造学习宣传贯彻的浓厚氛围。会议决定:由施选峰、马瑞英、艾辉负责,组织县委办、组织部、宣传部,制定学习贯彻习近平总书记在庆祝中国共产党成立100周年大会上的重要讲话精神工作方案,并纳入全县党史学习教育,适时对各党委党组学习贯彻情况开展督导检查。

【十四届县委 2021 年第 21 次常委会会议】 2021 年 7 月 15 日召开,龚雪飞主持。专题学习习近平总书记在"七一勋章"颁授仪式、中国共产党与世界政党领导人峰会、中央政治局第三十一次集体学习、中央全面深化改革委员会第二十次会议上的重要讲话精神,《学史明理 学史增信 学史崇德 学史力行》重要文章以及致金沙江白鹤滩水电站首批机组投产发电的贺信精神,安排部署贯彻落实工作。会议决定:由马瑞英负责,组织党史学习教育领导小组办公室,扎实推进习近平总书记"七一"重要讲话精神学习宣传、党课讲授等工作,确保各项任务有序开展。传达学习中共中央办公厅 国务院办公厅《关于坚决遏制"两高"项目盲目发展的通知》精神、自治区坚决遏制"两高"项目盲目发展工作专题会议精神,听取全县坚决遏制"两高"项目盲目发展工作情况汇报,安排部署下一阶段工作。会议决定:由刘永辉负责,组织发改局,加快推进 3 个"两高"项目整改和 14 个招商引资项目能效评估,严把能耗双控底线,确保完成 2021 年能耗双控目标任务。审议县人民政府党组《盐池县 2021 年上半年国民经济和社会发展计划执行情况报告(送审稿)》。会议决定:原则同意政府党组提交的《盐池县 2021 年上半年国民经济和社会发展计划执行情况报告(送审稿)》,由政府党组负责,组织发改局,根据会议提出的意见建议修改完善后,按程序提交县人大常委会研究审议。审议县人民政府党组《2020 年全县财政收支决算和 2021 年上半年财政预算执行情况报告(送审稿)》《盐池县本级财政 2021 年地方政府债券项目安排及预算调整方案(送审稿)》。会议决定:原则同意政府党组提交的《2020 年全县财政收支决算和 2021 年上半年财政预算执行情况报告(送审稿)》《盐池县本级财政 2021 年地方政府债券项目安排及预算调整方案(送审稿)》,由政府党组负责,组织财政局,根据会议提出的意见建议修改完善后,按程序提交县人大常委会研究审议。审议县人民政府党组《盐池县实施百万移民致富提升行动工作任务清单》《盐池县实施城乡居民收入提升行动工作任务清单》《盐池县实施基础教育质量提升行动工作任务清单》《盐池县实施全民健康水平提升行动工作任务清单》。会议决定:原则同意政府党组提交的《盐池县实施百万移民致富提升行动工作任务清单》《盐池县实施城乡居民收入提升行动工作任务清单》《盐池县实施基础教育质量提升行动工作任务清单》《盐池县实施全民健康水平提升行动工作任务清单》,由政府党组负责,组织发改局、教体局、卫健局、乡村振兴局等有关部门,根据会议提出的意见建议修改完善后,以县委办、政府办文件印发执行。审议县人民政府党组《盐池县实施"四大改造"推进工业转型发展实施方案》。会议决定:原则同意政府党组提交的《盐池县实施"四大改造"推进工业转型发展实施方案》,由政府党组负责,组织发改局,根据会议提出的意见建议修改完善后,以县委办、政府办文件印发执行。审议《关于县工商联(民间商会)第十三届执委会换届工作实施方案》及执委会拟推荐班子成员名单。会议决定:原则同意统战部提交的《关于县工商联(民间商会)第十三届执委会换届工作实施方案》及执委会拟推荐班子成员名单,由尹益龙负责,组织统战部,根据会议提出的意见建议修改完善后,以县委统一战线工作领导小组文件印发执行。审议县人民政府党组《盐池县招商引资激励办法》。会议决定:原则同意政府党组提交的《盐池县招商引资激励办法》,由政府党组负责,组织投资促进服务中心,根据会议提出的意见建议修改完善后,以县委、县政府文件印发执行。套开县委全面依法治县委员会 2021 年第 1 次会议。审议《乡镇领导班子换届提名人选的请示》《关于中国共产党盐池县第十五次代表大会代表选举工作的请示》。会议决定:原则同意组织部提交的《乡镇领导班子换届提名人选的请示》《关于中国共产党盐池县第十五次代表大会代表选举工作的请示》,由艾辉负责,《关于中国共产党盐池县第十五次代表大会代表选举工作的请示》,修改完善形成《意见》,以县委文件印发执行,并按程序抓好换届选举工作。

【十四届县委2021年第22次常委会会议】 2021年7月27日召开,龚雪飞主持。专题学习习近平总书记对防汛救灾工作作出的重要指示精神,传达学习自治区抗旱减灾工作调研座谈会精神,听取全县抗旱工作情况汇报,安排部署下一阶段工作。会议决定:由禹晓平、郑参负责,组织农业农村局、水务局,按照自治区抗旱减灾工作调研座谈会精神,对接汇报自治区有关厅局,积极争取用水指标和黎明水库建设等政策支持;全面推广盐池县马儿庄高效节水灌溉模式,进一步扩大现代化生态灌区建设面积;总结马儿庄高效节水灌溉改革经验,向自治区党委、政府汇报改革成果,全面提升高效节水灌溉示范县建设水平。由郑参负责,组织农业农村局、水务局、气象局等部门,成立抗旱预警专班,加大旱情、气象监测,加强部门协调联动,因时、因墒做好农业抗旱防灾工作;组织农业农村局、调查队、统计局等部门,针对上半年农村居民收入增速收窄问题,深入分析原因,拿出针对性强的应对举措,形成专项报告,报县委、县政府研究。听取全县食品药品安全工作情况汇报,部署下一阶段工作。会议决定:由马学荣、刘永辉、李国强负责,组织市场监管局、住建局、市生态环境局盐池分局等部门,加快整改县城餐饮单位使用烟煤制热问题,确保符合环保和安全要求。由马学荣、刘永辉负责,组织市场监管局、机关事务服务中心等部门,制定实施盐池县制止餐饮浪费政策措施,推动全社会深入推进制止餐饮浪费工作。由刘永辉负责,组织发改局、投资促进服务中心,加大名厨、名菜、名店选树力度,组织一批餐饮单位外出开展学习、交流、培训等活动,提高餐饮产品品质。传达学习第六次全国残疾人事业工作会议精神,研究贯彻意见。会议决定:由马学荣负责,组织残联,加快推进全区残疾人基层组织建设试点工作,提高基层组织规范化建设水平和残疾人服务保障能力。套开县委2021年第一次议军会议。审议关于县级领导干部下放党代表的请示和各乡镇出席中国共产党盐池县第十五次代表大会代表候选人预备人选的请示。会议决定,原则同意组织部提交的关于县级领导干部下放党代表的请示和各乡镇出席中国共产党盐池县第十五次代表大会代表候选人预备人选的请示,由艾辉负责,组织部,根据会议提出的意见建议修改完善后,关于县级领导干部下放党代表的请示修改完善形成《通知》,以县委文件印发执行;关于各乡镇出席中国共产党盐池县第十五次代表大会代表候选人预备人选的请示,以县委组织部文件批复各乡镇。研究干部事宜。

【十四届县委2021年第25次常委会会议】 2021年8月11日召开,龚雪飞主持。专题学习习近平总书记在中央政治局会议、中央政治局第三十二次集体学习时的重要讲话精神,《加强党史军史和光荣传统教育　确保官兵永远听党话、跟党走》重要文章、关于健康中国重要论述综述以及对深入推进农村厕所革命作出重要指示精神,部署贯彻落实工作。会议决定:由郑参负责,农业农村局牵头、各乡镇配合,加快推进农村改厕任务,确保9月底前全部完工。套开县委应对新冠疫情工作领导小组第23次会议。传达学习自治区党委办公厅关于认真学习贯彻《中国共产党领导国家安全工作条例》的通知精神,研究贯彻意见。会议决定:

由施选峰负责，组织县委国家安全委员会办公室，尽快谋划召开县委国家安全委员会2021年第一会议，全面部署推进盐池县国家安全工作。听取全县意识形态工作责任制落实情况汇报，安排部署下一阶段工作。会议决定：由郑慧玲负责，组织宣传部，开展意识形态专项检查“回头看”，进一步推动意识形态责任落实。传达学习十二届自治区党委第十二轮巡视动员部署会及《关于加强巡视巡察上下联动的若干措施》精神，研究贯彻意见。会议决定：由丁立群负责，组织巡察办，科学谋划新一届县委巡察工作，确保县委巡察高质高效、有序开展。审议县人民政府党组《盐池县2021年度闽宁对口协作项目实施方案》《盐池县2021年度中国航空油料集团公司帮扶项目实施方案》《2021年中央专项彩票公益金支持盐池县塞上牧歌生态旅游乡村振兴示范区项目实施方案》。会议决定：原则同意政府党组提交的《盐池县2021年度闽宁对口协作项目实施方案》《盐池县2021年度中国航空油料集团公司帮扶项目实施方案》《2021年中央专项彩票公益金支持盐池县塞上牧歌生态旅游乡村振兴示范区项目实施方案》，由政府党组负责，组织乡村振兴局，根据会议提出的意见建议修改完善后，以县委农村工作领导小组文件印发执行。审议《各乡镇新一届党委、纪委领导班子和出席中国共产党盐池县第十五次代表大会代表选举情况的请示》。会议决定：原则同意组织部提交的《各乡镇新一届党委、纪委领导班子和出席中国共产党盐池县第十五次代表大会代表选举情况的请示》，由艾辉负责，组织部，根据会议提出的意见建议修改完善后，关于各乡镇新一届党委和纪委领导班子选举情况的请示以县委文件批复，关于出席中国共产党盐池县第十五次代表大会代表选举情况的请示以组织部文件批复。套开县委审计委员会2021年第2次会议。

【十四届县委2021年第26次常委会会议】 2021年8月20日召开，龚雪飞主持。专题学习习近平总书记在中央财经委员会第十次会议上的重要讲话、《总结党的历史经验 加强党的政治建设》重要文章精神，部署贯彻落实工作。会议决定：由刘永辉负责，财政局牵头，在符合地方政府债券使用规定前提下，科学合理制定新增债务计划，统筹提出需求，严控举债规模，严守不发生区域性、系统性金融风险底线。套开创建全国文明城市指挥部第3次会议。审议《盐池县2021年度效能目标管理责任制考核办法》。会议决定：原则同意考核办提交的《盐池县2021年度效能目标管理责任制考核办法》，由施选峰负责，组织考核办，根据会议提出的意见建议修改完善后，以县委办、政府办文件印发执行。审议《中共盐池县第十五届委员会委员、候补委员和县纪律检查委员会委员候选人初步人选参考建议人选的请示》。会议决定：原则同意组织部提交的《中共盐池县第十五届委员会委员、候补委员和县纪律检查委员会委员候选人初步人选参考建议人选的请示》，由艾辉负责，组织部严格按照换届有关程序执行。研究干部事宜。

【十四届县委2021年第27次常委会会议】 2021年8月23日召开，龚雪飞主持。专题学习习近平总书记向第五届中阿博览会致贺信、给云南省沧源县边境村老支书们的回信精神，安排部署贯彻落实工作。会议决定：由王金文负责，发改局牵头，投资促进服务中心配合，紧盯盐池县在本届博览会上的3个签约项目，尽快推动落地投产见效。审议《关于下放县级领导干部党代表的请示》《关于提名胡超为中共盐池县第十五届县委委员候选人初步人选的请示》《中共盐池县第十五届委员会委员、候补委员和县纪律检查委员会委员候选人预备人选参考建议人选的请示》《关于县领导班子换届人事安排建议方案的请示》。会议决定：原则同意组织部提交的《关于下放县级领导干部党代表的请示》《关于提名胡超为中共盐池县第十五届县委委员候选人初步人选的请示》《中共盐池县第十五届委员会委员、候补委员和县纪律检查委员会委员候选人预备人选参考建议人选的请示》《关于县领导班子换届人事安排建议方案的请示》，由艾辉负责，组织部，严格按照换届有关程序执行。研究干部事宜。

【十四届县委2021年第28次常委会会议】 2021年9月2日召开，龚雪飞主持。专题学习习近平总书记在河北承德考察时、在中央民族工作会议上的重要讲话精神，学习中共中央《党政领导干部选拔任用工作条例》，安排部署贯彻落实工作。会议决定：由郑参负责，乡村振兴局牵头，各乡镇配合，加快推进乡村振兴示范村建设，分批分层、高质高效推动村庄培植增绿，切实让村庄绿起来、美起来。传达学习自治区排查整顿农村发展党员违规违纪问题工作会议精神，审议《盐池县排查整顿农村发展党员违规违纪问题工作实施方案》。会议决定：原则同意组织部提交的《盐池县排查整顿农村发展党员违规违纪问题工作实施方案》，由艾辉负责，组织部根据会议提出的意见建议修改完善后，以县委办文件印发执行。传达学习自治区工程建设政府采购等重点领域突出问题专项治理领导小组第二次会议精神，听取全县工程建设政府采购等重点领域突出问题专项治理工作开展情况的汇报，部署下一阶段工作。会议决定：由丁立群负责，专治办牵头，各重点责任部门配合，加强整改督导力度，加快问题整改进度，确保两周内发现问题整改率超过80%。传达学习自治区党委办公厅 人民政府办公厅关于印发《宁夏回族自治区重大决策社会稳定风险评估实施办法》的通知，安排部署相关工作。听取十个严禁贯彻执行情况的汇报，部署下一阶段工作。会议决定：由丁立群负责，纪委监委牵头，各部门、各乡镇配合，尽快组织开展一轮十个严禁贯彻执行情况“回头看”，持续保持全面从严、一严到底的主基调。套开盐池县委退役军人事务工作领导小组2021年第三次全体会议。套开县委国家安全委员会第3次会议。审议县人民政府党组《盐池县十大工程项目县领导包抓责任机制》。会议决定：原则同意政府党组提交的《盐池县十大工程项目县领导包抓责任机制》，由刘永辉负责，组织发改局，根据会议提出的意见建议修改完善后，以县委办、政府办文件印发执行。审议县人民政府党组《盐池县推进县域义务教育优质均衡发展实施方案》《盐池县深化新时代教育督导体制机制改革实施方案》《关于进一步健全全县义务教育教师工资待遇落实保障长效机制的通知》。会议决定：原则同意政府党组提交的《盐池县推进县域义务教育优质均衡发展实施方案》《盐池县深化新时代教育督导体制机制改革实施方案》《关于进一步健全全县义务教育教师工资待遇落实保障长效机制的通知》，由张晨负责，组织教体局，根据会议提出的意见建议修改完善后，以县委办、政府办文件印发执行。审议《关于推荐新一批自治区文明单位、文明村镇、文明校园的意见》。会议决定：原则同意文明委提交的《关于推荐新一批自治区文明单位、文明村镇、文明校园的意见》，由郑慧玲负责，组织文明办，按程序上报。审议《中国人民政治协商会议盐池县十一届政协委员会委员提名工作方案》。会议决定：原则同意统战部提交的《中国人民政治协商会议盐池县十一届政协委员会委员提名工作方案》，由尹益龙负责，组织统战部，根据会议提出的意见建议修改完善后，以县委办文件印发执行。审议《有关党(工)委出席中国共产党盐池县第十五次代表大会代表候选人预备人选的请示》。会议决定：原则同意组织部提交的

《有关党(工)委出席中国共产党盐池县第十五次代表大会代表候选人预备人选的请示》,由艾辉负责，组织部严格按照有关换届程序执行。

【十四届县委 2021 年第 29 次常委会会议】 2021 年 9 月 9 日召开，龚雪飞主持。审议《有关党(工)委出席中国共产党盐池县第十五次代表大会代表选举情况的请示》。会议决定:原则同意组织部提交的《有关党(工)委出席中国共产党盐池县第十五次代表大会代表选举情况的请示》,由艾辉负责，组织部严格按照有关换届程序执行后续相关工作。审议《关于中国共产党盐池县第十五次代表大会列席人员建议名单的请示》。会议决定:原则同意组织部提交的《关于中国共产党盐池县第十五次代表大会列席人员建议名单的请示》,由艾辉负责,组织部严格按照有关换届程序执行后续相关工作。审议《盐池县出席中国共产党吴忠市第六次代表大会代表候选人推荐人选的请示》。会议决定：原则同意组织部提交的《盐池县出席中国共产党吴忠市第六次代表大会代表候选人推荐人选的请示》,由艾辉负责,组织部严格按照有关换届程序执行相关后续工作。

【十五届县委 2021 年第 1 次常委会会议】 2021 年 9 月 29 日召开,龚雪飞主持。专题学习习近平总书记在陕西榆林考察时的重要讲话、第四个“中国农民丰收节”到来之际向全国广大农民和工作在“三农”战线上的同志们致以节日祝贺和诚挚慰问精神,以及《毫不动摇坚持和加强党的全面领导》重要文章，部署贯彻落实工作。会议决定:由禹晓平、郑参负责，农业农村局、乡村振兴局牵头,各乡镇配合,尽快组织开展秋冬季村庄清洁整治百日提升行动，为建设美丽整洁的现代乡村打好坚实基础。传达学习自治区党委常委会“坚持以案促改、深化作风建设”专题民主生活会和吴忠市委常委会“深化作风建设”专题民主生活会精神，研究贯彻意见。会议决定:由丁立群负责,纪委监委牵头,各乡镇各部门配合,不定期开展县委“十个严禁”落实情况督查“回头看”,持续巩固和拓展作风建设成果。安排部署中国共产党盐池县第十五次代表大会学习宣传贯彻落实工作。会议决定:由禹晓平、郑慧玲负责,宣传部牵头,县委办配合,在“十一”后举办一次党代会精神专题学习班，推动党代会精神宣传贯彻走深走实。由禹晓平负责,组织县委办，尽快制定党代会报告重点任务清单，明确责任领导和责任部门，推动党代会安排部署的各项任务得到全面落实。由禹晓平负责,县委办、考核办牵头,纪委监委、组织部及各乡镇各部门配合,建立党代会报告最佳实践清单,提出切实管用的落实举措，确保党代会安排部署的各项任务有抓手、有载体。由禹晓平负责,组织县委办，梳理汇总党代表意见建议,抓好后续落实,并将办理结果及时反馈各党代表。传达学习全区推进重点县重点村(社区)百万移民致富提升行动座谈会议精神,部署相关工作。会议决定:由禹晓平、郑参负责,乡村振兴局牵头,每半月听取 1 次《对接协调自治区厅局落实帮扶措施任务分工清单》落实情况汇报,并对进展落实情况进行汇总、形成专报,及时向自治区党委报告，确保帮扶措施落实落细。传达学习自治区生态环境保护督察工作领导小组 2021 年第一次会议、全区生态环境保护工作视频调度会议及吴忠市督察反馈问题整改任务销号验收推进会议精神，听取中央及自治区生态环境保护督察反馈问题整改落实情况汇报，审议县人民政府党组《盐池县贯彻落实 2021 年自治区生态环境保护专项督察反馈意见整改方案》,部署相关工作。会议决定:原则同意县人民政府党组提交的《盐池县贯彻落实 2021 年自治区生态环境保护专项督察反馈意见整改方案》,由马学荣负责，组织生态环境局等相关部门，根据会议提出的意见建议，进一步修改完善后，以县委办、政府办文件印发执行。由马学荣负责，吴忠市生态环境局盐池分局牵头，相关责任部门具体落实，于10月底前高标准完成所有反馈问题和意见整改销号任务。听取全县招商引资工作进展及外出招商情况的汇报。会议决定：由刘永辉牵头，各产业包抓领导负责，组织各产业包抓专班，在10月集中开展招商引资活动，并建立常态化招商机制，确保招商引资抓出实效。审议县人民政府党组《2021年度盐池县人民政府重大行政决策事项目录》。会议决定：原则同意县人民政府党组提交的《2021年度盐池县人民政府重大行政决策事项目录》，由薛双负责，组织司法局，根据会议提出的意见建议，进一步修改完善后，以政府文件印发，并向社会公布。审议县人民政府党组《关于用好红色资源赓续红色血脉、做好红色资源保护传承管理利用工作实施方案》。会议决定：原则同意县人民政府党组提交的《关于用好红色资源赓续红色血脉、做好红色资源保护传承管理利用工作实施方案》，由郑慧玲、李国强负责，组织宣传部、文广局等部门，根据会议提出的意见建议，进一步修改完善后，以县委办、政府办文件印发执行。套开盐池县党史学习教育领导小组第四次会议。研究干部事宜。审议《关于十五届县委常委工作分工的意见》。会议决定：原则同意县委办提交的《关于十五届县委常委工作分工的意见》，由禹晓平负责，组织县委办，根据会议提出的意见建议，进一步修改完善后，以县委办文件印发执行。

【十五届县委2021年第2次常委会会议】 2021年10月15日召开，龚雪飞主持。专题学习习近平总书记在中央人才工作会议上、中共中央政治局第三十三次集体学习上、纪念辛亥革命110周年大会上的重要讲话以及对机要密码工作的重要指示批示精神，部署贯彻落实工作。会议决定：由艾辉负责，组织部牵头，围绕“名校优生引进计划”“本土人才培养计划”和“盐州英才”培育等任务落实，进一步完善人才引进、培养、使用、保障等相关政策，健全人才工作机制，为建设“强美富优”现代化新盐池积蓄强有力的人才支撑。审议《盐池县国企改革三年行动实施方案（2020—2022年）》。会议决定：原则同意县人民政府党组提交的《盐池县国企改革三年行动实施方案（2020—2022年）》，由刘永辉负责，组织财政局，根据会议提出的意见建议修改完善后，以县委办、政府办文件印发执行。审议《政协盐池县第十一届委员会委员及常务委员建议名单的请示》。会议决定：原则同意组织部提交的《政协盐池县第十一届委员会委员及常务委员建议名单的请示》，由艾辉、王生彦负责，组织部、政协办、统战部，按有关程序抓好后续工作落实。研究干部事宜。

【十五届县委2021年第3次常委会会议】 2021年10月22日召开，龚雪飞主持。专题学习习近平总书记在中共中央政治局第三十四次集体学习时的重要讲话、对老龄工作的重要指示精神，学习中共中央、国务院《黄河流域生态保护和高质量发展规划纲要》，部署贯彻落实工作。会议决定：由艾辉负责，组织部牵头，民政局配合，深入调研、实地考察，选择合适区域，探索建设区域集中的老年人大学办学场所，提升老年人精神文化生活。由禹晓平同志负责，县委政法委牵头，各级各部门配合，加快推进实施社会治理大数据中心项目，统筹好全县信息平台一体化建设，提高全县基层治理现代化能力和水平。听取全县宣传思想文化重点工作开展情况汇报，部署相关工作。会议决定：由郑慧玲负责，县委宣传部牵头，梳理出意识形态、法治建设、党的建设等理论学习中心组必学内容，印发至各级党委（党组）认真学习。由各县领导负责，每年列席1～2个所包抓乡镇或分管部门党委(党组)理论学习中心组学习会议，指导所辖党员干部理论联系实际、推动各项工作。由郑慧玲负责，县委党史学习教育领导小组办公室牵头，拿出针对性强、可操作的工作措施，全力推进“我为群众办实事”项目，确保11月底前完成目标任务。由郑慧玲、张晨负责，县委宣传部牵头，民政局和各乡镇、街道具体落实，制定出台移风易俗的硬措施，推动夜座、大操大办、天价彩礼、厚葬薄养等不良风气和陈规陋习，提升全社会文明素养。听取全县信访工作开展情况汇报，安排部署相关工作。会议决定:由禹晓平、薛双负责，信访局牵头，住建局、自然资源局、青山乡配合，全面做好第二批交办的重复访信访积案化解稳控工作，确保案结事了，坚决杜绝出现进京访、越级访。由禹晓平、薛双同志负责，信访局牵头，各乡镇(街道)、各部门配合，针对近期重点信访人员，梳理台账，按照“三色”管理要求抓好相关稳控工作，为党的十九届六中全会召开营造安全稳定的社会环境。套开县委应对新冠疫情工作领导小组第25次暨指挥部第27次会议。听取全县未成年人思想道德建设工作开展情况汇报，部署相关工作。会议决定:由郑慧玲负责，创城办牵头，整体谋划、合理张贴宣传标语、公益广告，坚决防止宣传教育机械化、形式化、简单化。听取全县粮食安全工作开展情况汇报，安排部署相关工作。会议决定:由禹晓平、王金文负责，发改局牵头，按照自治区粮食安全责任制考核要求，做好对接工作，确保2021年度区市效能目标考核取得好成绩。审议《盐池县人大常委会工作报告(送审稿)》，研究召开盐池县第十八届人代会第一次会议有关事宜。会议决定:原则同意县人大常委会党组提交的《盐池县人大常委会工作报告(送审稿)》，由强永海负责，组织人大办，根据会议提出的意见建议，进一步修改完善后，按程序提交县第十八届人代会第一次会议进行审议。同意10月27日召开盐池县第十八届人民代表大会第一次会议，由吴科负责，组织县人大，在做好疫情防控的前提下，全力做好大会筹备工作，确保会议顺利召开，取得圆满成功。审议县人民政府党组《盐池县政府工作报告(送审稿)》《盐池县2021年国民经济和社会发展计划执行情况及2022年计划的报告(送审稿)》《盐池县2021年财政预算执行情况和2022年财政预算的报告(送审稿)》。会议决定:原则同意县政府党组提交的《盐池县政府工作报告(送审稿)》《盐池县2021年国民经济和社会发展计划执行情况及2022年计划的报告(送审稿)》《盐池县2021年财政预算执行情况和2022年财政预算的报告(送审稿)》，由刘永辉负责，组织政府办、发改局、财政局等相关部门，根据会议提出的意见建议，进一步修改完善后，按程序提交盐池县第十八届人民代表大会第一次会议审议。审议《盐池县政协第十届常务委员会工作报告(送审稿)》《盐池县政协2022年度协商计划(草案)》，研究召开盐池县政协十一届一次会议有关事宜。会议决定:原则同意县政协党组提交的《盐池县政协第十届常务委员会工作报告(送审稿)》《盐池县政协2022年度协商计划(草案)》，由范海荣负责，组织政协办，根据会议提出的意见建议，进一步修改完善后，提交盐池县政协十一届一次会议审议。同意10月26日召开盐池县政协十一届一次会议，由贺满文负责，组织县政协，在做好疫情防控的前提下，全力做好大会筹备工作，确保会议顺利召开，取得圆满成功。审议《盐池县人民法院工作报告(送审稿)》。会议决定:原则同意县法院党组提交的《盐池县人民法院工作报告(送审稿)》，由胡超负责，组织法院，根据会议提出的意见建议，进一步修改完善后，按程序提交盐池县第十八届人民代表大会第一次会议审议。审议《盐池县人民检察院工作报告（送审稿）》。会议决定：原则同意县检察院党组提交的《盐池县人民检察院工作报告（送审稿）》，由孙德荣负责，组织检察院，根据会议提出的意见建议，进一步修改完善后，按程序提交盐池县第十八届人民代表大会第一次会议审议。审议《盐池县第十八届人大常委会组成人员和出席吴忠市第六届人民代表大会代表候选人建议名单的请示》。会议决定：原则同意组织部提交的《盐池县第十八届人大常委会组成人员和出席吴忠市第六届人民代表大会代表候选人建议名单的请示》，由艾辉负责，组织部、人大办，按程序抓好后续有关工作。研究干部事宜。

【十五届县委2021年第4次常委会会议】 2021年11月5日召开，龚雪飞主持。专题学习习近平总书记在深入推动黄河流域生态保护和高质量发展座谈会上的重要讲话、在第二届联合国全球可持续交通大会开幕式上的主旨讲话、向第130届中国进出口商品交易会、仰韶文化发现和中国现代考古学诞生100周年的贺信精神，部署贯彻落实工作。会议决定：由刘永辉负责，资源能源开发服务中心牵头，积极与宁东能源化工基地、长庆油田第三、第五采油厂对接，引进二氧化碳回注促进油田气驱采油等高新技术，减少全县碳排放、提高石油产出率。套开县委应对新冠疫情工作领导小组第28次暨指挥部第31次会议。套开县委领导小组2021年第二次会议。传达学习自治区党委常委会会议精神，听取2021年前三季度经济运行情况汇报。会议决定：由禹晓平、刘永辉负责，考核办、发改局牵头，在制定2022年度效能目标管理责任制考核方案时，将中央项目与地方项目实施情况进行差异化考核，切实发挥考核“指挥棒”激励作用，推动明年全县重点项目建设顺利推进、取得成效。由刘永辉负责，发改局牵头，按照程序组织符合条件的企业入归纳统，并加强对极易掉规的企业服务监管，确保规模以上企业高质量发展。由刘永辉负责，财政局牵头，税务局配合，全面挖掘财税增收潜力，加大财税收入征管力度，确保年底完成县级财政收入9亿元的目标任务。由刘永辉、郑参负责，人社局、调查队牵头，统筹调度城乡居民收入，加快补齐工作短板，确保城乡居民收入提升行动取得新成效。由邱永丰负责，投资促进服务中心牵头，利用电子商务等新型消费渠道，多样化开展盐池滩羊肉、黄花菜等特色优势产品促销活动，扩大消费体量，增加第三产业产值。听取全县食品药品安全工作开展情况。会议决定：由鲍菊艳负责，教体局、市场监督管理局牵头，在学校恢复线下教育教学前，对各学校食堂进行检查，坚决防止发生校园食物中毒事件。由鲍菊艳负责，市场监督管理局牵头，积极与区市上级部门对接，确保年底食品药品考核工作取得好成绩。审议县人民政府党组《关于在全县公民中开展第八个五年法治宣传教育的实施方案（2021—2025年）》。会议决定：原则同意县人民政府党组提交的《关于在全县公民中开展第八个五年法治宣传教育的实施方案（2021—2025年）》，由薛双负责，组织司法局，根据会议提出的意见建议，进一步修改完善后，以县委办、政府办文件印发执行。审议县人民政府党组《盐池县全面推行林长制工作方案》。会议决定：原则同意县人民政府党组提交的《盐池县全面推行林长制工作方案》，由李国强负责，组织自然资源局，根据会议提出的意见建议，进一步修改完善后，以县委办、政府办文件印发执行。研究干部事宜。

【十五届县委2021年第6次常委会会议】 2021年12月6日召开，龚雪飞主持。专题学习习近平总书记在第三次“一带一路”建设座谈会上的重要讲话，参观国家“十三五”科技成就展时的重要指示，《求是》杂志发表的习近平总书记重要文章《坚定理想信念补足精神之钙》《坚持用马克思主义及其中国化创新理论武装全党》，部署贯彻落实工作。会议决定：由刘永辉负责，发改局、科技局、工业园区管委会牵头，加快推动各类创新要素向企业聚集，推动有研发活动的规上企业占比达到35%以上，实现创新主体和创新平台实现“双倍增”目标。传达学习中国共产党宁夏回族自治区第十二届委员会第十四次全体会议、中国共产党吴忠市第六次代表大会精神，安排部署贯彻落实工作。会议决定：由禹晓平、郑慧玲负责，县委办、宣传部牵头，做好全县领导干部学习贯彻党的十九届六中全会及自治区党委十二届十四次全会精神专题研讨班相关筹备工作。由各县领导负责，各部门牵头，加强效能目标考核和项目对接，主动出击、全力争项目、争资金、争政策、争分数，确保取得良好成绩，不断储备发展的动力和后劲。由各产业专班包抓领导负责，各相关部门牵头，加大招商引资力度，寻找新的信息、新项目，争取新的合作点，做好明年项目统筹谋划，抓好项目开工必要的服务保障，确保明年起好步、开好局。由各县领导负责，各乡镇各部门牵头，科学谋划本领域2022年工作重点和亮点，为全县经济社会发展奠定良好的规划基础。由禹晓平、郑慧玲、刘永辉、薛双负责，政法委、卫健局、应急管理局、信访局等部门牵头，统筹抓好疫情防控、安全生产等各领域工作，严守安全底线。由刘永辉、李国强负责，自然资源局、应急管理局和各乡镇牵头，全力抓好今冬明春森林防火，加强秸秆焚烧、禁牧等监管力度，确保不发生火灾事故。传达学习十九届中央第八轮巡视动员部署会议精神，听取2021年度巡察工作开展情况汇报，部署相关工作。会议决定：由丁立群负责，巡察办牵头，每年对一批部门或乡镇开展巡察，确保十五届县委巡察高质量推进。套开县委全面深化改革委员会2021年第3次会议。传达学习中央第四生态环境保护督察组督察宁夏动员会和吴忠市迎接中央环保督察动员部署会议精神，部署贯彻落实意见。会议决定：由李国强负责，市生态环境局盐池分局牵头，各乡镇、各部门配合，对督察检查反馈问题整改情况组织开展“回头看”，做到自行梳理、自行排查、主动整改，确保高质量做好迎检工作。审议《盐池县冯记沟乡党政驻地搬迁工作实施方案》《关于成立盐池县冯记沟乡党政驻地搬迁工作领导小组的通知》。会议决定：原则同意政府党组提交的《盐池县冯记沟乡党政驻地搬迁工作实施方案》《关于成立盐池县冯记沟乡党政驻地搬迁工作领导小组的通知》，由刘永辉负责，冯记沟乡牵头，根据会议提出的意见建议，进一步修改完善后，以县委办、政府办文件印发执行。审议县人民政府党组《盐池县县级领导同志包抓十大民生工程项目工作机制》《关于调整盐池县重点特色产业、十大工程项目县级领导同志包抓分工和实施内容的通知》。会议决定：原则同意政府党组提交的《盐池县县级领导同志包抓十大民生工程项目工作机制》《关于调整盐池县重点特色产业、十大工程项目县级领导同志包抓分工和实施内容的通知》，由刘永辉负责，发改局牵头，根据会议提出的意见建议，进一步修改完善后，以县委办、政府办文件印发执行。审议《关于贯彻落实建设“强美富优”现代化新盐池人才引进和培养激励办法》。会议决定：原则同意组织部提交的《关于贯彻落实建设“强美富优”现代化新盐池人才引进和培养激励办法》，由艾辉负责，组织部牵头，根据会议提出的意见建议，进一步修改完善后，以县委办、政府办文件印发执行。审议《关于调整县处级领导联系包抓工作的通知》。会议决定：原则同意组织部提交的《关于调整县处级领导联系包抓工作的通知》，由艾辉负责，组织部牵头，根据会议提出的意见建议，进一步修改完善后，以县委办、政府办文件印发执行。由艾辉同志负责，组织部牵头，每半年汇总一次县处级领导联系包抓工作进展情况。审议关于盐池县出席政协第六届吴忠市委员会委员初步人选建议名单的请示。会议决定：原则同意组织部提交的关于盐池县出席政协第六届吴忠市委员会委员初步人选建议名单的请示，由艾辉负责，组织部、政协办、统战部牵头，按程序抓好后续有关工作。

【十五届县委2021年第7次常委会会议】 2021年12月11日召开，龚雪飞主持。专题学习习近平总书记在中共中央政治局会议、中共中央政治局第三十五次集体学习上的重要讲话精神，学习《习近平关于注重家庭家教家风建设论述摘编》，部署贯彻落实工作。会议决定：由丁立群负责，纪委监委牵头，对近期新任领导干部及其家属开展1次廉政谈话，引导各级党员干部管好家人、筑牢防线。传达学习《关于做好第二轮中央生态环境保护督察边督边改工作的通知》文件精神，听取第二轮中央生态环境保护督察组信访投诉转办件办理情况汇报，安排部署有关工作。听取人大常委会党组、人民政府党组、政协党组、纪委监委、法院党组、检察院党组工作情况汇报。会议决定：由禹晓平、刘永辉负责，两办督查室牵头，针对人大、政协各类监督事项，强化对各部门和各乡镇（街道）落实情况督查力度，确保件件有回应、事事有着落。审议县人民政府党组《2021年调用预算稳定调节基金及预备费安排使用情况报告（送审稿）》《2021年县级财政新增财力安排使用情况报告（送审稿）》《盐池县本级财政2021年地方政府债券项目（第二批）安排及预算调整方案（送审稿）》。会议决定：原则同意政府党组提交的《2021年调用预算稳定调节基金及预备费安排使用情况报告（送审稿）》《2021年县级财政新增财力安排使用情况报告（送审稿）》《盐池县本级财政2021年地方政府债券项目（第二批）安排及预算调整方案（送审稿）》，由刘永辉负责，财政局牵头，根据会议提出的意见建议修改完善后，按程序提交人大常委会审议。套开县委应对新冠疫情工作领导小组第29次暨指挥部第33次会议。套开县委统一战线工作领导小组2021年第二次会议（另行文）。研究干部事宜。

县委办公室

【办文办会】 严把政策关、文字关和程序关，及时高效处理收文2100余件、发文190余件，保证各类文件拟办、传阅的时效性。坚持个人起草、集体会商、四级审核、严格把关的要求，将精品意识、工匠精神贯穿于文稿起草始终，先后起草完成各类重要文稿材料200余份，各类会议讲话、汇报材料100余份。按照会前精心筹备、会中协调服务、会后跟踪问效的原则，高标准高质量筹办各类大型会议，同时，严格落实疫情防控常态化要求，采取精简办会、视频办会等措施，为县委工作高效有序运转提供有力保障。坚决抵制“指尖上的形式主义”，全年发文、会议和督查检查分别同比减少31%、5%和15%。

【综合协调】 落实四办主任联席会议制度，统筹抓好县委、人大、政府、政协四套班子综合协调，切实加强与各乡镇、各部门、各单位的协调联系，全面落实县委各项工作部署，保障全县工作高效运转。精心谋划、认真组织实施各类公务活动，先后承办中央、区、市领导到盐池县视察调研公务活动30余次，组织实施县委、人大、政府、政协领导集体调研、观摩活动10余次，配合相关部门，完成了大型文旅推介活动、盐池县2021“中国农民丰收节”暨滩羊美食文化旅游体育赛事系列活动等。

【信息调研】 采写上报各类信息1100余条、调研文章40余篇，《盐池县抓机遇克难题推动文旅融合发展》《盐池县深入实施三大工程推动乡村人才振兴》等多篇信息被宁夏回族自治区党委办公厅单篇采用;《师德考核存在问题及对策建议》被中央办公厅综合采用。截至7月底,盐池县党委信息质量系数分别位列区、市考核分组第一名,编发《盐池信息》39期。

【督查落实】 聚焦习近平总书记视察宁夏重要讲话精神,全面开展贯彻落实"回头看"2次,持续推动"两个维护"向纵深推进。结合"我为群众办实事"活动,高质高效解决书记信箱和"地方领导留言板"的各类反映问题,全年办理书记信件91个,办结并公开回复人民网地方领导留言15条,群众满意度100%。根据年初制定的39项督查检查考核计划,围绕"六大重点产业""四大提升行动""双十项目工程""四权改革"等中心重点工作,全口径建立台账、全覆盖跟踪督办,累计印发《督查工作通报》26期、《领导调整批示指示事项督办情况报告》21期,下发督办事项办理通知单106个,开展县委月度重点工作完成情况督查检查7次,重点工作完成率达92%。

【机要保密】 开展保密法制宣传教育,挖掘宣传《盐池西线情报工作》为代表的红色保密故事30余篇,在《宁夏保密》刊登保密信息20篇,连续3年排名全区第一。开展全方位保密检查3次,保密巡查2次,将保密检查同全县政治巡查深度融合,联合纪委监委、网信、公安等部门深入开展微信泄密专项整顿行动。严把机要工作程序,强化制度保障,全年累计办理明密电报共184份。坚决推进安全可靠国产化应用,真替真用系统数量822套,终端数量897台,单轨运行率为91.64%。

【政治建设】 深入开展党史学习教育。坚持把学习贯彻习近平新时代中国特色社会主义思想作为首要政治任务,干部例会第一时间传达学习习近平总书记最新重要讲话及重要指示批示精神,举办党史学习教育专题读书班、交流研讨、党课等各类学习活动30余次,撰写心得体会86篇,制定基层减负、帮扶惠民、信访纠纷、信息调研、督查检查等"我为群众办实事"项目清单7个,解决群众"急难愁盼"问题110个,为群众办实事14个。精心组织庆祝党的百年华诞。组织干部职工收看中国共产党成立100周年大会盛况,举办全县庆祝建党100周年座谈会、"两优一先"表彰会,创新开展"四个100"系列活动。不断加强基层组织建设。严把党员"入口关""程序关""思想关",按照党员发展各个环节程序、要求、时间节点等,吸收预备党员1名,如期转正党员5名,确保每名党员按时按规发展。充分利用"学习强国"App、"印象盐池"公众号、中国共产党党员网党史学习教育专栏,打造通俗易懂、方便快捷的快餐学习载体,引导党员干部积极上网学。大力涵养优良作风。对标中央八项规定、自治区"八条禁令",制定出台盐池县"十个严禁",严格落实《盐池县委办公室廉政制度》和全面从严治党主体责任,落实办公室班子"主体责任"清单和班子成员"一岗双责"清单,突出抓好廉政风险防范管理,年内未发生违法违纪现象。

【法治建设】 深入学习党内法规。承办8次县委常委会会议、理论中心组学习会,县委常委会深入学习12项党内法规,听取党内法规工作汇报、专题研究党内法规制度建设,不断推进党的工作和党的建设制度化、规范化、程序化;依托"全县领导干部廉政警示教育周"活动,开展党纪法规应知应会知识测试,发放《重要党内法规规定制度摘编》420册,推送38篇党内法规和相关普法解读知识,教育引导广大党员干部带头遵规学规守规用规。严格备案审查。先后制定《盐池县农村人居环境整治提升(村庄清洁行动)实施方案(试行)》等规范性文件47件,向市委法规室报备规范性文件47件,报备率、备案通过率均为100%;按照程序对现行有效的党内规范性文件进行清理,决定废止33件、宣布失效28件、修改7件。强化监督检查。充分发挥印象盐池、先锋盐池、网信盐池等线上媒介和宣传栏、报纸等线下载体，采取多种形式和不同时机进行全面公开。坚持把履行党内法规执规责任情况纳入县委巡察、督促检查的重要内容，纳入领导班子和领导干部考核内容，与党风廉政建设责任制、党建工作、法治建设等考核相结合，传导压力、推动落实，加大党内法规和各级规范性文件执行情况的监督检查力度，建立完善制度机制130余项，组织处理86人。

组织工作

【思想政治建设】 实施干部政治能力和专业能力提升工程，举办习近平总书记“七一”重要讲话精神专题学习班、科级领导干部、优秀年轻干部“学党史、强党性、提能力”专题学习班、选调生座谈会等15期，培训4650余人次，选派5名优秀青年干部到福建石狮市开展百日跟班学习、20余名处科级领导干部参加区市调训。

【建党百年庆祝活动】 以庆祝建党100周年为契机，以爱党爱国爱社会为主线，创新开展百名书记专题访谈、百名优秀共产党员先进事迹展、百名党员干部大宣讲、百名驻村第一书记典型案例选编“四个100”系列活动，深入开展百名党员干部大宣讲105次、“90后、00后”青年党员说43期，“学党史 话未来”专题访谈100名基层党组织书记，花马广场、振远广场百名优秀共产党员先进事迹展得到广泛宣传，线上线下宣传全面推进。《盐池县驻村帮扶工作典型案例选编》汇编100名驻村第一书记和队员驻村故事、18支驻村工作队典型案例、24个派驻部门帮扶成效，得到各级领导的充分肯定。组织召开全县“两优一先”表彰大会、“向党送祝福·感恩新时代”主题党日，党建工作专版在《宁夏日报》《吴忠日报》报道，专题片《信仰的炬火》在宁夏卫视专题播放。

【疫情防控】 及时调整成立临时党委、党支部，组织引导各基层党组织成立临时党小组96个、党员先锋队280支、党员先锋岗465个，135个“联合党委”成员单位、1200余名在职党员到社区“双报到双服务”，广大党员干部切实在疫线经风雨、长才干。积极整合区市县党内关怀帮扶资金40万元直达战“疫”一线，联合开展重点场所疫情防控督导检查。

【干部队伍建设】 紧盯组织领导、前期部署、分析研判等关键环节，制定印发换届工作通知方案，建立县处级领导包抓乡镇工作制度、组建督查指导组“点对点”指导，全面抓好组织实施。以换届纪律要求为重点，综合运用政府门户网、发布公告等广泛宣传，引导党员干部、“两代表一委员”签订换届风气公开承诺书3400余份，县乡领导干部分级分层开展谈心谈话300余人次，择优选聘50名换届工作监督员。着眼事业发展和领导班子建设需要，配备两年以上乡镇工作经历领导干部67名，选拔11名“五方面人员”进班子，提拔重用脱贫攻坚一线、乡村振兴主战场表现优秀、实绩突出乡镇干部39名。完成党代会、人大、政协“两会”换届选举工作。

【组织建设】 坚持以“基层党建全面提升年”为抓手，扎实推进党建引领基层治理、助推乡村振兴，整顿提升3个软弱涣散村党组织，“一村一案”提升百万移民村党建水平，稳步推进麻黄山乡李塬畔村红色美丽村庄建设，稳妥审慎开展农村发展党员违规违纪问题排查整顿。全面开展“导师帮带制”试点和“六个先锋”示范引领行动，评选勤劳致富、崇文重教等六类先锋示范户4685户，培育村级后备力量535名、致富带头人788名，设立200万元“红色发展资金”，鼓励农村党员带头领办协办创业项目37个。组织开展村级集体经济“百村调研”，全县102个村集体经济经营性收入全部达到10万元以上。坚持和完善向重点村选派驻村第一书记和工作队制度，完成第四轮257人103支驻村工作队选派。

【老干部服务】 组建“红色教育”宣讲团走进机关、进社区、进校园开展宣讲52场次。走访慰问86名离退休干部，发放慰问金7.6万元。落实抗战时期离休干部享受副省级标准报销医疗费待遇，提高所有离休干部生活补贴政策。成立12个志愿服务队，开展保护长城、关爱青少年成长、居民环境整治等志愿服务活动。

【村级活动建设】 坚持把村级组织活动场所规范化建设作为大抓基层、强基固本的重要抓手，突出抓重点、求实效，抓特色、创亮点，着力健全村级组织活动场所建、管、用一体工作机制。坚持办公区域最小化、服务场所最大化、社会效益最优化的原则，全面推行“一室多用”、集体办公，统筹打造党群活动室、文化活动室、文明实践站、妇女儿童之家等功能室，集成党员活动、村民议事、教育培训、便民服务、文体娱乐等综合功能，最大限度方便群众，推动公共资源全民共享。开展门牌精简行动，创新设置“条目式集成活动展牌”，统一展示各类各级颁授、挂牌、设立的标识标牌，同步推动各类上墙制度“下墙成册”，以电子显示屏、宣传手册、制度汇编等形式集中展陈，切实为村级阵地“瘦身减负”。结合推进人居环境整治，对村级活动场所室内外环境卫生全面清理，确保室外院落亮化适宜、花草树木修剪整齐。强化阵地为民的功能定位，建立健全村级组织活动场所日常管理、为民代办、值班值守等工作制度，统一明确计生服务、合作医疗、民政救助等48项村级代办事项所需材料、办理流程和时限要求，推行“小事立即办、大事集体办”和首问负责制，实现为民实事全流程办理。持续强化村级组织活动场所保障机制，逐年加大经费投入力度，102个村的乡村治理专项经费和村级办公经费分别达到10万元和8万元，有力保障村级阵地正常运转。充分发挥村级组织活动场所政治引领、凝聚民心的“磁场”作用，集中改造提升村级闲置房屋资源，因地制宜打造农家书屋、老年饭桌、文化小广场等便民设施。先后开展强农惠农政策宣讲、红色电影下乡、农民文体比赛等活动840场次，覆盖党员群众2.5万余人次。同时，围绕滩羊、肉牛、黄花菜等特色优势产业，依托村级主阵地，大力推进各类农村专业合作社、电商服务站、人才服务站建设，开办高素质农民培育、农业实用技术培训、致富带头人创新创业等专题培训，切实把村级组织活动场所打造为引领发展的前沿阵地和信息交流的集散中心。

【党员中心户】 盐池县不断健全党员中心户“选、育、管、用”工作机制，着力打造凝聚党员、服务群众、推动发展的“红色全科网格”，推动党员攻坚克难在一线、作用发挥在一线。靶向精准选育，凝聚党员服务“强磁场”。按照“政治素质优、带富能力强、群众基础好”的标准，通过党员个人自荐、网格党小组联荐、村党组织推荐等步骤，从基础网格员队伍中择优选拔“理论政策宣讲型、先锋模范榜样型、矛盾纠纷调解型、致富增收带动型”四类党员中心户509户。坚持“因地制宜、易于集中、便于活动”的原则，采取“一联一”“一联多”等形式，组织党员中心户重点联系低保户、残疾户、“三类人口”等重点人群，形成102个村全覆盖、履职能力强的党员全覆盖、农村群众全覆盖的工作格局。细化网格管理，搭建党群关系“超链接”。组织乡镇党委按照“五个一”（一面标识牌、一枚党徽、一份党报党刊、一个活动记录本、一个便民工作包）的标准为党员中心户配备工作所需物品，建立党员中心户“3+1+X”管理模式，即乡镇党委书记、副书记、组织委员每人定点指导1名党员中心户开展工作，安排经验丰富的老党员每人帮带3～5名青年党员中心户，实现压力层层传导、帮带作用有效发挥。将党员中心户管理考核与党员承诺践诺、评星定格等活动融合开展，通过村级“红黑榜”、积分超市和“降星”“摘牌”等方式持续加强正向激励和反向督促，推动党员中心户在网格化管理中亮身份、担责任、做表率。拓展中心内涵，畅通作用发挥“主渠道”。推行“党员群众理论学习有障碍必到、邻里关系不和睦必到、村民生活有困难必到、组织活动有需要必到”的党员中心户“四必到”工作法，构建起党组织和群众双向畅通的信息反馈通道。开设理论学习“微课堂”，先后开展上门送学1070余人次，将“三会一课”主题党日等组织生活搬到党员群众家门口；打造共同富裕“微阵地”，选树“致富增收带动型”党员中心户215名，带动联系群众抱团发展滩羊、黄花、肉牛等特色产业；架设群众安全“防火墙”，疫情防控期间，509名党员中心户分组、包片、联户织密疫情防控网，为精准防控提供重要保障；搭建矛盾化解“先锋站”，采取矛盾隐患必报、存在困难必报、群众呼声必报的“三必报”工作法，收集解决群众“急难愁盼”问题1793件，实现“简单问题不出格、复杂问题不出村、困难问题不出镇”。

【乡村振兴】 盐池县充分整合村级资产、资金、资源，创新“项目联营共建、人才联育共用、利益联结共享”的“三联三共”村企一体化发展模式，助推村级集体经济整体突破、提质增效。项目联营共建，集聚发展动能。以65个扶持壮大村级集体经济项目为重点，通过合股经营、代产分销等形式，引导12个村级集体经济组织与各类产业龙头企业建立发展合作关系，村级重点负责原材料供给、人力物力资源整合、产业基础设施建设，企业重点发挥技术服务支持、产品加工包装、市场化运营等优势，实现集体经济项目精准投放、发展要素集聚生效。如冯记沟乡马儿庄村与中泉农牧科技有限公司合作建设滩羊饲料加工厂，实现年产值近1亿元，每年为村集体增加收入50万元；惠安堡镇惠苑村与融禾公司采取托管代养、定期分红的模式发展万头肉牛养殖项目，带动村集体年创收6万元、入股农户年增收4000元以上。人才联育共用，强化辐射带动。推广“企业+村集体+农业技术人才+农户”发展模式，依托黄花融合产业园、滩羊产业实训基地、全国天然石膏研究中心等产才融合基地，选拔培育农村致富带头人788名、村级后备力量535名，为村级集体经济发展注入新鲜血液。充分发挥企业技术骨干、农村科技特派员等人才优势，通过专题授课、现场指导、线上问答等形式，帮助党员群众破解关键技术、解决瓶颈问题、提供全方位服务。高沙窝镇施记圈村党支部牵头组建滩羊产业联盟，吸引龙头企业、致富带头人和养殖大户广泛参与，先后培训养殖农户150余人次，培育农村实用技术人才8名、致富带头人27名，联合经营的滩羊冷链配送中心以每斤高于市场1.5元的价格从养殖户中收购羊肉180吨，为群众让利达54万余元。2021年，乡、村两级党组织以农广校、企业实训基地、农民田间学校为主阵地，精准培训致富带头人、农业从业人员1000余人次。利益联结共享，推动互促共赢。围绕全县滩羊、肉牛、黄花、牧草等六大重点特色产业发展，通过股份量化、订单收购、技术服务等形式，构建起以盐池滩羊集团、融盐公司等企业为龙头，以102个村党支部领办村集体经济合作社为引领，吸收农民协会、家庭农场、种植养殖大户充分参与的利益联结机制，形成标准化生产、规范化管控、社会化服务、品牌化运营的产业发展格局。同时，持续健全完善村级集体经济组织民主监督、财务公开、收益分配等制度，将村级集体经济收入重点投入医保社保补助、基础设施修复建设、帮扶孤残病贫、环境卫生综合整治等民生工程和公益事业。

【退出领导岗位干部管理】 盐池

县采取多项举措，不断激发退出领导岗位干部担当作为积极性，有效破解退出领导岗位干部监督管理难题。定制度，明确责任主体。坚持“统一领导、分级管理、各司其职、相互配合”的原则，建立组织部管综合、各单位管日常的退出领导岗位干部多维管理机制。制定印发《盐池县加强退出领导岗位干部管理办法(试行)》《关于进一步加强退出领导岗位干部管理的补充通知》，全面堵塞监管漏洞，完善工作举措，明确退出领导岗位干部所在单位管理职责，将退出领导岗位干部管理情况纳入对各单位领导班子建设考核评价内容，结合年度考核、班子运行情况调研和重点工作调研等工作，对退出领导岗位干部纪律作风、作用发挥等情况进行测评考核，并将结果作为单位领导班子年度考核等次评定的重要依据。建平台，突出作用发挥。梳理退出领导岗位干部特点专长、健康状况、工作能力等情况，分类别建立完善信息库，按照“经历相关、业务相近、身体相适、意愿相符”的原则，针对基层党建、乡村振兴、产业发展、巡察监督、重点项目、社会治理、文明创建等重点领域合理设置岗位，依据退出领导岗位干部专业特长，推动履职意愿与岗位深度匹配。先后抽调68名退出领导岗位干部到各类工作专班、议事协调机构等工作，确保退出领导岗位干部有位有为、发挥作用。强保障，注重关怀激励。坚持严管与厚爱结合，约束与激励并重，讲实效、出实招，从畅通晋升渠道、健全保障机制、加大表彰力度入手，引导退出领导岗位干部在改革创新中锐意进取、攻坚克难、担当作为。安排所在部门主要负责人不定期与退出领导岗位干部进行谈心谈话，做到思想上引导、工作上支持，着力推动其重树想干事、能干事、干成事的信心。建立退出领导岗位干部列席重要会议工作机制，研究决策时，做到事前征询、会中先发表意见和事后通报，尊重并鼓励其发挥好决策咨询作用。先后为13名表现突出的退出领导岗位干部晋升职级，就乡村振兴、基层党建等工作及党代会报告、政府工作报告向50余名退出领导岗位干部征求意见。严监管，强化考核问责。建立退出领导岗位干部“负面清单”，对违反工作纪律、表现不佳或干部群众意见较大的退出领导岗位干部，视情节轻重采取批评教育、提醒谈话、组织处理等惩戒手段。统筹协调纪检、编办、财政、人社等职能部门组建联合督查组，常态化开展退出领导岗位干部管理履职情况督查检查，不打招呼、随机抽查、实地暗访，督促各单位严格履行退出领导岗位干部日常管理职责。累计开展常态化督察2轮、随机暗访40余次，下发提醒函、督办函4份。

【公务员考核】 规范考核程序，把住“严”的总基调。严格落实《公务员平时考核实施办法（试行）》规定，组织各部门(单位)按照精准科学、注重实绩、分类实施的原则制定本部门平时考核方案55个，就有关问题及时出台《答复意见》，并举办考核业务培训班，进一步严明考核政策、程序等相关要求，将“严”的总基调贯穿于考核全过程。不断完善“个人有小结、领导有评鉴、集体有测评、结果有反馈、改进有目标”的考核闭环。将领导干部“三评一推优”日常考核与公务员平时考核融合运用，互相补充，建立领导成员和一般干部差异化考核机制，确保公务员日常考核实现全覆盖。定期对各部门(单位)平时考核工作进行督查调研，查漏补缺、校准偏差。突出实绩导向，把住“实”的总要求。坚持“考德”与“考才”相结合，将政治素质考核挺在前面，不断探索完善公务员政治素质的评价标准和考核方法，将党史学习教育、组织生活表现等纳入政治考核指标。坚持实绩导向，统筹运用“好”等次指标，在控总量的基础上，将“好”等次指标向乡镇和完成经济社会发展、疫情防控、乡村振兴等重点工作上表现突出、成绩优异的部门（单位）倾斜，提高其“好”等次比例，并适当给予公务员基数少的部门一定照顾，充分调动各部门（单位）和公务员的积极性。坚持“定性”与“定量”相结合，针对不同岗位和层级的公务员，动态量化指标，将公务员完成工作的数量、质量及承担急难险重任务、处理复杂问题、应对重大考验时的表现纳入考核指标，逐步建立注重实绩、务实管用的考核指标体系。探索建立多元主体考评机制，根据工作性质，部分岗位将服务对象、辖区群众评鉴意见作为考核指标，有效破解关起门来考核的问题。强化结果运用，把住“用”的总目标。将平时考核与年度考核紧密结合，年度考核优秀公务员必须从平时考核好等次多的公务员中推荐，平时考核开展好的单位年度考核优秀比例可提高18%。通过平时考核、年度考核，给予56名公务员记三等功，332名公务员给予嘉奖，共发放奖励资金66.6万元。建立公务员平时考核档案，在干部选拔任用、职级晋升时必查和考核结果，通过平时考核、专项考核，发现储备优秀年轻干部277人，对在平时考核中一贯表现优秀、领导评价和群众认可度高、工作绩效突出的60名公务员提拔重用或晋升职级。

【人才队伍建设】 全力抓好本土人才培养和人才柔性引进两项重点工作，制定出台柔性引才、本土人才培育措施办法、人才引进和培养激励办法十条，围绕滩羊、黄花、石膏等特色产业和医疗卫生、教育等重点领域引进人才100余名，7个柔性引进人才和11个本土人才培育项目落地见效，组织县、乡、村150余名干部到福建石狮市学理念、学方法、拓思路，积极举办农村实用人才、创新创业各类培训、大赛32场次，培训3000余人。围绕滩羊、黄花、石膏等重点特色产业，大力开展“产业+人才”行动，加快实施“以产聚才、以才兴产、产才互融”的人才振兴战略，推进产才融合，共同振兴。育强本土人才，提升发展水平。围绕全面推进乡村振兴大力培养乡村人才。在滩羊集团、黄花融合产业园打造2个农村实用人才培训基地，培育滩羊、黄花菜种植养殖大户和专业合作社负责人380余人，切实提升人才服务产业发展能力和水平。充分发挥县域13所农民田间学校作用，大力实施“新型职业农民素质提升工程”，累计培育高素质农民420人。在王乐井等乡镇建立3个乡村党校，定期邀请人员围绕电子商务、特色种植养殖以及村集体经济经营管理等开展专题培训和技术指导，培养滩羊养殖、电商运营等技能人才300余名。举办职业技能人才、全域旅游等各类培训班40余期，累计培训5000余人次。农村实用人才领办合作社、村集体经济40余家，102个行政村集体经济收入均突破10万元。精准靶向引才，助力产业发展。制定出台柔性人才引进实施办法、人才引进和激励办法十条等引才聚才优惠待遇政策，创新县乡两级人才引进工作机制，先后大力引进教育、医疗卫生、文化旅游等重要领域及六大重点特色产业急需紧缺人才122名，为产业发展注入源头活水，王乐井乡、高沙窝镇有针对性引进乡村振兴规划、电商运营、滩羊养殖等人才。开展全县特色产业人才调研，建立产业急需紧缺专业和紧缺人才两个目录，柔性引进滩羊、石膏深加工等产业专家学者47人、福建省专业技术人才21人。围绕滩羊、石膏产业引进马青科研团队8人、袁鸿文专家团队6人开展高档产品研发。搭建创新平台，凝聚人才智慧。围绕滩羊、黄花、石膏等特色优质产业，建设盐池滩羊产业研究院、盐池县黄花产业融合园、全国天然石膏研究中心等多个产才融合基地和创新平台，在产业强链补链上下功夫。与中科院、北京林业大学等院所共建“宁夏生态草牧业工程技术研究中心”；挂牌成立了北京大学考古文博学院盐池基地暨宁夏文物考古研究所盐池工作站；举办第四届吴忠黄花菜产业发展高峰论坛暨产销对接大会,邀请国内专家学者、企业代表等各类人才200余名；协办第七届宁夏“互联网+”大学生创新创业大赛,推动与6个机关、学校和4家企业围绕黄花产业发展、电子商务等签订10个优秀项目。

宣传工作

【党史学习教育】 深学细研学党史，充分发挥各级领导干部以上率下作用,举办各类读书班、培训班、专题学习、研讨5724班次,创新开通了“云课堂”“传统课堂”“流动课堂”“基地课堂”四大课堂，开展知识竞赛等系列活动近千场次。组织“五老”宣讲团、“809000”宣讲团等,开展评书讲学、云端讲史等宣讲活动,推出微评书30回,推送《难忘岁月 珍贵收藏》《红色小广播》等专题栏目267期。“移动大讲堂”“墙根宣讲”等五大宣讲品牌被评为“吴忠市优秀宣讲品牌”。学史力行暖民心,扎实开展“我为群众办实事”实践活动,推动为民办实事1791件。红色基因遗传人,充分挖掘红军78师解放盐池等红色资源,建立红色资源数据库，确定红色革命遗址遗迹24处，其中15处入选自治区革命文物名录，入选自治区党史学习教育参观点3处，革命历史纪念园入选全国首批党性教育基地网上展馆,392套899件革命文物列入自治区第一批革命文物名录,开辟了3条“红色研学线路”。推出“用好红色资源 赓续红色血脉”系列故事展播,展陈精品文艺创作、云赏非遗项目等22期,创排《王贵与李香香》等红色文艺精品17部,举办了“永远跟党走”群众性文艺晚会等系列活动145次。

【理论武装】 将习近平总书记重要讲话精神作为理论学习中心组学习的第一议题和常设议题,广泛应用“学习强国”学习平台等线上平台,强化中心组成员巡听、基层代表旁听、督导组督学力度,促进学习成效。举办理论中心组学习548场次,交流研讨550人次。盐池县“学习强国”学习平台宣传推广工作荣获“吴忠市宣传推广先进集体”。

【意识形态安全】 坚持将落实意识形态责任制作为县委巡察工作重要内容,对46个党委(党组)开展巡察检查，进一步压紧压实责任。紧盯盐池县解放85周年、中国共产党成立100周年、党的十九届六中全会等重要时间节点，先后召开分析研判会、培训会等10次。深入开展“清源”“固边”“净网”“护苗”“秋风”五大专项行动,定期对全县215家网站、网络平台等重点领域进行巡查,对117个错误表述信息及时监督整改,立案查处6种(共9本)非法出版物。

【舆论宣传】 依托“一台两微一抖一网”五大发布平台，开设了“强美富优”大家谈等专题专栏46个,实现“一次采集、多元生成、多平台发布”格局,深入推动媒体融合发展。刊发各类新闻稿件20083篇,“百万+”稿件150篇,较2020年提升了44%。

【精神文明建设】 全国文明城市创建工作全面推进。设立“一办四督十七组”，创新实行“三色”督办、“两旗”考核、网格管理“三大机制”,做到规划设计、人员机构、基础保障、经费保障“四个到位”;城市基础设施建设、公共服务能力、居民文化素养、社会文明程度全面提升。群众性精神文明建设全面深化。修订《盐池县群众性精神文明创建工作管理办法》和测评体系,创建各级文明单位、村镇(社区)、校园、家庭52个,评选优秀红白理事会、移风易俗先进村镇、示范户194个,盐池县被评为自治区移风易俗先进县，县文明办被评为全区精神文明建设先进集体。新时代文明实践工作全面拓展。紧盯“凝聚群众、引导群众,以文化人、成风化俗”目标,成立了新时代文明实践指导中心,落实机构和人员编制。精准对接群众需求,实施“2+4+N”工作机制:

设立“雷锋超市”和“志愿服务站点”2个便民服务点，形成群众“点单”，文明实践中心（所、站）“派单”，志愿服务队“接单”，群众“评单”的“4单模式”，每月制定新时代文明实践活动菜单提供N项志愿服务，构建文明实践志愿服务工作体系，做强志愿服务主力军，打造特色品牌，创建全国及区、市爱国主义教育基地9家，文明实践基地16个，解决群众“微心愿”清单892件，以“群众点菜、政府买单”方式实施“民生微实事”项目41个。未成年人思想道德建设全面加强。集中开展师德师风建设专项行动，发挥“新时代好少年”的示范带动作用，深入开展“童心向党”教育实践、“红心向党”故事比赛、“十万家庭学礼仪”等主题教育活动500场次，让未成年人在积极健康向上的氛围中形成良好道德品质。

纪委监委

【党史学习教育】 党史学习教育扎实开展。把党史学习教育作为贯穿全年的重大政治任务，贯通学习领会习近平总书记关于党史学习教育重要指示批示精神和“七一”重要讲话精神，读原著、学原文、悟原理，开展交流研讨11次，4批次参观革命纪念馆、观看党史题材影视作品，传承伟大建党精神，赓续红色基因血脉。用心用情开展“我为群众办实事”实践活动，切实把学习成果转化为密切联系群众的实际成效。政治理论学习不断深化。常委会始终把学习习近平新时代中国特色社会主义思想作为首要政治任务，深化纪委常委会“第一议题”学习制度，以常委会引领学，带动干部主动学习新时代党的创新理论，先后组织中心组理论学习16次，参加区市县组织的专题学习班9次，形成调研报告11篇，《中国纪检监察报》、中央纪委国家监委网站刊登有关工作经验2篇，《推动村（社区）“提级监督”试点工作调研报告》被自治区党委通报转发，网络信息宣传工作名列全区纪检监察系统前茅。同时，把督促学习宣传贯彻习近平新时代中国特色社会主义思想作为日常监督、派驻监督、巡察监督的首要内容。

【政治监督】 先后5批次对贯彻新发展理念、实现高质量发展以及建设黄河流域生态保护和高质量发展先行区建设等重大部署落实情况进行监督检查，做到党中央重大决策部署到哪里、政治监督就跟进到哪里。坚决扛起疫情防控政治责任，对全县各登记点、检测点、商超、企业等实施多轮次监督检查，督促整改问题128个。紧盯“一把手”等“关键少数”，约谈乡镇（部门）“一把手”及班子成员18人。协助职责认真履行。坚持党对纪检监察工作绝对领导，坚持重大事项、重要案件请示汇报制度，先后向县委常委会提请研究党风廉政建设议题15次，协助县委制定作风建设“十个严禁”，对2021年度全县全面从严治党、党风廉政建设和反腐败斗争年度任务进行分工并督促落实，开展监督检查3批次，查处落实“两个责任”不力问题9件，处理11人。

【反腐斗争】 坚持“严”的主基调。围绕县委、县政府中心工作，聚焦政策支持力度大、资源富集、资金密集的重点领域，坚决查处基础设施、乡村振兴、矿产资源开发等方面的腐败问题，立案40件45人，组织处理110人，处分41人，反腐败由惩治“极少数”向管住“大多数”不断巩固拓展。做实“改”的大文章。扎实推进以案促治、以案促改、以案促建案件查办“后半篇文章”，发出《纪律检查建议》《监察建议》32份，督促整改问题32个，建章立制16项，查办案件警示一片、治理一域的警示教育效果有效发挥。推进“教”的常态化。构建以县廉政警示教育基地为主阵地，各乡镇民风教育基地、新时代文明实践中心为辅助的廉政教育新格局，扎实开展清廉“七进”活动，开展廉洁家风教育，建立旁听庭审机制，4400

余名党员干部接受廉政教育，对65名新提拔领导干部及家属进行集体廉政谈话。

【作风建设】 以落实中央八项规定精神、自治区党委“八条禁令”和县委“十个严禁”为抓手，持续对各级各部门纪律作风问题进行明察暗访、监督检查，督促整改问题90个，不断释放越往后执纪越严的强烈信号。创新手机漫画说纪、微型视频释纪、廉政文化明纪方式方法，围绕治理升学宴、严肃换届纪律等发送手机彩信廉政漫画13期，制作酒驾醉驾警示教育片1部，在县委党校打造廉政文化长廊1条，以“润物细无声”的形式，让纪律作风“飞入寻常百姓家”。强化源头治理和制度建设，集中整治“包装式”“一刀切式”落实，查处形式主义官僚主义问题11件，问责33人。坚决抵制“指尖上的形式主义”，对全县内容重复、交叉的2个移动互联网应用程序进行合并，解散76个不再发挥作用的“僵尸群”，全县发文和会议数量分别同比缩减31%和5%，全面完成“只减不增”的目标任务。

【专项治理】 全力护航乡村振兴战略。将全县乡村振兴示范点确定为纪检监察干部监督联系点，为102个村新调整“两委”班子发放《党内重要法规规定制度摘编》等“口袋书”400余册，组织百余名新当选村“两委”班子集中开展廉政警示教育，切实上好任前“第一课”。紧盯民生项目资金申报、审批、发放环节，强化监督检查，查处涉农领域问题6件，处理11人，处理群众身边腐败和不正之风38人，使群众的获得感成色更足、更可持续、更有保障。全力维护公平透明市场秩序。以工程建设政府采购等重点领域突出问题专项治理为抓手，在维护公开、透明的市场环境上下功夫，排查工程建设和政府采购领域项目662个，发现问题2645个，全部完成对标销号；移交行政监管部门处罚项目70个，罚款26000元；查处问题线索55件，立案5件，取保候审5人，处理36人，通报1人，专项治理工作取得预期成效。全力保障社会公平正义。围绕让人民群众在每一起案件中都能感受到公平正义目标，聚焦政法队伍教育整顿，强化执纪执法，受理政法队伍教育整顿问题线索27件，立案13件18人，组织处理14人，处分15人，66名政法干警主动向组织说明问题。20件中央及区市教整办督办件全部保质保量、按期办结。

【从严治党】 做深做实监督职责。聚焦“关键少数”，聚焦“两个责任”落实，聚焦重大决策部署，强化监督、跟进监督、全程监督，反馈监督检查意见167份，相关部门约谈提醒560人次，让习惯在接受监督和约束的环境中工作成为常态。针对县乡换届选举，认真做好廉政意见回复工作，累计审查回复廉政意见10196人次，严把选人用人廉洁关。实事求是运用“四种形态”。坚持实事求是、综合考量、程序正义，准确妥善运用“四种形态”，稳慎积极做好“四种形态”转化，让“红红脸、出出汗”成为常态，党纪处分、组织调整成为管党治党的重要手段。全年运用“四种形态”批评教育帮助和处理256人次，其中第一种形态占83.4%、第二种形态占12.08%、第三种形态占0.75%、第四种形态占3.77%。严管厚爱激励担当。始终把细致入微的思想政治工作贯穿于执纪执法全过程，落实容错纠错机制，做到“三个区分开来”，回访教育受处分人员31名，对1名受诬告领导干部进行澄清正名。

【队伍建设】 以政治建设锤炼忠诚品格。加强纪委常委会自身建设，建立党纪一刻钟学习、常委会纪要会签等机制，完善中心组学习制度，严格执行民主集中制，严格落实意识形态工作责任制，着力打造讲政治、顾大局、谋发展、重自强的领导班子。以全员培训提升担当能力。深入开展纪检监察系统作风整治，采取“走出去”与“请进来”相结合，委派9名干部参加中央纪委组织的业务培训，委派5名干部到上级纪委监委（巡视办）跟案培训，举办全县纪检监察干部业务培训班，推行“师傅带徒弟”，开展周三纪法业务知识“夜读”研讨活动。创新“室组乡”一体联动、全员办案等机制，盘活办案力量，形成攥指成拳效应。以自我监督永葆干净本色。修订完善公务用车、财务管理等内控制度，为全县纪检监察干部建立完善廉政“活页档案”，开展干部家访活动，探索纪检监察干部婚丧嫁娶、外出报备、提醒谈话、“八小时”外监管等机制。

统一战线工作

【民族团结】 深入开展民族团结进步教育“十进”活动，研究下发了《关于落实全县开展“讲好民族团结故事、唱响中国共产党好”主题活动分工方案》等3个规范性文件。2021年，盐池县税务局、大水坑镇、振兴社区争创区级民族团结进步创建示范单位，创建县级民族团结进步创建示范单位50个。开展了民族团结进步创建县级单位互观互检互评活动，推动民族团结进步创建晋位升级。打造“一广场、两基地”，创新思路在盐池县城南打造全县首个“民族团结进步”主题广场，为促进民族团结进步发挥积极作用；在花马池镇南苑新村打造“铸牢中华民族共同体意识”实践基地，提升民族团结进步创建工作水平；在盐池三小打造“石榴园”民族团结教育基地，将民族团结的理念融入学生教育之中，把爱我中华的种子埋入每个孩子的心灵深处。扎实推进“民族团结进步月”系列活动，开展全县领导干部民族宗教理论知识和业务能力培训班、民族团结知识竞赛、演讲比赛、主题征文等系列活动，编印发放统一战线工作宣传手册2000本。

【乡村振兴】 探索民族团结进步创建助推乡村振兴的新路径，争取国家民族团结专项经费并根据群众养殖产业需求，立足本县地域优势，打造共同发展养殖产业链，加强各族群众之间生产信息互通和产业精准对接。筹集资金建设苦水村养殖园区，实现人畜分离，切实改善当地居民生产生活条件；支持南苑新村特色采摘，探索提升村级组织自我“造血功能”；支持回六庄村食品加工产业，解决当地就业问题。

【统战活动】 集中开展党外知识分子和新的社会阶层人士调查摸底工作，建立信息库。针对中小微企业技术人才短缺难题，在全县开展中小微企业经营管理人才调查摸底，建立企业人才信息库，为下一步加强中小微企业人才教育管理提供基础性依据。组织开展了党外人士看盐池活动和书法摄影绘画美术作用展，多角度展现广大党外人士饱满的创作热情、进取的时代精神。

巡察工作

【组织领导】 先后召开县委常委会会议、书记专题会、领导小组会等14次，传达学习中央和区市党委巡视巡察相关会议文件精神、研究巡察相关议题33个。盐池县委坚决落实巡察工作主体责任，把巡察作为管党治党的重要任务、重要载体来抓，并纳入县委年度工作要点，科学制定巡察工作五年规划。由县委书记担任巡察工作领导小组组长，加强统筹协调，把县委常委会会议、书记专题会直接听取每轮巡察、年度巡察情况汇报、党委书记和领导小组约谈被巡察党组织主要负责人作为“加压泵”，全面从严治党不断向纵深推进。五年以来，先后召开县委常委会会议等会议70余次，研究巡察相关议题160余个，提醒约谈被巡察党组织主要负责人21人次。坚持有形覆盖和有效覆盖相统一，聚焦巩固脱贫攻坚成果同乡村振兴有效衔接、巩固拓展疫情防控和经济社会发展成果、建设黄河流域生态保护和高质量发展先行区等重大决策部署落实和巡视巡察反馈问题整改情况,为“十四五”开好局起好步提供坚强监督保障。

【专项检查】 先后对农业农村局、交通局等8个单位党组织开展巡察“回头看”,对发改局(盐池县粮食和物资储备局)、盐池县粮油储备营销有限公司开展涉粮问题专项巡察,其间累计发现问题92条,移交立行立改问题207条。截至2021年12月底,盐池县委累计开展巡察17轮(其中,常规巡察11轮,脱贫攻坚专项巡察5轮,涉粮问题专项巡察1轮),覆盖9个乡镇(街道)、49个部门(单位)、2个县属国有企业,1个涉粮企业,延伸巡察村(社区)119个,累计发现问题1653条(其中延伸巡察村741条),移交问题线索79件,给予党纪政务处分37人,处理97人次,追缴违规资金和挽回经济损失77余万元,督促被巡察党组织和相关职能部门建立健全制度机制700余项,全面完成了一届任期内巡察全覆盖任务。

【巡查监督】 把推动巡察监督与其他监督贯通衔接作为巡察高质量发展的“新动能”。探索巡驻“三联三促”工作机制,抽调派驻纪检监察干部参加巡察工作,建立派驻机构和巡察机构统筹协调制度机制,强化巡察全过程信息互通,发挥派驻纪检监察组“驻”的优势,对驻在及归口监督单位巡察整改情况进行全面跟踪,督促剖析原因、建章立制、堵塞漏洞,推动巡察整改常态化、长效化。加强全过程贯通融合,全年开展的3轮巡察中,累计向纪委监委征求相关问题和线索近百件,抽调4名纪检监察干部参加巡察工作,向纪委监委和相关派驻纪检监察组移交、通报问题650余条。把加强党建引领作为推动巡察工作的“强引擎”。巡察机构以党史学习教育为契机,将党建与巡察工作有机结合,坚持把支部建在组上,充分发挥支部战斗堡垒作用,组织全体干部开展专题交流研讨,引导巡察干部自觉用党的创新理论武装头脑、推动实践、促进工作,着力发现和推动解决群众身边的腐败问题、不正之风及“急难愁盼”问题。扎实开展“我为群众办实事”实践活动,先后为群众办实事4件。强化巡前联动,从纪检、巡察、财政、农业农村、审计、市场监管等部门抽调11人组成县委涉粮问题专项巡察组,委派3人到自治区参加涉粮问题专项巡视巡察业务培训班,8人到吴忠市参加巡视巡察信息系统培训。强化巡中联动,于10月15日进驻盐池县发展和改革局(盐池县粮食和物资储备局)、盐池县粮油储备营销有限公司开展涉粮问题专项巡察,紧盯业务主管监管部门贯彻落实粮食安全政策和监管责任情况、国有粮食企业权力监督机制落实情况加强监督检查,配合吴忠市委涉粮问题交叉巡察组了解盐池县委、县政府落实粮食安全属地管理主体责任情况,通过专题座谈会、下沉走访调研、开展联合主题党日等活动,加强巡察信息、资源、成果共享共用,推动县级巡察与上级巡视巡察同向发力、同频共振。

【整改落实】 坚持“纪检+组织+巡察”联合反馈、领导小组听取整改进展情况和提醒约谈机制,全面压实整改主体责任和第一责任人责任。先后听取23家单位整改进展情况,并对整改工作旗帜鲜明提出意见,层层传导责任压力,有效防止责任虚化空转。对前14轮巡察发现的1561条问题进行分类梳理,总结提炼出以22条“共性问题”、13条整改落实中“易发问题”、48条“个性问题”为主要内容的3个“负面清单”,印发通知要求全县各单位深刻剖析,举一反三,真正把巡察整改工作融入日常,抓在经常,做在常常。建立巡察情况“三向通报”机制,会同纪检、组织部门成立联合督查组,加大督查回访力度。2021年,县委累计反馈问题129条,已完成整改123条,督促被巡察单位和相关职能部门建立完善制度机制210余项,巡察利剑标本兼治作用有效发挥。

【自身建设】 加强巡察机构队伍建设。举办巡前培训3次，参加中央巡视指导督导专题培训4场次，到区市“以会代培” 23人次，参加自治区党委巡视组“以干代训”6人次，其间3人次获优秀等次，邀请市委巡察办副主任开展专题辅导1场次，累计参训人员200余人次。加强巡察制度化建设。修订完善《盐池县委巡察工作制度汇编》《县委巡察工作实用模板手册》《县委巡察干部培训资料》等制度规定，县委巡察工作制度化水平进一步提升。加强巡察信息化建设。落实金纪三期巡视巡察信息系统推广部署会精神，梳理汇总十四届县委巡察工作信息数据，已完成一届县委全部信息录入工作。坚持把规范化建设摆在突出位置，初步建成以主体框架、实务操作、协调协作、自身建设4大类30项制度为主要内容的巡察制度体系，编制县委巡察工作规程，做到依规依纪依法，精准高质有效。建立反馈意见“三向通报”、整改情况“五维联审”、提醒约谈等工作机制，绘制《县委巡察反馈、整改工作流程图》，编制《县委巡察整改工作指引》。

政策研究

【理论学习】 坚持把思想政治建设摆在首位，结合党史学习教育，强化学做并举，着力打造模范机关。着力强化理论武装。坚持把习近平新时代中国特色社会主义思想作为强化理论武装“第一议题”，通过组织研讨专题学、强化自觉主动学等形式，深入学习贯彻习近平总书记视察宁夏重要讲话和“七一”重要讲话精神，系统学习党史学习教育“四本”资料，巩固深化“不忘初心、牢记使命”主题教育成果，抓好党史学习教育，引导机关党员干部自觉做到政治上绝对可靠，带头践行“两个维护”。狠抓党支部建设。认真制定“让党中央放心、让人民群众满意”模范机关创建工作方案和党支部书记年度抓基层党建“四个清单”，强化工作责任。落实机关党建“九项基本制度规定”和“党支部规范化建设十二条标准”，对机关党员活动阵地进行了规范化建设，发展入党积极分子1名。结合开展“为民办实事”活动和创建全国文明城市，认真组织在职党员到共建社区开展“双报到双服务”活动，先后筹资8000余元向振兴社区枕馨苑小区配备完善相关基础设施，定期开展志愿服务活动。加强党风廉政建设和意识形态教育。落实领导班子成员“一书三册”填写填报工作，执行提醒约谈制度，执行“三重一大”制度。定期研究部署意识形态领域工作，健全意识形态领域风险研判机制。同时，依据全县网络安全工作责任制检查考核细则，围绕国产化替代推进等方面，开展2021年网络安全自查工作。加强微信工作群管理，对单位组建的工作群严格实行实名制管理。执行“三校三审”制度，进一步压实微信公众号“盐州政研”发布各个环节责任，推送各类信息152条。

【决策服务】 调查研究成果不断丰富。制定年度重点调研课题，围绕全县经济社会发展重大问题，超前谋划，深入调研，先后开展了发展壮大村级集体经济、水资源高效利用、盐同红集中连片区脱贫攻坚与乡村振兴有效衔接、高效节水灌溉、“四权改革”、四大提升行动等方面的调查研究工作，形成高质量调研报告6篇。部分调研报告、理论文章在区市得到了广泛推广，其中，自治区党委机关刊物《共产党人》刊登4篇；《宁夏工作研究》和《吴忠工作研究》刊登12篇。文稿服务质量不断提高。坚持把做好文稿服务作为提升政研工作的突破口，注重研究领导的关注重点，意图想法和文件批示，不断提高文稿服务水平。先后牵头并协助起草《盐池县2021年全面深化改革工作要点》《盐池县委办公室 人民政府办公室关于印发用水权、土地权、排污权、山林权“四权”改革实施意见的通知》等多个政策性文件。效能目标考核不断优化。根据自治区党委全面深化改革委员会办公室《2021年度自治区效能目标管理考核方案》和《2021年全面深化改革考核赋分细则》要求，结合盐池县年度改革要点，围绕“四权”改革、贯彻落实中央和自治区党委研究部署改革任务台账等考核重点，制定出台了《盐池县2021年度全面深化改革工作考核赋分细则》，及时收集各类资料，提前筹备年度考核各项工作。同时，精心组织好盐池县2021年度乡镇效能目标管理责任制考核工作。

【推进改革】 改革要点任务亮点突出。制定了《盐池县2021年全面深化改革工作要点》《盐池县2021年改革任务推进计划表》，出台了《盐池县2021年县级领导领衔督察重点改革任务计划》。全年确定的27项改革任务正在扎实有效推进，已完成11项，正在有序推进16项，其中综合医改、高效节水灌溉、“四权”改革等重点领域和关键环节上取得了一定成效。盐池县代表宁夏接受国务院医改领导小组秘书处对盐池县综合医改的阶段性工作进行总结评估。全国农业水价综合改革现场会在盐池县举行，并获全国水利扶贫先进集体和“全国第四批节水型社会建设达标县”称号。成功创建全国“四好农村公路示范县”。落实自治区督查调研问题清单整改成效明显。县委改革办按照自治区和县委要求，组织召开深改委会议、专题会议，对重要改革任务整改落实工作进行了安排部署。制定下发了《关于切实抓好自治区改革任务整改落实工作的通知》（盐改办发〔2021〕1号），对照“自治区党委督查调研通报反映的问题和清单”建立了4本台账，为做好整改工作打实基础。根据各级各部门对2014年以来中央、区、县下发的改革文件上报落实情况进行了系统梳理，共梳理涉及中央改革方案217个，自治区改革方案101个，盐池县对应出台改革方案93个。对照工作台账和任务清单梳理出的改革事项，逐项对应制定针对性整改措施，着力推动未开展事项落地实施、进展缓慢事项提标加速。根据台账建立情况，针对认领和自查的132个问题，明确了9个改革专项小组和38个主责单位职责，建立台账，做到一项一项研究、一条一条推进，形成上下联动、条块结合的工作推进机制，确保每一项改革整改任务落地落实。103项改革任务已完成整改，29项改革任务正在推进，6项改革任务需长期坚持。“四权”改革稳步推进。盐池县始终把“四权”改革作为一项重大政治任务，先后8次召开工作会议，成立4个专项领导小组，建立领导主抓、部门包抓、专班专抓工作机制。科学编制印发“四权”改革实施方案，全面建立“四权”改革台账基础台账和任务清单，明确时间表、路线图，进一步细化落实改革责任。用水权方面，全面完成用水权确权（扬黄灌区32.05万亩，机井灌区14.2万亩），颁发水资源使用权证8本，签订确权协议81份，核发石油、煤炭企业取水许可证19本。土地权方面，高质量完成3.8万户187.8万亩承包地的确权登记颁证，确权率、颁证率均实现100%，整合完成9300亩新增耕地纳入交易平台，实现土地与资本互换增值。排污权方面，开展确权核算培训8场次，核定初始排污权、可交易排污权、新增排污权的排污单位67家。山林权方面，林权登记、规范林权流转全面开展，完成330.8万亩集体林地确权发证，实现山林权确权登记全域覆盖。创新鼓励金融机构开展山林权抵押融资，办理山林权抵押贷款91.8万元。

【办刊创新】 着力办好《盐池工作研究》《盐池改革动态》机关刊物，突出刊物的政治性，不断规范办刊要求，提升刊物质量，较好发挥了刊物的学习研究、理论宣传和政策指导作用。突出党刊工作定位。紧紧围绕县委决策部署和全县工作大局，超前谋划栏目设置和文稿重点，先后就学习贯彻党的十九届五中全会精神、深入学习贯彻习近平总书记“七一”重要讲话精神、党史学习教育、创建全国文明县城等专题，开设特色专栏，充分体现“党刊姓党”的特点。2021年，刊发《盐池工作研究》6期，共刊登各类稿件60篇、图片和书法绘画20张。同时高效运营《盐州政研》微信公众号，开设多个专栏，同步推送《盐池工作研究》《盐池改革动态》电子版至公众号。推进办刊工作创新。明确专人全面负责刊物的选稿、统稿、照片和特色栏目的设置，确保稿件从收稿到编辑、从校对到核稿、从印发到发行，都能体现特色，规范运行。同时，建立信息报送制度，定期、不定期上报信息稿件，进一步拓宽稿源。围绕全县各项改革任务，反映本部门在全面深化改革中的亮点特点和最新改革动态，编印了《盐池改革动态》专刊8期，供各部门交流借鉴，并将改革亮点推送至区市。从严把好刊物的政治关、质量关，确保每篇稿件都能出思想、摆观点、有深度，使县委决策部署和重点工作能够通过党刊传播到基层干部群众当中，起到了宣传喉舌的作用。

党史研究与方志编纂

【党史学习教育】 党史研究室始终坚持习近平同志党中央核心、全党的核心地位，始终坚持习近平新时代中国特色社会主义思想的指导地位。坚持党史研究和地方志编纂部门是党的机关、政治机关的政治属性，增强“四个意识”，坚定“四个自信”，做到“两个维护”，坚决拥护“两个确立”，把握正确政治方向，提高党员干部的政治意识和政治能力。开展“我为群众办实事”活动，为李塬畔革命旧址捐赠图书40册、书画作品40余件；为法院、档案局、机关党工委讲党课3次。对接花园社区，耐心引导群众，小到教老百姓如何运用电子医保、清理楼道卫生，大到和社区联系修缮楼檐，让百姓在小事中感受温暖，在大事中提升幸福指数。

【方志编纂】 编辑出版《盐池年鉴(2020)》、启动实施《盐池年鉴(2021)》编辑；完成《历任盐池县四套班子领导名录》整理印刷；启动《盐池县环境保护和林业志》《盐池县供销社志》编辑；指导《盐池县土地志》《新桥村史》编辑撰稿。协助自治区社科院古籍办公室对全县古籍、家谱进行普查。完成《纪录小康工程——盐池县扶贫开发大事记（1982—2020)》资料整理上报；完成《宁夏脱贫攻坚口述史(盐池篇)》稿件整理上报；主持、参与编辑并完成《盐池县扶贫开发志》、《中国脱贫攻坚·盐池故事》(中宣部2020年主题出版重点出版物、中国脱贫攻坚故事丛书)、《盐池内源脱贫样本》(国务院扶贫办组织编写，新时代中国县域脱贫攻坚研究丛书）资料信息上报。“盐池方志”公众号于1月12日上线，已刊发盐池革命故事27篇。

【党史研究】 参与《盐池县红色革命故事100篇》编辑印刷；参与李塬畔革命史馆、唐平庄革命史馆史料整理和规划审定；撰写《红色盐池——传承延安精神，赓续精神血脉》党史理论文章参加自治区党委宣传部庆祝中国共产党成立100周年理论征文（获吴忠市庆祝中国共产党成立100周年理论征文一等奖)；先后完成《盐池县在陕甘宁边区的历史地位和重要贡献》《红色盐池——延安精神的重要践行地》等党课课件，按照县委宣传部统一宣讲要求为县直机关各支部党员干部进行专题宣讲。协助《共产党人》杂志采写《踊跃支前:边区人民一片赤诚向延安》《盐池：那一面永远飘扬的旗帜》2篇革命历史题材文章提供史料支持。配合宁夏电视台完成自治区党委宣传部建党100周年4集电视专题片盐池专集拍摄；配合宁夏卫视完成盐池革命历史专题片一集；配合吴忠电视台完成《奋斗百年路　启航新征程——盐池县:红色精神永传承》专访；配合宁夏《华兴时报》记者完成“百年奋斗路——信天游在盐池唱出红色经典”专题报道等。

机构编制

【机构改革】 做好机构改革运行情况调研评估。组织自然资源、应急管理等重点部门对职责运行情况进行自查，持续跟踪部门职责运行情况，了解掌握部门运行存在的问题，如实总结报告，积极解决改革后个别部门存在的上下衔接不畅等实际问题。深化权力清单动态管理工作。做好乡镇（街道）权力清单和属地管理事项清单制定完善工作。厘清乡镇和街道职责权限、乡镇与部门权责边界，对照自治区《乡镇（街道）权力清单指导目录》和《县乡“属地管理”事项主体责任和配合责任清单指导目录》，调整规范《盐池县乡镇（街道）权力清单》，保留行政职权事项101项；梳理《盐池县县乡“属地管理”事项主体责任和配合责任清单》事项40项。继续做好政府部门权力清单规范工作。结合部门职责调整和自治区政府部门权力清单指导目录重新修订，完善政府部门权力清单，保留行政职权事项3478项。

【重点领域改革】 调整扶贫工作机构设置。按照中央和自治区的决策部署，稳步推进乡村振兴，调整县扶贫工作机构设置，将县扶贫开发办公室重组为盐池县乡村振兴局，为盐池县政府工作部门，由盐池县农业农村局统一领导和管理，主要负责巩固拓展脱贫攻坚成果、统筹推进实施乡村振兴战略有关具体工作。推进基层整合审批服务执法力量改革。以完善基层治理体制机制为目标，坚持优化协同高效为原则，突出党建引领，优化机构设置，合理配置编制，理顺条块关系，推动治理重心下移，提升乡镇（街道）治理能力。坚持“条块结合”，统筹优化乡镇、街道机构设置和职能配置，在乡镇新设党政机构5个、事业单位4个，街道设党政机构4个、事业单位3个，名称按照自治区统一规范命名，明确了各乡镇、街道内设党政机构及事业单位职能职责，建立健全“一对多”“多对一”的工作机制。调整规范派驻站所管理体制，推动治理重心下移。将部门派驻乡镇的原国土资源所、林业区域站、水利区域站、农业服务中心20个站所的138名编制整合下放到乡镇，调剂10名事业编制到街道办事处，划转人员132名，充实加强基层一线力量。统筹督促相关牵头部门完善基层审批服务体系、推进基层综合行政执法改革、实行“多网合一”、推进基层减负增效，完成各项改革任务。落实行政复议体制改革涉及机构编制事项相关工作。规范行政复议职责实施主体；给县司法局核增政法专项编制1名，用于加强依法治县、行政复议工作力量。

【机构编制管理】 以“三定”规定和核定领导职数的文件为依据，建立完善全县领导职数管理台账，做好填报、更新、上报工作，为干部人事工作和机构编制管理提供依据和支撑。做好编外人员专项调查统计，并将统计数据录入“编外人员统计系统”。完成2021年招录计划审核。对全县行政和事业单位实有人员和空编进行摸底统计，结合各部门实际和工作需要，确定计划招录公务员名额28个、选调生名额9个，事业单位名额71个，社区警务中心名额4个，特岗教师名额50个，为全县各部门提供人员编制保障。动态调整机构编制。核减收回盐池县草原实验站等单位全额预算事业空编14名，给县红十字会核增全额预算事业编制2名。将盐池县应急管理保障中心1名人员连人带编划入盐池县安全生产执法大队。在自治区核定的中小学教职工编制总量内，依据盐池县各中小学校编制、在校学生数实际情况等，优化调整各学校人员编制，推进教育优质均衡发展，解决教师队伍年龄结构不合理及部分学科教师短缺等问题。设立盐池县公安局盐州路派出所，核定正科级领导职数2名，副科级领导职数2名。核增盐池县政协专委会(即社会治理委员会)科级领导职数1正1副。开展机构编制条条干预问题自查，防止以印发文件、召开会议、电话通知、口头打招呼等方式干预机构编制问题，不断规范机构编制管理，推进机构编制法定化。做好事业单位网上登记管理工作。通过事业单位登记管理系统，及时做好事业单位设立登记、法人变更等工作。公示2020年度报告的事业单位110家。开展机构编制核查。对全县各类机关和事业单位机构设置、编制核定、实有人员情况、领导职数核定及配备情况、实名制数据进行核实比对，核清全县机构编制资源的实际配置情况。

【全面从严治党】 扎实推进党支部标准化建设。严格落实“三会一课”制度，定期召开党员大会安排党建工作，及时解决工作中存在问题。开展党史学习教育。党员领导干部讲党课4次，举办读书班1次，全体党员干部开展专题交流研讨4次，撰写心得体会20篇。扎实开展党员服务承诺践诺活动。结合全县文明城市创建工作，依托党支部与西苑社区结对共建、在职党员到社区报到等机制，组建志愿服务队，常态化深入包抓小区和路段开展环境卫生清理整治及文明劝导工作，履行文明城市创建工作责任。扎实开展疫情防控工作，在党支部的领导下，组织全体党员干部成立党员先锋队、设置党员先锋岗，全员参与做好小区疫情防控值班值守工作，切实扛起疫情防控的应尽之责，充分发挥党员先锋模范作用。贯彻落实中央八项规定精神。开展警示教育，全面落实党风廉政建设责任制，促使机构编制工作更好地服务中心工作、助推经济发展。

网络安全和信息化工作

【党史学习教育】 深入学习贯彻习近平总书记在党史学习教育动员大会上的重要讲话精神，组织召开党史学习教育安排部署动员会，成立县委网信办党史学习教育领导小组，制定了《中共县委网信办党支部关于开展党史学习教育的实施方案》、读书班方案和全年学习计划，明确学习教育各项任务和下一步安排部署，确保党史学习教育走深走实。按照《中共盐池县委网信办党史学习教育重点工作安排表》，组织干部职工开展了为期7天的读书班、集中学习28次、主题党日活动6次、党员大会3次、组织生活会1次、专题研讨6次、读书分享会1次、专题党课1次，撰写调研报告1篇，组织开展习近平“七一”重要讲话精神宣讲2次，参加全区网信系统党史学习教育宣讲会1次，实地参观红色教育基地3次，集中观看《建党百年》《红色保密百年征程》等专题片7部，组织全体干部职工集中观看七一勋章颁授仪式、庆祝中国共产党成立100周年大会实况直播，撰写心得体会20余篇，切实将党史学习教育落到实处。按照《“我为群众办实事”实践活动工作方案》，制定“我为群众办实事”清单，深入包抓小区，积极为沁馨园小区维修栏杆、配备分类垃圾桶、粉刷装饰墙面、设置并制作社会主义核心价值观宣传栏、开展环境卫生整治活动，小区面貌焕然一新。组织召开了党史学习教育组织生活会，全体党员干部对照学习“七一”重要讲话精神心得体会等四个方面问题，深刻剖析思想根源，认真开展批评和自我批评。

【网信责任落实】 召开盐池县委网络安全和信息化委员会第三次会议，制定印发《盐池县2021年网络安全和信息化工作要点》，统筹推进网信各项工作。制定印发《盐池县2021年互联网风险隐患分工方案》《关于进一步加强“七一”期间网上舆情应对工作的通知》，做好风险研判工作，防范化解风险，维护网络信息安全。开展专项督查检查2次，现场反馈整改意见，确保网络意识形态和网络安全平稳态势。向上级党委及网信部门上报《盐池县2021年网络安全工作情况的报告》落实重大事项请示报告制度。

【网络安全宣传】 组织属地新媒体平台开设“党史学习教育”“扫黑除恶”专项斗争等专题专栏累计200余个，组织网络文明传播志愿者转发各类权威信息累计8000余条，进一步扩大了网上传播的范围，提升了网上传播的影响力。同时，持续发布“盐池网闻”及时集纳推送各大主流媒体报道盐池县相关信息5000余篇。高质量完成区市县网评任务，接收并完成任务176条。配合区市党委网信办开展“民族要复兴　乡村必振兴”网络主题采风活动，各新闻媒体集中报道90余篇。组织开展“奋斗百年路　启航新征程”网络媒体行主题活动，各新闻媒体报道112篇。配合吴忠市委统战部、网信办开展“同心同德共话百年征程”网络媒体采风活动。创新宣传形式，推出群众喜闻乐见的系列网络文化产品，创作“文明祭扫绿色清明倡议书”“缅怀英烈铭记历史”等群众喜闻乐见的短视频、海报、H5等网络作品13个；同时，联合盐池县残联、南关社区等，组织干部职工开展网络安全知识宣讲活动6次，受众人数共计800余人次。组织开展“盐池县网络安全知识暨党史学习教育有奖问答活动”，活动共举行4期，参与有奖问答10万余人次。开展2021年网络安全宣传周系列活动，组织开展网络安全知识进社区、农村、企业、机关、校园等活动，联合教体局为全县中小学生开展“同上一堂课”活动、团县委开展网络安全科普知识进校园活动、总工会开展网络个人信息保护培训班。活动期间，共发放折页、海报、手册、围裙、袖套、手提袋等宣传品12000余份，制作展板12块，全县70余家学校、宾馆、网吧、娱乐场所电子滚动屏播放网络安全公益广告；线下活动覆盖人数25000人次。

【涉网风险管控】 落实《网络信息内容生态治理规定》，推进“清朗”“扫黄打非”等网络专项行动，深化属地“自媒体”、网络直播行业等专项整治，切实做好网上监管查处工作。截至12月底，共发现涉黄、涉赌、游戏网站14个，已上报上级网信部门进行关闭。从严纠正网上政治类表述错误，共发现错误表述信息117条，其中党史学习教育错误表述65条，现均已整改完毕。贯彻落实《关于加强网络直播规范管理工作指导意见》，进一步规范网络主播直播行为，深入整治网络直播打赏乱象，紧盯传播有害信息、“美女直播”“热舞”“主播PK”等问题，处置低俗直播诱导打赏行为。发布“关于欢迎广大网民积极举报网络直播违法行为的公告”，公布举报电话，发动群众举报，收集相关线索。对属地发布低俗内容视频的1名快手主播进行提醒约谈，对2名快手主播进行了电话提醒，要求主播及时删除低俗视频，提高文明上网意识，自觉主动遵守网络生态治理规定。规范自媒体平台运营，对1家存在“标题党”现象、来源标注不清、发布违规信息的自媒体微信公众号运营者进行提醒约谈，现已整改完毕；同时，自媒体运营者签订《互联网信息发布承诺书》，承诺严格遵守“七条底线”，转载主流媒体权威报道要注明出处，不歪曲、篡改标题原意和新闻信息内容。

【网络安全管理】 制定印发《盐池县庆祝中国共产党成立100周年网络安全保障工作方案》，组织全县各级各部门对照《落实党委（党组）网络安全工作责任制检查考核细则（试行）》开展自查，各单位围绕网络安全管理、技术防护等内容集中进行自查，全面排除网络安全风险隐患，做好网络安全防护。强化网络安全态势感知，依托网络信息和安全中心宁夏分中心进行网络安全态势实时监测，完善盐池县互联网重要信息系统清单，强化对重点网站、重要信息系统、关键信息基础设施的网络安全监测，发现风险隐患及时整改。全县共处置网络安全风险隐患漏洞14起，均已协调相关部门处置完毕，全县未发生重大以上网络安全事件。委托网络信息和安全中心宁夏分中心对全县信息系统安全进行远程和实地检查，远程扫描政务类网站14家。检查发现存在中高危漏洞网站1家，已对所有存在问题的网站及系统向主管单位或涉事单位下发整改通知书限期进行整改，现已整改完毕。组织县纪委监委和县委政法委参加全区网络安全应急演练，2家单位的网站及系统均未被攻破。组织县纪委监委、县委组织部、政法委、文广局参加全市网络安全应急演练，4家单位的网站及系统均未被攻破，获吴忠市网络安全应急演练优秀组织奖。

【信息基础建设】 城市及行政村实现4G基站全覆盖，自然村4G基站覆盖率达94%以上，行政村家庭宽带光纤到达率100%。依托县、乡(镇)、村级邮路及服务站点，建立集中分拣、统筹配送的城乡双向三级物流体系，畅通“工业品下行，农产品上行”的双向流通渠道。推动宁夏政务服务网和乡镇民生服务中心、村(社区)为民办事全程代办点线上线下融合发展，政务服务事项网上可办率达到100%。实施校园基础网络改造工程，县城学校接入带宽达到1000兆、乡镇学校500兆、教学点300兆，校园无线网络实现全覆盖；各学校均建立完成校园安防监控系统、一键报警系统，并实现与县公安监控系统对接。完成县、乡、村三级诊疗平台，实现医生与患者、医生与医生、机构与机构之间的“三联动”；研发“医讯通”移动终端办公设备，实现了公共卫生建档、随访、体检等全流程无纸化办公和公卫服务数据全程监管；研制开发家庭医生电子签约平台，实现了家庭医生签约、基本公共卫生服务和基本医疗互联互通。建设人工智能辅助诊疗平台，实现县乡村HIS系统与人工智能诊疗平台数据对接，全年完成102个村卫生室、8家乡镇卫生院、4家社区卫生服务中心(站)人工智能诊疗平台的建设。建成了游客集散中心大数据分析平台“显示区、操作区、体验区、机房”四大功能区，围绕旅游资源、安全监测等内容，对全县旅游大数据进行集聚、分析和应用，构建集科学研判、高效管理、精准服务一体化的全域旅游数字信息管理工程体系。落实《盐池县实施国家数字乡村试点工作方案》，召开数字乡村工作推进会，统筹试点各项工作顺利进行。中央网信办、农业农村部等7部门于10—12月开展国家数字乡村试点阶段性评估工作，同时自治区党委网信办将会同自治区有关部门进行省级层面评估工作，制定印发《盐池县国家数字乡村试点工作自评估工作方案》，数字乡村试点工作处于迎接阶段性评估准备工作阶段。

党　校

【党史学习教育】 围绕贯彻习近平总书记关于党史的重要论述、在党史学习教育动员大会上的重要讲话、在庆祝中国共产党成立100周年大会上的重要讲话精神、在中央民族工作会议上的精神以及盐池县第十五次党代会精神，开展专题学习。采用“三会一课”和主题党日等形式，创新“线上+线下”模式，结合实际开展主题突出、特色鲜明、形式多样的学习活动。围绕庆祝中国共产党成立100周年主题，挖掘利用好盐池县丰富独特的红色资源开展教学，组织党员干部到城川干部学院观摩学习，到滴哨沟战场纪念园瞻仰革命烈士纪念碑，到阳早寒春三边牧场陈列馆聆听革命故事，感受革命先烈的为国情怀。利用“盐池微党校”新媒体平台开展微党课学习教育，增强学习教育的吸引力和感染力。在深入学习习近平总书记关于党史的重要论述等指定学习材料和系统学习《中国共产党的100年》等重要参考材料的基础上，围绕党百年奋斗的光辉历程、伟大贡献、初心宗旨、重大理论成果、伟大精神、宝贵经验六个方面，开展学习研讨。共组织集中学习40次，专题研讨10次，制作简报23期，开发《盐池革命史》《“打不垮的红色政权”革命精神》等精品课程2门，被《宁夏日报》、盐池印象等媒体转载报道6篇，获得自治区级征文奖项1篇。

【党的建设】 以庆祝建党100周年为契机，在校开展庆祝建党100周年系列活动，通过重温一次入党誓词、分享一次红色故事、参观一次革命历史纪念园、观看一场警示教育片、收看一部党史短片等“六个一”活动，固牢党员的初心、牢记党员使命、明晰党员担当、坚定党员信念、提升党员干部的整体素质，全年共组织开展各类党性锻炼活动10余次。强化过硬队伍。将落实全面从严治党任务纳入党校年度工作的重点内容，深化落实全面从严治党主体责任，严格按照上级规定要求，制定党支部全面从严治党“三个清单”，明确党校全面从严治党年度重点任务。树牢规矩意识。党支部书记及班子成员认真履行主体责任和监督责任，抓班子、带队伍，严格落实“三会一课”制度和组织生活会制度，如期开展主题党日活动，将主题党日与干部教育培训、文明创建、乡村振兴等中心工作结合起来，累计开展卫生整治、政策宣讲、入户帮扶等便民服务700余人次。严格落实意识形态工作责任制“三个清单”，对教师授课课程内容进行严格把关，对“盐池微党校”微信公众号每一次发布内容进行严格审核，对已开展的78期培训班进行严格备案。

【主业主课】 完善教学模式，提高培训质量。共举办新任村（社区）干部能力提升轮训班、全县党史学习教育培训班、全县发展对象培训班、全县优秀年轻干部党性教育培训班、全县健全防治返贫动态监测和帮扶机制培训班等主体班次共计29期，培训学员4000余人次。承接自治区退役军人事务厅、自治区编办、自治区公安厅、自治区医保局、自治区党校、吴忠市委组织部、吴忠市政法委、吴忠市关工委、宁夏大学、固原市委党校、城川干部培训学院等主办的培训班49期，培训3400余人次。结合十九届五中全会、十九届六中全会、党史学习教育、铸牢中华民族共同体意识、庆祝中国共产党成立100周年大会重要讲话精神、“社会主义是干出来的”、盐池县第十五次党代会精神等内容，按要求、分层次、全覆盖开展基层宣讲150余场，覆盖群众11000余人。积极组织教师参加区、市骨干教师培训，鼓励教师参加县市宣讲比赛、精品课比赛11人次，其中获得县级比赛奖励5人次，获得市级比赛奖励1人次。

【科研教学】 紧紧围绕县委、县政府中心工作对重点领域开展专题调研，撰写理论调研文章、决策咨询报告20余篇，其中《巩固拓展乡村振兴成果　助力乡村振兴战略有效实施》一文被《盐池工作研究》刊登发表，《打造好盐池县全域旅游“新名片”》一文被《宁夏日报》刊登发表，《传承红色基因　弘扬“延安精神”激活社会发展新动力　走好新时代长征路》一文获自治区党委庆祝中国共产党成立100周年理论征文优秀奖。

【队伍建设】 新调整党校师资库教师150名，邀请全国知名专家教授、优秀教师担任分校兼职教师，创建四套班子领导讲党课、部门领导讲业务、基层干部讲经验、先进模范讲事迹、专家学者讲理论的“五位一体”师资队伍教学模式，选派专兼职教师10余人次到中央党校、上海交大、厦门大学、石狮市委党校和区市党校等地进行培训学习，派出1人次在自治区党校跟班学习，加强教师用学术讲政治的学理支撑，切实保障教学师资需求。

【文明城市创建】 做好“三强化”，全力开展文明城市创建工作。强化部署，制订实施方案及计划表，安排专人具体负责。强化设施建设，为包抓小区安装宣传展板3块，安置分类回收垃圾桶18

个；为慈善协会捐赠桌椅板凳、音响等设备9000元。强化志愿服务，组织全单位20名志愿者到包抓片区和包抓小区开展主题实践活动50余次，引导全县居民保持良好的卫生习惯、树立正确的价值观念。做好“三优化”，积极争取创建文明单位。优化组织领导，制定实施方案，召开部署会议。优化创建规划，制订两个计划，任务细化分解到每天，确保创建工作不打折扣、不走过场。优化创建氛围，设置创城固定宣传展板、安装景观装饰，利用“盐池微党校”微信公众号，发布通讯稿件，营造文明单位创建的浓厚氛围。做好“三严格”，打好疫情防控阻击战。严格集中隔离管理，积极贯彻县委、县政府关于疫情防控工作的决策部署，积极配合做好医学观察站后勤保障工作。严格一线防疫登记，迅速组织全体干部职工下沉社区一线，排班定岗开展疫情防控工作。严格校内日常防控，对全体教职工严格管理，对全体培训班学员常态化管控，严格按照疫情防控要求开展教学培训。

【乡村振兴】 助力全县乡村振兴工作。结合挂牌基地，充分利用“中国精准扶贫与乡村振兴研习院”和“中国—中亚及西亚减贫与发展联盟基地”优势师资力量，为全县乡村振兴工作提供先进理论支撑。结合教育培训，围绕乡村振兴、黄河流域高质量发展制定课题，把特色产业发展经验、先进模范人物事迹融进课堂里。结合现场教学，将盐池特色产业基地纳入现场教学点，帮助四墩子村销售油桃1100元、青山乡香瓜11700元、宁夏春雪产业园销售手工艺品8837元、绿林公司销售特色农产品6060元。

盐池县档案馆

【监督指导】 开展档案安全检查。下发《关于开展全县档案安全检查工作的通知》，要求全县各单位对档案安全工作开展全面自查，重点对档案安全制度、档案室消防设施设备和档案信息管理系统等事故易发多发部位进行全面系统的自查，拉出问题清单、整改清单，明确整改要求、整改时限，要求将存在隐患及时整改，确保档案安全。开展档案业务培训指导。9月18日，对全县66个立档单位130余人开展了为期一天的“档案业务信创应用系统”培训。11月23—24日，组织全县36个立档单位的档案工作人员参加国家档案局举办的“‘十四五’全国档案事业发展规划公益大讲堂”培训。对检察院、保密办共计531卷重点建设项目（工程）档案进行了指导验收。开展档案法宣传。开展了“6·9国际档案日”“12·4国家宪法日”系列宣传活动，制作展板16块，发放宣传品500件，宣传资料1500份，接待参观群众500余人，对新修订档案法进行宣传和解读。

【收集保管】 接收进馆工作。2021年接收土地确权档案4个乡镇3388盒50073件，作为保护农民土地权益的原始依据。档案征集、收集工作。完成社会散存有关盐池和陕甘宁边区资料18种355份（张、个）的资料征集工作。重大活动照片、视频、实物等档案资料的跟踪收集工作。参加重大会议及重要活动16场次，拍摄照片198张，摄像组摄像19场次，拍摄视频201分钟。档案抢救保护工作。做好重点档案的抢救保护，聘用专业技术人员对二轻系统1000件破损档案进行裱糊、编码。脱贫攻坚档案接收工作。与盐池县扶贫办（乡村振兴局）对接做好扶贫开发领导小组成员单位档案整理业务指导工作，将盐池县农业农村局、惠安堡镇政府作为2个试点单位开展档案规范化整理工作，按照精准识别、精准施策、精准脱贫等几大类进行排列、编号、编目、装订、入盒、上架。截至12月末，两个试点单位已向档案馆移交纸质目录，脱贫攻坚档案归集整理工作正在有序推进。新冠疫情防控档案收集归档工作。派出2名工作人员跟踪指导，对区市重要通知、简报进行及时保存,同时做好县内各类会议、报告、新闻报道的收集整理,已完成资料的收集工作，共收集疫情防控有关文件 1932 件,录音 86 个,视频 124 个,宣传片 1 个。

【开发利用】 编研开发工作。完成了《印象盐池》大型图册和《报纸中的盐池》(2021 年度)两本书的招标、资料征集、编辑、印刷等工作。馆藏档案利用服务工作。采取电话查询、委托查档等多种形式,提供高效、快捷查阅利用档案服务,2021 年，共接待查档人员 2130 余人次,提供查阅档案 4670 余件。档案数字化工作。启动第二期馆藏档案数字化整理前期工作,对馆藏 3500 件档案进行了整理、数据处理。

盐池县人民代表大会

人大重要会议

【盐池县第十七届人大常委会第三十三次会议】 2021年5月7日在盐池县召开。县人大常委会主任吴科，副主任官秀敏、刘宝清、曹军及人大常委会其他组成人员出席会议，县人大常委会副主任强永海主持会议。盐池县人大常委会组成人员22人出席会议。

【盐池县第十七届人大常委会第三十四次会议】 2021年5月27日在盐池县召开。县人大常委会主任吴科，副主任强永海、刘宝清、曹军及人大常委会其他组成人员出席会议，县人大常委会副主任官秀敏主持会议。盐池县人大常委会组成人员20人出席会议。

【盐池县第十七届人大常委会第三十五次会议】 2021年6月30日在盐池县召开。县人大常委会主任吴科，副主任强永海、官秀敏、曹军及人大常委会其他组成人员出席会议，县人大常委会副主任刘宝清主持会议。盐池县人大常委会组成人员23人出席会议。

【盐池县第十七届人大常委会第三十六次会议】 2021年8月26日在盐池县召开。县人大常委会主任吴科，副主任强永海、官秀敏、刘宝清及人大常委会其他组成人员出席会议，县人大常委会副主任曹军主持会议。盐池县人大常委会组成人员21人出席会议。

【盐池县第十七届人大常委会第三十七次会议】 2021年9月15日在盐池县召开。县人大常委会主任吴科，副主任官秀敏、刘宝清、曹军及人大常委会其他组成人员出席会议，县人大常委会副主任强永海主持会议。盐池县人大常委会组成人员22人出席会议。

【盐池县第十七届人大常委会第三十八次会议】 2021年10月24日在盐池县召开。县人大常委会主任吴科，副主任强永海、刘宝清、曹军及人大常委会其他组成人员出席会议，县人大常委会副主任官秀敏主持会议。盐池县人大常委会组成人员22人出席会议。

【盐池县第十八届人大常委会第一次会议】 2021年12月17日在盐池县召开。县人大常委会主任吴科出席并主持会议，副主任蒋刚、曹军、陈有强、温锦梅及人大常委会其他组成人员。盐池县人大常委会组成人员23人出席会议。

人大常委会办公室

【党史学习教育】 盐池县人大常委会党组及机关党支部严格按照中央和区市党委要求以及县委统筹部署，全面抓好党史学习教育。第一时间召开专题会议，传达学习党中央和自治区党委、吴忠市委、县委党史学习教育动员会议精神，就开展党史学习教育进行专题研究部署。结合人大实际，制定《县人大常委会党组关于开展党史学习教育的实施方案》《人大办党支部关于开展党史学习教育的实施方案》,成立了由人大党组书记任组长、党组班子成员任副组长、各委室负责人为成员的领导小组,对党组及机关学习教育活动进行督促指导,及时掌握学习教育进展情况,解决存在的问题。坚持"六学并重",即:党组成员"带头学"、机关全员"常态学"、网络平台"指尖学"、活动阵地"开放学"、身体力行"现场学"、深入思考"感悟学",不断创新学习方式,扎实开展党史学习教育。坚持每周开展一次集中学习、分享一次党史故事,共集中学习45次,分享党史小故事30余个。围绕"感悟思想伟力""把握历史规律"等集中交流研讨5次,撰写心得体会30余篇。结合开展"我为群众办实事"活动。人大办围绕中心工作,紧扣重大决策部署和工作安排,先后梳理2批次办实事清单24项,已办结为工业园区企业协调解决融资、推进新建村级老饭桌、在野湖井自然村增设公交站点等16项实事。党组班子成员深入所包抓乡镇、企业广泛进行调查研究,开展"提升全民法律意识""议案建议督办""我为企业办实事""产业高质量发展"4个专项活动。高度重视组织生活会整改工作。对支部班子及班子成员查找出的16个问题,制定了35条整改措施,严格建立整改台账,明确整改时限,扎实抓好整改工作。已全部整改完成,并长期坚持。

【服务保障】 着力提升办文办会质量。按照"精、严、细、实"的要求,周到服务"三会",针对会议规模、时间、议程等事项,周密部署,规范会务规则,做好各类会议的组织、服务工作,有计划、有秩序地办好各项会议。共筹办常委会6次、主任会10余次、人代会2次。提升办文水平。紧扣全县发展大局和中心工作,立足于服务大局、服务领导决策的需要深入调查研究,认真谋划思路,充分发挥以文辅政的作用,撰写各类报告、领导讲话、经验交流等综合性材料20余篇。坚持一个口进、一个口出的文件收发管理模式,登记处理区市县各类文件1100余份,拟发文件110余份,编撰发行《盐池人大》600余册。准确把握新时期人大工作方向,发挥人大常委会领导的决策"外脑"和"智囊"作用,通过认真梳理总结,高标准高起点制订监督工作计划,坚持挂图作战。加强沟通协调。牢固树立"一盘棋"思想,对人大常委会的重要活动和重要任务,实行统一安排,提前沟通,相互协作,保障各项执法检查、调研和监督视察的顺利开展。注重与县委、"一府一委两院"的联系沟通,及时通报重大活动安排,掌握工作动态,并向常委会党组汇报,做好工作调整,逐步形成"勤联系、常交流、多协商"的工作机制。加强与各地人大的联系交流,做好设区市人大来盐视察检查,兄弟县人大来盐学习考察等工作,真正做到对外宣传交流、对内沟通协调。按照细致周到的原则,坚持为代表订阅报刊,随时在"双联微平台"中发布有关的学习内容以及信息,定期向代表通报常委会会议及活动情况、寄送《盐池人大》,拓宽代表知情知政渠道。坚持邀请各级人大代表参与人大调研视察、执法检查,参加"一府一委两院"有关活动,拓展代表履职平台。加大对代表建议、批评和意见的跟踪督办,督促有关部门加快建议办理进度,提升办理质量,有力地推动了代表建议办理工作。在各级新闻媒体宣传代表履职先进典型事迹,展示代表风采,激发代表履职热情。完成换届选举工作。8月30日进行人大代表换届选举,选举产生184名新一届人大代表。在选举结束后,及时组织对新一届人大代表进行培训,进一步提升代表的履职能力和水平。同时,在10月26—28日筹办盐池县第十八届人民代表大会第一次会议,完成了各项议程。

【自身建设】 抓好人大常委会机关党建工作。及时制订人大办党支部党建工作计划,从严从实落实“三会一课”制度，推动组织生活的常态化制度化开展。成立党风廉政建设领导小组，建立全面从严治党“三个清单”，明确工作目标、措施办法、落实标准、完成时限。同时将定期约谈党员干部和常态化教育作为警示警醒干部职工的重要抓手，教育党员干部在廉政勤政过程中自重、自警，自省，自觉依法行政和廉洁从政。抓好意识形态工作。将意识形态工作责任制纳入党建日常监控、党建目标责任考核、党支部书记抓党建述职评议重要议事日程和考核体系等重要内容，先后5次召开专题会议研究部署意识形态工作。积极培育和践行社会主义核心价值观，突出思想内涵、强化道德要求，扎实推进群众性精神文明创建活动。2021年年初，制订创建计划，申报自治区级文明单位，已通过初审。抓好“志愿服务+”，助力文明城市创建和疫情防控工作。组织机关党员干部职工常态化开展志愿服务，深入包抓清丽苑南区、北区及卢瑛开发楼广泛宣传疫情防控及创建全国文明城市有关知识，摸清小区疫情防控情况，做好县指挥部要求的防控工作。为清丽苑小区、卢瑛开发楼制作文明宣传栏20块、扇形宣传展板6块，维修宣传展架1个，更换安装道旗60块，走访居民600余户，发放宣传单1000余份。始终注重加强人大工作的宣传，围绕“两个机关”新定位，聚焦人大的工作重点，深入宣传人民代表大会制度、人大履职实践、人大代表履职和基层创新实践，通过讲好人大故事，传播好人大声音，不断提高人大工作舆论传播力、引导力、影响力、公信力。2021年被评为全国“七五”普法工作先进单位。

盐池县人民政府

政府重要会议

【盐池县人民政府第72次常务会议】 2021年1月19日召开，龚雪飞主持。专题学习习近平总书记在中央农村工作会议、中央全面深化改革委员会第十七次会议、全国政协新年茶话会上的重要讲话精神，以及发表的二〇二一年新年贺词，部署有关工作。会议要求：全面推进乡村振兴。坚持用大历史观来看待农业、农村、农民问题，把全面实施乡村振兴战略作为解决好“三农”问题的重要抓手，深刻总结近年来盐池县在探索脱贫攻坚与乡村振兴有效衔接方面取得的成功经验、典型做法，保持现有政策总体稳定，进一步做实防止返贫动态监测和帮扶机制，突出发展产业带动就业增收，不断巩固拓展脱贫攻坚成果。全面开展重点改革。对标自治区县域创新改革试点工作要求，全面总结推广盐池县在金融扶贫、综合医改、农业农村、工程建设等领域改革的好经验、好做法，持续加大在绿色转型、生态环境、财税金融、政务数字化建设等重点领域的改革探索力度，以改革实效为高质量发展、创造高品质生活、实现高效能治理注入新的发展动力。全面激发奋斗精神。坚决落实习近平总书记发表的新年贺词中“征途漫漫、惟有奋斗”和视察宁夏重要讲话中“激发广大党员干部奋斗精神”重要指示精神，全面调动广大党员干部干事创业的积极性，广泛发动群众参与，聚焦县委十四届十次全会安排部署和县“两会”工作要求，扎实做好“六稳”工作、全面落实“六保”任务，确保“十四五”开好局、起好步。传达学习自治区建设黄河流域生态保护和高质量发展先行区第三次推进会、自治区党委经济工作会议和吴忠市委经济工作会议精神，部署有关工作。会议要求：突出项目建设。坚持“项目为王”理念，以项目建设为载体，以大抓项目为导向，以干成项目为目标，以2021年盐池县确定的90个重点项目建设为抓手，全力完成全年项目建设目标任务。聚焦投资增长，着力谋划、招引一批投资规模大、产业关联度高、带动能力强的项目，培育新的高质量发展增长极。突出产业发展。各包抓县领导和牵头部门要聚焦盐池县6大重点特色产业，对标自治区“九大产业”高质量发展实施方案，尽快完善盐池县11个产业发展工作方案，精准布局产业规模、科学设定产业政策，着力构建现代化产业体系，扎实推进工业提质扩量、农业提档增效、服务业提速升级。突出工作统筹。进一步压实疫情防控主体责任，严肃工作纪律和值班纪律，慎终如始抓好常态化疫情防控工作、做足应急状态下疫情防控准备。统筹发展和安全，加快推进全年重点任务，深入排查化解各领域风险，重点做好全国、区市“两会”及春节期间信访工作，全力维护社会大局和谐稳定。传达学习陈润儿书记对公安派出所工作的指示批示精神、全区公安机关改革和加强派出所工作会议精神，部署有关工作。会议要求：纵深推进改革。以这次改革为契机，进一步完善体系、厘清职责、健全机制、落实保障，提高工作效率、处突能力，更好担负起公安派出所维护辖区稳定、守护一方平安、服务人民群众、推进社区治理的重要职责使命。全面提升能力。以创建枫桥派出所为抓手，注重日常管理、注重基础数据、注重工作创新，积极推进公安科技信息化建设，进一步提高基层公安派出所矛盾化解能力、要素管控能力和群众工作能力。服务全县大局。公安部门要坚决落实县委、县政府各项工作部署，全力推进更高水平的平安盐池建设，为实现“四个示范区”“五区建设”和“六个显著提高”的发展目标提供安定团结的社会环境。听取全县2021年重点项目谋划推进情况汇报，审议《县级领导同志包抓重点项目工作机制(送审稿)》。会议决定：原则通过《县级领导同志包抓重点项目工作机制(送审稿)》，县发改局根据会议审议意见修改完善，经县人民政府分管领导审核后，按程序报县委。审议《盐池县2021年元旦春节慰问暨送温暖活动实施方案(送审稿)》。会议决定：原则通过《盐池县2021年元旦春节慰问暨送温暖活动实施方案(送审稿)》，县民政局根据会议审议意见修改完善，经县人民政府分管领导审核后，按程序报县委。由县财政局负责，按程序拨付2021年元旦春节慰问暨送温暖活动所需资金407.15万元，并加强资金的管理与监督；各相关单位要按照会议决定用途，做到专款专用，坚决杜绝截留、挤占、挪用项目资金。审议《盐池县文明单位、文明村镇、文明校园奖励办法(送审稿)》。会议决定：原则通过《盐池县文明单位、文明村镇、文明校园奖励办法(送审稿)》，县文明办根据会议审议意见修改完善，经县人民政府分管领导审核后，由县文明委按程序报县委。经县委组织部、人社局核定文明单位、文明村镇、文明校园奖励人员情况、工资标准及奖励金额后，由县财政局负责据实核拨所需奖励资金，并加强资金的管理与监督；各相关单位要按照会议决定用途，做到专款专用，坚决杜绝截留、挤占、挪用项目资金。

【盐池县人民政府第73次常务会议】 2021年2月7日召开，龚雪飞主持。专题学习研讨习近平总书记在省部级主要领导干部学习贯彻党的十九届五中全会精神专题研讨班开班式上、中共中央政治局第二十七次集体学习时和1月28日中共中央政治局会议上的重要讲话精神，安排部署有关工作。会议要求：全力推进高质量发展。切实提高政治站位，更加深入学习贯彻党的十九届五中全会精神，主动站位新阶段、融入新格局，坚持创新在推进高质量发展中的核心地位，突出抓好创新载体建设，不断提升县域经济竞争力。准确贯彻新发展理念。深刻认识到完整、准确、全面贯彻新发展理念既是“为谁发展、怎样发展”的认识论，又是实现经济社会高质量发展的方法论，增强责任意识、底线思维，坚持全面深化改革、系统观念，妥善更好应对各种事件，促进县域经济持续健康发展。实现治理能力现代化。围绕盐池县加强基层治理“1+6”方案总体要求，尽快制定实施城乡社区服务体系建设“十四五”规划，加快构建网格化管理、精细化服务、信息化支撑、开放共享的基层治理平台，深入推进基层联合审批服务执法力量改革，更好解决群众操心事、烦心事、揪心事。传达学习十九届中央纪委五次全会和自治区纪委十二届五次全会精神，安排部署有关工作。会议要求：加强政治建设。自觉向以习近平同志为核心的党中央看齐，不折不扣贯彻党中央、国务院和区市党委、政府和县委各项决策部署，做到在思想上对标对表、行动上紧跟紧随、执行上坚定坚决，切实提升政治判断力、领悟力和执行力，不断增强“四个意识”，坚定“四个自信”，做到“两个维护”。加强作风建设。坚持把落实中央八项规定及其实施细则精神作为铁规矩、硬杠杆，深入开展工程建设、政府采购等重点领域突出问题专项治理，时刻自重自省，守牢廉洁底线、纪律底线。坚决反对形式主义、官僚主义，全面落实基层减负各项要求，真正让广大干部腾出精力抓落实、促发展。加强能力建设。各级领导干部要加强学习，与时俱进，提高驾驭全局和谋划发展的能力，善于用发展眼光和系统思维研究解决全县发展中遇到的新情况、新问题，各部门主要负责同志要对重要工作亲自部署、重大问题亲自过问、重点环节亲自协调，推动全县各项工作上台阶、上水平。传达学习自治区和吴忠市“两会”精神，部署有关工作。会议要求：深入学习宣传。进一步提高政治站位，把学习宣传贯彻区市“两会”精神摆在突出位置，以高度的政治自觉认真学习工作报告、深入领会决议决定、深刻把握议案提案，自觉将学习区市“两会”精神与县委十四届十次全会和县“两会”精神结合起来，确保区市各项决策部署落地落实。抢抓发展机遇。围绕区市“两会”提出的重大战略、重大举措，抢抓自治区实施“九大重点产业”、基础设施“十大工程项目”、民生领域“四大提升行动”等政策机遇，千方百计向上争取项目、争资金，充分挖掘政策红利；不断增强发展动力，全力推动盐池县经济社会高质量发展。率先开展工作。树立“项目为王”的理念，提升招商引资“百日攻坚”行动成效，着力引进一批产业匹配度高、带动能力强的大项目、好项目。各有关部门要聚焦3月集中开工项目，精准提供金融、土地及水电气等要素保障，及时协调解决项目开工建设、投产达效等各环节实际问题，确保实现“开门红”。传达学习自治区人民政府第五次全体（扩大）会议精神，安排部署有关工作。会议要求：融入发展大局。牢牢把握自治区建设黄河流域生态保护和高质量发展先行区战略目标和一系列政策机遇，主动将盐池的发展融入全区发展大局，以争项目、争资金为主要抓手，突出抓好壮大产业、扩大投资、激活消费等重点工作，全力推动盐池县经济高质量发展，为区市经济社会健康发展做出盐池贡献。细化全年工作。紧紧围绕县委、县政府工作部署，聚焦2021年县委工作要点和政府工作报告目标任务，制定下发全年度重点工作任务清单，系统谋划好本部门、本行业、本领域重点工作，细化工作方案、明确措施时限、重点突破项目，确保各项工作有抓手、有成绩、有亮点。完善落实机制。坚决落实县级领导同志包抓重点项目、包抓重点特色产业等现行工作机制，政府各分管领导要率先垂范、协调推进。各部门、各乡镇、街道办要对重点工作实行清单化推进、台账式管理，做到说一件、干一件、成一件。政府督查室要加强跟踪问效，做到有督必办、有办必果，确保圆满完成全年各项目标任务。听取全县冬春季新冠疫情防控工作情况汇报，安排部署有关工作。会议要求：思想上要继续警惕。要警惕物品输入，市场监管部门要加大快递物流、食品及其外包装核酸检测力度，坚决防范物品夹带导致病毒输入。要警惕过路人员，突出做好往来车辆、司机、旅客等疫情防控工作，切实守好入口关。要警惕舆情风险，提高政策制定的精准性、执行的有效性，及时发布最新信息、废止失效文件，加强工作人员政策学习和业务培训，确保各项工作经得起检验。措施上要精准发力。要精准落实政策，严格执行“六个不准”要求，坚决杜绝层层加码和“一刀切”问题，确保能管住、更能管好；精准提供保障，及时补齐人财物短板，加快配备视频监控设备，为依法依规开展疫情防控提供科技支撑；要精准接种疫苗，对接种对象进行全面摸底，按照轻重缓急，分类分批有序推进疫苗接种工作。责任上要压紧压实。要给“哨点”加压，加强对村卫生室、个体诊所和药店管理，确保突发情况下“哨点”能第一时间吹响。要给“重点”加压，督促车站、卡点、医院、商超、旅游景点等重点场所严格落实防控责任。要给“基点”加压，进一步强化自然村、社区、小区的网格化、精细化管理，对春节返乡人员做好信息登记和日常健康监测，精准落实不同人员的管理措施，督促严格落实“三个减少”，引导群众提高自我防护意识和防护能力。安排部署春节期间重点工作。会议要求：抓好安全生产。聚焦春运、企业、食品、烟花爆竹、森林草原防灭火等重点领域，加强隐患排查和整治工作，坚决防范安全事故发生。抓好值班值守。严格落实领导带班和重要岗位24小时值班制度，各副县长要在岗带班，各部门负责同志带班和工作人员值班必须坚守岗位，坚决杜绝值班人员擅离职守、非正式人员顶岗值班等现象，办公室要做好抽查，确保值班值守万无一失。抓好廉洁过节。加强干部职工廉洁教育，各部门、各乡镇、街道办节前要专题召开工作会议，部署廉洁过节各项规定要求；各级领导干部要率先垂范，严格落实中央八项规定精神，着力营造风清气正的节日氛围。发改局、市场监管局要切实做好生活物资的市场供应、运力保障、商贸流通等工作，加强对粮、油、蔬菜、水果等重要民生商品价格监测，严厉打击价格违法行为，确保春节期间重要商品市场供应和价格平稳运行；各乡镇、街道办、民政局要加强兜底保障，统筹做好临时救助、走访慰问等工作，保障困难群众日常生活，营造安定祥和的节日氛围。审议《盐池县促进文化旅游产业发展扶持办法（修订）(送审稿)》《“引客入盐”旅游项目以奖代补管理办法(修订)(送审稿)》《盐池县创建国家全域旅游示范区重点任务推进工作方案(送审稿)》。会议决定:原则通过《盐池县促进文化旅游产业发展扶持办法(修订)(送审稿)》《“引客入盐”旅游项目以奖代补管理办法（修订)(送审稿)》《盐池县创建国家全域旅游示范区重点任务推进工作方案(送审稿)》，县文广局根据会议审议意见修改完善，经县人民政府分管领导审核后，按程序报县委。审议《盐池县2021年造林绿化实施方案(送审稿)》。会议决定:原则通过《盐池县2021年造林绿化实施方案(送审稿)》，县自然资源局根据会议审议意见修改完善，经县人民政府分管领导审核后，以县人民政府办公室文件印发；同意县财政支付2021年造林资金1000万元建议，由县财政局据实核拨，并加强资金的管理与监督；各相关单位要按照会议决定用途，做到专款专用，坚决杜绝截留、挤占、挪用项目资金。研究国有建设用地使用权出让、划拨用地、划拨用地转出让用地及续期有关事宜。会议决定:原则同意5宗国有建设用地出让、10宗划拨用地、1宗划拨用地转出让用地及9宗续期建议，由县自然资源局负责按程序办理。审议《盐池县王乐井乡曾记畔村实用性村庄规划（2019—2035年)(送审稿)》。会议决定:原则通过《盐池县王乐井乡曾记畔村实用性村庄规划(2019—2035年)(送审稿)》，县自然资源局根据会议审议意见修改完善，经县人民政府分管领导审核后，以县人民政府批复执行。研究采矿权矿区范围调整后办理采矿权新立登记有关事宜。会议决定：同意对已出让宁夏盐池县高沙窝镇施记圈村建筑用砂十五矿采矿权矿区范围调整后办理采矿权新立登记建议，由县自然资源局负责按程序办理。审议《“盐池滩羊”(第29类)地理标志证明商标使用管理办法(送审稿)》。会议决定：原则通过《“盐池滩羊”(第29类）地理标志证明商标使用管理办法(送审稿)》，县市场监管局根据会议审议意见修改完善，经县人民政府分管领导审核后，以县人民政府文件印发。

【盐池县人民政府第74次常务会议】 2021年3月9日召开，龚雪飞主持。专题学习研讨习近平总书记在全国脱贫攻坚总结表彰大会上、中央全面深化改革委员会第十八次会议上、中央全面依法治国工作会议上和中共中央政治局第二十八次集体学习时的重要讲话精神，部署有关工作。会议要求：全面推进乡村振兴。坚持把巩固拓展脱贫攻坚成果作为长期任务，严格落实“四个不摘”要求，不断健全完善脱贫攻坚动态监测预警机制，及时发现问题、解决问题；围绕全县乡村振兴战略规划部署，进一步完善政策体系、工作体系、制度体系，推动盐池县乡村振兴工作继续在全市全区走在前、作表率。不断深化改革成效。完整、准确、全面贯彻新发展理念，聚焦融入新发展格局、推动高质量发展目标，围绕盐池县产业转型升级、城市更新、乡村建设、医疗健康、“放管服”等重点改革领域，务实精准出台各项改革方案，落细落实2021年重点改革事项，确保全县深化改革工作取得新的突破和成效。提高依法行政水平。对标法治政府建设要求，全面梳理政务服务事项，实行规范性文件目录和文本动态化、信息化管理，做到重大行政决策依法依规、科学合理，确保将政府工作全部纳入法治轨道。由司法局负责，尽快研究制定法治政府建设第三方评估反馈问题整改方案，明确整改时限、责任主体，确保问题整改到位、工作有提高。全力保障改善民生。全面贯彻落实以人民为中心的发展思想，聚焦自治区“四大提升行动”总体要求，围绕落实盐池县10个方面50件民生实事，切实把关乎民生的实事办好、好事办实。由县民政局负责，尽快研究制定民生“微实事”项目实施方案，及时有效化解困扰群众的民疾民痛问题，不断增强人民群众的获得感、幸福感和安全感。传达学习自治区党委第二生态环境保护督察组督察吴忠市情况反馈会和全区生态环境保护工作电视电话会议精神，审议《盐池县贯彻落实自治区生态环境保护督察反馈意见整改方案（送审稿）》。会议决定：原则通过《盐池县贯彻落实自治区生态环境保护督察反馈意见整改方案（送审稿）》，市生态环境局盐池分局根据会议审议意见修改完善，经县人民政府分管领导审核后，按程序报县委。审议《盐池县创建全国文明城市工作规划（2021—2023年）（送审稿）》《盐池县2021年创建全国文明城市工作实施方案（送审稿）》。会议决定：原则通过《盐池县创建全国文明城市工作规划（2021—2023年）（送审稿）》《盐池县2021年创建全国文明城市工作实施方案（送审稿）》，县文明办根据会议审议意见修改完善，经县人民政府分管领导审核后，按程序报县委。审议《盐池县第十七届人民代表大会五次会议代表议案建议和政协盐池县第十届委员会第五次会议提案任务分工方案（送审稿）》。会议决定：原则通过《盐池县第十七届人民代表大会五次会议代表议案建议和政协盐池县第十届委员会第五次会议提案任务分工方案（送审稿）》，县政府办根据会议审议意见修改完善，经县人民政府分管领导审核后，以县人民政府办公室文件印发。审议《筹设盐池新时代关爱退役军人基金会工作方案（送审稿）》。会议决定：原则通过《筹设盐池新时代关爱退役军人基金会工作方案（送审稿）》，县退役军人事务局根据会议审议意见修改完善，经县人民政府分管领导审核，向自治区退役军人事务厅请示同意后，组织筹设“盐池新时代关爱退役军人基金会”事宜；同意以县人民政府名义捐赠“盐池新时代关爱退役军人基金会”原始基金200万元，并每年按照上年度支出额度捐赠，保持原始基金不低于200万元建议，由县财政局负责核拨，并加强资金的管理与监督；各相关单位要按照会议决定用途，做到专款专用，坚决杜绝截留、挤占、挪用项目资金。研究兑付2020年促进服务业加快发展拟奖补资金有关事宜，审议《2021年盐池县促进服务业加快发展的若干措施（送审稿）》。会议决定：同意兑付2020年促进服务业加快发展拟奖补资金372.8万元建议，经公示无异议后，由县财政局负责据实核拨，并加强资金的管理与监督；各相关单位要按照会议决定用途，做到专款专用，坚决杜绝截留、挤占、挪用项目资金。原则通过《2021年盐池县促进服务业加快发展的若干措施（送审稿）》，县投资促进服务中心根据会议审议意见修改完善，经县人民政府分管领导审核后，以县人民政府办公室文件印发。研究兑付2020年实施创新驱动战略推动工业经济高质量发展拟奖补资金有关事宜，审议《2021年盐池县实施创新驱动战略推动工业经济高质量发展意见（送审稿）》。会议决定：同意兑付2020年实施创新驱动战略推动工业经济高质量发展拟奖补资金1550.56万元建议，经公示无异议后，由县财政局负责据实核拨，并加强资金的管理与监督；各相关单位要按照会议决定用途，做到专款专用，坚决杜绝截留、挤占、挪用项目资金。原则通过《2021年盐池县实施创新驱动战略推动工业经济高质量发展意见（送审稿）》，县发改局根据会议审议意见修改完善，经县人民政府分管领导审核后，按程序报县委。

【盐池县人民政府第75次常务会议】 2021年3月25日召开，龚雪飞主持。传达学习习近平总书记在全国两会期间的重要讲话及全国“两会”精神，部署有关工作。会议要求：紧扣高质量发展主题。完整、准确、全面贯彻新发展理念，坚持创新、协调、绿色、开放、共享发展，精准聚焦今年盐池县巩固拓展脱贫攻坚成果同乡村振兴有效衔接、重点项目建设、“六大重点特色产业”高质量发展等重点工作任务，进一步压实责任、细化分工，为高质量完成全年目标任务打下坚实基础。扎实推进生态文明建设。统筹山水林田湖草沙系统治理，继续抓好污染防治攻坚战，扎实推进春季国土绿化，把育、造、抚、管、保等结合起来，确保到“十四五”规划末，全县森林覆盖率和草原综合植被覆盖度分别达到30%和60%，全力创建全国生态文明示范县和国家森林城市。全力提升民生保障水平。坚持人民至上的价值追求，围绕群众最关心的现实问题，认真抓好民生实事落实工作，加大当前易返贫致贫人口以及城镇“零就业”家庭等低收入人群的帮扶救助力度，推动改革发展成果更好、更公平惠及基层，不断增强人民群众的获得感、幸福感、安全感。传达学习李克强总理对森林草原防灭火工作重要批示及全国、全区森林草原防灭火工作电视电话会议精神，听取全县森林草原防灭火工作情况汇报，安排部署有关工作。会议要求：认清严峻形势。今年以来，全县平均气温高、降水少，特别是清明节期间，预计全县整体气温继续增高，大风天气多，森林草原火险等级普遍维持在极度等级，发生火灾安全风险隐患持续加大，防火形势不容乐观。各乡镇、各部门要认清当前严峻形势，克服麻痹思想和侥幸心理，进一步压实森林草原防火责任，坚决防范森林草原火灾伤亡事故发生。不留工作漏洞。精准聚焦加强全县森林草原防灭火工作的紧急通知、全面防范森林草原火灾的通告和野外用火审批管理办法等5项制度等要求举措，围绕可能引发火灾的坟头烧纸、踏青野炊、带火入林等关键环节，严格“县、乡、村、组、护林员”五级网格化动态管理，加强巡查排查，全程开展动态监测、及时发布预警信息，快速堵塞工作漏洞，真正将可能出现的火灾隐患消除在萌芽状态。3月最后一个周末和清明节放假“两个时间节点”期间，各乡镇、各责任部门和单位的主要负责人要坚守工作岗位，严格执行领导带班、24小时应急值班制度，带头深入开展森林草原防灭火巡查排查工作，确保把火源管住，把火灾防住。政府督查室、自然资源局、应急管理局要紧紧抓住“两个时间节点”，深入基层实地从严开展督查检查，对各责任单位履职不力的，在全县范围内通报并报县委、县政府严肃处理。做足万全准备。深刻吸取近年来区内外扑救森林草原火灾造成人员伤亡的惨痛教训，进一步完善应急预案，做到熟知预案操作，内化于心、外化于行。县公安局、消防大队、应急管理局、自然资源局、气象局等部门之间要强化联动合作、畅通信息渠道，加强专业应急救援队伍建设，定期检查维护和及时更换库存防灭火设备，确保所有设备能用、好用、管用，做到“宁可备而无用、不可用而无备”，全面提升火灾应急救援处置能力。听取中央环保督察及“回头看”反馈意见和自治区生态环境保护督察转办督办问题整改落实情况汇报，安排部署有关工作。会议要求：紧盯彻底整改。认真对照2016年以来各级巡视巡查反馈问题，举一反三，自查自纠，加大对环境保护监管盲区、治理死角的排查整治力度，确保同类型的问题不再出现。市生态环境局盐池分局对整改情况要定期推动、及时报告、严格执法，确保问题全部整改到位。紧盯重点区域。聚焦园区、油区、矿区、养殖区和水源区等生态环境保护重点区域，以农村人居环境整治为抓手，强化问题隐患排查，加大联合执法力度，加快区域生态修复，持续打好蓝天、碧水、净土保卫战，确保主要污染物排放总量持续减少，全面补齐生态环境治理短板。紧盯工作成效。注重统筹兼顾，把反馈问题整改与做好当前工作相结合，力求在加强生态建设、加快绿色转型等方面寻求突破，最大限度减少人为破坏因素，有效化解各类生态环保风险隐患，不断提升工作水平和成效，为保障经济社会平稳健康发展打好基础。审议《盐池县新区控制性详细规划（2021—2035）（送审稿）》《盐池县老城区控制性详细规划及城市设计（2021—2035）（送审稿）》。会议决定：原则通过《盐池县新区控制性详细规划（2021—2035）（送审稿）》《盐池县老城区控制性详细规划及城市设计（2021—2035）（送审稿）》，县自然资源局根据会议审议意见修改完善，经县人民政府分管领导审核后，由县人民政府批复，并报县人大常委会和吴忠市人民政府备案执行。审议《进一步加强全县城镇社区专职工作者队伍建设方案（送审稿）》。会议决定：原则通过《进一步加强全县城镇社区专职工作者队伍建设方案（送审稿）》，县民政局根据会议审议意见修改完善，经县人民政府分管领导审核后，按程序报县委。研究国有建设用地使用权拟挂牌出让、划拨及使用权到期续期有关事宜。会议决定：同意3宗国有建设用地出让、4宗划拨用地及11宗续期建议，由县自然资源局按程序办理。研究采矿权拟挂牌出让有关事宜。会议决定：同意2宗采矿权拟挂牌出让建议，由县自然资源局按程序办理。研究新增辅警数量有关事宜。会议决定：同意新增50名辅警建议，由县公安局报自治区公安厅统一公开招聘。新增辅警根据《宁夏公安机关警务辅助人员日常管理办法（试行）》规定管理；工资待遇按照《盐池县政府购买公共服务人员工资待遇管理制度》（盐党办综〔2017〕51号）文件执行，由县财政全额保障。

【盐池县人民政府第76次常务会议】 2021年5月7日召开，王海宁主持。专题学习研讨习近平总书记在福建考察、参加首都义务植树活动时的重要讲话、对深化东西部协作和定点帮扶、打击治理电信网络诈骗犯罪、职业教育工作重要指示精神，安排部署有关工作。会议要求：加强生态文明建设。严守生态保护红线、严把环境质量底线、严控资源利用上线，统筹推进山水林田湖草沙综合治理，坚决打好污染防治攻坚战。市生态环境局盐池分局和有关部门要切实抓好自治区生态环保督察反馈问题整改工作，举一反三排查整改各类生态安全问题隐患，建立健全长效机制，全面做好新一轮中央环保督察各项准备工作。持续深化闽宁协作。适应形势任务变化，聚焦巩固拓展脱贫攻坚成果、全面推进乡村振兴，进一步深化同福建对口帮扶县区在教育、文化、卫生、科技等领域的合作，重点抓好产业承接、招商引资、人才引进、劳务协作等重点工作，切实加快推动盐池县融入国内大循环发展格局。严打电信网络诈骗。公安、宣传等部门要切实提高责任感和紧迫感，坚持齐抓共管、群防群治，全面落实打防管控各项措施，严惩相关犯罪嫌疑人，切实营造“不敢骗、不能骗”的社会氛围，全力保护全县群众财产安全。大力发展职业教育。教体部门要进一步加大制度创新、政策供给和资金投入力度，引导职业中学深入推进产教融合、校企合作，聚焦盐池县“六大重点特色产业”优化教学模式、合理设置专业、提高育人质量，为全县乃至全市、全区经济社会高质量发展提供人才支撑。传达学习国务院第四次廉政工作会议、自治区政府廉政工作会议精神，安排部署有关工作。会议要求：肯定成绩。去年以来，在区市党委、政府和县委的坚强领导下，全县政府系统党风廉政建设和反腐败斗争取得了新的成果，脱贫攻坚目标任务如期完成、“放管服”改革持续深化、减税降费效果明显、作风建设不断加强，廉洁政府、法治政府建设成效显著，为推动县域经济发展提供了坚强保障。正视问题。当前，全县政府系统在职能转变、落实能力、“四风”问题等方面，还存在不少薄弱环节和廉政风险，各级各部门要高度重视，发扬斗争精神，持之以恒把党风廉政建设和反腐败斗争引向深入。抓好工作。大力弘扬“三牛”精神，严格落实全面从严治党主体责任，从严落实中央八项规定及其实施细则精神，力戒形式主义、官僚主义，持续深化“放管服”改革，深入开展工程建设、政府采购、土地使用权和矿业权出让、药品采购等领域专项治理，不断提高政府系统党风廉政建设水平。研究县人民政府领导班子成员工作分工有关事宜。会议要求：做到绝对忠诚。坚持以习近平新时代中国特色社会主义思想指导工作，深入学习贯彻习近平总书记系列重要讲话和重要指示批示，特别是习近平总书记视察宁夏重要讲话精神，不断提高政治判断力、领悟力和执行力。坚持用政治思维分析思考问题，把盐池工作摆在全市、全区、全国发展大局中，坚定服从县委领导，做到县委有要求、政府要落实。做到勤学善用。保持本领恐慌的危机感、时不我待的紧迫感、重任在肩的使命感，定位高标准、大格局，有针对性地加强分管领域业务知识的学习，努力把学习成果转化为破解发展难题、推动高质量发展的能力，不断提高政府工作的管理和服务水平，更好地干出无愧于时代、无愧于组织、无愧于老区人民的业绩。做到实干担当。坚持以人民为中心的发展思想，始终锚定高质量发展要求，积极应对重大挑战、化解重大风险、克服重大阻力、解决重大矛盾，带头研究谋划、带头安排部署、带头督办落实，着力在产业转型升级、加快项目建设、保障改善民生等方面主动担当、积极作为、务求实效，奋力推动全县经济社会高质量发展。做到精诚团结。牢固树立“一盘棋”思想，始终保持团结和谐局面，班子成员之间要多沟通、多交流，多理解、多支持，做到一切以党和人民的事业为重，充分发挥集体智慧，团结一心干事业、齐心协力谋发展，努力营造良好干事创业氛围，不断增强班子的凝聚力和战斗力。做到清正廉洁。坚持把廉洁自律作为底线，严格遵守法律法规和党纪政纪，严于律己，干净干事，公正用权，筑牢拒腐防变的思想防线，永葆忠诚干净担当的政治品格。从严履行“一岗双责”，切实加强分管领域党风廉政建设，以一言一行树立廉洁自律良好形象，全力营造风清气正的干事创业氛围。听取全县2021年一季度经济运行情况汇报，部署有关工作。会议决定：由刘永辉牵头，发改局、工业园区管委会负责，统筹做好近期县委常委会听取全县一季度工业经济运行、固定资产投资、招商引资、上争资金情况汇报准备工作，坚持问题导向、目标导向、结果导向，认真分析，提出合理对策建议；同时，做好6月初全县重点项目观摩活动各项准备工作。研究2021年县人民政府行政规范性文件和政策性文件清理有关事宜。会议决定：同意拟清理县政府行政规范性文件54件、政策性文件172件建议，县司法局根据会议审议意见修改完善，经县人民政府分管领导审核后，以县人民政府文件印发并向社会公布。审议《盐池县2021年实用性村庄规划编制工作方案（送审稿）》。会议决定：原则通过《盐池县2021年实用性村庄规划编制工作方案（送审稿）》，县自然资源局根据会议审议意见修改完善，经县人民政府分管领导审核后，以县人民政府办公室文件印发。审议《盐池县2021年“5·18国际博物馆日、宁夏长城保护宣传日”“5·19中国旅游日”暨庆祝建党100周年文化旅游体育赛事系列活动实施方案（送审稿）》。会议决定：原则通过《盐池县2021年“5·18国际博物馆日、宁夏长城保护宣传日”“5·19中国旅游日”暨庆祝建党100周年文化旅游体育赛事系列活动实施方案（送审稿）》，县文广局根据会议审议意见修改完善，经县人民政府分管领导审核后，按程序报县委。审议《盐池县畜禽养殖禁养区划定调整方案（送审稿）》。会议决定：原则通过《盐池县畜禽养殖禁养区划定调整方案（送审稿）》，县农业农村局根据会议审议意见修改完善，经县人民政府分管领导审核后，以县人民政府文件印发。审议《盐池县2021年民生微实事项目实施方案（送审稿）》。会议决定：原则通过《盐池县2021年民生微事实项目实施方案（送审稿）》，县民政局根据会议审议意见修改完善，经县人民政府分管领导审核后，按程序报县委。

【盐池县人民政府第77次常务会议】 2021年5月25日召开，王海宁主持。专题学习习近平总书记在广西考察、中共中央政治局第二十九次集体学习时、推进南水北调后续工程高质量发展座谈会上的重要讲话精神，安排部署有关工作。会议要求：全力推进高质量发展。盐池县拥有“盐池滩羊”、两个千亿立方米级气田、储量巨大的石膏资源、高铁站等比较优势，但品牌潜力、资源潜力、区位潜力还没有充分挖掘出来。要完整、准确、全面贯彻新发展理念、主动融入新发展格局，在参与全国、全区的产业竞争中提高质量和效益。持续改善生态环境。坚持节约资源和保护环境的基本国策，强化国土空间规划和用途管控，持续开展大规模国土绿化行动，打好蓝天、碧水、净土保卫战，坚持不懈推动绿色低碳发展。各牵头部门要重点抓好自治区生态环保督察反馈问题整改，主动担责、积极履责，确保整改到位、不反弹、有提高。大力推进节水型社会建设。盐池县属于典型的大陆性季风气候，干旱少雨是基本县情也是制约经济社会发展的最大短板。要坚持把水资源作为最大的刚性约束，突出节水优先，全力推进试水种植、量水生产，大力发展智慧供水、积极引导全社会节水，不断提高节水型社会建设水平。传达学习自治区党委陈润儿书记在吴忠市红寺堡区调研督导百万移民致富提升行动时的讲话精神，全区脱贫攻坚总结表彰大会、全区中央定点扶贫单位座谈会和自治区实施百万移民致富提升行动会议精神，安排部署有关工作。会议要求：实施好百万移民致富提升行动。全面排查移民安置区基础设施、产业发展、公共服务等方面的短板弱项，按照百万移民致富提升行动实施方案要求，精准实施就业帮扶、产业扶持和配套设施建设，提供更加优质的公共服务，让移民群众收入不断提高、生活更加幸福。大力推进脱贫攻坚同乡村振兴有效衔接。密切关注弱势群体，强化预警帮扶机制，确保不发生致贫返贫现象。坚持以乡村振兴示范村建设为抓手，统筹抓好农业生产、人居环境整治、促进转移就业等各项工作，着力将乡村建设得更美丽、更宜居。深化中航油定点帮扶工作。抢抓新发展阶段央企定点帮扶的重要机遇，积极探索在产业转移、旅游扶贫、油气资源开发等方面的合作发展路径，不断巩固提升帮扶成果，进一步增强群众发展后劲。同时，要一如既往地关心和支持帮扶单位、帮扶干部，帮助解决实际困难，做好各项服务保障工作。传达学习自治区建设黄河流域生态保护和高质量发展先行区第四次推进会、吴忠市建设黄河流域生态保护和高质量发展先行区推进会精神。传达学习中央信访工作联席会议2021年第一次全体(扩大)会议精神，听取全县开展集中治理重复信访、化解信访积案专项工作情况汇报，部署有关工作。会议决定：由薛双牵头，各乡镇、各部门立即组织开展本辖区、本部门、本系统信访矛盾隐患排查工作，集中治理重复信访，全力化解信访积案，做到明确目标到位、包保稳定到位、应急处置到位、督查问责到位，确保“三个不发生”，不断提高全县信访工作水平。传达学习全区预防道路交通事故电视电话会议、“安全百日会战　喜迎百年华诞”安全生产和灾害防御百日专项整治行动动员部署会议以及市安委会2021年第二次全体（扩大)会议暨风险普查、防汛抗旱工作部署会议精神，听取全县安全生产、防汛抗旱工作情况，研究新建道路交通设施有关事宜，部署有关工作。会议决定：同意拟新增测速卡口10处，新建交通信号灯20处、电子警察7处和交警指挥大厅建议，县公安局根据会议审议意见修改完善，经县人民政府分管领导审核后，尽快组织实施。审议《关于改革和加强新时代盐池公安派出所工作的实施方案（送审稿)》，研究设立盐池县公安局盐州路派出所、新建社区警务室有关事宜。会议决定：原则通过《关于改革和加强新时代盐池公安派出所工作的实施方案（送审稿)》，县公安局根据会议审议意见修改完善，经县人民政府分管领导审核后，按程序报县委；同意设立盐池县公安局盐州路派出所建议，县公安局根据会议审议意见修改完善，经县人民政府分管领导审核后，以县人民政府文件批复执行；同意新建108个社区警务室建议，县公安局根据会议审议意见修改完善，经县人民政府分管领导审核后，尽快组织实施。审议《盐池县农村公路管理养护体制改革实施方案（送审稿)》《盐池县推进“四好农村路”高质量发展实施方案(送审稿)》《盐池县“路长制”工作考核办法(送审稿)》。会议决定：原则通过《盐池县农村公路管理养护体制改革实施方案（送审稿)》《盐池县推进“四好农村路”高质量发展实施方案(送审稿)》《盐池县“路长制”工作考核办法(送审稿)》，县交通局根据会议审议意见修改完善，经县人民政府分管领导审核后，按程序报县委。审议《盐池县公共租赁住房管理办法(送审稿)》。会议决定：原则通过《盐池县公共租赁住房管理办法(送审稿)》，县住建局根据会议审议意见修改完善，经县人民政府分管领导审核后，以县人民政府文件印发。审议《盐池县巩固拓展脱贫攻坚成果同乡村振兴有效衔接农村破旧房屋拆除整治实施方案(送审稿)》。会议决定：原则通过《盐池县巩固拓展脱贫攻坚成果同乡村振兴有效衔接农村破旧房屋拆除整治实施方案(送审稿)》，县住建局根据会议审议意见修改完善，经县人民政府分管领导审核后，以县人民政府办公室文件印发。审议《盐池县征收农用地区片综合地价和临时用地补偿标准(送审稿)》。会议决定:原则通过《盐池县征收农用地区片综合地价和临时用地补偿标准(送审稿)》,县自然资源局根据会议审议意见修改完善，经县人民政府分管领导审核后，以县人民政府文件印发，并按程序报自治区自然资源厅和吴忠市人民政府备案。审议《盐池县残疾人基层组织建设试点实施方案（送审稿)》。会议决定:原则通过《盐池县残疾人基层组织建设试点实施方案(送审稿)》,县残联根据会议审议意见修改完善，经县人民政府分管领导审核后，按程序报县委。研究2021年公务用车更新有关事宜。会议决定:同意2021年度拟更新15辆公务用车建议,由县财政局负责据实划拨购车款项,并加强资金的管理与监督;各相关单位严格按照政府采购要求采购,做到专款专用,坚决杜绝截留、挤占、挪用项目资金,并将采购结果报财政局备案。审议《盐池县鼓励社会资本建设标准化危货运输专用停车场投资项目安全奖励实施意见（送审稿)》。会议决定:原则通过《盐池县鼓励社会资本建设标准化危货运输专用停车场投资项目安全奖励实施意见(送审稿)》,县交通局根据会议审议意见修改完善，经县人民政府分管领导审核后，以县人民政府文件印发。研究国有建设用地使用权出让、划拨、到期续期有关事宜。会议决定:同意国有建设用地使用权拟挂牌出让2宗、划拨5宗及到期续期7宗建议，由县自然资源局按程序办理。研究盐州古城城门拟命名有关事宜。会议决定：同意盐州古城东城墙南侧城门拟命名为东顺门、南城墙东侧城门拟命名为兴武门、南城墙西侧城门拟命名为南熏门、西城墙南侧城门拟命名为崇文门、北城墙西侧城门拟命名为安定门、北城墙东侧城门拟命名为卫门建议，县住建局按程序办理。审议《盐池县机关事业单位职工住房货币化补贴实施细则(送审稿)》。会议决定:原则通过《盐池县机关事业单位职工住房货币化补贴实施细则(送审稿)》,县住建局根据会议审议意见修改完善，经县人民政府分管领导审核后，按程序报县委。审议《盐池县公办幼儿园政府购买保教保育岗位服务实施方案(送审稿)》《盐池县政府购买校园保安服务岗位服务实施方案(送审稿)》。会议决定:原则通过《盐池县公办幼儿园政府购买保教保育岗位服务实施方案（送审稿)》《盐池县政府购买校园保安服务岗位服务实施方案（送审稿)》，县教体局根据会议审议意见修改完善，经县人民政府分管领导审核后，以县人民政府办公室文件印发。研究兑现盐池县促进文化旅游产业发展扶持办法及“引客入盐”旅游项目以奖代补管理办法奖补项目资金有关事宜。会议决定：同意兑现盐池县促进文化旅游产业发展扶持办法及“引客入盐”旅游项目以奖代补管理办法奖补项目资金194.26万元建议,县财政局据实核拨,并加强资金的管理与监督；各相关单位要按照会议决定用途，做到专款专用,坚决杜绝截留、挤占、挪用项目资金。

【盐池县人民政府第78次常务会议】 2021年6月10日召开,王海宁主持。专题学习研讨习近平总书记在中央全面深化改革委员会第十九次会议、两院院士大会中国科协第十次全国代表大会、5月31日中央政治局会议上的重要讲话精神,部署有关工作。会议要求:持续深化重点领域改革。全力抓好“四权”改革,持续深化教育教学、医疗服务价格、现代财税制度等改革，全面完成自治区县域创新改革试点工作，进一步推进水、土地、山林等要素流动,强化学校教育主阵地作用，降低医疗服务价格,健全现代财税制度,不断提高经济社会发展活力。着力提升科技创新能力。坚持创新在现代化建设全局中的核心地位，着力提升科技创新能力、加强人才队伍建设，加快构建以企业为主体、市场为导向、产学研深度融合为支撑的科技创新体系。加快推进全国天然石膏应用研究中心、宁夏生态牧草改良研究中心、食品级藻蓝蛋白提取研发中心等科研平台建设，促进优势资源和科学技术进一步向盐池县聚集。积极应对人口老龄化。深入实施老幼妇儿关爱行动，着力构建居家社区机构相协调、医养康养相结合的养老服务体系，努力让老年人生活得安心、静心、舒心。积极做好三孩生育政策实施各项准备工作，提高优生优育服务水平，坚决治理天价彩礼等不良社会风气。传达学习全国及全区深化“放管服”改革着力培育和激发市场主体活力电视电话会议精神，听取全县“放管服”改革优化营商环境工作情况汇报，安排部署有关工作。会议决定：由马学荣同志牵头，县审批局负责，围绕提高项目审批及政务要件办理效率等内容，尽快研究制定落实机制，按程序报县人民政府研究。传达学习2021年全国“安全生产月”活动启动视频会议、全区第20个“安全生产月”活动启动暨自治区安委会第二次全体会议精神，安排部署有关工作。会议要求：紧盯企业。进一步压实企业安全生产主体责任，强化对煤矿、非煤矿山、危化品生产等重点企业的督导检查、走访调研，深入了解企业安全生产工作进展情况，实地听取企业意见建议，及时帮助解决重点难点问题，不断提高企业安全生产意识。抓好监管。切实履行属地责任和监管责任，严格落实管生产必须管安全、管业务必须管安全、管行业必须管安全要求，纵深推进安全生产专项整治三年行动，做好风险普查和防汛抗旱等工作，确保将安全生产工作抓紧抓实抓到位。广泛宣传。牢固树立“一盘棋”思想，加大宣传教育力度，着力打造全方位、多角度、立体化的宣传格局。由县安委办、应急管理局负责，深入开展“安全生产月”各项活动，着力营造人人关注安全、了解安全、参与安全的良好社会氛围。安排部署端午节期间重点工作。会议要求：严格值班制度。从严落实领导在岗带班和24小时专人值班制度，坚决杜绝断岗、漏岗、脱岗现象，确保假期值班工作联络畅通、无缝对接、高效运转。做好疫情防控。严格执行疫情“日报告”“零报告”制度，严禁迟报、漏报、瞒报。要加强干部职工管理，严格履行出省请假报备制度，确保行程安全；卫生健康、文化旅游、市场监管等部门要及时发布健康防护、旅游出行、餐饮消费等安全提示，共同营造有序、安全的节日氛围。坚持廉洁过节。严格落实中央八项规定及其实施细则精神、自治区“八条禁令”和廉洁自律各项规定，自觉摒弃大操大办、铺张浪费、盲目攀比等歪风陋习，严禁违规举办“升学宴”“谢师宴”，坚决守好清廉过节的底线和红线。审议《盐池县深入推进土地权改革完善土地要素市场化配置实施方案(送审稿)》。会议决定：原则通过《盐池县深入推进土地权改革完善土地要素市场化配置实施方案(送审稿)》，县自然资源局根据会议审议意见修改完善，经县人民政府分管领导审核后，按程序报县委。审议《盐池县深入推进山林权改革加快植绿增绿护绿步伐实施方案（送审稿)》《盐池县推进山林权改革“以地换林”措施(试行)(送审稿)》。会议决定：原则通过《盐池县深入推进山林权改革加快植绿增绿护绿步伐实施方案(送审稿)》《盐池县推进山林权改革“以地换林”措施(试行)(送审稿)》，县自然资源局根据会议审议意见修改完善，经县人民政府分管领导审核后，按程序报县委。审议《盐池县扎实推进绿色矿业发展示范区建设实施方案(送审稿)》。会议决定：原则通过《盐池县扎实推进绿色矿业发展示范区建设实施方案（送审稿)》，县自然资源局根据会议审议意见修改完善，经县人民政府分管领导审核后，以县人民政府办公室文件印发。审议《盐池县2021年承担国家统筹补充耕地项目实施方案(送审稿)》。会议决定:原则通过《盐池县2021年承担国家统筹补充耕地项目实施方案(送审稿)》,县自然资源局根据会议审议意见修改完善，经县人民政府分管领导审核后，以县人民政府办公室文件印发。研究国有建设用地使用权划拨及补缴土地价款有关事宜。会议决定:原则同意2宗国有建设用地使用权划拨及1宗补缴土地价款建议,县自然资源局按程序组织落实。研究解决创建全国文明城市工作经费有关事宜。会议决定:同意县创城办提出的解决创建全国文明城市工作经费3191万元建议,财政局据实核拨，并加强资金的管理与监督；各相关单位要按照会议决定用途,做到专款专用,坚决杜绝截留、挤占、挪用项目资金。研究解决部分乡镇及工业园区环卫市场化服务公开采购资金有关事宜。会议决定:同意县住建局提出的解决部分乡镇及工业园区环卫市场化服务公开采购经费644.95万元建议,财政局据实核拨,并加强资金的管理与监督;自5月20日终止协议起至中标企业入场期间，继续由康洁公司提供保洁服务,产生费用按照补充协议标准,由县财政支付。各相关单位要按照会议决定用途,做到专款专用,坚决杜绝截留、挤占、挪用项目资金。审议《盐池县落实水资源“四定”原则深化用水权改革实施方案(送审稿)》。会议决定:原则通过《盐池县落实水资源“四定”原则深化用水权改革实施方案（送审稿)》，县水务局根据会议审议意见修改完善，经县人民政府分管领导审核后,按程序报县委。审议《盐池县开展排污权有偿使用和交易改革工作实施方案（送审稿)》。会议决定:原则通过《盐池县开展排污权有偿使用和交易改革工作实施方案(送审稿)》,市生态环境局盐池分局根据会议审议意见修改完善，经县人民政府分管领导审核后,按程序报县委。

【盐池县人民政府第79次常务会议】 2021年6月25日召开,王海宁主持。专题学习研讨习近平总书记在青海考察、在中共中央政治局第三十次集体学习时的重要讲话、对湖北十堰市张湾区艳湖社区集贸市场燃气爆炸事故作出的重要指示和李克强总理重要批示精神,安排部署有关工作。会议决定:由马学荣牵头,市生态环境局盐池分局负责，突出抓好各级环保督察反馈问题整改，全面做好迎接自治区党委第二生态环境保护督察组生态环境保护专项督察和新一轮中央环保督察各项准备工作;由薛双牵头,县信访局负责,“七一”前全面开展一次信访隐患排查,正视存在问题、逐条整改销号，确保不出现新的越级访,并及时将排查情况报县委、县政府;由张晨牵头,县疫情防控指挥部办公室负责,按照精细化、网格化管理要求，做好疫苗第二剂次接种干部群众动员组织工作，确保机关、企事业单位职工疫苗接种覆盖率达到85%以上，力争做到“应接尽接”“应种尽种”。传达学习全市社会信用体系建设工作推进会议精神，安排部署有关工作。会议要求:深化思想认识。诚信不仅是社会主义核心价值观的重要内容，更是市场经济的基石和灵魂，推进社会信用体系建设是实现经济社会高质量发展的必然要求,对于创造高品质生活、实现高效能治理具有重要意义。坚持问题导向。把社会信用体系建设置于经济社会发展的全局来思考、谋划和推动,切实解决好信用信息归集严重不足、联合奖惩措施没有落实落地、政务类合同履约不到位、部门责任落实不力等问题，全面有序推进社会信用体系建设。加强统筹联动。社会信用体系建设是一项系统工程,涉及经济社会发展各方面各领域。要严格抓好各项共性和个性任务,进一步完善工作机制、压实工作责任、强化协调配合,全力提升社会信用体系建设法治化、规范化水平。听取全县食品药品安全工作情况汇报，研究调整盐池县食品安全委员会组成人员有关事宜，安排部署有关工作。会议决定：同意调整盐池县食品安全委员会组成人员建议，县食安办根据会议审议意见修改完善，经县人民政府分管领导审核后，以县食品安全委员会文件印发；由李国强牵头，县住建局负责，就全县小餐饮经营户煤改气入户成本高、难度大问题进行深入调研，尽快形成处置方案，妥善解决问题，着力消除安全和环保隐患，促进小餐饮经营户健康发展。审议《盐池县改革完善社会救助制度实施方案(送审稿)》。会议决定：原则通过《盐池县改革完善社会救助制度实施方案(送审稿)》，县民政局根据会议审议意见修改完善，经县人民政府分管领导审核后，按程序报县委。研究提高全县农村居民最低生活保障补助标准有关事宜。会议决定：同意提高全县农村居民最低生活保障补助标准建议，从2021年7月1日起，农村低保对象中重点保障对象(A类)补助标准调整为每人每月390元、长期保障对象(B类)补助标准调整为每人每月330元、一般保障对象(C类)补助标准调整为每人每月280元，县民政局按程序组织落实。审议《盐池县重点项目推进工作专班(送审稿)》。会议决定：原则通过《盐池县重点项目推进工作专班(送审稿)》，县审批局根据会议审议意见修改完善，经县人民政府分管领导审核后，以县人民政府办公室文件印发。审议《盐池县招商引资激励办法(送审稿)》，研究聘请盐池县招商顾问有关事宜。会议决定：原则通过《盐池县招商引资激励办法(送审稿)》，县投资促进服务中心根据会议审议意见修改完善，经县人民政府分管领导审核后，按程序报县委。同意聘请闫宝强、方长青、赵江伟、叶树美、瞿辉、刘艺光、张德智、李志虎、崔惠忠、官楠、王怡舒、周建明12人为盐池县招商顾问建议，县投资促进服务中心按程序报县委。审议《盐池县乡镇（街道）责任清单（送审稿)》。会议决定：原则通过《盐池县乡镇（街道）责任清单（送审稿)》，县司法局根据会议审议意见修改完善，经县人民政府分管领导审核后，以县人民政府办公室文件印发。审议《盐池县中小学教师“县管校聘”改革试点工作方案(送审稿)》。会议决定：原则通过《盐池县中小学教师“县管校聘”改革试点工作方案（送审稿)》，县教体局根据会议审议意见修改完善，经县人民政府分管领导审核后，按程序报县委。研究国有建设用地使用权和采矿权拟挂牌出让有关事宜。会议决定：同意2宗国有建设用地使用权和2宗采矿权挂牌出让建议，县自然资源局按程序组织落实。研究新增工业园区2021年基础设施建设项目有关事宜。会议决定：同意工业园区区块三(大水坑)敷设排污管项目、区块三(青山)一期道路路肩硬化项目、编制工业园区水资源论证报告、区块二事故应急池建设项目、区块二（高沙窝北)封闭化管理监控监测项目、区块二(高沙窝北)道路及配套设施建设项目、区块二(高沙窝北)场地平整工程7个新增基础设施建设项目建议，县工业园区管委会按程序尽快组织落实。研究解决工业园区区块二供水工程运行管理费用补贴有关事宜。会议决定：同意县工业园区管委会提出的解决工业园区区块二供水工程运行管理费用补贴534.25万元建议，财政局据实核拨，并加强资金的管理与监督；各相关单位要按照会议决定用途，做到专款专用，坚决杜绝截留、挤占、挪用项目资金。研究解决工业园区项目建设费用有关事宜。会议决定：同意县工业园区管委会提出的解决工业园区总体规划编修等11个项目费用建议，财政局据实核拨，并加强资金的管理与监督；各相关单位要按照会议决定用途，做到专款专用，坚决杜绝截留、挤占、挪用项目资金。

【盐池县人民政府第 80 次常务会议】 2021 年 7 月 12 日召开，王海宁主持。专题学习研讨习近平总书记在庆祝中国共产党成立 100 周年大会、"七一勋章" 颁授仪式上的重要讲话精神，部署有关工作。会议要求:坚持党的全面领导。深入学习贯彻习近平新时代中国特色社会主义思想，统筹推进"五位一体"总体布局、协调推进"四个全面"战略布局，进一步增强"四个意识"，坚定"四个自信"，做到"两个维护"，始终同以习近平同志为核心的党中央保持高度一致，全面落实党中央、区市党委、政府和县委各项决策部署，确保政府各项工作始终沿着正确的政治方向前进。弘扬伟大建党精神。站位新发展阶段，贯彻新发展理念，融入新发展格局，要大力弘扬坚持真理、坚守理想，践行初心、担当使命，不怕牺牲、英勇斗争，对党忠诚、不负人民的伟大建党精神，始终坚定伟大信仰不动摇，自觉运用习近平新时代中国特色社会主义思想武装头脑、指导实践、推动工作，紧盯重点特色产业发展、重点项目建设及重点工作推进情况，拿出务实举措，抢抓时间进度，推动全县各项工作不断取得新成效。践行党的根本宗旨。必须始终把人民群众对美好生活的向往作为我们的奋斗目标，结合党史学习教育"我为群众办实事"活动，大力实施"四大提升行动"、民生实事和民生"微实事"项目，着力解决好群众最关心的教育、就业、社会保障、医疗卫生、住房等方面的实际问题，让群众共享全县经济、政治、文化、社会、生态等各方面发展成果，有更多、更直接、更实在的获得感、幸福感、安全感，不断促进人的全面发展、全体人民共同富裕。审议《盐池县实施全民健康水平提升行动工作任务清单(送审稿)》。会议决定:原则通过《盐池县实施全民健康水平提升行动工作任务清单(送审稿)》，县卫健局根据会议审议意见修改完善，经县人民政府分管领导审核后，按程序报县委。审议《盐池县 2021 年上半年国民经济和社会发展计划执行情况报告(送审稿)》。会议决定:原则通过《盐池县 2021 年上半年国民经济和社会发展计划执行情况报告(送审稿)》，县发改局根据会议审议意见修改完善，经县人民政府分管领导审核后，按程序报县委。审议《盐池县实施城乡居民收入提升行动工作任务清单（送审稿)》。会议决定:原则通过《盐池县实施城乡居民收入提升行动工作任务清单(送审稿)》，县发改局根据会议审议意见修改完善，经县人民政府分管领导审核后，按程序报县委。审议《2020 年全县财政收支决算和 2021 年上半年财政预算执行情况报告（送审稿)》《盐池县本级财政 2021 年地方政府债券项目安排及预算调整方案(送审稿)》。会议决定:原则通过《2020 年全县财政收支决算和 2021 年上半年财政预算执行情况报告(送审稿)》《盐池县本级财政 2021 年地方政府债券项目安排及预算调整方案(送审稿)》，县财政局根据会议审议意见修改完善，经县人民政府分管领导审核后，按程序报县委;由刘永辉牵头，县财政局、税务局负责，针对税收结构不合理、非税收入短收等问题，认真研究，及时提出解决方案，统筹做好优质税源培育、依法纳税缴税等工作，促进财政收入健康可持续增长。审议《盐池县实施百万移民致富提升行动工作任务清单(送审稿)》。会议决定:原则通过《盐池县实施百万移民致富提升行动工作任务清单（送审稿)》，县乡村振兴局根据会议审议意见修改完善，经县人民政府分管领导审核后，按程序报县委。审议《盐池县实施基础教育质量提升行动工作任务清单（送审稿)》。会议决定:原则通过《盐池县实施基础教育质量提升行动工作任务清单(送审稿)》，县教体局根据会议审议意见修改完善，经县人民政府分管领导审核后，按程序报县委。研究 2021 年上半年拟安排财政资金有关事宜。会议决定:同意2021年上半年拟安排财政资金25096.56万元建议,县财政局根据会议审议意见修改完善,经县人民政府分管领导审核后,按照目前可用财力情况和部门资金需求轻重缓急程度,予以安排解决,并加强资金的管理与监督,凡属招投标或政府采购的项目资金以实际中标价或采购价为准。各相关单位要按照会议决定用途,做到专款专用,坚决杜绝截留、挤占、挪用项目资金。审议《盐池县实施"四大改造"推进工业转型发展实施方案(送审稿)》。会议决定:原则通过《盐池县实施"四大改造"推进工业转型发展实施方案(送审稿)》,县发改局根据会议审议意见修改完善,经县人民政府分管领导审核后,按程序报县委。审议《盐池县2021年庆祝"八一"双拥系列活动方案(送审稿)》。会议决定:原则通过《盐池县2021年庆祝"八一"双拥系列活动方案(送审稿)》,县退役军人事务局根据会议审议意见修改完善,经县人民政府分管领导审核后,以县拥军优属拥政爱民工作领导小组办公室文件印发;同意县退役军人事务局提出的解决2021年"八一"双拥系列活动经费45.4万元建议,财政局据实核拨,并加强资金的管理与监督;各相关单位严格按照政府采购要求采购,做到专款专用,坚决杜绝截留、挤占、挪用项目资金。研究高沙窝镇高标准重点小城镇建设有关事宜。会议决定:同意高沙窝镇提出的给予高沙窝城镇低效用的再开发政策建议,县自然资源局按程序办理;同意高沙窝镇提出的将2021—2023年高沙窝镇镇区土地出让金全部返还高沙窝镇用于公共基础设施建设、2021—2023年期间对高沙窝镇镇区金沙街按照高标准重点小城镇规划实施的自拆新建商业房按照建成面积每平方米补助200元建议,所需财政支持资金由县财政局据实拨付,并加强资金的管理与监督;各相关单位要按照会议决定用途,做到专款专用,坚决杜绝截留、挤占、挪用项目资金;同意解决高沙窝镇金沙公园建设等政府投资建设项目涉及拆迁商住户拆迁及奖励费用(含搬迁费用、临时安置、停产停业等费用)849万元建议,县财政局据实拨付,并加强资金的管理与监督;各相关单位要按照会议决定用途,做到专款专用,坚决杜绝截留、挤占、挪用项目资金;同意高沙窝镇组织实施金沙东街改造、中心广场改造、停车场、高速公路出入口南侧绿化、金沙西街改造、金沙公园建设等6个项目建议,所需资金从自治区重点小城镇建设项目资金中列支,不足部分积极争取区市项目资金解决;同意高沙窝镇提出的核销高沙窝镇金沙公园建设涉及的10间317.49平方米镇政府房屋固定资产属性建议,县财政局按程序办理;同意高沙窝镇提出的实施公租房配建项目、高沙窝污水处理站尾水人工湿地项目、体育公园和健身步道建设项目、镇区绿化项目、省道202线镇区至铁路涵洞段道路改造、国道307镇区改造部分沥青油面铺设及高速公路出入口改造工程项目,县发改局、住建局、市生态环境局盐池分局、教体局、自然资源局、交通局分别落实项目资金,确保政府投资数额达到自治区考核要求。审议《第四届吴忠黄花菜产业发展论坛暨产销对接大会工作方案(送审稿)》。会议决定:原则通过《第四届吴忠黄花菜产业发展论坛暨产销对接大会工作方案(送审稿)》,县农业农村局根据会议审议意见修改完善,经县人民政府分管领导审核后,按程序报县委;由郑参牵头,县农业农村局负责,尽快组织一次全面推演,及时发现问题、迅速补齐短板,确保第四届吴忠黄花菜产业发展论坛暨产销对接大会取得圆满成功。研究建设大水坑镇小型消防站有关事宜。会议决定:原则同意建设大水坑镇小型消防站建议,由县财政局据实拨付建设配套资金500万元,应急管理局会同自然资源局、消防救援大队和大水坑镇协调推进选址、建设等事宜,项目建成后,移交消防救援大队管理使用。研究国有建设用地使用权划拨用地及到期续期有关事宜。会议决定:原则同意3宗国有建设用地使用权划拨用地及3宗到期续期建议,县自然资源局按程序组织落实。研究增加政府购买岗位服务有关事宜。会议决定:同意增加盐池县图书馆、博物馆、慈善协会、工商联4家单位28个政府购买岗位服务建议,县人社局按程序组织落实;新增购买岗位服务费用参照《盐池县委办公室　人民政府办公室关于印发〈盐池县政府购买公共服务人员工资待遇管理制度〉的通知》(盐党办综〔2017〕51号)规定执行。研究盐池县公安局执法办案管理中心改建项目有关事宜。会议决定:同意盐池县公安局执法办案管理中心改建建议,县公安局根据会议审议意见修改完善,经县人民政府分管领导审核后,尽快组织实施。项目所需资金由财政局据实拨付,并加强资金的管理与监督;各相关单位要按照会议决定用途,做到专款专用,坚决杜绝截留、挤占、挪用项目资金。

【盐池县人民政府第81次常务会议】 2021年8月11日召开,王海宁主持。专题学习研讨习近平总书记在7月30日中共中央政治局会议上、党外人士座谈会上、西藏考察时、中央全面深化改革委员会第二十次会议上、中共中央政治局第三十一次集体学习时、参观"'不忘初心、牢记使命'中国共产党历史展览"时的重要讲话精神,对当前疫情防控工作、防汛救灾工作、深入推进农村厕所革命作出的重要指示精神,以及《以史为镜、以史明志,知史爱党、知史爱国》重要文章,部署有关工作。会议决定:由刘永辉牵头,县应急管理局负责,对全县能源化工等重点企业安全隐患进行彻底排查整改,对各乡镇、各相关部门防汛工作进行督导,加快推进应急指挥中心和实训实操基地建设,不断提升本质安全水平,确保全县安全生产形势稳定;由马学荣牵头,市生态环境局盐池分局负责,建立近年来中央和自治区环保督察反馈未销号问题清单、自治区党委环保督察组反馈涉及盐池县共性和个性问题清单以及全县生态环保自查发现问题清单"三个清单",盯住整改推进,并及时将结果报县委、县政府;由郑参牵头,县农业农村局、乡村振兴局负责,研究制定应对旱情补救措施,切实保障农民收入,形成具体意见报县委、县政府;由水务局负责,立足现有水量,加强用水调配,全力保障城乡人畜用水需求;由蒋刚牵头,县自然资源局、各乡镇负责,多措并举抓好全县林木灌溉、管护等工作,有效应对旱情,全力保障林木存活率;由刘永辉负责,近期专项督办53件民生实事办理情况,进一步压实责任,确保10月底前全部办结。传达学习全国、全区医改工作电视电话会议精神,听取县域综合医改工作情况汇报,安排部署有关工作。会议决定:由邱永丰负责,积极对接福建省三明市等医改工作先进地区,适时组织全县卫健系统相关人员前往学习交流,为更好推动全县医改工作注入新活力。传达学习全区部署中小学(幼儿园)"护学岗"工作视频会议精神,听取全县未成年人思想道德建设工作情况汇报,安排部署有关工作。会议要求:突出重点。围绕庆祝建党100周年主线,用好红色资源,通过开展小小讲解员等活动,推动革命传统教育、传承红色革命精神,进一步深化社会主义核心价值体系学习教育。要推动思政课改革创新,切实加强未成年人思想道德建设,不断深化文明校园创建,教育引导广大青少年听党话、感党恩、跟党走。丰富形式。充分考虑未成年人身心成长特点和接受能力,用鲜活通俗的语言、生动典型的事例、喜闻乐见的形式开展教育实践,不断增强吸引力感染力,提升教育质量。协同推进。加强"护学岗"和"一校(园)一警"建设,完善学校、家庭、社会"三结合"的教育网络，全方位加强对未成年人的教育引导，着力营造未成年人健康成长的良好社会环境。同时，要严格落实自治区教育厅要求部署，切实抓好疫情防控和校园安全工作，确保顺利开学。传达学习《自治区发展改革委关于精准做好用能保障扩大有效投资的通知》精神，听取全县能耗"双控"工作情况汇报，部署有关工作。会议要求：全面摸清底数。县发改局、园区管委会等部门要紧紧围绕年度能耗总量、增量控制以及单位地区生产总值能耗下降目标，以全社会能耗为基础，分行业、分领域摸清能耗底数，确保数据真实、科学、准确，为下一步推进能耗"双控"工作提供有力抓手。着力化解存量。紧盯重点领域能耗管控，狠抓企业主体责任落实，健全响应机制，采取倒逼机制，加强重大耗能项目动态调度，督促重点企业制定、落实降耗措施，统筹推进停产整改、提标改造等工作，为企业持续健康发展提供有力保障。

严格控制增量。坚持"节能优先，量能而行"，按照"先立后破"工作原则，坚决遏制高耗能产业盲目发展和低水平重复建设，从严控制存量高耗能企业新增用能，引进更多低耗能高效益的优质项目，支持企业实施"四大改造"，切实推动县域经济高质量发展。听取全县医保电子凭证激活应用工作情况汇报，安排部署有关工作。会议要求：坚持示范引领。医保电子凭证具有方便快捷、功能丰富、安全性高等优点，各乡镇、各部门"一把手"要靠前指挥、压实责任，切实发挥好带头作用，确保本周内完成所有机关单位工作人员电子凭证激活工作。广泛宣传动员。进一步提高政治站位，紧盯时间节点和工作要求，丰富宣传载体与渠道，提高广大群众的积极性和主动性，确保全县群众医保电子凭证激活率8月底前完成80%以上、9月底前完成90%以上、10月底全部完成。提升服务水平。坚持把推进医保电子凭证激活应用作为"我为群众办实事"实践活动重要内容，充分发挥帮扶责任人、网格员和各医疗机构作用，积极引导广大群众激活应用医保电子凭证，不断提升群众满意度。审议《盐池县2021年度闽宁对口协作项目实施方案（送审稿）》《盐池县2021年度中国航空油料集团公司帮扶项目实施方案（送审稿）》《2021年中央专项彩票公益金支持盐池县塞上牧歌生态旅游乡村振兴示范区项目实施方案（送审稿）》。会议决定：原则通过《盐池县2021年度闽宁对口协作项目实施方案（送审稿）》《盐池县2021年度中国航空油料集团公司帮扶项目实施方案（送审稿）》《2021年中央专项彩票公益金支持盐池县塞上牧歌生态旅游乡村振兴示范区项目实施方案（送审稿）》，县乡村振兴局根据会议审议意见修改完善，经县人民政府分管领导审核后，按程序报县委。研究解决2017—2020年盐池县美丽村庄项目前期费用有关事宜。会议决定：同意解决2017—2020年盐池县美丽村庄项目前期费用327.05万元建议，县财政局据实核拨，并加强资金的管理与监督；各相关单位要严格落实政府采购要求，做到专款专用，坚决杜绝截留、挤占、挪用项目资金。研究国有建设用地使用权拟挂牌出让、划拨、到期续期、划拨用地转出让用地及划拨用地转协议出让用地有关事宜。会议决定，原则同意国有建设用地1宗挂牌出让、1宗划拨用地、1宗国有建设用地使用权到期续期、5宗划拨用地转出让用地及1宗划拨用地转协议出让用地建议，县自然资源局按程序组织落实。

【盐池县人民政府第82次常务会议】 2021年9月1日召开，王海宁主持。专题学习研讨习近平总书记在河北承德考察时、中央财经委员会第十次会议上、中共中央政治局第三十二次集体学习时的重要讲话、给云南省沧源县边境村老支书们的回信、向第五届中国—阿拉伯国家博览会致贺信精神，以及《加强党史军史和光荣传统教育　确保官兵永远听党话、跟党走》《总结党的历史经验加强党的政治建设》《学史明理　学史增信　学史崇德　学史力行》重要文章，部署有关工作。会议决定：由李国强牵头，县民政局、住建局负责，加快永宏乐丰康复生态养生园二期项目审批手续办理，全力推动开工建设；由各副县长牵头，组织分管部门召开重点工作谋划推进会，梳理盘点全年重点工作，赶进度、促效益、出亮点，确保完成各项目标任务；积极谋划2022年和未来五年重点工作，积极上争资金项目，加快外出招引步伐，集中梳理一批打基础、利长远、惠民生的项目，为全县经济社会发展提供有力抓手。传达学习全区新冠病毒疫苗接种工作视频调度会议精神，听取全县疫苗接种工作情况汇报，安排部署有关工作。会议决定：由张晨牵头，县卫健局、各乡镇（街道办）负责，采取有效措施，打好疫苗接种攻坚战，确保9月3日之前完成接种任务，并将日进度报县委、县政府。传达学习全区“双减”工作推进会精神，审议《盐池县推进县域义务教育优质均衡发展实施方案（送审稿）》《盐池县深化新时代教育督导体制机制改革实施方案（送审稿）》《关于进一步健全全县义务教育教师工资待遇落实保障长效机制的通知（送审稿）》，安排部署有关工作。会议决定：原则通过《盐池县推进县域义务教育优质均衡发展实施方案（送审稿）》《盐池县深化新时代教育督导体制机制改革实施方案（送审稿）》《关于进一步健全全县义务教育教师工资待遇落实保障长效机制的通知（送审稿）》，县教体局根据会议审议意见修改完善，经县人民政府分管领导审核后，按程序报县委。审议《盐池县十大工程项目县领导包抓责任机制（送审稿）》。会议决定：原则通过《盐池县十大工程项目县领导包抓责任机制（送审稿）》，县发改局根据会议审议意见修改完善，经县人民政府分管领导审核后，按程序报县委。审议《福建石狮市—宁夏盐池县“十四五”东西部协作框架协议（送审稿）》《福建石狮市—宁夏盐池县2021年东西部对口协作协议（送审稿）》。会议决定：原则通过《福建石狮市—宁夏盐池县“十四五”东西部协作框架协议（送审稿）》《福建石狮市—宁夏盐池县2021年东西部对口协作协议（送审稿）》，县乡村振兴局根据会议审议意见修改完善，经县人民政府分管领导审核后，按程序报县委主要领导审定，由县人民政府与石狮市人民政府签订。研究拨付2020年度就业扶贫资金有关事宜。会议决定：同意拨付2020年度就业扶贫资金181.5万元建议，县财政局据实核拨，并加强资金的管理与监督；各相关单位要严格做到专款专用，坚决杜绝截留、挤占、挪用项目资金。研究解决原实验中学教学办公用房征收费用有关事宜。会议决定：同意解决原实验中学教学办公用房征收费用762.4万元建议，县财政局据实核拨，并加强资金的管理与监督；各相关单位要严格做到专款专用，坚决杜绝截留、挤占、挪用项目资金。研究采购城市生活垃圾填埋作业机械有关事宜。会议决定：同意解决采购城市生活垃圾填埋作业机械96万元建议，县财政局据实核拨，并加强资金的管理与监督；各相关单位要严格落实政府采购要求，做到专款专用，坚决杜绝截留、挤占、挪用项目资金。研究补充盐池县慈善协会原始创始基金有关事宜。会议决定：同意补充盐池县慈善协会原始创始基金200万元建议，县财政局据实核拨，并加强资金的管理与监督；各相关单位要严格落实政府采购要求，做到专款专用，坚决杜绝截留、挤占、挪用项目资金。研究新增辅警有关事宜。会议决定：同意新增50名辅警建议，由县公安局报自治区公安厅统一公开招聘。新增辅警依据《中华人民共和国劳动法》

《中华人民共和国劳动合同法》和《宁夏回族自治区公安机关警务辅助人员条例》有关规定管理；工资待遇按照《盐池县政府购买公共服务人员工资待遇管理制度》(盐党办综〔2017〕51号)文件执行。

【盐池县人民政府第83次常务会议】 2021年9月27日召开，王海宁主持。专题学习研讨习近平总书记在陕西榆林考察时、2021年秋季学期中央党校（国家行政学院）中青年干部培训班开班式、中央民族工作会议上的重要讲话，给全国高校黄大年式教师团队代表的回信、向中国质量（杭州）大会致贺信、在第四个“中国农民丰收节”到来之际向全国广大农民和工作在“三农”战线上的同志们致以节日祝贺和诚挚慰问精神，以及《毫不动摇坚持和加强党的全面领导》《党的伟大精神永远是党和国家的宝贵精神财富》重要文章，部署有关工作。会议要求：争做新时代好干部。按照新时代好干部标准严格要求自己，坚定理想信念、敢于坚持原则、勇于担当作为，进一步丰富学识、拓宽眼界，以“困难面前有干部、干部面前没困难”的干事创业精神，在全面建设“强美富优”现代化新盐池中奋勇争先、建功立业。推动绿色低碳发展。严格落实“双碳”“两高”“双控”政策，积极推进“四权”改革，深入实施“四大改造”，把好项目准入关，推动油气化工、煤化工等产业高端化、多元化、低碳化发展，下大力气优化产业结构、推进绿色发展，不断提高经济发展质量和综合效益。提高教育教学水平。全面贯彻党的教育方针，严格落实中央和区市党委、政府及县委各项决策部署，持续深化“县管校聘”、新时代教育督导体制机制等各项改革，不断加强师德师风建设，着力提高全县教师教学水平和综合能力，真正把过重的学业负担和校外培训负担减下来，切实办好人民满意教育。做好民族团结工作。以铸牢中华民族共同体意识为民族工作主线，将民族团结进步教育同中心工作同安排、同部署、同推进，促进全县各族群众交往交流交融，共同团结奋斗、共同繁荣发展，不断增强全县各族群众获得感、幸福感和安全感。传达学习习近平总书记关于打击治理电信网络诈骗犯罪工作重要指示精神和李克强总理重要批示精神，听取全县防范电信诈骗工作情况汇报，安排部署有关工作。会议决定：由薛双牵头，县公安局、各乡镇（街道办）负责，采取积极有效措施，全力提高“国家反诈中心”App注册率，确保10月底达到80%以上。传达学习县第十五次党代会精神，安排部署贯彻落实工作。会议决定：由各副县长牵头，结合贯彻落实县第十五次党代会精神，采取调研走访、召开座谈会等方式，于9月30日前组织各部门深入分析分管领域重点工作，认真研究推进方法、落实举措，将结果反馈至县人民政府办公室。传达学习《自治区纪委办公厅关于印发〈全区开展违规吃喝隐形变异问题专项整治工作方案〉的通知》精神，部署有关工作。会议决定：由张晨牵头，疫情防控指挥部负责，制定国庆期间疫情防控工作方案，确保常态化疫情防控举措落实落地。

传达学习《自治区人民政府办公厅关于第七次人口普查统计违纪违法案件查处情况的通报》《自治区统计局关于转发〈国家统计局关于2021年上半年13起重大统计违法案件的通报〉的通知》精神，听取全县统计工作情况汇报，安排部署有关工作。会议决定：由刘永辉牵头，县统计局负责，做好第三季度各项经济指标统计工作，确保数据真实、准确，为县委、县政府科学决策提供有效参考。传达学习自治区生态环境保护督察工作领导小组2021年第一次会议、全区生态环境保护工作视频调度会议以及吴忠市督察反馈问题整改任务销号验收推进会议精神，审议《盐池县贯彻落实2021年自治区生态环境保护专项督察反馈意见整改方案（送审稿）》，安排部署有关工作。

会议决定:原则通过《盐池县贯彻落实2021年自治区生态环境保护专项督察反馈意见整改方案(送审稿)》,市生态环境局盐池分局根据会议审议意见修改完善,经县人民政府分管领导审核后,按程序报县委。由马学荣牵头,市生态环境局盐池分局负责,全力抓好生态环保督察反馈问题整改工作,确保10月底前取得明显成效,并制定进度管理台账定期报县委、县政府。听取9月份外出招商情况汇报,部署有关工作。会议决定:由各产业包抓领导牵头,责任单位负责,围绕重点产业,于12月底前带队外出开展产业招商,至少引进2个产业项目,为重点产业快速、高质量发展提供强大支撑。审议《2021年度盐池县人民政府重大行政决策事项目录(送审稿)》。会议决定:原则通过《2021年度盐池县人民政府重大行政决策事项目录(送审稿)》,县司法局根据会议审议意见修改完善,经县人民政府分管领导审核后,按程序报县委。审议《关于用好红色资源赓续红色血脉做好红色资源保护传承管理利用工作的实施方案(送审稿)》。会议决定:原则通过《关于用好红色资源赓续红色血脉做好红色资源保护传承管理利用工作的实施方案(送审稿)》,县文广局根据会议审议意见修改完善,经县人民政府分管领导审核后,按程序报县委。研究盐州路派出所与花马池派出所管辖区域划分事宜、盐州路派出所改建及信息化设备采购相关事宜。会议决定:原则通过盐州路派出所与花马池派出所管辖区域划分事宜,县公安局根据会议审议意见修改完善,经县人民政府分管领导审核后,由县公安局按照规定程序做好花马池派出所和盐州路派出所治安区域划分工作;同意解决盐州路派出所改建及信息化设备采购498.3万元建议,县财政局据实核拨,并加强资金的管理与监督;各相关单位要严格落实政府采购要求,做到专款专用,坚决杜绝截留、挤占、挪用项目资金。研究国有建设用地使用权拟挂牌出让、划拨、协议出让、补缴土地价款、旧城改造拍卖土地办理用地手续、收回国有建设用地土地使用权有关事宜。会议决定:原则同意国有建设用地4宗挂牌出让、11宗划拨、1宗协议出让、2宗补缴土地价款、1宗旧城改造拍卖土地办理用地手续、4宗收回国有建设用地使用权建议,县自然资源局按程序组织落实。研究盐池高级中学外聘校长有关事宜。会议决定:同意解决盐池高级中学外聘校长挂职期间每年55万元年薪、绩效考核及奖励补助的建议,县财政局据实核拨,并加强资金的管理与监督;各相关单位严格按照程序办理。研究解决县人民医院传染病救治设备采购资金有关事宜。会议决定:同意解决县人民医院传染病救治设备采购资金798万元建议,县财政局据实核拨,并加强资金的管理与监督;各相关单位要严格落实政府采购要求,做到专款专用,坚决杜绝截留、挤占、挪用项目资金。

【盐池县人民政府第84次常务会议】 2021年10月14日召开,王海宁主持。专题学习研讨习近平总书记在纪念辛亥革命110周年大会上、在中央人才工作会议上、在中央政治局第三十三次集体学习时的重要讲话精神,向2021年世界互联网大会乌镇峰会致贺信、向2021中关村论坛视频致贺精神,部署有关工作。会议要求:始终坚持党的全面领导。坚持以习近平新时代中国特色社会主义思想为指导,严格执行党的路线方针政策,坚决贯彻党中央、国务院决策部署,认真落实区市党委、政府和县委各项工作要求,不断增强“四个意识”、坚定“四个自信”、做到“两个维护”,切实提高政治判断力、政治领悟力、政治执行力。着力建设优秀人才队伍。牢固树立“人才是第一资源”的战略思维,加大人才培养引进、评价激励、待遇保障力度,大力实施名校优生引进和本土人才培养计划,积极培育新型职业农民，着力建设一支高素质、专业化的人才队伍，为实现“强美富优”现代化新盐池奋斗目标提供人才支撑。切实筑牢生物安全屏障。深刻认识新形势下加强生物安全建设的重要性和紧迫性，强化基层畜牧兽医技术队伍建设，不断提高动物疫病综合防控能力和社会化服务水平。秋冬季节是各类传染病高发时期，各级各部门要加强政策宣传、加大防控力度，守护好全县群众生命财产安全和身体健康。传达学习习近平总书记关于国家粮食安全系列重要讲话和重要指示精神、《粮食流通管理条例》，听取全县粮食安全工作情况汇报，部署有关工作。会议决定：由郑参牵头，县水务局负责，积极对接区市有关厅局，加大水利设施建设力度，2022年至少开工建设1座调蓄水库，积极协调从宁东开辟新的供水线；由县农业农村局、各乡镇负责，动员广大群众积极参与农田水利、秋季农田建设，切实加大耕地保护力度，加快的力恢复，提高耕地生产能力。审议《政府工作报告（送审稿）》《盐池县2021年国民经济和社会发展计划执行情况及2022年计划报告（送审稿）》。会议决定：原则通过《政府工作报告（送审稿）》《盐池县2021年国民经济和社会发展计划执行情况及2022年计划报告（送审稿）》，县政府办、发改局分别根据会议审议意见修改完善，经县人民政府分管领导审核后，按程序报县委。审议《盐池县2021年财政预算执行情况和2022年财政预算报告（送审稿）》。会议决定：原则通过《盐池县2021年财政预算执行情况和2022年财政预算报告（送审稿）》，县财政局根据会议审议意见修改完善，经县人民政府分管领导审核后，按程序报县委。审议《盐池县2020年度国有资产管理情况报告（送审稿）》。会议决定：原则通过《盐池县2020年度国有资产管理情况报告（送审稿）》，县财政局根据会议审议意见修改完善，经县人民政府分管领导审核后，按程序报县委。审议《盐池县国企改革三年行动实施方案（2020—2022年）（送审稿）》。会议决定：原则通过《盐池县国企改革三年行动实施方案（2020—2022年）（送审稿）》，县财政局根据会议审议意见修改完善，经县人民政府分管领导审核后，按程序报县委。审议《盐池县进一步稳定和促进就业创业八项措施（送审稿）》。会议决定：原则通过《盐池县进一步稳定和促进就业创业八项措施（送审稿）》，县人社局根据会议审议意见修改完善，经县人民政府分管领导审核后，以县人民政府办公室文件印发。研究青年创业园项目建设基金及收益有关事宜。会议决定：同意解决青年创业园项目建设基金及收益589万元，偿还第二笔基金本金及收益建议，后续由国资公司负责将财政垫付资金追回上缴财政，县财政局据实核拨，并加强资金的管理与监督。由刘永辉牵头，县财政局负责，妥善处理青年创业园项目相关事宜，确保国有资产不流失。

【盐池县人民政府第85次常务会议】 2021年10月24日召开，王海宁主持。专题学习研讨习近平总书记在10月18日中共中央政治局会议、中央人大工作会议上、中共中央政治局第三十四次集体学习时的重要讲话，对老龄工作作出的重要指示，致仰韶文化发现和中国现代考古学诞生100周年的贺信精神，以及《扎实推动共同富裕》重要文章，安排部署有关工作。会议要求：全力支持人大工作。认真组织学习中央人大工作会议精神，加强宣传阐释、全面贯彻落实，自觉接受县人大法律监督，大力支持人大代表履行职责，高质量办好各项人大议案、建议，以实际行动落实中共中央重大决策部署。大力发展数字经济。深刻把握数字化、网络化、智能化方向，抓住5G建设机遇，全方位、全链条改造提升全县“六大重点产业”，着力推动数字经济和实体经济融合发展，不断提高全要素生产率。促进老龄事业发展。把积极老龄观、健康老龄化理念融入经济社会发展全过程，认真解决老龄工作中的重点难点问题，大力发展老龄产业，切实完善养老保障体系，提升养老服务能力，推动全县老龄事业发展再上新台阶。传达学习自治区坚决遏制“两高”项目盲目发展专题会议精神，听取能耗“双控”工作情况汇报，部署有关工作。会议要求：控制增量。严把新建“两高”项目准入关口，严控新增高耗能项目，深入分析全县存量、在建项目产能及市场供需状况，对产能过剩或预期过剩的重点行业项目给予预警提示，并依法依规实行限批。优化存量。加大落后产能淘汰力度，实施节能技术改造，为优质项目腾出发展空间。大力推动工业“四大改造”，着力培育壮大新业态、新模式，鼓励引导各类企业尽快转变发展观念，牢牢守住生态底线，不断增强绿色发展竞争力。加强监管。县发改局、工业园区管委会等部门要对全县“两高”项目再排查、再梳理，确保底数清楚、数据精准、管控有力，正确处理好“立和破”“进和退”“压和保”的关系，强化“两高”项目事中事后常态化监管，杜绝简单化一关了之、一停了之。套开全县前三季度经济形势分析会，听取经济运行、财政收支、税收和城乡居民收入情况汇报，安排部署有关工作。会议决定：由郑参牵头，县农业农村局、乡村振兴局负责，尽快确定2022年乡村振兴示范村，尽早开展前期工作，确保早开工、早建设；由县自然资源局负责，于11月底前完成2022年国土绿化方案制定，于2022年2月前完成绿化项目招投标工作，全力保障大面积国土绿化和“一村万树”工程落实落地；由刘永辉牵头，县财政局负责，全面自查政府债务，并妥善做好化解工作，坚决杜绝拖欠中小企业账款情况。审议《关于在全县公民中开展第八个五年法治宣传教育的实施方案（2021—2025年）（送审稿）》《关于深入开展第八个五年法治宣传教育的决议（草案）（送审稿）》。会议决定：原则通过《关于在全县公民中开展第八个五年法治宣传教育的实施方案（2021—2025年）（送审稿）》，县司法局根据会议审议意见修改完善，经县人民政府分管领导审核后，按程序报县委；原则通过《关于深入开展第八个五年法治宣传教育的决议（草案）（送审稿）》，县司法局根据会议审议意见修改完善，经县人民政府分管领导审核后，按程序提请县人大常委会审议。审议《关于妥善解决县城区不动产登记领域若干历史遗留问题的实施意见（送审稿）》。会议决定：原则通过《关于妥善解决县城区不动产登记领域若干历史遗留问题的实施意见（送审稿）》，县自然资源局根据会议审议意见修改完善，经县人民政府分管领导审核后，以县人民政府文件印发。审议《盐池县全面推行林长制工作方案（送审稿）》。会议决定：原则通过《盐池县全面推行林长制工作方案（送审稿）》，县自然资源局根据会议审议意见修改完善，经县人民政府分管领导审核后，按程序报县委。研究国有建设用地使用权拟挂牌出让、到期续期有关事宜。会议决定：原则同意3宗国有建设用地出让及1宗国有建设用地使用权到期续期用地建议，县自然资源局按程序办理。

【盐池县第十八届人民政府第1次常务会议】 2021年10月30日召开，王海宁主持。专题学习研讨习近平总书记在参观国家“十三五”科技创新成就展时、中华人民共和国恢复联合国合法席位50周年纪念会议、第二届联合国全球可持续交通大会开幕式、深入推动黄河流域生态保护和高质量发展座谈会上的重要讲话，和致人民出版社成立100周年、中央广播电视总台央视奥林匹克频道及其数字平台开播上线的贺信精神，部署有关工作。会议决定：由李国强牵头，市生态环境局盐池分局负责,加快推进2021年自治区党委第二生态环保督察组反馈问题整改工作，确保按时完成目标任务;由李国强牵头,县自然资源局负责，尽快制定完善2022年大规模国土绿化和“一村万树”工程方案,确保及早实施、取得实效;由郑参同志牵头,县乡村振兴局负责,尽快确定2022年乡村振兴示范村名单,报县委、县政府研究。传达学习全国推动“四好农村路”高质量发展现场会精神，研究解决全县汽车站运行补助有关事宜,安排部署有关工作。会议决定：同意解决全县汽车站运营补贴180万元建议，盐池汽车站(二级站)按照每年50万元标准补贴，大水坑客运综合服务站、惠安堡汽车站(三级站)分别按照每年20万元标准补贴,补贴期限自2021年1月起至2022年12月止,为期两年。县财政局据实核拨,列入财政预算予以保障,并加强资金的管理与监督；各相关单位要做到专款专用，坚决杜绝截留、挤占、挪用项目资金。审议《盐池县人民政府工作规则(送审稿)》，研究县人民政府领导班子工作分工有关事宜。会议决定：原则通过《盐池县人民政府工作规则(送审稿)》,县人民政府办公室根据会议审议意见修改完善后,以县人民政府文件印发;同意县人民政府领导班子工作分工建议，会后以县人民政府办公室文件印发;由刘永辉牵头,政府办公室负责,根据《政府工作报告》工作安排，尽快梳理今后五年和2022年目标任务台账,明确牵头领导、责任部门和乡镇,细化分解各自任务,制定时间表、路线图,确保各项任务高效率推进、高质量完成;由刘永辉牵头,政府办公室负责,积极对接县人大、政协,建立人大代表议案建议和政协委员提案办理清单,明确责任体系,切实抓好办理落实工作。审议《盐池县山林地资源调查确权工作方案(送审稿)》。会议决定:原则通过《盐池县山林地资源调查确权工作方案(送审稿)》,县自然资源局根据会议审议意见修改完善,经县人民政府分管领导审核后,以县人民政府办公室文件印发。研究国有建设用地使用权拟挂牌出让有关事宜。会议决定:原则同意国有建设用地1宗挂牌出让建议,县自然资源局按程序办理。研究盐池县应急救灾物资采购资金有关事宜。会议决定:同意解决盐池县应急救灾物资采购资金101万元建议,县财政局据实核拨,并加强资金的管理与监督。各相关单位要严格落实政府采购要求,做到专款专用,坚决杜绝截留、挤占、挪用项目资金。

【盐池县第十八届人民政府第2次常务会议】 2021年11月8日召开,王海宁主持。专题学习研讨习近平总书记在参加北京市区人大代表换届选举投票时的重要讲话、第四届中国国际进口博览会开幕式上的主旨演讲和致新华社建社90周年的贺信精神,以及《坚定理想信念补足精神之钙》重要文章，部署有关工作。会议决定:由政府各分管领导牵头,相关责任部门负责,于12月底前制定出台重点产业引导支持政策,为2022年产业发展明确重点、提供方向。传达学习李克强总理在国家科学技术奖励大会、发展壮大市场主体工作座谈会上的重要讲话和对全国冬春农田水利暨高标准农田建设电视电话会议作出的重要批示精神，听取全县秋冬农田水利基本建设情况汇报，安排部署有关工作。会议要求:强化农田水利建设。深入贯彻藏粮于地、藏粮于技战略，聚焦农田水利和高标准农田建设任务，坚持规划引领，强化资金、技术等要素保障,确保高标准完成,切实提高农田质量。动员群众主动参与,不断增强责任感、“主人翁”意识,引导群众精耕细作,实现稳步增收。进一步健全长效机制、创新管护模式、提高管护水平,加快推进黎明水库等水利基础设施建设，推动高标准农田长期发挥效益。坚持创新驱动发展。突出企业科技创新主体作用，制定出台科技成果转移转化优惠政策，实施产学研融通创新工程，推动各类创新要素向企业聚集，支持企业设立“飞地”研发中心、承担科技项目、开展技术改造，确保有研发活动的规上企业占比逐年稳步提升。激发市场主体活力。持续深化“放管服”改革，开展精准服务企业专项行动，严格落实稳企惠企政策，促进中小微企业和个体工商户健康发展。加快融盐公司、滩羊集团市场化改革，健全现代企业制度，全面提升国有资本经济发展水平。传达学习全国东西部协作培训班、全区闽宁协作工作推进会精神，部署有关工作。会议要求：深化结对帮扶。持续调整优化结对关系，探索建立党政领导、部门、镇村、社会团体及企事业单位多层次、宽领域结对帮扶体系。用好帮扶资金，优先扶持到村到户产业和就业增收项目，积极推进“三类人口”精准帮扶计划，进一步巩固拓展脱贫攻坚成果、推进乡村全面振兴。强化产业合作。按照“优势互补、互惠互利、长期合作、共同发展”原则，进一步健全合作机制、拓展合作领域、完善激励政策，高标准推进创新创业孵化示范园和滩羊小镇商服综合体建设，大幅提升电商孵化园实体化运营效能，推进“六大重点产业”与电商有机连接，不断提高产业融合发展水平。拓展帮扶领域。加强闽宁劳务协作，扩大劳务协作规模，落实稳企就业政策，着力提升就业质量。强化消费协作，搭建协作平台、拓宽协作渠道、打造协作品牌，推动实现合作共赢。深化教育、医疗等公共服务领域协作，做好人才培训、支援、交流等工作，切实提升全县教育、医疗等民生事业服务水平。审议《盐池县2021年预算绩效管理暨重大项目绩效评价工作报告(送审稿)》，研究2021年7—10月拟安排财政资金有关事宜。会议决定：原则通过《盐池县2021年预算绩效管理暨重大项目绩效评价工作报告(送审稿)》，县财政局根据会议审议意见修改完善，经县人民政府分管领导审核后，按程序报县委。同意2021年7—10月拟安排财政资金18885.76万元建议，县财政局按程序予以安排解决，并加强资金的管理与监督，凡属招投标或政府采购项目资金以审计决算价格为准。各相关单位要按照会议决定用途，做到专款专用，坚决杜绝截留、挤占、挪用项目资金。研究解决全县困难群众冬季救助有关事宜。会议决定：同意解决全县困难群众冬季救助建议，县民政局根据会议审议意见修改完善，经县人民政府分管领导审核后，按程序组织实施。由刘永辉、李国强牵头，县发改局、住建局负责，依托全国整县屋顶分布式光伏开发试点项目，加快推进清洁取暖替代工程，逐步减少农村散煤使用，不断提高农村群众生活质量。

【盐池县第十八届人民政府第3次常务会议】 2021年11月19日召开，王海宁主持。专题学习研讨党的十九届六中全会、11月12日国务院党组会议、自治区党委2021年第40次常委会(扩大)会议、11月15日自治区政府党组(扩大)会议和吴忠市委2021年第47次常委会(扩大)会议精神，部署有关工作。会议要求：深刻领会党的十九届六中全会的重大意义。深刻领会“两个确立”的决定性意义，始终坚持以习近平新时代中国特色社会主义思想为指导，深入学习贯彻习近平总书记视察宁夏重要讲话精神，不断增强“四个意识”，坚定“四个自信”，做到“两个维护”。深刻领会“四个时期”的伟大成就，坚定共产主义远大理想和中国特色社会主义共同理想，不断提高历史认识、坚定历史自信，矢志不渝推进社会主义现代化建设。深刻领会“十个坚持”的历史经验，把“十个坚持”作为掌握历史主动的重要武器、推动各项工作的重要遵循、判断政治是非的重要依据，立足新发展阶段、贯彻新发展理念、融入新发展格局，全力推动经济社会高质量发展。深入开展全会精神的学习宣传。坚持系统学习，结合党史学习教育，制订理论学习中心组学习计划，持之以恒、全面系统地学习，把握历史大势、坚定理想信念，切实增强实现第二个百年奋斗目标的信心决心。坚持领导带头，以身作则，率先垂范，先学一步、学深一层，将学习宣讲贯彻党的十九届六中全会精神同调查研究、日常工作、服务群众结合起来，全面领会精神实质，做到学以致用、知行合一。坚持宣传宣讲，采取对象化、分众化、互动化形式，充分利用各种渠道和载体，开展全景式、立体化、高频次的宣传宣讲活动，推动全会精神进机关、进企业、进学校、进农村、进社区、进网络，确保家喻户晓、入脑入心、扎实有效。切实抓好全会精神的贯彻落实。坚决完成全年目标任务，全面梳理盘点年初人代会确定的目标任务，针对存在问题和薄弱环节，加大与区市相关厅局对接协调力度，对症施策、全力推进，确保高质量完成各项既定目标。积极谋划重大项目建设，制定“六大重点产业”引导支持政策，加大招商引资力度，加快2022年重点项目前期手续办理，确保项目早建设、早投产、早达效。维护社会大局安全稳定，抓实抓细抓小常态化疫情防控各项工作，及时完善冬季安全生产各项应急预案，强化隐患排查整治，科学应对各类极端天气，守护好全县群众生命财产安全。审议《2021年度盐池县实行告知承诺制证明事项清单（送审稿）》。会议决定：原则通过《2021年度盐池县实行告知承诺制证明事项清单（送审稿）》，县司法局根据会议审议意见修改完善，经县人民政府分管领导审核后，以县人民政府办公室文件印发。审议《贯彻落实建设“强美富优”现代化新盐池人才引进和培养激励办法（送审稿）》。会议决定：原则通过《贯彻落实建设“强美富优”现代化新盐池人才引进和培养激励办法（送审稿）》，县人社局根据会议审议意见修改完善，经县人民政府分管领导审核后，按程序报县委。审议《盐池县冯记沟乡党政驻地搬迁工作实施方案（送审稿）》《关于成立盐池县冯记沟乡党政驻地搬迁工作领导小组的通知（送审稿）》。会议决定：原则通过《盐池县冯记沟乡党政驻地搬迁工作实施方案（送审稿）》《关于成立盐池县冯记沟乡党政驻地搬迁工作领导小组的通知（送审稿）》，冯记沟乡根据会议审议意见修改完善，经县人民政府分管领导审核后，按程序报县委。审议《盐池县2022年造林绿化实施方案（送审稿）》。会议决定：原则通过《盐池县2022年造林绿化实施方案（送审稿）》，县自然资源局根据会议审议意见修改完善，经县人民政府分管领导审核后，以县人民政府办公室文件印发。审议《盐池县县级领导同志包抓十大民生工程项目工作机制（送审稿）》。会议决定：原则通过《盐池县县级领导同志包抓十大民生工程项目工作机制（送审稿）》，县发改局根据会议审议意见修改完善，经县人民政府分管领导审核后，按程序报县委。研究进一步完善村级组织运转经费保障工作有关事宜。会议决定：同意对村干部报酬、乡村治理专项经费、村民小组长（网格员）和村监会成员补贴、网格党支部党建工作经费进行提标或调整，并解决资金823.7184万元建议，县财政局按照《自治区财政厅　自治区党委组织部关于进一步完善村级组织运转经费保障工作的通知》（宁财（农）发〔2020〕517号）和《吴忠市关于进一步提升街道社区党组织领导城市基层治理能力的实施意见》（吴党办发〔2020〕63号）文件要求落实、纳入财政预算，所需追加资金据实核拨，并加强资金的管理监督。研究国有建设用地使用权拟挂牌出让、划拨用地、国有建设用地使用权到期续期及补缴出让金有关事宜。会议决定：原则同意国有建设用地使用权拟挂牌出让1宗、划拨用地4宗、到期续期1宗、补缴土地出让金3宗建议，县自然资源局按程序办理。研究新增学校校医有关事宜。会议决定：同意新增16名校医建议，由县人社局、教体局牵头组织实施。所购买岗位服务费用参照《盐池县委办公室人民政府办公室关于印发〈盐池县政府购买公共服务人员工资待遇管理制度〉的通知》(盐党办综〔2017〕51号)文件执行,由县财政全额保障。

【盐池县第十八届人民政府第4次常务会议】 2021年12月7日召开,王海宁主持。专题学习研讨习近平总书记在中央全面深化改革委员会第二十二次会议、第三次“一带一路”建设座谈会、11月18日中共中央政治局会议上的重要讲话精神，向首届中国网络文明大会、第四届世界媒体峰会致贺信精神,以及《坚持用马克思主义及其中国化创新理论武装全党》重要文章,部署有关工作。会议要求：强化马克思主义理论武装。深刻感悟马克思主义的真理力量和实践力量,特别是习近平新时代中国特色社会主义思想这一当代中国马克思主义、21世纪马克思主义，坚持用习近平新时代中国特色社会主义思想武装头脑、指导实践、推动工作,进一步增强“四个意识”,坚定“四个自信”,做到“两个维护”,不断提升政治判断力、政治领悟力、政治执行力，切实把真理伟力转化为实践动力，全力推动各项工作在全区走在前、做表率。把科技创新作为第一动力。坚持突出企业科技创新主体作用，大力实施产学研融通创新工程，制定出台科技成果转移转化优惠政策，支持企业设立“飞地”研发中心、承担科技项目、开展技术改造,着力培育一批高新技术企业、科技“小巨人”企业、科技创新平台,推动形成科技、产业、金融良性互动局面,为建设“强美富优”现代化新盐池提供有力科技支撑。全面践行总体国家安全观。坚持把政治安全放在首要位置,统筹做好政治安全、经济安全、社会安全、意识形态安全、新型领域安全等工作。扎实做好“六稳”工作,全面落实“六保”任务,全力做好延链补链大文章,筑牢防范系统性金融风险安全底线,增强产业韧性和抗冲击能力,确保县域经济持续健康发展。扎实推进常态化扫黑除恶斗争,深入开展政法队伍教育整顿，健全信息化社会治安防控体系，不断提高基层治理能力。传达学习中国共产党宁夏回族自治区第十二届委员会第十四次全体会议、中国共产党吴忠市第六次代表大会精神,安排部署有关工作。会议要求:深入学习宣传。精心组织、周密安排，把全会和党代会精神作为党委(党组)理论学习中心组学习的重要内容,做到领导带头学、丰富形式学、引导群众学,集中时间、集中精力、深入学习,切实做到学深悟透、融会贯通。开展全方位、多样式、高频次的宣传,引导广大干部群众振奋精神、真抓实干,推动各项工作再上新台阶。抓好贯彻落实。找准贯彻落实党的十九届六中全会、自治区党委全会、吴忠市党代会精神与盐池实际工作的结合点，落实好各项政治要求、工作责任,聚焦建设“强美富优”现代化新盐池目标,大力实施“三高”战略,加快实施“十大工程项目”和“十大民生项目”,全力推进“西部百强县”建设,切实把区市部署要求贯彻到盐池经济社会发展的全过程、各方面。全力冲刺收官。紧抓岁末年初关键时期,全力做好各项考核准备工作,加强与自治区相关厅局对接协调力度，总结汇报好工作亮点和成效，确保效能目标责任制管理考核取得优异成绩。强化项目谋划储备,加大招商引资力度,主动对接、加快办理重大项目前期手续,确保项目及早开工建设、尽早投产达效。传达学习全国新冠疫情防控工作电视电话会议、全区疫情防控工作电视电话会议精神,安排部署有关工作。会议要求:压实各方责任。坚决克服麻痹思想、厌战情绪、侥幸心理、松劲心态,切实把思想和行动统一到习近平总书记重要指示精神上来，统一到上级党委、政府及疫情防控指挥部的工作要求上来，进一步压紧压实四方责任，严格落实“四早”要求，做好“外防输入、内防反弹”各项工作，坚决杜绝疫情输入和扩散。落实防控措施。强化国内中高风险地区来盐返盐及大数据推送人员排查管控工作，落实冷链物流疫情防控措施，加大快递物流检验检测力度，牢牢守住疫情输入关口。压实行业监管责任，紧盯“四区”“四场”等重点场所和人员密集场所，严格落实各项管控措施，全面降低疫情传播扩散风险。加强预检分诊、信息登记、现场处置、转诊服务，严格落实发热筛查哨点就诊患者闭环管理措施，严防院内感染。强化校园疫情防控，引导师生和家长加强个人防护，严防校园疫情输入。持续做好物资储备和值班值守，完善应急处置预案，健全应急响应机制，牢牢守住疫情防控成果。加快疫苗接种。强化统筹调度，细化工作方案，优化资源调配，加大宣传力度，加快组织完成校内儿童接种任务。积极引导校外散居儿童尽快接种，持续跟进重点人群第三剂次和60岁以上人群第一剂次接种进度，确保全县符合接种条件各类人群实现“应接尽接”，全力筑牢群体免疫屏障。传达学习《自治区人民政府办公厅关于进一步严肃财经纪律全面加强楼堂馆所建设管理的通知》精神，听取全县清查违规建设楼堂馆所情况汇报，安排部署有关工作。会议要求：全面清查整治。严格按照自治区要求，深入开展自查清查工作，按时上报清查结果，坚决杜绝瞒报漏报、弄虚作假。全面细致核实发现问题，依法界定性质，分类制定方案，明确时限要求，逐项进行整改，切实做到措施不落实不放过、问题不解决不放过、整改不到位不放过。规范项目管理。严把审批环节，严格落实政府投资项目管理相关制度规定，坚决杜绝未批先建、先建后补或以政策文件、会议代替审批等方式规避审批。严审资金来源，加强预算安排与项目审批的衔接，充分开展财政可承受能力评估，对没有资金来源的项目一律不立项、不审批，坚决防止搞变通、钻空子。严明财经纪律。牢固树立“过紧日子”思想，严肃财经纪律，规范调剂行为，严格执行“以收定支”“无预算不支出”“高预算低支出”，切实把紧把严预算支出关口。提高资金使用绩效，坚持勤俭办一切事业，大幅压减非刚性非重点支出，切实把有限的资金用在刀刃上、紧要处。审议《盐池县第十八届人民代表大会第一次会议代表议案建议和政协第十一届盐池县委员会第一次会议委员提案任务分工方案（送审稿）》。会议决定：原则通过《盐池县第十八届人民代表大会第一次会议代表议案建议和政协第十一届盐池县委员会第一次会议委员提案任务分工方案（送审稿）》，县人民政府办公室根据会议审议意见修改完善，经县人民政府分管领导审核后，以县人民政府办公室文件印发；由县人民政府办公室负责，建立人大议案建议、政协提案办理督察督办机制，定期开展督查督导，切实提高办理效率和质量。审议《盐池县安全生产“十四五”规划（送审稿）》。会议决定：原则通过《盐池县安全生产“十四五”规划（送审稿）》，县应急管理局根据会议审议意见修改完善，经县人民政府分管领导审核后，以县人民政府办公室文件印发。审议《2021年调用预算稳定调节基金及预备费安排使用情况报告（送审稿）》《2021年县级财政新增财力安排使用情况报告（送审稿）》《盐池县本级财政2021年地方政府债券项目（第二批）安排及预算调整方案（送审稿）》，研究2021年11—12月财政资金拟安排有关事宜。会议决定：原则通过《2021年调用预算稳定调节基金及预备费安排使用情况报告（送审稿）》《2021年县级财政新增财力安排使用情况报告（送审稿）》《盐池县本级财政2021年地方政府债券项目（第二批）安排及预算调整方案（送审稿)》，县财政局根据会议审议意见修改完善，经县人民政府分管领导审核后,按程序报县委;同意2021年11—12月拟安排财政资金1923.33万元建议，县财政局按程序安排解决，并加强资金的管理与监督。各相关单位要按照会议决定用途,做到专款专用,坚决杜绝截留、挤占、挪用项目资金。审议《盐池县花马池镇四墩子村等16个“多规合一”实用性村庄规划（2020—2035年）(送审稿)》《盐池县2022年实用性村庄规划编制工作方案(送审稿)》。会议决定:原则通过《盐池县花马池镇四墩子村等16个“多规合一”实用性村庄规划(2020—2035年)(送审稿)》，县自然资源局根据会议审议意见修改完善，经县人民政府分管领导审核后，由县人民政府批复执行;原则通过《盐池县2022年实用性村庄规划编制工作方案(送审稿)》,县自然资源局根据会议审议意见修改完善，经县人民政府分管领导审核后，以县人民政府办公室文件印发。审议《盐池县农村集体经营性建设用地入市试点实施方案（送审稿)》《盐池县农村集体经营性建设用地入市管理办法（送审稿)》。会议决定:原则通过《盐池县农村集体经营性建设用地入市试点实施方案(送审稿)》《盐池县农村集体经营性建设用地入市管理办法(送审稿)》,县自然资源局根据会议审议意见修改完善,经县人民政府分管领导审核后,以县人民政府文件印发。审议《盐池县清洁能源资源开发及创新创业孵化示范园项目和城市高端综合服务业项目合作协议书（送审稿)》。会议决定:原则通过《盐池县清洁能源资源开发及创新创业孵化示范园项目和城市高端综合服务业项目合作协议书（送审稿)》，县融盐公司根据会议审议意见修改完善，经县人民政府分管领导审核后,按程序组织签约;由邱永丰牵头,强化举措、加快推进,加快完成合作协议签订、公司注册等工作，确保创新创业孵化示范园项目于2022年3月开工建设。审议《盐池县扶持电商发展若干政策措施(送审稿)》。会议决定:原则通过《盐池县扶持电商发展若干政策措施(送审稿)》,县投资促进服务中心根据会议审议意见修改完善，经县人民政府分管领导审核后，以县人民政府办公室文件印发。研究村干部报酬和村民小组长(网格员)、村监会成员补贴经费提标保障有关事宜。会议决定：同意对村干部报酬和村民小组长(网格员)、村监会成员补贴经费予以提标保障，解决资金1769.2255万元建议，县财政局按照《自治区财政厅 自治区党委组织部关于从严落实村级组织运转经费保障政策的通知》(宁财(农)发〔2021〕460号)和《自治区财政厅自治区党委组织部关于进一步完善村级组织运转经费保障工作的通知》(宁财（农)发〔2020〕517号)文件要求落实、纳入财政预算，所需追加资金据实核拨,并加强资金的管理监督。研究国有建设用地使用权拟挂牌出让、拍卖出让、划拨用地有关事宜。会议决定:原则同意国有建设用地使用权拟挂牌出让1宗、拍卖出让1宗、划拨用地27宗建议,县自然资源局按程序办理。

【盐池县第十八届人民政府第5次常务会议】 2021年12月20日召开,王海宁主持。专题学习研讨习近平总书记在中共中央政治局第三十五次集体学习时、全国宗教工作会议上的重要讲话精神，安排部署有关工作。会议要求:依法全面履行政府职能。统筹推进“五位一体”总体布局,协调推进“四个全面”战略布局,依法全面履职,进一步优化营商环境、创新社会治理、提升公共服务、加强生态保护，切实将政府行为全面纳入法治轨道。严格规范公正文明执法。强化行政检查、行政处罚、行政强制、行政许可、行政征收征用等重点执法事项“三项制度”落实，充分发挥法律顾问作用，严格执行重大行政执法决定合法性审查,进一步细化、量化行政裁量标准，规范裁量范围、种类、幅度，确保执法科学准确。提高法治政府建设水平。严格落实重大事项向县委、县政府请示报告和集体讨论决策制度，实现重大行政决策目录化管理，“三重一大”事项全部由集体讨论决定，全面实施重大决策合法性审查制度，持续推进政务公开，不断提高行政决策科学化、民主化、法治化水平。坚持用社会主义核心价值观引领宗教界人士和信教群众，深入开展“五进”活动，引导宗教与社会主义社会相适应，不断增进宗教界人士和信教群众对伟大祖国、中华民族、中华文化、中国共产党、中国特色社会主义的认同。依法管理宗教事务。深化民族团结进步创建，持续巩固“三化”治理成果，全面提高新时代宗教工作法治化、规范化水平。传达学习中央经济工作会议精神，安排部署有关工作。会议决定：由县人民政府各副县长牵头，相关部门负责，尽快研究制定2022年“六大重点产业”支持政策，并统筹做好政策宣传解读，充分调动广大群众和企业参与产业发展的积极性；由郑参牵头，各部门、各乡镇负责，以县委、县政府“六个一”暨近期重点帮扶工作任务为抓手，迅速开展“四查四补”，全力整改反馈问题，并做好档案资料整理、亮点工作梳理、访谈等准备工作，确保顺利通过国家巩固拓展脱贫攻坚成果同乡村振兴有效衔接考核评估；由县投资促进服务中心负责，结合“六大重点产业”，尽快研究确定2022年全县招商引资任务分工，压实责任、明确任务，切实营造全民招商氛围。听取全县根治拖欠农民工工资工作情况汇报，安排部署有关工作。会议要求：强化思想认识。进一步提高政治站位，将根治欠薪工作作为深入学习贯彻党的十九届六中全会精神和自治区党委十二届十四次全会精神的具体实践，扎实做好岁末年初根治欠薪各项工作，确保中共中央、国务院根治欠薪决策部署以及区市党委、政府工作要求不折不扣落实到位。强化责任担当。严格落实根治欠薪“第一责任人”责任，定期分析研判欠薪形势，对欠薪问题进行“一案双查”，及时约谈企业负责人，采取上提一级、挂牌督办等超常规举措，及早解决重大复杂问题，切实做到有案必查、查必有果。强化舆情引导。严格落实“防风险、守底线、控舆情、保稳定”目标要求，健全欠薪应急处置机制，畅通举报投诉渠道，严格落实首问负责制，热情规范服务，文明公正执法，切实守好工作作风底线。强化正向宣传引导，主动回应媒体关切，牢牢把握舆论主动权。审议《“盐池滩羊”国家地理标志保护示范区建设实施方案（送审稿）》。会议决定：原则通过《“盐池滩羊”国家地理标志保护示范区建设实施方案（送审稿）》，县市场监管局根据会议审议意见修改完善，经县人民政府分管领导审核后，以县人民政府办公室文件印发。审议《盐池县2022年元旦春节慰问暨送温暖活动实施方案（送审稿）》。会议决定：原则通过《盐池县2022年元旦春节慰问暨送温暖活动实施方案（送审稿）》，县民政局根据会议审议意见修改完善，经县人民政府分管领导审核后，按程序报县委。审议《盐池县建设全国“数字供销”示范区实施方案（2021—2025年）（送审稿）》。会议决定：原则通过《盐池县建设全国“数字供销”示范区实施方案（2021—2025年）（送审稿）》，县供销社根据会议审议意见修改完善，经县人民政府分管领导审核后，以县人民政府办公室文件印发。审议《盐池县加快发展壮大村级集体经济实施意见（送审稿）》。会议决定：原则通过《盐池县加快发展壮大村级集体经济实施意见（送审稿）》，县农业农村局根据会议审议意见修改完善，经县人民政府分管领导审核后，按程序报县委。研究国有建设用地使用权拟挂牌出让、划拨、低效用的协议出让及补缴土地出让金有关事宜。会议决定：原则同意国有建设用地使用权拟挂牌出让3宗、划拨7宗、低效用的协议出让1宗及补缴土地出让金1宗建议，县自然资源局按程序办理。审议《盐池县2021年标定地价体系建设报告（送审稿）》。会议决定：原则通过《盐池县2021年标定地价体系建设报告（送审稿）》，县自然资源局根据会议审议意见修改完善，经县人民政府分管领导审核后，在县人民政府门户网站公布。

【盐池县第十八届人民政府第6次常务会议】 2021年12月28日召开，王海宁主持。专题学习习近平生态文明思想，听取全县第二轮中央生态环境保护督察组信访投诉转办件办理情况汇报，部署有关工作。会议决定：由刘永辉牵头，县工业园区管委会、资能中心分别负责，尽快研究制定高沙窝宝塔区块洗选煤企业、青山石膏园区和油区专项整治行动方案，报县委、县政府同意后组织落实；由李国强牵头，县自然资源局、哈巴湖管理局分别负责，尽快研究制定萌城矿区、全县砂石料场和哈巴湖自然保护区专项整治行动方案，报县委、县政府同意后组织落实；由郑参同志牵头，县农业农村局负责，尽快研究制定全县人畜分离专项整治行动方案，报县委、县政府同意后组织落实。传达学习自治区党委经济工作会议、吴忠市第六届人民代表大会第一次会议、政协第六届吴忠市委员会第一次会议精神，听取全县2022年重点项目谋划推进工作情况汇报，部署有关工作。会议要求：深入学习领会会议精神。坚决贯彻落实自治区党委经济工作会议和吴忠市“两会”精神，迅速掀起学习热潮。做到领导带头学，先学一步、学深一层，切实领悟精神实质和思想内涵。做到丰富形式学，把会议精神作为党委（党组）中心组学习的重要内容，通过交流研讨、集中学习等形式，推动会议精神入脑入心。做好引导群众学，采取对象化、分众化、互动化形式，利用各种渠道和载体开展宣传活动，动员全县干部群众提振信心、真抓实干，推动各项工作再上新台阶。及早推进重点项目建设。坚决克服松劲思想和厌战情绪，以“不进则退、慢进也是退”的紧迫感、责任感，全力以赴加快推进项目建设。变冬闲为冬忙，紧盯2022年计划实施的重点建设项目，“一项一策”、靠前服务、精准发力，全力帮助企业完成各项手续办理工作，确保项目及早开工。抢抓中央、自治区各项政策机遇，加强与区市相关厅局联络沟通，及时掌握最新政策信息和投资动态，力争把更多项目特别是“双十重大项目”纳入区市投资清单、规划盘子。大力开展“产业强、先招商”活动，用足用好招商引资激励办法，聚焦“六大重点产业”延链补链强链，大手笔、高标准开展以商招商、产业招商、“云招商”等，着力引进一批科技含量高、带动能力强的大项目、好项目，为经济社会发展提供有力支撑。统筹做好“两节”期间各项工作。兜牢民生底线，严格落实各项社会救助政策，加快基本医保、养老保险缴费进度，深入开展根治欠薪冬季行动，加大拖欠农民工工资的治理力度，切实维护农民工合法权益。抓好疫情防控，始终保持应战状态，压实“四方责任”，坚持“人、物、环境”同防，周密细致落实常态化疫情防控各项措施，引导群众非必要不离宁、不出境，全力以赴守护好全县群众生命安全和身体健康。强化安全防范，全力做好岁末年初交通运输、燃气、矿山、烟花爆竹、森林草原防灭火等领域的安全生产工作，严防较大及以上安全生产事故发生。推进正风肃纪，严格执行中央八项规定及其实施细则精神、自治区“八条禁令”和县委“十个严禁”，坚持勤俭文明过节，严防“节日腐败”，切实营造风清气正的节日氛围。审议《2022年盐池县“盐州大集·民俗嘉年华”冬春季文化旅游系列活动方案（送审稿）》。会议决定：原则通过《2022年盐池县“盐州大集·民俗嘉年华”冬春季文化旅游系列活动方案(送审稿)》,县文广局根据会议审议意见修改完善，经县人民政府分管领导审核后，按程序报县委。同意解决2022年盐池县“盐州大集·民俗嘉年华”冬春季文化旅游系列活动所需资金696万元建议，县财政局按程序拨付活动启动资金500万元，并加强资金的管理与监督；各相关单位要按照会议决定用途，做到专款专用,坚决杜绝截留、挤占、挪用项目资金。剩余资金根据审计审定金额按程序拨付。审议《盐池县城市更新三年行动实施方案(2021—2023年)(送审稿)》。会议决定:原则通过《盐池县城市更新三年行动实施方案(2021—2023年)(送审稿)》,县住建局根据会议审议意见修改完善，经县人民政府分管领导审核后，以县人民政府办公室文件印发。

政府办公室

【党史学习教育】 扎实开展党史学习教育，将习近平总书记在党的十九届六中全会、庆祝中国共产党成立100周年大会、党史学习教育动员大会上的重要讲话精神、习近平总书记视察宁夏重要讲话精神，以及区市县党代会精神等作为重要主题认真学习,并组织党员干部立足各自岗位实际深入研讨交流。依托学习强国、干部网络学院等线上平台，坚持每日向全办党员干部推送党史知识点,强化党史学习教育融入日常、抓在经常。累计召开学习会40次、开展现场参观、集体观影等活动教学12次,在全办范围内营造浓厚学习氛围,保证全员有所得、有所进。切实抓好组织建设。深入推进“三强九严”工程,提升党建工作水平，积极开展模范机关创建,推动党建与业务工作双融合、双推进。狠抓“三会一课”、民主评议党员、民主生活会、组织生活会等党建制度落实，切实让党内政治生活严起来、实起来。共召开支委会16次,党员大会8次,党史学习教育专题组织生活会1次。深入践行群众路线。将“我为群众办实事”实践活动作为党史学习教育的重要内容，坚持以“进村组、入农户、访民情、办实事”为抓手，要求班子成员和帮扶干部到包扶村组社区,宣传惠农政策,结合农户实际,制订产业发展计划,并帮助农户打扫房前屋后卫生，改善居住环境。对有务工意愿的群众,联系对接相关企业,力争就地就近就业，确保所有脱贫户稳定脱贫、不返贫。整合资金对包抓小区隆兴花园和民生花园基础设施进行改造提升,修缮破损墙体、硬化停车位、美化花园、亮化小区,安装太阳能路灯6个,安置垃圾桶65个、宣传栏1个、公益广告牌10个。

【办文办会】 推进基层减负,在少行文、行短文、行好文上下功夫,严把内容政策关、文字关、体例格式关、校对关,力求文稿立意高、思想新、内容实,确保公文格式规范、用词准确、逻辑严谨,真正发挥“以文辅政”的作用。严守公文运转流程和规定，坚决做到收文有条不紊,传办及时高效,立卷归档完整,印章专柜专人保管。高质量完成政府工作报告、环保督察汇报材料等大型综合材料30余篇，共收转各类来文2011件，审核以政府和政府办名义发文74件,以文辅政水平进一步提高。精心筹备办好会。在会务筹备上,按照精简、高效、细致的原则,提前部署、超前谋划,做好会前、会中、会后各个环节的衔接,实现会风向“短而精”“简而实”“高效而管用”的转变。高标准筹备国家级、区市级会议36场次,黄花产业论坛、全县乡村振兴现场观摩会等大型会议7场次，政府常务会议20场次、政府党组会14场次，县长办公会及各类专题会议百余场次。

【信息调研】 紧扣全县中心工作,深入基层、深入部门,贴近工作实际加强调查研究。完成产业发展、乡村振兴等综合性调研报告10余篇。推行全员办信息,努力为领导决策提供全方位、多领域、多角度的信息服务，全年共采编信息194条，被《宁夏政务信息》采用12条，考核总分9年蝉联各县市（区）第一。结合党史学习教育，聚焦全方位推动绿色高质量发展、项目建设、乡村振兴等重点工作，坚持问题导向，深入开展调查研究，形成了《关于全面推进乡村振兴的调查和思考》等高质量调研报告6篇，并把调研建议形成项目清单，推动调研成果转化。

【督查督办】 坚决把抓落实、重实干的要求贯穿于督查工作全过程，确保贯彻到底，落实到位。围绕全县工作大局、重点项目建设、巡视巡察反馈问题整改、领导批示交办事项、人大议案建议等，采取转办和现场督查相结合、面上通报与推广典型相结合、定期督查与跟踪督查相结合等形式，大力开展督查活动，确保各项决策部署贯彻到底，落实到位。全年共开展综合督查26次，与县委办联合督查10次，开展政务专项督查3次，编发《政府督查通报》29期，下发《领导批示办理单》38个。

【保密应急】 健全反应灵敏、协调有序的应急管理体制，严格执行24小时值班和应急信息报送制度，对各乡镇（街道办）和各部门值班工作情况和紧急重大事项的报告情况进行抽查和通报，确保值班工作规范有序。进一步完善应急值守联动协调机制，做到联络畅通、反应迅速、措施有力，严格把握重大突发事件信息报送工作标准和时限要求，切实加强紧急重要信息的报送工作，有力确保各项工作正常运转。遵循“准确、快捷、安全”的原则，加大保密工作防护力度，整体推进“人防”“技防”“制度防”三防合一，定期开展保密知识宣传教育，强化隐患排查整改。为工作人员配备保密电脑20台，切实做到“百密而无一疏”。

【依法履职】 强化法治思维。紧贴工作实际，坚持学法用法相结合，学习领会习近平法治思想丰富内涵，结合《中华人民共和国宪法》《中华人民共和国民法典》《中华人民共和国行政诉讼法》等法律内容制定办公室年度普法学习安排表，做到了学法时间有计划、内容有安排、组织有落实。规范依法办事。严格执行重大事项向县委、人大报告制度，自觉接受人大法律监督、政协民主监督、社会舆论监督。重大行政决策事项按照集体决策的原则认真审核，从而减少决策失误，确保决策质量。优化政府法律顾问队伍，做好重大决策的可行性论证，保障了政府重大决策的合法性，化解了行政风险，节约行政成本，提升依法行政水平。办好议案提案。指派专人办理人大议案建议和政协提案等工作，按规定时限及时予以答复，民情民意表达渠道更加畅通，工作效率进一步提升，工作作风明显好转。落实人大代表议案、建议和政协委员提案办理结果公开工作，2021年，办理人大代表议案建议66件、政协提案57件、社情民意16件，办复率均达到100%，办理结果已全部通过盐池县政府门户网站“议案建议提案”专栏向社会公开。妥善处理来信来访。坚持以人为本，把信访工作作为实现好、维护好、发展好人民群众根本利益的重要举措和有效途径，做好来信来访登记转办和群众思想疏导，按规定时限及时予以答复，民情民意表达渠道更加畅通。一年来，共受理“县长信箱”反映问题64件、政务微博答复18件，办复率均为100%。做好政务公开。统筹抓好全县政务公开工作落实，梳理25个领域县级公开事项1558项、乡镇公开事项1058项，并动态调整、实时更新。探索构建新型公开平台体系，针对重大建设项目、公共资源配置、公共服务监管疫情防控等重点领域，累计公布信息4万余条，依法依规办理公民、法人和其他组织提交的政府信息公开申请7件，进一步拉近政府和企业、群众之间的距离，增强了政府公信力、执行力。

【队伍建设】 进一步修订完善办公室各项工作制度，从文明用语、机关卫生、值班、接待到办文、办事、办会都有章可循，照章办事，坚持对各项工作进行布置、检查、总结，使工作不断走向规范化。同时，坚持民主集中制，执行“三重一大”制度，做到所有重大事项决策、重要人事安排、重要项目和大额资金使用集体研究决定，营造平等和谐、公平公正的工作氛围。深化机关党员“双报到、双服务”制度，参与社区疫情防控、文明城市创建等志愿服务活动20余次，对分包楼栋进行清扫卫生、清理广告、引导规范停车，入户宣传飞线充电安全隐患、关爱未成年人思想道德建设等，发放宣传册1000余份、创城宣传水杯、围裙900余份，受到小区居民的一致好评。切实深化作风建设。落实全面从严治党主体责任，组织学习《中国共产党纪律处分条例》等党内法规、严格落实中央八项规定及其实施细则精神，召开专题会议研究党风廉政建设工作2次，支部书记上廉政专题党课1次，组织观看廉政警示教育专题片、通报违纪案件等多种形式的党性党风党纪教育和反腐倡廉警示教育活动2次。在元旦、春节、国庆等重要节假日，进行廉洁提醒，做好党员特别是党员领导干部、关键岗位人员的廉政谈话工作，增强拒腐防变、自觉抵制各种腐朽思想和不正之风侵蚀的能力，营造风清气正的良好政治生态。执行日常考勤、请销假等制度，开展机关作风整顿活动，加强办公室机关作风效能建设，提升工作效率和工作能力。

审批服务管理

【党史学习教育】 制定《盐池县审批服务管理局关于开展党史学习教育的实施方案》和《盐池县审批服务管理局开展党史学习教育重点工作安排计划》。坚持集中和自主学习相结合：紧紧围绕“六个主题”结合习近平总书记系列讲话精神，深入开展“传承党的百年光辉史基因铸牢中华民族共同体意识”主题教育活动，将“七一”重要讲话精神纳入干部理论学习、中心组学习内容，党组书记围绕党史学习教育专题讲党课1次，开展为期一周的党史学习读书班活动，交流发言5次、专题研讨6次及撰写学习心得体会60篇，为深化学习教育打下坚实基础。组织多形式专题活动：开展“追寻足迹学英烈·不忘初心建新功”红色教育活动，组织参观盐池县革命烈士纪念馆红色教育基地并重温入党誓词；深化和拓展“3·23廉洁从政警示日”和“全县干部廉政警示教育”活动，组织全体党员干部参观廉政警示教育基地；以“学党史、增党性、感党恩”为主题，组织开展庆“七一”建党一百周年红色文化参观活动，组织参观红军七十八师攻克盐池遗址、大水坑石油博物馆、唐平庄会议旧址和李塬畔革命旧址，接受革命精神的洗礼，聆听红色故事，并撰写心得体会20篇；组织开展党史学习教育知识竞赛1次；组织党员干部观看“七一”勋章颁授仪式，开展向时代楷模、先进模范人物学习2场；组织开展“我为群众办实事”志愿服务活动，联合高沙窝镇大圪垯村党支部（帮扶村）慰问14名退休老党员和贫困监测户，帮助解决实际生活困难。发挥抗击疫情党员模范带头作用。多次召开新型冠状病毒肺炎疫情防控工作会议，健全防控工作责任制和管理制度，建立“党员先锋岗”，划定“党员责任区”，党员干部亮身份、当先锋、作表率，全力以赴投入疫情防控工作，14名党员及时到所辖社区严格实行“双报到双服务双报告”制度，做好包抓小区值守摸排消毒工作，把投身疫情防控一线作为践行初心使命、体现责任担当的试金石。巩固巡视巡察成果。以县委十四轮巡视巡察为契机，梳理存在的问题，建立工作台账和问题清单，逐项查漏补缺、细化措施，制定整改措施56项，修订完善制度29项，进一步明确党员干部的工作职责，对标整改，切实增强党员干部廉政风险防控意识。

【优化营商环境】 举办盐池县优化营商环境培训班，制定《盐池县持续优化营商环境更好服务黄河流域生态保护和高质量发展先行区建设若干措施》并实行“月报告、季督查、年考核”工作机制，目前64项任务措施已全部完成。扎实做好地方共享国务院部门数据和地方对接国务院垂直管理系统需求工作，统计上报垂直管理系统需求46条，共享国务院数据需求16条。

【基层审批服务】 制定《盐池县推进基层审批服务便民化改革实施方案》《盐池县乡镇（街道）赋权清单》《盐池县乡镇（街道）政务服务事项清单》《盐池县加强基层便民服务队伍建设管理办法》，全县8个乡镇民生服务中心在现有48项便民服务事项基础上，新增进驻公安事项75项、市场监管事项22项，特别是将大水坑镇、惠安堡镇将税务所、派出所、市场监管所服务事项全部纳入民生服务中心办理，实现3所集中办理新模式。全县120个村(社区)为民办事全程代办点推行“集中服务＋上门代办”的服务模式，搭建“乡村联办，村村通办”的便民服务网，为群众提供社保、民政、残联等7个部门48项政务服务事项和部分公共服务事项代办代缴服务。

【“互联网＋政务服务”】 依托宁夏一体化政务服务平台，为企业群众办理各类政务服务事项，覆盖全县32个行业部门、8个乡(镇)及102个行政村，根据国务院、自治区政务服务事项库随时更新、规范政务服务事项标准，梳理“四级四同”政务服务事项1425项，规范147个事项要素，压缩时限9541个工作日，压缩1037个办事环节，“最多跑一次”事项占比达91%，网办率达82%，群众满意度达99%。“我的宁夏”政务App提供政务移动服务，可办理审批服务事项545项，可查询审批服务事项3368项，累计注册App自然人用户10.5万人。

【企业服务】 成立盐池县重点项目建设推进工作专班，制定《盐池县投资项目审批联席会议制度》，围绕企业服务站工作职能，为企业提供项目备案、环评等“代领办”服务，重点政府性投资、社会性投资、招商引资等项目立项备案1个工作日内办结，完成全县86个重点项目、16个招商引资项目的立项备案工作。全面提升金融服务质效，与宁夏银行盐池支行联合开展“党建共建”，积极践行“党建＋”模式新举措，面向小微企业、个体工商户等经营主体，提供“如意宁商贷”“创业贷”“滩羊贷”等多种金融产品，为宁夏绿即达生态农业科技有限公司等35户小微企业发放贷款1900万余元，为宁夏金裕海化工有限公司等13户企业争取政策性技术改造扶持资金1200万余元。政务服务“跨省通办”。立足四省七县交界区位实际，建立“异地受理、属地审批、就近取证”全新服务模式，打通盐池、定边、鄂托克前旗三县政务服务“跨省通办”平台，与山东滨州市阳信县签订政务服务“跨省通办”合作协议，个体、企业登记等69项政务服务事项实现异地申请、业务属地远程办理。“一网通办”及“证照分离”。企业登记、公章刻制、银行开户、申领发票、税控设备实现线上“一表填报申请办理”，企业开办时间压缩至0.5个工作日，全县市场主体达到17333户。涉企经营许可事项实行全覆盖清单管理，按照直接取消审批、审批改为备案、实行告知承诺、优化审批服务四种方式分类推进，共办理“证照分离”改革事项2147件，其中，办理企业营业执照1551件，为企业节约办理时间3102个工作日，减少申请材料4653份。

【工程建设项目审批制度改革】 实行“一份办事指南，一张申请表单，一套申报材料，完成多项审批”运行模式，通过“多规合一平台”构建“一张蓝图”，将安全报监、质量保监和施工许可证合并办理，办理时限由17个工作日优化为5个工作日，将建设项目用地预审和选址意见书、建设用地规划许可证、建设工程规划许可证、乡村建设规划许可证申请材料由8项、4项、4项、7项压缩为4项、2项、2项、4项，办理时限由20个工作日压缩为10个工作日，取得阶段性成效，获得自治区工程建设项目审批制度改革领导小组办公室的资金奖励36万元。

【“证明材料”试点工作】 根据盐池县政协第十届委员会第五次会议提出的“关于建立‘证明材料’部门(单位)间直通办理机制，切实减少群众办事少跑腿的建议”的第20号提案要求，紧紧围绕建立部门“证明材料”直通办理试点开展工作，企业职工办理退休手续业务，只需申请人提供查档记录，由行业部门自行提取该申请人人事档案，申请人无须到各部门逐个取得。

【督查反馈整改】 做好宁夏回族自治区生态环境保护督察反馈意见整改落实。针对“环评制度落实有差距。青铜峡市、盐池县、红寺堡区未将建设项目环评评审费用列入财政预算，建设项目环评评审费用由企业或环评编制单位承担”的问题，将环评报告书(表)评审技术审查费用列入县级财政预算，每年按时拨付。通过公开招标方式确定第三方服务机构，对项目环评报告书（表）进行技术审查，于2021年7月9日与中标单位宁夏绿汇草香技术咨询有限公司签订服务合同，实现环评技术评估与审批分离，第三方服务机构共审查环评报告表项目32件。

【创建文明城市】 严格按照《盐池县创建全国文明城市工作规划(2021—2023年)》《盐池县2021年创建全国文明城市工作实施方案》及《盐池县创建全国文明城市实地考察点位及标准》要求，确保创建全国文明城市各项工作目标和任务落实。完善政务服务大厅、包抓小区基础设施。按照审批局牵头承担的政务大厅9项实地考察点位标准要求，高标准完成政务服务大厅无障碍通道、各楼层无障碍卫生间、母婴室、志愿者服务站和自助服务区等便民服务设施改造升级工作，为包抓昊湖花苑、粮食局家属楼建设车棚两座、规划停车线、设置宣传栏、公益广告共投入资金4.5万元，为帮扶村(高沙窝镇大圪垯村)投入村庄环境综合整治资金2万元。大力营造宣传氛围。严格按照公益性广告宣传要求完善包抓小区公益广告和宣传栏的先进模范事迹、关爱未成年、中国梦等内容，利用机关单位、政务服务大厅电子屏、服务窗口广泛宣传“核心价值观”公益广告，联合花园社区开展“邻里守望迎佳节，共享文明你我他”中秋节活动。积极开展志愿服务活动。与花园社区党委签订共驻共建协议书，全局28人组建志愿服务队伍，围绕包抓小区、街道，严格按照每天两组6人、每周五集中宣传的要求，逐户开展入户宣传，针对市民文明手册内容作详细讲解，发放各类宣传品5000余份，并发动包抓小区居民积极参加创城线上群众满意度测评，测评满意度达100%。

【党的建设】 以习近平新时代中国特色社会主义思想为指导，深入学习贯彻中共十九大和十九届二中、三中、四中、五中全会精神，不断加强领导班子、党员干部的自身建设，加强党员队伍的素质建设，提升全局党员的思想政治水平。紧紧围绕全面从严治党的总体要求，严格履行党组书记抓机关党建主体责任和“一岗双责”职责，认真落实党风廉政建设责任制，签订党风廉政建设责任书；狠抓意识形态工作，坚持党组成员年度述职报告和民主生活会制度，14名党员签订不信教承诺书。认真学习贯彻落实《中国共产党党组工作条例》《中国共产党支部工作条例(试行)》《中国共产党党员教育管理工作条例》，严格落实“三会一课”制度和支部“5+X主题党日”制度，把严肃党内政治生活的要求落到实处，荣获“让党中央放心、让人民群众满意”模范机关称号，并被精神文明建设指导委员命名为第十八批县级文明单位。

政务服务

【概况】 2021年，盐池县政务服务中心共受理行政审批和服务事项117995件。其中，即办件106195件，办结率达100%，承诺件11800件，办结率达98%，无超期办结件，群众满意率达99%。

【理论学习】 扎实开展党史学习教育，制定了《盐池县政务服务中心开展党史学习教育实施方案》和学习计划表，坚持学史明理、学史增信、学史崇德、学史力行的目标，组织党员干部认认真真学党史，悟思想、办实事、创新局。坚持周一干部集中学习制度，组织干部职工深入学习习近平新时代中国特色社会主义思想、中共十九大和十九届二中、三中、四中、五中全会精神及习近平总书记视察宁夏重要讲话精神，努力把学习成果转化为坚决维护习近平总书记核心地位的自觉行动，转化为“最多跑一次”改革和提升窗口服务水平的具体举措。共组织集中学习26场次，提交学习心得14篇，开展交流研讨4次。

【政务平台】 实现宁夏政务服务平台、“我的宁夏”政务App、“12345”政务服务热线及政务服务“好差评”县乡村三级政务大厅（包括村、社区代办点）全覆盖，积极引导办事企业和群众参与评价，做到一事一评、有错必纠、持续改进，提升群众对政务服务的满意度。大力推广“我的宁夏”政务App。梳理并印发《“我的宁夏”政务App可办理审批服务事项清单》545项、《“我的宁夏”政务App可查询事项清单》3368项、《“我的宁夏”政务App可办理和查询的公共服务事项清单》45项，进一步加大“我的宁夏”政务App宣传推广力度，引导企业和群众更多地掌上办、指尖办，再创营商环境新优势。

【基层政务服务】 加大简政放权力度，将群众关心关注的重点事项通过乡镇（街道）民生服务中心和村（社区）为民办事全程代办点来办理，逐步扩大公共服务事项下移，实现简单事项不出村、复杂事项可代办。将农村居民最低生活保障救助资金、养老保险、社会保险、户口登记等145个事项下放乡镇办理。推进乡镇便民服务中心标准化建设。指导各乡镇（街道）民生服务中心和各行政村（社区）为民办事全程代办点按照“三规范、七统一”和“十个一”的要求进行“标准化”建设，力争各乡镇（街道）民生服务中心、村（社区）为民办事全程代办点标准化建设率要达到100%。全县8个乡镇民生服务中心和63个村（社区）为民办事全程代办点全部完成标准化建设。加强业务培训，全力提升基层政务服务水平。组织各派驻单位及事项权限下放部门（单位）到8个乡镇民生服务中心开展“不见面”网上办事、“综合受理”业务指导和技能培训，不断提升基层政务服务能力，努力实现办事窗口“一口清”导办、“一条龙”服务。同时，结合“好差评”制度，对各乡镇落实基层政务服务情况进行监督，“好差评”群众参与率达95%，满意度100%。

【优化服务环境】 坚持“创建为民、创建惠民、创建利民”工作理念，围绕《盐池县创建全国文明城市实地考察点位及标准》中9项政务服务环境重点任务，对标对表，全面开展创建全国文明城市工作。制定《盐池县审批服务管理局2021年创建全国文明城市政务环境工作实施方案》《盐池县创建全国文明城市政务环境工作任务分工表》，成立创建全国文明城市工作领导小组，进一步强化组织领导，落实责任分工，压实统筹、协调作用。加强社会主义核心价值观建设，在政务服务中心室内外设置核心价值、居民公约、保护未成年人、诚信建设、垃圾分类“文明健康有你有我”等公益广告，进一步营造宣传氛围。持续开展志愿者服务活动，设置志愿服务站，加大文明劝导力度，确保大厅无不文明行为规范现象。完善设施，提供更加人性化的服务。在政务服务中心设置无障碍设施、消防设施、母婴室和自助服务区等便民服务设施，并加强卫生环境管理，努力为群众提供一个环境优美、服务方便的政务服务环境。

【队伍建设】 修订完善《盐池县政务服务中心窗口单位及窗口工作人员考核办法》，对窗口工作人员进行动态管理，成立纪律巡查工作小组，对大厅日常纪律进行巡查，确保窗口工作人员服务规范，做到守时、守岗、守责。印发《盐池县政务服务形象礼仪标准化指导手册》，指导各窗口工作人员统一着装、使用文明用语、礼貌待人。强化窗口单位行业规范，建立监督管理制度和高效的投诉处理机制，畅通投诉渠道。

机关事务

【公务接待】 建立健全公务接待制度，明确接待标准、范围、费用等事宜。对每一项接待任务都拟订周密的接待计划，安排专人对接待现场进行布置、部署，根据接待需求及时查漏补缺。完成各类接待68批次，保障重大活动后勤服务工作8次，多次协助县内其他单位完成接待，圆满完成县党代会后勤保障服务工作。

【公共节能】 制定并印发《关于开展节约型机关创建的通知》，指导、监督全县19家申报单位积极开展节约型机关创建工作，超出自治区下达创建任务率10%。对117家党政机关能耗数据质量进行抽查，要求档案资料不全的单位限时整改，按时完成了公共机构人均能耗、单位建筑面积能耗和人均用水量分别比2020年下降相应的目标任务。组织公安局、文广局等13家单位节能管理人员参加清华大学开展的公共机构节能管理远程培训课程。组织干部职工深入学习习近平总书记对制止餐饮浪费行为作出的重要指示精神，举办《中华人民共和国反食品浪费法》专题学习讲座，开展为期一周的“厉行节约、反对浪费”坚决制止餐饮浪费专项行动。8月25日，县政务服务中心联合纪委监委、发改局等8家单位在花马广场进行集中开展“2021年公共机构节能宣传周”主题活动，共计发放宣传挂图600余幅、宣传折页1500余册、环保袋800余个、宣传资料3000余份、节能用品2000余份，进一步提高了干部群众反对浪费、厉行节俭、节能的认识水平和责任意识，营造公共机构做表率的良好氛围。协助县水务局积极开展节水型社会建设工作，促使盐池县成为全国“第四批节水型社会建设达标县”。

【公务用车】 进一步完善公车管理使用制度、驾驶员管理及考核制度，规范公务用车，强化人员管理，确保安全出行。加强汽车租赁公司管理，按照“政府购买服务”方式租用社会汽车，为全县党政机关事业单位出行提供市场化保障。先后保障政府“四办”及执法部门执法等用车2711次61万千米；购置更新公务用车3辆。疫情防控期间，组织人员护送盐池县医护人员前往银川、吴忠支援疫情防控工作；安排专职司机随时待命，先后前往银川、吴忠送核酸检测样本和流调人员20余次；及时安排车辆收集、运送县城和各乡镇各核酸检测站点样本至县医院，全力保障全县疫情防控工作。

【疫情防控】 为政府大楼安装红外体温检测设备，张贴疫情防控提示语，为“四办”保安保洁人员配发一次性口罩、医用酒精、红外电子体温计等防护用品，筑牢防护屏障。严格卫生消毒防疫，定时通风、定期消毒，组织保洁人员每天2次对集中办公区公共区域、电梯进行全面消毒，对电梯按钮、卫生间等双手接触较多部位随时消毒，切实做到无死角防控。加强人员管理，对进入办公楼人员认真检查、实名登记，通过“测体温、问情况、常提醒”等方式，严格管控，确保一岗不落、一人不漏。

【后勤服务保障】 设施设备维修维护方面。主持政府大楼一楼外包墙体粉刷、防水工程和电线网线规整工作，美化大楼环境；修建政府大楼后的停车场，规范车辆停放，积极推动文明城市创建工作；新购买政府公寓2套、租赁1套，更换公寓断桥窗15套，翻新装修公寓8套，更换、维修老旧家用设施8套，切实保障领导住房需求。管理调配办公用房方面。对全县办公用房使用情况进行梳理统计，形成详细规范的县直单位办公用房使用情况台账，全县共有党政机关大楼32栋，建筑面积546939.77平方米，其中闲置办公用房80间1627平方米。将扶贫办、财政局、发改局办公用房固定资产所有权调拨至本单位。根据各单位实际办公需求，先后为县团委、慈善协会等5家单位调配办公用房，提高了房屋资产使用效率。组织全县75家党政机关（含乡镇）填报2021年度办公用房系统，审核办公用房面积56056.19平方米。机关餐厅运行管理方面。制定并印发《制止餐饮浪费行为的措施》，发放节约用餐倡议书1000余份。机关餐厅干部职工共计消费77954单279474元，餐卡充值共计331722元；保障定武高速猫头梁出口等5处疫情防控卡点早、中、晚用餐68000余份。

信访工作

【概况】 2021年，县级信访部门共受理群众走访、信件、电话、网上投诉291批次569人次，与2020年同期相比（287批次534人次），批次上升1.39%，人次上升6.55%。信访事项受理率100%，答复率96.58%，信访部门满意率95%、责任单位满意率87%。信访秩序全面好转，信访办结率、息诉罢访率、群众满意率均有所提高。

【理论学习】 坚持在常委会、常务会上传达学习习近平总书记关于加强和改进人民信访工作的重要思想和国家、区、市信访会议精神，用新思想武装领导干部头脑，提振做好新时期信访工作责任感、使命感；常委会、常务会上传达学习、分析形势、安排部署信访工作6次（常委会3次、常务会3次）；组织参加国家信访局学习贯彻习近平法治思想开创全面依法治国新局面培训1次，参加全区信访业务培训1次。

【积案办结】 常委会、常务会3次听取专项工作汇报，党政主要领导亲自部署，分管领导靠前指挥，信联会议协调督导，形成一级抓一级，层层抓化解的工作机制。召开信访督办会，对群众反映的重点信访事项听汇报、问情况、提要求，既进行人文关怀，又依法依规处理。把专项治理工作作为党史学习教育“我为群众办实事”实践活动的重要内容，建立包案台账，县委、县政府主要领导主动包抓4件疑难案，其他县领导积极包案化解件重点疑难重复信访案件，强力推进完成重点攻坚第一批29件任务，第二批治理重复信访、化解信访积案专项工作中央信联办交办的4件信访件，已上报办结3件（2件待自治区审核），1件未办结。全国政法队伍教育整顿中央第四督导组移交的6批16件，已办结15件，1件未办结。深入化解重复信访突出问题，依法及时就地解决群众合理诉求。做到解决到位、疏导到位、帮扶到位，案结事了。以清仓见底为目标，采取电话督促、网上督查、发函督办、临场督导等方式，全程跟踪，整合力量，穷尽政策，全力化解信访问题。

【矛盾化解】 先后召开安排部署会2次，及时启动“零报告”机制，严格落实公安信访信息互通、24小时轮班值守及每日“零报告”等制度，深入开展矛盾纠纷排查化解、领导每日坐班接访和约访下访，重要节会活动期间，盐池县未发生越级、规模聚集和影响不良信访事件工作成效，自治区和市委、市政府领导给予充分肯定，自治区信联办向盐池县专门发来

《表扬信》。坚持领导干部包案化解、定期接访、重点约访、带案下访制度，落实信访工作责任，推动问题妥善解决。县委、县政府班子成员全年包保化解信访事项106件，化解104件，县领导周二定期接访、约访39批次，推动协调化解了一批群众集中反映的热点、难点问题。充分发挥信访工作联席会议机制作用，推动疑难信访事项就地化解。召开信访工作联席会议6次，定期通报信访工作情况、交办重点信访案件、研究解决疑难信访事项，推动化解重点疑难信访事项8件。带案跟踪抓好督查督办。切实发挥信访督查督办职能，联合“两办”督查室开展信访工作督查1次，坚持运用微信工作群、电话、发函等形式，将督查督办贯穿全年工作始终。

政协盐池县委员会

政协重要会议

【县政协十届三十二次常委会会议】 2021年3月27日召开,县政协主席贺满文主持。传达学习全国“两会”精神,审议界别委员联系工作方案、“委员会客室”工作实施方案、委员按界别联系社会组织实施意见及相关制度,通过有关人事任免,并对界别委员联系工作、社情民意工作和党史学习教育工作进行了部署。县委常委、统战部部长、政协党组副书记尹益龙,政协副主席吴斌辛、范海荣,秘书长卢平及政协常委会组成人员出席会议,政协各专委会及界别工作室、部分委员会客室负责人列席会议。

【县政协十届三十三次常委会会议】 2021年5月8日召开,县政协主席贺满文主持。专题议政性协商公共法律服务体系建设情况。县政协副主席蒋刚、秘书长卢平及政协常委会组成人员出席会议,县委常委、统战部部长、政协党组副书记尹益龙应邀出席会议,检察院、政法委、司法局、财政局及部分乡镇、有关部门负责人及政协委员列席会议。

【县政协十届三十四次常委会会议】 2021年7月29日召开,县政协主席贺满文主持。专题议政性协商全县小杂粮产业发展情况。县政协副主席蒋刚、秘书长卢平及政协常委会组成人员出席会议,政府副县长郑参出席会议并通报全县小杂粮产业发展情况,发改局、财政局、水务局、农业农村局、乡村振兴局、部分乡镇负责人及政协委员、专委会主任列席会议。

【县政协十届三十五次常委会会议】 2021年8月20日召开,政协主席贺满文主持。听取县人民政府关于全县经济社会发展、重点项目推进、财政绩效评价工作和区域物流集散中心建设情况通报、提案和社情民意办理情况通报,围绕通报情况进行发言。县政协副主席范海荣、蒋刚,秘书长卢平及常委会组成人员出席会议,县委副书记、政法委书记施选峰,县委常委、政府副县长马学荣应邀出席会议,政协常委会组成人员、部分政协委员和各专委会负责人、相关部门负责人列席会议。

【政协第十一届盐池县委员会第一次常务委员会会议】 2021年11月16日召开,县政协党组书记、主席张晨主持会议。传达学习《中国共产党第十九届中央委员会第六次全体会议公报》、自治区党委2021年第40次常委会(扩大)会议、市委2021年第47次常委会(扩大)会议和县委2021年第5次常委会(扩大)会议精神。审议通过政协第十一届盐池县委员会主席、副主席和秘书长工作分工;政协第十一届盐池县委员会专委会设置、组成人员及工作职责和联系界别、对口部门有关事宜。宣读县委人事任免文件。副主席范海荣、张立泽、王振学、秘书长王玉标及政协第十一届盐池县委员会常委参加会议。会议应到常委 29 人，实到 28 人，符合政协章程和有关规定。

政协办公室

【党的建设】 坚持县委统一领导。坚持重大事项请示报告制度，重要工作主动报告、重大事项及时反映，全员参与疫情防控、文明城市创建等工作，始终与县委决策同向同行、同频共振。筑牢思想政治基础。扎实开展书香政协建设，以党组理论中心组学习、机关学习、专委会功能型党支部学习、习近平新时代中国特色社会主义思想学习座谈会等为载体，通过领导带头学、自觉主动学、专题研讨学、班子讲党课等形式推动学习，先后组织召开集中学习 47 次，举办专题研讨 12 次，讲授专题党课 8 次，收集心得体会、发言材料 150 余篇，政协委员和机关干部思想认识不断提升。全面加强党的建设。结合党史学习教育，以学党史、悟思想、办实事、开新局为目标，创新开展 13 项自选动作，探索“三学三强”理论研讨、“三要三不”履职实践，切实把党的建设融入各专委会工作全过程，专委会功能型党支部建设情况作为“让党中央放心、让人民群众满意”模范机关创建典型接受观摩，并获得一致好评。

【保障履职】 高质量落实年度协商工作计划。围绕公共法律服务、小杂粮产业发展务实推进专题议政性常委会会议协商，围绕科技创新平台建设、天然草原改良深入开展专题会议协商，针对节水型社会建设开展专题监督性协商，围绕中小学体育教育、农村水泥路建设管护、电商产业发展、建筑行业及房地产经营、中小学生源流失情况等，开展对口协商、界别协商和大家来协商活动。全年组织各类调研视察活动 20 余次，召开各类座谈会 60 余次，形成调研报告 11 篇，政协推动经济社会发展的独特优势进一步彰显。有序开展决策执行中的协商。常委会会议听取政府关于全县经济社会发展、重点项目推进、财政绩效评价工作成效、区域物流集散中心建设等情况通报，会议提出的意见建议，以“通报会情况报告”上报县委、县政府，供决策参考。不断提升提案办理协商水平。加大提案面商、“双向互评”、“清单式办理”、重点提案摘报等提案工作落实力度，不断提高提案办理协商实效。十届五次会议以来立案的 57 件提案，办结率达 100%。

【团结民主】 创新联系界别群众载体。探索设立委员会客室、界别工作室，创新开展界别委员工作室联系社会组织、委员“第二界别”工作，围绕“青少年法治教育”“加大社会组织扶持”等主题开展会客座谈、界别活动 10 余次，引导委员主动联系群众、宣传党的政策法规、收集界别呼声。形成的“在惠安堡镇建设盐红同区域标准化屠宰中心的建议”被区政协采纳，并转交有关地区和部门办理；郭河彦委员会客室的“金点子智囊团”做法在《人民政协报》刊登。运用社情民意反映民声。采取召开民情恳谈会、定期分析推进会等方式，进一步完善报送机制，压实报送责任，提高社情民意、民情直通车信息质量，及时高效反映百姓心声。上报社情民意、民情直通车 21 期，反映问题 69 条，架起了党委、政府与人民群众的“连心桥”。不断加强政协文史工作。编撰完成《盐池工业》、《盐池美丽村庄》、《使命与担当》、十届政协履职专题片等文史资料，充分发挥好文史资料“存史、资政、团结、育人”的作用。

【自身建设】 根据《中国人民政治协商章程》和有关规定，筹备服务政协第十一届盐池县委员会第一次会议，圆满完成换届各项工作任务。从组织体系、协商内容、协商程序等方面进一步健全完善协商议事工作规则，修订县政协协商工作规则、凝聚共识实施意见、政协委员责任担当实施意见等 11 项制度，并梳理编辑《政协制度汇编》，为规范化开展政协工作提供遵循。构建以专委会功能型党支部为引领，依托 9 个基层联系点、9 个界别工作室、5 个委员会客室开展工作的“1+3”联络体系和“3+2+3”联系制度机制，委员主体地位和作用发挥进一步加强。主动加强同自治区、吴忠市政协工作联系，认真做好对在盐市县政协委员和机关干部外出培训学习的联系、协调工作；热情接待来盐考察学习和交流联谊的各省、市、县政协领导和委员，积极联系相关事宜做好服务，加强与其他政协机关的交流学习沟通，促进双方工作的进展。

群众团体

盐池县总工会

【慰问帮扶】 2021年，盐池县总工会持续做好品牌帮扶。慰问企业下岗失业人员、退休职工、困难劳模、在岗特困职工、零就业特困家庭、返乡农民工共计404人，发放慰问金43.72万元；慰问汽车站一线职工29人，发放慰问金及物资共计3.5万元。为175名困难职工发放助困资金38.34万元；为43名特困职工子女发放“金秋助学”资金8.7万元。开展职工医疗互助，共为84名职工发放医疗救助资金15.7万元。在盐池县高级中学建立3个工会班共66人，每人每年发放2600元，共计17.16万元。共开展政策宣传、科普教育、环境卫生、医疗服务等各类志愿服务活动40余场次。

【凝心聚力工程】 深入开展舆论引导工作，借助主流媒体平台，深入做好疫情防控宣传教育和舆论引导工作。加强女职工文化建设，组织盐池县基层工会结合各自实际，开展插花、朗诵比赛等活动。盐州艺术团工会荣获宁夏回族自治区五一巾帼标兵岗。点状铺开职工普惠。联合黄河银行持续开展商家普惠服务职工活动。对第一期“中国梦·劳动美”职工书法美术公益课优秀学员进行了表彰奖励。组织52名外卖员、快递员进行免费健康体检。大力弘扬劳模精神。以“关爱劳模、引领劳模、宣传劳模”为工作主线，结合建党100周年，开展“我心永向党　劳模话初心”座谈会，并为全县65名劳模发放建党100周年定制纪念品。邀请全国劳模朱玉国为盐池县总工会机关干部讲党课，组织自治区劳模开展党史学习教育宣讲进企业，市级劳模宣讲禁毒知识进园区。在长城关打造劳模宣传荣誉墙，集中展示盐池县劳动模范的光荣事迹和形象。宣传“争做奋斗者，建功‘十四五’”劳模精神，对盐池县的各级女劳动模范和先进人物进行宣传报道，开设“劳动模范”专栏供干部职工学习。推荐上报市级劳模创新工作室1家，区级劳模创新工作室1家。推荐上报全县优秀工会组织5家，优秀工会工作者5人。稳步推进网络宣传。有效利用工会“两微一端”等宣传阵地开展宣传工作，部分信息在中工网《工人日报》、中国日报中文网、《光明日报》、《宁夏日报》等各类网站进行了刊登。开展“网络安全宣传周”活动及全县职工网络个人信息保护培训班，增设有奖问答活动。深化“网聚正能量，争做好网民”主题网络活动，利用单位公众号、小视频等网络载体，宣传网络安全、文明礼仪、安全生产、法律知识、创建文明城市、公共机构节能等内容。

【建功立业工程】 开展以“当好主人翁·建功新时代”为主题的劳动和技能竞赛活动。围绕区、市确定的特色产业，征集在全县开展重点工程示范性劳动竞赛和职工职业技能竞赛活动。组织上报产业工人队伍建设改革试点单位4家;开展示范性劳动竞赛1场次，举办“巾帼心向党，建功‘十四五’”滩羊产业女职工劳动技能竞赛1场。开展汽车维修技能大赛1期；联合盐池县教体局开展全县中小学青年教师教学竞赛1场；组织开展1期全县公交司机驾驶员大赛；联合住建局开展1期“建匠大比拼,夺冠状元郎”建筑工人技能大赛；全区首个县级企业消防职业技能竞赛1期。

【维权服务工程】 加强权益保障工作。促进下岗职工就业。利用盐池县总工会公众号发布企业用工信息4期,共15家企业,提供就业岗位90个。加大职工技能培训。在北塘新村手工艺品扶贫车间举办一期50人的育婴员培训班。常态化开展职工医疗互助。为47名职工发放医疗救助资金82116元。广泛开展普法宣传。以“情系女职工、法在你身边”为主题开展普法宣传,深入园区企业、街道、社区等,开展《中华人民共和国民法典》《中华人民共和国禁毒法》等法律宣传16场次,覆盖职工1500余人,做法在《工人日报》客户端进行交流。加强女职工权益保障。大力宣传《宁夏女职工劳动保护办法》《宁夏妇女权益保障条例》等女职工权益保护的法律法规。动员各基层女职工参加“安康保”，共有29家单位组织624名女职工参加，投保资金62400元。联合举办全县女职工心理健康知识讲座，近200名女职工参加。加大企业职工维权力度。联合开展安全生产管理人员线上培训1场次;线上宣传《中华人民共和国职业病防治法》、国家安全知识,推广应用“工会参与职业病防治工作模式”,监督企业落实职业卫生法律法规和工伤保险制度等。深入园区、快递行业等开展职工队伍风险稳定排查工作。稳步推进集体协商。选聘专兼职指导员19名,同时制定网格化工作专栏，对所辖企业指导做到全覆盖。全面推行集体协商“一函两书”工作机制,督促企业依法依规签订女职工专项集体合同，建立“一函两书”工作台账。组织召开“四季要约”启动会,实地到30余家单位，深入指导规范完成集体协商工作，签订工资集体合同及集体合同各65份,女职工专项集体合同51份,覆盖职工5863人。

【固本强基工程】 加强基层组织建设。截至12月末,盐池县有单独基层工会组织231家，职工12631人,工会会员11888人。新建工会11家。注销工会组织13家,换届16家。新建工会三委齐全,会员系统录入率100%。新就业形态劳动者中美团外卖、快递员、货车司机、保安员已入会,共计入会会员266人。全县基层工会开展“会员评家”78家。2021年，全县工会年报统计工作完成率100%，直报率达到90%以上。在4家基层工会中组织开展模范职工之家“结对共建”活动,促进基层工会交流合作、共同发展。推荐上报吴忠市先进职工之家示范点1家，吴忠市职工之家培育点2家。加强职工代表大会制度建设,现已有88家基层工会建立职代会制度,建制率93%以上。强化基层服务能力。加强基层组织“会站家”一体化建设。共打造户外劳动者爱心驿站10家,并分别配置饮水机、微波炉等日常用品,投入10.5万元,辐射职工3000人。

【自身建设】 加强理论学习。结合党史学习教育、党员干部廉政警示教育和主题党日活动,组织党员干部通过开展专题培训、集中学习、专题研讨等方式深入学习重要思想理论，开展实地教育活动。加强精神文明建设,按照提高标。重视自身教育。严格落实党支部工作条例,共开支委会12次,专题民主生活会1次。注重工作实效。开展“百年党史葆初心服务职工基层行”实践活动,开展下基层走访调研蹲点活动；对盐池县国省23个疫情防控高速公路卡口进行“‘疫’路有情‘工’同服务”暖心慰问活动，共送去慰问物资10万余元；对劳模、困难职工家庭学生等群体开展慰问活动；为多家基层工会组织赠送体育器材以及建家资金支持。为推进基层工会组织规范化建设，为16家基层工会拨付建家项目资金50.9万元。做好财务经审工作。上报完成部门预决算、工会本级2020年决算及2021年预算，完成全总行政资产、固定资产等决算上报及县级基层工会经费决算汇总上报；接受上级审计并对本级2020年工会经费收支情况进行审计；组织基层参加财务培训75人次；加强工会经费管理，对50家基层工会经费使用情况进行审计监督，提出意见建议68条。按照比例上解工会经费95万元。

共青团盐池县委员会

【党史学习教育】 2021年，共青团盐池县委员会将党史学习教育“主旋律”贯穿工作始终，以“传承党的百年光辉史基因铸牢中华民族共同体意识”主题为抓手，青春心向党的思想根基更加稳固。确保实效“分类学”。充分发挥“809000”青年宣讲团作用，围绕党的十九届六中全会精神等开展进机关、进学校、进企业、进农村、进社区、进网络“六进”宣讲活动50余场次，覆盖青少年2.8万余人次；开展主题团队日活动285场次；开展民族团结主题征文、亲子诵读等活动，征集手抄报、书法等100余篇，参与学生1.5万人次。创新方式“线上学”。开设“盐青学党史”专栏，推送信息简报240余篇，其中，被中央媒体采用27篇、被区市媒体采用32篇。联合县博物馆组织100名红领巾小小讲解员录制“盐池县红色故事100篇线上音频”，已推送13期，点击量突破1万人次。组织动员“沉浸学”。发挥阵地育人作用，组织全县共青团员、少先队员参观革命历史纪念园等实践教育基地；发挥仪式育人作用，举办千人入队、百人入团、十八岁成人礼仪式，开展快闪、文艺演出等活动，在“五四”“六一”“七一”“十一”等重要节点掀起学习热潮。榜样带动“示范学”。通过优秀青年先进事迹展播、青年文明号集中展示活动、互学互访交流活动等，引导青少年见贤思齐。盐池县政务服务中心咨询服务室获评第20届全国青年文明号集体。

【服务青少年】 以推动《中长期青年发展规划(2016—2025年)》落地见效为抓手，打通“扩面”“提质”两个“主渠道”。着眼于“全”，扩大服务覆盖面。筹资117.3万元，助力646名困难学子圆梦大学，筹资数额位居全区22个县(市、区)前列；推荐南关社区成功申报为自治区级青少年“双零”社区试点；为1800名留守儿童提供“盐团团筑梦课堂”“七彩假期”暑托班等关爱服务；为132名困难儿童发放零星救助7万元；联合中航油团委为盐池四小90名困难学生捐赠定制棉服；联合花马池派出所录制反诈宣传片，点击量突破3万次。着眼于“准”，提升服务质量。坚持需求导向，解决青年“急难愁盼”问题。服务青年创新创业，举办青年创新创业大赛，开展2021年“春风行动”现场招聘会暨“直播带岗”网络招聘会，落实就业岗位594个。服务青年身心健康，开通心理咨询热线、开展心理健康讲座7场，为2000余名青少年提供心理健康、法律咨询等服务；召开“共青团与人大代表、政协委员面对面”座谈会，形成关于青少年心理健康方面的政协提案2份。服务青年婚恋交友，举办2场联谊活动，为百余名适龄青年搭建沟通平台。

【青年志愿者】 着力发挥生力军和突击队作用，团结引领青年在疫情防控、“四大提升行动”、乡村振兴等“主战场”建功立业。在疫情防控“主战场”体现青春担当。发布志愿者招募令8期，储备青年志愿者969人，成立青年突击队11支，在全县25个防疫站点开展志愿服务，累计服务时长达4.4万小时；及时开通心理咨询热线，招募6名心理咨询师，提供专业心理疏导服务；录制抗疫暖心微视频3期。汇发银行、盐池县供电公司2个志愿服务队和优秀志愿者牛庆元被自治区团委通报表扬。在“四大提升行动”“主战场”展现青春风采。募集善款139.4万元，深入实施希望工程助力“四大提升行动”。聚焦百万移民致富提升行动，实施移民帮扶项目，分配5名西部计划志愿者到惠安堡社区等开展志愿服务。聚焦城乡居民收入提升行动，实施兴业助农项目，组织36名返乡创业青年参加“狮城宁好”电商直播培训班；为64名大学生协调21家单位提供见习岗位。聚焦基础教育质量提升行动，实施助学育人项目，联合县关工委、晨光公益协会为20名孤残、留守儿童，30名红领巾小小讲解员捐赠棉服、学习用品等爱心礼包；联系西北工业大学、宁夏医科大学2支研究生支教团在盐池三中和高沙窝中心小学驻点支教。聚焦全民健康水平提升行动，实施健康守护项目，举办中高考前心理减压讲座2场；开展“小海豚计划”公益捐赠活动，为高沙窝中心小学赠送总保额974.1万元的专属保险和191份温暖包。在乡村振兴“主战场”凝聚青春力量。组织百余名学生开展“返家乡”社会实践活动；在青山、冯记沟乡开展“墙绘·我为家乡添彩”志愿服务活动；组织50余名志愿者开展“井”上添花志愿服务活动，为全县980个井盖穿上新衣；围绕盐池县六大重点产业，培育青创农场1个、青年致富带头人23名；分配83名西部计划志愿者投身乡村振兴。

【自身建设】 纵深推进共青团改革，不断夯实基层建设、强化少先队工作、推进团队干部教育培训“3个主阵地”。抓好基层建设“主阵地”。圆满完成全县119个村（社区）团支部、9个乡镇（街道）团（工）委、7个中职中学团委换届工作，团的 “基本盘”得到进一步巩固；成立非公企业和社会组织团组织15个，新发展团员285名，学社、学学衔接率均为100%，全县中学（中职）团校实现全覆盖。抓好少先队工作“主阵地”。成立社区少工委6个、青少年宫少工委1个，命名少先队校外实践教育基地1处；举办少先队建队72周年分批入队等系列主题示范活动，1656名学生光荣加入少先队，颁发红领巾奖章二星章68枚；“红领巾爱学习”参学率、少先队组织录入率均为100%，位居全区前列。抓好团队干部教育培训“主阵地”。定期召开学校共青团和少先队工作推进会，深入乡镇（街道）团（工）委调研，强化责任落实；先后举办全县团干部、少先队辅导员培训班2期。

盐池县妇女联合会

【党史学习教育】 2021年，盐池县妇女联合会开展党史学习教育，学党史、悟思想、办实事、开新局。为夯实党史学习教育，制定党史学习教育实施方案，创新开展“4321”“庆三八”暨“学党史·颂党恩”知识竞赛、“七个一·庆七一献礼百年华诞”等系列活动深化党史学习教育，引领广大妇女做伟大事业的建设者、做文明风尚的倡导者、做敢于追梦的奋斗者。传家风、赓续红色基因。深入学习《习近平关于注重家庭家教家风建设论述摘编》的内容，深入开展“巾帼心向党，奋斗新征程”“传承红色家风献礼百年华诞”暨“党的声音进万家”“弘扬中国精神 奋进伟大征程”暨“党的声音进万家”宣传教育活动70场次，宣传教育活动覆盖妇女1万余人次。引领妇联干部立足于自己的本职岗位，提高自身素质、积极作为、脚踏实地为妇女服务，发挥好妇女“半边天”作用。广泛开展独具特色的巾帼志愿服务。县妇联现有巾帼志愿服务组织130个，实有在册的巾帼志愿者2675人。为建立稳定的巾帼志愿者队伍，2021年县妇联广泛吸纳妇联干部、执委、女能人等广大妇女群体加入志愿服务队伍中来，新成立县、乡巾帼志愿服务队9支。以“妇女之家”为依托，围绕党委政府中心工作，以妇女、婚姻、家庭为主轴，以解决妇女和家庭特别是困难妇女、儿童和家庭日常生活领域所需所盼为主要任务，常态化开展促进和谐稳定、倡扬文明风尚、助力创业就业、推进家庭教育等巾帼志愿服务活动150余次，县城内巾帼志愿者活跃在创建全国文明城市的各个领域，乡镇里巾帼志愿者奉献在人居环境整治的各个村庄。助力疫情防控阻击工作。妇联各级组织在社区、乡村设立“兰花芬芳”巾帼志愿岗，推行“1+N”志愿服务模式，县妇联积极实行五色图管理模式，严格落实“五包一”措施，全力以赴配合社区做好包抓小区值守、测温、验码、登记、宣传等各项工作，擦亮“兰花芬芳巾帼红”志愿服务品牌。

【妇女创业就业】 持续抓好农村妇女创业担保贷款线上发放，为农村妇女创业就业提供稳定金融支持，2021年预计发放3000万元，扶持近300名农村妇女创业就业。实施农村妇女“双培双带”项目20万元，扶持4名村妇联主席。为促进农村基层女干部和女致富带头人的成长，培育农村女干部队伍奠定基础。实施“创业创新巾帼行动”。向宁夏妇女儿童发展基金会申请项目资金50万元，扶持县春雪文化产业园有限公司妇女再就业手工编织项目，带动33名妇女就业增收。积极做好全国、全区“巾帼文明岗”等推荐工作，县卫生健康局荣获“2020年度全国巾帼建功先进集体”。

【共建社会和谐】 线上线下启动2021年寻找“最美家庭”评选“文明家庭”活动，选树了2020年度涌现出的一批在孝老爱亲、夫妻和睦、创业创新、廉洁文明等方面事迹突出、群众认可的“最美家庭”25户。全县被授予市级抗击疫情“最美家庭”荣誉称号10户，自治区级“最美家庭”荣誉称号7户，全国“最美家庭”荣誉称号1户。通过开展“平安家庭”创建活动，不断拓宽乡镇创建活动面，引导家家户户创建遵纪守法之家、和睦友善之家、科学文明之家、勤俭美德之家，使家庭更加和睦美满，社会环境更加和谐稳定。开展“文明清风大讲堂”宣讲活动。为充分发挥家庭在党风廉政建设中的重要作用，组织宣讲团进村、进社区开展宣讲活动10场次，面向广大党员干部职工家庭发放5000余份《“树清廉家风　立崇廉家规”倡议书》发动妇女群众在倡议书上签字等形式，充分教育引导广大妇女群众在树立良好家风上走在前、做表率，通过培树良好家风，带动社风民风，助力乡村振兴。开展“好家风好家训好家教”系列活动。开展传承“好家风好家训”宣讲活动50场次，5000余人到场参与活动。通过用群众身边的先进典型，深入乡镇（街道）、村（社区）开展妇女思想引领宣传宣讲活动。并举办“百年圆梦·幸福启航”亲子诵读比赛和亲子手抄报征集活动，全县400余名家长踊跃参与。

【巾帼健康行动】 开展城乡“两癌”贫困妇女救助、县级临时救助等民生实事，切实关爱妇女儿童，把党的关怀与温暖送到妇女群众心坎上。完成“两癌”患病困难救助26人26万元，其中，国家级救助5人5万元已按程序上报；自治区级救助12人12万元及县级救助9人9万元已落实到位。结合大走访大排查活动，走访慰问贫困妇女儿童，为39人发放慰问救助金2.4万元，为残疾人康复中心40名儿童捐赠学习用品价值0.5万元。着力推进“巾帼健康行动”，与人寿保险公司共同举办关爱妇女健康“两癌”“爱妮保”宣传培训班26场次，参加人员2200余人，宣传动员全县城乡妇女参保3936人，收取保费39.36万元，赔付21人51万元，赔付率为129.57%；与吴忠市至善社会工作发展服务中心启动实施2021年盐池县“两癌”患病及特殊、困难妇女关爱服务项目启动仪式暨“学党史、颂党恩，办实事、送关爱”活动，开展学党史 促团结 迎国庆“民族团结心向党·花香满溢迎国庆”为5名乳腺癌患者捐赠义乳和配套内衣。

【妇女儿童维权】 充分发挥“联”字作用，与公检法司等部门紧密配合，并完善优化“12338”妇女热线，利用好乡镇（街道）、村（社区）“妇女之家”、“儿童之家”、妇女儿童维权站等工作阵地，将工作关口前移、重心下移，把线上回应和线下处置结合起来。结合“三八”维权周、网络安全宣传周、“5·15”国际家庭日、“全民禁毒宣传月”、“12·4”宪法宣传日等开展普法宣传、禁毒宣传、咨询服务等活动15场次，发放各类宣传资料1.2万余份。2021年，接待来电来访69人（件）次，成功化解69件（次），其中婚姻家庭矛盾纠纷64件，得到救助19人次。

【志愿服务】 开展“巾帼守护家行动”“巾帼低碳行行动”“巾帼护绿道行动”“巾帼美楼道行动”等志愿服务活动30场次。“巾帼守护家行动”通过线上、线下宣传向全县广大家庭发出“致盐池县广大居民的倡议书”和“盐池市民文明手册”；“巾帼低碳行动”注重倡导文明、低碳、绿色出行；“巾帼护绿道行动”组织巾帼志愿者到包抓路段捡拾垃圾，保持城市绿道整洁和美观；“巾帼美楼道行动”联合北关社区统一到包抓小区开展楼道美化净化，清理楼道牛皮癣、清洁楼道卫生。充分发挥妇女和妇联组织在参与农村环境整治中的主体作用，全面推进乡村振兴战略，着力提升农村人居环境整治水平，切实改善农村人居环境。

【“两规划”编制】 利用全县村（社区）“两委”换届工作契机，进一步推动村妇联主席进村“两委”。通过换届选举，产生女性村委会主任8名，占比7.8%；女性村委会成员207名，占比达到40.3%。3月25日，接受自治区妇儿工委对盐池县妇女儿童发展规划（2011—2020年）实施情况进行终期评估验收，评估组对盐池县实施“两规划”工作给予了充分肯定。县妇联（妇儿工委办）已申报“全区实施妇女儿童发展规划先进集体”。全面启动新一轮“两规划”编制工作，印发《盐池县妇女儿童发展规划（2021—2030年）编制工作方案》，根据新规划设置的领域，明确牵头和配合单位的起草任务，确保新两规编制工作顺利进行，两规划的实施践行和推动男女平等基本国策，保障妇女儿童的合法权益，促进妇女儿童事业与经济社会同步发展，让广大妇女儿童有更多的获得感、幸福感、安全感。

【换届选举】 按照自治区、吴忠市妇联关于乡镇（街道）、村（社区）妇联组织与乡村两级同步换届要求，坚持党建带妇建，精心筹备、认真组织、严格把关，完成全县8个乡镇、1个街道和120个村（社区）妇联组织换届选举工作。本次换届选举产生乡镇（街道）妇联主席9人，均为同级党政领导中的女性领导，专职副主席9人，均为乡镇（街道）在编干部中的女性干部；选举产生村（社区）妇联主席120人，兼职副主席272人，配备执委1802人，为乡村振兴注入巾帼“新”力量，进一步巩固基层妇联组织改革成果；并选举出席吴忠市第五次妇女代表大会代表22名。开展村（社区）妇联执委能力提升培训班15场次，培训妇联主席、兼职副主席、执委1500余名。启动实施“提升基层妇女参政议政能力和妇联组织力提升”项目，进一步培育一批具有一定参政议政能力的基层妇女“领头雁”和先进基层妇联组织，推动妇联工作更好地参与基层社会治理。

盐池县文学艺术界联合会

【理论学习】 2021年，盐池县文学艺术界联合会坚持政治上、思想上、行动上与县委、县政府保持高度一致；以党史学习教育为契机，以党史、国史、改革开放史等一系列理论文献，十九届二中、三中、四中、五中、六中全会精神等为主要学习内容，不断巩固政治思想根基、筑牢新时代中国特色社会主义思想灵魂，为确保文艺创作坚持正确方向，弘扬社会主义核心价值观提供强大的精神动力和组织保证。

【办刊创新】 坚持以宣传盐池经济社会发展、展示盐池地域文化特色，推出文艺新人、新作，优秀名家名作赏析等为办刊宗旨。《盐州文苑》从版面设计到内容编排一直都在紧随时代脉搏，追求创新，设计小说站台、散文风尚、人物志、诗词空间、艺术天地、慢剧场等多个栏目，社会关注度不断提高，影响力不断扩大。

【行业服务】 文艺惠民活动。春节前开展新时代文明实践“送春联送祝福”文艺进万家志愿服务活动，先后组织书法协会近百人次，深入社区、企业、农村、疫情防控卡点及各种春节文化活动现场，为老百姓免费写春联、送春联，累计送出对联6000余副，“福”字500多贴，体现党和政府的人文关怀和文化力量根植人心。开展文艺助力乡村文化建设。组织相关艺术家协会与麻黄山乡李塬畔村举办李塬畔盐池县委、县政府旧址红色教育活动，现场创作美术作品10幅、书法作品15幅、摄影作品100余幅。开展艺术服务社会文化活动。按照县委建党100周年活动的安排，筹办了建党100周年“翰墨颂党恩·书美影展”，以艺术形式，反映各族人民、社会各界昂扬奋进的精神面貌，7月1日在县长城关二楼、三楼展厅展出，为长城关旅游景点增加文化氛围。在传统节日中秋节到来之际，宣传盐池人文发展新面貌，增进盐池对外的社会影响力，组织举办“迎中秋·诗韵盐池”诗会活动，既传承传统节日习俗，又丰富新时代节日文化内涵，各大媒体相继报道。

【文化挖掘整理】 组织专门的文学创作团队，挖掘整理发生在盐池县革命时期的历史故事、英雄人物事迹等红色记忆，编辑出版盐池县《红色革命故事100篇》。该书发至相关部门、单位，在盐池县红色旅游、红色教育、红色文化宣传等方面产生良好社会效益。组织创作“长城两边是家乡”大型画卷。以盐池长城为主线，融入特色的人文景观、标志性建筑、工业、农业等内容，广角度、全方位、高浓缩描绘近年来各项社会事业发展的成就，历时一年完成，作为建党100周年献礼，画卷为22米×0.8米。该画卷受到区内外知名画家的指导和关注，也受到了中国长城学会的极高赞誉。以发生在王乐井乡边记洼村“野湖井”的历史故事为素材，创作了剧本《野狐岭情缘》(戏剧)。

【人才培养】 组织各文艺家协会会员深入基层、产业一线，汲取乡土气息，接地气，助力乡村振兴。先后到盐池县滩羊集团养殖场；古长城沿线；大水坑德昌铁路物流中心等进行文艺采风活动，为大力宣传盐池、展示盐池的文艺创作积累素材。与自治区文联、宁夏作家协会联合举办了“文学照亮生活——诗歌创作与欣赏”公益大讲堂活动。以让文学走出自我陶醉的个人化、沙龙化、边缘化、沙漠化的状态，更多地走进基层，走近大众，更好地为人民大众服务，让文学真正起到点亮生活、服务社会的作用。为积极推动盐池县文学创作出精品出人才，与宁夏文联文艺评论家协会、银川市文艺评论家协会共同组织举办“文评面对面——侯凤章文学创作研讨会”，邀请自治区知名学者王庆同、火会亮、高耀山、王岩森、彭生选等和宁夏大学人文学院部分研究生共计36人参加。侯凤章的长篇小说《山和梦》，获自治区第十届文学艺术奖二等奖（最高奖)。与会人员对侯凤章的《山和梦》及散文集、随笔等作品，进行广泛深入的研讨、点评。

【改革创新】 按照县委、县政府关于深化文联体制改革任务，深入全县所有乡镇进行调研摸底，确定大水坑镇、王乐井乡边记洼村、盐池县第五小学为首批基层文艺试点单位。并于10月15日联合区文联、区曲艺家协会深入盐池县第五小学、盐池县职业中学,开展优秀传统文化进校园活动,为师生表演相声、快板、杂技、变脸等一系列优秀传统曲艺节目。

盐池县残疾人联合会

【基层组织建设】 2021年,盐池县残疾人联合会结合党史学习教育,为民办实事活动,以残疾人基层组织建设作为推动残疾人事业高质量发展的重要抓手,同县委、县政府研究出台《盐池县基层组织建设试点实施方案》,以基层残疾人组织实现有阵地、有人员、有制度、有经费、有档案的"五个有"为建设目标,建立健全县、乡镇(街道)、村(社区)三级残疾人组织体系。全县9个乡镇(街道)全部成立残联主席团和执行理事会,配齐配强主席、副主席、执行理事长,并以政府购买服务的形式配齐残疾人专职委员。120个村(社区)全部成立残协,设立主席、副主席、专职委员(每人每月补贴300元),将残疾人纳入网格化管理。乡镇(街道)残联和村(社区)残协组建率和残疾人工作开展率均达100%。注册登记残疾人协会,设立盲协、肢协、聋协、智协、精协五大分专门协会,设置理事会和监事会,配备主席1名,副主席2名,增设协会坐班总秘书长1名。制定需求调查上报、上门慰问访视等5项制度。建立残疾人信息档案,做到一户一档,专人管理,同时制作残疾人访视手册与需求调查表,做到数据信息及时更新,精准了解残疾人所思所想所盼。

【康复服务】 盐池县残疾人康复中心积极探索"医康结合、康教融合"模式,为45名0~6岁残疾儿童提供免费的康复服务,为3名0~6岁重度残障儿童提供心理慰藉、康复训练等"送康送教上门"服务25次;开设2个特教班,为15名7~14岁残疾儿童开展机构内康复教育,保障残障儿童受教育权利。组织转介0~6岁残疾儿童到自治区康复中心、自治区中医医院等8家机构进行康复训练69名。为全县413名有需求的残疾人适配辅助器具474件,筛查骨关节需求患者90名,为91名白内障患者和2名肢体残疾矫治患者进行手术,为12名患者实施假肢、矫形器适配,为困难听障残疾人免费适配助听器115台,联合县疾控中心为221名精神病患者发放救助药品。建设县残疾、花马池镇残联、南苑新村残协、青山乡卫生院等辅助器具供应维修回收站10个,与人寿保险公司盐池支公司联合打造"爱心接力 传承文明"共享轮椅借用站1处,拓展盐池县残疾人基本康复服务范围、创新盐池县残疾人社会服务的新模式。

【托养服务】 盐池县托养中心自2021年8月1日起以"公建公营"方式开始运营,组织摸排符合入住条件的残疾人,年内已入住13人。同时,根据自治区残联的有关要求,考察和探索残疾人就业渠道。通过政府购买残疾人居家托养服务项目,为100户接受居家服务的残疾人提供基本生活照料和护理。

【教育就业】 为10名考上大中专院校的残疾学生和3名学前残疾儿童发放扶助资金3.4万元。2021年高校残疾人毕业生共11人,已就业8人,继续求学2人,特殊原因重病未就业1人。完成100人职业技能培训,主要以手工编织为主;实用技术培训,主要以农村"种养加"为主,完成人员报名和教师选聘工作,待疫情稳定之后即可开班。协调县就业局,安置公益性岗位18个。为46名残疾人发放创业就业资金9.2万元,鼓励残疾人参与居家就业、自主创业、灵活就业。联合县税务局、财政部门对各机关企事业单位征收残疾人保障金311.91万元。

【维权和社会保障】 切实维护合法权益。做好残疾人来信来电来访工作，共接待残疾人来访40件，回复率100%。举办“法援惠民生、关爱残疾人”法律援助知识讲座2场次，邀请法律援助中心律师讲解法律知识。完成2021年困难残疾人家庭无障碍改造任务100户。落实《无障碍环境建设管理办法》，进一步健全无障碍环境建设推进工作机制。联合检察院，协调相关部门对全县无障碍环境建设进行督查，推动无障碍环境改造76处。落实社会保障工作。元旦、春节期间在区市残联和有关部门的支持下共慰问困难残疾人700户，发放慰问金35万元。为全县8315名持证残疾人购买人身意外伤害险，每人每年100元保费，实现残疾人及家庭人身意外伤害保险全覆盖。为全县残疾人发放“两项补贴”累计5.9万人次688.3万元，其中配合民政部门积极落实“两项补贴”提标扩面政策（50元/人/月），累计7.4万人次享受提标扩面生活补贴370万元。

盐池县科学技术协会

【党的建设】 2021年，盐池县科学技术协会坚持以习近平新时代中国特色社会主义思想为指导，深入学习贯彻中共十九届二中、三中、四中、五中、六中全会精神以及习近平总书记在中国科协第十次代表大会上的重要讲话精神，突出政治引领，切实履行好党领导下的人民团体职责，把握两个关键，发挥好桥梁纽带作用；抓住三项重点，提升基层科协组织力建设；坚持四个服务，提高全民科学素质，强基固本，守正创新，根据各类人群不同需求精准科普。

【组织建设】 全面完成8个乡镇、1个街道的科协组织建设工作，30名吸纳“三长”人员进入县乡两级科协组织并兼任副主席，建成了覆盖县、乡、村、组四级组织的科普服务网络；成立1家农村专业技术联合会和21家农村专业技术协会，成立企业科协6家，建成科普e站18家，创建科普示范社区5个，创建科普示范学校3个，建立科普示范基地1个。

【全民科学素质】 制定下发《关于印发〈盐池县2021全域科普工作实施意见〉的通知》（盐党发〔2021〕57号），对全科学素质工作各项目标任务提出高要求、严标准，确保各项工作高效推进。全力保障科普经费，自2017年以来人均科普经费调整为2元，并将全民科学素质、大篷车、科技馆、科普惠农兴村配套经费等全部列入县级财政预算。

【科普信息化】 加大“互联网+科普”工作力度，打造“科普e站+科普中国App+科技志愿服务平台+科普盐池微信公众号”科普宣传新矩阵。通过“科普中国”手机App、微信公众号、广播电视、科技馆电子大屏等媒体平台广泛开展科普宣传。截至2021年年底注册“科普中国”宣传员4383人，传播各类科普信息达200万条，注册率、传播量均居全区前列。组织开展各类全民科学素质知识有奖网络竞赛3次，约5万人次参与答题，进一步拓宽了科普宣传渠道。

【科普设施建设】 组织各协会、科普示范社区、新时代文明实践站等科普项目，倾力打造多样化的科普示范阵地；争取中科协科技馆免费开放项目资金171万元，进一步完善了科技馆基础设施，引进展品智能讲解设备，完善科技馆安检、监控、科技馆取暖和通风等设备，为参观人员营造一个舒适的参观环境。2021年9月11日，县科技馆作为全区唯一县级科技馆参与全国科普日宁夏主场展示活动，并受到自治区领导的高度评价；协调财政局将科技馆部分展品划拨青山乡中心小学，帮助该学校建成科普活动室，弥补盐池县农村地区科普资源短缺问题，为乡村学校持续化开展青少年科创教育活动提供支持；打造花马池镇曹泥洼农业科普示范基地，挖掘“科普＋种植体验”模式，科学的田间管理技术大大提高产品质量，为种植户带来明显且可观的经济效益。

【科技创新教育】 联合盐池县机器人协会在盐州路街道办10个社区开展青少年科创建社区志愿服务活动共计20场次；联合县市科协、县教体局、机器人协会深入各乡村小学开展科创教育进校园活动、流动科技馆走进乡村学校少年宫巡展活动共计21场次，实现全县乡村小学全覆盖，受益学生达3000余名；将县科技馆打造为全区第一家县级青少年科技教育“第二课堂”和青少年科技创新志愿服务基地。结合全年“中国航天日”“元宵节”“儿童节”等纪念日，在科技馆开展科技创新教育体验活动、亲子体验活动、手工活动、专题展览活动等10余次；举办盐池县第二届青少年人工智能创新大赛，全县共有16所学校300余名师生进行了8个项目共计23个竞赛单元的比拼；选派7支中小学代表队共72名青少年及科技辅导员参加吴忠市第七届青少年机器人竞赛，盐池县参赛选手共斩获市级奖项26项，盐池县科学技术协会获“优秀组织单位”称号，盐池县第六小学获“优秀学校”称号，樊雪萍等2人获“优秀教练员”称号；选派了6支中小学代表队共69名青少年参加吴忠市青少年创意编程与智能设计大赛，盐池县参赛选手共斩获市级奖项18项；选派盐池县高级中学李浩宇等5名同学参加宁夏青少年高校科学营。

【科普志愿服务】 依托“全国科技工作者日”“全国科普日”“科技活动周”等时间节点，组织科普大篷车开展了一批有特色、效果好、范围广的科普宣传活动。联合县卫生健康局组织成立健康科普专家巡讲团在中小学幼儿园、机关、社区、企业、乡镇开展健康知识“五进”活动、“未成年人心理健康教育校园行”活动、“世界癌症日”等各类主题纪念日医疗健康科技科普志愿服务共计28次，倡导健康文明的生活方式，提高居民健康知识素养水平。在麻黄山乡唐平庄村、花马池镇北塘新村等地开展各类“科技三下乡”志愿服务活动共计6场次；结合“食品安全周”等各类主题在花马池广场开展科学知识普及、反邪教集中宣传服务活动5次。通过科普大篷车、科普e站、科普宣传栏、科普中国App、微信公众号、《应急科普知识宣传手册》等科普资源持续常态化开展疫情防控应急科普宣传工作。建立专家服务站，邀请院士及区、市各级专家开展“福建院士专家盐池行”、“践行科技为民、助推乡村振兴”实用技术培训班、“科技下乡、助农兴农”新时代文明实践科技科普志愿服务共计20余次，深入盐池县融盐农产品开发有限公司黄花产业园等3家企业、花马池镇曹泥洼村日光温室经果林等5处特色产业种植养殖基地、花马池镇惠泽村等4个重点移民村及其他各乡镇、各协会，针对企业发展瓶颈，芝麻香瓜、桃子、黄花、黄芪等种植技术及滩羊标准化养殖技术进行培训讲解及实地指导，惠及群众千余人次，满足群众科技需求，进一步推动盐池县优势特色产业高质量发展。科技推动产业发展。争取到“福建院士专家行”活动，邀请新西兰皇家科学院生物活性研究中心首席科学家（院士）高益槐院士一行深入盐池县融盐农产品开发有限公司黄花菜产业园、怡健生物工程有限公司螺旋藻生产基地、都顺生物化工有限公司生物碱生产车间进行调研指导。

【建言献策】 立足科协职能，围绕创新驱动战略、新时代文明实践科技科普志愿服务、全县“三长”工作等方面开展调研工作，并每季度对调研成果进行梳理，形成决策咨询报告或建议，共报送《推进科技企业孵化器建设，打造盐池县科技创新新优势》等3篇调研报告至县委、县政府及相关部门作决策参考。针对健身场所科普化改造、建设交通安全科普馆、人工智能编程教育、科技特派员服务成效、盐池滩羊标准化生产等民生问题向县政协提交《健身步道等健身场所科普化改造建议》等9篇提案。

【自身建设】 加强组织领导，确保科协各项工作顺利贯彻落实。2021来，县委、县政府对科协工作给予高度支持，听取科学工作专题汇报4次，召开专题会议研究部署全民科学素质工作4场次，县委专门召开群团部门联系工作会议4场次。全民科学素质工作被县委、县政府纳入对各部门的效能目标考核并设置专项分值；进一步提升基层科协组织建设，推进科协系统深化改革。印发了《关于乡镇（街道）科协"六个一"规范化建设的实施意见》（盐科协发〔2020〕38号），推动乡镇（街道）科协基层组织完成"六个一"规范化建设，提升科协组织推进县域创新驱动发展的服务能力。贯彻执行《盐池县乡镇（街道）科协工作职责（试行）》，提高基层科协"三长"人员履职能力；组织成立由乡镇（街道）农业服务中心（民生服务中心）主任、卫生院（社区卫生服务站）站长、中小学校长为队长的乡镇（街道）农业（民生）科技科普志愿服务队、医疗健康科技科普志愿服务队、青少年科技科普教育志愿服务队27支，结合新时代文明实践中心建设，广泛开展科技为民志愿服务活动；完善信息报送制度，各项信息工作报送指标均已完成。明确专人负责信息报送工作，全年向区、市科协及县委、县政府报送工作信息100余条。盐池县科协各项工作被中国科协网上陈列会史馆、中科协官网报道43次，宁夏科协官网、宁夏科协公众号电视台报道24次，科普吴忠公众号报道16次，盐池融媒体平台及其他各大媒体报道37次。

盐池县工商业联合会

【思想政治】 2021年，盐池县工商业联合会坚持以习近平新时代中国特色社会主义思想为指引，深入学习中共十九大和十九届二中、三中、四中、五中全会精神，贯彻落实习近平总书记视察宁夏重要讲话精神和在民营企业家座谈会上的重要讲话精神及自治区十二次党代会、全联十二次会议精神，强化理想信念和守法经营教育，组织4家会员企业参加全县"请党放心，强国有我"青年创新创业大赛，分别取得金奖、铜奖、优秀奖的好成绩。搭建学习培训平台，先后组织民营经济人士参加区、市各类培训10人次。结合党史学习教育近期在遵义干部学院举办民营经济人士理想信念教育及素质提升培训班，传承红色基因，引导民营经济人士不忘初心跟党走，凝心聚力谋发展。

【组织建设】 加强组织建设，在壮大基层队伍和机关建设方面有新成效。全面加强机关自身建设，2021年7月23日召开第十三次会员代表大会，完成换届工作，同时讨论制定了"进一步发挥兼职副主席（副会长）作用工作制度"等2个，充分发挥兼职副主席、执委和会员的作用，不断丰富"五好"工商联工作内涵，巩固全国县级"五好"工商联创建，10月13日代表全区接受全国工商联来盐开展2021—2022年度全国县级"五好"工商联创建互学互促检查验收，并得到充分肯定。关注有行业影响力和代表性的企业及民营经济人士，积极发展会员，会员队伍不断壮大，现有团体会员6家，企业会员92个。统筹推进"四好"商会创建，继续强化大水坑镇商会全国"四好"商会巩固提升工作。

【送政策进民企】 持续开展送政策进民企活动，编印发放"送政策进民企"等材料汇编4期500余册。推荐7家民营企业参评自治区"百强民营企业"，讨论制定"盐池县加强联系服务民营经济工作方案"，开展副会长企业互观互学活动，打造"民营经济人士之家"，使民营经济人士发展靠家、遇事找家、共同建家、终身护家，不断增强工商联的凝聚力。启动"百所联百会"机制，持续构建和谐劳动关系，积极发挥民间商会调解委员会作用，继续加强与人社、工会等单位合作，主动参与纠纷调解仲裁、协调劳动关系三方机制建设。进一步强化工商联、会员企业、政府部门三者间的联系互动，有效促进亲清新型政商关系构建。

【参政议政】 在助推经济发展和参政议政方面再突破。建立盐池籍在外企业家、外籍在盐企业家和本地企业家“三个联系联谊平台”，推动建立民营企业家关爱机制，拉近企业与政府的距离，激发企业家创业热情。积极对接浙江宁夏商会、深圳宁夏商会等多家商会，外出招商4批次，完成2亿元招商任务，精准对接连云港玖信集团，签订10亿元“精细化工产业园”建设项目投资协议。制定“百企兴百村”工作方案，向会员企业发出倡议，引导企业发挥自身优势主动参与，助力脱贫攻坚同乡村振兴有效衔接。征集民意。发动工商联界别政协委员，广泛收集社情民意，积极建言献策，10余项提案被政协十一届一次会议立案。针对滩羊、石膏、康养、小杂粮产业发展等问题进行调研，以提案线索、调研报告等形式上报上级部门和县委、县政府，以提供决策参考。

【疫情防控】 宁夏新冠疫情出现局部反弹期间，发动所属商(协)会招募会员13名，开展疫情防控志愿服务和物资捐赠活动，会员企业恒汇鲁丰等10余家会员企业捐资捐物共计10万余元，慰问疫情防控卡点和一线人员。积极引导民营经济人士参与“第六个中华慈善日”活动，天利丰能源、高万平胖子凉皮等10个企业共捐赠102万元。鑫海食品、奋林养殖、百草滩羊等会员企业继续与农户签订滩羊养殖和销售订单，直接受益农户达1500余户；依托“希望工程”“雨峡爱心助学基金”“奋林扶贫助学基金”，宁鲁石化、迪葳食品、巨拓石膏等民营企业捐资80多万元资助大学生。长江大酒店、德昌集团、长城驾校等10多家民营企业继续开展“助力高考，共圆梦想”活动。

法　治

政法委及综治

【政治建设】 2021年，县委始终把政法工作摆在全县大局中谋划和推动，落实主体责任，及时解决政法工作遇到的困难和问题，县委常委会先后4次传达学习中央、区市政法工作会议和教育整顿有关会议、文件精神，专项研究政法工作，加强对政法工作的统一领导、高位谋划、系统安排、高效监督，把党对政法工作的绝对领导贯穿到各方面、全过程。坚持把学习宣传贯彻《中国共产党政法工作条例》作为提升政法工作的重要政治任务，共开展28次集中理论学习，促进了学懂弄通、悟深悟透、入心入行。制定完善《盐池县委政法委员会集体学习制度》《县政法各单位党委(党组)向县委政法委请示报告重大事项制度》《盐池县委政法委案件评查工作办法》等制度，推动《中国共产党政法工作条例》落到实处，发挥作用。将党史学习教育和政法队伍教育整顿相结合。深入推进"五项教育"。坚持用心用情为民办事，坚持把人民满意作为教育整顿出发点和落脚点，推动查纠整改和"我为群众办实事"实践活动有机结合，着力解决群众在政法领域"急难愁盼"问题。邀请人大代表、政协委员和群众代表等召开座谈会，征求社会各界意见建议72条，梳理采纳39条，做到逐条整改、逐项销号。政法各单位为民办实事128件，公布便民利民措施61条，有效提升群众获得感、幸福感、安全感。

【平安盐池建设】 盐池县制定印发《平安细胞工程创建活动实施方案》，发挥各单位(部门)、乡镇(街道)作用，动员组织社会各方面力量和广大人民群众，在学校、医院、市场等行业以及辖区单位广泛开展平安创建活动，着力化解社会矛盾、全面加强治安防范，不断完善盐池县社会治安防控体系建设。扛起国家安全责任，共排查政治、经济、网络等重点领域风险16项，均及时防范化解。以庆祝建党100周年等重大活动安保维稳工作为主线，扎实开展全国"两会"、庆祝建党100周年活动安保维稳工作，完成重点安保工作任务3次。持续净化社会治安环境。破获刑事案件418起，八类案件立3起破3起，打掉恶势力团伙1个，成功侦破公安部"2019-239"毒品目标案件、区厅挂牌督办"5·19"系列跨区域盗窃案等一批重点案件。针对多发性案件的高发区域、时段，定点、定时、定岗巡逻，将容易引发聚众斗殴、寻衅滋事的餐饮夜市、娱乐场所等作为重点防控处，不断加大对易发案重点路段巡逻密度和频率，提高街面见警率。出动警力3000余人次，警车2000余辆次，下发重防区域热力图1057次，盘查可疑车辆3927辆、人员2126

人，有效挤压发案空间和时间，营造安定和谐的社会环境。坚持发展新时代“枫桥经验”。建立健全人民调解组织，着力构建横向到边、纵向到底的调解体系，共设立人民调解组织148个，实现镇、村、组三级调解组织网络全覆盖。整合基层政法力量参与基层治理，按照“两排查一分析”（村每周一排查，乡镇每半月一排查，县每月一分析）工作机制，定期召开“两所一庭”联席会议，对纠纷苗头进行预警预测，开展矛盾纠纷排查调处，有效防止“小事拖大，大事拖炸”和民转刑案件发生。2021年4月，惠安堡法庭被自治区高级人民法院评为自治区塞上枫桥法庭。开展矛盾纠纷排查化解专项行动，县委政法委制定印发《盐池县矛盾纠纷排查化解专项行动方案》，组织全县54个单位（部门）开展为期3个月的矛盾纠纷排查化解专项行动。对全县矛盾纠纷进行全面深入排查，共排查梳理各类不稳定因素和涉稳纠纷710件，化解700件，化解率99%。

【法治盐池建设】 加大法律援助力度。落实公共法律服务值班制度，开通特殊群体法律服务绿色通道，特别是将农民工群体纳入法律援助重点服务对象。提供优先受理、优先审查、优先指派，尽快办理服务，情况紧急的可以先行受理，事后补办手续的工作措施。全年共受理各类法律援助案件193件。提供法律咨询7500人次，转办司法鉴定案件35件、人民调解案件27件，避免或挽回经济损失500余万元，受援群众4576人。提升基层治理法治化水平。全面推进一村（社区）一法律顾问制度。通过整合律师事务所、基层法律服务所，重新调整配齐119个村（社区）的法律顾问，法律顾问定期举办法治讲座，利用公共法律服务实体、热线、网络三大平台为群众提供法律服务，真正打通服务群众“最后一千米”。积极营造法治化营商环境。妥善审理民商事案件，新收民商事案件4429件，旧存案件266件，审结3455件，结案率为73.59%，其中调解、撤诉结案2113件，调撤率为61.16%。审结买卖、借贷、承揽等商事案件1531件；审结人身损害、劳动争议、财产权属等案件237件；审结婚姻家庭、抚养等家事案件293件，切实服务保障盐池社会经济高质量发展。

【基层社会治理】 推动落实县域社会治理现代化试点工作重点任务。年初，按照吴忠市下发的《2021年市域社会治理现代化试点工作任务书》文件要求，坚持抓重点、促难点，补短板、强弱项，有序推进各项工作落实。积极推动信息化建设。充分发挥“12345”热线便民优势，共受理9380件诉求，办结9298件，办结率99.13%，群众满意率99.61%。创新基层治理方式。充分发挥“四级网格化”机制在社会治理的关键作用，创新推出“169”“3234”经验做法，实现对社会面整治及重点人员、企业服务管理能力水平的大幅提升，红盐义警、爱心积分超市等经验做法叫响全市，基层治理内涵及广度不断扩展深化。

【队伍教育整顿】 坚持全面部署层层推进。县委始终把政法队伍教育整顿作为政治任务来抓，认真履行主体责任，成立由县委书记任组长的领导小组，组建“一办四组”工作专班；县委主要负责同志带头履行“第一责任”，定期开展调研指导、听取汇报、督办案件、督导落实。组织召开县委常委会3次、领导小组会10次、重点线索核查推进会4次，先后开展2轮次督导，及时传达习近平总书记关于教育整顿的系列部署，分析研判有关情况，及时解决工作中出现的问题，确保教育整顿各环节取得实效。坚持学习教育贯穿始终。始终把学习教育贯穿教育整顿全领域、全过程，组织开展“五项教育”，细化分解各项学习教育任务，确保步骤清晰、学有成效。坚持刀刃向内查纠整改。始终把自查自纠作为关键环节。坚持教育大多数、惩处极少数原则，引导有问题的干警主动说明问题。开展谈心谈话368人次、干警家属恳谈会14次，领导干部带头填写自查事项报告62份，带动干警开展3轮自查梳理，累计填写《个人自查事项报告表》368份。截至6月30日，全县共66人主动向组织说明问题，已全部作出处理。坚持分类施策整治顽疾。聚焦“6+4”顽瘴痼疾，成立由政法部门和纪委监委责任领导挂帅的11个专项整治工作专班，构建起“一项顽瘴痼疾一位领导负责、成立一个专班、制定一个整治方案、一抓到底”的“五个一”整治体系，先后梳理整改“六大顽瘴痼疾”“四项突出问题”48项，政法各单位立足“当下治”与“长久立”，对照顽瘴痼疾专项整治中发现的问题和短板，制定完善制度机制63项，推动教育整顿长效常治。

公　安

【概况】 盐池县刑事案件发案数增幅(12.5%)全市(23.4%)最低，破案绝对数(1027起)、盗窃案件破案率(102%)全市(46.5%)最高，“八类案件”发案数(4起)全市五县分局最低，取得较大以上道路交通事故“零发生”，进京“非访”连续9年“零记录”，疫情防控三个“零发生”，全县社会治安秩序持续平稳有序，为获评“平安中国建设示范县”贡献公安力量。

【安保维稳】 常态化开展扫黑除恶斗争，扎实推进秋冬打击整治百日攻坚行动。全年破获刑事案件523起，破案率66.9%，破案绝对数全市最高，连续5年破案率保持60%以上，连续3年实现八大类案件全破目标。破获电信诈骗案件46起，紧急止付为群众挽回损失200余万元，创新推出“反诈联盟”，建立社区民警“反诈顾问”制度，“国家反诈中心”App注册量位列全市第一。交通整治成效显著。以安全生产三年专项行动和创城工作为牵引，争取资金新建维护交通硬件设施200余处，增设交通测速卡口、指挥信号灯等技防设施50余处，排查整改道路交通隐患101处，查处各类交通违法行为2200余起，交通事故死亡人数、财损数分别下降26.47%、59.5%，未发生一次死亡3人以上道路交通事故。治安隐患全面改善。强化公共场所、涉爆单位、校园、医院“三防”安全检查，加大对快递物流等滚动排查，累计排除各类隐患1433处，对1家未落实《中华人民共和国未成年人保护法》的宾馆开出了全市首张5万元“罚单”。严格落实“护学岗”“护医岗”制度，全区率先通过和教育部门、保安公司三方合作，将校园前端视频“智能检测”功能接入指挥大厅，实现了专人“视频站岗”和预警联动。疫情防控落在实处。全面加强道路交通卡口疫情查验工作，创新推出“一单三表一书”机制，筑牢疫情“外防输入”坚实屏障。大数据专班配合完成涉疫重点人流调38188人，看护高、中风险人员367人次，成功处置“2·10”晶发公司丰年虫卵外包装箱核酸阳性和“5·09”高沙窝镇密接人员排查2起涉疫紧急事件，实现了三个“零发生”的目标。创新开展“护航警官”行动，“点对点”深入26个企业项目，累计解决企业运输、办事办证、矛盾纠纷化解等实际问题31个。

【县域治理】 在全区率先、全市首个推动县委、县政府制发《关于加强和改进新时代派出所工作实施意见》，研究制定“三年改革方案”等7个制度文件。新设立城区盐州路派出所，政府全额保障改建费用。争取改革专项经费2500余万元，向基层所队配发警务用车26辆、移动警务终端186部，扩充配备辅警编制110名，全县民辅警比例达到1∶1.96。警力达标率和进班子覆盖率分别提升至98.5%、100%，实现派出所警力和社区警力双“40%”，基本实现“三个全覆盖”目标。建立协作机制、派出所AB岗援助机制，研究出台所队捆绑考核办法。累计查处黄赌案件64起395人。可防性案件同比下降13.4%，

"一标三实"信息采集量同比上升22.3%。召开全县公安派出所改革观摩推进会，全面展示、推动改革工作成效，以特色亮点警务室为代表的"一室一品"格局初步形成。精准巡防构建巡逻防控新常态。坚持日研判、周总结、月调度，撰写研判报告500余期，精准指导派出所开展巡逻勤务300余次；研判案件18串300余起，抓获现行违法犯罪43起26人，破获100余起"盗窃通信基站案"等多起系列案件。2021年，警情数同比下降4.6%，治安案件同比下降3.2%。刑事案件零发案小区、单位分别增至137个和312个。创新基层治理亮点频出。以创建"塞上枫桥派出所"为抓手，组建群防群治队伍120支、微信群1200余个，治安积极分子提供情报线索72条，协助抓获现行违法犯罪59起，"红盐义警""包产到户""微型三角"等经验做法应运而生，共建共治共享的基层治理内涵及广度不断扩展深化。执法服务扎实有效。高标准打造全区一流的县级执法办案管理中心，配齐专业服务保障队，全力构建全流程、一站式、闭环式管理模式。2021年，不及时立案率、绝对不起诉率均显著下降，县局在全市、全区执法质量考评中分列第一、第四。《解读公安机关办理行政案件程序规定》被省公安厅评为2021年度优秀课件。全面落实"365天×24小时"政务服务，创新推行"一警多能""一窗融合""一站服务"工作机制，车管所被评为全区公安政务服务示范点，经验做法得到章中全副市长批示肯定，并在全区、全市公安机关推广。在滩羊集团率先成立知识产权工作站，有力保障经济社会发展。探索实践现代化警务新格局。积极推进"情指勤舆"一体化合成作战中心建设，"农村聚众赌博防范预警"大数据模型获评全市优秀奖。将1500余路监控视频接入警务室"智慧云"，实现乡、村、派出所、警务室四联互通。科学设定全县"1、3、5"分钟快速反应重点部位、区域108个。探索侦查口"大警种"格局，将网安中队划归至刑侦大队管理，刑侦、禁毒、经侦、网侦协同作战，破获"王毅恶势力犯罪团伙案""6吨麻黄草被盗案"等20余起大案要案。

【队伍建设】 以政法队伍教育整顿为牵引，第一时间部署开展党史学习教育，深入开展"三大活动"和辅警队伍教育整顿，集中打造"五个课堂"和"三个专题教育"，按要求完成辅警划转工作。开展查纠助改"五个一"活动，33名民警主动说明问题，研究整改突出问题27个。制定《盐池县公安局队伍教育整顿举报线索规范化处置工作"五条规定"》等26项长效机制，50条问题线索按期办结。坚持把党建工作、意识形态责任制落实与公安工作同谋划、同部署。8个户籍派出所单独成立党支部，新成立治安国保党支部。开展"一支部一品牌"创建活动，精心组织庆祝建党100周年"十个一"活动及其他主题活动10余次。开展主题党日活动106次，选树先进典型7人。在《人民公安报》等中央级媒体发表稿件15篇，《宁夏日报》等省级媒体发表稿件118篇，《吴忠日报》等市级媒体发表稿件170篇。着力构建务实管用的全面从严管党治警制度体系，制定《2021年盐池县公安局党委全面从严治党治警"三个清单"》。建立"局领导+专项督导组"的"双督导"督察机制，整改督查问题28个。2021年，运用第一种形态问责处理民警35人，给予辅警通报批评5人，警诫处理4人，退回劳务派遣公司5人。在岗位练兵上下功夫。"全覆盖"开展政治轮训，开展2轮社区警务大比武，举办党务干部培训班和学习贯彻习近平总书记"七一"重要讲话精神、党的十九届六中全会精神宣讲会等专题讲座20场次。组织参加全区全市警务实战大比武，县局获全区"拼搏奖"和全市团体第三名；2名民警在全区取得一等奖，2名民警在全市取得个人第二名、第三名，集体和个人均创历史最佳。

检 察

【党的建设】 2021年，盐池县人民检察院提高政治站位，利用党组会、党组理论学习中心组等各类会议，深入学习习近平新时代中国特色社会主义思想，特别是习近平总书记来宁视察重要讲话、重要指示和中共十九大和十九届二中、三中、四中、五中全会精神，深刻领会精神实质，学懂弄通做实，始终在思想上政治上行动上以习近平同志为核心的党中央保持高度一致。严肃党内政治生活。认真开展民主生活会、组织生活会，落实谈心谈话制度，严格遵守党员领导干部以普通党员身份参加支部活动的要求，切实落实“三会一课”制度。常态化开展重温入党誓词、理论学习、党费交纳、承诺践诺、民主议事、志愿服务、党内关爱等主题党日活动，丰富党内政治生活，增强党员凝聚力创造力，强化党员干警的党性，坚定党员理想信念。坚持民主集中制，对“三重一大”等事项提交党组会研究决定。坚持重大事项向县委请示，自觉接受盐池县人大法律监督和政协民主监督，定期向人大报告工作、向政协通报情况。

【服务保障】 全力配合疫情防控工作。全院54名干警下沉包抓社区及乡镇参加联防联控，主动配合开展人员管控、流动调查、核酸检测、疫苗接种等各项工作。同时，充分发挥检察职能，依法打击涉疫犯罪，切实维护防疫秩序、市场秩序，营造平安、稳定的社会环境。充分运用“线上”会议、远程视频提审、接访、电子阅卷等形式开展工作，确保疫情防控和业务工作“两不误”。主动服务乡村振兴。持续巩固拓展脱贫攻坚成果同乡村振兴有效衔接，切实发挥“扶危救困”作用，办理司法救助案件15件23人，发放救助金24.2万元。深入开展侵害农民工权益犯罪专项监督活动，支持农民工等弱势群体起诉42件，帮助讨回欠发工资72万元。深入开展“检察蓝”守护“盐池滩羊”品牌等专项活动，助力地方特色品牌健康发展。积极营造法治化营商环境。制定服务和保障民营经济发展措施34项，切实保护民营企业合法权益。严格把握法律政策界限，稳妥处理涉企案件。院领导带头走访企业“问需于企”，准确把握企业司法需求。开通涉企案件办理绿色通道，举行检察开放日、检企座谈、以案释法等活动，引导企业学法守法、依法维权。持续办好为民实事。围绕“案结事了人和”目标，用心用情做好群众信访件有回复工作。共受理各类群众信访案件105件，全部7日内程序回复、3个月内办理过程或结果答复。聚焦社会关注的未成年人保护问题，持续落实最高检“一号检察建议”，支持未成年人起诉案件3件，帮教涉案未成年人10人，提供心理疏导3人。推动落实侵害未成年人案件强制报告制度，有效促进校园安全管理和性侵犯罪预防。积极回应特殊群体关切，不断拓宽监督范围，关注留守、独居、空巢老人饭桌问题；探索“公开听证”+“诉前磋商”新模式，召开无障碍环境建设公益诉讼听证会，“有爱无碍”让残障人士放心出门。

【检察监督】 充分发挥检察监督职能，共办理各类案件516件。刑事检察方面。严厉打击各类刑事犯罪，共批准逮捕43件51人，起诉166件208人。树立“少捕慎诉慎押”理念，不批准逮捕19件36人，不起诉57件69人。全面落实认罪认罚从宽制度，认罪认罚适用率为94.03%。坚持做到“在办案中监督、在监督中办案”，监督立案11件，监督撤案15件。纠正漏捕、漏罪、漏犯12人。深化落实以“案件比”为核心的案件质量评价体系，提升检察办案质效，案件比为1∶1.17。强化刑事执行监督，审查提请暂予监外执行案件

4件、财产刑案件3件，制发检察建议4件，司法行政单位全部采纳。民事、行政检察方面。不断拓展监督渠道、增强监督手段，推动民事行政检察监督更加精准。共受理各类民事监督案件48件，发出检察建议46件，法院采纳并回复45件。受理各类行政监督案件11件，发出检察建议11件，办理社会治理类案件15件，发出检察建议15件。支持起诉案件22件，全部作出支持起诉决定。公益诉讼检察方面。摸排公益诉讼案件线索78件，立案78件，诉前提出检察建议55件。积极稳妥探索扩展新领域案件，对道路交通安全等“等”外案件进行探索，深入开展长城遗址保护专项监督及“红色文化”保护等专项活动。办理的加油站扫码公益诉讼公开听证案件为全区首例行政公益诉讼公开听证案件。

【从严治检】 突出政治建设。坚持党对检察工作的绝对领导，深入贯彻落实《中国共产党政法工作条例》《中国共产党重大事项请示报告条例》，坚持重大事项、重大敏感案件向盐池县委、县委政法委报告制度，通过积极作为、能动履职，把中共中央的部署落细落实，贯彻到全部具体检察工作中。坚持以习近平新时代中国特色社会主义思想武装头脑，加强思想淬炼，检察长带头讲党课3场次，领学促学，锤炼党性，始终做到讲政治与抓业务有机统一。抓实主题教育。坚持把学史明理、学史增信、学史崇德融入力行之中，始终把“我为群众办实事”实践活动作为党史学习教育的重要内容，开展“保障人民舌尖上的安全”“守护群众脚底下的安全”等30余件为民实事；坚持高站位推进政法队伍教育整顿，整治各类顽瘴痼疾67项，完成35项规定动作，创新推进12项自选动作，建立完善规章制度37项，确保长效常治。通过整顿，群众对县检察院的满意度从最初的92%上升至97%。坚持从严治检。压紧压实“两个责任”，支持派驻纪检监察组履行职责。持之以恒落实中央八项规定及其实施细则精神，修订完善内控管理制度，有力抓实“三个规定”，全院填报过问或干预、插手司法办案等事项38件，做到“逢问必录”，杜绝人情案、关系案、金钱案。常态化开展警示教育，强化党纪党规的学习，提升干部政治判断力、政治领悟力、政治执行力。认真落实领导带头办案制度，院领导带头办理案件240件，本人办理案件17件、列席审委会5次，切实发挥表率引领作用。主动邀请人大代表、政协委员和人民监督员等广泛参与检察工作，召开公开听证会22次。提升专业素养。立足司法办案和检察监督实际，培养专业化检察人才。通过技能培训、专家讲座、业务竞赛、网络学院等多元化教育培训。盐池县人民检察院获了国家级“节约型机关”称号，被评为全县食品安全先进集体，第一检察部在宁夏检察机关扫黑除恶专项斗争被记二等功。继11名干警取得国家法律职业资格证书后，又有9名干警通过国家法律职业资格。1名干警在最高检组织的比赛中获得“第一届全国检察机关公益诉讼勘验取证能手”荣誉称号，1名干警入选“全国检察机关公益诉讼检察人才库组成人员”并被树立为全区政法队伍先进典型，1名干警在全区检察机关扫黑除恶专项斗争中受到嘉奖，2名干警分别被评为全县政法综治工作先进个人和全县治理拖欠农民工工资先进个人。

法 院

【队伍建设】 2021年，盐池县人民法院始终将党组织战斗堡垒作用和党员引领作用贯穿于审判执行一线，探索建立“党建+”模式，不断深化基层法院党建工作新路子，党建工作活力不断增强，组织力不断提升。把党建工作作为一把手工程，突出政治建院，严格落实班子学习制度，充分发挥党组及中层引领示范和老法官“传帮带”作用，开展法官导师“一对一”帮带和对照先进找差距等活动，以老带新、以强带弱，切实加大优秀年轻法官培养储备，近年来共有16名干警提升了二次学历，9名干警通过法律职业资格考试。持续巩固和深化“不忘初心、牢记使命”主题教育成果，扎实开展党史学习教育，组织干警深入学习指定篇目、必修科目，深入开展各项主题教育活动和专题讲座，常态化开展“主题党日”活动，持续提升干警政治判断力、政治领悟力、政治执行力，切实把坚决做到“两个维护”直接体现到审判执行各个环节。加强党建阵地建设基地，结合现有基础设施建设，强化党建活动室功能建设，打造红色党建宣传长廊和法治文化长廊，变“空白墙”为一块块绘声绘色的“党建文化宣传阵地”。坚持全面从严治党、从严治院、从严管理，以“五项教育”为引领，切实进行线索核查，坚决清除害群之马，全力整治顽瘴痼疾，共有26人主动说明问题，核查问题线索40条，处理违纪问题18人次，修改完善各类工作制度20项。

【执法办案】 2021年1—12月，共受理各类案件9704件，同比上升25.26%，审（执）结8405件，结案率86.61%，法官人均结案400件，同比上升19.05%。严厉打击刑事犯罪。受理刑事案件198件，审结188件，判处罪犯245人。依法审结了王某等35人涉恶案件，实现涉黑恶案件审判清仓。坚持宽严相济的刑事政策，对106名具有从轻、减轻情节且认罪认罚的被告人从宽处罚，盐池县人民法院被评为2021年度平安宁夏建设优秀单位。妥善审理民商事案件。受理民商事案件5403件，审结4889件，结案率为90.47%，其中调解、撤诉结案2797件，调撤率为57.21%。派出法庭审结民商事案件1400件，惠安堡法庭、高沙窝法庭获自治区塞上枫桥法庭荣誉。依法审理行政案件。受理行政诉讼案件21件，审结13件，审结非诉行政案件21件，行政机关负责人出庭应诉率达100%。着力解决执行难题。受理执行案件4065件，结案3262件，结案率80.25%，执行到位金额2.07亿余元，年度纳入失信被执行人名单1285人次，限制高消费1668人次。针对涉黑恶案件持续打财断血力度，已查控处置财产共计8821万余元，执行到位金额3614万余元。2021年4月首场涉黑恶司法直播拍卖，共计319万人次围观，成交拍品205件，成交金额1673万元。坚持问题导向，不断破解司改难题。构建精细化审判管理模式严格审判监督，逐月发出审判管理通报。严格落实院庭长办案制度，2021年，院庭长办案3335件，占全院办案数的39.68%。发挥专业法官会议、审判委员会作用，进一步提高审判质效，共召开专业法官会议5次，召开审委会17次，共研究讨论疑难复杂案件58件。

【司法为民】 智慧法院建设不断加强。2021年1—12月共审查网上立案314件，跨域立案106件，利用人民法院调解平台、远程庭审系统线上调解纠纷696起、远程审理案件48件。多元解纷机制不断深化。创新发展新时代“枫桥经验”，发挥“法官”“村官”双助理”机制、人大代表联络室、惠民诉讼服务站作用，减少群众诉累，推动实现“小事不出村、大事不出镇、矛盾不上交、化解在基层”的理想格局。加大诉前调解力度，“夕阳红”调解队调解诉前纠纷974起。针对盐池县万人成诉率高的现实情况，在县内部分社区（村）进行了调研活动，探索建立了“法官+社区（村）+网格+N”多元化纠纷化解新模式，通过网格员协助送达、委托社区（村）调解、定期巡回审理、普法释法等方式，从源头上减少矛盾纠纷产生，减少衍生诉讼案件发生。为民办事活动见实见效。推出“我为群众办实事”10项举措，通过加大普法宣传力度、推行案件繁简分流、主动服务企业、加强涉民生案件执行等措施，不断提高办案质效，努力提升司法为民服务形象。主动参与全国文明城市创建，做好包抓小区环境整治和人员素质提升工作。全面落实疫情防控工作责任，积极参与包抓社区、小区的疫情防控排查督查工作。

司法行政

【党史学习教育】 2021年，盐池县司法局牢牢把握学党史、悟思想、办实事、开新局的总要求，把学史明理、学史增信、学史崇德、学史力行贯穿始终，坚持规定动作和自选动作相结合，不断推进党史学习教育走深走实。强化组织领导，推动党史学习落细落实。第一时间成立党史学习教育工作领导小组，及时召开动员部署会，研究制定了实施方案，将党史学习教育同司法行政队伍教育整顿有机结合起来，双向发力，结合司法行政工作实际，从4个大方面12个小方面对学习时间、内容、方式、责任人做出具体细化，确保党史学习教育方向明、责任实、任务清。丰富学习方式，确保理论学习教育走深走实。创新开展"六个课堂"，采取集中学习、自主学习、理论研讨、读书班和政治轮训的方式，坚持读原著、学原文、悟原理的原则学习党史、新中国史、改革开放史和社会主义发展史。学习先进典型，强化政治意识，向政法战线英模、全国先进党员和为党和国家建设事业作出突出贡献的先进典型学习，用身边的事教育身边的人，坚定理想信念。坚持把"我为群众办实事"实践活动贯穿于党史学习教育全过程，以"送政策、送法律、送爱心"三送活动为总抓手，聚焦"四项行动"，在全系统上下广泛开展"法律服务解民忧""人民调解促和谐""社区矫正送温暖""法律政策进社区"等活动。

【依法治县】 深入学习宣传贯彻习近平法治思想。把习近平法治思想列入各级党(工)委(党组)中心组理论学习年度计划，组织专题学习，开展多形式培训。深化法治建设工作，保障经济社会持续健康发展。宣布县政府失效规范性文件5件，废止规范性文件5件，拟保留规范性文件44件。宣布县政府政策性文件失效50件，废止5件，保留政策性文件117件。全面审查行政规范性文件草案13件，向市人民政府和县人大常委会报送县人民政府行政规范性文件备案报告5件。推动规范公正文明执法，全面推进法治政府建设。严格落实《重大行政决策程序暂行条例》规定，切实发挥政府法律顾问参与行政决策法制审核、政策咨询、论证作用，2021年，政府法律顾问审查规范性文件草案13件，正式印发规范性文件6件，备案率100%，审查重大行政决策文件45件，审查重大合同20件。严格落实行政复议和行政诉讼监督职能。收到行政复议申请1件，不予受理1件。县政府一审应诉案件1件，裁定准予撤回起诉，没有发生败诉案件，胜诉率100%。对全县各级各部门的法治建设工作进行了督察，并积极做好自治区、市、县督察反馈问题整改工作。召开全县法治政府建设推进会。迎接区、市法治政府建设督察，主动认领法治政府建设中存在的5个方面14个共性问题和4个方面7个个性问题。明确责任单位、整改落实时限，在落实整改共性问题的基础上，重点整改个性问题。在全县开展法治建设专项督察，县委办、政府办、依法治县办形成工作合力，及时下发《关于开展法治建设专项督察工作的通知》，组成工作督察组，全县8个乡镇、1个街道办、22个部门(单位)进行了全面实地督导检。推进乡镇(街道)综合执法改革，打通执法"最后一千米"。完成乡镇(街道)综合执法改革"一个方案、两个配套制度、两张清单"的制定、编制工作，人员、场所、工作机制、执法事项清单和责任清单全部建立。组织全县行政执法部门负责人及工作人员共计150余人，参加全县行政执法综合法律暨乡镇(街道)综合行政执法业务培训班，推进全县乡镇（街道）综合行政执法改革。

【法律服务】 进一步加大法律援助力度。实行援助案件当天受理、当天审批、当天指派，一次性完成法律援助申请服务。落实公共法律服务值班制度，开通特殊群体法律服务绿色通道，提供优先受理、优先审查、优先指派，尽快办理服务。2021年公共法律服务中心共受理各类法律援助案件201件，提供法律咨询6500人次，转办司法鉴定案件36件、人民调解案件32件，避免或挽回经济损失626.23余万元，受援群众6700余人，为困难受援群体提供司法救助8人共计4万元。进一步提升基层治理法治化水平。整合律师事务所、基层法律服务所，全面推进一村（社区）一法律顾问制度。为119个村（社区）配齐法律顾问，通过定期举办法治讲座，提供法律咨询与建议，协助化解纠纷，使遇事找顾问、维权找援助、解决纠纷依法逐步成为共识。进一步夯实基层公共法律服务基础。为102个行政村配备智能化可视电话，方便偏远地区群众的法律诉求。

【法律普及】 全面启动“八五”普法。完善各级各部门普法责任清单，明确“八五”普法工作分工任务，制定具体宣传方案，使“八五”普法更精准，更有效。重点推进，增强普法工作新动能。将《中华人民共和国宪法》《中华人民共和国民法典》纳入领导干部和公务员2021年度学习考试课程。开展《中华人民共和国民法典》颁布实施一周年宣传活动，联合融媒体中心共同推出《律师说民法》5期。把握青少年成长“关键时期”，安排检察院、法庭、派出所、司法所等部门负责人为全县中小学校法治副校长，覆盖率100%，坚持为学生上好每一堂法治课。用活关键载体，提升普法成效。持续开展“法律八进”活动，通过举办法律讲堂、法律培训班、宪法宣誓等活动，使法律学习宣传常态化制度化。促使普法成效最大化。2021年以来，共开展法治宣传教育活动35余场次，发放宣传资料10000余册、普法大礼包5000余份，提供免费法律咨询300余人次，受教育群众达6万余人。组织包扶干部深入农户160人次，帮助农户制定并落实脱贫计划、宣讲政策法规，发放法治礼包、政策宣传册1000余份。

【矛盾化解】 加强部门联动，推动工作落实。整合资源，加强与乡镇人民调委会、法院、公安、信访等有关部门的信息共享、工作联动，强化诉源治理，将矛盾纠纷化解工作由“一家唱”变为“大合唱”，加大了矛盾纠纷化解力度。健全调解网络，夯实工作基础。加快健全乡村、社区、企事业单位、专业行业领域人民调解组织，着力构建横向到边、纵向到底的调解体系。共设立人民调解组织148个，乡、村、组三级调解组织网络实现全覆盖。同时，按照“两排查一分析”（村每周一排查，乡镇每半月一排查，县每月一分析）工作机制，通过定期召开“两所一庭”等细胞单位联席会议，对纠纷苗头进行预警预测，积极开展矛盾纠纷排查调处，有效防止“小事拖大，大事拖炸”和民转刑案件发生。2021年，全县各类调解组织共调处各类矛盾纠纷257件，其中疑难复杂120件，调解成功率达98%。加强队伍建设，提高人民参与和促进法治建设。严格按照标准和程序，为县人民法院选配人民陪审员50名。

【社区矫正】 截至2021年年底，全县累计接收社区矫正对象848名，累计解除759名，在管社区矫正对象89名，无脱管、漏管和虚管等情况发生。推进社区矫正“执法规范年”活动开展。立足《中华人民共和国社区矫正法》、两高两部《社区矫正实施办法》和《宁夏回族自治区社区矫正实施细则》，结合工作实际，制定了社区矫正分级管理相关操作细则，统一调整完善了社区矫正档案文书，进一步提升矫正质量，促使调查评估客观化、入矫管理规范化、日常管理实质化、惩戒措施严格化。建章立制，深化教育整顿成果。坚持从源头上建立防范机制和长效监督办法，以社区矫正“执法规范年”活动为契机，完善社区矫正工作规范执行，制定印发《盐池县社区矫正工作制度》《盐池县社区矫正案卷评查制度（试行）》等相关规章制度。将执法程序、适用法律、监管规范等14种情形纳入评查范围，通过季度自查、半年互查、日常督查等方式开展案卷评查，将“矫后整改”前移至“矫中完善”，不断提升社区矫正工作质量。挂牌成立盐池县社区矫正管理局，社区矫正工作制度化、规范化建设再上新台阶。

【队伍建设】 精心组织、周密部署政法队伍教育整顿，创新开展“六个课堂”，落实落细“我为群众办实事”各项实践举措，突出查纠重点，各环节有序推进。坚持以“五项教育”助推为民办实事扎实有效。把讲政治作为教育整顿第一要求、把讲忠诚作为学习教育环节第一标准，把“学思用贯通知信行统一”作为学习教育的根本出发点和落脚点，推出“最多跑一次”、公证“不打烊”等11项便民利民举措。坚持以高站位助推反馈问题认领整改。对涉及政法各单位“思想认识有差距”“协同联动不紧密”等5个方面12条问题主动认领，照单全收。研究制定了教育整顿反馈问题整改方案，制定整改措施26条，建立“整改销号”台账，明确责任人、整改时限，已全部完成整改。坚持以查纠整改助推建章立制深入开展。突出“自查从宽被查从严”政策，围绕“五个一批”的目标任务和“推动自查的十项措施”，把“六大顽瘴痼疾”作为自查重点，通过开门纳谏、自查梳理、谈心谈话、设置举报箱、公布举报电话等方式，广泛征求意见建议。把“当下治”和“长久立”结合起来，促进整顿成果长效化。研究制定《公共法律服务型窗口建设提升方案》，细化《盐池县司法局首问责任制》《限时办结制》《责任追究制》等制度。创建文明城市。将每周五下午定为志愿者活动日，由37名志愿者组成“法治卫士服务队”，先后完成包抓小区环境整治、设施配备、创城宣传、民意调查等工作任务，投入资金6万余元。

综合经济

宏观经济

【概况】 2021年,盐池县全年完成经济总量162.98亿元,增长8.8%,首次超越青铜峡市,赶超了永宁县、贺兰县、原州区等县区,跃居山区九县第一;社会消费品零售总额(3.7%)、固定资产投资(15.3%)增速位居区、市前列;规上工业增加值增速(8.6%)高于区、市平均水平,占全市比重达33.1%;全体居民人均可支配收入增速高于区、市平均水平。

【党史学习教育】 2021年,盐池县发展和改革局成立党史学习教育领导小组,制定《盐池县发展和改革局开展党史学习教育的实施方案》,利用宣传媒介,滚动播放宣传标语100余条,微信公众号推送相关内容30余篇,先后组织干部4次到红色基地实地学习,观看红色电影10余场次,传承红色基因,赓续红色血脉,全力保障学习教育取得实效。全年共开展党史学习教育专题组织生活会1次、局党组(扩大)巡察反馈问题整改专题民主生活会1次,互相提出批评意见20余条,累计谈心谈话20余次,制定整改措施50余条。全年共组织中心组学习11次,集中学习41次,专题讲党课4次,举办讲座宣讲、演讲比赛、知识竞赛4场次,参学人数达200余人次,着力推动习近平新时代中国特色社会主义思想走深走实、入心入脑。

【项目投资】 紧扣"项目攻坚"工作主题,建立县级领导包抓重点项目工作机制和重点项目推进专班,坚持周调度、月通报,全力以赴写好"投资唱主角"这篇大文章,以项目投资的稳步增长推动经济高质量发展。全年开工建设深燃众源日处理200万立方米液化天然气、天利丰低温试验中心等重点项目82个,完成投资73.7亿元,已完工项目65个。围绕自治区"九大产业"、吴忠市"9+1产业"以及盐池县"六大重点特色产业"布局,深入谋划革命老区振兴发展项目163个,储备其他类项目75个,2022年计划实施重点项目110个(列入自治区"六个一百"重大项目29个,总投资140.9亿元,年度计划投资39.1亿元),总投资311亿元,年度计划投资105亿元,项目数量同比增长28%,投资规模同比增长44%。重点谋划"十大工程项目"和"十大民生项目",为盐池县项目建设铆足后劲。抓好对上争取工作,全年落实上争资金项目265个,落实中央及自治区下达资金30.3亿元。严格按照自治区、市、县专项治理工作要求,坚持"边查边纠、边查边改、边查边立"的原则,督促指导住建局、交通局等24个部门对2017年以来实施的工程建设项目开展自查自纠、专项检查、重点检查等工作,1041个工程建设项目问题已全部整改完成。

【工业经济】 严格落实月调度、季报告制度，定期深入企业分析研判运行态势，及时组织各责任部门协助企业解决困难问题，夯实发展基础，全县67家规上工业企业完成规上工业总产值252.77亿元，同比增长40.3%，两年平均增长23.8%，规上工业增加值同比增长8.6%，两年平均增速15.4%，连续两年荣获自治区“工业稳增长先进单位”。修订完善工业经济高质量发展25条政策措施，高标准制定“四大改造”实施方案，以政策激励推动企业技改创新，兑付深燃众源、新珂源等40家企业高质量发展、贷款贴息等奖补资金5000余万元，协调融资贷款16亿元，成功申报绿色工厂1家，专精特新中小企业1家。三是按照自治区“九大产业”对清洁能源一体化配套发展的规划部署，先后与宝丰能源、国家能源等60余家企业对接洽谈，配套建设工业园区热岛、光伏组件装备制造等重点项目，并与国家能源宁夏电力、国家电投铝电公司等8家企业签订了框架协议。

【节能减排】 委托第三方对能耗在1000吨以上的20家工业企业开展节能诊断，编制了诊断报告，“一企一策”提出具有针对性的整改措施并督促实时整改。加强重点行业、重点企业、重点项目用电量、产能等数据监测和分析研判，采取“预算式”管理模式，下达当月能耗指标，对宁鲁石化、金裕海等8家重点用能企业下发了预警通知，明确管控措施和整改方向；对于综合能源消费量同比呈增长趋势的上峰建材、深燃众源等5家企业，通过采取停产限电、错峰生产等方式降低能耗。充分发挥技术改造综合奖补资金推动作用，鼓励耗能企业以技改创新淘汰落后产能和设备，推动主导产业向新型环保、绿色智能、精细化方向发展。全年规模以上工业能耗72.9万吨标准煤，同比增长8.3%，增速较上年同期下降9.2个百分点，单位工业增加值能耗同比下降0.3%。

【民生保障】 深入贯彻新修订《粮食流通管理条例》等有关要求，向社会公开发布了《关于粮食收购企业登记备案的公告》，进一步强化盐池县粮食收购管理和服务制度，规范粮食收购活动，保障农民利益。积极探索“五优联动”模式，精准对接村级集体，指导“优质粮食工程”示范企业落实优质粮食订单工作，充分发挥以市场引导农民调整优化粮食种植结构的作用。积极推进粮食储备体系和应急供应保障体系建设，在8个乡镇打造粮食应急供应网点9个，压实粮食储备责任，加强粮食市场宏观调控，有效应对各类风险，新增临时储备原粮2000吨，储备应急成品粮800吨，粮食应急保障水平显著提升。持续完善物资储备、保管、发放工作规程，及时对全县储备的应急防护物资进行全面排查清点，动态更新物资管理台账。2021年10月以来，共向各卡点、小区调拨帐篷205顶、折叠床134张、棉大衣236件、棉帽128顶、棉鞋128双、野营房15个，全力做好疫情防控后援保障工作。全年县应急保障中心共储备棉被、棉褥各100床，大衣、雨衣、雨鞋等1500余套（双），应急帐篷579顶，折叠桌、床180个，储备物资可以保障全县居民正常开展疫情防控工作需要。立足自治区新修订麻黄草管理办法，不断探索麻黄草销售机制和销售渠道，全年累计为柳杨堡村民销售麻黄草2800余吨，直接收入2000万元左右，有效助力乡村振兴。

【安全生产】 持续开展安全生产专项整治三年行动，落实“管行业必须管安全、管业务必须管安全、管生产经营必须管安全”的理念，强化综合监管、源头治理，精准发力，全力做好煤矿开采业、石油开采、特种设备、民用爆炸物品等重点领域安全生产监管工作，定期对园区外的30余家企业开展精细化排查，累计排查各类企业200余次，及时纠正整改一般隐患50余项。2021年，监管的园区外企业运行稳定，未发生重特大安全事故。

【重点产业】 确定滩羊及牧草、清洁能源等“六大重点产业”，建立县领导包抓和“五个一”工作机制，全面开展链条招引、科技引领、难题突破“三大行动”，着力强链补链、筑基培优，牧草产业有序推进，肉牛、奶牛及其他畜禽业不断壮大，新型材料产值快速增长，绿色食品效益明显提升，清洁能源产业基础不断夯实，文化旅游及现代物流产业发展水平持续提升，有效推进产业提档升级、提质增效。

【环境保护】 坚持“生态立县”战略不动摇，高标准开展四股泉煤矿煤矸石倾倒、向大南湖排放含汞污水等3个中央环保督察反馈问题整改工作，高质量完成中央环保督察“回头看”反馈的发展与环保对立等3个问题及自治区反馈的个别县区绿色发展理念树得不牢、冯记沟乡张记圈自然村北侧金家渠煤矿倾倒煤渣、四股泉煤矿采煤装车过程中产生黑灰污染问题，全力推进中央、自治区督查反馈问题整改工作，持续推进蓝天、碧水、净土三大保卫战。

【社会信用体系】 大力推进“信用盐池”建设，制定印发盐池县2021年社会信用体系建设实施方案，建立部门联系协商机制，多措并举提高信用信息归集数量和质量，丰富信用数据库，打破信息孤岛，不断提升诚信履职意识和政府机构诚信行政水平。归集各类承诺书296条，信用信息4039条，曝光不文明行为15起、公开失信被执行人409人、限制高消费478人，进一步完善社会信用体系，提升社会诚信水平。

【价格监管】 严格落实稳增长、控物价、调结构、惠民生、促和谐的价格调控政策，实时做好全县肉类、蔬菜等价格监测工作，尤其做好疫情防控期间蔬菜保障供应监测工作，对重大异常波动现象及时提请政府干预调控。全年盐池县物资供应充足、价格稳定。扎实开展价格认证工作，受司法机关委托，受理各类价格认证案20起，认证金额19万元，为盐池县司法机关办理案件提供客观真实的价格依据。

【营商环境】 配合审批管理局做好优化营商环境各项工作，充分发挥包容惠普牵头抓总作用，统筹协调各责任部门，从提升创新创业活跃度、人才流动便利度、交通通达度、市场开放度及基本公共服务满意度5个维度，全力营造包容普惠创新环境氛围。全面贯彻落实政府采购工程建设等重点领域专项治理工作，严格执行国家、自治区招投标管理办法，积极推行电子评标、不见面招标、远程异地招标等新型招标方式，规范招投标市场，坚决遏制招投标违规行为。2021年，包容普惠及招标投标营商环境测评均位于13个县及县级市第二位。

【党风廉政】 制订印发《盐池县发改局党委2021年党风廉政建设工作计划》，进一步深化主体责任意识，明确职责分工。认真落实党组书记意识形态工作述职制度，实行“一把手”负总责，班子成员各负其责，先后召开党组会议12次。狠抓巡察问题整改，全面完成县委第一巡察组巡视巡察提出的4个方面11项整改内容。通过创建“让党中央放心、让人民满意”的模范机关”，设立“户外劳动者服务站”，打造“新时代文明实践站”“节约型机关”，意识形态工作取得了新突破，全面实行四级网格化管理体系，严格落实干部包抓企业制度，由党员干部带头深入企业督导检查，补齐全县企业疫情防控工作短板。文明城市创建。每周常态化开展志愿服务活动，参与率达到100%，打造妇女之家、青年之家、职工活动室、户外劳动者服务站、楼体内外墙文化等阵地，制作宣传站牌100余处，投放分类垃圾桶12套，悬挂宣传条幅150余条，布置展牌90余块，在单位、各企业电子屏上滚动播放创城宣传标语、纪录片等500余条，开展疫情防控、文明劝导等为主题的志愿服务活动60余次，累计服务群众达2000人次。

审　计

【概况】 2021年，盐池县审计局共完成审计项目8个，涉及46个单位，审计查出违规及管理不规范资金9301.76万元，应上缴财政资金1983.29万元，出具审计报告等22份，提出审计建议25条。2021年，获2020年度全区审计机关审计项目质量等级评定三等奖、2020年度全县效能目标管理责任制考核优秀等次、2020年度创建"让党中央放心、让人民群众满意"模范机关达标单位，继续保留"全国文明单位"荣誉称号。

【党史学习教育】 以赛促学，激发党员干部学党史积极性。积极鼓励年轻干部参加上级机关组织的各类党史学习教育比赛活动，并取得了优异成绩。"七一"前夕，开展主题演讲比赛和红歌大合唱，为建党100周年献上审计声音。专题学、实地看，定点发力悟思想。全体党员干部以"习近平总书记党史学习教育动员大会重要讲话精神""'七一'重要讲话精神""传承党的百年光辉史基因铸牢中华民族共同体意识"等为题开展了8次专题研讨，使其学有所思、学有所悟。联合区厅机关党委、麻黄山乡卫生院全体党员在盐池红色教育基地开展联合主题党日活动，身临其境感受革命先辈的壮烈事迹和丰功伟绩。到实地、访实情，扎实开展"我为群众办实事"主题实践活动。积极深入基层了解人民群众所思所急所需所盼，用心用情用力为民办实事。局党组班子成员深入包扶村、包抓社区扎实开展调研，就面临的困难、急需解决的问题和村"两委"及社区居委会进行面对面交流，并在力所能及的情况下帮助解决社区提出的困难。给包扶村村集体经济发展和村部建设解决了2万元急需资金，给包抓小区添置了30只垃圾桶及创城工作相关公益广告等，以实际行动践行"我为群众办实事"。坚持学以致用、用以促学，学用相长开新局。牢固树立"为国而审、为民而计"理念，坚持把审计监督与党史学习教育相结合，制定审计项目计划表，将锤炼党性与推进审计项目实施相统一，组织开展基本公共卫生服务资金审计调查、保障性安居工程资金投入和使用绩效审计等民生领域重大政策、重点资金、重点项目，推动保障和改善民生。

【党建和党风廉政】 强化党建基础性工作，规范组织生活，严格落实"三会一课"与领导干部双重组织生活会制度，认真贯彻落实党组领导班子及主要负责人意识形态工作责任制主体责任，班子成员带头讲政治、守纪律。通过"三会一课"、党组(中心组)学习、干部理论学习、"审计大讲堂"、主题党日和党史学习教育等多种方式强化理论武装，严格党内政治生活，坚持以党建引领审计工作，塑造一支思想过硬、业务精通的审计铁军。严格执行《中国共产党廉洁自律准则》《中国共产党纪律处分条例》，落实公务接待、差旅费管理等规定。组织签订党员廉洁承诺书，持续执行好审计组廉政纪律有关规定，通过定期召开党员大会、支委会议，党组成员讲党课、讲廉政课、警示教育等活动方式，提高全体党员干部的党性修养，强化党课教育和党风廉政教育，严格遵守政治纪律和政治规矩。

【审计监督】 在促进统筹协调发展上持续发力。运用大数据揭示分析政策措施落实过程中存在的问题，总结反映好经验好做法，提出政策建议，跟踪落实整改情况，审计成效获得县委、县政府主要领导的充分肯定。开展重大政策措施落实跟踪审计，重点关注九大重点产业资金和政策、就业优先、促进优化营商环境等政策措施的贯彻落实情况，揭示了九大产业中部分重点任务推进缓慢、专项资金未安排使用、未及时清退农民工保证金等问题，推动各项政策措施落实到位，为完善相关政策制度提供参考和依据，按季度出具审计报告。在助力财政政策提质增效上持续发力。依法审计2020年度县本级财政预算执行和其他财政收支情况，在开展的本级预算执行审计中，坚持聚焦主责主业，围绕各级党委、政府重大决策部署，找准审计监督与县域高质量发展的有效结合点实施审计。聚焦防范风险工作，围绕“过紧日子”、财政资金提质增效，关注民生政策是否落实到位、财政资金是否高效使用，围绕财政改革，关注政府综合财务报告编制工作、关注各部门执行政府会计制度情况等开展审计，针对本级预算执行审计中发现的问题，提出前瞻性、预警性审计意见建议，本级财政审计工作报告得到县人大常委会高度肯定。在推进领导干部履职尽责上持续发力。扎实开展经济责任审计全覆盖工作，以经济责任审计为抓手，强化对公共权力运行的监督，推动加快生态文明体制改革，助力反腐倡廉建设，重点关注权力运行，深入揭示重大改革事项、重大经济决策落实、“三重一大”制度执行等方面的突出问题，促进领导干部依法用权、秉公用权、廉洁用权。2021年重点关注涉及重点项目、重大投资及民生领域相关部门，开展5名领导干部经济责任履行情况的审计工作，其中乡镇领导干部3名，政府部门2名。在提升政府投资审计监督水平上持续发力。完成对县第五幼儿园、惠安堡高铁站前广场2个政府投资建设项目的全过程审计，通过聚焦重大项目决策、招标投标、工程管理、资金使用等权力运行关键环节，揭示项目审批、验收、评价过程中存在的问题，促使建设单位建立、健全政府投资项目管理制度，规范项目建设程序，提高政府投资绩效。在推进生态文明建设和资源环境保护上持续发力。重点关注国有土地使用管理和领导干部履行环境保护责任情况，促进领导干部牢固树立绿色发展理念和正确政绩观，切实维护生态环境安全。2021年，对1个乡镇的2名领导干部开展自然资源资产离任审计，逐步探索领导干部自然资源资产审计方式、方法，尝试自然资源资产审计与领导干部的履职评价有机结合。在增进群众福祉上持续发力。继续围绕国计民生，对县基本公共卫生服务项目资金开展专项审计调查。重点关注项目资金使用绩效，揭示有无虚假情况和基层卫生机构有无巧立名目，借机搭车乱收费，增加群众负担的行为。在查处和纠正违纪违规问题的同时，注重从体制、机制和制度层面揭示、分析和反映问题，促进被审计单位完善制度、堵塞漏洞、规范管理，促进医疗领域各项惠民政策落到实处。

【优化审计】 加强对审计工作的统筹谋划。研究认识“十四五”规划时期盐池县经济社会发展的总体目标和阶段性特征，围绕各级党委、政府的重大决策部署，找准审计服务改革发展大局的切入点、着力点和发力点，聚焦重大决策部署落实、财政、民生、政府投资等重点，有序推进年度审计项目实施。不断提升审计工作质量。开展“巩固审计质量提升年”活动，成立“巩固审计质量提升年”领导小组，从合理制订审计项目计划、强化审计项目过程控制、提高审计文书质量、深化分级质量控制、推动落实整改责任等方面入手，调整工作重心，改进组织方式，确保审计查出的问题“事实清、证据实、定性准”。做好审计“后半篇文章”。创新方式，联合开展专项督查，强化整改责任落实和责任追究。加强与相关部门的协调联动，加强跟踪督促检查，督促主体责任单位全面整改查出问题，严格落实对账销号制度。通过审计查出问题整改“回头看”，2017—2020年以来审计查出问题整改率达到了97%，对尚未完成整改的被审计单位提出切实可行的审计整改意见和建议，推进审计查出问题整改工作落到实处。开展数据分析。围绕本级预算审计，创新审计方式方法，以点带面，落实审计"两统筹"，把本级预算执行审计通过大数据比对延伸到县54个一级预算单位，并达到对县一级预算单位数据的全覆盖和对所有预算单位财政管理数据分析的全覆盖。促进审计队伍专业化。依托以审代培、以察代训的形式选派12人次审计干部参加各级审计机关和市县巡视巡察工作，让审计干部在实战中学业务、练本领、强作风。

市场监督管理

【概况】 2021年，盐池县有"四品一械"（食品、药品、保健品、化妆品、医疗器械）经营单位3523家，特种设备使用单位256家，特种设备3801台（部）；有效注册商标1361件，专利授权273件，有效发明专利65件，万人发明专利拥有量4.08件。开展食品药品、特种设备、产品质量等专项整治69次，检查各类市场主体5.2万余户次，查办违法案件59起，罚没款137.94万元。"小个专"党建工作被国家市场监管总局通报表扬，获评"小个专"党建工作表现突出集体。"盐池滩羊"国家地理标志产品保护示范区获批筹建。

【市场监管】 全力推进全域创建"食品药品安全区"。开展春秋季学校食堂、农村假冒伪劣食品、特殊药品、医疗器械等专项整治35次，检查食药生产经营单位7200余家次，查办食药违法案件33起，罚没款26.33万元。完成"四品一械"监督抽检691批次，合格率98.9%，不合格样品核查处置率100%。保障重大活动期间3.5万余人次安全就餐。大力实施餐饮质量安全提升行动，培育"餐饮食品安全示范街"3条，餐饮单位"明厨亮灶"推行率100%以上，学校（幼儿园）食堂"互联网+明厨亮灶"覆盖率100%，网络餐饮"食安封签"推广使用率100%，145家餐饮经营单位提供小份菜、半份菜服务，"厉行节约、反对浪费"社会风尚初步形成。全力保障居民用药安全，指定全县40家零售药店为家庭过期药品定点回收单位，将60家零售药店全部纳入"阳光药店"建设，不断提升安全用药、合理用药、科学用药水平。强化全域创建工作氛围营造，设立大型户外广告牌4块，张贴标语2200余条，发送手机短信12万余条，发布的宣传小视频转载播放量突破5万次，群众知晓度和参与度明显提升。全面科普食药安全知识，举办宣传培训会、提醒约谈会40余场次，发放宣传资料5200余份，全域创建"食品药品安全区"工作在吴忠市中期督查中得到充分肯定。持续强化安全生产专项整治。以"气瓶专项整治三年行动"为重点，组织开展应急救援演练34次，办理特种设备安装告知201台（部）、注册登记254台（部），抽查气瓶、锅炉、压力容器等特种设备使用单位253家次840台（部），消除安全隐患52处，指导33家加气站完成气瓶质量追溯系统升级。开展民用散煤、化肥、成品油等6类12种106批次产品质量安全监督抽检，合格率96.2%（生产领域合格率100%）。强化危险化学品安全监管，实现11家新增危险化学品特种设备使用单位监督检查全覆盖。毫不放松抓好常态化疫情防控。督促各超市、饭店等重点场所落实测温、扫码等常态化疫情防控措施，发放温馨提示8000余份、就诊建议书242份，上报购买"一退两抗"药品人员信息15万余条。不断健全"人物同防"工作机制，全面排查涉及进口货物经营单位45家，指导145家冷链食品经营单位全部纳入"宁冷链"系统监管，追踪风险人群关联人员272名，协助完成从业人员、环境物表以及冷链食品核酸采样1972份。引导行业从业人员有序开展新冠病毒疫苗接种，督促符合接种条件的人员全部接种到位。对12家新冠病毒疫苗配送、接种单位检查全覆盖。

【优化服务】 营商环境宽松便捷。全面推行"双随机、一公开"联合监管，完成部门内部"双随机"

24个领域61个事项抽查任务和跨部门联合“双随机”25个领域38个抽查事项，抽查市场主体633家，抽查结果公示率100%。重点清理“长期不经营户”，强制注销个体工商户481户，清理吊销企业和农民专业合作社35户。强化企业信用监管，将196家企业列入异常名录，完成62家企业信用修复，企业年报率94.98%。消费环境安全放心。开展网络交易平台和广告领域安全监管工作，监测相关网店70家商品信息336条，线下实体店1274家次，查办虚假宣传案件2起，罚没款60.3万元。强化消费教育引导，发布线上消费提示和警示20余条，开展线下消费维权和法律宣传活动23场次，消费者维权意识明显增强。受理投诉举报272件，为消费者挽回经济损失13万元。竞争环境公平有序。建立公平竞争审查长效机制，推动26家成员单位严格落实公平竞争审查制度，审查增量政策措施29件，修改清理存量政策措施5件。强化价格行为监管，开展民生领域、节日市场、防疫物资价格行为监管20余次，办结价格投诉29起，严厉打击哄抬价格、串通涨价等价格违法行为。开展涉企收费专项检查，督促180家行业协会商会和7家涉企收费自查自纠，禁止公用企业滥用市场支配地位行为。社会环境诚信文明。紧紧围绕全国文明城市创建工作要求，夯实责任、拉高标杆，组织召开市场整治组工作推进会、观摩学习会7场次，开展志愿服务活动40余场次，发放倡议书1万余份，张贴公益广告9600余个，制作永久性公益广告牌69处，加装电梯扶手176根，维修基础设施136处，粉刷墙体4600平方米，完成线上群众满意度测评1700余份，营造浓厚的创城氛围。建立月督查工作机制，开展专项督查7次，规范整改问题110余处，农贸市场、商贸综合体等重点区域的文明程度和整体形象大幅提升。

【品牌保护】 助推品牌化发展。成功申报“盐池滩羊”国家地理标志产品保护示范区，系宁夏第一个且唯一一个获批筹建示范区。指导3家企业获得“盐池滩羊”地理标志专用标志使用权，实现盐池县“盐池滩羊”地理标志专用标志使用企业“零”突破。制定出台《“盐池滩羊”地理标志证明商标使用管理办法》，为“盐池滩羊”地理标志证明商标保护提供法律依据。积极申报“盐池甘草”地理标志保护产品，相关材料已上报国家知识产权局待批。大力开展知识产权保护“铁拳”行动，查处商标侵权案件7件，罚没款1.66万元。夯实标准化基础。深入企业开展计量帮扶，完成电子计价秤、加油(气)枪、压力表等2408台(块、把)计量器具免费计量检定，报检计量器具检定率100%。持续强化标准、计量认证认可、检验检测在质量发展中的基础性作用，指导3家企业申报第三批自治区级服务业标准化试点项目，签订检验检测诚信守法承诺书11份，实现工业产品许可证获证企业证后监管全覆盖、法定计量检定机构核查率100%。

【党的建设】 按照“一支部一特色一品牌”创建思路，大力推行“党建+市场监管”工作新模式，被评为第一批创建“让党中央放心、让人民群众满意”模范机关达标单位。新发展党员4名，吸纳入党积极分子5名。精心抓好党史学习教育，开展集中学习200余场次，专题研讨38场次，开展系列活动8场次，落实“为民办实事”项目2条。严格落实党风廉政建设，经常性开展监督执纪和警示教育，筑牢领导干部拒腐防变思想道德防线。严格落实“三项制度”，召开案件集体讨论会8次，审理案件35起，公示行政处罚案件信息59条。大力推进法治教育制度化、规范化和常态化，采用线下干部理论学习与线上市场监管网络学院培训相结合的方式，提高领导干部依法决策和依法管理的能力水平。推行全员办案工作模式和以老带新结对帮带机制，行政处罚案卷质量受到吴忠市局高度肯定。

自然资源局

【规划编制】 盐池县国土空间总体规划已完成初步成果编制工作，并通过了自然资源厅第一轮审查；2020 年 16 个实用性村庄规划已审批，2021 年 10 个实用性村庄规划已完成技术审查和部门审查。《盐池县新区控制性详细规划》《盐池县老城区控制性详细规划及城市设计》已经批复并备案；《盐池县近期国土空间规划实施管理方案》已由自治区人民政府批准实施，划定近期城镇开发边界面积约 195.7385 公顷，拟计划实施重点建设项目 43 个，建设用地总规模 383.89 公顷；《盐池县 2021—2022 年土地征收成片开发方案》已经《自治区人民政府关于盐池县土地征收成片开发方案的批复》(宁政函〔2021〕30 号)批准实施，共划定 8 个片区总面积 538.8464 公顷，土地征收面积 271.6106 公顷；落实永久基本农田保护面积为 108.2 万亩，占三调稳定耕地面积的 82.5%，成果已上报自治区自然资源厅审查。

【土地管理】 严格土地开发利用，保障重点项目落地。自治区人民政府已批准建设用地 5 批次 23.8338 公顷，上报待批准建设用地 13 批次 151.0896 公顷(其中单独选址项目 6 个 45.5114 公顷)，供应建设用地 23881.7328 亩(其中出让 1492.6083 亩、划拨 22389.1245 亩)，收缴土地出让金 7297.9257 万元（含安置房拍卖、续期和补缴出让金)，正在挂牌出让 6 宗。处置闲置土地面积 4706.576 亩，完成率 388.91%；处置 2009—2018 年批而未供土地面积置 10948.57 亩，完成率 390.85%；处置 2019—2020 年批而未供土地面积 12171.84 亩，完成率 524.87%。依法开展土地征收，严格落实耕地保护。制定印发《盐池县征收农用地区片综合地价和临时使用土地补偿标准》，依法依规征收土地；2020 年征地补偿差价落实补偿款 1550.74 万元，正在兑付中；2021 年启动土地征收项目 57 个 4258 亩，完成社会稳定风险评估 34 个，签订征地协议 23 个，兑付土地补偿费 1874.30 万元、附着物补偿费 71.11 万元、拆迁费 27.288 万元；石油天然气项目征地 2010.503 亩，兑付土地补偿费 204.06 万元，收缴土地复垦费 515.96 万元。完成林地审批 45 宗，缴纳森林植被恢复费 2680.1727 万元（自治区财政 2520.0981 万元，县财政 160.0746 万元），完成草原审批 5 宗，缴纳草原植被恢复费 132.4602 万元（自治区财政），审批林木采伐 10 宗，审批临时用地 19 宗 3307.11 亩，预存复垦费用 218.61 万元，复垦验收确认 13 宗 3618.45 亩，解除预存复垦费用 591.09 万元，备案设施农业用地 40 宗 1054 亩。严格落实耕地保护，坚决守住耕地保护红线。验收入库全区第一批次跨区域耕地占补平衡指标交易 9300 亩，已通过自然资源部委会研究，正在向财政部争取资金；已将青山乡旺四滩和冯记沟乡平台村的 2.3 万亩土地进行整治，投资额 1.1 亿元，新增耕地 1.7 万亩，提质改造原有耕地 2137.5 亩；利用国土“三调”成果和土地利用现状图进行摸底，筛选出 2019 年度盐池县惠安堡镇苦水井村高效节水灌溉工程新增耕地项目，总投资 593.32 万元，灌溉面积 3248 亩，新增耕地面积 580 亩，已通过入库验收；核查耕地“非农化”图斑 25335 个，耕地保护监测图斑 1640 个，认定违法图斑 27 个 164.74 亩，已拆除复垦 8 个，处罚到位补办手续 4 个，正在报批 5 个，纳入占耕建房处置 10 个，第二季度 259 个疑似图斑正在进行督查核实。做好“十三五”耕地保护考核准备工作，根据调查成果，盐池县耕地面积 165.87 万亩，高于下达盐池县的耕地保有量任务，其中稳定耕地面积 126.56 万亩，大于永久基本农田划定面积。

【产权制度改革】 累计颁发不动产权证书3519本，办理不动产登记证明3107张，提供不动产各项查询服务1万余件，抵押融资金额12.9亿元。针对盐池县不动产登记领域历史遗留问题进行全面排查，共排查37个住宅项目8096户467558.04平方米，《妥善解决不动产登记若干历史遗留问题的实施意见》已经政府常务会研究审定。在完善宅基地“房地一体”确权登记的基础上，启动盐池县集体建设用地“房地一体”确权登记发证工作，积极对接各乡镇，开展权籍调查和测绘建库工作。同时，认真做好“十三五”易地扶贫搬迁安置住房不动产登记工作，10个安置点颁发证书519本，涉及1602户。积极推进落实小微企业办理不动产登记免收登记费优惠政策，优惠减免相关费用共19万余元。2020年国土变更调查成果经国家级、自治区核查修改后，现已通过国家级审核。

【矿产资源管理】 第四轮矿产资源规划（即《盐池县矿产资源总体规划（2021—2025年）》）已编制完成，待提交政府常务会审议，共划定6个重点开采区，5个集中开采区，共39个煤炭、石膏和砂石土开采区块。挂牌出让采矿权4宗，成交金额共计1.465842亿元；办理采矿权延续登记12宗，收取采矿权占用费2.355万元。根据绿色矿业发展示范区建设要求，制定印发了《关于印发盐池县绿色矿业发展示范区建设实施方案的通知》，确定9项重点任务，督促指导新建矿山按照绿色矿山建设标准进行建设和运营管理，生产矿山按照绿色矿山建设标准加快企业升级改造，同时关停淘汰一批环境问题突出、资源利用率低、经济效益较差的矿山，关闭矿山企业12家，完成30家矿山企业《绿色矿山建设实施方案》的审查。根据自治区自然资源厅历史遗留矿山核查工作要求，完成514个图斑核查，同时，按照《罗山生态保护修复专项规划（2020—2025年）》，积极争取资金，完成盐池县历史遗留废弃矿山生态修复项目（一期）施工；二期至三期设计方案已通过自治区自然资源厅审查（7269.15亩、6008.25万元）；多次开展矿山专项整治工作，共完成回填修复总面积2429亩，矿山回填556.34万立方米，共平整料堆134个；按照“宜林则林、宜耕则耕、宜草则草、宜景则景”的原则，完成矿山回填修复区绿化面积1755亩，现均已整改完成并通过自治区自然资源厅验收。按照国家、区市县关于自然灾害综合风险普查工作有关要求，正在向上级部门申请资金，有序组织实施地质灾害、森林和草原火灾的致灾调查与评估工作。

【林草管护】 做好防火禁牧巡查，保护林草资源安全。严格落实森林草原防火禁牧属地管理责任，在春节、清明节等重要时间节点开展专项督查，利用现有8座防火瞭望塔开展森林草原火情远程预警监测，对森林草原火情和禁牧封育进行实时监控。并从天保项目中筹集资金80余万元，通过采购铁塔公司“高空瞭望”监测服务，增加8个监控点，不仅扩大森林草原防火监控面积，还可对覆盖到的其他自然资源领域的违法行为进行实时监控。开展森林草原防火禁牧督查巡查，累计督查巡查228天，出动车辆456台次，人员684人次，共处罚偷牧放牧行为380余人次，收缴罚款60余万元。对环县城5千米以内防护林的防火隔离带及防火通道进行全面建设和改造，完成防火隔离带140余千米，维护新建防火通道85千米。完成2021年度全区春季森林草原防火实战演习和全县森林草原防灭火培训，全县无森林草原火灾事故发生，林草资源安全得到有效保障。根据区、市有关要求组织实施了防火禁牧宣传月、宣传周和禁牧专项整治行动各1次，并对库存中的防火物资和机具及时清点、维修和保养，确保防灭火机具可正常使用。

【林草建设】 大力开展植树造林，生态建设成效明显。自治区下达盐池县2021年造林绿化任务14.15万亩，受高温干旱影响，完成营造林10.37万亩，其中，发包造林0.77万亩，村庄绿化0.75万亩，自主造林1.1万亩，生态经济林0.15万亩，封山育林2万亩，人工新造灌木林1.1万亩，未成林抚育提升及退化林改造4.5万亩；森林覆盖率和草原综合植被盖度预计分别达到27.36%和58.5%。完成柠条平茬40万亩。完成盐池县2020年生态保护恢复资金草原生态修复治理资金项目和盐池县2021年草原生态修复治理补助资金项目13万亩、围栏298千米。积极开展林草有害生物防治。鼠(兔)害防治监测面积154.2万亩，林业鼠(兔)害防治面积14.9万亩，草原鼠(兔)害防治面积5万亩，完成率100%。按照自治区森防总站的要求，在春季对松材线虫病开展了监测调查，借助松材线虫病精细化管理平台实施全面监测3.35万亩，完成涉木企业调查36家，未发现木材携带松材线虫病等重大林业有害生物。积极完成"四率"指标，根据监测，全县主要林业有害生物发生面积68.1454万亩，测报准确率98%(区级考核指标达到90%以上)；成灾面积0.222万亩，成灾率0.55‰(区级考核指标达到3.9‰以下)；产地检疫5851.2亩，产地检疫率100%(区级考核指标达到100%)；无公害防治率达到91%以上（区级考核指标达到91%以上)，全部达到自治区考核指标要求。积极完成林草有害生物防治，光肩星天牛打孔注药防治0.32万亩；榆木蠹蛾根部覆膜熏蒸防治0.34万亩；春尺蠖等食叶害虫完成防治面积0.4万亩；草原有害生物喷施药剂防治5万亩。做好苗木检疫及供应工作。2021年全县植树造林各类苗木供应12.7万余株，并办理新苗木、种子生产经营许可证5个。复检苗木213.0078万株，木材59.8立方米、竹片120立方米，检疫过程中未发现林业检疫性有害生物。同时，对辖区内生产、经营林业植物及其产品的单位和个人，开展检疫登记备案工作，并作详细记录。

【执法检查】 查处各类自然资源违法案件共计41件，收缴罚没款共计67.98万元，动态巡查共计251次，接待和受理群众来信来访49件，已办理完毕42件，正在办理7件，信访办结率达到85.7%。核查自然资源部下发盐池县2021年第一、二、三季度土地卫片图斑493个、矿产卫片图斑78个，第一、二季度违法案件全部查处到位，第三季度外业核查已结束，正在查处违法行为。全面完成2021年度森林资源督查下发疑似图斑909个内外业及研判工作，其中哈巴湖国家级自然保护区65个，涉嫌违法违规31个图斑正在处理。按照国家、区市县关于农村乱占耕地建房整治有关要求，坚决遏制增量，盐池县发现1宗新增农村乱占耕地建房情况，已依法依规严肃处理、整改到位。严格落实自治区麻黄草管理有关要求，不断规范麻黄草采集证许可办理，2021年度办理麻黄草采集证290户7737.5亩4426吨。

【管理改革】 土地权改革以集体经营性建设用地入市作为全市试点，草拟《盐池县集体经营性建设用地入市试点实施方案》和《盐池县集体经营性建设用地入市管理办法》。同时，以盐池县金龙速冻食品有限公司速冻食品加工建设项目等3个基础条件相对成熟的项目作为试点，先行推进集体经营性建设用地入市改革。山林权改革以推进"以地换林"改革为全区试点，已制定印发《盐池县推进山林权改革"以地换林"措施(试行)》，从项目用地、林权抵押、税费减免、专项奖励等方面支持各类社会市场主体投资建设。委托第三方开展全县林权档案梳理分析、矢量建库等工作，已梳理林斑4500余个，林地435万亩，档案1300盒，资料35万页。

【创建文明城市】 加强组织领导，制定了《盐池县自然资源局关于创建全国文明城市的任务分工》，成立了领导小组，安排专人负责创城工作，并建立工作通报机制，将各站所队创城工作成效纳入年度考核。认真上报网报资料，梳理《网报资料任务清单》，开展各项活动，按照测评内容序号上报创城办，网报工作在半年工作考核中取得第三名的成绩。积极开展志愿者活动，将6个包抓小区和1条包抓路段划分给相应站所，深入包抓区域进行宣传，每周五下午集中深入小区打扫卫生、入户宣传、满意度测评，每天派出两名志愿者开展常态化志愿服务。按照实地考察标准，积极对接社区，实地考察梳理包抓小区存在的问题，形成问题清单，逐条解决。

【互联网＋办公】 按照优化营商环境简化财产登记方面的要求，3月21日上线运行盐池县"互联网＋不动产登记"，开发企业和社会群众可通过"我的宁夏"App统一身份认证，互联网远程申请办理不动产登记有关业务，切实做到了群众少跑路、信息多跑路。7月份先后实现不动产登记"带图作业"和"不动产＋金融端"业务功能，在银行等金融单位设置服务点，办理抵押登记业务的个人和企业只需在银行等金融机构一次性办结，同时，办事群众可通过手机扫描证书上的二维码，实现随时随地查看不动产图形信息。

统　计

【党史学习教育】 坚持把学习教育作为一项常态化工作来抓，深入学习贯彻落实习近平新时代中国特色社会主义思想、党的十九届六中全会精神、"七一"重要讲话精神和习近平总书记视察宁夏重要讲话精神，不断强化党员干部的理论武装，增强履职干事的能力素养。围绕学习习近平总书记在党史学习教育动员大会上的重要讲话精神、"七一"重要讲话精神、党的百年历史、铸牢中华民族共同体意识、党的十九届六中全会精神等开展专题研讨12次，交流发言30人次，撰写心得体会24篇，专题党课3次，专题宣讲3场，积极撰写简报共38期。为把党史学习教育成果转化成为具体工作行动，用实际行动践行为民办事思想，统计局围绕工作抓好统筹结合立足群众需求，结合单位实际，已办理3件实事：深入帮扶村，协调合同纠纷，为帮扶村节省114.28万元；为叶峰开发楼、法院家属楼、石油公司家属楼3个包抓小区粉刷10个单元楼道、制作公益广告25个、购买垃圾桶24个等，切实改善了包抓小区的居住环境，提升城市品位，提高了居民的满意度。

【党风廉政和意识形态】 全力贯彻全面从严要求，狠抓正风肃纪。组织召开党风廉政建设工作会议，签订党风廉政建设责任书，制定统计局全面从严治党"三个清单"，梳理2021年廉政风险点暨防范措施。严明党的政治纪律和政治规矩。把党章党规党纪学习作为党组理论学习中心组、党支部、干部学习培训的重要内容。深入开展"廉政警示教育周"活动，召开2次党风廉政建设专题会议、组织观看警示教育视频2次、在警示教育基地警示教育学习1次。坚持不懈改进作风。持续巩固和拓展违反中央八项规定精神专项整治成果，坚守重要节点，保持高度警惕，提前教育提醒，强化监督检查。加强对贯彻落实中央八项规定精神的监督，适时对办公用房、公务接待、资金拨付等情况开展"体检"，对存在的问题及时提醒，督促抓好整改落实。落实意识形态工作责任制。进一步强化党组书记第一责任人责任，靠实班子成员分管责任，严格履行"一岗双责"。召开意识形态和网络意识形态工作会议2次，分析研判意识形态和网络意识形态工作形势，按时报送风险点排查表，不断增强意识形态工作重要性的思想认识。坚持以抓意识形态促进统计中心工作发展。全面依法治统，充分发挥统计的职能作用，努力提高统计能力，提高统计数据质量，提高政府统计公信力，立足优化统计服务。

【统计业务】 编制《统计公报》《统计季报》等统计资料800余册，按季度、年度发放至县领导及各乡镇、各部门。撰写高质量的统计分析和信息。发布统计简要分析30篇、统计监测快报10篇，统计动态信息132条。组织召开业务培训班、统计法律法规知识专题培训班共5次，受众人次达400余人，发放统计法律法规手册120余本、统计法律法规宣传折页280余册。严格按照“先入库、后出数”的统计原则，加强基本单位名录库的管理工作。对当前名录库内188家规模以上企业及2021年新入库统计单位308家，严格实行动态管理。加强常规性统计调查，严格按照联网直报“一套表”工作法，加强各专业统计监测，并跟踪做好国家和自治区统计局各专业报表的查询工作。深入82家基层企业进行统计数据核查，进一步提高企业依法统计意识，规范基层统计工作人员的统计行为，确保统计数据客观真实。

【人口普查公报】 6月9日发布了《盐池县第七次全国人口普查公报》，公报详细展示盐池县第七次全国人口普查数据成果，反映盐池县人口总量、结构、分布及人口发展变化趋势等。第七次全国人口普查全县常住人口为159209人，与2010年第六次全国人口普查的146560人相比，增加12649人，增长8.63%，年平均增长0.83%。盐池县第七次全国人口普查领导小组办公室被国务院第七次全国人口普查领导小组评为先进集体。

投资促进服务中心

【招商引资】 制定印发《盐池县招商引资激励办法》和“产业强、先招商”实施方案，修订投资指南及产业链招商图，聘请招商顾问12名，先后外出招商23批次，客商累计到考察99批次，洽谈意向性项目180余个，成功签订协议33个，储备重点跟进项目48个，全年实施招商引资项目28个，到位资金76亿元，完成全年目标任务的115.2%。积极协调重点项目建设7个工作专班，全力做好项目全程服务保障工作，推动明峰萌城建材水泥磨技术改造等11个项目建成投产，新大泽螺旋藻等8个项目落地实施。

【服务业发展】 制定印发《2021年盐池县促进服务业加快发展的若干措施》，兑现奖补资金372.8万元。启动实施德昌铁路物流二期、大水坑石膏产业现代物流综合服务区等一批服务业重点项目，完成投资6.2亿元。争取服务业引导资金项目3个，落实资金300万元。指导工业企业开展内置服务业剥离工作，6家工业企业已剥离出江鑫石油化工、天领物流、赛利斯贸易、煜娆能源等12家贸易、销售、物流等服务业企业，其中赛利斯贸易、江鑫石油化工等5家已纳入规模以上服务业和限上商贸业统计库。

【商贸流通】 打造振远街、饮马湖夜市美食城等特色商业街区，加大盐州古城、长城关等景点与商业街区有机融合。举办池县2021年餐饮美食大赛等活动，认定“宁夏优品”“吴忠老字号”打造优质消费服务环境。组织50余家企业参加中阿博览会等会展活动，盐池县7家企业产品入驻石狮国际食品城宁夏优质特色产品展示销售中心，年销售额1000万元以上。县城内6家超市设置盐池农特产品销售专区，月均销售50吨以上。电商工作。建设“狮城宁好”电商网批(西部)运营基地，已入驻京羔等30家电商企业。采购西鲜记为新的电商公共服务中心运营主体改造提升电商公共服务功能，先后引进百草滩羊、五粮香醋等12家企业。成立盐池县电商产业发展协会，吸纳会员企业100余家。2021年，开展直播促销活动30余场次。全年累计实现电商销售额达4.8亿元。

社会事业

社会保险

【概况】 2021年，盐池县企业职工基本养老保险、机关事业养老保险、失业保险、工伤保险分别参保19401人、6967人、7986人、21305人，分别完成自治区下达年度目标任务的100.62%、101.25%、100.06%、100.02%；城乡居民基本养老保险参保81260人，完成自治区下达年度目标任务的101.46%；被征地农民养老保险1372人，参保率达到100%；新开工建设项目参加工伤保险144个5187人，参保率达到100%。

【党史学习教育】 坚持线上线下发力、网上网下同向，丰富形式载体，用活红色资源，举办专题党课辅导3次，开展集体学习24次，专题研讨12次，撰写心得体会50篇，引导党员干部在学深悟透中凝聚磅礴伟力，在学懂弄通中汲取奋进力量。聚焦民生保障、服务需求、乡村振兴“三大主线”，开展疫情防控、文明劝导、环境整治、扶困济贫等志愿服务活动58次，慰问特困群众4人，发放慰问金2000元，上门跟进服务城区高龄、患病及行动不便老年人200人次。

【保障民生】 利用农贸集市、大型招聘会等场合，就群众普遍关心的参保登记、缴费核定、待遇领取、欺诈骗保，以及社保卡综合应用等内容进行广泛深入宣传，城乡居民参保意识不断增强，参保扩面从数量扩张转向质量提升，累计发放宣传材料3万余份、宣传品2万余件。进一步调整优化综合柜员制窗口服务，继续推进社保领域“一门式服务”改革，实现关联事项“打包办”、高频事项“提速办”、所有事项“简便办”。社会保险人员领取死亡待遇申报、定期领取待遇资格申报、城乡居民特殊人员申报等9项高频服务事项顺利下沉，社保公共服务更加高效便民。2021年，盐池县城乡居民基础养老金调整至210元/月，月人均养老金水平达到227元。机关事业单位退休人员和企业退休职工养老金调整到位，人均月养老金标准分别增长192元、153元。按时足额发放养老金27822人，工伤保险待遇451人次。

【风险防控】 通过完善内部管理制度、提高业务经办能力、严格基金财务管理、强化信息系统运用、加大日常监督检查频次等，严堵基金管理漏洞，确保基金安全运行。2021年，盐池县企业职工、机关事业和城乡居民基本养老保险基金征缴收入分别为16855万元（直接上缴国库）、7752万元和1726万元，累计支出20285万元、20030万元和5611万元；工伤保险基金收入580万元，支出591万元。

就业创业和人才服务

【概况】 全民创业方面。2021年，培育创业实体1245个，完成目标任务的303.7%；创造新岗位1943个，完成目标任务的162%；全民创业带动就业2500人，完成目标任务的100%；发放创业担保贷款433笔7379.8万元，完成目标任务的134%。就业再就业方面。共转移农村劳动力就业4.4万人次，完成目标任务的103.1%，转移经济收入4.64亿元，完成目标任务的116%；共开展城乡劳动力和贫困劳动力职业技能培训64期3200人，完成目标任务3200人的100%；创业培训16期480人，完成目标任务的100%。城镇新增就业1308人，完成任务的109%；城镇就业困难人员实现就业206人，完成目标任务的117.71%；"铁杆庄稼保"补贴35832人，完成目标任务的104%；城镇登记失业率严格控制在3%以内，零就业家庭年内实现动态清零。

【政策保障】 坚持实施就业优先政策。制定《盐池县2021年巩固拓展脱贫攻坚成果同乡村振兴有效衔接做好稳岗就业培训工作实施方案》《盐池县进一步稳定和促进就业创业八项措施》等就业扶持文件，构建高效就业服务体系。在全县8个乡镇、102个行政村建立技能培训及劳务联系点，在22个移民村建立劳务信息联络点，构建县、乡、村三级全覆盖的公共就业服务体系，将"线下业务"转向"线上服务"，方便个人求职登记和统计就业信息，做到人员底数清、掌握技能清、就业意愿清、培训意向清"四清"。打造灵活就业聚集点。由就业中心联合有关部门进行实地走访和调研，确定在县人力资源市场和惠泽村建立灵活就业工作人员待工棚，通过提供面对面的就业服务和便民设施，形成灵活就业人员聚集效应，提高盐池县灵活就业人员务工效率，改善待工环境，促进就业市场做大做活。

【机制保障】 立足盐池县地区优势，瞄准市场，实现转移就业组织化。大力实施"走出去、请进来"战略，通过"一抓市场建设、二建劳务基地、三开展劳务推介"的工作机制，深入引导农民工有序转移就业和就地就近就业：一方面，在县内大力打造创业示范园区（孵化基地）和企业吸纳就业，认定县级创业示范园区5家，乡镇创业示范企业19家，发放补贴资金145万元；另一方面，加大转移就业工作力度，充分发挥乡镇劳务中介组织、劳务经纪人带头作用，巩固和建设劳务基地，为跨省外出务工人员全方位提供就业信息、岗前培训、维权保障等服务，2021年，开展劳务经纪人培训127人并颁发证书，并通过微信公众号平台、人力资源市场等线上线下宣传平台，推送96家企业提供3505个岗位，其中在福建省石狮市挑选了26家企业提供311个岗位供求职者选择，达成外出转移就业意向115人，回应政策咨询4000次。稳步推进高校毕业生就业创业。健全高校毕业生离校未就业实名制登记和就业服务制度，落实促进高校毕业生就业的税费减免、财政补贴、创业培训、创业贷款等政策，共对418名离校未就业高校毕业生进行实名登记。为2名大学生提供创业担保贷款60万元。认定10家青年就业见习基地，安置30名毕业两年内未就业的高校毕业生及16～24周岁的失业青年。全县共录用"三支一扶"185名、到事业单位实习大学生149名。全面开展就业援助活动，加大失业保险政策保障力度。发放失业保险防失业、促就业的作用，确保符合政策人员全部享受政策，发放失业保险535人2006笔104万元；指导引领城镇失业人员、高校毕业生自谋职业、自主创业：城镇失业人员新增就业1308人，高校毕业生就业率稳定在85%以上。拓宽困难群体就业渠道，通过鼓励中小微企业吸纳就业，扩大就业见习、公益性岗位等措施，强化群众就业能力。安置城镇就业困难人员城镇公益性岗位人员170人,农村建档立卡户贫困人口公益性岗位人员230人，实现就业兜底保障作用。推进政府购买公共服务工作。根据《盐池县政府购买公共服务人员实施方案》(盐党办发〔2017〕98号)精神,通过公开招标确定2家劳务派遣公司为承接主体，开展政府购买公共服务工作,组织2次考试为相关单位公开招考195名适龄群众从事会计、保育员、保教员等岗位。

【技能培训】 开展培训需求调查,精准对接群众培训需求,组织开展电焊、电工、中式烹调师、保育员等热门职业技能培训。对接企业与培训学校，使培训学员出得学堂、进得工厂,让有培训意愿的劳动力“应训尽训”,引导群众依托当地优势主导产业创业致富。跟进乡村企业。在企业岗位技能提升培训工作中，提供切实符合岗位要求、提升个人工作能力的技能培训。在此基础之上,对接企业与培训学校，依据企业的工作需求与岗位特点，结合培训学校的优势特长，优化修改培训课程，让企业职工和培训学员真正学到技能,用到实处。切实服务乡村群众,将培训班直接办在村部,让村民近距离地学到知识，享受周到的培训服务，实现劳动力由“体力型”人才向“技能型”人才、政府扶持由“输血”向“造血”的转变。

【创业担保贷款】 找准创业担保贷款支持优势特色产业的主方向。盐池为“中国滩羊之乡”,也是小杂粮的主要产区之一，滩羊和小杂粮是盐池的优势特色产业，为此，给予符合政策的种养殖户发放创业担保贷款。紧扣创业担保贷款服务脱贫攻坚的重点人群。积极落实政策,力促脱贫,支持鼓励“零就业”“低就业”贫困家庭自主创业带动一批贫困户实现“零就业”。打造创业担保贷款服务就业创业新模式。通过“大力宣传创业担保贷款政策、贷款条件一次性告知、贷前核查一次性进行、贷款资料一次性核实、审批手续一次性办结、贷款发放一次性到位”的服务模式;着力为创业者提供高效便捷的服务。全力打造“创业培训 + 创业担保贷款 + 后续服务”一条龙机制,2021年开展创业培训480人，发放创业担保贷款433笔7379.8万元,实现创业带动就业2500人。

【拓展服务范围】 依托县就业创业和人才服务平台、宁夏公共就业招聘网、58同城等平台，举办“春风行动”现场招聘会暨“直播带岗”网络招聘会、2021年民营企业招聘月暨乡镇专场招聘会共3场;为67家企业发布招聘岗位3980个，社会各类人员共5618人参加，招聘会达成就业意向人数718人,发放宣传册5.1万份,并通过“直播带岗”直播间其观看人数达到3.2万人次;“春风行动”中国联通云直播在线观看人数达到14.4万人次。有效解决企业用工需求,扩大就业容量、提升就业质量。同时加强非保障脱贫人口外出务工安全。大力实施“铁杆庄稼保”补贴工作,紧扣全县脱贫人口外出务工需要,以乡镇、行政村为单位,全面铺开组织“铁杆庄稼保”普及工作,将其纳入全县惠民政策中,补贴“铁杆庄稼保”35832人次,保障村村有人管,户户有人知。

民　政

【社会救助】 全县低保对象5857户9430人,全年新增443户710人,发放低保资金6039.83万元，将低保3个档分别提高20元、30元和50元,年增加500万元;临时救助达2551人次,发放救助金640.39万元,人均救助达2510.35元；特困供养对象326名，发放供养资金411.23万元，有入住意愿的特困人员及失能、半失能特困人员100%入住供养机构,切实做到“应保尽保、应兜尽兜”;制定《盐池县困难家庭救助帮扶综合评估试点工作方案》,全面启动对五类评估对象（兜底保障对象、低收入家庭、重度残疾人、重病患者、其他因特殊原因造成基本生活出现困难的低收入家庭)开展调查摸底,建立调查对象评估台账、精准实施救助帮扶。

【养老服务】 积极顺应养老服务需求,初步构建了“以居家为基础、社区为依托、机构为支撑”、医养结合的养老服务体系。夯实居家养老基础。建设完成“互联网+智慧健康养老“12349”信息化服务平台”,采集、录入各类老年人信息2.3万条;争取区厅项目87万元,通过政府购买服务与市场化运作相结合的方式,在花园、芙蓉社区实施嵌入式养老服务项目,引入有资质的社会组织入驻社区,为符合条件60岁以上社区居家老人提供日间照料、医疗服务、康复理疗、配餐就餐等专业化服务,打造“一刻钟养老服务圈”。为1475名失能失智困难残疾老人发放护理补贴81.88万元,为1922名80岁以上高龄老人发放高龄津贴864.37万元,筹资73万元为21257名老年人购买意外伤害保险。扩大社区养老范围。共建成社区日间照料中心9个、社区服务站8个、农村老饭桌28个、农村幸福院102个,实现村级养老服务设施全覆盖。创新机构养老模式。共建成公办养老机构4所、民办养老机构3家、农村互助养老院6个。共设养老床位数1306张,每千名老人拥有机构养老床位53张,护理型床位404张,占总床位的31%。

【社会治理】 全面完成村“两委”换届。指导全县村(居)民居委会选举产生新一届村委会主任102名、副主任及委员412名,其中女性成员207名,占比为40.27%,女主任8名,占比为7.84%。做好“民生微实事”。制定《盐池县民生微实事项目实施方案》(盐党办发〔2021〕40号),以“群众点菜、政府买单”的方式开展民生微实事两批40个项目,已全面完成,共投资300万元,涉及21个社区(村)、119个小区(组),快速捷径解决社区居民身边“急难愁盼”问题。提升社区治理水平。根据《中共宁夏回族自治区委员会关于完善基层治理体系提高基层治理能力的若干意见》(宁党发〔2020〕8号)精神,全面落实推进社区治理实施11项“微政策”。社会组织管理持续加强。开展系列专项整治活动,对未按规定参加年检的24家社会组织给予撤销登记,对连续一年未参加年检的83家社会组织列入异常名录,连续两年未参加年检的59家社会组织列入失信名单;共降低收费14.38万元,减免3家单位会员、28个个人会员会费;培育4A级社会组织1个,建立了1个社会工作管理服务中心和9个社会工作站,筹措资金30万元通过社会组织承接项目的方式激励社会组织健康发展。

【社会事务管理】 全面提升弱势群体关爱帮扶力度。全县在册残疾人7496人,全年累计发放残疾人“两项补贴”1266.78万元;落实孤儿养育津贴标准动态调整机制,为111名社会散居孤儿及事实无人抚养儿童发放孤儿养育津贴101.9万元,保障其基本生活;开展生活无着流浪乞讨人员照料服务、救助寻亲、落户安置等“六大行动”,救助流浪乞讨人员1825人次。全面推进婚姻礼俗改革。打造2000平方米的“一馆两厅七室”的婚姻登记大厅、田园婚礼舞台和婚姻家庭文化基地,开展婚俗改革宣讲260场次,组织集体婚礼2场次,683对新人通过婚事简办方式,节省费用780余万元。2021年9月22日,盐池县被确认为全国婚俗改革试验区。殡葬改革深入推进。规划起草《盐池县殡葬事业发展规划(2020—2035)》编制工作,规范殡仪服务市场,提高殡仪服务水平。推进全国第二次地名普查成果转化。编制《盐池县地名总体规划》,有效遏制不规范地名的产生,完成第四轮盐红、盐同两条县级行政区域界线联合检查,及时协调处理随时出现的地界纠纷。强化慈善事业。完成慈善协会换届工作,签订公益慈善战略合作协议

36份，接受社会各界捐助共计1516万元；与石狮市慈善总会及相关企业合作，建立公益慈善捐助接收站和爱心超市；新增乡村环境卫生整治公益项目及4个针对弱势群体的救助项目。

【社会保障】 为全县11314名城乡低保对象、高龄低收入老年人发放人均300元的一次性生活补贴339.42万元；统筹安排临时救助资金300余万元为全县散居特困人员224人、孤儿（含事实无人抚养儿童）111人及困难老年人（近1300人）进行户均不低于2000元的临时救助；筹集200万元物资及500万元现金，为全县8类困难群众对象共计1000人（户）进行实物或现金救助。

退役军人事务

【概况】 2021年，盐池县第九次荣获“全区双拥模范县”，退役军人事务局被评为吴忠市先进基层党组织，博物馆馆长王生岩获评“全国退役军人服务保障先进个人”。承办“全区退役军人事务系统学习宣传退役军人保障法暨推进退役军人工作政策制度改革专题培训班”。自编自导自演小品《服务站的幸福事》作为全区唯一一个县区采纳节目，参加区厅举办的“传承红色基因，赓续优良传统”建党100周年主题活动，在全区退役军人事务系统展演。积极选派干部参加区、市退役军人事务部门主办的“老兵永远会跟党走”主题演讲比赛并分别荣获一等奖和二等奖。

【党的建设】 2021年，县退役军人事务局坚持以习近平新时代中国特色社会主义思想为指引，全面履行从严治党主体责任，统筹推进支部党建和党风廉政建设工作，扎实推进“三强九严”工程，严格执行“三会一课”、民主生活会、组织生活会等组织生活制度。丰富党史学习教育开展形式，深入开展“我为群众办实事”，高标准地完成第一批、第二批项目清单。年内，共开展“三会一课”26场次，中心组学习9场次，党史学习22场次，组织7次专题研讨，围绕研讨主题交流发言22人次。5月，成为盐池县第一批模范机关创建达标单位，10月，作为模范机关接受全县各单位现场观摩。

【就业创业】 2021年，县退役军人事务局建立“四个三”（三问、三色、三帮、三星）就业创业工作体系，帮助退役军人高质量就业创业。健全完善“退役士兵就业创业数据库”，持续跟进全县60岁以下退役士兵就业现状，协调各乡镇（街道）、各有关部门做好未就业人员适时“清零”。制定《退役军人岗位推介目录》，联合就业部门举办现场招聘会3次、网络招聘会8次，积极为退役军人就业搭建平台。结合自治区“承训机构黄页”及县内职业中学等承训机构，积极引导退役军人结合自身实际参加技能培训，广泛动员退役军人参加学历提升。截至12月末，全县60岁以下退役军人全部实现就业有路子、发展有保障。

【尊崇工作】 2021年，县退役军人事务局紧紧围绕“让军人成为全社会尊崇的职业”目标，聚焦为经济社会发展服务、为国防和军队建设服务“双重使命”，不断丰富服务保障内涵，拓展服务保障外延。推动建立盐池县委、县政府领导包乡镇（街道）、乡镇（街道）领导包村（社区）、村（社区）干部包退役军人的结对联系制度，全县退役军人每人都有3级组织和3名领导、干部结对联系、常态服务，打通走访慰问、帮扶援助、感情联络、思想引导等工作的“最后一百米”。推动在全县金融、医疗机构及政务服务中心所有窗口全部设立军人和退役军人优先标志，开通优先通道；利用春节、“八一”等重要节点，走访慰问生活困难退役军人、退役军人致富带头人和重点优抚对象，全面做到退役军人家庭光荣牌应挂尽挂、问题困难应援尽援、合理诉求应解尽解、重大变故应访尽访。

【精准帮扶】 2021年，县退役军人事务局积极探索政府部门、社会力量共同参与退役军人工作新路径，合力解决退役军人的所思所求、所急所盼。严格落实重点优抚对象抚恤补助提标政策，确保按月、足额发放到服务对象手中。设立宁夏首家“退役军人关爱基金会”,12月初，完成2021年度帮扶救助工作。

人力资源和社会保障

【党史学习教育】 通过党组会、理论中心组学习会、主题党日活动,及时传达学习有关文件精神，组织集中学习46次,开展专题研讨8次，全体党员干部撰写心得体会63篇。开展“党史知识暨人社知识竞赛”4期,录制《诵读经典、汲取力量》微党课2期,开展读书班1期。走访调研全县重点企业13家,梳理汇总企业在人才引进、技能培训、社保缴纳、劳动关系等方面存在的问题35项,经研究确定办理的事项13项,已办结10项,正在办理3项。在人力资源市场实地考察，搭建待工棚并设置座椅8排，日均可为200余名务工人员提供休息场所,为其解决“休息难”的问题。推进社保卡“一卡通办”和“人社快办”服务行动，推进人社业务简化流程“打包办”、数据共享“提速办”、证明事项告知承诺“简便办”,实现12个高频事项线上线下同步办理,削减6个申请事项证明材料，7个关联事项打包为“一件事”，所有事项达到“简便办”。

【就业服务】 全民创业工作。组织创业能力提升培训班，开展相关宣传和招聘活动。宣传和引导企业开展岗位技能提升培训,帮助企业提升员工技能水平，加快企业发展。共创办小企业1245个,培育小老板1245个,完成目标任务的303.7%；创造新岗位1943个,完成目标任务的162%；全民创业带动就业2565人,完成目标任务的103%;发放创业担保贷款433笔7379.8万元,带动就业856人，完成目标任务的134%。就业再就业工作。共转移农村劳动力就业4.4万人次,完成目标任务的103.1%,转移经济收入4.64亿元,完成目标任务的115%;共举办各类培训班65期,累计培训各类人员3200人,其中,重点群体就业人数771人,完成目标任务的129%；创业培训480人，完成目标任务的100%。城镇新增就业1308人,完成任务的109%;城镇就业困难人员实现就业206人，完成任务的117.71%。城镇登记失业率严格控制在5%以内，零就业家庭年内实现动态清零；为转移就业群众办理“铁杆庄稼保”并补贴36864人,完成目标任务的102.19%。积极开发公益性岗位,2021年,安置城镇公益性岗位170人，农村脱贫劳动力公益性岗位230人。搭建就业平台,提高就业服务。依托县就业创业和人才服务平台、举办“春风行动”现场招聘会暨“直播带岗”网络招聘会,重点挑选48家企业提供2034个岗位,其中,县内企业30家,提供岗位1008个;区内企业14家,提供岗位334个;区外企业4家,提供岗位692个。“直播带岗”直播间对40家企业的招聘岗位进行详细讲解,观看人数达到2.3万人次；“春风行动”中国联通云直播在线观看人数达到14.4万人次;开展2021年民营企业招聘月暨乡镇专场招聘会挑选20家企业提供2478个岗位。

【社会保险】 广泛动员宣传,全民参保扩面持续推进。深入乡镇、社区、企业从参保登记、缴费核定、待遇领取、欺诈骗保及社保卡应用等政策进行广泛宣传，不断扩大社保政策覆盖范围。开展政策宣传活动16次,发放宣传材料5000余份,为养老金领取人员提供现场资格认证服务500人次。年底，盐池县企业职工养老保险参保19281人，完成目标任务的100%;机关事业单位职工养老保险参保6966人,完成目标任务的101.2%；城乡居民基本养老保险参保81299人，完成目标任务的101.5%。失业保险参保7981人,完成目标任务的100%；工伤保险参保21300人，完成目标任务的100%；被征地农民参加养老保险1406人，参保率达到100%；按项目参加工伤保险760个，参保率达到100%。强化政策落实，养老待遇水平稳步提高。全县各项社会保险待遇全部按时足额发放，人均养老金水平稳步提高，社会化发放率达到100%。2021年，盐池县城乡居民基础养老金调整至210元/月，较上年度增长5元；机关事业单位职业年金在全区率先做实；企业退休人员养老金实现“十七连调”，补发养老金4811人73.8万元，人均月增资153元。机关事业单位退休人员养老金连续第六次与企业退休基本养老金同步调整，补发养老金2678人51.5万元，人均月增资192元。盐池县定期领取养老保险待遇27820人，发放养老金25417万元，其中：机关事业单位养老金2770人11890万元；企业职工养老金4950人9995万元；城乡居民基本养老金20100人3532万元，享受工伤保险待遇400人次，基金支付448.5万元。基本养老、工伤社会保险基金分别结存28749.7万元、56万元。发挥兜底职能，特殊困难群众应保尽保。减轻贫困人员参保缴费负担，提高困难群众养老保障水平，2021年，已排查核验符合参保条件困难群众1650人，由县财政按照每人每年130元的标准代缴城乡居民基本养老保险费，申请落实城乡居民基本养老保险财政代缴资金21.4万元。坚持便民利民，经办服务水平不断提升。以“办好实事惠民生”专项行动为抓手，全面深化“放管服”改革要求，狠抓行风建设，围绕“提速办、精简办”再造流程、精简材料、提升效能，优化完善“内部协同跑、群众一窗办”的综合柜员制服务模式，社会保险38个服务事项全部实现“一门引导、一窗受理、一站服务、一次办结”。社会保险人员领取死亡待遇申报、定期领取待遇资格申报、城乡居民特殊人员申报等9项高频服务事项下沉，有序推进，社保经办服务更加便民。

【人才人事】 及时补充干部队伍。全县31个事业单位设置61个岗位共77人，其中全区统一招聘75人，订单定向招聘2人。落实各项人才待遇。进一步落实《盐池县高层次人才引进奖励和优厚待遇实施办法》，建立健全人才引进奖励机制，推动人才队伍建设与经济社会深度融合。已有67人申报高层次人才认定及各类补贴项目，其中申报“双一流”本科生、硕士博士生活补贴共计14人；申报在读硕士博士实习补贴40人；申报认定高层次人才C类3人、D类1人、E类2人、F类7人。做好初级职称申报、评审和事业编职称晋级、聘任工作。全年已有205人申报初级职称，62人申报中级职称，138人申报高级职称。严格按照各部门岗位设置数量审核职数，不定期对全县事业单位人员晋级、聘任、岗位设置等工作进行会议研究，聘任327人职称，晋级200人，续聘6人。积极落实“双定向”职称制度。根据全县专业技术人员数量，已核定双定向岗位338个，取得双定向职称112人，研究聘任及晋级“双定向”岗位共计188人。对在农村工作满15年且仍在农村工作，已取得职称资格的，为31人兑现副高职称待遇。

【基金监管】 修订完善《岗位管理制度》《业务经办运行制度》《社会保险基金对账制度》《票据及财务印鉴管理制度》《社会保险稽核工作制度》等单位内部控制制度，形成一套制度健全、权责分明、平衡制约、运作有序的良性运行和制约机制。设立基金稽核岗位，配备稽核专兼职人员3名，对全县参保单位、参保群众采取待遇资格认证、信函查询、入户回访、追踪核查、随机抽查等措施加强日常监管，确保各项社会保险基金安全规范、健康运行。盐池县机关事业养老保险基金收入7851万元，支出17911万元；企业职工基本养老保险基金收入11532万元，支出17405万元；城乡居民基本养老保险基金收入1506万元，支出5795万元；工伤保险基金收入528万元，支出559万元。严格落实领取养老金死亡人员信息“三级联报”制度，防止欺诈冒领的现象。丰富形式开展社保基金“反欺诈反冒领”宣传活动，发动群众力量，强化群众监督，设立社保基金监督举报电话和投诉信箱，开展多形式的基金监督，共同维护和防范、制止骗取社会保险基金的行为。

【劳动保障】 加大检查力度，开展清理整顿人力资源市场秩序专项行动，采取“双随机”抽查方式，检查盐池县大德丰劳务派遣服务有限公司等用人单位9家，涉及110余人。开展幼儿教师队伍劳动用工执法专项检查，检查幼儿园6家，涉及职工457人，督促其中1家单位及时规范劳动合同。经查，用人单位劳动合同签订率97.3%，社会保险缴纳率96.5%，总体情况稳定。夏季、冬季分别开展根治欠薪专项行动，召开县级动员部署会2场次、部门联动推进会2场次，开展劳资专管员及项目经理业务培训3场次、集中宣传3场次，发放各类宣传材料2000余份，用人单位已按要求完成自查自纠。强化源头治理，及时收缴农民工工资保证金，全年共收缴农民工工资保证金83笔674.5万元，农民工工资保证金征缴率92.3%；退还农民工工资保证金39笔653.4万元；减免农民工工资保证金1笔16.2万元；办理保函9笔169.4万元。全年审核开具“无拖欠证明”126份，多部门联合检查组对25家企业、17个在建项目农民工工资支付情况进行检查，下达保证金催缴通知书3份。全县政府类投资建设项目实现“零投诉”。加强重点领域宣传。深入建筑工地、返乡创业示范基地、人力资源服务市场项目工地等重点场所，开展“送条例、进工地、稳就业、保民生”百场普法活动，共召开座谈会3场次，发放《条例》宣传折页等2430余份。重点难点案件办理情况。全年共受理各类举报、投诉、信访等案件274件，已办结239件，正在按时序办理35件，涉及职工（农民工）851人491万元，先后共排查消除欠薪隐患18起，涉及125人96.8万元。

【专项提升】 城镇居民收入提升工作。2021年前三季度，盐池县城镇居民收入23617.5元，较去年同期增长1771.7元，增幅8.1%。牵头抓总方面，对照城乡居民收入提升任务目标，细化推进措施，明确“任务书”，画出“路线图”，压实责任，统筹推动城镇居民增收工作。就业创业方面，坚持就业优先政策，努力实现增收倍增效应。完善运用“创业培训+创业担保贷款+创新服务”创业帮扶机制，深入实施农村劳动力转移就业促进行动、困难人员就业援助行动和高校毕业生就业创业促进行动等“三大行动”，重点支持和帮助脱贫人口、退役军人、残疾人、高校毕业生等重点群体多渠道就业。开展职业技能和创业培训3200人，发放创业担保贷款7379.8万元，全民创业带动就业2565人，实施转移农村劳动力就业4.4万人次，转移经济收入4.64亿元。

【社会保障】 列出清单，明确机关事业单位工作人员每个月发放的各项补贴和奖金，确保按月及时发放到位。为积极应对旱情，涉农普惠政策补贴以及扶贫政策补贴提前验收发放，同时加大社会救助兜底保障力度，2021年，共发放各类救助救灾资金6412万元。落实援企稳岗及就业各项补贴1802万元。残疾人护理补贴和重度残疾人生活补贴分别增长50%和10%。围绕全覆盖、保基本的要求，深入推进全民参保计划，参保扩面从数量扩张转向质量提升，各项社会保险待遇全部按时足额发放，人均养老金水平稳步提高，社会化发放率达到100%。争项目争资金。向中央及自治区争取就业补助项目资金2批共3464万元，第一批争取1961万元，其中中央财政就业补助资金1725万元，自治区级财政就业补助资金236万元；第二批争取1503万元，其中中央财政就业补助资金1503万元。争取中央贴息资金1074万元，其中，中央财政补助贴息资金844万元，自治区级财政补助贴息资金230万元。

【党的建设】 夯实支部党建，以庆祝建党100周年为契机，创新开展红歌联唱、快闪“主题党日”活动。参观盐池革命历史纪念园、李塬畔盐池县委旧址、红色税务等革命教育基地，听红色故事，感受伟大建党精神。通过“集中+自学”“线上+线下”的方式，采取科室干部领学、讲学点评等多种形式，强化业务政策学习，并坚持把促进重点工作完成作为检验党建工作成效的根本标准。深化意识形态工作，将意识形态工作融入日常业务工作，与年度工作任务同谋划、同部署、同推进。教育引导党员干部自觉规范线上线下言行，不断提高政治判断力、政治领悟力、政治执行力，全面落实意识形态工作责任制。推进正风肃纪，运用监督执纪“四种形态”，防止就业、社保、政府采购等与民生相关的重点领域和关键环节腐败问题，一体推进不敢腐、不能腐、不想腐。多形式开展“厅局长走流程”工作，实现服务水平再提升。巩固民族团结，积极开展民族团结进步创建示范单位互观互学活动，邀请县委党校老师为人社系统全体干部职工宣讲民族团结红色故事，在各族干部职工中牢固树立“三个离不开”的思想，促进各族干部职工团结一致、增进民族情感。形成“民族团结一家亲”的良好氛围。

财政　税务

财　政

【党史学习教育】 2021年，盐池县财政局按照党史学习教育方案要求，把握“四史”，学习中国共产党的历史发展、理论、政策与实践。领导班子累计开展集中学习6次，党员干部开展集中学习34次，班子成员讲党课4次，邀请党校老师、宣讲团成员授课2次。利用好新媒体，开展网络跟进学4场次，每日发布“党史百年天天读”，拓展学习方式，做到以网促学，切实保障党史知识的教育普及。通过观看《建党大业》《建军伟业》和《建国大业》红色三部曲，让党员干部尤其是年轻干部明白中国伟业来之不易；观看《巡视利剑》《榜样5》等影视作品，推进全面从严治党，学习榜样的力量，一体推进不敢腐、不能腐、不想腐；累计撰写心得体会260余篇，不断加深党员干部干事创业的信念；累计开展交流研讨5场次，把微党课和交流发言环节打造成党员干部特别是青年党员成长成才的重要平台。弘扬优良传统，践行雷锋精神，结合县文明城市创建工作，开展义务植树1次300余棵、公祭3次；深入包抓小区一线，清理楼道各类垃圾杂物7车，清除小广告180余处；开展我为群众办实事活动，为工商局旧楼更换单元防盗门2扇并对楼道全面粉刷，为张永斌开发楼添置门帘2个，修缮富民小区栅栏、地面各1处，为财政局家属楼划设消防通道、停车位、配置垃圾车1辆；坚持每周五开展志愿服务活动，开展卫生整治、隐患排查和创城宣传；抓好村道建设，投入资金2245万元用于村庄巷道断头路、连接路查漏补缺，累计建设64千米水泥路。

【财政收入】 2021年，县级一般公共预算收入完成83379万元，为年度预算数的91.1%，较上年下降5.9%。其中，税收收入完成44993万元，占一般公共预算收入的54%，非税收入预计完成38386万元，占一般公共预算收入的46%。

【民生保障】 保持财政支出规模与财政收入协调同步增长，进一步优化财政投入，不断加大财政用于“三农”、教育、科技、医疗卫生、社会保障、就业创业、保障性住房及节能减排等方面支出，推动经济发展与促进社会和谐齐头并进。全县一般公共预算支出完成376410万元，其中民生支出预计达85%以上。支持疫情防控工作。提升基层疫情防控能力和传染病防治能力，投入1874万元用于加强公共卫生体系建设和重大疫情防控救治体系建设。支持常态化疫情防控，全县财政累计安排新冠疫情防控资金1634万元重点用于购买新冠疫苗接种工作所需仪器设备，有序开展疫苗接种工作，逐步建立起免疫屏障阻断新冠肺炎的传播。统筹安排1350万元支持12大类基本公共卫生服务项目，将基本公共卫生人均筹资标准从74元提高到79元。支持社会保障体系。坚持实施就业优先战略，把稳就业放在更加突出的位置，统筹安排资金11196万元，支持大众创业万众创新；落实300万元失业保险基金，提升劳动者就业创业能力；加大稳岗支持力度，投入560万元购买公益性岗位，助力城镇贫困群众脱贫解困。城乡居民基本医保人均财政补贴标准提高至580元/年；农村低保最低标准从人均每月300元提高至333元。同时充分发挥临时生活救助兜底作用，及时将受疫情影响导致基本生活陷入困境的群众纳入临时救助范围；持续支持双拥工作，投入资金986万元重点用于落实双拥工作经费、优抚对象生活及医疗补助、退役士兵安置等方面；加大残疾人保障力度，投入资金983万元保障残疾人基层组织建设、落实残疾人补贴。支持科教文体事业。安排教育资金52020万元，保障中小学正常运转。统筹安排资金5159万元，保障春节文化活动、中国农民丰收节暨滩羊美食节等活动开展，推进全域旅游示范区、张家场考古基地、文物保护等项目建设。持续加大财政科技R&D经费投入，同时发挥企业研发投入财政奖补、高新技术产业发展、科技成果转化等各项政策带动作用，下达各类创新补助资金2540万元，引导企业加大科研投入力度。支持宜居城市建设。加快补齐老旧小区改造、市政基础设施、公共服务等领域短板弱项，投入资金3641万元，实施老旧小区改造、抗震宜居农房调查评估、房屋质量安全认定等项目；投入资金5300万元用于道路及排水改造、巷道硬化、停车场建设及基础设施提升改造；投入资金9304万元，用于通村公路建设、农村公路养护、村道安全生命防护、落实“路长制”工作经费等；投入资金2250万元实施高沙窝镇重点镇建设、李塬畔村传统村落保护建设及美丽村庄建设等项目。支持保障粮食安全。落实和完善耕地地力保护补贴政策，投入资金11557万元，用于农民直接补贴、支持农田水利工程和高标准农田建设。坚决落实粮食安全行政首长责任制，拨付23万元支持粮油储备、保管、轮换。

【统筹管理】 确保脱贫攻坚同乡村振兴有效衔接。围绕产业发展、稳岗就业、防止返贫致贫监测、农村基础设施建设和公共服务水平提升等方面，做好新阶段“三农”工作，确保不出现规模性返贫，确保同乡村振兴有效衔接。多渠道筹集衔接推进乡村振兴补助资金88290万元，主要用于支持特色产业、基础设施、金融、教育、医疗等乡村振兴政策措施落实。统筹15676万元用于25个乡村振兴示范村建设，专项用于支持产业振兴、农村基础设施、人居环境整治和公共服务短板等项目。确保环境整治与污染防治取得实效。全面节约资源有效推进，大气、水、土壤污染防治行动计划深入实施，投入11974万元，实施城镇污水处理提质增效、可再生能源应用试点、黄土高原水土流失综合治理、营造林建设、草原生态修复治理等重点项目。确保债务风险与重点建设统筹兼顾。对2021年到期的地方政府债券情况进行全面梳理，做实做细偿债计划，落实偿债资金安排，2021年共偿还38834万元。积极向上争取再融资债券额度，2021年，累计争取25324万元。强化政府债务限额管理和预算管理，政府债务还本付息全部编入年度预算。新增政府一般债券20000万元，主要用于乡村振兴、农村公路建设、市政升级改造、教育卫生基础设施建设、重大公益性及产业园区基础设施建设等领域。

【推进改革】 深化国库集中支付管理。启用预算执行动态监控，对全县财政资金支付进行事前和事中动态监管。依托直达资金监控平台，对直达资金预算分解下达、资金支出、惠企利民补贴补助发放等进行全过程监控，确保直达资金及时有效地直接作用于受益对象。实现由传统纸质支付到系统电子化支付的重大转变，确保财政资金安全高效支付。不断加强政府采购管理。搭建政府采购网上商城，优化供货平台，简化采购流程，提高采购效率。2021年，网上商城成交订单108笔，交易额超过488万元。同时，积极推进政府采购全流程电子化，自2021年8月1日起，进入自治区公共资源交易场所采购的项目全部采用“电子标”；9月1日起，进入全区各级公共资源交易场所采购的项目全部采用“电子标”。不断完善预算绩效管理。规范设定绩效目标，强化预算支出责任，公开绩效信息，不断完善工作机制和工作流程，提高财政资金使用效益，开展事前绩效评价项目5个，事中绩效监控项目143个，事后综合绩效评价22个，部门整体支出绩效评价3个，涉及金额达94648.59万元。建立绩效评价结果与部门预算安排挂钩机制，将评价结果作为以后年度预算编制的重要依据，在2022年预算编制中根据绩效结果共计调减413.98万元。不断推进电子票据改革。利用互联网、移动支付等技术手段，实现财政票据管理全过程无纸化、电子化和便民化，提升财政票据监管水平和效率。已完成教育、卫生系统电子票据改革，通过电子票据收费11480万元。

【党建和党风廉政】 盐池县财政局党组牢固树立“抓好党建是本职、不抓党建是失职、抓不好党建是不称职”的思想，坚持以加强领导班子和党员队伍建设为重点，充分发挥局党组的领导核心作用、党支部的战斗堡垒作用和党员的先锋模范作用。提高站位，抓好引导。始终以强烈的使命担当抓好意识形态工作落实，以高度的政治自觉推进意识形态工作落实，把意识形态工作纳入党建工作责任制，纳入领导班子成员民主生活会和述职报告的重要内容，建立健全意识形态工作研判机制，坚持意识形态工作原则，全力打好意识形态工作主动战。深入学习，入脑入心。狠抓制度建设。始终将干部队伍建设工作与财政业务工作同部署、同落实、同考核，进一步强化规章制度的执行力，维护制度的严肃性、权威性、约束性，让制度真正立起来、严起来、执行起来。全面加强各类财政资金监督检查。组织开展预决算公开情况检查、会计法规执行情况检查，全面加强行政事业单位内部控制建设，进一步强化内部权力运行制约，全县98家单位完成内控报告编制工作。依托财政动态监控平台，建立全覆盖、全链条直达资金动态监控机制，将财政直达资金、扶贫资金、乡村振兴资金纳入监控范围，根据资金用途，逐笔梳理统计，逐笔登记台账，详细记录资金分配、拨付、使用情况，将资金细化到具体支出项目，力争每笔资金支付及时、流向明确、账目可查。全面加强政府采购领域专项治理。充分发挥政府采购领域监督管理职能作用，结合部门职责和工作实际，统筹各方资源力量，对各单位实施的限额标准以上的330个政府采购项目进行核查处理，下发行政处理和行政处罚决定书59份，对26家采购单位给予责令改正、警告、罚款等行政处罚；对2名评审专家给予警告，并处罚款；对24家采购代理机构给予责令改正、警告、罚款等行政处罚。

税　务

【党史学习教育】 2021年，国家税务总局盐池县税务局成立党史学习教育领导小组，制定印发《党史学习教育实施方案》，精心谋划部署，推动“学党史、悟思想、办实事、开新局”落到实处。抓深抓透学习教育。把党史学习教育作为贯穿全年党内政治生活的首要大事，将习近平总书记“7·1”“7·9”重要讲话、党的十九届六中全会等列为必学内容，依托“学习强国”“学习兴税”等平台，抓好支部“三会一课”、主题党日活动、座谈研讨等载体，进一步深化了学习效果。全年发放党史书籍64册，举办专题党课10次、组织专题测试3次，开展支部学习100余次、研讨40次。用好用活红色资源。开展庆祝建党100周年系列活动，根据吴忠市局和盐池县委安排，开展各类活动19次；做好建党百年先进人物推荐评选，推荐光荣在党50年党员1名，申报全区税务系统先进基层党组织1个，优秀共产党员、优秀党务工作者3名。发挥阵地优势，以入选全区第二批党史学习教育参观学习点为契机，用好用活红色资源，组织拍摄红色税收题材纪录片，撰写专题文稿，借助各大平台进行广泛宣传，推动党性教育基地品牌深化提升，全年共接待区内外单位71批次3000余人次参观。办好办实惠民生实事。坚持把办实事、解难题贯穿党史学习教育全过程，扎实开展“我为群众办实事”实践活动。持续深化“放管服”改革，细化推出10类31项100条服务举措，走访纳税人1200余户次，电话问需4801户次，解决纳税人缴费人意见建议2类14条；深入开展创城、扶危帮困和防疫执勤工作，局领导走基层调研18次、走访慰问3次，开展志愿活动33次、疫情防控20天220人次。

【党的建设】 落实落细党建机制，制定印发2021年《盐池县税务局全面从严治党工作要点》，抓牢两个责任，压实党委书记“第一责任人”责任和班子成员“一岗双责”，深化党建与业务融合，推动构建党建新格局。切实加强政治建设。牢固树立政治机关意识，抓好意识形态，落实“第一议题”制度，深入学习贯彻习近平新时代中国特色社会主义思想和重要指示批示精神，不断提高党员干部“政治三力”，增强“四个意识”、坚定“四个自信”、做到“两个维护”。全年共组织党委理论学习中心组学习24次、读书班2期、集中研讨9次。夯实基层党组织建设。围绕“四强支部”建设和“让党中央放心、让人民群众满意”模范机关创建活动，认真做好支部各项工作。全年发展正式党员3名，预备党员3名，发展入党积极分子6名；建成四星级党支部1个，三星级党支部1个；严肃党内政治生活，按时组织召开了2020年度党员领导干部民主生活会和党史学习教育专题组织生活会。稳步开展文明创建。巩固脱贫攻坚成果，获评“全区脱贫攻坚先进集体”；抓好民族团结工作，被吴忠市推荐为“全区民族团结进步示范单位”；创建成为“自治区健康机关（事业单位）示范点”和“自治区无烟党政机关”。

【从严治党】 贯彻宁夏税务纪检“一三五十”工作思路暨“五五”行动计划，落实“三为主一报告”制度，推动纪检工作任务落实落细。持续开展警示教育和廉政学习。结合“领导干部廉政警示教育周”，通过微信工作群推送、“二五”学习等方式，及时通报典型案例，发挥反面典型警示作用，增强干部职工廉洁从税意识，全年开展现场廉政警示教育1次，更新完善廉政档案20人次。落实《税务人员“八小时之外”监督管理实施办法》。落实常态化提醒和信访举报制度、建立提醒谈话制度，加大对干部八小时内外的政治监督。全年组织开展重点岗位廉政谈话12人次，开展家访、社区访谈和家属恳谈活动76人次，签订《税务人员廉洁自律承诺书》及《家属保廉协议书》242份。做好专项整治。围绕副科级领导干部选拔、《意见》落实、增值税专用发票电子化试点工作、国务院大督查等重点工作，开展好全程监督和专项监督，并配合做好督查检查。全年开展自查自纠3次，开展“一案双查”1户企业，批评教育2名干部。围绕纪律作风问题和违规吃喝隐形变异问题开展专项整治和大走访大排查工作1轮次。

【税费收缴】 累计各项收入16.6亿元，同比增长18.3%。其中，税收收入 12 亿元，同比增长 11.8%，增收 1.28 亿元，完成年度计划任务 14.5 亿元的 83.4%；县级收入累计完成 3.4 亿元，同比增长 4.8%，增收 1543 万元，完成年度计划任务 5 亿元的 67.7%。办理出口退税 672 万元，社保费征缴入库 2.73 亿元，非税收入 9853 万元。主要措施：紧盯重点税源，加强分析预测。聚焦石油开采、煤炭、交通运输等重点行业，及时与长庆油田、宁煤集团等重点企业对接，摸清税收情况，按月开展税收分析。加强纳税评估，强化风险应对。全面开展评估核实，对长期税负率低的企业进行案头审核和实地核查，对留抵税额大的风光电企业组织人员进行专项清理，确保各项税收及时足额入库。强化信息共享，加强地方税种管理。定期从地方政府获取房土两税和耕地占用税相关信息，及时提醒纳税人履行纳税义务。加强欠税管理，全年清理欠税 2668.77 万元，陈欠 1238.36 万元，新欠 1430.41 万。在做好组织收入工作的同时，盐池县税务局继续深化“线上＋线下”宣传辅导机制，不断加大政策执行度，不折不扣落实各项减税降费政策。1—9 月，累计新增减税降费 8631 万元，其中减税 8015 万元，降费 616 万元。

【税务监管】 深入学习贯彻《关于进一步深化税收征管改革的意见》，持续优化执法方式，完善税务监管机制。加强法治建设。把习近平法治思想宣传融入税收工作全过程，深入开展税法宣传，实地宣传 2 次，印发宣传册 400 份，提升了纳税遵从度；落实行政执法“三项制度”，严格执行行政处罚事项裁量基准，推行税务证明事项告知承诺制，落实“首违不罚”清单，不断规范税务执法行为。全年完成 11 项公示内容，完成 7 项法制审核事项，完成税收执法全过程记录 13 笔。夯实征管基础。加强基础数据管理，逐条分析征管质量 5C 监控评价系统数据 145 条；积极落实企业类型划转，完成企业信息核实 191 条，企业划型核查 689 条；强化各税费种管理，扎实开展了社保与非税收入的职责划转工作，实现企业社保费缴费事项网上办理，推行财行税“十税合一”，不断提高税费服务便捷性。加强协同共治。继续开展邮政“双代”，委托代征单位代征共 5083 户，代征税款共 2266.55 万元；持续深化“税银互动”，帮助 13 户企业申请贷款 1900 万元，解决了部分小微企业融资难、融资贵问题。

【营商环境】 持续深化“放管服”改革，贯彻落实推进纳税缴费便利化改革若干措施的实施意见，不断降低征纳成本，提高纳税满意度。拓展“非接触式”办税缴费范围。推广自然人发票代开“掌上办”，组建咨询团队，辅导纳税人使用“宁夏税务”App、宁夏电子税务局、微信、支付宝等方式开具发票。稳妥实施发票电子化改革，严格落实区局增值税专用发票电子化试点网格化服务和管理工作规范 1.0 版，共发行 ukey837 个。开展纸质发票“线上申请、线下配送”，共为纳税人邮寄发票 3600 份。积极推出重点创新项目。打造办税（费）体验中心，设置培训辅导体验区、窗口体验区、自助体验区、不动产交易体验区、车购税征收体验区等功能区。体验中心成立后，办税比例高达 80%。开展便民办税春风行动。结合党史学习教育，建立“我为纳税人缴费人办实事暨便民办税春风行动”落实机制，通过招募税费服务产品体验师，开展“春雨润苗”专项行动，召开纳税人满意度座谈会等方式聚焦办税堵点、难点和痛点问题，优化纳税服务。

【队伍建设】 加强干部队伍建设。抓好职级晋升和副科选拔工作。按照区、市局部署，稳妥有序开展了第二轮首次职级晋升工作，12 名干部获得晋升；根据《吴忠市税务局副科级领导干部选拔任用实施方案》，按照规定程序完成 2 人的选拔推荐。扎实开展股（室、所）长竞聘。为优化县局干部结构，及时开展中层领导的竞聘上岗和一般干部的双向优化配置，任命16名部门正职、5名部门副职，并对4名正式干部和2名政府购买人员进行岗位调整。抓好教育培训。根据党史学习教育要求和区、市局教育培训重点工作安排，及时制定年度教育培训，在抓好日常学习培训的同时，结合"岗位大练兵、业务大比武"活动，借助各类线上线下平台，组织开展各类学习。全年共组织开展外出培训21期31人次，举办内部培训15期908人次，开展全员测试8次，青年干部上讲台活动6期，党史和业务专题学习35期。

生态建设与环境保护

生态环境保护

【概况】 2021年，盐池县优良天数比率88.6%，可吸入颗粒物(PM_{10})平均浓度56微克/立方米，细颗粒物($PM_{2.5}$)平均浓度24微克/立方米，空气质量综合指数优于全区平均和去年同期，达到区市下达年度目标任务要求。县域内无黑臭水体，刘家沟、骆驼井水源地保护区水质稳定保持在Ⅲ类标准以上，土壤环境质量安全稳定，未发生重特大突发环境事件。盐池县在全区污染防治攻坚战成效考核中连续两年取得优秀等次；国家重点生态功能区考核连续三年“基本稳定”。

【蓝天碧水净土】 制定《盐池县高污染燃料禁燃区划定方案》，修订《盐池县重污染天气应急预案》，加强分析研判，有效预防和科学应对重污染天气。完成41家大气污染防治重点企业绩效分级和重污染天气应急减排清单申报，对12家涉挥发性有机物重点企业开展“一企一策”整治，督促宁鲁、神瑞等4家重点石化企业开展油气泄漏检测与修复。落实《跨省界河流县区域联防联控合作协议》，共同维护改善跨界河流水质。加强水源预警监控，定期评估沿河湖库工业企业、工业集聚区环境和健康风险，落实防控措施。开展入河(湖、沟)排污口排查，对苦水河、十字河、小河逐一开展排查，未发现入河(湖、沟)排污口。落实《盐池县农村生活污水治理专项规划(2020—2030年)》，因地制宜实施农村生活污水处理系统改造建设，全县农村生活污水收集处理率达到24.51%。城市生活污水、园区工业废水做到全收集、全处置、达标排放。对10家土壤污染防治重点企业开展隐患排查，未发现污染用地。制定《进一步加强油气开采行业环境监管工作的通知》，全流程对油气开采行业生态环境保护进行明确要求，提出“泥浆不落地”等环保要求，进一步降低盐池县油气开采对生态环境造成的影响。

【督察整改】 2020年，自治区生态环境保护督察反馈的29项整改任务、6个性问题、12个督办转办问题全部整改销号。2021年，自治区专项督察反馈16项整改任务和21个个性问题分别完成整改15项和19个。第二轮中央生态环境保护督察转办盐池县51件转办问题全部第一时间查清上报，典型案例通报问题已制定方案加快整改。

【项目建设】 累计争取项目资金2300万元。水污染治理方面，实施城北水系生态治理及水资源综合利用、城北污水管线改线项目2个。大气污染治理方面，实施金裕海燃煤锅炉淘汰、通用机场煤改电、明峰建材4500吨水泥生产线超低排放改造项目3个。农村生活污水治理方面，实施惠安堡镇、高沙窝镇污水处理厂提升改造项目2个。

【执法监管】 深入开展非煤矿山、工业园区、油区、农业面源、“散乱污”、固危废、环保督察“回头看”等专项整治行动。对发现问题拉条挂账，盯住整改，对存在环境违法行为的，及时调查取证并报市生态环境局予以查处。2021年，累计查处环境违法行为30起（含已立案正在办理案件），行政处罚177万元。办结群众信访投诉131件，吴忠市交叉执法反馈194个问题全部整改到位。

【排污权改革】 严格按照区市关于排污权有偿使用和交易改革安排部署，制定《盐池县排污权有偿使用和交易改革方案》，完成全县31家重点管理、36家简化管理排污单位和政府储备排污权核算，核算政府储备二氧化硫、氮氧化物排放量319吨和288吨。在完成核算基础上，做好新上项目总量审核及申请工作，加强对企业污染物排放的监督管理，确保实现“降污增益”目标要求。

【党风廉政】 严格落实“三会一课”、主题党日活动、党务公开等制度，领导班子带头做到立场坚定、旗帜鲜明、令行禁止、围绕中心、服务大局。紧紧围绕“学党史、悟思想、办实事、开新局”总体要求，扎实开展党史学习教育和“我为群众办实事”活动。制订2021年党建工作、干部理论学习计划，坚持把学习宣传贯彻习近平新时代中国特色社会主义思想和习近平总书记视察宁夏重要讲话精神作为长期重大政治任务，推动党的理论入脑入心。印发2021年全面从严治党与党风廉政建设工作安排，制定全面从严治党“三个清单”，持之以恒推动中央八项规定精神落实到位，狠纠“四风”。制定《2021年宣传思想文化工作要点》和意识形态工作责任制“三个清单”。2021年，分局党支部发展预备党员1名、入党积极分子3名。

哈巴湖管理局

【概况】 哈巴湖管理局党委、机关第一党支部分别获自治区林草局机关党委授予的“先进基层党组织”称号，管理局复查确认继续保留“自治区级文明单位”称号。

【党史学习教育】 采取党委理论学习中心组学习、讲党课、交流发言、自学等形式，对《中国共产党简史》等指定读本深入学习，举办专题读书班3期、中心组学习23次；党委书记讲党史学习教育专题党课2次、专题发言3次，党委班子成员到所属支部讲党课7场次，支部书记讲专题党课9场次；各支部召开专题组织生活会，感悟百年思想伟力、赓续红色血脉，红色基因深植心中。弘扬伟大建党精神。组织收看庆祝中国共产党成立100周年大会盛况、聆听习近平总书记重要讲话，专题讲座2次；制作景观小品、红色文化长廊，举办“学习党史跟党走、永葆初心再奋斗”为主题的演讲比赛、党史知识竞赛、“向党送祝福，感恩新时代”红歌咏唱、“忆英烈、砺初心”红色家书诵读、“红色引领绿色发展”征文比赛、“跟着红歌学党史”广播栏目等系列活动。局党委班子成员充分发挥引领作用，深入基层一线调研，撰写调研报告，尽心竭力解决乡村环境整治、基层站场小规模种植养殖、优化保护区电网改造等“急难愁盼”实事9件，完成7件，1件正在办理，1件因政策原因暂停办理。

【党的建设】 深入学习贯彻中共十九届六中全会精神，作为政治任务，学深学透保证入心入脑、走深走实。印刷中共十九届六中全会精神宣传挂图30张、横幅19条，电子屏播放滚动宣传标语，营造浓厚学习氛围。举办中共十九届六中全会专题讲座1期，49名党员干部和青年干部参加学习；党委理论学习中心组开展中共十九届六中全会精神专题研讨1次，党委委员分别作交流发言；9个支部组织开展专题学习20余次，党员干部撰写心得体会70余篇。通过深入学习，使广大党员干部职工感悟到这份伟大宣言的真理力量，学出忠诚、学出方向、学出干劲、学出担当。始终坚持以习近平新时代中国特色社会主义思想为统领，坚定不移地把讲政治贯穿于工作全过程，及时传达学习习近平总书记最新重要指示批示精神和党中央、自治区党委、林草局党组各类重要会议精神，研究贯彻落实工作，做到总书记有号令、党中央有部署、上级党委有要求、哈巴湖见行动。严格执行重大事项请示报告制度，对于中央第四生态环境保护督察组关于城南猪场养殖影响环境、保护区内毁林开荒盖农家乐等信访转办件4件，迅速响应、高位推动，全部落实到位，整改成效得到属地政府充分肯定。召开中国共产党哈巴湖管理局第三届党员大会，完成管理局第三届委员会、纪律检查委员会换届。

【党风廉政】 严格落实“一把手五个不直接分管”“三重一大”集体决策等制度，切实履行好班子成员“一岗双责”。完成机关第一、第二党支部、工会换届，领导班子年轻化为干部队伍建设注入新活力。印发《2021年全面从严治党党风廉政建设和反腐败工作主要任务分工方案》，逐层签订责任书，查找全面从严治党“三个清单”50条，排查单位及党委班子成员岗位职能廉政防控高风险点31个、中风险点4个，制定防控措施40条，补齐廉政风险防控短板。举办意识形态专题宣讲1次、读书班1期，加大对网络意识形态监管力度，坚决守好网络意识形态主阵地。多种形式开展“廉政警示教育周”系列活动，紧盯隐形变异，严查违规吃喝，整治“慵懒散软浮拖”，切实筑牢反腐倡廉“防护堤”。从严落实作风建设，严格落实“八条禁令”“十个严禁”。对12人给予通报批评，1人党内严重警告处分，清理腾退办公用房超标面积127.5平方米，形成横向到边、纵向到底的责任制网络，全面从严治党，切实推动保护区各项工作良性开展。

【资源管护】 严格执行保护区民生设施建设审核备案程序，全年审核备案原址翻建住房125处，修缮种植温棚、养殖棚137处，出具项目建设位置关系函8份，办理使用林地许可审核1次。保护区内社区居民生产生活条件持续改善，为乡村振兴奠定基础。协调地方政府印发《关于严厉打击破坏森林资源违法行为的通告》《盐池县关于哈巴湖国家级自然保护区专项整治工作方案》，全面压实乡镇生态保护主体责任，落实监督、检查及各项任务，退出2014—2017年违法开垦土地4300亩，恢复生态42处，拆除违法民生设施建设15处，制止打井3起，查处夜牧、偷牧374起，联合乡镇处罚53630元，行政拘留2人。办理林业行政案件4起，移交刑事案件1起，破坏森林资源违法行为得到有效遏制。全年遥感监测反馈点位145处和森林资源督查图斑66处，均为非新增违建点位。建立“县乡村、局站点”双三级林长制，协调《盐池县全面推行林长制实施方案》明确盐池县委、县政府主要负责人、哈巴湖管理局行政负责人担任保护区林长，确保在自治区级副总林长的领导下，以“林长制”促“林长治”，印发《哈巴湖保护区全面推行林长制实施方案》，全面压实森林草原资源目标责任制，着力提升保护区生态保护质量体系和治理能力现代化。

【森林防火】 高质量承办2021年全区春季森林草原防灭火实战演习，扎实开展安全生产三年专项整治行动，修改完善《应急救援预案》《安全生产管理制度》等，各站场开展“一周一小训，一月一大训”扑火队伍训练，累计训练60批次。举办培训班3期，建设防火隔离带900千米，购置消防车1辆。严格实行“四包”防火责任制、党委委员下沉督导制和防火期关键节点机关全体工作人员全员下沉的“2+1”工作模式，筑起林草资源安全防火墙，本年度，保护区零火情。选派的1名基干民兵在吴忠军分区“民兵教练员、专武干部和民兵比武竞赛”中，取得“防护”竞赛、综合能力双第一的优异成绩，得到了吴忠军分区、盐池县人武部的充分肯定。民兵草原灭火连被盐池县委、县政府、人武部授予先进基层连队。

【项目建设】 全年争取落地18个项目。公益林补偿55.28万亩，受损耕地补偿16.8万亩，湿地生态补水10万立方米，开展李华台等7个社区环境整治，安装灌溉管道2.1万米，规模化防沙治沙试点造林2万亩，退耕地抚育0.2万亩，沙化土地封禁抚育管护15万亩，平茬沙柳0.6万亩，封山育林1万亩，补植补播草种0.5万亩，安装刺丝围栏0.5万米，保护区范围内1.17万亩93.6万株松树进行有害生物防治监测，未发现松材线虫病。

【队伍建设】 新招录9人，调入专技2人，选派1人参加自治区党委巡视工作，1名正科级干部在兴庆区月牙湖乡任驻村第一书记，2人挂职科技场站处锻炼，2名职工参加区林草局社区疫情防控工作，磨炼意志，锤炼党性，同时，完成5名工勤岗和13名管理岗晋级、10名专技岗聘任，切实激发干事热情，增强内生动力。2021年，1名职工在庆祝建党百年“四明山杯”最美务林人主题演讲大赛获得优秀奖，1名职工获全区安全生产先进个人，1名职工作为全区人力资源和社会保障先进个人对象推荐。编发宣传信息136篇，其中国家林草局网站采用13篇，自治区林草局采纳81篇，年度信息宣传发布位居直属各单位第一，稿件报送数量和采用量位居前列。开通“哈巴湖自然保护区”微信视频号，制作短视频13部，其中《赏鹄哈巴湖》影响力较大，播放量近300万次，扩展保护区对外影响力。协助地方政府开展H5N8高致病性禽流感监测工作，观测到湿地水鸟30种，种群数量最多达1000余只，新发现杓鹬为保护区新纪录鸟类。

【社会责任】 协助地方政府开展疫情防控，组织48名党员干部深入2个小区，建立党员先锋岗，四班14小时轮值，扛起责任，充分发挥模范先锋作用。持续助力乡村振兴，增派1名副科级干部在盐池县王乐井乡官滩村驻村，35名党员干部常态化阶段性在盐池县王乐井乡开展153户建档立卡户乡村振兴帮扶工作，顺利通过国家巩固脱贫攻坚成果评估，筹措近1.3万元，慰问帮扶郑家堡村37户80岁以上高龄老人和13户困难群众。配合盐池县创建全国文明城市，投资117万元完善包抓的嘉林苑小区基础设施，开展公益广告宣传、环境卫生整治、亮化机关楼宇，特别是实地测评组对嘉林苑小区业主进行满意度测评前夕，各责任人多次入户宣传，整体测评满意度较高。

农业与农村经济

农牧业

【概况】 2021年，盐池县实现农林牧渔业总产值23.65亿元，以滩羊为主的畜牧业产值15.37亿元，农林牧渔业增加值11.43亿元，分别比上年增长4.2%、4.1%。农村居民可支配收入达15871.2元，增长14%。全县羊饲养量322.3万只，其中，存栏128.9万只，出栏193.4万只；生猪饲养量13.2万头，其中：存栏6.59万头，出栏6.61万头。肉牛饲养量1.36万头，其中：存栏1.19万头，出栏0.17万头；奶牛存栏1.21万头；家禽饲养量51.8万羽，其中：存栏23.7万羽，出栏28.1万羽；肉、蛋、奶的产量分别达到44077吨、2205吨、50924吨。完成农作物播种面积133.47万亩，其中粮食作物84.3万亩，种植瓜菜（含设施农业）4.3万亩，一年生优质牧草（含青贮玉米）26.77万亩，中药材1万亩，黄花8.1万亩，油料1万亩，苜蓿（含留床）8万亩。预计全县可实现粮食总产12.79万吨，同比增长61%。新建设施农业687.111亩。

【党史学习教育】 2021年，盐池县农业农村局先后在全局组织开展为期15天的党史学习教育读书班，专题党课学习《宁夏红色革命简史》1次、党委书记讲党课2次、在盐池革命烈士纪念园开展"清明祭英烈"活动1次，前往盐池县李塬畔革命旧址开展"向党送祝福感恩新时代"主题活动1次。开展"我为群众办实事"实践活动2批次，召开党史学习教育中层以上专题学习、专题研讨会8次，中层以上集中学习、观看党史微党课30余次；邀请县级党史学习教育宣讲组讲师开展集中宣讲2次，并组织成立宣讲小组8个，深入田间地头开展党史学习教育的宣传宣讲。同时，在局微信公众号开设《党史百年·天天读》学习专栏定期发送学习内容20余篇。切实加强基层组织建设。在规范党内生活方面，切实抓好党委（党组）理论学习中心组学习、民主生活会、"三会一课"、支部主题党日、谈心谈话、组织生活会等制度的落实，严肃规范党内政治生活。按期召开党史学习教育组织生活会1次，巡察整改专题民主生活会1次。在发展党员方面，强化党员发展教育管理监督，全年递交入党申请书4人，发展入党积极分子7人，发展对象6人，转为预备党员6人，转为正式党员1人。在创建模范机关方面，聚焦农业农村业务工作的重点，突出示范引领带动作用，充分发挥党员的先锋模范作用，深入推进"让党中央放心、让人民群众满意"模范机关创建达标，以品牌创建推动机关党建提质增效，被县委评为2020年度先进基层党组织。切实加强纪律作风建设。针对违规吃喝隐形变异问题、作风建设专项监督检查等重点领域和群众身边腐败问题，开展自查自纠4次，签订违规吃喝隐形变异问题承诺书170余份、落实中央八项规定精神坚决反对“四风”承诺书150余份，全局100余人参与牢记“十个严禁”、严肃换届纪律测试。

【滩羊产业】 借助创建滩羊标准化养殖示范县有利时机，持续推进“良种化繁育、规模化养殖、标准化生产、产业化经营、品牌化发展”五个体系建设，着力打造盐池滩羊全产业链条。新建自治区级滩羊养殖示范村3个、巩固提升县级示范村34个，累计培育标准化滩羊养殖示范村91个；累计培育标准化养殖示范场56个；全县新建、改建生态牧场60个，累计培育70个。建成标准化舍饲棚圈3.3万座，建成规模养殖园区326个，建设青贮池30万平方米。新增“300”模式家庭牧场45个，发展存栏100只以上规模养殖户5369户，规模化养殖比例达到66%。组建滩羊基础母羊核心群32万只，年内投放特级、一级优质滩羊种公羊3000只，累计投放滩羊种公羊2.33万只。新建2个滩羊节本增效示范点，主推滩羊本品种选育、青贮制作、饲养管理等5项综合配套技术，积极引导滩羊集团等龙头企业和滩羊协会发挥作用，已与全县2353户养殖户签订26.3万只订单合同，与标准化示范村、示范场、生态牧场签订“盐池滩羊”优质优价订单收购合同5万只，累计协调屠宰收购羊27万只。研发功能性滩羊肉系列饲料产品（滩羊生产母羊料和羔羊料），完成包装袋的设计与生产。已完成羊尾脂研发项目基础设施建设，羊油脂提炼深加工设备年底投入运行。滩羊小镇“盐池滩羊肉”餐饮连锁加盟样板店，已正式投入运营。创新餐饮体验店联合销售模式，明确奖补对象、奖补标准以及奖补形式，与12家经销商建立合作关系。持续强化品牌宣传，制作大型广告牌3个，在20辆公交车体、20个公交站牌、40家高档小区进行广告宣传。借助新媒体平台，制作宣传快板书、短视频等2个，深入挖掘滩羊肉优质特征和品牌内涵。组织企业、合作社赴北京、南京参加宁夏品质中国行宣传推介活动，成功举办大数据助力优质地理产品生境保护与可持续发展大会。加快实施盐池滩羊产业融合发展项目，滩羊产业研发中心主体建设已完工，已完成实验室装修。加大滩羊专用饲料加工厂建设力度，年底完成建设任务，投入运行。

【黄花产业】 2021年，全县黄花种植面积8.1万亩，实现总产鲜花2万吨，鲜菜较其他产区每公斤高出0.5元，干菜高出4元，分别达到6.4元和45元，实现总产值2.8亿元，带动全县3000余户黄花种植户实现户均增收4.5万元。标准化生产水平不断提升，组织实施国家第十批（黄花）绿色生产标准化示范区建设项目，成功打造1.4万亩黄花绿色标准化种植基地。制定《宁夏黄花菜生产技术规程》《黄花系列产品绿色标准化生产加工标准》等宁夏地方标准，同时与农业农村部食物与营养发展研究所合作，研究构建盐池黄花菜高质量团体标准体系，提升黄花产业发展水平。完成融盐公司黄花菜速冻冰鲜生产线及冷链等附属设施项目建设并投入运行，加工冰鲜菜33.6吨。指导盈德黄花菜加工厂进行黄花菜冻干技术研发，正在进行设备招标工作。累计建成混凝土晾晒场40万平方米，冷藏保鲜库库容达到1.6万吨，新增黄花菜种植、加工和销售企业、合作社6家，累计登记注册达42家。年内完成印制“盐池黄花菜”专业包装箱15万个，有5家经营主体获颁食品生产许可证。创新“线上＋线下”销售模式，与25家区内外企业签订销售合同，产品覆盖全国24个省区。举办第四届吴忠黄花菜产业发展论坛暨产销对接大会，与京东集团、北京一亩田等3家企业签订合作协议，进一步拓宽黄花销售渠道，为农民增收打下坚实基础。

【小杂粮及其他产业】 成功申报国家荞麦绿色高质高效示范县创建项目，争取项目资金450万元。完成建设荞麦“三品一标”示范基地3万亩，带动全县荞麦绿色高质高效种植20万亩。全县共完成种植小杂粮（荞麦）43万亩。成功申报国家杂粮杂豆示范基地建设项目，获取批复建设资金450万元。制定印发《盐池荞麦高质量发展技术指导方案》《荞麦绿色标准化种植技术规程》，实施为期三年田间实验，提升小杂粮标准化种植水平。积极构建覆盖产前、产中、产后全过程的标准体系，指导环太、对了杂粮等加工企业修订完善《荞麦系列产品绿色标准化生产加工技术规范》，推动荞麦绿色高质量发展。组织编制《“盐池荞麦”区域公用品牌规划》，已完成三轮规划审核。积极申报注册“盐池荞麦”地理标志证明商标，已提交第三方审核后，组织开展申报流程。同时完成“盐池荞麦”logo审定工作。借助创建全域旅游示范县有利时机，设计完成红花荞麦景观路线规划，打造区域文旅观光带，加大盐池荞麦品牌宣传。培育发展荞麦产业链企业、合作社21家，其中省级以上龙头企业7家。指导对了杂粮、山野香苦荞研发的荞麦新产品3种，已进入生产阶段。四川环太引进的国家级“杂粮产业链一体化示范”项目，已通过欧盟有机标准认证。牧草产业扎实推进。种植青贮或粮饲兼用玉米38.4万亩、一年生优质牧草12.7万亩、苜蓿0.35万亩，柠条平茬45万亩，玉米秸秆机械化捡拾打捆4.2万亩2.1万吨。利用青山乡旺四滩村和冯记沟乡平台村已流转土地建设3万亩优质牧草种植区，新增耕地1.68万亩，提质改造原有耕地2137亩。盐池滩羊“种养+”一体化示范项目（一期），待水资源论证及草原征占用审批手续完善后即可筹备开工。肉牛、奶牛及其他畜禽产业稳步推进。依托社会化服务组织完成全县110户肉牛养殖户技术培训任务。推广优质奶牛性控冻精3500支，性控胚胎2000枚。制定《盐池县现代畜牧业发展“十四五”规划》，以惠安堡镇、冯记沟乡为主规划布局肉牛、奶牛产业区，以高沙镇、王乐井乡为主规划布局百万头生态生猪养殖区，配套完善相关基础设施，推进肉牛、奶牛和生猪规模化、标准化养殖。

【品牌建设】 围绕乡村振兴战略，着力打造特色农业产业品牌，全面提高农业质量和效益，助推产业快速发展，群众稳定增收。积极开展区内滩羊肉市场专项整治行动，推行两级销售授权，“盐池滩羊肉”“盐池黄花菜”农产品地理标志使用企业36家，累计使用标识56万枚。完成种植业绿色食品认证3家3个产品，农产品地理标志认证5家13个产品，名特新优农产品认证2个产品。全年开展农产品“三品一标”监管检查工作20余次，先后检查种植养殖企业118家，对存在问题的企业（合作社）督促完善资料进行整改。2021年“中国农民丰收节”暨滩羊美食文化旅游体育赛事系列活动取得良好效应，成功举办盐池滩羊种公羊拍卖活动、滩羊选美及滩羊交易比武大赛等系列活动，特别是盐池滩羊种公羊单只拍卖价突破3万元。组织滩羊集团、融盐公司等企业参加宁夏品质中国行上海站、长沙站、南京站等农产品推介活动和2021年地标农品中国行——首站·宁夏活动，进一步提高“盐池滩羊肉”“盐池黄花菜”的高端市场占有率和产品竞争力。依托黄花菜产区的自然资源优势和绿色、富硒、高品质的产品特点，成功举办第四届吴忠黄花菜产业发展论坛暨产销对接大会，与京东集团等企业签订战略合作协议，提升盐池黄花菜市场占有率。

【脱贫富民】 强化惠农政策扶持力度。始终把特色优势产业作为带动群众增收的核心抓手，研究出台盐池县滩羊、牧草、黄花、小杂粮及果蔬等5大产业发展实施方案相关政策文件，扶持总资金达1.9亿元。制定《盐池县进一步强化易地搬迁后续扶持产业发展实施方案》，重点对22个移民安置村的特色产业发展保驾护航，实现村集体经济和农民增收稳步提升。强化创新支农方式。制定《关于印发盐池县2021年开展消费扶贫工作方案的通知》文件，积极开展政府采购贫困地区农副产品认定工作，完成认定消费扶贫供应商43家、消费扶贫产品249个，全部纳入“扶贫832平台”，完成销售额33519.2万元，其中以滩羊肉为主的特色农产品销售额为16424.4万元；盐池县黄花菜销售额为2681.5万元；其他优质农产品销售额为14413.3万元。强化休闲农业质效。聚焦乡村振兴发展战略，狠抓农旅品牌建设，构建“文化引领、旅游带动”的休闲农业发展体系。全县新增休闲农业经营主体3个，累计达47个，完成年营业收入总额约1.7亿元，接待人71万人。从业人数5781人，带动农户数1468户。组织3家企业参加全区休闲农业创意大赛，美丽哈巴湖、美雅裘皮、春雪荞麦作品分别荣获创意奖。强化农业科技支撑。大力推广测土配方施肥、无人机作业、水肥一体化、滩羊追溯系统等新技术，有力推动数字农业快速健康发展。利用物联网技术提升农业智能化水平，建立水肥一体化核心示范区3000亩，示范展示马铃薯水肥一体化种植2000亩。在高沙窝施记圈、王乐井郑记堡村建设2000方集雨窖。推广应用地膜减量增效蓄水保墒技术1.55万亩，保水剂及生物降解膜1.5万亩。巩固提升102个益农信息社，实现农户利益最大化。

【绿色兴农】 加大农业面源污染治理力度，扎实推进农村人居环境整治工作。深入开展人居环境整治。制定《盐池县农村人居环境整治提升(村庄清洁行动)实施方案》，创新“十百千”示范创建模式，打造示范村(行政村)10个、示范组(自然村)100个、示范户1000户。清理乱堆乱放乱搭乱建1420余处，拆除废弃房屋棚圈830余间，拆除残垣断壁7400余米，安装可视化围栏6.6万米，栽种经果林7.2万株，门前和巷道硬化13.8万平方米，安装太阳能路灯1650盏。全面启动2021年秋冬季村庄清洁整治百日提升行动，以“大干100天，旧貌换新颜”为主题，扎实推动农村人居环境整治常态化、制度化、持续化。强化监督考核，建立月观摩、月考核工作机制，累计兑付考核奖励资金600万元。抓实推进农村“厕所革命”，坚持“因地制宜、群众参与”的原则，完成农村户厕改造2000户，完成计划任务的100%，全县农村卫生厕所普及率达63.4%。依托社会化服务组织，为全县8000余户农户和16座乡村公厕开展抽(吸)粪服务，初步实现全县所有改厕农户及乡村公厕粪污无害化处理和资源化利用全覆盖。着力推进农业绿色发展。新建粪便堆积场684平方米，污水储存池2050立方米，粪污处理车间480平方米，全县畜禽规模养殖场设施配套率达95%，畜禽粪污综合利用率达90%以上。深入推进水肥一体化技术与有机肥应用示范推广，全年推广水肥一体化技术32万亩，占全县总灌溉面积的68%以上，化肥利用率提高到40.5%。秸秆综合利用率达88%以上。推进专业化统防统治和绿色防控技术示范，年内开展病虫害统防统治面积达到22.9万亩。建立农药包装废弃物回收处理机制，设立农药包装废弃物回收网点42个，县级农药包装废弃物回收转运场暂存场所1个，累计回收9200公斤。夯实农田水利建设。全面完成2019年5.63万亩的高标准农田建设任务，所有建设项目全部投入使用。对2020年4.07万亩高标准农田建设任务进行了初步验收，正在档案资料。同时，落实2021年高标准农田建设项目6个，总规模2.54万亩，全部开工建设。加强农田残膜治理。依托残膜加工企业和地膜供货企业开展残膜回收加工，确保田间地头无裸露残膜，村庄、林带无飘挂残膜，力争回收率达91%以上。

【安全生产】 狠抓动物卫生监督。依托“智慧动监”微信公众号和电子出证系统，采取微信申报、预约检疫、预约屠宰和特许流通等模式，出具动物产地检疫证A证、B证2.2668张，检疫畜禽46.7335万只(头、羽)；屠宰检疫畜禽44.01万只(头)，出具动物产品A证、B证2.42万张，检疫动物产品946.56万公斤，佩戴牛羊检疫卡环86万个，检疫证明回收率、检疫率、无害化处理率达100%。“瘦肉精”检测3.17万份，无阳性。累计检查登记消毒拉运动物及动物产品运输车辆2461辆，检查畜禽55.06万头（只、羽），畜禽产品66万公斤、畜禽副产品4万公斤。无害化处理掩埋场收集处理病死动物尸体3.294万只(羽、头)。推进动物疾病防控。全年完成口蹄疫、羊痘、小反刍兽疫等各类疫苗畜禽免疫721.88万针次，疫病免疫密度常年保持在90%以上。强制免疫疫病免疫抗体抽样检测累计检测血清样品2.97万份，平均抗体合格率为81.6%，强制免疫抗体水平达到国家规定标准。全年坚持对定点屠宰企业、规模养殖场、养殖户、畜禽交易市场等场所集中开展重大动物疫情排查，累计排查重点场所32.78万场(户)次。实施“大清洗、大消毒”行动，共投放使用消毒药品12.6吨，累计消毒28750万平方米。年内开展布病基线调查，采集监测血样1.8426万份，监测阳性2116份，阳性率11.46%。基本掌握全县畜间布病发生情况和近年来布病防控效果。集中举办防疫技术培训班10期，培训养殖场户2400余人(次)，发放各类宣传材料及物品3万余份，涉及养殖场户1.2万余户。实行全天候24小时堵卡防疫，截至10月底，全县无重大疫情发生。强化农业综合执法。强化对农业投入品监管，组织市场检查100余次，出动执法人员300人次，对全县101家投入品经营门店进行全覆盖巡查检查，累计检查种植标签1000余份，全年共查处经营劣质农药案件2起，没收违法所得318元，罚款14000元。抽检种子、畜禽产品、生鲜乳、兽药、饲料、农药等样品119份，全部为阴性。全县种子备案品种124个，备案通过审核350单，做到销售种子备案全覆盖。严厉打击饲料中违法添加兽药、掺假使假、无证生产等违法违规行为。查处经营假劣兽药案件1起，没收违法所得464元，罚款1440元。受理调解种子、农药、兽药、土地纠纷12起，挽回农民损失10.62万元，农民诉求问题全部得到有效化解。

【农村改革】 扎实推进脱贫攻坚同乡村振兴有效衔接工作。制定下发《盐池县2021年脱贫攻坚和乡村振兴有效衔接实施方案》《盐池县2021年乡村产业振兴工作实施方案》等系列文件，整合各类涉农项目资金8.83亿元，用于产业发展、基础设施建设等。聚力聚焦“五个振兴”先行先试，2021年，在全县启动实施乡村振兴示范村25个，整合投入各类资金19506.37万元，其中乡村振兴专项资金6278.17万元，重点支持鼓励村集体经济牵头组织发展产业，统筹用于生态、组织、人才和文化振兴等建设。深化农村土地制度改革。完善土地确权登记后续管理，认真开展土地确权“回头看”，整村变更27个村民小组2037户，零星变更3140户。全面完成土地确权工作任务，实现664个村民小组38533户1877806.34亩土地确权，颁发证书38533本，土地确权率达到100%，颁证率100%。以出租、转包、入股等形式，向合作社和企业签订土地流转合同724份，流转农村承包耕地26.12万亩(2021年新增0.8万亩)，承包到期0.97万亩。农产权制度改革成效明显。新增抵押贷款72笔，共计2908.79万元，累计完成土地承包经营权抵押贷款222

笔，共计5095.38万元。指导办理土地流转交易鉴证16笔，共计16974.23亩、1163.02万元，集体工程招投标、集体资产资源采购等农村经济事项交易鉴证12笔255.88万元。逐步扩宽抵押贷款渠道和类型，颁发农业设施产权证2笔，实现抵押贷款2000万元。村集体经济发展壮大。依托产业带动型、资源开发型、资源盘活型、服务创收型等村集体经济发展模式，累计整合资金2853.35万元，扶持壮大花马池镇八岔梁、大水坑镇柳条井等15个村集体经济项目，预计年收益达到239.6万元。全县村均集体经济经营性收入达10万元以上。完善农业保险机制。利用国家政策性农业保险，为农户构建风险保障机制。截至9月30日，累计完成基础母羊、种公羊养殖、肉羊收益、能繁母猪等畜牧类保险8728户145.93万只(头)；黄花种植、玉米种植、青贮玉米公益林等种植业保险2067户179.38万亩，累计投保额度5931.3万元。推进农业生产托管服务试点。在全县8个乡镇全面推进农业生产托管服务，实现玉米耕(旋)、种、防、收等环节5万亩的托管生产任务，秋季深翻环节正在实施中。

【项目管理】 扎实做好工程建设政府采购等重点领域突出问题专项治理。制定《盐池县农业农村局关于开展工程建设政府采购等重点领域突出问题专项治理工作实施方案》《盐池县农业农村局关于开展工程建设政府采购等重点领域突出问题专项治理整改方案》等文件，成立专项治理专班，全面开展工程建设政府采购等重点领域突出问题自查自纠，经自查，梳理限额以上各类存在问题项目61个，其中，工程建设项目16个、政府采购项目45个，做到了边查边纠、边查边改、边查边立、边查边建，全面完成整改落实工作。狠抓“两大任务”及重点项目。落实上争农业财政项目资金4.1亿元，完成任务129%。招商引资签约企业7家10.51亿元，完成任务的175.23%。涉及生猪产业5个，奶牛产业1个，滩羊副产品深加工1个。实施监管的自治区级重大项目8个，其中政府投资项目4个，社会投资项目4个。“十四五”储备重大项目31个，总投资65亿元。

【社会化服务】 农村培训。深入开展新型农民培训提升工程，实施2020年新型职业农民培育工程项目后续跟踪服务，全年多样化开展后续跟踪服务累计6400余人次，后续跟踪服务满意度97.86%。全年培育高素质农民422名，分7批次进行授课与实训观摩相结合的全程分段培育。新建盐池县恒丰种植专业合作社农民田间学校1所，落实固定学员30名。组织全县166名农技人员深入35个示范主体和2个示范基地开展技术服务指导工作，提升农业技术服务水平。加大新型经营主体培育。新增农民合作社、家庭农场34家，其中农民专业合作社15家，累计达336家，家庭农场19家，累计达342家；全县共有农产品加工(绿色)企业203家，年实现农产品加工产值约42亿元，农产品加工转化率达70%。开展青年农场主及职业农民培训20人次，切实解决合作社、家庭农场负责人合作意识淡薄问题。

乡村振兴

【概况】 制定《盐池县2021年实现巩固拓展脱贫攻坚成果同乡村振兴有效衔接实施方案》及各行业部门子方案等文件，全年投入各类资金8.83亿元，统筹推进乡村建设、产业发展、金融服务等巩固拓展脱贫攻坚成果重点项目。

【动态监测】 常态化开展动态监测、动态帮扶工作，坚决守住不发生规模性返贫的底线。及时召开全县健全防止返贫动态监测预警和帮扶机制培训班，对县、乡、村三级共400余名干部进行了培训，让各级干部对相关政策内容、工作要求熟记于心、融会贯通，进一步推动全县防止返贫动态监测和帮扶工作落到实处；同时县乡村振兴局班子成员分4个组分别对8个乡镇工作开展进行了指导，确保识别纳入程序规范、信息录入精准无误、帮扶举措落实到位。已纳入监测帮扶范围的“三类人员”有59户169人，因户施策、一户一策，动态帮扶，切实保障“低收入人口”基本生活。

【产业发展】 坚持产业兴农、质量兴农，进一步完善以滩羊为主导，黄花、小杂粮、牧草和中药材为辅助，黑毛猪、滩鸡等乡镇多种经营为补充的“1+4+X”特色优势产业发展体系，保障农民收入持续增长。建立了“滩羊集团＋协会＋专业合作社＋养殖户”的利益联结模式，滩羊集团以优惠价累计订单收购滩羊207万只，全县滩羊羊只饲养量322.3万只，规模化养殖比例达到66%；黄花产业融合示范园建成投运，入驻企业6家，黄花留床面积达到8.1万亩；小杂粮、牧草、中药材等特色产业蓬勃发展，种植荞麦和糜谷等杂粮46.6万亩，苜蓿等其他优质牧草13.05万亩，肉牛饲养量1.36万头、存栏1.19万头，奶牛存栏1.21万头，家禽饲养量51.8万羽。全县以滩羊为主导的特色优势产业对农民增收贡献率达80%以上。同时，全面推进乡村振兴示范村建设，制定《盐池县2021年乡村振兴示范村建设实施方案》，投入资金1.58亿元，全面推进25个乡村振兴示范村建设；争取中央专项彩票公益金项目，涉及3个乡镇、12个行政村，建成滩羊生态牧场7个，完成12个村的村庄人居环境整治及基础设施改善。

【金融服务】 全面落实脱贫人口5万元以下、3年期以内、免担保免抵押、市场报价利率放贷、财政贴息的小额信贷政策。全县脱贫人口新增小额信贷4342户2.3亿元，脱贫户小额信贷余额达3.66亿元。按照自治区关于开展2021年防贫保工作的通知要求，制定《盐池县2021年防贫保险实施方案》，逐步转变农户的保险意识，实现防贫保险由财政补贴向自愿购买转变，对全县农户家庭综合意外伤害保险财政补贴70%；对部分产业险种提标降费，降低群众发展种养殖业风险，提高群众种植养殖信心，确保“防贫保”的精准性和可持续性。人身保险投保率达100%，各类农业保险投保1733.3万元。

【稳岗就业】 紧盯已脱贫和边缘易致贫劳动力家庭，组织乡村两级通过入户、微信群等多种形式及时广泛宣传有关扶持政策、劳动就业岗等，同时及时跟踪核实外出务工劳动力的岗位落实情况，建立专门台账，“一对一”跟踪服务，加强脱贫劳动力转移就业和后续服务。全县脱贫劳动力和边缘户已外出务工人数为1.3万余人。制定《盐池县2021年巩固拓展脱贫攻坚成果同乡村振兴有效衔接做好稳岗就业培训工作实施方案》，瞄准新型职业农民，特别是已脱贫人口（含政策性移民、低收入人口），持续开展订单式、定向式、定岗式技能培训，全面提升已脱贫劳动力技能素质。

【百万移民致富提升行动】 宁夏回族自治区党委十二届十二次全会提出实施百万移民致富提升行动，盐池县高度重视，按照自治区扶贫办《关于制定百万移民致富提升行动2021年实施方案的通知》精神，及时成立乡镇工作组，对辖区内政策性移民和自发移民情况进行实地调研，就移民人口底数、产业发展现状、务工就业、基础设施、公共服务以及帮扶责任人和驻村工作队到位等情况逐项调查摸底。全县自“扶贫扬黄移民”以来，累计搬迁安置移民11500户47555人（除花马池镇盈德村有126户504人属泾原、固原移民外，其他全部为县内移民），建成22个移民村搬迁安置移民8127户25900人（已脱贫享受政策人口2286户7166人），享受扶贫扬黄移民政策就地安置3373户21655人，主要分布在惠安堡镇、冯记沟乡和花马池镇。制定《盐池县“百万移民致富提升行动”2021年实施方案》，整合各类资金7400余万元，用于搬迁安置区基础设施配套建设、开展就业帮扶、后续扶持产业等项目，年内各项目全部完成。制定《盐池县“百万移民致富提升行动”工作任务清单》，对2021—2023年三年的工作任务进行了细化，并明确了责任领导和责任部门，为推动百万移民致富提升行动落到实处奠定了基础。同时，积极争取自治区相关厅局在产业、就业等5个方面予以扶持，形成具体帮扶清单。5个方面12项帮扶措施已全部对接落实，并有序推进。

【东西部协作和中央定点帮扶】 始终把互访交流作为推动东西部协作和中央定点帮扶的重要保障，科学规划协作和帮扶内容，推动全县经济稳步发展。在第12批闽宁挂职干部和第3批中航油挂职干部完成挂职任务后，积极对接、主动沟通，确保帮扶不减、互访不断。制定《盐池县2021年闽宁协作项目实施方案》《盐池县2021年中国航空油料集团公司定点帮扶项目实施方案》，所有帮扶项目已全面完成。持续加大扶贫产品的认定力度，对外销售农特产品金额达到5.1亿元。

【巩固脱贫质量】 加强扶贫资产管理。根据各年度项目的立项、批复、验收、结算审计等内容，对已建成的扶贫项目资产进行逐年逐级逐类全面核查、精准定位，建立扶贫资产三级台账，明确资产归属。2013年以来，核查登记扶贫资产25.27亿元（其中公益类资产17.57亿元，经营类资产3.71亿元，到户类资产3.99亿元）。整理规范脱贫攻坚档案。制定印发《关于进一步做好精准扶贫档案整理工作的通知》，对全县档案整理工作任务进行细化，确保档案整理工作有人抓、有人管、能落实。各乡镇、各部门分别成立脱贫攻坚档案整理工作专班，按照“谁负责、谁整理、谁归档”的原则进行分类整理，做到精准扶贫文件材料、图片、音像视频等档案资料“应收尽收，应归尽归”。根据自治区档案局、扶贫办《关于进一步做好精准扶贫档案工作的通知》（宁档发〔2020〕10号）要求，完成全县精准扶贫档案的编号、装订等工作。全面推进各类问题整改。针对2020年脱贫攻坚成效考核反馈问题，梳理归纳了5大类11个重点关注问题，制定了40条整改措施，11个重点关注问题全部完成整改；西安特派办2020年第四季度审计盐池县反馈的10个问题和自治区审计厅审计自治区乡村振兴局反馈的涉及盐池县的问题均全部完成整改。

水 务

【党史学习教育】 2021年，盐池县水务局及时更新微信公众号专栏“四大模块”（微视频——红色印记展播、微课堂——红色故事我来讲、党史百年天天读及办实事·开新局专栏）内容，不断丰富学习内容，创新活动形式，通过唱红歌、讲党课、观红色电影、举办知识竞赛、开展志愿者服务活动、到红色教育基地接受红色教育等形式，教育引导干部职工传承和发扬爱国主义精神。同时，坚持开门办实事，积极开展“让党旗在一线高高飘扬”活动，落实在职党员到社区报到、参与基层治理服务、推行承诺践诺志愿服务等，党员干部个人办实事71件，各支部、站所办实事23件。

【基础设施建设】 2021年，盐池县水务局共投入资金5644万元，实施小流域综合治理、人饮巩固提升改造、现代化生态灌区以及坡耕地治理等水利项目9个。投资3558万元，新建麻黄山乡何记山村等5个水土保持工程，新增水土流失治理面积51平方千米。投资650万元，实施农业水价综合改革项目2021年盐池县城西滩灌区及旺四滩灌区量测水设施改造工程，现代化生态灌区自动化配套7824亩。投资246万元，实施盐池县高级中学分布式污水处理中水回用工程。投资200万元，依托宁夏河湖长制综合管理信息平台，建设盐池县智慧河道监管平台，并整合山洪灾害预警平台和水土保持动态监测系统等，实现河湖四乱整治、河道巡查、河湖治理、山洪和生态保护等工作实时监控与调度的动态管理。投资990万元，实施2021年德胜墩等村人饮安全巩固提升改造工程，完成280户自来水入户及177千米管网改造，进一步提升农村饮水安全保障能力。

【河湖长制和水保预防监督】 河湖长制工作。落实区市第5次总河湖长会议精神，及时召开县总河(湖)长会议，制定完善《盐池县全面推进河(湖)长制联席会议制度》等14项工作制度，不断夯实河湖长制工作责任。县、乡(镇)、村三级使用信息化平台开展巡查河(沟)道6972人次，整治河(沟)道环境乱象14项，清理建筑生活垃圾168.6吨，治理河(沟)道岸线16.4千米。联合甘肃省庆阳市环县河长办在两地交界处多次开展跨界河流污染问题现场巡河督查，与陕西省定边县签订《跨省河流联防联控合作协议》，有效开展水质污染防治工作。加强河湖管控力度。完成盐池县境内44条河(沟)道、湖泊的河湖水域岸线管理范围划定及界桩埋设工作，并对长庆油田分公司申报的283个油气井的位置进行核查，实现河(沟)道划界成果的有效应用。以德胜墩水资源综合利用工程为基础，配合生态环境、住建等部门重点对红山沟饮马河段（长城关至德胜墩水库）实施城北水系及水资源综合利用项目，配合自然资源局重点对北马坊沟道两侧进行整治和绿化，巩固提升青山乡雷记沟北马坊河段整治成果，打造“花马线”“青山线”美丽示范河湖。水土流失预防监督。审批开发建设项目水土保持方案报告书38项，水土保持方案报告表17项，下发水土保持监督检查意见18份，接受自主验收报备27项。收取宁夏德昌铁路物流中心等项目水土保持补偿费2068万元。开展黄河流域专项整治行动、2019年遥感监管工作以及2021年水利部及水利厅疑似违法违规图斑核查任务。成功创建全国水土保持示范县。

【水利改革】 按照区(市、县)关于“四权”改革动员会议部署要求，及时成立用水权改革专班，制定并印发了《盐池县关于落实水资源“四定”原则深化用水权改革实施方案》，按照实施步骤和改革清单全面清查用水“黑户企业”，督促用水企业进行水资源论证或用水合理性分析。依据自治区人民政府办公厅关于印发《宁夏“十四五”用水权管控指标方案的通知》(宁政办发〔2021〕76号)，对农业用水进行确权。对3家煤矿无证取水问题进行立案查处，案件已办结，并配合税务局完成近3年内的水资源税追缴工作。10月12日，举办盐池县用水权改革工作培训班，培训县直部门、乡镇、村“两委”、企业共计150余人，为扎实推进用水权改革奠定基础。积极探索“公司＋农户”的管理模式，成功引入宁夏水投盐池水务有限公司参与高效节水运行管理。完成盐池县2021年农业水价综合改革工作方案的编制以及修订完善农业综合水价改革实施细则，全面落实农业综合水价改革政策以及明确乡镇在扬黄灌区工程管护工作的主体责任，建立规范水费收缴、财务收支的管理机构，实现灌区水费“收支两条线”。9月23日，全国农业水价综合改革座谈会在盐池县召开。

【扬黄灌溉】 完成扬黄灌溉供水任务。2021年，共供水6325万立方米，其中，通过向自治区水利厅积极争取，冬灌水量由300万立方米增加至650万立方米。按照“先生活后生产，先节水后调水，先重点后一般”的原则，立足现有水量，计划用水、合理配水、大力节水，力求把有限的水资源利用到极致。在提升输水能力上，积极协调上级主管部门，加大扬黄干渠输水流量，增加灌溉频次，延长灌溉时间，最大限度缓解灌区农作物受旱程度；在提升节水能力上，加强再生水转化利用力度，最大限度地替换生态绿化灌溉用水；在提升调水能力上，分时段、分区域错峰供水，全力保障城乡人畜饮水需求。

【节水型社会创建】 完成重点用水户用水统计、水资源税上报审核以及换发电子取水许可证工作，共收缴水资源税546.5万元，换发变更电子取水许可证18个。建立和上报农业灌溉井安全管理工作台账，逐一整改销号。强化水行政执法工作，共查处制止违法打井取水行为为29起，办理核验原井位维修104处，立案查处金家渠、金凤、宋新庄3家煤矿和宁夏水投盐池水务有限公司共4家企业未经许可擅自取水行为，共处罚款15万元，并配合税务局追缴水资源税88万元。成功创建县域节水型社会建设达标县。7月15日，由水利部发布公告盐池县获评全国第四批节水型社会建设达标县。

【工程质量安全管理】 在工程建设政府采购等重点领域突出问题专项治理中，对2017年1月1日至2020年12月31日实施的招标、采购项目的审批立项，招投标重点、关键环节，标后履约情况进行全面自查自纠。对涉及的64个项目进行了8轮检查，对立查立改的问题全部完成整改，对需要长期坚持的问题制定整改措施，建立长效机制。对在建水利工程进行定期不定期质量与安全检查，并督促整改落实，做到水利工程质量实时管控，现场共发现质量与安全隐患17处，下发安全质量整改通知书17份，全部整改完成，有效地提升了水利工程建设安全质量。积极开展水利安全生产月活动，对管辖范围之内的扬黄灌溉运行泵站、各水库和调蓄水池进行隐患排查，做到及时发现隐患，及时落实整改，保障各项水利工程正常运行并发挥效益。

【水旱灾害防御】 修编完善《盐池县水旱灾害防御专项预案》《盐池县山洪灾害防御预案》《盐池县城市超标洪水防御预案》等各类预案，编制完成石山子等5座水库、77座淤地坝防汛抢险应急预案及运行调度方案，逐库、逐坝、逐段、逐项排查隐患，及时摸清安全状况，建立工程隐患清单和安全度汛措施台账并逐项销号。分别对水库“三个责任人”，淤地坝巡查人，县、乡、村三级山洪灾害防御责任人，中小学生，村民等进行山洪灾害防御知识、山洪灾害监测预警系统操作集中培训和宣讲，完成盐池县山洪灾害、城市超标准洪水应急演练。始终牢固树立抗大旱、防大汛意识，全力做好防汛工作。强化预警，专人专班保障预警平台正常运行；强化预报，确保降雨、山洪灾害预警信息及时发布；强化预案，完善应急预案体系，做好防汛物资储备；强化预演，积极开展应急抢险预演工作，进一步提升防洪抢险救灾能力。全力做好全县自然灾害综合风险普查工作。按照自治区、市、县关于自然灾害综合风险普查安排部署，及时成立工作专班，开展普查工作，已完成洪水灾害致灾调查，正在编写风险普查报告，进行普查成果汇总上报工作。

【安全宣传教育】 充分利用世界水日、中国水周、“5·12”防灾减灾日、安全生产月、安全生产万里行等重要时段和节点，通过进学校、进机关、进企业、进小区、进乡村、进田间，大力开展《中华人民共和国水法》、《水资源管理条例》、节约用水、河湖长制、水土保持、山洪灾害防御等知识宣传和咨询服务活动，悬挂横幅70条、发放宣传单（册）20000余份、宣传品15000余份，进一步增强广大群众节约用水以及防灾避灾、保护河湖、水安全的意识。

【党建及党风廉政】 全面落实“基层党建全面提升年”各项任务，不断提升党建工作水平。一方面，持续巩固深化“让党中央放心、让人民群众满意”模范机关、健康机关、无烟单位以及节约型机关创建工作，持续推进健康盐池。积极开展“六个一”廉政警示教育系列活动，制定《盐池县水务局党委2021年全面从严治党、党风廉政建设和反腐败工作要点》。建立完善全面从严治党“三个清单”，紧盯各级巡视巡察反馈问题，扎实做好问题整改落实工作。另一方面，严格执行民主集中制，加强对干部职工日常监督管理，坚持班子成员提醒约谈制度，班子成员对各岗位负责人及相关干部进行廉政谈话40余人次，5名干部职工对个人举办婚丧事宜进行报备。

农业机械化

【党史学习教育】 2021年，盐池县农业机械化推广服务中心党支部组织开展了党史学习教育读书班。同时，在读书班结束后组织党员于每周五开展为期半天的集中学习，每月开展一次专题研讨，共组织集中学习40次。紧扣主题活动，推出自选动作。结合“三会一课”开展主题党日活动，通过举办专题读书班，开展参观红色纪念馆、体验红色现场教育、联唱红歌、观看专题教育片、讲专题党课、观看红色电影、党员公开承诺、开展民族团结知识竞赛、组织志愿服务等形式多样的活动，进一步促进党史学习教育入脑入心。同时组织党员职工积极参与上级党组织举办的党史知识竞赛、红歌比赛、演讲比赛、朗诵比赛、线上答题、专题宣讲等活动，丰富“四史”教育的形式和内容。切实为民办事，精准聚焦问题。通过完善文明监理预约、购机常识电子讲解、上门机具核查、实时信息推送等优化服务提高农机中心为民服务效率。开展移动考点便民服务项目，在高沙窝镇、惠安堡镇、大水坑镇和花马池镇设立移动考点，进行驾驶员考试和免费培训，在方便农机手的同时也为盐池县农机安全驾驶提供保障。开展专题组织生活会，检视学习效果。积极开展谈话谈心，广泛征求意见建议，梳理剖析存在问题，建立问题台账并限期完成整改，农机中心党支部查摆问题4条，制定整改措施4条，已完成整改；班子成员检视剖析问题12条，制定整改措施，已完成整改工作。

【基层党建】 履行抓基层党建工作责任情况。从严落实党风廉政建设“两个责任”“三个清单”。细化落实年度党风廉政建设和反腐败工作任务；强化党支部担负全面从严治党主体责任，积极履行党风廉政建设监督责任。认真开展领导干部廉政教育周活动。通过学习纪律规范、观看警示教育片、参观警示教育基地和查找廉政风险点的方式，筑牢党员干部拒腐防变的思想道德防线。认真执行组织生活制度。从严落实“三会一课”、组织生活会、谈心谈话、民主评议党员等党的组织生活制度，不断深化主题党日活动。严格执行党支部学习制度，每月召开一次支部会议，每季度进行一次党课教育，每季度组织一次全体党员活动，每年召开一次组织生活会和民主评议党员活动。抓基层党建工作取得的成效。深入开展“党史学习教育系列”主题党日活动。通过跟进学习习近平总书记最新重要讲话精神和党史学习教育安排。坚持“三会一课”制度，认真组织党员干部开展集中学习，使用好“学习强国”学习平台App，持续推动学习习近平新时代中国特色社会主义思想和党史学习教育走深走实。做到每月安排1次集中学习研讨、在职党员和全体干部坚持“每周二、周五”学习制度。积极开展党建共建工作。在新冠疫情发生时，党支部立即成立抗击疫情临时党小组，制定具体措施和实施方案，明确职责任务，进驻书香雅苑小区进行为期25天的疫情防控工作。党员率先垂范、落实创文明县城工作。围绕创建文明城市工作安排、设立志愿服务点，组织党员职工开展专题研讨、专题宣讲，卫生清洁、文明引导、巡查检查等志愿服务活动，开展以文明礼仪、安全生产等为主题的培训活动，开展志愿服务活动40余次，进行主题培训2次，为包抓小区划设机动车停车位116个，非机动车停车位8处，购买垃圾桶22个。

【农机政策】 农机补贴。2021年宁夏回族自治区农机处下达盐池县农机购置补贴资金1193万元；其中，中央财政补贴资金1153万元、自治区财政补贴资金40万元；完成资金1193万元，各类机具666台套、受益农户445户。深松整地。2021年盐池县农机深松整地任务10.71万亩，补贴资金375万元。农作物秸秆综合利用。农作物秸秆综合利用项目，总投资210万元，玉米秸秆综合利用作业面积4.2万亩，秸秆机械化捡拾打捆2.1万吨，每吨补助100元。于10月11日进行公开招标，完成作业任务4.2万亩，完成资金兑付210万元。残膜回收。2021年，宁夏回族自治区下达农业农村厅农机处下达盐池县残膜回收补贴资金15万元，制定《盐池县2021年农用残膜回收工作实施方案》，在每个乡镇布局设立1个残膜回收点，扶持建设宁夏弘鑫达塑料工业有限公司定点回收加工残膜，开展残膜回收培训2次，发放各类宣传材料2000余份，张贴《致广大农民朋友的一封信》1000余份；各乡镇与宁夏弘鑫达塑料工业有限公司签订残膜回收利用协议书，解决全县覆膜种植与残膜回收问题，完成全县残膜回收任务1.268万亩，回收率达到92%。

【示范园区建设】 2021年，盐池县建设盐池滩羊养殖及饲草料加工农机化示范园区1个，重点示范推广柠条机械化平茬收获、柠条机械化收获、铡切粉碎后揉丝、添加辅料包膜青贮转化饲料等机械化技术，探索滩羊饲草料机械化投喂、机械化粪污处理、智能化养殖等技术，开展滩羊机械化养殖技术理论与实践培训等。园区引进新型柠条平茬收获机械4种，并进行对比试验，试验面积400亩，机械化收割平茬、饲料加工作业1万亩，示范辐射面积2万亩。新建柠条收获加工配送中心1个，年加工转化柠条2000吨；示范园区内柠条平茬收获、加工利用关键环节实现100%机械化作业。探索出滩羊养殖及柠条平茬加工转化利用新模式。辐射带动周边养殖大户5家。

【农机安全监理】 检审验工作。全县共有注册登记联合收割机、拖拉机6602台，联合收割机414台，持证农机驾驶员5678人，持证率86%。2021年，免费挂牌拖拉机141台，联合收割机17台，农机驾驶操作人员免费新培训考证136人，复训农机驾驶操作人员804人。拖拉机联合收割机检验2188台，完成任务指标的103%，审验驾驶人员813人，完成任务指标的106%，全年共培训农机驾驶操作人员940人，完成任务指标的128%。农机作业服务公司建设项目。在冯记沟丁记掌村新建君茂农机作业服务公司，总投资50万元，其中农机购置补贴资金25万元、自治区财政补贴资金25万元，用于作业公司库棚建设和购置农机具补贴。已建成并完成验收。

【自身建设】 争创全国主要农作物全程机械化示范县。盐池县以加快推进主要农作物生产全程机械化作为乡村振兴战略的重要任务，紧紧围绕提升主要农作物生产全程机械化工作，重点在玉米、马铃薯两大农作物耕整地、种植、收获、植保、烘干、秸秆处理综合利用六大环节的机械化技术推广、技术集成以及创新推广体系建设上下功夫，不断提高农机化新技术、新机具推广应用和示范园区建设的工作水平和质量，全面提高农机社会化综合服务能力。积极探索、积累经验为全县农机化发展提供保障。组织农机作业公司负责人到石嘴山惠农区明龙农机作业公司、贺兰县海超农机作业公司、锦鸿农机作业公司和青铜峡市金土地农机作业服务公司进行参观交流，提升农机作业效率和质量。先后召开农机新机具、新技术培训会,农机监理业务暨保险工作推进会，安全生产培训会，协助自治区农业农村厅在盐池县王乐井乡西沟和石山子村召开了全区柠条收获及饲草料加工农机推广田间日活动。推动乡村振兴工作。全体帮扶责任人走村入户、积极为脱贫户宣传扶贫政策、制订发展计划、落实产业发展、计算收入明细。各项惠民政策已全部落实到户，顺利通过了自治区脱贫评估和国务院邀请的第三方脱贫后评估工作。

农村合作经济管理

【村集体经济】 根据自治区党委组织部等六部门印发的《关于做好2021年度全区扶持壮大村级集体经济有关事项的通知》文件要求,按照“村级申报、乡镇初审、县级复审、地市级审核、自治区备案”的程序,采取产业带动型、资源开发型、资源盘活型和服务创收型等村集体经济发展模式,整合资金2853.35万元，实施花马池镇八岔梁、大水坑镇柳条井等15个扶持壮大村集体经济项目，其中，肉牛养殖项目4个，滩羊(山羊)养殖项目9个,生猪养殖项目1个,饲料加工项目1个。已完成12个项目并投入运营,剩下3个项目正在调试设备和完善基础设施,年收益达到239.6万元。

【农村土地制度改革】 全面完成土地确权登记颁证。充分发挥“三级联动”调解职能作用,加大土地确权矛盾纠纷调处工作,完成664个村民小组38533户1877806.34亩土地确权登记颁证，颁发证书38533本,土地确权率、颁证率均达到100%；累计完成整村变更27个村民小组2037户，零星变更3140户。稳步推进土地流转。签订土地流转合同724份，流转土地26.12万亩。其中,2021年新增0.80万亩,到期0.97万亩。加强宅基地审批监管。采取以会代训方式举办全县农村宅基地审批监管培训班1期，印发宅基地有关法律、法规、政策意见及政策问答汇编500册；开展全县宅基地摸排工作，全县农村人口共有42658户121881人,其中,一户一宅有35988宗23983.41亩；一户两宅及以上有907宗608.8亩。

【农村产权交易】 加强宣传培训。采取培训班、纸质宣传与新媒体宣传等方式相结合,全方位、多渠道宣传14种产权交易等相关政策，争取得到广大干部群众的理解和支持，先后举办培训班8期180人次,发放宣传单5000余份，举办壮大村集体经济项目建设培训会2期。拓展业务范围。开展了农村土地承包经营权、林权、设施农业使用权等10种类型权益交易。共办理土地流转交易鉴证16笔16974.23亩，交易金额1163.02万元;开展集体工程招投标、集体资产资源采购等农村经济事项交易鉴证12笔255.88万元；累计发放抵押贷款280笔6111.28万元（其中分中心办理215笔4386.98万元）。2021年，完成林权抵押贷款1笔9.9万元，农民住房财产权抵押贷款1笔5万元，在全市开展首批农业设施产权证抵押贷款1笔2000万元；完成大水坑镇大水坑村649.7亩土地流转现场竞价,溢价15万元,溢价率达42.8%。

【新型农业经营主体建设】 2021年，培育新型经营主体34家,其中农民专业合作社15家(农民专业联合社1家，农业服务中心1家),家庭农场19家,农民专业合作社累计达336家，家庭农场累计达342家;评选县级合作社20家,二星级家庭农场19家;申报市级合作社4家,三星级家庭农场4家；申报区级合作社1家，四星级家庭农场2家;开展青年农场主及职业农民培训20人次。农业生产托管服务试点。加大宣传力度,发放农业托管宣传手册2000份,确保农户对政策知晓率达到100%。在全县8个乡镇全面推进农业生产托管折算面积7.8万亩,完成玉米耕(旋)、种、防、收等环节5万亩的托管生产任务;试点开展盐池县肉羊产业社会化服务项目，完成经营主体的遴选和实施方案的计划与制定工作。

【农村集体产权制度改革】 持续开展清产核资工作。按照农业农村部等九部委《关于全面开展农村集体资产清产核资工作的通知》要求，对2018—2019年度清产核资工作的具体开展做详细的指导与培训，如期完成农村集体资产清产核资工作。数据全部录入农业农村部清产核资系统及宁夏农村三资管理平台并开展及时记账，与农经系统年报数据进行有效衔接。产权制度改革后续管理工作。根据自治区《关于做好农村集体经济组织变更登记的通知》文件精神，对全县103个村集体经济组织法人做变更，换发证书；按照农业农村部《农村集体经济组织章程（试行）》模板，结合各村实际，依法依规修订完善103个行政村集体经济组织章程，逐步建立起符合市场经济要求的集体经济运行机制，并根据农业农村部等3个部门《关于开展农村集体经济组织登记赋码工作的通知》要求，对换证流程进行了规范；按要求时完成了全县103个行政村《农村集体经济组织成员名册》及《持有农村集体经营性资产收益分配权份额人员名册》上传工作，完成率达到100%。

【村“两委”换届审计问题整改】 根据宁夏回族自治区农经站《关于农村集体经济组织审计问题整改的通知》要求，针对全县村“两委”换届审计报告中存在的会计核算、原始凭证管理、资产管理、制度执行、程序规范5大类20项问题，组织乡镇、村逐一对照核查，明确整改时限，压实工作责任，并形成书面整改情况报告，均已整改完成。同时，结合实际对乡镇农经工作人员及代理记账会计进行了指导培训，加强了农村“三资”规范化管理，切实维护了农村集体经济组织及农民合法权益。

【农村经济调查统计】 严格按照农经统计报表制度的要求，对固定观察点记账户进行记账检查，并按照要求将记账数据整理录入系统；对监测户所记载的数据进行统计、汇总分析；每月对农产品、专业批发市场、农用生产资料价格进行调查；对农民现金收支、农村劳动就业情况等进行专题调查。在加强统计分析工作的基础上，及时报送各类报表，为各级领导及时掌握农村动态、判断形势、服务决策、指导工作等提供可靠的依据。农村“三资”管理。结合盐池县农村集体财务规范化建设情况，对全县各行政村的村级财务公开、民主理财等情况进行检查、指导；对各乡（镇）“三资”网络平台记账进度情况进行定期检查、指导，进一步完善“三资”网络管理系统；指导各乡镇代理会计完成三资新系统迁移工作。严格按照《宁夏回族自治区集体经济组织收款收据管理办法》，对村集体经济组织统一收据进行管理，票据实行“专人负责、核旧领新、票款同行、定期验票”的原则做好核销发放记录。

【文明县城创建】 着力提升居民综合素质。利用社区广播、微信群、调查问卷、入户走访等方式宣传公民道德基本规范，发放《盐池县市民文明手册》50余册，引导小区居民逐步养成文明健康的行为举止。着力强化环境卫生整治。以包抓小区为单位，围绕环境保护、关爱孤寡老人、植树绿化等活动开展志愿服务活动20余次，清理宣传广告20余处，死角垃圾10余处，累计投入资金2.6万元。

农村经济调查

【党史学习教育】 2021年，国家统计局盐池县调查队把学习习近平新时代中国特色社会主义思想和党的十九大及十九届历次全会精神纳入全年学习计划中，每月至少开展一次集中理论学习，每季度至少开展一次集中研讨。全年开展集中理论学习11次，集中研讨2次，交流发言10次。制定《盐池调查队党史学习教育实施方案》,全年开展党史集中理论学习32次,连续一周开展“读书班”活动1次,开展专题研讨3次,撰写党史学习心得18篇。跟进学习习近平总书记“七一”重要讲话精神,开展1次专题交流研讨,撰写心得体会11篇。6月30日,为退休老党员、原任队长钱刚颁发“光荣在党50年”纪念章。组织3名发展对象参加全县发展对象培训班,派员参加盐池县发展和改革局党委组织的党史知识竞赛、“社会主义是干出来的”演讲比赛活动,组织人员参加吴忠辖区“红歌颂党恩、奋进新时代”合唱比赛。充分利用办公楼道、会议室等空间,布置党史学习文化走廊,全队干部职工对上墙内容共同探讨交流。支部书记率先垂范讲党课,全年开展1次支部书记讲党课活动,1次普通党员讲党课活动。深入帮扶责任村2次,讲解农民最关心的土地、产业、乡村振兴等话题。领导班子深入帮扶村、调查点开展调研活动,制定7项为民办实事清单,7条具体措施,已全部完成,其中3条措施长期坚持。联合帮扶村开展“党史学习听翁语、为民办事解农需”主题党日活动,为弱劳力农户施撒农家肥、平整土地。组织党员干部每周五在责任小区,开展卫生大扫除志愿服务活动。全年党员常态化参与志愿服务52人次。围绕盐池县“六大重点产业”和“四大提升行动”积极开展调研,形成了滩羊及牧草、肉(奶)牛及其他畜禽、文化旅游及物流等内容的调研报告6篇。

【业务工作】 围绕《“十四五”时期统计现代化改革规划》《“十四五”时期宁夏统计调查现代化改革规划》基本原则和目标任务,严格执行国家统计调查制度,用制度解析任务。从各专业实际入手,在做好基础调查工作的同时,在宣传方式上、部门联络上、审核力度上持续发力。住户调查每季度及时与相关部门、各乡镇召开可支配收入交流座谈会,对居民增收因素、政策扶持力度进行全面了解,确保真实、客观地反映全县居民生活现状。月度劳动力调查以业务培训为突破口,坚持入户陪访“一对一”教学,坚持调查期间对领导及指导员陪访督导全覆盖。全队参演制作的“月度劳动力调查之人生百态”系列宣传视频,掀起宣传攻势,对全县66个小区张贴宣传展板,不断提高宣传覆盖面。主要畜禽监测调查利用下乡调研、访点访户等时机,常态化开展数据质量检查,加强数据逻辑关系审核,对季度、年度不衔接或变动幅度较大的数据,及时与养殖户联系,了解情况、纠正错误。同时认真总结工作开展过程中的好经验好做法,撰写的3篇工作交流被国家统计局内网采用。

【自身建设】 全队现有干部职工18名,3名干部持有统计执法资格证,平均年龄28岁,其中干部9名,聘用人员5名,“三支一扶”4名;党支部在职党员2名,预备党员4名,入党积极分子2名。采取定期和不定期方法,结合集中谈和个别谈方式,对干部职工思想动态和工作开展情况进行全面了解,及时引导化解消极负面情绪,举办队内羽毛球、篮球等比赛活动,丰富干部精神文化生活,激发干事积极性。针对队内统计人员年轻化、对指标理解不透彻等问题,梳理易难易错指标,抓好业务指导。让工作经验丰富的同志和年轻干部结对开展工作,传授工作经验和技巧方法。通过“业务大讲堂”等平台,多角度、多层次开展统计业务学习交流活动,全年开展业务交流学习3次。对现有管理制度进行修订、补充和完善,重点修改完善考勤管理、财务管理、印章使用管理、公务车管理等制度。建立健全监督约束机制,强化制度执行。形成“办公室监督、分管领导督查”的监督约束机制,每季度对照制度要求,对本季度制度落实情况进行总结,确保制度执行有效有力,加强对干部的考核管理,让踏实干事和浑水摸鱼的干部职工不再得到同等待遇，激发干部干事的信心。建立健全岗位责任制度。修订完善《统计资料管理制度》《统计数据质量控制办法》《统计业务岗位责任制度》《统计人员保密制度》等，理顺工作关系、细化责任分工、明确工作职责，不断规范各项统计业务工作。

【统计基层建设】 铸造“过硬”的统计基层基础。每季度前召开业务会议，对本季度工作进行部署安排，季末召开业务考核分析会，对考核情况进行细化分解，梳理业务工作中存在的薄弱环节，严格对标找差距，瞄准问题抓落实，确保错误不重复出现，形成“季前有计划，季末有总结”的调查工作新模式。加强重点领域统计数据质量监管，坚持留痕导向，用好台账记录“助推力”，以统计台账倒逼统计数据质量提升。全年领导班子陪访督导各专业调研入户14人次。打造“规范”的统计检查模式。每季度末组织开展队内业务互查和自查，形成“队领导亲自抓，分管领导协同抓，业务负责人具体抓”分级负责的新局面，以交流互检、学习互鉴的方式，找出工作中的薄弱环节，查出业务中的问题短板，促进基层基础资料更加精细完善。分管领导每季度对各专业的制度建立、台账完善、机制一致、分析撰写等情况再进行检查，进一步加强业务管理。全年各专业开展业务自查2次、业务互查1次，分管领导检查业务工作2次。

【信息工作】 开展信息撰写学习研讨，关注社会热点和焦点问题，不定期与各部门单位进行座谈交流，并深入一线开展实地调研，收集基层基础资料，撰写专题调查报告。不定期开展信息撰写专题培训，队内信息先进个人分别从工作信息、调查信息、调研报告等类别交流撰写方法和心得体会，让全队干部职工通过培训指导明确选题角度、调研方法等，提高写作能力水平。严格执行信息工作季度考核制度。设定每季度完成目标，营造“自觉钻研，积极撰写，比学赶超”的良好氛围。全年撰写信息分析66篇，其中被国家统计局内网采用8篇，被盐池县委主要领导批示24篇，完成专题调研27篇。信息分析数量较2020年同期有了明显增长，撰写质量和涉及领域有了明显提高。进一步拓宽信息报送渠道，积极与盐池县委、县政府联系，报送热点信息、分析调研。同时，利用微信公众号，定期发布数据解读、就业形势等推文，不断提高统计信息服务民生的能力，让社会公众了解统计、支持统计。

草原实验站

【党史学习教育】 2021年，盐池县草原实验站开展党史学习教育，加强组织领导，于3月19日召开支委(扩大)会议，成立以刘小平为组长，王伟庆为副组长的党史学习教育领导小组，制定《草原实验站党支部开展党史学习教育的实施方案》。3月22日召开党史学习教育动员大会，对草原实验站党史学习教育开展工作作出安排。全体参学党员干部严格执行每周一次半天集中学习和每天不少于2小时的自学的学习纪律，学习党史书籍和习近平总书记来宁视察的重要讲话精神，每人做3000字以上的读书笔记，撰写学习心得2篇以上。举办读书班。4月举办党史学习教育读书班，封闭学习1周，坚持每天集中学习半天，自学不少于2小时，围绕“学党史、悟思想、办实事、开新局”开展1次研讨，每人撰写1篇交流讨论材料。结对帮学。支部共有党员14人，其中在职党员干部5人，退休党员8人，退休党员中80岁以上的有5人，大都体弱多病且居住分散。考虑实际情况，采取“一帮一”的结对学习模式，规定在职党员结对帮学1名80岁以上的退休老党员开展党史学习教育。领导小组成员带领帮学人员，到老党员家送学习材料并为老党员讲解党史知识，并规定帮学频次每月不少于2次，保证党史学习教育达到全覆盖并取得实效。开展红色教育。4月20日，组织观看电影《高山下的花环》并组织讨论。4月26日，在职党员和职工参加农业农村局组织的联合主题党日活动，到麻黄山乡李塬畔村红色革命旧址接受红色教育。为群众办实事。出资5000元帮助贾成宝、崔永林、张学举等养殖户建设饲草储存设施；6月中旬邀请区草原站专家在李付渠村举办燕麦草种植技术培训班，为群众提供种植技术；筹资5000元，为李付渠村2021年应届考入二本以上的大学生提供帮助。

【党建和党风廉政】 加强支委班子自身建设。班子成员认真学习党史知识和相关的理论知识，坚持把班子建设作为党建工作的首要任务来抓，建立健全班子的各项规章制度，完善党建工作例会制度，每季度召开一次，与各党小组和科室签订党建工作目标责任书。强化党员干部队伍建设。党支部不断健全和完善党支部工作制度，加强党的基层组织建设，严格党员管理和教育，进一步完善“三会一课”、组织生活会、民主生活会、民主评议党员、党员干部廉洁自律、交纳党费等制度；重大事项决策坚持民主集中制原则。利用“两管三评一推优”、无职党员设岗定责等党建载体，落实党组织和党员服务承诺制度，不断增强党员干部服务群众的宗旨意识。结合党史学习教育，公开承诺为大水坑镇李付渠村群众办实事3件，现已办结3件。健全工作机制。由站主要领导任组长，实行“一把手”负总责和“一岗双责”制度，对重要工作亲自部署、重大问题亲自过问。抓好责任分解，把全年的党风廉政建设和反腐败工作任务分解落实到各科室，把党风廉政建设和反腐败工作逐项登记列表，落实了责任科室和人员，并提出具体要求。认真开展自查，支部贯彻落实党风廉政建设责任制，重点围绕中央八项规定落实情况以及领导干部廉洁自律等方面情况认真开展自查。强化廉政教育。以党史学习教育为契机，把廉政教育融入草原科研工作的全过程。主要领导亲自讲党课，组织认真学习《中国共产党领导干部廉洁从政若干准则》，要求全体干部职工要带头严格执行党员干部廉洁自律的各项规定，自觉加强党性修养和作风养成，3月16日，组织党员干部到盐池警示教育基地接受警示教育，使党员干部始终保持清醒的头脑。

【草原科研工作】 推进宁夏农牧交错带温性草原生态系统定位观测研究站的项目建设，2446平方米建设用地已经落实，工程现已进入施工阶段；争取盐池县人民政府配套附属工程建设项目资金199.66万元，现已进入施工阶段。争取自治区林业和草原局草种繁育资金25万元。为宁夏大学教学科研实践基地项目、宁夏农科院荒漠所的荒漠植物栽培试验工作，提供用地、用电、用水等服务保障，利用其人才、学科、技术优势和草原实验站基础设施及资源优势，共同开展合作完成相关的草原科研课题。

工业经济

资源能源开发

【油气勘探】 2021年，盐池县加强与中石油长庆油田分公司和中石化华北油气分公司对接协调，持续加大在盐油气勘探开发力度，并协调中石油玉门油田分公司进驻盐池县进行油气勘探开发，中石化胜利油田分公司重启惠安堡油田勘探开发工作。两大国有企业在盐增打油井323个，天然气井44口，油气井累计达到6287口和163口，全年产值48亿元，实现税收收入4.1亿元，其中县级税收1.2亿元。同时，加快推进青石峁和定北柳杨堡两个千亿立方米级气田勘探开发，切实推动“气化盐池”进程，天然气日产能力20万立方米。两大国有企业在盐池县出现“油气双增”态势，“南油北气”资源开发局面初步形成。

【招商引资】 项目建设推进稳步有序。紧紧围绕宁夏泽恺三道山等7个风电项目的建设，全程跟踪协调服务，2021年，风电项目全部开工建设，并网发电15万千瓦，风电装机容量达到324万千瓦。上争资金和招商引资稳中有进。坚持把上争资金和招商引资作为推动经济社会高质量发展的有力抓手，全面完成争取项目资金1400万元；引入泽恺三道山、中嬴正源风电项目，落地资金6亿元。固定资产投资入库及时有效。紧盯项目建设和有效投资，积极协调中石油长庆油田投资在地方入库，累计协调入库资金22.18亿元。

【综合治理】 安全形势稳定向好。牢固树立安全发展理念，深入开展安全生产专项整治三年行动，会同县应急管理局先后4次对盐池县油气风电企业开展安全生产专项检查，排查隐患311项，已整改销号。把“安全生产月”“安全生产宁夏行”活动与全年汛期安全防范、重大节假日生产安全、行业领域安全隐患重点位置风险辨识、一般隐患专项排查整治、企业安全标准化建设等相结合，聘请自治区安全专家库专家，深入企业生产一线实地查看，重拳整治，排查问题隐患208项，现已整改销号。督促企业严格落实主体责任，各油气企业完成14.1千米老旧集输管线更换，管线刺漏、泄漏事件9起，全部及时发现并规范处置。生态环境成效显著。坚持走生态优先绿色发展道路，持续强化油区环保监督检查，并联合市生态环境局盐池分局组织召开油区生态环境整治专题会议，对油气企业生态环境情况开展专项检查，下发检查单12份，约谈企业主要负责人5家，确保油气勘探开发钻井施工作业泥浆不落地，伴生气、含油废水、危险废物、钻井岩屑收集处置率达100%，油区井场标准化建设率达100%。同时，大力推进绿色矿山建设，绿化油气井场1180个,植树6.8万株、种草700亩，结合村庄绿化在涉油气乡镇集中连片种植大接杏、松树、榆树690亩。疫情防控协同有力。协同乡镇及时督导各油气企业，坚持“外防输入、内防反弹”,持续抓好生产生活区域防疫工作，全面做好企业倒休轮休人员管控和闭环管理。协助企业管理好社会化服务队伍，全面落实好施工现场、生活场所、办公区域的各项防控措施，有力保障企业员工身体健康和生命安全，确保企业稳定生产。

【民生保障】 做好脱贫攻坚同乡村振兴有效衔接。严格落实“四个不摘”要求,把巩固拓展脱贫攻坚成果作为长期任务,累计投资26万元助力乡村发展产业、整治环境卫生、节假日慰问、助老助残、义务义诊，切实解决人民群众身边的“急难愁盼”问题。筹措资金60万元新修企地共建共用道路4条9.1千米。近年来,累计在油区新修、翻修道路16条,共计42.2千米。积极协调油气企业解决当地富余劳动力就业和物资保障,在勘探开发过程中由当地群众提供供水、搬家运输等劳务服务,有效解决当地富余劳动力就业困难，为群众增加收入8000余万元。扎实开展创建全国文明城市工作。把全国文明城市创建工作作为一项重要政治任务，建立中心班子总协调、领导干部包楼栋、一般干部包单元的包抓机制,组织党员干部深入包抓小区和路段开展环境卫生清扫、文明宣传、劝导等志愿服务活动。投入资金9万元,粉刷小区楼道墙面3373平方米，喷刷附属房外门89个,制作各类宣传标识标牌103个,购买垃圾箱12个,小区植绿560平方米,使包抓小区卫生、绿化、基础设施等方面得到极大的改观。推进县域社会治理现代化工作。以争创全国市域社会治理现代化试点合格县为契机，持续巩固深化扫黑除恶专项斗争成果，推进扫黑除恶斗争常态化。协调解决拖欠农民工工资401.3万元,调处油气勘探开发及新能源建设中企的矛盾纠纷31起。

【从严治党】 支部建设持续加强。始终坚持以党的政治建设为统领,严格落实“三重一大”决策、民主集中制、“三会一课”“四个清单”等制度,主动对标机关党支部建设“6个规范25个标准”,扎实开展“让党中央放心让人民群众满意”模范机关创建,不断提升支部建设规范化制度化，着力推动组织工作高质量发展。党员学习教育持续深入。紧紧围绕“学党史、悟思想、办实事、开新局”主题,主动对标目标要求,通过开展主题教育、专题宣讲、观看专题片、共读红色经典等活动,组织党员干部认真学习党史、习近平总书记重要讲话精神贯彻县第十五次党代会精神，使党员干部职工在浓厚党史学习氛围中汲取砥砺奋进力量，为资源能源勘探开发高质量发展贡献力量。党风廉政建设持续深化。坚持不懈抓好中央八项规定执行，深入开展群众身边腐败和不正之风以及违规吃喝隐形变异问题专项整治，全面落实党风廉政建设责任，狠抓党员干部日常监督管理，每月定期开展廉政警示教育，开展集中学习10次，发放学习资料100余份，观看警示教育片20余部,提醒谈话8人次。

应急管理

【概况】 2021年,盐池县共发生生产安全事故4起（道路交通3起,物流1起),同比下降20%;死亡3人,同比下降33.3%;无受伤人员;直接经济损失123.2万元,同比下降5.3%。危险化学品、煤矿、非煤矿山、建筑施工等行业领域未发生安全事故，安全生产形势总体平稳向好。

【安全生产】 牢固树立安全发展理念。坚决贯彻习近平总书记对湖北十堰市燃气爆炸事故作出的重要指示精神和李克强总理批示要求，认真落实陈润儿书记检查督导安全生产、应急管理工作及安全防范视频调度会议精神，准确研判安全形势，全力抓好各项工作。县委、县政府主要领导多次听取了安全生产工作汇报，深入一线进行督导调研，在“七一”前对重要场所、重点部门应急值班值守进行暗访，并多次对安全生产作出批示，强化底线思维和红线意识，推动安全生产各项工作部署落地见效。健全完善安全生产责任体系。县委、县政府高度重视应急管理工作，2021 年，先后在 4 次县委常委会会议、4 次政府常务会议、3 次安委会专题部署安全生产、森林草原防火和防汛抗旱工作，贯彻落实习近平总书记关于应急管理重要论述，研究解决重点难点问题。制修订《盐池县安全生产行政责任规定》《盐池县安全生产责任体系》，明确党政领导干部安全生产“职责清单”和年度“任务清单”，印发《2021 年应急管理工作要点》《2021 年安全生产工作要点》等文件，明确 6 个方面 32 项重点工作，落实乡镇部门监管责任和企业主体责任。推进应急管理工作改革发展。全面推进乡镇（街道）应急管理“六有”和村（社区）应急管理“三有”标准化建设，确定县乡村灾情速报员 767 名。筹备建设全县应急救援指挥中心平台，配备移动单兵小平台 1 套、对讲机 20 部、无人机 2 架，用于事故灾害现场指挥救援通信。健全基层应急管理工作机制，投入 10 万元在 37 个应急避难场所设置明显应急标志。开展应急管理行政执法改革，提升精准规范监管水平。从严落实重大时段防控措施。定期开展安全生产督查检查，并组织在全县范围开展地质、自然灾害隐患大排查，督促各乡镇、各部门细化风险防控和隐患治理措施，下发隐患整改督办通知单 42 份，责成有关单位落实整改责任、完善应急预案，累计化解各类问题隐患 168 项。围绕“两节”“两会”“庆祝建党 100 周年”“十一”等重要时段的保障维稳任务，县委、县政府主要领导带队深入一线开展疫情防控和安全生产调研督导。加强森林草原火险气象监测预报，及时发布恶劣天气气象信息和火险等级。严格落实领导带班、24 小时值班和灾害事故信息报告制，强化应急实战响应，通过全方位、高严管的监督检查，确保了全县安全生产形势稳定。

【专项整治】 明确目标抓推进。将 2 个专题与 17 个专项绑定实施，成立工作领导小组，下设 15 个专项小组，均由政府分管副县长挂帅。同时，组建工作专班，建立请示报告、信息报送、工作通报等 10 项制度机制，推动责任链条更加完善。化解风险抓防控。道路交通领域，全面推行路长制工作，集中开展专项行动 90 余次，查处交通违法行为 15 万余起，采取强制措施 154 人。工矿领域，召开全县危险化学品事故现场警示教育会，组织工矿企业开展风险防控和隐患排查双重治理，有效消除危险和有害因素，严查安全生产违法违规行为，立案 21 起，罚款 77.1 万元。消防领域，下发改正通知书 393 份、行政处罚决定书 33 份、临时查封处罚决定书 7 份，立案 34 起，罚款 22.94 万元。森林草原防火方面，制定《全面防范森林草原火灾的通告》《盐池县野外用火审批管理办法》等 5 个办法，严格火源管控，深入督导检查，堵住火灾隐患漏洞。自然灾害防御领域，深入开展全国第一次自然灾害综合风险普查，在街道社区建立 200 个微型消防站，落实应急防火物资共 47 种 4583 个，投入 80 万元储备防汛抢险物资。投入 101 万元，紧急购置储备急需的应急救援物资六类 2582 件（个、台），积极有效应对 10 月以来疫情防控严峻形势。争取自治区自然灾害生活救助资金 480 万元，做好抗旱救灾“六保”。同时，还对其他行业领域进行了整治。对标对表抓治理。采取企业自查、行业督查、专家帮查等方式，开展督导检查 162 次，排查出突出问题 16 项，整改到位 12 项，挂牌重大隐患 5 项，整改到位 2 项。制修订了《盐池县安全生产行政责任规定》《盐池县路长制工作考核办法》《盐池县支持鼓励社会资本建设危险化学品运输车辆专用停车场实施意见》等32项制度措施，健全安全生产责任和管理制度，工作取得了显著成效。着力解决重点难点问题。针对盐池县危货运输车辆多、乱停现象突出的问题，县委、县政府采取企业建设、政府奖补的方式，在全区率先建设标准化专用危货停车场，通过部门联合执法，彻底解决了县域危险化学品运输车辆乱停乱放等乱象。针对盐池县工业园区2个消防站职能作用发挥不明显的问题，县委、县政府参照国家综合性消防救援队伍管理模式，将两个消防站交由县消防救援大队实行准军事化管理，先后招录专职消防员22名，新配消防车4辆，消防救援能力进一步提升，工作得到区、市消防部门的充分肯定。针对盐池县交通事故易发多发的问题，县委、县政府决定推行“路长制”管理机制，每个部门划管国省县道1条，由部门一把手担任“路长”，8个乡镇人民政府主要负责人担任本辖区乡村道路的“路长”，定期安排人员巡路，发现问题第一时间作出反应并协调解决，各类突发事故得到有效防范，工作得到自治区应急管理厅认可并向应急管理部推荐。

【管理服务】 大力实施公共安全保障工程。围绕市政建设、道路交通、教育、消防等行业领域，持续加大安全保障投入力度，投入614万元对新建道路技防设施进行建设，投入1010万元对25个老旧小区进行改造，投入570万元为49所中小学校配备158名保安员，组织专家对大水坑消防站建设项目进行评审（拟投资800万元），建成全区首个化工火灾战术研讨室，投入5962万元建设盐池县危货运输专用停车场。对提供安全服务100家企业进行“回头看”，建立企业安全风险报告制度，规范企业安全风险辨识、评估、管控、报告工作。全面加强安全生产宣传培训教育。将习近平总书记关于安全生产重要论述作为宣传重点，认真组织观看《生命重于泰山》专题片。深入开展“安全生产月”活动，印发《盐池县应急管理知识手册》《家庭安全知识》等宣传手册2万册，发放各类宣传品5万余份。利用“应急行动”专栏，抓住正反两方面典型予以宣传和公开曝光。筹备建设全县安全生产教育培训实训基地，举办危险化学品、非煤矿山、工贸企业安全管理培训班11期，培训1120人。积极开展规划、预案修订和应急演练。制定盐池县安全生产“十四五”规划，修订19项安全生产类和13项自然灾害类应急救援专项预案，举办2021全区春季森林草原防火应急实战演习活动。开展安全生产督查，及时发布火险和汛期灾害气象监测信息，严格落实领导带班和24小时值班制度。加强重点区域火灾防控，压实县乡村组、网格员、护林员“六级”火灾防控责任。召开防汛抗旱工作会议，落实抢险人员118人，明确了6条山洪沟及77座骨干坝等水库防汛责任，加强应急物资储备，确保了安全度汛。

工业园区

【概况】 坚持把稳增长作为工作的首要任务，全面落实中央及区市县各项惠企政策，争取各类奖励扶持资金1568万元，兑现创新驱动“25条”扶持资金1202.36万元，协调落实企业信贷资金12.4亿元，最大限度挖掘经济增长潜力，确保工业经济平稳运行。全年完成工业总产值122亿元，其中规模以上工业企业完成工业总产值114.98亿元，同比增长46.3%。园区规上工业企业全年能源消费量24.497万吨标煤，同比上升2%，单位工业增加值能耗同比下降30%。

【项目建设】 2021年，园区累计实施工业项目16个，其中新建项目9个，续建项目7个。深燃200万立方米液化天然气、神瑞10万吨混烃综合利用、艾沃新能源10万吨废橡塑资源化再利用、瑞科能源6.8万立方米油品及化工物料仓储等7个项目按计划有序推进。润广石化20万吨石脑油综合利用、天利丰低温研发实验中心及50万立方米高纯氦气、新珂源2万立方米储罐、巨拓二期、宇联石膏、嘉华60万吨固井材料、江鑫石化3.6万立方米油品储罐等9个项目基本建成或试生产，年内完成固定资产投资6.7亿元。

【招商引资】 重点围绕县委、县政府确定的6大主导产业，以新型材料产业为主攻方向，制定石油化工、天然气、煤化工、石膏4个产业链拓展图。全年外出招商7次，邀请有意向投资客商来盐实地考察50批次，对接洽谈意向性项目20个。引进晟荣2万吨信息新材料、茂维4万吨新型建材添加剂羟丙基甲基纤维素、中科能源3万吨PE蜡及20万吨单烷烃分离、国电投铝电集团年产15万吨铝型材清洁能源装备制造4个项目，计划总投资17.3亿元，完成招商引资落地资金22亿元。大力推行"代领办"服务，编制完成压覆矿、地质灾害、规划环评、水土保持4项评估报告，全面落实"区域评"改革，简化入园项目手续，着力优化营商环境。

【转型升级】 修订完善园区产业发展规划，精准定位园区产业发展方向和路径。扎实推进"六大特色产业"发展，制定化工新材料和绿色建材产业高质量发展实施方案，全面落实"五个一"工作要求和领导干部包抓重点企业（项目）工作机制，推动产业转型升级、提质增效。2021年，园区化工产业预计完成工业总产值95.6亿元，绿色建材产业预计完成工业总产值5.59亿元。全国天然石膏应用研究中心机构成员由政府先前聘用的专家顾问团6名成员和新增加的3名行业全国知名人士组成，已制定应用研究中心的工作规则初稿，待进一步修订完善。2021年，预计企业科技研发投入完成2亿元。2021年，完成技术合同交易额4624万元。培育国家级高新技术企业2家、技术创新中心企业1家、科技型中小企业9家、培育绿色工厂1家、科技"小巨人"企业1家、"专精特新"中小企业1家。

【基础配套】 制定《宁夏盐池工业园区2021年基础设施建设项目实施方案》，全年实施基础设施建设项目11个，投入资金4879万元，加快完善园区基础设施。修编完成《宁夏盐池工业园区总体规划（2020—2035）》《宁夏盐池工业园区水资源论证报告》。新修建道路2.53千米，雨水管线1.33千米，污水管线4.13千米，供水管线8.19千米，路肩硬化8.61千米，封闭化围栏9.5千米。为企业平整场地66.29公顷。建设了容量为4700立方米的事故应急池1座，完成了智慧园区服务能力平台和安全双控体系监控平台两大模块的搭建。高沙窝北工业园区供汽项目正在编制项目能评、环评、安评、职业卫生等相关报告。

【安全环保】 以问题为导向，建立健全"一园一策""一企一档"，优化化工集中区整改提升方案，持续推进"安全生产专项整治三年行动"，梳理"两单一表"，细措施、强手段，狠抓落实。督促辖区企业严格履行安全生产主体责任，强化部门联动，通过购买"安全管家"服务，提升安全监管水平。共排查企业55家，安全隐患616条，督促企业完成整改482条，限期整改134条。抓好自治区生态环境保护督查整改销号工作，研究制定涉煤企业专项整治方案，清理露天堆放原煤3万余吨，完成厂区道路硬化约4000平方米，15家企业改造完善喷淋、洗车平台等环保设施，24家涉煤企业完成厂区门口路肩硬化及绿化。开展青山粉尘专项整治行动，严查污染防治设施不齐全、不运行企业，加大对园区道路和绿化带进行清理保洁，责令停产整顿企业2家，更换除尘布袋企业3家，确保整治工作取得扎实的效果。持续加大大气污染防治重点工作力度，完成金裕海化工2台燃煤锅炉拆除淘汰任务。通过招商引资，破产重组，协议租赁等方式，完成华厦建材、宁夏汉马车辆技术服务有限公司、宁夏都顺生物科技股份有限公司等8家僵尸企业盘活工作。同时积极协调中海外瑞丰项目进行破产清算，加快企业退出并引进新项目。

【党的建设】 坚持把政治思想建设摆在首位，持续将学习习近平新时代中国特色社会主义思想，十九大及十九届二中、三中、四中、五中全会精神和习近平总书记视察宁夏重要讲话精神作为首要政治任务，教育引导党员干部严守政治纪律和政治规矩，牢固树立马克思主义民族观、宗教观。紧扣工业园区高质量发展和改革创新等重点工作，履行全面从严治党主体责任，坚持把党建工作与业务工作同安排同部署、同落实、同考核。建立党工委书记主体责任清单和班子成员“一岗双责”清单，与各党支部签订党建目标管理责任书。紧盯关键环节、突出重点内容，切实加强党员的学习教育管理。深入推进“两学一做”学习教育常态化制度化，持续巩固“不忘初心、牢记使命”主题教育成果，高质量开展党史学习教育，确保党史学习教育的各项规定动作不走样，自选动作有特色。加强非公企业“双强六好”创建、“党建促进月”活动和软弱涣散党组织整顿工作，拨付宁鲁石化党支部、天利丰党支部党建经费各1万元，支持非公企业党建工作阵地建设。深化“让党中央放心、让人民群众满意”模范机关创建，结合创建全国文明城市工作，严格落实党组织、在职党员到花园社区报到全覆盖。扎实开展“党旗在基层一线高高飘扬”活动，累计开展为民办实事13件。坚持把班子建设作为党建工作的重要基础，严格落实“三会一课”、主题党日、理论中心组学习制度，制定《党建工作要点》《宣传思想文化工作要点》《党风廉政建设工作计划》，建立党工委班子成员包抓基层党建联系点制度，认真落实“基层党建台账”记录一月一审签制度。定期召开会议研究部署党建工作，严格按照发展党员程序，培养积极分子97名，发展预备党员20名，转正12名。开展党员信仰宗教和参与宗教活动整治工作、基层党组织星级评定和党员“评星定格”活动，开展党支部书记抓基层党建述职评议工作，园区党建工作不断加强。

住房和城乡建设

综　述

【项目建设】 投资1.42亿元对盐林路等6条道路进行雨污分流改造，对盐州路等18条街区巷道进行基础设施维修，新建健康步道11千米，铺设排水及再生水管网12.7千米，新增停车位680个，城市功能品质有效提高。投资2134万元，实施街头节点、拆迁空地绿化项目10个，新增绿地150亩，人均公园绿地面积、绿化覆盖率、绿地率分别达到19.9平方米、44.3%、40.9%。城市面貌。引进社会化投资开展餐厨垃圾、建筑垃圾资源化利用及智慧路灯改造，打造振兴社区垃圾分类示范区，科学实施城市照明改造，丰富夜间照明层次和色彩。

【住房保障】 新续建房地产项目9个(新建6个、续建3个)，商品房预售面积13.42万平方米，房地产市场平稳有序；概算投资3081.74万元，全面完成大水坑公租房续建工程，新增公租房95套；拆除7处老单位老楼栋，征收民房86户，腾退国有土地14.4亩；投资4984万元，以兴安小区整合为示范，改造老旧小区25个，构建“15分钟生活圈”。制定《盐池县公共租赁住房管理实施办法》，有效合理分配公租房311套；加强经济适用房与安置房拍卖力度，2021年度，举办拍卖会22场，拍卖房屋194套，成交金额4458.41万元。

【城乡统筹】 争取自治区每年补助1600万元，利用3年时间打造高沙窝重点小城镇；投资2030万元，实施太阳能采暖综合试点项目，建设美丽村庄和传统村落8个。推进自然灾害综合风险普查房屋建筑和市政设施调查工作，完成3.58万户危旧房屋安全风险隐患排查，拆除危房2700间，即增即改危房57户，改造抗震宜居农房63户。投资830万元，实施高沙窝人居环境整治及农村生活垃圾分类项目，城乡生活垃圾处理率达100%。

【改革创新】 深化“放管服”改革，持续推进工程建设项目审批制度改革工作，共受理办结施工许可证126件，全县房屋建筑和市政工程实行不见面电子公开招投标项目92项(有3项实行了易地远程评标)，中标金额4.56亿元。积极开展工程建设政府采购等重点领域突出问题专项治理工作，扎实开展“体外循环”和“隐形审批”专项整治，获得自治区工程建设项目审批制度改革领导小组专项整治及试点成果奖励23万元。依托工改系统开展联合验收工作，将现场勘察、专家评审、批前公示等环节纳入审批计时和在线办理；对涉及供水、供气、供热、排水等市政报装的建设项目进行现场勘测确定报装点坐标，实现市政报装与项目主体同步建设，具体经验做法被自治区住建厅推广全区试行。

【城市管理】 管理服务精细化。推行“街长制+网格化”管理模式，常态化开展志愿服务，全面提升包抓小区、街道基础设施，安装文明标识牌400余个、文明宣传栏32个，利用工地围挡制作宣传专栏4万余平方米；全面消除管理盲点和死角，清理“牛皮癣”小广告4100余平方米，整治占道经营300余处、违停车辆5600余辆。保洁养护规范化。在对313万平方米街道、4900余亩绿地、56座公厕等进行全天候精细化保洁管护的同时，投入300万元实施盐池县振兴社区垃圾分类试点项目，依托垃圾分类智慧管理平台，以有偿回收的方式鼓励居民积极参与垃圾分类。质量安全监督常态化。以安全生产专项整治三年行动为抓手，突出“三个重点”，即抓重点企业、抓重点项目、抓重点时期，认真贯彻落实安全生产主体责任。

【队伍建设】 按照“围绕住建抓党建、抓好党建抓住建、凝心聚力谋发展”的工作思路，全面抓好党建、党风廉政建设、意识形态等工作。扎实推进党支部标准化规范化建设和党建示范引领工程创建，打造住建品牌优势，促进“四化”（城市建设标准化、城市管理精细化、城市综合执法人性化、党建工作规范化）水平稳步提升。加大学习观摩力度，开展中心组理论学习12次、专题学习研讨60余次、支部书记讲党课12次、主题党日活动30余次、撰写心得体会200余篇、为民办实事54项。严格落实党风廉政建设“三个清单”和意识形态工作责任制，常态化开展廉政警示和意识形态教育，梳理廉政、意识形态风险点48个，制定防控措施69条。充分发挥局纪委职责，全面推进工程建设政府采购领域突出问题专项治理走深走实。坚持把民族团结进步创建和文明单位创建作为一项长期性工作，多形式开展“民族团结月”活动。

城市管理

【党史学习教育】 盐池县城市管理综合执法大队党支部紧密依托党史学习教育，切实将“我为群众办实事”作为事关民生的大事来抓，用心用情用力办好民生实事，共解决群众“急难愁盼”问题7件，同时通过党史学习教育，进一步强化和提升全体干部职工的思想理论素养。共组织开展党史学习教育30次，学习交流4次，先后参与县级唱红歌联唱比赛、党委“学党委”知识竞赛、参观红色教育基地、百名党员讲红色故事、观看红色电影等活动。

【创建文明城市】 通过实行划片承包，责任到人的机制，全方位对占道经营、乱拉乱挂、乱堆乱放等开展大排查、大整治。向商户下达执法文书47份，发放创城宣传材料5000余份，完成流动餐车审核备案99台，规划流动餐车专用停车位94个并张贴创城宣传标语，拆除破损、破旧灯杆广告及门头牌匾630余块，审批门头牌匾500块；清理过期、到期广告牌86块，拆除大型广告牌13块；清理非法条幅170余条，粉刷墙体非法广告430平方米；清理流动摊点890余处并规范辖区流动摊点在指定区域经营，取缔占道经营540余处，清理乱堆乱放900余处，清除城市“牛皮癣”小广告12000余平方米，清理路缘接坡5767.8平方米，清理各种路障150余处，清理迁户小区、文化街、福州南路、民族街、盐林路公用巷道50余处（共计清理垃圾150余吨），流浪狗抓捕560余只。

【整治停车乱象】 以创建文明城市为目标，从年初起，盐池县城市管理综合执法大队联合县公安局交管大队继续对城区道路交通秩序进行规范管理。对全县停车位进行“应划尽划”，在大型商贸城、医院、政府、政务中心、景区景点等施划残疾人无障碍停车位，在县医院南门口增设出租车专用停车位；同时根据有关法律法规的规定，开展机动车辆、非机动车辆乱停乱放集中整治行动。补划停车位15000平方米，共张贴规范停车温馨提示牌2000余个，拖移暂扣机动车8000余辆，非机动车辆4000余辆。

【农村生活垃圾治理】 2021年，在2020年成功创建宁夏回族自治区农村生活垃圾分类和资源化利用一级示范县的基础上，全面铺开盐池县农村生活垃圾和资源化利用工作，在“户分类、村收集、乡(镇)转运(或处理)、县处理”的基础上推行“两次六分、四级联动”的治理模式。争取项目资金830万元，重点高标准打造13个示范点，以示范带动、榜样引领的方式促使全县农村生活垃圾分类有新亮点、新氛围。8个乡镇、102个行政村全部开展垃圾分类工作，源头分类覆盖率达到100%，配备垃圾分类分拣员102个，再生资源回收车102辆，配备20升规格两分类垃圾桶3.93万个，累计垃圾分类3.2万吨，垃圾处理量6.6万吨，盐池县农村生活垃圾源头分类减量率为48%。

【大气污染防治】 对县城及周边村庄进行重点排查监管，对城区所有大型在建工程施工手续进行查验，并对城市规划控制区和城乡接合部进行划片管理，利用无人机航空巡查，实行“人防机防、即违即查、有违必惩”的精细化管理机制，建立24小时网格化监督市容市貌、大气污染防治和在建工程的管理体系。清理建筑垃圾8万余吨，查处施工工地扬尘、噪声、“六个100%”等案件10余起，清理随意停放工程车辆50余辆，查处渣土运输车辆30余辆，检查燃煤锅炉使用情况54户，商户装修报备80余家。

城乡供电

【概况】 实现长周期安全运行10541天，城镇供电可靠率99.93%，农村供电可靠率99.87%；电压合格率99.83%；完成售电量26.62亿千瓦时，电费回收连续44年结零。

【安全生产】 有效管控安全风险。扎实落实安全生产专项整治三年行动计划。狠抓作业现场“四个管住”，严格落实配网工程十八项禁令、三十条措施，参加单位资信备案全覆盖，依托现场稽查结合安全风险管控视频，监管作业现场267个，现场安全保持平稳。运维管理基础不断夯实。扎实推进10千伏跳闸压降百日攻坚专项治理行动。落实79条线路、1789个“台区主人制”，累计完成30条线路综合检修，调整开关位置60余台、更换设备线夹、接线端子5300余只，加装驱鸟设施750余处、更换老旧跌落设备80余组、绝缘化处理250基、更换绑扎线120基、紧固针瓶200余处，跳闸压降明显。全年开展带电作业531次，减少停电时户数63717户，多送电量116.74万千瓦时。供电服务保障有效加强。常态保障全县医院及检查点疫情防控用电，圆满完成建党100周年、中高考、农民丰收节系列活动、河南特大暴雨抗洪抢险、支持陕西抗疫等重要保电任务。

【配网建设】 全面排查配电网网架结构、设备情况，以服务民生改善、支撑地方经济发展、满足新增需求为重点，完成“‘十四五’配电网规划”编制，分区分类制定标准网架建设改造方案。梳理2022—2023年10千伏及以下项目需求25大项132小项，估算投资1.16亿元，明确建设时序，迈出现代一流配电网实质性建设第一步。深入贯彻公司“三融三化三落实”配电网建设总体要求，深化应用配电网工程管控系统，加大安全和质量全过程管理，高效完成2021年6435.23万元配电网工程建设。

【营商环境】 业扩服务持续强化。大力实施阳光业扩工程，严格落实客户报装“零投资”，累计新增客户5003户(含高压、小区新装等用户)，新增容量22.74万千伏安。“获得电力”水平稳步提升。高压平均接电时长压缩至32.81个工作日，低压平均接电时长压缩至3.64个工作日。全年累计完成客户报装“零投资”3679户，为客户节省办电费用313.36万元。市场化改革稳步推进。落实一般工商业市场化计量装置改造工作要求，完成4813只2009版电能表和384只2009版采集终端应换尽换，确保计量装置满足市场化改革需求。

【经营质效】 持续夯实营销基础。开展营业普查工作，全年共完成高、低压营业普查12691户，促进营销基础管理再提升。全力保障电费回收。实行分级、分区、分户承包到人的电费回收责任制，完善重要风险用户“一户一策”，加大电费催缴力度，电费回收率完成100%。精准开展反窃查违。运用线路线损关联分析、零火线不平衡分析等多项模型，查实违约窃电案值35.45万元，完成全年任务35万元的101.28%。着力打造企业“双样板”。入集市7次、入户213户，广泛宣传落实“煤改电、油改电、气改电”配套政策，利用公司主营业务优势，促进能源供给清洁化，着力推进互动服务体验、智慧使用展示窗口，引导用户使用清洁能源达到低碳生活目的。

【党的建设】 党史教育走深走实，开展红色教育实践教学4场次52人次，所属各党支部按照要求召开专题组织生活会，“我为群众办实事”主题实践活动成效明显。扎实推进“基层党建创新拓展年”工作，完成盐池县公司撤党委成立党总支工作。党总支召开支部委员会会议22次，“第一议题”学习13次，各党支部召开支委会45次、党员大会58次、开展主题党日+活动51次，集中学习42次。层层落实党风廉政建设责任制。高质量完成国网巡视、宁夏巡察及各类审计检查迎检工作；开展全员廉政警示教育，守牢廉洁底线；针对2019年提级巡察以及2020年巡察整改“回头看”反馈问题和意见，明确责任分工及整改时限，分层次逐项整改落实到位，切实形成闭环管理。不断拓展民主管理工作。按照“人文化”原则，推进班组减负工作和“五小”建设，职工文体活动中心全面建成，加强保密、信访和舆情管理，化解和处置各类舆情风险2起，职工队伍保持和谐稳定。2021年，盐池县党总支获自治区国资委党委优秀基层党组织称号，1人获得宁夏公司2021年供电服务技能竞赛一等奖、2人获评自治区、宁夏电力公司河南特大暴雨抗洪抢险保供电先进个人。

住房公积金

【党史学习教育】 2021年，盐池县住房公积金管理分中心，按照吴忠市住房公积金管理中心和盐池县委下发的党史学习教育实施方案，扎实开展党史学习教育。召开动员会，制订学习计划，与业务工作同安排、同部署、同推进。组织干部职工深入学习贯彻习近平总书记在党史学习教育动员大会上的重要讲话精神，坚持学习党史与学习新中国史、改革开放史、社会主义发展史相贯通，通过领学、个人自学、交流心得、观看视频等多种形式进行学习。增强理论学习的规范性，即书本有痕迹、学习有笔记、读后有心得。结合党史学习教育开展“我为群众办实事”活动，增设网上大厅服务功能，开通“跨省通办”业务，方便职工异地办理住房公积金缴存业务。

【业务指标】 共有226个单位7035名职工和46名灵活就业人员缴存住房公积金，全年共归集住房公积金1.39亿元，完成计划任务（1.29亿元）的108.39%；累计归集住房公积金14.13亿元，归集余额5.22亿元。新增缴存单位18个91人，月增加缴存额6.39万元。新增灵活就业人员缴存3个，月增加缴存额0.2万元。全年共发放住房公积金贷款133笔4769万元，完成全年计划任务（3000万元）的158.97%，同比增长2.91%，其中异地贷款16笔444万元，占比9.31%。累计放贷6189笔8亿元。当年回收贷款本金5102.96万元，回收贷款利息

615.78万元。存量贷款1154笔，贷款余额1.94亿元。个贷率37.25%，贷款逾期率为零。为职工购建房、退休、偿还贷款本息等提取住房公积金1197笔1.15亿元，同比增长14.44%，占当年归集额的82.54%；累计提取14.13亿元。存量抵押贷款1148笔，其中现房抵押218笔，期房抵押930笔，已转现694笔，不可转116笔，未转现120笔，转现率85.26%。办结转入申请47笔，金额132.65万元；办结转出申请118笔，金额426.62万元。共有202个单位办理托收业务，占比89.38%。通过网上业务大厅办理业务2109笔，线下办理1871笔。

【业务工作】 有针对性地开展归集扩面工作。先后多次到宁鲁石化公司、金裕海公司等大、中、小型经济效益好的企业宣传讲解住房公积金政策，进一步提高企业和员工对制度优越性的了解和掌握。全年新增缴存单位18个91人，月增加缴存额6.39万元，创近3年新高。严审受理资料的真实性。充分利用“全国住房公积金微信小程序”和全区信息共享平台，逐笔严格核查缴存、提取、贷款信息，对查询结果留底存档。指定受托银行查询征信报告，从源头上杜绝征信造假。加强逾期贷款管理。形成“三个一”催收模式，即：每天检查一次逾期情况，从逾期第一天开始催收，一直催到还清逾期为止。专人专责，通过找配偶、找父母、找担保人、找单位等多种方式进行催收，效果良好。贷款逾期率连续12年为零。电子化稽查规范有序。指定专人负责，按月逐项逐条核查整改，建立电子台账，月末将整改情况上报市中心。持续推进“按转押”工作。联合三方力量，分中心、受托银行、开发商相互配合，有效开展“按转押”工作，期房抵押转现率达到85.26%。维护住房公积金中心的合法权益，保障贷款资金的安全。

【党风廉政】 及时召开会议部署全年党风廉政建设和反腐败工作，并结合工作实际制定《盐池分中心关于全面从严治党党风廉政建设和反腐败工作要点》，分中心主任为直接责任人，切实履行“一岗双责”。抓牢新时代新形势下党风廉政建设工作特点，扎实开展党史学习教育，加强干部职工思想教育和法制教育，筑牢理论思想根基。与日常业务工作结合，贯彻落实中央八项规定，严格执行岗位风险监督制，杜绝形式主义、官僚主义，让服务群众的责任意识落地生根。创建文明城市。主动认领任务，定期召开推进会部署创城工作。组织人员对金融大厦小区及周边商户进行环境卫生整治和文明行进行劝导，开展清除小广告、捡烟头、劝导规范停车等工作，对小区138个住户的楼道杂物进行专门清理，公共区域增设公益广告14处，营造良好的文明城市氛围。3人累计参与志愿服务活动时长234余时，提高居民和商户对创建文明城市的知晓度。窗口服务。严格执行政务服务标准，落实自治区政务服务“好差评”评价系统，引导窗口工作人员正确对待群众监督和社会监督，养成自觉遵守规章制度的习惯。积极参加政务服务中心的礼仪培训和知识竞赛等活动，强化窗口工作人员的责任意识、服务意识、纪律意识，脱贫富民。按照“脱贫不脱责任，脱贫不脱政策，脱贫不脱帮扶，脱贫不脱监管”政策要求和盐池县委、县政府巩固脱贫攻坚成果与乡村振兴战略有效衔接的工作部署，分中心积极配合镇村两级，两名帮扶责任人进村入户宣传乡村振兴政策，开展“六个一”重点帮扶工作，了解帮扶户当前面临的困难并给予指导和帮助。

交通　邮政

盐池县交通运输局

【党史学习教育】 2021年，盐池县交通运输局紧密结合交通运输行业的实际情况扎实推进党史学习教育，确保规定动作做到位，自选动作有创新。以开展“学好党史 建好路微课堂”领学、“以案释法微讲堂”促学，组织全体党员干部职工收看了全国“七一勋章”颁奖仪式大会实况，集中学习习近平总书记在庆祝中国共产党成立100周年大会上的重要讲话精神，原原本本学习“四本书”、开展集中学习20余次、专题讨论交流5次；召开1次党史学习教育专题组织生活会，党员干部认真交流学习体会，查找不足。组织党员干部职工参加盐池县2021年清明节“诵读诗词祭先烈，重温党史明初心”诗歌朗诵会、开展“永远跟党走 奋进新时代”红色经典故事演讲比赛、联合自然资源局等4个党委开展党史学习教育专题辅导，到李塬畔中共盐池县委机关旧址、大水坑石油博物馆、四川德昌铁路物流进行观摩学习。下基层调研办实事，为帮扶村解决春播春耕农资及应急救援资金3万余元；维修整治农村公路病害70千米，争取养护维修资金700万元，进一步提升人民群众的获得感、幸福感和满意度。从严整改县委巡察反馈意见。县委巡察反馈意见涉及4个方面10个问题，局党委成立整改工作领导小组，制定整改方案，细化措施，制定整改措施79条，明确责任且责任到人，切实做到立行立改、即知即改、全面整改。落实疫情防控责任，全力筑牢安全屏障。对通往银川、吴忠班线客车暂停营运，对全县营运的出租汽车和公交车疫情防控工作进行严格检查，坚持“不漏一车、不漏一人”原则，督导出租汽车和公交车做好消杀和防护工作。利用单位电子屏、出租车LED顶灯宣传疫情防控知识300余条，发放疫情防控温馨提示500余份。同时，配合北关社区、龙辰社区通过电话问询、入户寻访、小区门口查验问询等方式，对所包抓的永生物流园区、世纪广场小区300余户住户进行返(来)盐池县调查，坚决落实疫情防控各项措施；在小区门口、汽车站、火车站、高铁站内设立党员先锋岗，切实做好值班值守工作，对来(返)盐的车辆和人员进行排查登记、查码测温、消杀，转运需要隔离人员，严把“外防输入”的重要关口。

【路网建设】 编制《盐池县“十四五”交通运输综合发展规划》《盐池县农村公路网规划》，紧密衔接区市行业“十四五”规划和全县经济社会发展总规划，上报县政府专题会议审定。国省干道改造项目：协调建设S201线郝记台至马儿沟段48千米改造项目完成可研和施工图审定。S202线南梁至冯记沟28千米二级公路建设项目完成征地和招投标工作。跨年度实施的S309线大水坑至惠安堡26千米二级公路建设项目分段实施。其中,S309线大水坑段9千米公路全面完工,S309线惠安堡段17千米公路项目可研、初设已审批,上报区厅落实资金,同时报审施工图,年内完成全部前期工作,作为2022年3月集中开工项目。农村公路建设项目:2021年,争取区厅车购税资金、整合扶贫资金新建农村公路4条36千米项目,年内完成建设任务;麻黄山至后洼三级旅游公路正审查可研和初设,年内完成全部前期工作,作为2022年3月集中开工项目。农村公路2022年计划建设项目:对圈关线28千米、左苏线20千米、马老线7千米、南苑新村裕兴村6千米道路改造实地勘测,年内完成初设审批。

【"四好农村路"创建】 巩固提升"两通"工作。8个乡镇均通三级以上等级公路,102个行政村通硬化公路,669个自然村已通623个,年内再通3个,占比94%。常住户20户以上的有5个自然村,其中,在哈巴湖自然保护区内有4个,另外1个是萌城村新庄组(常住32户84人),地形条件差,公路建设难度极大,年内实地勘测提出建设方案。调整新增农村客运线路9条,公交延伸农村19条,进一步巩固行政村通客车常态化。农村公路管养改革有序推进。制定《盐池县农村公路管理养护体制改革实施方案》,结合农村公路路网规划调整,移交由乡镇管养乡道589.2千米、村道808.8千米;争取区厅安防工程705万元,对辖区管养194条农村公路设置波形钢护栏、轮廓标、道口警示柱等设施,争取区厅公路养护项目资金510万元对县域内左蔡线、圈关线、杨十线3条农村公路的路面、路基维修及排水设施进行全面维修,两项工程9月实施,11月完成;扎实推进"路长制"工作,将乡镇考核纳入年终目标责任制,以考促效。全力创建"四好农村路"全国示范县,7月15日经交通运输厅、财政厅、农业农村厅、乡村振兴局审核上报交通运输部,九月中旬交通运输部复核组通过线上进行全面复核,以94.5分报交通运输部近期公示。全区"最美农村路"申报长城旅游线35千米,交通厅已初审。

【综合执法】 扎实推进执法队伍素质能力提升三年行动。制定了《执法队伍素质能力提升三年行动实施方案》,统筹协调、组织推进和工作落实,结合交通运输执法领域突出问题专项整治行动,认真排查行政执法存在的突出问题,查找行政执法各类问题58条并逐一整改落实到位。深入推进安全生产专项整治三年行动。2021年为集中攻坚年,重点对排查出的1个重大隐患和3个突出问题进行集中整治。1个重大隐患:S201线与花马湖南环平交口设计不合理。因占用生态红线等原因一时难以解决,已在该路段设置爆闪灯、减速带等设施作为应急补救措施,列入S201改造提升项目并彻底整治。3个突出问题:危货停车场建设。投资2800万元,地埋管线施工完成,辅助用房正在装修。道路管理能力不足。已通过建立四级路长制管理体系予以解决,各乡镇均建立农村道路管理站,配备专兼职道路管理人员,取得一定成效,待常态化、制度化管理后销号。个别危货运输公司车辆未按规定在专用停车场停放。管理不规范,资质不达标报请吴忠市交通运输局吊销公司经营许可证3家;统筹整改道路隐患2501处,检查一般隐患51处并督促运输企业整改,运输市场环境得到进一步净化。以创建文明城市为契机,对客运出租车不规范经营行为进行专项整顿。共处理投诉案件184起,其中受理"12328"投诉134起、受理"12345"投诉26起、电话投诉24起,全部处理结案;对辖区货运企业规范化运营进行专项治理。印发《关于注销相关道路普通货物运输企业〈经营许可证〉的通告》,

注销超过180天未投入营运车辆企业62家，对辖区9家机动车维修企业（一类2家、二类7家）进行7轮日常安全监督检查并整改验收；加强超限超载治理。对一年内超限超载车辆总数超过10%的38家涉超企业负责人进行约谈并下发停业整顿通知书责令限期整改，对10家企业处罚罚金18万余元，对一年内超限超载3次以上的30辆超限超载货运车辆，印发《盐池县交通运输综合执法大队关于吊销部分货运车辆〈道路运输证〉的通告》，并在交通运输局微信公众号、58同城门户网站进行通告，青山治超（点）共检测车辆3221辆，其中超限超载95辆，卸载货物3182吨，转载货物2613吨，处理非法改装车辆34辆。

【党建和党风廉政】 抓党建促工作，履职尽责。以习近平新时代中国特色社会主义思想为指导，组织召开党组（党委）会议专题学习习近平总书记视察宁夏重要讲话精神及习近平总书记系列重要讲话和重要指示批示精神25次；同时，坚持个人自学、周一集中学习日，党委书记讲党课和党支部“5+X”主题党日活动、专题研讨、“学习强国”学习平台、为退休党员上门送学、组织宣讲团以授学等方式开展学习。组织党委（党组）理论学习中心组学习13次、集中学习40余次，开展专题研讨4次。及时调整局党委意识形态及网络意识形态工作领导小组，加强对意识形态工作的统一领导，明确党组（委）书记为第一责任人，带头抓意识形态及网络意识工作，切实做到重要工作亲自部署、重要问题亲自过问、重大舆情事件亲自处置。专题研究意识形态及网络意识形态工作3次，处理网信办转办舆情1件，已办结。以创建全国文明城市为抓手，建立新时代文明实践站，在县汽车站、火车站制作社会主义核心价值观宣传牌；深化拓展新时代文明实践中心建设工作，挂点联系高沙窝镇高沙窝村新时代文明实践站；每周五组织志愿者到永生物流园区和世纪小区开展志愿服务活动，引导全体干部职工争做崇高道德的践行者、文明风尚的维护者、美好生活的创造者。开展志愿服务活动40余次。抓党风廉政建设，强化廉洁从政意识。扎实开展“领导干部廉政警示教育周”活动。组织党员干部认真学习习近平总书记在中央纪委十九届五次全会上的重要讲话精神、自治区纪委十二届五次全会精神、吴忠市纪委五届六次全会精神、全区领导干部廉政警示教育周活动暨自治区党委理论学习中心组（扩大）学习会议精神及《清风传家》和《严以治家》，集中观看警示教育专题片《张吉贺受贿案警示录》，切实引导广大党员干部不断加强自身修养，始终坚持“自重、自省、自警”原则，时刻警钟长鸣。坚持节假日前召开专题廉政会议，打好节日廉洁“预防针”，筑牢思想防线，组织党员签订党员廉政承诺书72份。严格执行“三重一大”办事流程，集体讨论决策，落实末位表态。局党委成员共提醒谈话30余人次，有效避免监督盲区和死角。

公路管理

【公路养护】 做好日常性养护管理工作。加强公路巡查，处置路面沉陷及大面积坑槽22786.8平方米，路肩边坡不洁8111平方米、路肩损坏15095平方米，疏通桥涵80道。汛期恢复S201线、杨十线、麻萌线、红新线等路基塌方土方量23156立方米，清理边沟39千米。处置路面水毁2260平方米，利用沥青冷补料在惠红线、盐麻线、哈南线、红新线等道路对零星小面积坑槽修补2900平方米。内业资料根据交通运输部《全国干线公路管理规范化检查标准》和《评分细则》，逐项逐条对照、归类整理，达到格式规范统一、内容齐全完整。完成全区公路基础数据和电子地图更新工作。完成区公路管理中心下达的“三项养护指标”。2021年，养管农村公路1848.717千米，其中县道5.82千米，优良中路率87.13%，综合路况指数MQI评定值82.18，各分项指标和2020年比较有所提升。乡道342.746千米，优良中路率75.08%，综合路况指数MQI评定值76.04。村道养护里程1277.998千米，优良中路率81.38%，综合路况指数MQI评定值83.28。强化农村公路各项工程实施。2021年，养护工程涉及县域内左蔡线、杨十线、圈关线3条农村公路的路面、路基维修及排水设施的新改建，项目投资总概算500万元，11月中旬完成建设任务。实施村道安全提升工程，争取705万元专项资金对辖区管养194条农村公路设置波形钢护栏、轮廓标、道口警示柱，年内完成。完成交通运输厅下达的“千灯万带”示范项目，在城西滩路网等10处平交路口设置减速带319米，设置减速带标志牌18块，确保了管养公路的安全畅通；完成交通运输厅下达的“最美农村路”日常养管工作，在哈南路清理边沟2460米，维修边沟910米，路面维修280平方米，清除路肩高草60千米，里程碑、百米桩、警示柱、台帽等刷红刷白等工作。着力创建“最美农村路”工作。依托长城历史文化资源和长城沿线生态资源，2021年，创建盐池古长城遗址公园至G338线公路“最美农村路”。该公路起于S202线岔路口，向东跨越古长城，沿古长城北侧经过英雄堡、红柳滩、八步站台、安定堡、张记场古城等，终点止于G338线张记场岔路口。全长为35千米，按三级公路标准设计，路基宽8.5米，路面宽7米，两侧为大漠草原，路况水平较高，俗称长城观光线。有效推进盐池县“四好农村路”全国示范县创建。

【“路长制”】 全面建立农村公路四级路长制管理体系，落实上级路长相关工作部署要求。公路段自2021年10月1日与各乡镇完成乡、村公路移交手续，逐步使乡、村公路管理养护责任落实率达到100%。加强隐患治理，强化应急保障。认真做好汛期的安全生产工作，加强公路巡查力度，全面疏通辖区桥、涵、边沟等排水设施。定期对养护车辆以及职工乘坐施工车辆进行安全检查。做好“安全生产月”宣传工作。确保农村公路沿线安全设施完好。

【党建和党风廉政】 制定2021年度《党风廉政和反腐败工作安排》，细化责任落实，确保党风廉政建设各项任务落到实处，同时在县委、县政府和交通运输局党组（党委）部署下，认真做好党建工作。巩固脱贫攻坚成果，助力乡村振兴发展。帮助包扶195户贫困户制定了2021年产业扶持项目，做好相关的惠农政策宣传。2021年春季完成树木栽植任务850棵，符合验收标准。广泛组织全段干部职工积极参与创建全国文明城市工作，每周五组织干部职工到包抓小区进行志愿者服务，小区住户进行群众满意度测评，将创建全国文明城市工作形成常态化、长效化。长期抽调12人在盐池县火车站、银西高铁惠安堡站、定武高速马儿庄检查站等防控检查站点执勤，确保疫情防控工作高效有序进行。

邮　政

【概况】 全年实现收入730.64万元，增长26.44%，超额4.38%完成预期目标。盐池惠安堡营业所收入增幅超50%，学习山东发展经验，全年金融总资产累计新增8358万元，储蓄余额净增5412万元，增市场占有率11.91%。惠安堡营业所获得三季度全区“30强”网点排名和三季度比学赶帮超“8强”网点优胜奖。寄递业务取得新进展，全年实现收入614.76万元，增长94%，超额35.3%完成市分公司卓越目标，三年累计收入增幅及进度位列全市第一。特快专递业务继续保持高速发展，全年实现收入554.73万元，预期超额25.1%，收入增幅及进度位列全市第一，获得区、市分公司特快业务发展卓越目标奖寄递收入结构优化调整效果显著，特快收入占比达到90%。2021年，民族西街揽投部获“寄递发展20强”称号。邮务业务取得新成效。函件及生肖贺岁季实现收入83万元完成市分公司目标计划的133.87%，排名全区第一。2022年邮票线上预订比例达到82.64%，较2020年同期提升13个百分点。政务图书销售实现突破，“四史”等政务图书发行突破实现收入14万元。营销能力取得新提升。强化金融营销力量建设，金融网点专职理财经理增至4人。强化推进寄递营销能力提升，以央企国企客户销号式开发及“清风行动”“大揭标大走访”为抓手，实施“首席经理制”分层分级开展客户营销。“李凤玲微营销工作法”被市分公司评为2021年度优秀创意奖。

【党史学习教育】 党史学习教育走深走实。坚持以党的政治建设为统领，严格落实“三个第一时间”学习机制，认真组织学习习近平总书记在党史学习教育动员大会上的重要讲话、“七一”重要讲话和十九届六中全会精神。通过开展党委中心组学习、党史学习教育读书会、参观六盘山长征纪念馆、举行“盐邮青年、风华正茂”青年读书比赛等活动，不断激发党员历史使命感，锤炼担当尽责真本领。完成6项“我为群众办实事”实践活动，确保实践活动走深走实，厚植党员干部为民情怀。基层党组织建设有力推进。以“五个党建可视化”为抓手，深入推进基层党组织规范化标准化建设，开展“三亮三比三评”以实际行动推动“103010”工程的落地见效，扎实开展星级党组织评定工作，获得全区优秀基层党组织。严格落实党员发展工作，接收1人为预备党员，发展入党积极分子2名，1人递交入党申请书。求是求实作风有力彰显。严格落实中央八项规定精神，持续开展“扬正气、抵歪风、树形象”强化作风建设活动，深化纠治“四风”，召开警示教育会议，通报邮政违反中央八项规定精神典型问题案例。聚焦“小金库”“昏懒庸”等突出问题开展7个专项治理，取得明显成效。

【机制创新】 市场机制加快建立，落实国企改革三年行动方案总体要求，深化薪酬制度改革，将有限的人工成本、人力资源向高效业务、创收环节、高绩效员工倾斜，明确薪酬增长“经营一线高于本部”，让贡献大者多得、绩优者多得。2021年，金融专业、寄递专业员工个人收入增幅高于市分公司员工个人收入平均增幅。人才机制逐步完善，深化用工制度改革，强化人员盘活，通过社会招聘将7名业绩突出的金融网点劳务用工、劳务承揽转为合同用工，提高基层人员业务发展积极性和主动性。强化外包管理，进一步规范业务外包环节，切实发挥业务外包降本增效功能。揽投网优化改革深入推进，进一步加快揽投网优化改革力度，推进销售化转型。将原揽投部拆分为民族西街和盐州商贸城两个揽投部，规划17条段道。城市区域快递包裹投递全部实施分网运营“加盟外包”模式运营。乡镇农村网点实施授权加盟制经营改革，全县5个农村乡镇完成5个农村乡镇网点“加盟制”改革运营。加快普服段道拆分，《宁夏日报》回归投递业务后将原有普服段道拆分为3个段道，有效提升服务能力和服务水平。加快自提点建设，城自提点建设达到69个，自提率达到80%，较2020年提升28个百分点。

【服务落实】 始终把服务国家大局、服务地方经济社会发展摆在重要位置，邮政品牌形象、社会影响力不断扩大。从严从细抓好普遍服务。普遍服务考核17项指标全部达标，其中：问题邮件一次性解决率、理赔及时达标率排名全区第一、客户投诉率，智能跟单异常发生率排名全区第二。全县102个建制村投递频次全部实现周三班投递。2021年，盐池县乡镇邮政普遍开展服务局所专项整治“回头看”工作，共整治营投合一单人邮政所5个，9个普服网点全部实现“一所一档”。机要通信工作连续33年质量全红。

【乡村振兴】 巩固脱贫攻坚成果同乡村振兴有效衔接，充分发挥县域寄递网络和渠道资源优势，构建覆盖县、乡、村三级物流体系。以寄递农产品为引领，向外省推广“盐池滩羊”等特色农产品，全年实现外销订单2.2万单，累计销售额368万元。积极配合地方政府开展乡村振兴工作，组织党员及积极分子深入盐池县高沙窝镇长流墩村开展结对帮扶，为35名脱贫户送去温暖。

【爱心帮扶】 关心关爱员工落实落地。持续做好大病互助、冬送温暖、夏送清凉、金秋助学等职工关爱工作。积极开展职工小家星级达标建设工作，已建成农村支局所职工小家2个，城市投递员之家1个，保障员工住有条件、食有佳肴、为大水坑职工小家配备棉门帘、炒锅，为惠安堡职工小家配备了消毒柜、热水设备，为单位办公大楼、单位食堂各配备1套饮水设备，切实提升员工的归属感、幸福感。

中国电信盐池分公司

【党史学习教育】 2021年，中国电信盐池分公司以党支部为单位，与党员群众一起学习讨论、悟思想、谋发展，扎实推进党史学习教育往深里走、往心里走、往实里走，解决经营发展问题13个。全年党史集中学习39次、每周一测38次、每月一讲8人次、每月一考12次，撰写心得体会24篇。开展学习教育活动5场次。“我为群众办实事”求实效开新局。结合各项劳动竞赛和上百万用户们攻坚行动，开展学党史、转作风、提能力、干实事，落实两深入两服务工作，以服务质量为抓手，支部组织管理人员、支撑岗位人员深入城市、农村营服中心进行帮扶支撑活动，累计参与人数300人次。

【党的建设】 严格落实“三会一课”等基本制度。全年召开党员大会10次，支部委员会会议41次，专题党课14堂，专题组织生活会3次；开展谈心谈话50余人次，其中3次集中谈话；开展“支部主题党日活动”12次。紧抓融会贯通，确保党建与业务工作同频共振。全年坚持“围绕工作抓党建，抓好党建促工作”的方针开展各项生产工作。全年打造数字乡村标杆、开展百万农民数字培训，打造县公安和乡镇级智慧监控平台。深入政府企事业单位，洽谈业务合作，储备项目。全面落实公司两条线工作部署指引，实行维护划小改革，优化工作方式方法，提升工作和业务支撑效率，全面排查、修复和提升网络质量，转变工作态势，由“疲于抢修，无时间检修”转变为“预检预修为主，突发抢修为辅”，业务影响范围也显著压缩。进行OLT双联改造，有效压降因各类问题引发的OLT脱网。借助盐池县老旧小区改造项目机遇，完成飞线整治，光衰达标率提升有效改善用户接入侧网络质量。落实作风工程，持续开展两深入两服务活动。深入市场，服务客户。与盐池县创城办联合开展创城志愿活动48场次，与花园社区党支部联合开展党建翼联“我为群众办实事”主题实践活动，为社区居民讲解防通信诈骗相关知识，深入家和园进行志愿者活动，并在疫情防控责任小区值班36天。与城关卫生室联合为社区居民讲解慢阻肺、高血压、糖尿病等慢性病知识；与青山乡党委联合举办“我为群众办实事”之数字乡村应用培训活动。盐池营业厅搭建无障碍通道，提供适老化服务，设置爱心专席；开展4期“我为群为办实事”系列活动之“爱心翼站”。深入一线，服务员工。盐池分公司支部支委班子深入一线参与营销活动，并总结优化营销路径，深入一线274次，解决问题180个，为40名员工送去生日礼品卡，慰问一线员工130人次，看望生病住院员工4人，看望员工重病家属1人。组织员工团建活动3次，改善餐厅伙食，健全妈咪小屋和员工活动室；每周开展升国旗；解决惠安堡供暖问题。落实品牌工程，争创四星级党支部。创建盐池县数字乡村标杆村建设“一部一品”。落实支部PK赛，一季度排名靠后，二季度奋起直追，排名第六。积极推选奋斗者足迹9个、每月一星7人，做好先进事迹、经验复制推广，年底积极申报四星级党支部。履行社会责任，彰显央企担当。乡村振兴方面。两人到驻村开展乡村振兴工作，8人帮扶责任人继续帮扶各自的扶贫对象，均按乡政府的统一要求开展工作。并为王乐井乡石山子村投入扶贫专项资金5.53万元用于打深井、购买水泵，打造数字乡村。疫情防控。把疫情防控工作作为首要政治任务来抓。严格落实防疫要求，防疫物资储备充足，疫苗两针接种率100%，正在进行第三针接种，全员39人签订疫情防控承诺书。

【党风廉政】 开展廉洁警示教育。支部书记和纪检委员讲党风廉政建设及警示案例专题党课4次，与全体党员、关键岗位22人签订廉洁自律承诺书并进行预防性谈话。组织全体员工参加宁夏公司警示教育专题讲座，全体党员学习《清风传家》《严以治家》等，通过多次警示教育及预防提醒，提高广大员工的思想认识，达到警示教育的目的。落实廉洁风险事项防控措施。针对涉及的30项风险事项专项督查36次，常态化开展光皮线整治、装移机材料压降、渠道采暖费收缴、预存款余额提取、宽带维修时长、渠道工号实名制抽查，均不存在廉洁问题。组织人员对涉及“小金库”的23个风险点逐一自查，均未发现问题。重大节前，专题检查监督。节假日前对机房环境温度、设备运行、灭火器具、机房封堵情况及营业厅、门房用电安全情况检查，对餐厅、不值班车辆进行封存。在微信工作群进行节前和节中廉洁提醒，盐池分公司全年没有发生违规公务接待、私车公养、公车私用等违反中央八项规定精神和“四风”问题。

【安全生产】 夯实基础工作，确保安全稳定。坚持“以人为本、安全第一、预防为主、综合治理”的方针，全年车辆安全检修3次，出车安全检查确认签字。装维工程师每日出工设备安全检查，实现全县30个机房内、17个机房外围摄像头实时监控。每月落实安全检查，确保机房设备运行政策、厅店资金等安全。开展消防知识培训2次、演练2次，严禁酒驾宣传4次，签订酒驾承诺书83人。重点节假日落实专题检查，确保安全工作常抓不懈。以安全生产零事故为目标，开展经营生产工作。以“安全生产相关制度”“云两条线12个月安全主题任务”“开车拒酒　幸福永久，零酒驾主题活动”“百日安全生产攻坚行动”等为指引，落实安全生产工作，2021年，盐池分公司未发生酒醉驾驶事件和安全责任事故。

中国移动

【概况】 2021年，盐池移动宽带覆盖6.7万户。其中，城市家庭宽带3.7万户，农村小区宽带覆盖3万、城市小区覆盖率100%；农村覆盖率：行政村90.24%，自然村67.94%。5G基站建设：2021年，建设71座5G基站，因整体规划，共计建设开通了5G基站19座，正在建设的5G基站49座，连续覆盖了盐池县政府及主要街道。

【社会责任】 盐池移动公司努力践行“我为群众办实事、社会责任不松懈”，做好创城和疫情防控工作，对包抓的5个小区开展日常志愿者活动。疫情防控期间，党团先锋主动担当，包扶起5个小区的疫情防控工作。每日移动“志愿红”在小区门口按时上岗，按照“两扫一测一登记”的要求，严格落实，提醒戴好口罩，入户排查登记，清扫小区卫生，提醒电动车上牌照，做到疫情防控登记不漏一户，创城文明宣传不落一人。

【数字乡村】 实现数字中国的基层落实。盐池移动公司紧抓“数字乡村"建设契机,以大水坑镇宋堡子村为样板， 2021 年 9 月,盐池移动分公司与盐池县大水坑镇人民政府签订《中国移动数字乡村技术服务合同》，通过互联网、人工智能、大数据等信息技术,实现"一屏观全村,一网管全村"的智慧乡村治理，助力乡村振兴发展。盐池县"智慧大水坑"项目作为吴忠首个签单落地的数字乡村项目,起到示范引领作用,盐池县主要领导带领各部门领导实地观摩多次，宁夏新闻网、吴忠电视台、《人民日报》第一时间进行报道,起到标杆作用。

商业贸易

盐池县供销社

【经济指标】 2021年，盐池县供销社系统实现商品购进2.5亿元，销售2.7亿元，实现农副产品销售2.6亿元。资产总额5258.13万元，所有者权益4487.6万元；利润亏损50.84万元。2021年，将财务指标汇总范围进行调整，成员社高沙窝供销社不再列入财务报表统计范围。

【农业社会化服务】 利用冬闲时期，组织人员深入乡村农户，开展农资市场调查，摸清农资市场需求底数，充分做好化肥淡储旺供。采取“嫁接式”“联合式”等办法，与专业大户、家庭农场、合作社、涉农企业开展全方位合作，开展土地托管、网上销售等业务。成立“农药、废弃物”回收点，对全县农药废弃包装做集中回收集中处理，同时以有偿形式收购，使农田环境得到有效的保护。组织系统内企业、基层社，依托自身经营农药、化肥所掌握的专业知识，抢抓机遇，积极开展农作物病虫害防治和飞防服务工作。依托供销社现代农业综合服务中心，通过前期筛查，在王乐井、马儿庄、青山、大水坑4个区域内挑选出了土壤差的土地，开展免费测土配方服务。开展土地托管、统防统治、测土配方等农业社会化服务面积7万亩（其中土地全托管服务1.6万亩），水肥一体化技术课堂培训30余次。打造服务中心，全力构建农业社会化服务体系。积极与农业农村局等部门对接，联合农资企业在花马池镇、惠安堡镇创新建设综合实力强、服务功能全、与农民联系紧密的农业农村综合服务中心2个。花马池镇农业农村综合服务中心已建成并投入使用，重点围绕农资供应、信息服务、技术服务、疫病防控、农机服务、产品加工、品牌营销、乡村旅游、垃圾收运、村庄绿化、劳务服务、公益服务、设施维护、水务服务、户厕改造、污水治理、金融服务等17项业务中开展部分业务。全区党委农办系统组织各市县工作人员来花马池镇现代农业综合服务中心进行了现场观摩学习。

【基层组织】 筹措资金410.4万元（其中申请自治区供销社专项资金70万元、盐池县财政资金165万元、供销社自筹资金175.4万元），在大水坑镇打造集农资供应、配方施肥、农机作业、统防统治、农技培训于一体的现代农业综合服务中心1家，全面构建综合实力强、服务功能全、与农民联系紧密的综合型基层社，年底投入运营。针对基层社基础薄弱，为农服务功能不强的现状，积极筹措资金15万元，对苏步井、王乐井供销社破旧院落进行翻新维修，提升为农服务实力，增强服务功能。已完成改造，投入运营。结合冯记沟乡乡村振兴示范村建设，联合马儿庄村对马儿庄供销社进行改造提升，共同打造村社共建示范点1个；与惠安堡黄花供销社共同创建基层标杆社1个；发展村级综合服务社7个(其中五星级社1个)，并对2020年建设的15家村级综合服务社进行改造升级，推进现代农村综合生活服务上台阶，指导其拓展农村生活必需品配送、电费、医保费代缴、快递收发等便民化、“一站式”综合服务。坚持合作制原则，规范基层社、农民专业合作社，健全“三会”制度，推动2家基层社严格按照总社基层社示范章程运行；坚持开放办社原则，广泛吸纳农民和各类新型农业经营主体入社，社员人数达到2500人。

【“数字供销”示范区建设】 制定出台实施方案。按照《自治区人民政府办公厅关于印发宁夏建设全国“数字供销”示范区实施方案(2021—2025年)的通知》要求，结合盐池优势特色产业发展实际，组织专门力量进行专题分析研讨，制定出台《盐池县建设“数字供销”全国示范区实施方案》。加强阵地建设。积极争取项目资金，分别在花马池镇、大水坑镇建设2处集农资供应、农技咨询、庄稼医院、农民田间学校等于一体的现代农业综合服务中心，为建立完善“数字供销”市场化运营体系，切实提升现代农业社会化服务水平和服务能力，推进“数字供销”建设试点工程提供现实载体。加强平台应用。举办2021年盐池县政府采购脱贫地区农副产品工作培训班，邀请自治区供销社电商公司及宁夏832运营服务中心负责人，对盐池县政府采购预算单位及“扶贫832平台”成员企业进行培训。同时，积极联系政府部门和第三方采购企业，动员指导农副产品销售企业进行扶贫产品认定并入驻“扶贫832平台”，通过开展消费扶贫行动，推动盐池县滩羊肉、优质小杂粮、黄花菜、中药材等优质特色农副产品走出去、卖得好。全县入驻“扶贫832平台”企业28个，农副产品成交额达842.5万元。

【“风险防控年”活动】 认真梳理排查问题。2021年是全区供销社系统“风险防控年”。按照区社《关于开展“风险防控年”活动的通知》(宁供办发〔2021〕13号)精神，及时召开会议安排部署开展活动的工作重点和步骤，并对系统内近年来在深化供销合作社综合改革中存在或潜在的各类风险隐患，重点围绕财政资金使用、社有资产经营管理及保值增值等方面进行深入排查。已排查发现风险隐患问题3个，建立工作台账，制定切实可行、务实管用的整改措施，明确整改完成时限和责任人。加强社有资产管理。结合2021年盐池县委第十六轮巡察整改，针对“社有资产管理存在漏洞”的问题，召开会议研究，修改完善《盐池县供销社社有资产监督管理办法》《项目建设管理办法》，对供销社所属房屋、土地、场院等资产的出租、利用加强管理，确保社有资产保值增值；严格对项目的申报、实施以及项目进展、资金使用等情况进行及时有效跟踪监督，严格审查，切实发挥项目建设作用。

【文化宣传】 为全面、客观地记述供销发展脉络、展示供销社的发展历史和业绩、激励新时代供销人不断创新，探索适应新时代的经营模式，重振供销昔日雄风，组织相关人员正在编纂《盐池县供销合作社志》。建立信息报送制度，共报送各类信息29篇，其中在各类主流媒体刊登宣传供销社改革发展信息9篇(“学习强国”学习平台采用1篇，《宁夏日报》采用3篇、盐池县新闻网采用3篇、盐池县融媒体中心报道2次)。在深入推进供销社文化元素融入和使用“中国供销集团”标志方面更加规范，对加入供销社组织的合作社按照自治区供销社的统一部署，制作悬挂有供销社社徽的标志，彰显供销社的金字招牌。利用冬闲时期，采取与专业社合办、社会力量联办等多种形式，开展种植养殖、销售、电商等农技知识培训。2021年，共举办种植养殖、“扶贫832平台”培训班2期，培训学员160余人次。

烟　草

【党史学习教育】 2021年，盐池县烟草局（吴忠市烟草公司盐池分公司）坚持统筹推进“学党史”。成立领导小组，制定学习教育方案，落实工作计划，实行“清单式”管理，明确学习教育的“时间表”“路线图”，坚持问题导向和结果导向，在党史学习和日常工作中找差距、悟思想，办实事，持续推动党史学习教育往深里走、往实里走。全年开展党史集中学习23次、专题辅导3次、研讨交流7次、党课教育3次；派员参加全市烟草系统演讲比赛及盐池县“永远跟党走”党史知识竞赛，分获三等奖。坚持政治标准“悟思想”。严格落实“第一议题”制度，及时学、持续学、深入学，完整准确领会习近平总书记重要讲话精神、重要批示指示精神，利用“三会一课”、主题党日常态化组织集中学习、专题辅导、研讨交流、党课教育等活动。高标准严要求召开党史学习教育专题组织生活会，支部班子及党员共查摆问题130条，全部列入支部及个人整改台账进行整改，已全部整改完成。坚持用心用情“办实事”。制定办实事措施清单，助推“我与客户共成长”主题营销活动和“我为基层服好务”活动深入开展，为780户零售户制定非固定和季节性投放策略，安装“灭烟柱”300个，为困难零售户发放口罩550个、推烟器300个，协调银行为39户争取510万元资金扶持，有效解决客户资金周转问题，全市满意度调查结果为96.25%，排名第二。开展“守护安全，畅通消费——保护未成年人免受电子烟侵害”法制宣传进校园活动，查获宁夏首例向未成年人销售电子烟案件。坚持创新发展“开新局”。准确把握“三新”要求，紧扣行业“三高”目标，自觉在“十四五”发展大局中找准切入点，组织党员干部深入开展“发扬三牛精神，推动三高目标”大讨论活动，深入分析发展优势和短板不足，主动服务和融入新发展格局，助推吴忠烟草在“十四五”发展中开好局、起好步。

【党的建设】 深入推进思想政治教育。积极探索“线上＋线下”学习方式，深入学习贯彻中共十九届五中、六中全会精神及习近平总书记视察宁夏重要讲话精神，抓好理想信念教育，牢固树立“四个意识”，坚定“四个自信”，做到“两个维护”。全年开展集体学习34次，交流研讨11次、知识测试5次、观看电教片12次、网络跟进学10次。认真落实党建主体责任。全年召开支委会议22次，对党建工作进行部署，制定党建任务工作推进表及基层党建全面提升年任务清单，明确工作任务及时限，签订党员目标责任书，支部书记每月对党建工作进行检查，认真落实支部书记第一责任人责任。严格落实意识形态工作责任制。坚持把意识形态学习列入重要议事日程，召开支委会会议专题研究3次，召开2次党员大会听取意识形态工作汇报，开展共产党员不信仰宗教和参与宗教活动谈心谈话活动和专项排查，持续开展革命传统教育4次、形势政策教育4次和先进典型教育5次，确保爱国爱党在员工心中牢牢扎根。积极夯实“三强九严”工程。严格执行新形势下党内政治生活的若干准则，对照《宁夏烟草系统党支部标准化规范化建设手册》，开展“一名党员一堂课”手册宣传活动7次、知识测试1次，全面自查自纠，积极落实“红色盐池，服务先锋”党建品牌创建活动，初步探索形成了“党建引领、品牌带动、党群联动”的党建与业务同向同行、融合共进之路，促使党建和业务工作齐头并进。2021年，被市直机关评为四星级基层党组织。积极发挥党员先锋模范作用。严格落实党员“双报到、双服务”制度，定期到共建社区、结对帮扶村开展志愿服务活动，成立党员先锋队，深入包抓小区开展出入管理、登记、测温验码、环境消杀、政策宣传及人员管控，推动支部党建与社区党建融合互促。全年开展志愿服务300人次，到汪水塘村入户50人次，助力乡村振兴，认真履行社会责任，树立良好形象。

【党风廉政建设】 落实主体责任。传达学习行业各级党组关于党风廉政建设工作有关部署安排、工作要求、讲话精神27次，召开2次班子会议专题研究部署党风廉政建设工作，制订党风廉政工作计划和廉政教育计划，签订目标责任书，进一步压实主体责任。严格落实"一岗双责"。常态化开展廉政警示教育反腐倡廉教育，落实班子成员"一岗双责"和兼职纪检监察员的职责，重点对疫情防控、食堂管理、纪律作风等关键环节等情况进行抽查，对满意度调查异常线索进行调查核实。全年开展专题廉政教育20次，警示教育4次，开展廉政谈话26人次，开展明察暗访12次，发布通报8期，经济处罚12人次。落实政治生态突出问题全面整改及巡察工作。开展样品烟治理、专卖执法监督检查等专项整治，制定迎接"两项整改"及巡察工作方案，细化工作任务，全面开展自查自纠，紧盯关键环节，举一反三，确保"两项整改"工作任务立行立改、落地见效。

【专卖管理】 内部监管持续加强。对样品烟、货源投放及卷烟促销等常态化开展监管，制定分析模型，对异常流动数据进行分析。全年向营销部门提出合理化建议或意见6份，信息反馈单12份，产生预警2306条，调查率3.2%。卷烟打假成效突出。与三省毗邻地区签订《联合打击涉烟违法活动协作机制》，召开七部门卷烟打假联席会议，充分利用701系统反馈的涉烟情报，凝聚打假合力。全年查处各类涉烟违法案件59起，涉案卷烟45.11万支，涉案金额31.35万元，查获"双5万"真品卷烟案件2起，5万元假冒卷烟涉刑案件1起，开出宁夏首张向未成年销售电子烟罚单。市场监管水平不断提升。开展"盐城利剑""利剑—1号"专项行动、电子烟市场检查及校园周边环境治理等专项行动，建立《校园周边卷烟市场环境整治常态化监管"7+5"工作模式》，实现宁夏首例的"三个第一""7+5"工作模式基本形成，有效保障辖区卷烟市场秩序。行政许可工作稳步推进。积极谋划、统筹兼顾、率先垂范，在广泛收集相关资料的基础上，率先在全市范围内发布实施。全年共办理行政许可业务349条，网上办理171条，网上办件率50.29%，业务好评率达100%。

【企业管理】 经济运行稳中有进，市场状态持续向好。全年累计实现销量8919.8箱，同比下降1.8%；累计实现销售收入28449.9万元。认真落实"八五"普法工作。认真学习宣传习近平法治思想，开展"3·15"消费者权益日、全民国家安全教育日及"美好生活·民法典相伴"主题宣传教育活动等，制作美篇12篇，县融媒体报道新闻4次等多渠道进行法治宣传；每季度对普法学习笔记进行抽查，确保学法守法用法常态化。队伍建设不断优化。以营销技能大赛及岗位大练兵活动为契机，持续推进"我与客户共成长"活动，紧抓员工队伍职能转型及素能提升，1人取得全区营销竞赛三等奖；开展2项创新项目、2项QC活动，不断提升员工创新意识，有效提高整体队伍素质。重点关注安全管理。开展"安全生产月"、文明交通安全宣传活动等，每天利用酒精测试仪对驾驶员进行检查，每月开展一次安全教育培训和安全检查。全年开展矛盾纠纷排查2次、实操演练4次，全员安全防范意识不断提高。

教育　体育　科技

教育体育

【党的建设】 2021年，盐池县教育体育局加强党对教育工作的全面领导。强化学习教育，深入开展以党史为重点的“四史”学习教育，精心做好庆祝建党100周年相关工作，举办读书班4期、讲党课60余节、专题学习80余场次、撰写心得体会2000余篇，引领广大党员教师树牢“四个意识”，坚定“四个自信”，坚决做到“两个维护”。推进基层党组织建设规范化，紧盯“基层党建全面提升年”任务清单，严格落实“三会一课”等制度。设立党员先锋示范岗44个，创建五星级党组织5个、四星级2个，评定三星级党组织19个、二星级3个。扎实开展党组织领导下的校长负责制试点工作，“双培双带”发展党员17人，表彰先进基层党组织15个、优秀党员和党务工作者46人，激励党员教师创先争优。机关党支部荣获全区教育系统先进基层党组织和庆祝中国共产党成立100周年系列活动优秀组织奖。压实意识形态工作责任制。中小学专兼职思政课教师配备率达100%，通过课程开设、辅导讲座、“四史”学习教育、研学旅行等方式，扎实推进习近平新时代中国特色社会主义思想进教材进课堂进师生头脑。成立思政课名师工作室1个、在市教育工委教育局组织的“讲述红色故事传承红色基因”研学及竞赛活动中，10名教师分获一、二等奖。建立工委书记、班子成员、支部书记、党小组长四级网格化责任体系，落实“双联”制度，将党建、党风廉政建设、意识形态、依法治教等内容纳入学校党组织负责人学习和述职范围。逐层签订目标责任书，把牢校园意识形态主阵地，坚守共产党员不信仰宗教不参与宗教活动底线不动摇。加强意识形态领域12项风险管控，做到守土有责、守土负责、守土尽责。铸牢中华民族共同体意识，以习近平新时代中国特色社会主义思想“三进”为抓手，专题学习中央民族工作会议、区市县党委全会精神，组织开展主题宣讲，推进民族团结教育常态化，基层党组织学习全覆盖，2.8万余名师生普遍接受了民族团结精神教育。培育区级民族团结进步示范校3所、市级3所。加强党风廉政建设。贯彻落实中央八项规定及其实施细则精神，驰而不息纠治“四风”，突出抓好教育系统工程建设、政府采购领域重点项目问题和教育资助政策落实存在问题整改，把全面从严治党延伸到每所学校、每个支部、每位党员。坚持以人民为中心的发展思想，引领基层党组织和党员在常态化疫情防控、校园治理、“五项管理”和“双减”等工作中发挥作用，落实为群众办实事5项，营造良好的教育生态。年内提醒约谈14人次，办理信访17件，做到件件有落实、事事有回应，工作经验在全区体育工作暨全面从严治党、党风廉政建设和反腐败工作会议上作交流发言。

【未成年人思想道德建设】 完善工作机制。以创建全国未成年人思想道德建设工作先进城市为目标，印发工作方案及相关文件，成立工作专班，建立了县、校“双线”创建工作机制。推进习近平新时代中国特色社会主义思想“三进”工作。以思政课为主阵地，通过课堂教学、专题辅导等形式，用好用足用活《习近平新时代中国特色社会主义思想学生读本》。广泛开展德育实践活动。以文明校园创建、德育主题实践、校园文化建设、习惯养成教育、法治讲座等为载体，教育引导学生扣好人生第一粒扣子，积极教育引导广大青少年坚定理想信念、鲜明价值取向、养成良好品德。先后开展“从小学党史、永远跟党走”“中华民族一家亲、同心共筑中国梦”等一月一主题教育实践活动900余场次，录播“开学第一课”16节，开展“四史”教育活动32场次。在吴忠市思政精品课竞赛评比中21名教师分获一、二等奖。获评区市县“新时代好少年”19名，市级德育优秀学生10名。创建文明校园27所，县第一小学获全国优秀少先队大队称号，县高级中学、第一中学等13所学校被水利部授予“节水型学校”称号，教体局被国家发改委等6部门授予“全国节约型机关”称号。在革命烈士纪念园成立红军小小讲解员志愿服务培训基地，培训讲解员100余名，3人获全区优秀讲解员称号。教体局被授予第六届全国学生“学宪法讲宪法”活动宁夏赛区暨宪法卫士学习优秀组织奖。

【学校标准化建设】 续建的第五幼儿园、第六幼儿园、惠安堡镇中心幼儿园、灌区第一小学、第六小学、城西滩小学等9个建设项目全部投用，新增学位1620个，教师周转房50套。争取项目资金2.5亿元，新改扩建麻黄山中心幼儿园、第四幼儿园、第七幼儿园、第七小学、第二中学、第一小学、第五中学、高级中学8所学校，建筑面积近5万平方米，投用后将新增学位4320个，进一步优化学校布局，满足适龄儿童少年就近入学需求。为第五幼儿园等6所学校配备教学仪器和生活设备1439万元，学校标准化建设水平显著提升。

【队伍建设】 开展师德师风建设。印发《盐池县教育系统师德专题教育实施方案》《盐池县中小学（幼儿园）集中开展师德师风建设专项行动实施方案》，划定“师德红线”和“行为底线”，健全师德师风评价、承诺、监督、违规查处、失范曝光、通报问责等制度，建立负面清单和责任清单，聘请师德监督员，开展教师全员评议，将师德师风问题纳入教师个人诚信记录，将考评结果与教师聘用、评优晋级及绩效发放等相结合。评选师德师风先进典型6人，表彰“四有好老师”等模范个人203人。保障教师待遇。出台《盐池县关于进一步完善中小学校绩效工资的实施方案》《关于进一步健全全县义务教育教师工资待遇落实保障长效机制的通知》，核增教师年绩效工资485.2万元，教师人均年增资3061元。校长和班主任津贴较2020年分别提高11.4%和44.8%。优化教师队伍结构。出台《盐池县公办幼儿园政府购买保教保育服务实施方案》，通过政府购买保教保育服务和事业编招考，为全县公办幼儿园补充保教保育人员228名。招聘特岗教师50名，签约公费师范生4名，安排“三支一扶”和实习大学生61人，宁夏师范学院与13所中小学签约挂牌大学生实习基地，选派89名大学生顶岗实习，解决乡村中小学音体美等学科教师短缺问题，进一步优化教师队伍结构。县内4所中小学分别与银川市第一中学等4所中小学签署结对帮扶协议，常态化开展教学帮扶工作。实施中小学教师“县管校聘”改革。按照“总量控制，统筹调配，竞争上岗,合同管理”的原则,出台工作方案,通过竞聘上岗,聘任学校中层以上干部157人,交流中层以上干部10人,参与“校聘”教师1617人,交流教师142人,走教教师51人,闽宁支教教师13人,编制内调配教师31人,返聘退休高级教师和优秀骨干教师14人到乡村学校任教,进一步优化教师资源配置,激发学校办学活力。加强教师培训。围绕创新素养教育、“互联网+教育”等内容,通过送出去、请进来的方式,实施信息技术应用能力提升工程2.0整校推进、学科骨干教师智能教学能力提升研修、中小学骨干教师能力提升培训、中小学校长能力提升培训、人工智能助推教师队伍建设应用培训、中小学优秀教师深度研修等培训项目52个,培训校园长84人次、教师1.5万余人次,不断更新教师教育理念,提升教师教书育人能力素养和校园长治校办学水平。

【教育均衡发展】 学前教育普及普惠发展。全县乡镇公办幼儿园全覆盖,公办园占比达到90%,在园幼儿达到84.5%,学前三年毛入园率达到93%。组织开展小学化专项治理和幼小衔接科学保教,县第一幼儿园、第一小学、第一中学被自治区教育厅命名为创新素养领航学校,深入推动以游戏为主要活动内容创新素养工作深入开展。在全区创新素养游戏案例和教学设计评比中获一、二等奖35人。义务教育优质均衡发展。以创建义务教育优质均衡发展县为目标,对标对表31项评估验收指标,着力在4项基本任务、20项攻坚清单上持续用力,先后2次接受了区市过程性督导,坚持优先保障、政府主责、内涵发展、改革创新,以促进基本公共教育服务均等化为基本方向,以加强内涵建设、全面提高教育质量为中心任务,聚焦人民群众所急所需所盼,大力深化综合改革,加快缩小县域内义务教育校际差距,推动义务教育从基本均衡向优质均衡迈进。高质量完成全国义务教育质量监测。落实教育惠民政策,资助“六类学生”16834人次1753.6万元,大学生助学贷款2415人1764.9万元,实现应助尽助。认真落实“双线控辍”和“三包三保”责任制,建立特殊群体关爱机制,全县义务教育辍学率实现动态清零,初中三年巩固率保持在100%,残疾儿童少年入学率达到98.28%。教体局获全区脱贫攻坚先进集体。高中教育特色融合发展。实施高级中学教育质量提升年活动,持续打造足球特色学校,招收特长生21人,聘请名校长1人。职业技术学校围绕滩羊特色产业,与宁夏职业技术学校合作办学并挂牌滩羊实习基地,着力打造食品加工专业集群,现已与区内外8家企业开展校企合作。探索开展“1+X”证书制度试点工作,推动职业教育高质量发展。

【“互联网+教育”】 以创建“互联网+教育”示范县为契机,整合项目资金2500万元,为县第一小学、第三中学等5所学校配备VR教室、校园电视台、巡课系统等设备,打造信息化示范校2所、标杆校3所。县第三中学被市教育局纳入人工智能助推教师队伍建设应用实验学校,在2021年全区中小学“互联网+教育”应用大赛中15名教师分获一、二、三等奖;在全市学生信息素养提升实践活动评选类中34名学生分获一、二、三等奖。县各中小学幼儿园通过在线互动课堂常态化开展在线教研和教学帮扶活动,并利用专递课堂、名师在线课堂、名校课堂推进优质教育资源共享,“互联网+教育”达标县高标准通过自治区验收。

【校园治理】 筑牢校园安全防线。印发了《盐池县政府购买校园安保服务实施方案》,为全县49所中小学幼儿园配备安保人员158名。为20所中小学幼儿园安装校门口防撞升降柱、配备28个移动式红绿灯,校园安防视频监控和一键式紧急报警装置与属地公安部门联网,按照应建尽建的原则，设立护学岗49个，校园安防实现“四个百分之百目标”。全县43所供餐中小学幼儿园实现了“互联网+明厨亮灶”监管全覆盖，并接入市场监管部门实时监管。疫情防控常态化。持续压实“九级责任体系”，动态修订完善“三案九制”，校园封闭式管理达到100%。常态化开展疫情防控知识宣传教育，严格落实测温、病因追踪等制度，深入开展爱国卫生运动，推进校园疫情防控常态化。县第一中学和第一小学被确定为自治区健康教育示范点。扎实开展“五项管理”和“双减”工作。建立了教育部门—学校—教师三级责任评价机制和作业管理、设计、监控三大管理体系，以校本教研为引领，分年级、分层次设计课后作业，规范作业布置。全覆盖开展课后服务，并将综合实践、劳动教育、实验探究等纳入课后作业范畴，持续激发学生参与积极性、培养动手实践能力，推动校内减负增效。学科类校外培训机构全部清零，整改规范19家非学科类培训机构，有效减轻学生作业负担和培训负担。推进“五育”并举。全国未成年人思想道德建设先进城市创建工作10月接受中央文明委实地督导考核。印发《盐池县“基础教育质量提升行动”工作任务清单》，建立工作专班和县领导、部门负责人分工包抓责任机制，以及教研员包学校机制。获区市级精品课60节，获评年度人物2人。通过规范课程教学、社团活动、竞赛等方式，着力在教会、勤练、常赛上下功夫，让学生掌握2项以上体育技能，成功举办了第二十九届中小学生田径运动会、第六届中小学生校园足球联赛等体育赛事，培育传统体育项目学校4所，13人次打破田径运动会纪录。在全区青少年锦标赛中获金牌2枚、银牌7枚、铜牌2枚，31人取得4~8名的好成绩，冰雪运动进校园被央视13频道报道，县第二幼儿园被教育部认定为2021年全国足球特色幼儿园。健全艺术教育管理制度，完善艺术教学、活动、环境、展演“四位一体”融合机制，着力在教会、勤练、常展上下功夫，让学生掌握1~2项艺术技能，学生审美和人文素养有效提升。先后2次举办中小学文艺汇会演，参加学生达10000余人。在全区教育系统庆祝建党100周年系列活动中，16名教师和26名学生的书法、绘画、摄影作品分获一、二、三等奖，县第一中学的诵读作品《秋瑾》获一等奖，县第三中学的合唱《没有共产党就没有新中国》《不忘初心》获二等奖。大水坑第一小学、大水坑第二小学、第三中学、第四中学、第五小学被教育部认定为第三批全国中小学中华优秀传统文化传承学校。在曹泥洼和职业技术学校挂牌中小学劳动实践体验基地，常态化开展劳动教育，县第五、第六小学获评自治区劳动教育示范校，校园治理达标县高标准通过自治区验收。

【教学教研】 加强常规教学管理。组织师资中心教研员开展26次教学视导，听课480节，抽查作业3200本，教学设计980份，发现问题5个，已全部整改落实，进一步规范了教学管理。扎实开展教研活动。发挥区市县联动教研作用，组织区域教研共同体围绕课堂教学实效性主题开展教研活动8次，参与教师650人，有效解决教师教学理念滞后、教学方法单一、课堂教学质量不高等问题。组织学科教师申报第六届基础教育课题48个，立项8个。第五届基础教育7个课题荣获二等奖，结题12个。建立名师工作室33个，在创新素养课堂教学大赛、教学设计评比、游戏案例评比、集中研讨等活动中，获区市级优质课27节，优秀游戏案例4个，教学设计31篇。

【体育公共服务】 以全国全民运动健身模范县创建为抓手，争取项目资金为振远广场建设健身步道2千米，为冯记沟乡建设多功能运动场1个，为花马池等3个乡镇和健身驿站配备运动器材8套件。高标准、高质量承办宁夏第八届社会体育指导员交流展示大赛等 12 项赛事。获中华人民共和国第十四届运动会群众展演广播体操团体赛农村乡镇组一等奖，教体局获全国体育系统先进集体称号，盐池县入选首批全国县域足球典型。

科 技

【体制改革】 2021 年，盐池县培育国家级高新技术企业 3 家、自治区科技小巨人 2 家、科技型中小企业 6 家、技术创新中心 1 个；立项重油催化裂解工艺及装置研发等项目 12 个；R&D 投入强度达到 1.4%以上、发放“宁科贷”1700 万元、完成技术合同登记 4600 万元；承办全区县域创新现场会并作交流发言，在 2021 年全区科技工作会议上，盐池县科技局获科技系统成效突出单位，受到通报表扬。

【科技创新】 完成中药材抚育种植 6 万亩，实施“宁夏大宗沙生药材甘草生态种植模式构建与关键技术集成创新”等 5 个科技项目。建成螺旋藻养殖棚 800 座、育种大棚 50 亩，完成县级重点项目“盐碱地下水螺旋藻养殖及藻蓝蛋白提取产业化项目”建设，完成投资 1.2 亿元。紧盯创新智力支撑，乡村振兴全面发展。动态调整选派科技特派员 220 名、“三区”人才 13 名、科技指导员 10 名，实施乡村振兴科技人才项目 37 个，推广新技术 15 项、引进新品种 25 个，培育科技示范户 400 户，举办培训班 50 场次，培训 3000 余户。

【基地建设】 加强与中国科学院华南植物园等科研单位的合作，实施“荒漠化退化草地修复与生产力提升技术研发与示范”“盐池县沙生中药材筛选驯化试验与示范”等国家和自治区科技项目 6 项，研发出甘草、黄芪起垄移栽技术，土地利用率提高 14 个百分点，亩均用水量和用工量分别下降 19%和 20%；选育牧草新品种“蒙古冰草”(沙芦草)，苜蓿节水量达到 25%以上，产量提高 15%以上。

气 象

【党史学习教育】 2021 年，盐池县气象局深入贯彻落实习近平总书记重要指示和讲话精神，以党组中心组(扩大)学习会议和主题党日活动为抓手，重点学习贯彻党的十九届六中全会精神和习近平总书记对宁夏工作重要指示精神和视察宁夏重要讲话精神，组织党组中心组学习 3 次，党支部理论学习 2 次，职工大会 1 次，专题研讨 2 次。结合 2021 年工作实际，把学习习近平总书记在党史学习教育动员大会上的重要讲话同业务工作结合起来。邀请吴忠市局领导下基层讲专题党课 1 次。3 月 24—30 日举办专题读书班，集中学习后，每周安排半天时间开展集中学习。开展专题研讨 6 次。4 月 6 日，盐池县气象局全体干部职工在盐池县烈士陵园开展“清明祭英烈”活动，参观盐池县革命烈士纪念馆。4 月 13 日，参加宁夏气象局副局长刘建军在吴忠市气象局开展党史学习教育活动上的宣讲辅导。5 月 18 日，视频参加吴忠市党史宣讲团成员、吴忠市党委党校教研室主任、副教授郑自明作党史专题宣讲。6 月 24 日，联合吴忠市气象局党支部、青铜峡市气象局党支部、同心县气象局党支部赴闽宁镇开展“向党送祝福 感恩新时代”主题党日活动。结合工作实际，参加市局开展的“学党史 感党恩 跟党走”演讲比赛；党史知识网络竞答活动；联合龙辰社区、市场监督管理局开展“我们的节日——端午节”等主题系列活动。全面动员、精心组织、立足实际、守正创新，扎实推进党史学习教育走深走实。

【防灾减灾】 对标服务精细，着力提升防灾减灾救灾能力。完善气象防灾减灾制度、流程、理顺预警信号发布业务职责分工，对现行的各项业务规章制度进行全面自查自纠同时列出清单，将梳理后的规章制度形成汇编。不断加强暴雨、冰雹、霜冻等气象灾害及次生、衍生灾害的气象风险预警能力。2021年1—11月，编发《信息专报》48期，农用天气预报4期，发布各类天气预警223次。盐池县党政领导在决策服务材料上批示6次。年内与农业农村局联动，实现在关键生产季节及汛期的联合会商2次，建立健全联合会商机制和气象信息发布流程。6月，联合县水务局、县住建局、县应急管理局、花马池镇政府等多部门开展2021年度盐池县山洪灾害、城市超标准洪水应急演练；3月联合多部门开展全区春季森林草原防灭火实战演习，全面检验重大气象灾害应急响应工作的各个环节，提高应对突发事件的能力。6月盐池县政府组织召开防汛抗旱工作会议，部署盐池县防汛抗旱工作。7月组织在盐池县麻黄山乡政府举办全县村级气象信息员培训班。深化多部门合作，开展灾害风险预警服务。联合县自然资源局、农业农村局召开部门间联络会议，按照与生态环境、农业农村、水务、交通等部门签订气象服务相关协议，特别是与县自然资源局签署关于进一步加强盐池县汛期地质灾害气象风险联防联动协议，建立地质灾害的预报预警和联防联动机制，不断提升气象综合防灾减灾救灾的能力。

【服务保障】 围绕乡村振兴战略各项工作任务，推进盐池草畜气象服务现代化，增强气象服务能力，优化特色气象服务，编写《农用天气预报》4期、《森林草原火险气象等级预报》28期，《盐池黄花菜气象服务专报》3期。重大活动气象服务有保障。2021年，全力组织做好汛期、春运、春播等关键时期气象保障服务、文化旅游活动和盐池县“中国农民丰收节”暨滩羊美食文化旅游体育赛事系列活动等重大社会活动。编写各类重大活动气象服务材料20期。全面开展生态文明建设气象保障。强化气候生态科学评价，助力乡村生态振兴。年内联合农业农村局开展联合会商1次、联合农业农村局、应急管理局调查2次。1—11月，共制作《盐池县草畜气象服务专报》10期，向农业部门及牧草种植大户及合作社等服务。认真开展人工影响天气业务。年初与分管副县长签署人工影响天气安全目标责任书，完成全县各作业点火箭弹、火箭发射架年检维修工作，5月底完成各乡镇人影作业人员的技术培训工作。全县实施火箭增雨作业33次，累计发射火箭弹186枚。

【科技创新】 积极推进气象业务现代化建设。结合工作实际，逐项推进各项重点改革任务，优化业务服务管理布局，修订完善业务流程和规章制度。加强气象观测质量管理体系运行，推进观测场标准化建设。申报市局项目1项。持续做好宣传工作。1—11月，县电视台播出新闻或专题报道3次，《中国气象报》发表2篇，CMA网站发表8篇；《宁夏气象》发表论文1篇。对合同管理、资产管理、往来账款等专项工作进行自查自改。参加区市县各类培训10人次。

【管理效能】 理顺内部管理机制。联合安监局下发《关于做好全县2021年度防雷防静电装置安全检测的通知》；聚焦“线上线下”开展科普宣传，利用“3·23”气象日、“5·12”防灾减灾日等重要时间节点线上线下开展多种形式法治宣传教育活动。完善安全责任体系，做好安全生产管理工作。通过“互联网＋监管”平台，加强安全监管，建立盐池县防雷安全重点单位信息库。1—11月开展防雷安全检查2次，涉及单位20余家，施放氢气球行政审批1件。年内组织全县人影作业人员参加吴忠市局岗前培训、考核和注册，确保安全作业。

【党的建设】 始终把党的政治建设摆在首位。把贯彻落实习近平总书记关于气象工作重要指示、视察宁夏重要讲话精神和党中央决策部署作为检验做到“两个维护”的标尺。按照《盐池县气象局机关创建“让党中央放心让人民群众满意”模范机关实施方案》推进模范机关建设各项年度任务落到实处，凝练党建服务品牌，主动把党的建设贯穿到盐池县气象事业发展的全过程。年内市局领导下基层专题党课1次，支部书记讲党课2次，分管领导讲党课1次。充分发挥党员先锋模范作用。10月中旬以来，盐池局严格做好疫情防控工作积极参与社区联防联控工作，每天指派2人到包抓小区开展摸底排查及宣传疫情防控工作。扎实推进精神文明建设。结合主题党日活动、志愿服务活动，组织干部职工和退休干部联合盐池县市场服务中心、盐池县龙辰社区开展活动。重大节假日及时慰问退休干部，利用退休党员微信群，实现学习教育全覆盖，配合县文明办完成文明行业复验工作。

文化　旅游　广播影视

文旅综述

【概况】 2021年，全县累计接待游客173万人，实现旅游综合收入5.7亿元，同比分别增长21%和21.3%，文化旅游工作成效显著，文旅融合向纵深发展。

【全域旅游】 进一步完善高质量发展规划体系。坚持规划引领促进文化旅游业高质量发展，高标准编制《文化旅游产业"十四五"发展规划》《宁夏长城国家文化公园（盐池段）建设实施方案》《盐池县再生水资源综合利用暨城北生态文化旅游区规划》《革命历史纪念园创建国家AAAA级旅游景区提升规划》《王乐井乡乡村旅游发展规划》等一批专项规划。以"一核两畔一带"的规划思路，制定印发《关于用好红色资源赓续红色血脉、做好红色资源保护传承管理利用工作实施方案》，印发《2021年文化旅游产业高质量发展实施方案》。成功创建首批"宁夏全域旅游示范区"。根据《宁夏全域旅游示范区认定管理办法（试行）》相关标准和要求，打好"红老区、古长城、绿盐池"三张牌，已经初步形成了"1314"全域旅游总体布局，哈巴湖景区、曹泥洼、何家大院等乡村旅游点旅游公交专线开通运营，蔡家梁高速服务区提升改造工作全面完成。革命历史纪念园成功创建国家AAAA级旅游景区，春雪文化产业园、盐池滩羊产业融合示范基地创建为国家AA级旅游景区，李塬畔红色美丽村庄建设基本完工。引入实时舆情监测服务，增加盐池旅游攻略、电子旅游导览图等功能服务板块，智慧旅游大数据中心服务功能进一步提升，智慧文旅技术应用力度持续加大。加快推进重点项目建设进度。加大上争项目争资金力度，加快推进重点项目的落地实施。张家边壕至兴武营风景廊道道路项目和张家场北京大学考古实习基地项目建成并投入使用，雷记沟四区政府、唐平庄宁夏工委保护修缮项目已完成。高平堡、毛卜喇旅游服务区基础设施配套项目开工建设，宁夏盐池县长城国家文化公园文化旅游复合廊道基础设施和公共服务设施配套项目完成招投标。

【公共文化事业】 提高公共文化服务水平。以"文旅＋红色＋生态＋产业"为发展方向，成功打造花马池镇曹泥洼村、麻黄山李塬畔村等乡村文旅融合示范点5个；争取全区城乡文化扶持示范点项目资金10.8万元为6个村配备文化器材；争取公共文化资金60万元，根据群众需求为全县村综合文化服务中心及部分自然村增添文化器材及设备，高沙窝镇文化站荣获全区优秀综合文化站；新培育农民文化大院5个，张军红色文化大院获全区优秀农民文化大院，王乐井乡明德文艺宣传队获“全区优秀民间文艺团队”称号，文化市场综合执法大队荣获“第九届全国服务农民、服务基层文化建设先进集体”称号，文广局被国管局、财政部等四部委评为节约型机关。深入推进文化惠民工程。持续丰富“一个模式七大载体”互送共享文化惠民服务品牌活动内容，推进盐州艺术团包乡镇机制，完成文化月、广场文艺、送戏下乡、免费培训等各类群众文艺活动313场次。依托公共文化数字服务平台，积极开展“线上”服务，收录播放《古城枪声》《盐州胡旋》等优秀文艺作品；开通“云赏非遗”栏目，引导群众开展“线上”阅读；参与“云欣赏”博物馆看宝、趣逛博物馆活动。文艺作品创作力度持续加大，围绕疫情防控、建党100周年、盐池县解放85周年、移风易俗等创排完成舞蹈《盐州胡旋》《温暖的记忆》，歌曲《盐池儿女心向党》，盐池说书《王贵与李香香》等优秀文艺作品30部，高标准举办庆祝盐池县解放85周年和建党100周年大型文艺晚会，有效满足广大人民群众精神文化生活需求。组织参加2021年“欢乐宁夏”全区群众文艺会演活动，盐池说书《古城枪声》荣获曲艺类表演一等奖，舞蹈《盐州胡旋》荣获创作二等奖，小品《两家亲》获得表演三等奖，舞蹈《温暖的记忆》获得创作三等奖。扎实开展非遗保护工作。积极开展国家级、自治区级、吴忠市级非物质文化遗产项目及项目代表性传承人普查申报工作，手工地毯织造技艺被列入国家级非物质文化遗产代表性项目名录，《野狐岭的传说》等4项非物质文化遗产项目被公示为自治区级项目，春雪产业非遗就业工坊被评为全区先进非遗就业工坊。借助“文化和自然遗产日”、“5·18”国际博物馆日、“5·19”中国旅游日等重大节日及活动，开展非物质文化遗产宣传展示、展演活动，积极发动组织盐池县非遗项目代表性传承人参加全国各地展示展销活动。刺绣、耳枕等7个非遗项目在2021年宁夏黄河流域非遗系列活动中获奖，非遗讲解大赛荣获银奖。盐池县游九曲入选2021—2023年度“中国民间文化艺术之乡”名单。

【文化旅游】 打响文旅活动品牌影响力。圆满完成春节期间群众文化服务活动，其中2021年全国乡村春晚盐池分会场，在央视频、国家文化云等媒体播出，点击量逾100万人次；盐池游九曲、民俗花灯展被央视新闻联播等媒体播报；高质量完成全区2021年“5·18”国际博物馆日、宁夏长城保护宣传日、“5·19”中国旅游日暨庆祝建党100周年文化旅游体育赛事系列活动、盐池县2021“中国农民丰收节”暨滩羊美食文化旅游体育赛事系列活动等，带动盐池县文化旅游产业高质量发展。推进落实全区第二季“晒文旅·晒优品·促消费”大型文旅推介活动，高标准完成“8分钟专题宣传片”“炫彩60秒短视频”制作。盐池县8分钟专题宣传片在宁夏卫视首部播出，投票数达131万次。全区“心中的旗帜”讲百年党史活动中盐池县获评金牌讲解员2名，优秀讲解员3名，先进集体奖2个。推进“文旅+”品牌活动，成功举办“母亲花节”、瓜果采摘节等活动，拓宽农特产品宣传增收渠道。文化旅游产业发展水平不断提升。李塬畔村、何新庄村、兴武营村、曹泥洼村入选首批宁夏特色旅游村，创建喜格格、绿林人家等星级乡村旅游示范点12个，其中，绿林人家、乡村生态农家乐园等4家企业被评为4星级乡村旅游示范点。指导美雅裘皮、春雪文化产业园争创文化旅游产业扶持资金110万元，陈旭文化大院负责人陈麒宇获得全国乡村文化旅游能人称号。北京大学考古文博学院盐池基地、宁夏文物考古研究所盐池工作站在张家场博物馆挂牌成立。红色教育游成为2021年新亮点，编制完成了《建党100周年及党史学习教育服务指南》，盐池县革命历史纪念园入选文化和旅游部、中宣部等发布的“建党百年红色旅游百条精品线路”，盐池县革命历史纪念园、李塬畔革命旧址、红色税务局党性教育基地入选自治区党史学习教育参观学习点。修订完善《盐池县促进文化旅游产业发展扶持办法》《"引客入盐"旅游项目以奖代补管理办法》，兑现2020年度奖补资金194.26万元。紧盯文旅招商引资项目落地实施。紧紧围绕六大重点产业，结合县域文化旅游资源，谋划哈巴湖仰望星空项目、北大考古游学营项目等招商引资项目18个。编制印发《招商引资手册》500余份，落地实施哈巴湖仰望星空投资项目，总投资5800余万元；先后赴江苏、上海、浙江、福建开展招商引资工作，洽谈苏州博思堂地产综合服务股份有限公司计划投资建设文旅商业街项目，携程集团来盐投资建设民宿旅游项目，加快两地项目对接进度，确保项目顺利落地实施。

融媒体中心

【党史学习教育】 2021年，盐池县融媒体中心开展党史、新中国史、改革开放史、社会主义发展史的宣传教育，共组织干部职工专题学习63次、开展学习交流10次、专题研讨7次。个人集中自学20次，举办集中学习培训班4次，撰写心得体会52篇，召开专题组织生活会1次。通过系列活动开展，引导党员干部多学党的历史，增进对党的认识，自觉接受红色传统教育，不断感悟，巩固和升华理想信念。印象盐池微信公众号、融媒体中心公众号等网宣平台开设《学党史　悟思想　办实事　开新局》《学党史　话未来》《传承党的百年光辉史基因　铸牢中华民族共同体意识》《"红色"小广播》等专栏以党史学习教育为主题的宣传报道共128期。充分发挥"红色盐池"底蕴，宣传好党的故事、革命的故事、英雄和烈士的故事，把党史宣传好，把红色基因传承好。

【党的建设】 盐池县融媒体中心始终把政治建设摆在党员干部教育管理的首位，研究制订《盐池县融媒体中心2021年干部理论学习计划》，坚持每周一上午理论学习日制度，通过班子成员领学、干部自学、微信群推送学、党员干部研讨交流学等方式，重点围绕学习贯彻习近平新时代中国特色社会主义思想，学习贯彻习近平总书记视察宁夏重要讲话精神，学习贯彻中共十九届历次全会和十九大精神，抓紧抓好党员干部学习教育必修课。坚持强基固本，以提升组织力为重点，突出政治功能，切实加强党组织建设。结合十四届县委第二巡察组巡察反馈意见，盐池县融媒体中心党支部结合实际，制定整改措施30项，修订完善制度4项，运用提醒谈话、批评教育、书面检查等方式问责7人，并对巡察整改档案进行系统的梳理与完善，全部整改完成。廉政建设责任制进一步压实。盐池县融媒体中心党支部始终高度重视党建和党风廉政建设与反腐败斗争工作，始终坚持党要管党，全面从严治党理念，牢固树立不管党治党就是严重失职的观念，把抓好党建作为最大的政绩，列入支部重要议事日程。研究制订《2021年度党建工作计划》和《2021年度党风廉政建设和反腐败斗争工作计划》，讨论并完善党支部书记抓基层党建工作"四个清单"、盐池县融媒体中心党支部全面从严治党"三个清单"和盐池县融媒体中心"廉政风险点"，制定风险防范措施8条，专题召开党建、党风廉政建设会议，全面部署年度党建、党风廉政建设与反腐败斗争工作。未出现因违反中央八项规定、廉洁自律等问题被县纪检监察部门约谈、问责等情况。中心主任严格履行"第一责任人"职责，其他班子成员认真履行"一岗双责"，全面抓好分管领域的意识形态工作。坚持把意识形态工作作为党的建设重要内容，纳入学习计划、综合目标考评等范畴，与业务工作同安排部署、同推进落实、同检查考核。研究建立"盐池县融媒体中心意识形态风险管控工作台账"，逐项研究制定防范措施，责任到人。严格落实"三校三审""重播重审"等制度，严把文字关、图像关、镜头关，切实做到意识形态阵地可管可控。

【主责主业】 开栏目，办专栏，庆祝中国共产党成立100周年。为大力营造庆祝中国共产党成立100周年浓厚氛围，开设《奋斗百年路 启航新征程》《礼赞共产党 奋进新时代》《共产党好 黄河水甜》《我为党旗添光彩》等专栏，宣传全县学习贯彻习近平总书记在庆祝中国共产党成立100周年大会上的重要讲话精神情况17期。持续做好“中国精神”主题采访活动。通过开设《开局“十四五”启航新征程》《倡导文明新风、共建美好家园》等栏目，重点突出宣传盐池县贯彻落实中共十九届六中全会精神情况16期；开局“十四五”奋进新征程情况21期。让“中国精神”在镜头下遍地开花，在实际工作、生活中落地生根。突出正面引导，反面警示。结合创建全国文明城市，开设“文明创建盐池在行动”“曝光台”等栏目，既报道创城工作中各乡镇、各部门的好经验、好做法、好成效，又反映创建过程中存在的问题、不足。年度正面宣传报道文明创建情况139期，反面曝光不文明行为两期40条。通过正反面宣传，引导全县人民群众讲文明、懂礼仪、守道德、重诚信，全县人民群众整体文明素质显著提升，讲文明、树新风理念进一步根植。围绕中心、服务大局的能力进一步显现。围绕全县经济社会发展大局，聚焦重点项目建设、农村环境整治百日提升行动、疫情防控、“两会”、庆祝盐池解放85周年等重点工作，通过创新形式开设专栏等方式，全面做好县委、县政府中心工作宣传报道。在全社会唱响共产党好、社会主义好的主旋律。同时，盐池县融媒体中心聚焦全县各行各业，广泛开展综合性主题宣传教育活动，突出典型宣传，先后推出《道德模范先进事迹展播》《深化文明创建弘扬时代新风》《永不褪色的橄榄绿》等专栏，在全社会广泛营造积极向上的舆论氛围，充分展现盐池县干部队伍作风效能建设成果。宣传报道实现从“量”的宣传到“质”的飞跃。

2021年，共开设播出各类新闻栏目42个1552条、专题栏目7个70余期，制作发布抖音630余条、视频号825条；被宁夏通联、吴忠通联采纳新闻410余条，实现了图、文、音、视频等多角度呈现的新模式。同时，充分发挥新时代文明实践站阵地作用，重点围绕理论宣讲、文化服务等工作，邀请脱贫攻坚、援鄂医疗队等先进人物组织开展各类新时代文明实践志愿服务活动10余次，实现群众在哪里，文明实践就延伸到了哪里。中心拍摄的“元宵佳节到 欢喜闹元宵”新闻素材被中央电视台《新闻联播》采用播出，《爱我中华护我长城》获宁夏好新闻“短视频现场新闻”三等奖；《优质滩羊网上拍卖火了》获2021年度宁夏好新闻“融合创新”三等奖；《风雪中有你》《致环卫人》分别获全县职工微视频大赛二、三等奖；向“学习强国”学习平台推送的新闻稿件110余条被“宁夏学习平台”采用。宣传报道实现从“量”的宣传到“质”的飞跃。

【队伍建设】 改进人员培训模式，把“走出去、请进来”作为干部职工能力提升主抓手。年度组织干部职工参加国家、区市等各级业务行政主管部门组织的培训12人次；选派采编人员赴新华社参加轮训3人次；邀请银川传媒集团老师实地授课11场次。通过培训、学习，全系统干部职工思想水平得到全面更新，业务能力得到全面提升。通过招聘选拔专业技术人才4人、政府购买公共服务补充新力量20人。有效解决“青黄不接、业务不精”等问题。制定完善《盐池县融媒体中心员工绩效考核管理办法》和《盐池县融媒体中心员工绩效奖励实施办法(试行)》，2021年年初，实行全员双向选择竞聘岗位工作机制，进一步优化人岗匹配，打破身份限制，选拔配备科室负责人9名。充分调动全体员工干事创业的积极性、主动性，真正把想干事、能干事、干成事的好干部选拔到相应的岗位，使“能者上、平者让、庸者下”成为中心选人用人新常态。

【融合发展】 推进体制机制改革。优化机构设置，实现专业技术力量占85%。按照移动优先原则，整合电视、广播、网络平台资源，建立“移动首发、全媒跟进、新媒体传播”的工作模式，全方位、深层次、多角度宣传报道盐池县各项工作推进落实情况、先进典型、辉煌成就等，不断提升正面宣传的表现力、感染力。深入推进平台融合。坚持运用互联网思维，不断增强网上舆论主动权、主导权和引导力。用好“黄河云视”“看吴忠”App，在微信微博、抖音头条号等网络平台开通“盐池融媒”账号。抖音视频号平台粉丝量有较大提高、广播分早、中、晚3个时段播报时政新闻、公示公告、政策文章。“盐池新闻”同步在印象盐池、盐池网闻等平台播发，为推动盐池县经济社会发展营声造势，着力构建起对外宣传矩阵。

网络电视

【概况】 中国广电宁夏网络有限公司盐池县分公司于2003年9月正式成立，隶属于宁夏广电传媒集团。公司拥有员工22人。有线电视用户2.5万户，户户通用户1.1万户。截至2021年12月31日，公司共实现总收入1010.7万元。

【项目建设】 大力推进“宽带乡村”及中小城市（县）基础网络完善工程项目建设，实现了全县8个乡镇、102个行政村全覆盖。先后承建智慧医疗、水务、教育等智慧化应用项目。在机顶盒端开设数字图书馆、政务公开、党员教育、电视教育、媒体融合等多项信息化应用专栏，充分体现广电网络强大的影响力、承载力、服务力、渗透力、发展力。2021年，分公司在守住有线电视网络用户的基础上，创新多元化经营思路，开拓多样经营渠道，先后完成了“豪城府小区”弱电及道闸门工程、县第四中学智慧教室项目、县老旧小区节能改造工程、融合牧业万头牛场视频监控业务、中能建投光伏项目线路传输、智慧水务线路传输、智慧医疗线路传输项目、智慧旅游线路传输项目、广汇雅苑四网合一项目等。

【安播与服务】 始终将安全播出放在工作的首位。出台分公司“安全播出应急预案”，确保重大安播期间安全生产零事故。工单监督服务，实施严格的服务承诺和限时办结制度，对用户报修实行2小时内处理，公司实行回访用户制度，回访率达到100%，实现了用户问题事事有着落，件件有落实。提高工作人员的服务态度、服务技能。创城工作。每周到包抓小区进行卫生清理、入户宣传、空中飞线整治等。按要求制作了小区充电车棚，定制各类宣传展板共54张，张贴在小区里。创城工作共花费2.6万元。

图书发行与销售

【党的建设】 2021年，盐池新华书店坚持以习近平新时代中国特色社会主义思想为指导，深入贯彻党的十九大和十九届四中、五中、六中全会精神和自治区党委第十二届十二次、十三次全会精神，切实发挥党支部作用，认真做好党建工作，落实各项工作部署，开展“高质量党建引领企业高质量发展”，以党建工作为抓手促进各项工作的开展。上半年公司党支部严格按照“三重一大”事项决策制度，召开支部党员大会9次，研究决定重大党建及公司新建项目重大事项；集体学习18次，常态化落实党史学习教育，组织全体党员及积极分子针对重要党史学习资料进行深入学习，组织党史专题学习讨论会，不断回顾和感悟党的百年奋斗历史，从而总结经验、正确认识现在、科学把握未来；支部书记带头讲党课2次，其中包括《讲清廉、明党性》和《知史爱党、知史爱国》党史教育专题党课，以正反事例导入开展教育，号召全体党员践行党史学习教育，不断提高党性修养；组织主题党日活动6次，包括“忆党员初心诵读红色经典”“参观革命历史纪念馆缅怀革命先烈”“我为群众办实事盐池新华书店党支部在行动”等主题，不断丰富活动内容和途径,践行党员初心与使命,把明理增信崇德力行贯穿党史学习教育始终。下半年与宁夏灵武新华书店有限公司党支部合并为宁夏灵武(盐池)新华书店有限公司党支部,制订了《灵武(盐池)书店党支部党建工作计划》《灵武(盐池)书店主题党日活动计划》《灵武(盐池)书店党风廉政建设学习计划》等,明确了意识形态、党风廉政建设等内容的学习安排,强化监督落实,完善学习监督制度,提高党员自学主动性与积极性;定期抽查党员"学习强国"学习平台积分情况及自学笔记,帮助党员养成良好的学习习惯,实现学习常态化。新一轮疫情防控期间,灵武(盐池)党支部及时与防疫部门接洽,组织党员投身于当地防疫工作中,带头在社区卡点执勤,协助社区做好消毒、登记、执勤等防疫工作,为防疫工作贡献力量。

【意识形态工作】 注重思想引领,依托于"学习强国"学习平台等线上学习平台,引导全体党员、干部职工认真开展有效的理论学习与研究工作,并针对典型案例开展思想教育工作,长期开展"以案明纪"讲评活动案例剖析,加强对微信工作群和读者群的管理,加强正面宣传和引导工作,进一步强化干部职工理想信念。突出精神激励,结合党建工作和店内各项经营管理工作,大力弘扬优秀传统文化,讲好宁夏故事,通过精神凝聚,突出职工文明素养。加强队伍思想建设,将意识形态工作同日常工作内容相结合,密切联系"我为群众办实事",建设"书香盐池"、创建全国文明城市及疫情防控志愿服务等相关工作,突出职工队伍建设,全方位提高综合素质能力。

【经济指标】 2021年,全年实现销售939.2万元,比2020年同期775.69万元增加163.51万元,增幅21.08%。其中,免费教材310.37万元比上年同期343.9万元减少33.53万元,减幅9.75%;非免教材及教辅销售501.79万元,比上年同期378万元,增加123.79万元,增幅32.75%,其中非免教材86.5万元比上年同期83.54万元增加2.96万元,增幅3.54%,非免教辅415.29万元比上年同期294.46万元增加120.83万元,增长41.03%;一般图书127.04万元,比上年53.79万元增加73.25万元,增长136.18%。2021年,全年实现利润33万元,比2020年同期25.65万元,增加7.35万元,增幅28.65%。

【主题出版物发行】 2021年是中国共产党成立100周年,全党上下认真开展党史学习教育,针对本年度重点主题出版物结合党史学习教育和重要节日,提前做好工作规划,严格落实重点主题出版物发行工作责任到人,划分职工职责,实时监测县内各单位征订及阅读情况,结合往年数据信息进行提供各项更具针对性的阅读服务,同时,聚焦如何拓展政企业务,结合"建党百年""七一"等重要节点,为各企事业单位提供优质的图书和服务。一方面保证货源充足,及时与各单位进行对接,确保发挥书店发行主渠道作用;另一方面严格把控好市场,积极应对竞争,把握好主动权。本年度重点出版物及结合党史学习教育与重点节日为各单位提供的党史学习资料销售码洋90万元。

【读书氛围】 针对销售停滞的旧书进行统一处理,并根据县内消费者消费习惯重新进行图书选品,改变原有的一书多放且销售进度停滞的状况,增加新书好书类别,减少滞销图书品种。针对卖场格局和图书摆放进行有效调整,打通低幼类、少儿读物区域,方便管理的同时,能够有效改善室内拥挤布局,同时将成人区读书种类进行大范围合并,不再以店内原有的固定图书分类方式进行摆放,更多从读者喜好角度出发,促成相关图书科学整合,提高阅读氛围和读者购买欲望。美化阅读休息区域,整体营造良好的阅读氛围。加快新项目建设。公司"文化旅游提升工程"建设项目室外工程稳步、有序推进,经与盐池县住建局等相关部门协商后,正在进行统一风格的室外工程、店招设计相关工作。11月29日邀请县质监部门联合施工方、设计方、监理方进行竣工验收。

【"我为群众办实事"】 结合重大节假日及县内重要活动，积极开展送书下乡流动售书；文化服务进社区、进校园、进乡镇；设置成立"户外劳动者爱心驿站"，提供桌椅、常用医药品、热水、一次性纸杯、一次性口罩等，将党史学习教育成果转化为人民服务的实际行动。整合县内资源，强化协调联动发展，"4·23世界读书日"联合多家单位，推出独具本地特色的红色图书展和脱贫经典图书《诗在远方——"闽宁经验"纪事》分享会；联合县文广局开展"青少年学党史"长期党史学习教育；捐赠《写给青少年的党史》供其学习教育所用；为4家社区和乡镇农家书屋、一所小学捐赠图书，共建"书香盐池"，共助"乡村振兴"。常态化开展志愿服务活动。其中包括积极配合创建全国文明城市工作，每周定期组织职工开展包抓小区及周边街道的卫生整理工作，通过彻底清除多个卫生死角、日常卫生保持与宣传、文明知识入户分享、张贴文明知识宣传海报等，号召广大群众共同树立文明健康理念。坚决做好疫情防控工作，在公司常态化疫情防控的基础上，动员全体职工参与社区卡点疫情防控工作，10月28日至11月19日轮流值守，在保障居民安全的同时，为盐池县紧张有序的疫情防控工作贡献一份力量。

【"走出去"战略】 不断强化社会效益职能和书店品牌形象，树立书店品牌意识，不断扩大营销，结合节假日，如"4·23"世界读书日、"六一"儿童节、寒暑假等为读者开展惠民折扣优惠活动，举办民众能够参与的读书活动，不断推动本地精神文明建设，发挥社会效益，塑造良好品牌形象，积极动员多方资源，实施品牌及文化服务"走出去"战略。与盐池县图书馆联合设置《诗在远方——"闽宁经验"纪事》新书展台，以供读者阅读；联合盐池县第五小学开展"童心向党　传承红色经典"诵读比赛；文化下乡30余次，为乡政府及个别行政村送去党史学习读本，为乡下学校送去教材教辅，联合高沙窝镇政府、盐池县图书馆等开展"三下乡"文化志愿服务活动；于王乐井乡设摊赶集，为乡亲们送去品种齐全、内容精美的图书，并大力宣传《"诗在远方"——闽宁经验纪事》等优秀图书；同时积极借助县级融媒体（书香盐池、盐池住建等微信公众号）和区融媒体平台，大力宣传年度重点活动和工作，有效提升社会知名度和影响力。

【队伍建设】 高度重视职工培训与管理，针对实际工作中职工反馈的工作难题，进行有效研究与讨论，打造能吃苦、善用脑的职工队伍，通过经典正反案例学习，不断对照自身找差距，积极解决各种问题，营造团结向上、互帮互助的工作氛围；积极组织职工参加各项比赛和培训活动，其中：管理人员参加山东济南第30届全国图书交易博览会，黄河出版传媒集团管理人员政治能力和业务能力提升班培训等学习先进经验，提高科学管理能力；职工参加"庆祝建党100周年党史知识竞赛"和"颂歌献给党"红歌展演，进一步推动党史学习教育深入开展；参加2021年北京图书订货会，上海"咖啡+阅读+文化　书店好时光"创新实践研讨班培训活动，2021年度教材、教辅发行业务培训，一般图书销售系统（中启Es-hop）培训等，提高职工业务素质和工作效率。10月28日，《盐池新华书店工作规章制度及岗位职责分工》正式生效，职工具体工作进行合理分配，且职工负责范围内的工作出现严重失误时，要责任到人，进行追究，有效推动职工队伍建设。

卫生　医疗

卫生健康

【概况】 2021年，盐池县传染病报告发病率341/10万，严重精神障碍报告患病率4.25‰；药占比24.03%，基层医疗机构门急诊人次占比为45.1%，电子健康档案向居民开放率达100%，人口出生率7.5‰，全员人口信息统计准确率达到98%以上。

【党的建设】 2021年，盐池县卫生健康局加强党的全面领导，压实党建主体责任。强化党委全面从严治党主体责任，落实机关党委书记直接责任、党支部书记主体责任和领导班子成员"一岗双责"制度，抓实党委班子成员联系指导支部党建工作制度。严格落实党风廉政建设责任制，持之以恒落实中央八项规定精神，坚持不懈正风肃纪，推进机关效能建设，着力提高党员领导干部和医疗从业人员廉洁意识。强化政治理论武装，守好意识形态阵地。落实党委中心组理论学习、机关集中学习制度，深入学习贯彻中共十九大、十九届五中全会精神，习近平总书记在党史学习教育动员大会上的重要讲话和视察宁夏重要讲话等，各党支部领导班子开展专题读书班10次，各党支部集中学习250次，专题研讨60余次，各党组织负责人讲党课累计36次。加强党员意识形态教育，严格微信公众号、群发平台等网络阵地的日常运营管理、内容审核、责任追究等。严格党员教育管理，助推重点工作落实。结合"三会一课"等制度载体，扎实开展庆祝建党100周年"十个一"系列活动，开展党史知识竞赛、宣讲、主题活动、红色现场体验等30余次，观看红色党史影片20次，组织参加红歌联唱2次，选树学习榜样3名。加强党员培养教育，坚定理想信念。建立党费收缴核定台账，规范党费收缴管理措施。从严抓好发展党员工作，发展正式党员4名，预备党员18名，入党积极分子20名。

【综合医改】 县域医改试点稳步推进。制定下发《2021年盐池县县域综合医改实施方案》及本方案的子方案，进一步强化政府办医职责，形成党政主导、部门协作、医院联动的齐抓共管工作格局。着力加强医疗健康总院领导班子建设，公开竞聘医疗健康总院副院长、总会计师各1名，配备专职副书记、纪委书记各1名，乡镇卫生院财务人员已配齐。2020年全区县级公立医院综合改革绩效评价盐池县位列第一。分级诊疗制度建设有序推进。以"互联网+医疗健康"为支撑，以县域医疗健康总院为依托，通过构建"一网两库六大平台"的县域卫生健康信息化体系和县乡村一体化诊断、治疗、管理信息平台，提升医疗和公卫协同服务能力，增强医防融合发展力度，建立县乡村一体化服务机制。全县远程医学影像中心诊断1.5万余例，远程心电中心诊断1.64万余例。现代医院管理制度逐步建立。按照“管办分开、政事分开”的原则，为群众提供有效的医疗健康服务。建立健全内部管理制度，实行“三重一大”事项提交职工代表大会审议制度，充分发挥职工代表大会的民主监督作用，逐步健全财务分析和报告制度，对医院管理运行、财务活动、国有资产适时进行监督。完善医院内部审计制度的建设，引入第三方事务所对医院每年的财务收支进行审计，政府审计部门定期对院长经济责任进行审计。“互联网+医疗健康”扎实推进。优化完善六大中心(远程诊疗、远程影像、远程心电、远程超声、远程检验、远程教学中心)和两大通道(远程视频门诊、视频查房通道)建设，构建成县乡村一体化的诊断、治疗和管理综合信息平台。远程诊间视频门诊和远程培训实现县乡全覆盖。建立居民电子健康档案14.4万余份，并向居民全部免费开放。鼓励各医疗机构结合预约诊疗和“互联网+医疗健康”工作，加快推进预约挂号、预约检查、预约诊疗等预约医疗服务，全年，累计网上预约挂号15.48万余人次，利用远程视频门诊开展复诊1275人次。医疗卫生服务体系建设积极推进。争取中央预算内项目资金1100万元实施县人民医院救治能力提升项目，11月竣工验收。争取中航油项目资金230万元，新建惠安堡镇中心卫生院发热门诊，11月底完工。投资32万元的13家公立医疗卫生机构医疗废弃物在线视频监控设施建设项目已完成。

【医疗服务】 卫生人才培养模式持续巩固。结合“千名医生下基层”和“对口帮扶”机制，通过“请进来、送出去”的方式，与区内外多家医疗机构建立人才联合培养机制。加强骨干医务人员培训，县级公立医院、疾控中心和乡镇卫生院共选派25名骨干医师到区内外三级医院进修学习3～12个月。区(市、县)公立医院、公共卫生机构共选派43名卫生专业技术人员对口支援13家基层医疗卫生机构，聘请自治区35名专家到县级公立医院开展临床带教、定期坐诊、疑难病例讨论、手术及学术讲座，有效缓解医疗技术服务薄弱问题，着力提升医疗卫生整体服务水平。医疗质量管理更加规范。成立了县级医疗质量控制中心管理办公室和医院感染管理中心等9个县级医疗质量控制中心，对基层医疗卫生机构医疗质量等进行督导，推动医疗卫生机构医疗质量持续改进。持续开展“合理检查、合理用药、合理治疗”专项整治行动和规范医疗机构收费行为专项检查，切实减轻人民群众不合理医药负担。执行《医疗卫生人员廉洁从业若干规定(2020版)》，主动上缴红包、回扣16人次6366.66元。中医药服务能力进一步巩固。持续巩固中医药服务的主导地位，有效发挥康复医学中心、中医治未病科主阵地作用，积极开展自治区基层中医药专家传承工作室建设项目，落实“中医药专家+县乡村继承人”经验传承培养模式。加快县乡村中医药工作一体化管理，注重中医药知识与技能培训，邀请自治区有关专家对基层开展中医药适宜技术培训，同时，鼓励基层积极参加全区中医馆骨干人才培训项目，促进中医馆“提档升级”。实施中医药康复能力提升工程，发挥中医药在疾病康复中的重要作用。基本药物保障机制稳步运行。持续巩固完善基层医疗卫生机构基本药物配备使用，优化非基本药物配备使用，在4个“基层区域医疗服务中心”推行“双药房”，促进县级药品下沉基层医疗机构，重点满足基层群众常见病、多发病及慢性病等诊疗用药，有效缓解基层药品短缺矛盾。开展公立医疗卫生机构药品配备使用情况监测分析工作，持续做好国家及自治区短缺清单药品重点监测工作。

【公共卫生和重大疾病防控】 加

强新冠疫情常态化防控。严格落实常态化疫情防控措施，加强预检分诊和发热门诊管理，规范设置乡镇卫生院发热诊室。严格落实国家和自治区新冠病毒核酸检测“应检尽检”工作要求，对发热门诊患者、新住院患者及陪护人员等重点人群全部进行核酸检测，共检测124940人次。科学设置新冠病毒疫苗接种点位，投入使用接种点12家，接种人员102名，县域接种能力达每日7500人。截至11月3日，累计接种248527剂次，其中18岁以上人群第一剂接种113529人，第二剂接种112354人，任务完成率分别为超额0.39%、99.19%；12～17岁人群第一剂接种11659人，第二剂接种10086人，任务完成率分别为超额0.76%、超额4.57%；报告疑似异常反应7人，均为一般反应。公共卫生民生计划普惠百姓。规范建立城乡居民电子健康档案14.5万余份、电子建档率91%；为60岁以上老年人及幼托儿童免费接种流感疫苗，全面落实重点传染病防控措施，传染病疫情报告率100%；继续实施布病医防结合“三位一体”防治模式，按照经费保障到位、医保保障到位、救助保障到位的“三个保障到位”，切实加强对布病患者的规范诊疗和随访；加强鼠疫监测，强化碘盐普服率，普及自来水入户，规范家犬驱虫管理，地方病得到有效控制；严格落实妇幼保健、三项监测和管理工作，全县产妇住院分娩率100%；高危孕产妇住院分娩率100%，危重孕产妇医院监测率99.28%。新生儿疾病筛查率97%；深入开展儿童营养包免费发放惠民政策，营养包发放率为96.17%。推进家庭医生签约服务提质增效。组建家庭医生团队48个，签约7.3万余人，其中重点人群签约3.4万余人，签约率81%，全县贫困人口实现签约全覆盖。开展健康咨询4.2万余人次、上门巡诊1.3万余人次，签约孕妇免费唐氏筛查和胎儿四维彩超检查302余人，群众获得感不断增强，家庭医生签约服务群众满意度达到90%以上。推进医养结合快速发展。着力推进医疗卫生与养老服务相结合，在县医院开设老年病科、县中医院开设康复中心，在永宏乐丰康复生态园设立康复护理中心；全面落实老年医疗服务优待政策，鼓励现有养老服务机构与医疗卫生机构签订服务协议，为老年人开通预约挂号、转诊等绿色通道；基层医疗卫生机构为辖区内65周岁以上老年人建立健康档案，开展健康服务管理。

【全民健康】 巩固提升健康促进县成果。严格按照国家级健康促进县技术复评工作要求，制定《盐池县国家级健康促进县技术复评工作方案》，认真梳理，查漏补缺，力争圆满完成复评工作。全面推进全民健康水平提升行动。以全民健康水平提升行动为重要抓手，一体部署、一体安排、一体推动，将十大工程30项措施、16项专项行动相衔接，进一步提升全县居民的健康水平。2021年，全县健康素养水平为20.89%。开展健康知识普及行动。依托新时代文明实践中心，成立健康科普专家巡讲团，开展以全民健康生活方式（“三减三健”）、老年人慢性病防治、新冠肺炎防护知识等为主题的“六进”活动，广泛传播疫情防控、地方病防治、青少年心理健康、健康生活习惯等健康知识和健康理念，不断提高居民健康素养水平。在各乡镇、社区、学校、企业等地共举办健康知识讲座50余场，义诊活动12场次，发放各种健康知识宣传品1.3万余份，受益人群达2万余人次。持续推进爱国卫生工作。结合全国文明城市创建，巩固和提升国家卫生县城创建成果，广泛开展全民爱国卫生运动，集中整治城乡环境卫生，清理卫生死角800余处，清理垃圾1000余吨。科学开展病媒生物防治，完成县城区域内16500余个下水井、暖气井等区域的两轮消杀，有效降低媒介生物性疾病。对2020年无烟党政机关复审未通过的19个单位进行重新评审，继续加强无烟党政机关的创建，营造良好的社会氛围。申报健康机关2所、健康社区2所、健康家庭2户，获得自治区“健康细胞”称号。

【计划生育】 全面实行生育登记服务制度，出生人口性别比趋于正常，完成免费孕前优生健康检查1200对。严格落实计划生育家庭奖励扶助政策，努力提升计生家庭发展能力。年内申报计划生育各类家庭奖励扶助对象2327人，扶助资金323.61万元。计划生育特殊家庭联系人制度、就医绿色通道和家庭医生签约服务覆盖率均达100%，实现了“三个全覆盖”。开展计划生育“暖心行动”，慰问计划生育失独伤残家庭等34户，发放慰问金1.7万元。大力宣传引导社会力量开办0～3岁婴幼儿托育机构，积极推进托育机构备案管理工作，逐步满足人民群众对婴幼儿照护服务的需求。盐池县已审批备案1家、注册3家托育机构。2021年，盐池县被国家卫健委命名为2018—2020年全国计划生育优质服务先进单位。

【政风行风建设】 坚持依法行政。规范卫生监督执法行为，加大执法力度，从卫生许可准入、打击非法行医、医疗美容整治、职业病防治等方面，认真开展综合监督工作，有效地维护全县人民群众身体健康和生命安全。累计监督检查医疗机构215户次、公共场所（宾馆、理发、商超）946户次、中小学及托幼机构28户次、企业57户次，下达卫生监督意见书889份；立案查处医疗卫生机构超范围执业、使用非卫生技术人员等问题30起，没收违法所得833.4元，罚款89500元。大力推进行业作风建设。严格贯彻落实“九不准”及《医疗卫生人员廉洁从业若干规定》，完善临床诊疗技术规范，促进用药、检查、治疗、收费更加合理。进一步宣传先进典型，尤其是援鄂医护人员先进事迹，营造尊医重卫良好氛围。大力开展行风建设活动，严厉打击借助学术、捐赠、科研等行为进行利益输送的不当行为，建立完善投诉举报受理及相应处置管理办法，对收到的3件电话投诉、2件信访案件，及时进行办理，目前均已办结。

医疗保障

【概况】 盐池县医疗保障局于2019年2月1日正式挂牌成立，核定行政编制5名，2021年实有工作人员4名。同年8月，成立盐池县医疗保险服务中心，作为盐池县医疗保障局下属副科级事业单位，核定事业编制14名，2021年实有工作人员14名。连续两年获得自治区医疗保障局考核第一、县效能目标考核优秀等次；《发挥医疗救助保障功能建立防范因病致贫返贫长效机制》课题研究成果为国务院发展研究中心农村经济研究提供有力参考；被自治区医保局推荐为国家医保信息直报点。医保总额付费主要做法在全国医联体会议上作经验交流；医保电子凭证推广应用、医保业务信息编码贯标、城乡居民基本医疗保险参保缴费工作经验在全区交流推广。

【党的建设】 将党建贯穿到医保工作全过程各方面，以干部政治能力建设促进综合业务能力提升。组织开展“学党史、强信念、感党恩”读书分享会等主题活动7场次、各类志愿服务活动100余次，参与活动5000余人次。建立肾透析室和残疾人康复中心志愿服务点，为残疾儿童、肾透析患者募集物资90余万元。投入10万元为包抓小区完善公共设施、新增公益广告牌6处。强化宣传引导，医保政策知晓率显著增高。通过医保政策“七进”“村村通”喇叭、专题文艺会演等形式，广泛宣传医保政策，并通过日检查、周汇总、月通报的形式，全力拓宽宣传覆盖面，形成了人人争先、比学赶超的良好氛围。县医保局微信公众号累计发布政策宣传类文章

217期520篇，点击量突破2万余人次。强化物资保障，防疫安全水平持续提升。及时跟踪掌握全县疫情防控物资供需情况，及时组织调运、统筹调度医用急需物资，重点保障重点环节、重点人员物资需求，先后为全县交通卡点、集中隔离点、核酸检测采样点等发放医用外科口罩、防护服、一次性手套、消毒液等各类防疫物资合计300余万元，全县疫情防控点医疗物资供应充足。

【参保扩面】 围绕全县年度参保缴费目标要求，将征缴扩面任务进行细化分解，建立动态参保缴费工作机制和“五天一督查、七天一通报、十天一调度”推进机制，做好特殊困难人员及新生儿身份认定审核等工作。2022年度，吴忠市医保局下达盐池县总参保目标任务为161700人，其中城镇职工基本医疗保险参保目标任务为18200人，城乡居民基本医疗保险参保目标任务为143500人。截至12月31日，盐池县总参保人161727人，超额0.02%完成总目标任务。其中，城镇职工基本医疗保险参保20906人，超额14.87%完成目标任务；特困供养、低保、边缘易致贫、已脱贫人口等12类特殊人群参保率100%；城乡居民基本医疗保险参保140821人，完成目标任务的98.13%。2021年盐池县城乡居民参保超额0.87%完成目标任务；城镇职工参保超额21.03%完成目标任务的%；32026名已脱贫人口全部参保。人人享有医疗保障的目标基本实现，人民群众幸福指数显著提升，巩固拓展脱贫攻坚成果同乡村振兴有效衔接的基础更加牢固。

【医保兜底】 严格落实医疗救助政策，通过门诊大病补助、住院补助、重特大疾病住院补助等方式，持续兜住贫困人口就医保障底线。截至11月底，全县建档立卡贫困人口基本医疗保险报销6876人次2821.13万元，大病保险报销899人次478.61万元，大病补充保险共报销145人次81.81万元，大病保险财政补助1367人次216.24万元，民政救助4101人次571.4万元，财政兜底1991人次716.69万元。制定完善公务员医疗补助政策和门诊肾透析患者及特困供养人员医疗救助政策，联合县民政局制定出台了《盐池县关于建立“四重”医疗保障体系防止因病致（返）贫的实施方案》，建立基本医疗保险、大病保险、医疗救助、慈善救助四重保障制度。截至11月底，盐池县医疗救助56075人次1756.30万元。强化骗保治理，医保基金运行安全平稳。多措并举有力有序推进骗保专项治理，开展日常稽核检查20余次，核查违规金额0.93万元；监控系统核查违规金额0.31万元；针对“假病人”“假病情”“假票据”问题，聘请第三方机构模拟国家飞行检查模式对全县定点医药机构开展全覆盖检查，核查违规金额9.65万元；吴忠市定点医疗机构全覆盖核查违规金额16.85万元。以上违规医保基金全部追回，确保医保基金安全运行。

【医保基金】 将基本医保基金总额预算打包付费至县医疗健康总院，鼓励医疗健康总院各成员机构合理使用医保基金。严格落实国家、区级药品集采政策，进一步规范中药饮片、体外诊断试剂采购备案流程，建立医疗保险服务中心与供应商按月直接结算制度，全面做好医疗机构采购、企业配送及医保审核结算监管。开展医保编码及电子凭证激活推广宣传活动20余场次，集中培训13场1300余人次。盐池县医保电子凭证激活160449人，激活率97.85%，位列全区第一。

卫生计生监督

【党史学习教育】 2021年，盐池县卫生计生监督所深入开展党史学习教育，坚持学习不放松，及时召开党支部会议，全面部署和推进学习教育常态化工作，确保学习教育有序开展。党史学习教育读书班集中学习5次，干部职工撰写党史学习教育心得体会37篇，干部职工党史学习教育集中学习26次，红色现场体验、警示教育等学习4次，观看红色党史影片5部，观看全区优秀党务工作者系列等短片，参与“学党史、感党恩、跟党走”主题演讲大赛1次，参与卫健局党委知识竞赛1次，参与吴忠市卫生健康系统庆祝中国共产党成立100周年“学党史感党恩强业务促发展”知识竞赛1次，开展全市卫生监督“学党史、感党恩、开新局、创新业”主题调研、以“‘粽’情高歌颂党恩·牢记嘱托共奋进”为主题的红歌快闪等活动。

【党的建设】 夯实组织基础，加强理论学习。严格按照上级文件要求，开展党费清理收缴工作，支部共有5名党员，党员党费已全部按要求清缴完成。严格落实“三会一课”制度，利用集中学习、自学及网络学习相结合的方式，组织支部全体党员开展中共十九届六中全会精神等专题学习5次，专题研讨11次，支部书记讲党课3次，结合党史学习教育每周半天学习，主题党日、“学习强国”学习平台学习平台、“共产党员”“宁夏党建”公众号等方式，组织党员深入学习《习近平新时代中国特色社会主义思想学习纲要》和习近平总书记关于卫生健康工作重要论述，跟进学习习近平总书记最新重要讲话精神，做到学深悟透、融会贯通，不断增强党员的“四个意识”。做好党员发展和教育管理。落实《中国共产党发展党员工作细则》，做好在青年业务骨干中发展党员工作，现有3人已完成谈心谈话，1人发展至入党积极分子。严格落实党内关怀帮扶机制，落实在职党员到社区报到等制度，加强党内关怀。持续排查党员信仰宗教和参与宗教活动情况，从严规范党员行为，进一步坚定理想信念、增强党性观念、强化党的纪律，保持党的先进性和纯洁性。

【疫情防控】 对县医院、县中医医院、县妇幼保健计划生育服务中心、城关社区卫生服务中心和8个乡镇卫生院就预检分诊、发热门诊的设置及运行、传染病疫情报告、医疗废物处置管理、消毒隔离制度执行情况、防疫工作人员自我防护等进行多轮次的监督检查。为加强对个体诊所的管理，举办个体诊所负责人集体约谈会，严格要求各诊所做好医疗废物处置、静脉输液、消毒以及工作人员的自我防护等工作。对全县宾馆、理发店进行多轮次监督检查，重点检查公共用品用具清洗消毒、从业人员健康体检、环境卫生整治情况等内容。对全县24所中小学、10所托幼机构开展春秋季传染病防控和新冠疫情防控期间学校环境卫生、生活饮用水卫生及消毒工作等方面进行监督检查。

【“双随机”工作】 国家随机监督抽查工作。完成包括公共场所卫生、生活饮用水卫生、传染病防治、医疗卫生、学校卫生、餐饮具消毒卫生、妇幼健康、职业卫生和放射卫生9个专业“双随机、一公开”任务共97家，已完成93家，关闭4家，完成率95.88%，完结率达100%。立案查处2起，共处罚款1100元。开展托幼机构、校外培训机构、学校照明“双随机”抽检工作。联合县疾病预防控制中心对5所托幼机构、2所校外培训机构就采光方向、采光系数、窗地面积比、防眩光措施、装设人工照明、课桌面照度、黑板照度等项目进行了检测。检测结果均符合学校照明规范要求。市场领域联合“双随机”工作。完善“一单两库”，即监管领域抽查事项清单、执法人员库以及医疗机构、传染病防治、公共场所、生活饮用水等9个市场主体库。联合市场监督管理局、文广局、公安局、教体局、城市综合执法局等部门开展联合检查9次，通过现场检查的方式，对109家抽检对象进行联合监督检查，检查任务完成后，已按照“谁检查、谁录入、谁公开”的原则，由执法人员在系统内对检查结果进行录入并公示。

【医疗乱象整治】 规范医疗机构及医务人员执业行为，增强医疗机构依法执业意识。对全县35家医疗机构开展两轮医疗机构不良执业行为积分管理工作，本年度最高不良执业行为积分10分(1家，为燕子益康口腔诊所)，最低2分。此外，2021年度医疗机构年度校验134家。加强院感管理、提升院感防控意识。对辖区内3家县级医疗机构、7家乡镇卫生院、1家社区卫生服务中心和2家民营医院，就医院管理、重点岗位流程、感控技能培训、防控措施落实等院感风险问题开展专项检查，对检查出有问题的医疗机构均要求其立即整改。严厉打击涉医违法违规行为、维护群众健康权益。积极开展医疗乱整治专项行动，针对医疗机构存在的问题，监督员现场下达卫生监督意见书，并对2家口腔诊所使用非卫生技术人员从事医疗卫生技术情况进行立案查处。结合日常监督工作开展依法打击非法医疗美容专项行动，共检查医疗美容机构2家(1家医疗美容机构已申请停办)、美容机构10家，不定时进行突击监督检查30余次，检查中未发现美容机构非法开展医疗美容服务的行为。严厉打击违法行为、加大案件查处力度。打击“游医”摊点3起，共查处案件31起（均已结案)，其中无证行医及医疗卫生违法案件6起(其中无证行医4起、使用非卫生技术人员从事诊疗活动2起)，公共场所违法案件18起，职业卫生7起，没收违法所得833.4元，累计共处罚款88550元。

【医疗废物专项整治】 对辖区内医疗机构：2家医院、2家民营医院、8家乡镇卫生院、2家社区卫生服务中心(站)、疾病预防控制中心、妇幼保健所、23家个体门诊进行医疗废物专项督导，共计下达卫生监督意见书44份。并在辖区内15家医疗机构进行医疗废物在线监控安装和使用，通过线上线下相结合的监督方式，深入推进危险废物专项整治三年行动，进一步加强对医疗机构的医疗废物和医疗污水规范管理和安全处置。

【职业卫生】 2021年度危害因素申报企业48家；开展工作场所职业病危害因素监测企业20家，其中存在超标岗位企业8家；组织劳动者开展职业健康检查企业20家；开展用人单位负责人培训企业20家；开展职业健康管理人员培训企业20家；培训接触职业病危害劳动者4080人。积极宣传并鼓励用人单位申报“职业健康达人”，已申报“职业健康达人”活动人数17人，选树“职业健康达人”17人；协调配合第三方检测机构顺利完成了34家监测任务。

【公共场所卫生】 加强监督指导，做好卫生监督协管工作。以食源性疾病及相关信息报告、饮用水卫生安全巡查、学校卫生服务、非法行医和非法采供血报告为主要内容，对8家乡镇卫生院及1家社区卫生服务中心每季度进行一次卫生监督协管督导。全年发现卫生监督协管事件/线索34次，报告34次，巡查覆盖率100%。保障二次供水安全、提升公共供水服务质量。对县城内22家生活饮用水二次供水单位就管理体系、常态化监管、建立长效机制等内容进行排查，经检查，21家为无负压变频式供水，1家为水箱式供水。本次检查责令限期整改5家，4家单位已整改完成，1家水箱式供水单位经整改后仍存在卫生安全隐患。增强卫生安全责任意识，消除公共场所卫生安全隐患。对16家空间密闭性高、人群密集度大的公共场所(影剧院、舞厅、音乐厅、公共浴室)就通风设施设置是否合规、通风设施运行情况以及周边是否存在有毒污染源等内容进行现场监督检查。经检查，16家公共场所均设有合规的机械通风设施且运行正常，周边未发现有毒污染源，无公共场所通风卫生安全问题隐患。规范市场经营行为，维护良好消费环境和公平竞争秩序。对盐池县3家医药公司的4家药店、3家婴儿用品店、4家超市进行消毒产品的抽查工作。经检查发现，各经营单位均能提供消毒产品同批次出厂检测报告、消毒产品生产企业卫生许可证和卫生安全评价报告。抽查的21种消毒产品，均未发现违法添加激素等禁用物质，产品包装未宣传其他治疗效果，经营单位也未夸大宣传。

【宣传培训】 大力宣传《中华人民共和国职业病防治法》。以职业病防治法宣传周和宪法宣传周为契机，深入企业开展职业病防治法宣传活动。通过讲解《中华人民共和国职业病防治法》、悬挂宣传横幅、发放宣传手册、向用人单位职工广泛普及职业病预防知识，以维护劳动者职业卫生健康权益。宣传周期间共组织用人单位收看宣传周启动仪式20场次，进行《中华人民共和国职业病防治法》等法律法规知识培训5场次，培训人次达1000余人次，悬挂宣传横幅3幅，发放纸杯180提，发放宣传手册1500余份，微信公众号推送文章2期。通过多种多样的形式，向全社会普及了《中华人民共和国职业病防治法》相关知识。加强各行业从业人员知识培训。举办用人单位职业卫生管理培训班，122人参加以压实用人单位职业卫生主体责任，规范劳动者职业卫生安全。举办放射卫生防护培训班，进一步提高放射工作人员对放射卫生法律法规及相关标准的认识，强化放射工作人员对自我防护和患者防护的意识，全县18家医疗机构91名放射工作人员参加本次培训。推进危险废物专项整治工作，实现医疗废物在医疗机构内信息化、全流程可追溯管理，举办医疗废物全流程监管系统使用培训班，对医疗废物全流程监管系统的使用、医疗废物收集人员个人防护进行详细讲解，工作人员现场指导设备使用并分发设备（移动终端、蓝牙挂称、蓝牙台秤），共15家医疗机构30人参加本次培训班。普及食品安全知识，提高食品安全意识。积极参与食品安全宣传周宣传咨询活动，就食品安全标准知识、食品添加剂知识、食源性疾病预防等内容进行了科普，现场解答社区居民提出的食品安全问题。本次活动出动监督员3人，向群众发放宣传资料共计200余份，现场接待和解答咨询共计50余人次。

【规范化机构创建】 提高站位，完善机构建设。深刻认识开展规范化建设的重要意义，推进综合监管和执法监督机制更加明晰和规范，不断加强卫生监督机构的队伍建设、能力建设、制度建设、信息化建设、作风建设等，持续提高自身卫生监督工作效能。严格标准，争创一流。完成听证室、陈述申辩室(询问调查室)、合议室、培训室、档案室、罚没物品暂存室、应急物资储备室、快速检测室、警示教育室和在线监督指挥中心的建设。突破思维定式的旧模式，创新监管理念与监管方式，将各医疗机构预检分诊和医疗废物处置接入在线监督指挥中心，管理人员直接通过在线监控系统对预检分诊、医疗废物收集及转运情况进行实时监控，杜绝了传统卫生监管环节中的管理疏漏，将显著提升卫生监督的信息化水平。建设标准化档案室，档案整理规范，管理制度健全。按需合理配备执法取证工具、现场快速检测设备、信息化办公设备。设立了健身小屋、乒乓球室，添置了各类健身器材。以党建为引领，运用红色、廉政、法制资源，加强职工廉政、遵法守法教育，警示职工增强法纪意识，清廉做事。设置监管职能展示墙和职工风采展示墙，将科室职责形象直观地向公众展示出来，并展示职工在工作中的风采，提升职工工作积极性，促进单位内部的正能量传递。

【文明城市创建】 对县级区域内63家三星级以下宾馆和17家个体诊所均已按照规范要求进行培训和指导，均已完成行业规范和公益性广告的张贴，共检查公共场所及个体诊所、药店260户次，出动车辆35车次，监督人员174人次，下达卫生监督意见书230

份，对于有问题的经营单位已现场责令立即整改。成立志愿服务队，开展了以清扫卫生、文明入户宣传、群众满意度测评、清理墙面小广告、文明劝导规范停车及电动车上牌、疫情防控宣传等为主要内容的志愿服务活动30余次，出动志愿者168人次；组织开展本领域以“学习新时代楷模　践行雷锋精神”“文明出行我先行”为主题的专项志愿行动2次，共出动志愿者20人次，制作横幅两条，发放志愿宣传册1000余份，发放宣传手提袋300余份。

疾病预防控制

【党史学习教育】 2021年，盐池县疾病预防控制中心严格按照县卫健局印发的《关于进一步开展党史学习教育的通知》(盐卫健党发〔2021〕13号)等文件精神，组织全体党员干部、职工开展党史学习教育。党史学习教育读书班集中学习8次，干部职工党史学习教育集中学习31次，专题研讨7次；红色现场体验学习2次；支部书记围绕“中国共产党人的精神谱系”讲党课1次；观看红色党史影片4部；1人参加医疗健康总院《社会主义是干出来的》演讲比赛；3人参加卫健局党委党史教育知识竞赛。为民办实事情况。结合单位工作实际，联合南关社区组织为城区内60岁以上社区老年人开展结核病免费筛查服务，对确诊病人按照早发现、早诊断、早治疗的原则给予免费服药。安排专家进校园，普及儿童青少年爱护眼睛、预防近视的知晓率，动员全社会共同参与爱眼护眼行动，共筑光明未来。创建全国文明县城。组织志愿服务队深入社区及包抓路段，每周进行垃圾清理，在小区开展全国文明城市创建、新冠疫情防控及疫苗接种等宣传指导，同时发放文明城市创建宣传单和劝导不文明行为，引导群众增强环保意识，爱护公共环境设施。

【传染病报告管理】 全年审核并调查核实传染病预警信息34条，无突发公共卫生事件。全年共报告法定传染病703例，报告发病率406.36/10万，报告发病数与去年同期(709例)相比下降0.85%，发病率居前五位的病种依次是：布病(384例)221.97/10万、其他感染性腹泻(88例)50.87/10万、乙肝(78例)45.09/10万、手足口病(46例)26.59/10万、梅毒(37例)21.39/10万。撰写月度法定传染病疫情分析12期、季度法定传染病疫情分析4期，开展突发公共卫生事件风险评估12期。开展全县小学及托幼机构常见传染病专项督导，全年共报告手足口病46例，采集病原学标本46份，送检46份。

【免疫规划】 全年常规疫苗接种应种32750剂次，实种32705剂次，接种率达99.86%；报告疑似预防接种异常反应20例，均为一般反应。每月到医疗机构开展疫苗相关传染病主动监测，监测覆盖率100%；共报告疑似麻疹3例，均已排除。利用“4·25”宣传日重点宣传了接种疫苗对预防疾病的重要意义及肝炎、狂犬病的主要防控措施。对乡镇卫生院及县级医疗机构开展季度督导4次，覆盖率100%；对全县乡(镇)、社区、村级医疗机构开展预防接种服务规范及传染病报告管理规范、突发公共卫生事件报告管理规范培训2次；按照新的预防接种证查验要求，对乡镇卫生院及县级医疗机构督导3次，覆盖率100%。

【结核病防治】 全年报告发病数28例，报告发病数与去年同期减少了52.6%(上年同期57例)。对各医疗单位及社区、乡镇卫生院以视频方式进行业务培训；对县医院、中心社区、乡(镇)卫生院进行季度督导，对发现新患者均入户进行指导。病原学阳性检出率55.6%(15/27)，其中涂片阳性6例，培养5例，分子生物学阳性4例，完成县考核指标；患者的管理率、规则服药率分别为100%、98.2(56/57)，完成公共卫生绩效考核目标。结核病定点医院门诊登记可疑患者362例；耐药性应筛查27例，实际筛查27例，筛查率100%，检测出耐利福平既往患者1例，已推送至区四院治疗；耐药患者管理率为100%。重点人群结核病筛查，病原学阳性患者15例，涂阳密切接触者筛查33例；规范管理65岁及以上老年人、糖尿病患者各11007人、2469人，实际筛查分别为10317人、1988人，筛查率分别为93.65%、80.52%，糖尿病患者中结核病筛查率未达到公共卫生项目要求的90%。在盐池县高级中学、职教中心开展结核病筛查，应筛查1338人，实际筛查1320人，因过敏等原因有18名单拍片，筛查率为100%。非结防机构网络报告疑似患者数66例，其中重卡9例，住院3例，应到位54例，实际到位54例，总体到位率100%。

【性病艾滋病防治】 疫情报告情况。以现住址浏览传染病报告管理系统，共报告5种监测性病42例（其中梅毒37例、尖锐湿疣3例、淋病2例）、艾滋病病毒（HIV）感染3例、丙肝6例，累计现存活感染者/患者44例。监管场所监测工作。为羁押人员进行（HIV）和梅毒抗体检测104人次，完成100%，筛查出HIV阳性1例，在艾滋病管理信息系统报告。高危行为干预工作。对12个娱乐场所开展高危行为干预工作，发放安全套870个，HIV、梅毒抗体检测63人次，超额26%完成，检测结果均为阴性。VCT（艾滋病自愿咨询检测）监测工作。自愿咨询检测801人次，100%，筛查出HIV阳性1例。医疗机构开展艾滋病及梅毒抗体检测。对住院患者、孕产妇、婚前人员等共计13186人次，筛查出HIV阳性4例、报告梅毒阳性26例。抗病毒治疗工作。抗病毒治疗数据录入管理系统正常运行，接受免费抗病毒治疗41人，抗病毒治疗覆盖率93.1%。HIV感染者/患者随访干预工作。HIV感染者/患者按要求每年进行随访及CD4检测，检测43人，随访管理率97.7%。美沙酮门诊工作。2021年，全年服药病人3人，共服药27人次。

【基本公共卫生服务】 全县常住人口数为159125人，共建立居民健康档案147120份，常住居民建档率为92.46%。老年人健康管理，积极开展65岁及以上老年人健康管理工作，辖区内65岁及以上常住居民数14711人，全县共接受健康管理的老年人数为10999人，老年人健康管理率74.7%。高血压患者健康管理。辖区内高血压患者应管理8934人，已管理的高血压患者11618人，规范管理9446人，血压控制人数9875人。超额30.04%%完成高血压管理任务，规范管理率81.3%，血压控制率85.0%；糖尿病患者健康管理。辖区内2型糖尿病患者应管理2291人，已管理的糖尿病患者2645人，规范管理2204人，血糖控制人数2203人。超额15.5%完成糖尿病管理任务，规范管理率83.3%，血糖控制率83.2%。严重精神障碍患者及癫痫患者管理，常住人口数159125人，全县登记在册的严重精神障碍患者680人，报告患病率4.2‰，规范管理658人，规范管理率96.6%。癫痫患者登记在册241人，管理112人，管理率0.70‰。

【地方病防治】 碘缺乏病监测。采集学生食用盐257份，合格碘盐238份，合格碘盐覆盖率92.61%；孕妇食用盐100份，合格碘盐97份，合格碘盐食用率97%。257份儿童尿碘中位数241.30毫克/升，达到国家推荐的8～10岁学生的适宜标准；100份孕妇尿碘中位数316.10毫克/升，达到国家推荐的孕妇的适宜标准。以“5·15防治碘缺乏病日”为契机，通过开展以“科学补碘，健康一生”为主题系列宣传活动，普及科学补碘知识，提高公众对科学补碘的认识。棘球蚴病防治及监测项目工作。共管理病人40例，服药15例，全部规范管理；全县登记家犬8697条，建卡8690条，规范驱虫8419条，规范驱虫覆盖率96.80%；人群B超筛查

6426人，随机采集60人血样做血清抗体检验，均阴性。棘球蚴病监测人群筛查1247人，未筛查出疑似病人，随机采集血样10份进行血清抗体检测，均阴性。采集家犬粪670份进行粪抗原检测，均阴性；在屠宰场检查1岁以上羊只内脏（肝、肺）1006份，阳性4份，阳性率0.4%。布病防控工作。全年网络报告病例384例，其中本地确诊病例349例，全部建档管理；建档管理病人均按治疗方案规范治疗；对治疗结束的296例患者进行疗效判定，有效率达100%；治愈、基本治愈292人，占98.65%；好转4人，占1.35%。鼠疫防治工作。调查样方305公顷，布夹4109盘，捕鼠409只，平均鼠密度1.34只/公顷，主要宿主长爪沙鼠1.25只/公顷。调查媒介宿主动物871只，染蚤鼠342只，获蚤1366匹，染蚤率39.27%，平均蚤指数1.57。调查主要宿主长爪沙鼠431只，染蚤鼠133只，染蚤率30.86%；获蚤628匹，蚤指数为1.46。对871只宿主动物和媒介生物404组做细菌学检验，均为阴性；血清抗体检验546份，均为阴性。饮水安全及饮水型氟中毒监测。全年检测生活饮用水样62份，其中出厂水2份，末梢水60份，全部合格，合格率100%。检测8个乡镇356个病区自然村末梢水氟含量，平均为0.33毫克/升，全部达标；检测供水工程的出厂水和末梢水氟含量2次，均达标。对356个病区村常住8~12岁儿童1832人进行氟斑牙检查，检出氟斑牙69人，氟斑牙检出率3.7%，氟斑牙指数0.06，达到小于30%的国家标准。对监测点常住119例氟骨症患者全部进行个案调查和随访管理及健康体检。

【公共卫生监测】 职业健康监护。辖区内报告用人单位13家（外报本9家、本地上报4家），报告职业病2例。职业禁忌证0例、疑似职业病8例，报告农药中毒0例。食源性疾病监测。监测系统运转正常，定期督促哨点医院开展监测病例45例，按规范处理5起食源性疾病事件。病媒生物监测。重点对老鼠、蟑螂进行密度监测6次，对苍蝇进行密度监测5次，对蚊子进行密度监测5次，完成2次蜱类密度监测。医院消毒效果监测。对22家医疗机构进行了消毒效果监测，共监测各类样品163份，均监测合格。学校卫生监测工作。根据方案要求抽取辖区中小学、幼儿园14所5118名学生开展学生常见病和健康影响因素监测、脊柱侧弯检查和农村义务教育学生营养监测，持续推进近视等学生常见病监测及防控工作，促进营养改善计划实施和学生营养健康状况保障，保障儿童青少年健康成长。

【疫情防控】 多次参加国家、自治区疫情防控视频会议。并对各医疗机构发热门诊、预检分诊、隔离点、交通卡口、车站等重点场所疫情防控工作进行全方位督导。对疫情防控指挥部推送的新冠肺炎密接者及次密接者、动物炭疽密接者进行流调，为密接者及次密接者、风险管控人员追踪、管理决策提供流调依据。新冠核酸实验室检测工作。全年共检测重点场所环境采样4169份、冷链食品及环境采样596份，全部为阴性。积极开展新冠肺炎病原学监测工作，共收集检测新冠病毒核酸标本240份，采集送检抗体检测标本591份。新冠疫苗接种，规范疫苗冷链运转和安全接种工作流程，指导设置固定接种点13个，接种台25个，配备预防接种人员80名、急救保障医护人员26名，日最大接种量达10000剂次以上。截至12月31日，全县累计接种新冠疫苗303880剂次，其中第一剂次142254剂，第二剂次137835剂，第三剂次23791剂；累计报告接种后疑似预防接种异常反应11例，均已痊愈。

妇幼保健

【妇女卫健检查】 2021年，盐池县宫颈癌筛查任务为6500人，实际完成6512人，超额0.18%完成任务，覆盖率97.31%，筛查出HPV阳性895人，确诊宫颈癌2人、子宫内膜癌1人、卵巢癌1人，原位癌4人，CINI 23人，CIN Ⅱ～Ⅲ37人，全部进行治疗。2021年，盐池县乳腺癌筛查任务量为6500人，实际完成6512人，0.18%完成任务，覆盖率97.31%，乳腺钼靶实查人数16人，确诊乳腺癌2人，治疗随访2人。盐池县孕产妇HIV、梅毒和乙肝免费检测人数为1001人，全部免费咨询检测1001人，检测率100%，孕早期检测972人，早孕检测率97.10%。全年未检测出HIV阳性孕产妇，检测出梅毒阳性孕产妇4例，全部给予规范治疗，乙肝表面抗原阳性产妇21例，其所生新生儿全部免费注射了乙肝免疫球蛋白。盐池县免费为全县育龄夫妻发放避孕药具，避孕药具发放率90%以上，在全县范围内免费实施基本避孕手术，基本避孕服务知晓率达到95%以上。

【孕前优生筛查】 全县登记结婚1682人，婚前医学检查1582人，婚检率94.05%，检出疾病360例，疾病检出率22.76%，其中内科疾病180人，生殖系统疾病139人，指定传染病41人，接受婚前卫生指导、婚前保健咨询1582人。全县增补叶酸预防神经管缺陷项目的目标人群为1424人，叶酸服用1424人，服用率100%，服用依从人数1083人，依从率84.06%。盐池县产妇1403人，产前筛查人数1323人，其中免费产前筛查904人，产前筛查率94.30%，免费产前筛查率76.35%，县妇幼保健计划生育服务中心免费产前筛查687人，宣传教育687人，产前筛查异常60人，其中21—三体52人、18—三体11人、开放性神经管缺陷5人、其他(临界风险)1人，转诊45人；筛查异常人群接受产前干预诊断35人，其中介入性产前诊断11人、无创产前检测NIPT 32人、胎儿系统超声诊断3人；筛查异常人群随访情况（接受产前诊断确诊1人并终止妊娠)。盐池县免费孕前优生健康检查项目任务1200对，实际完成1294对，超额7.83%完成目标任务；优生健康教育3242人，参检对象中筛查出风险人群195人，其中梅毒阳性13人，乙肝表面抗原阳性56人，其他风险126人，占参检人员的7.53%。早孕随访2377人次，早孕随访率98%；妊娠结局随访1338人次，妊娠结局随访率98%。妊娠结局完成情况：参加孕优健康检查的出生人数为574人，未参加孕优健康检查的出生人数为429人。全县出生缺陷儿4人，其中参加孕前检查的出生缺陷儿为0人，计划怀孕夫妇优生知识知晓率为97%，受益对象对项目满意度98%。

【幼儿健康管理】 盐池县人民医院分娩活产数为995人，新生儿疾病筛查993人，筛查率99.8%。可疑阳性41例，召回41例，召回率100%，确诊阳性患儿3例，均给予治疗。听力障碍筛查993人，筛查率99.8%，筛查出听力障碍可疑阳性3例，转诊3例，转诊率100%，排除1例，确诊1例，1例正在复查。本县户籍建档立卡贫困户出生新生儿耳聋基因筛查143人，筛查率100%，筛查出可疑阳性11例，全部随访。全县6～24月龄婴幼儿3227人，领取营养包人数为3127人，营养包服用率为96.90%，有效服用率为88.02%。盐池县0～6岁儿童数为10785人，接受眼保健及视力检查人数为10280人，眼保健和视力检查覆盖率为95.32%，6岁儿童视力检查人数为1561人，6岁儿童视力不良检出人数为100人，视力不良发生率为6.41%。

【妇幼卫生监测】 全县完成2021年“妇幼卫生监测”工作，监测数据如下：盐池县户籍产妇1403人，活产1416人，住院分娩1416人，住院分娩率100%；孕产妇早孕建卡1381人，早孕建卡率98.43%；产后访视3次以上1388人，产后访视率98.02%；系统管理1378人，孕产妇系统管理率

97.32%；高危孕产妇749人，高危孕产妇占总产妇53.39%，高危产妇住院分娩703人，高危住院分娩率100%；出生缺陷7例，出生缺陷发生率4.94%/万；5岁以下儿童死亡3人，死亡率2.12‰，新生儿死亡1人，死亡率0.71‰，婴儿死亡1人，死亡率0.71‰；孕产妇死亡1例，死亡率70.62/10万。剖宫产率41.60%；无严重产后出血导致子宫切除；新生儿窒息抢救成功率100%；疑难危急重症病例讨论率100%。

【“医疗质量万里行”】 2021年，盐池县妇幼保健计划生育服务中心健全各项规章制度和人员职责，狠抓首诊负责制等核心医疗制度，各项操作规程得到贯彻落实。加大对临床科室、重点环节的管理，对医疗技术、医疗服务、建筑、设备、设施、危险物品的安全隐患进行了全面梳理排查。加强医务人员的培训，不断提高医疗技术水平，防范医疗事故，杜绝医疗差错。以“三基”和相关专业知识为重点，采取“请专家讲课、送出去进修、分专业分层次学习”等多种方式，进行多种形式的业务强化训练。参加相关学术会议和培训班，使医护人员不断开阔眼界，学习新知识，为今后工作打下良好基础。严格按照《处方管理办法》实行处方点评制度，开展对不合格处方进行相应处罚并在全中心职工大会通报批评，使处方书写质量有较大提高。根据各种抗菌药品的作用特点、疗效和安全性设定处方开具权限，深入开展抗菌药物临床应用专项整治，做到了因病施治，合理用药。开展了创建规范化药房工作。从组织管理、人员培训、药品出入库管理、不合格药品管理、近效期药品管理、中标与非中标医用耗材管理、一次性使用医疗器械管理等方面对药房管理工作开展了自查与整顿。加强财务管理和效能建设，完善后勤保卫职能，努力构建平安医院。所领导实行不定时查岗制度，逐步实现管理制度化、规范化，为持续加强和改进行业作风建设提供坚实的制度保障。在醒目位置公示效能投诉电话和举报箱，深入实施固本强基维稳工程，努力做到有情况早掌握、有问题早发现、有矛盾早化解。建立和完善矛盾纠纷排查调解处理制度。医疗安全。实行24小时门卫值班制，对各楼层、院落、重点地段进行全方位监控，加强了对各种安全隐患的日常排查和重点部门重点排查；节假日实行领导干部总值班，其他科室24小时轮班制度，人人保持手机畅通，突发事件及时上报。始终绷紧“医疗质量和医疗安全”这根绳，最大程度地降低医疗纠纷的发生；积极配合政法部门，完成治安巡逻等社会综治工作任务，无综合整治与上访事件发生，实现了全年“四无”目标，为盐池县稳定和谐发展发挥了积极作用。

【党风廉政建设】 治理医药领域商业贿赂问题是全社会关注的焦点，也是党风廉政建设和反腐败工作的重点，服务中心召开专题会议进行研究和部署，采取多种形式开展职工职业道德教育，组织全所干部职工认真学习上级文件精神和本中心规定，经常学习有关党纪、政纪的条规，职工的思想素质与职业素养进一步提高，牢固树立“以病人为中心”的服务理念，遵守职业道德和执业纪律，自觉抵御不正之风的侵蚀。对单位药品、一次性用品严格执行国家药品“三统一”政策规定采购；大型医疗设备严格执行阳光操作和招标采购，从源头上杜绝了商业贿赂行为。全年无一人发生违法违纪行为，无一例向患者吃拿卡要现象发生。

盐池县人民医院

【概况】 2021年，盐池县人民医院门急诊量242795人次，同比增长5.1%；出院患者10720人次，同比增长5.4%；手术量（含门诊手术）2736台次，同比减少0.7%；出院患者手术2013例，占比18.78%，同比减少1.72%，其中三级手术1163例，占比57.77%，同比增长12.57%，微创手术500例，占比24.84%，同比增长1.12%；床位使用率75.67%，同比减少1.33%；患者平均住院日7.04天，同比增长0.24天。

【党史学习教育】 2021年，盐池县人民医院党支部坚持“三会一课”制度，通过支部书记讲党课，集体学习、个人自学，撰写学习体会，认真组织学习中共十九届四中、五中、六中全会精神和宣传贯彻习近平总书记视察宁夏重要讲话精神。成立由支部书记为组长，支委领导班子为成员的党史学习教育领导小组，医院党支部开展为期一周的专题读书班集中学习，读书班结束后，继续开展每周半天的集中学习。全年开展专题读书班1次，集中学习32次，研讨交流7次，讲党课3次。健全各项工作机制，坚持民主集中制度，落实“三重一大”事项集体讨论决定和“一把手”末位表态制度。抓责任提升党风廉政建设。全面加强公立医院党的建设，紧紧围绕“疫情防控”工作，一手抓疫情防控，一手抓党建、党风廉政建设及业务工作，为开展各项工作提供坚强领导和有力保障，建立健全廉政风险防控管理机制，全年提醒约谈18人次。抓队伍提高党员素质，党支部特别注重做好临床一线入党积极分子的培养，积极把工作一线的骨干和年轻优秀医务人员吸收到党员队伍里，2021年，共发展预备党员4名。通过开展“疫情防控党员先锋岗”“创建全国文明城市我先行”“缅怀革命先烈　弘扬抗战精神”等11项活动，促使支部党员意识日趋增强，支部活力有效提升，党组织活动更加丰富。

【经济指标】 收入情况：2021年，总收入14493万元，其中医疗收入11217万元，同比增长25.87%；财政补助收入3163万元，同比减少17.99%；其他收入113万元，同比减少30.71%；医疗收入占比77.40%，财政补助收入占比21.83%，其他收入占比0.77%。支出情况：2021年，总支出14251.67万元，财政专项支出2643.25万元；业务支出14196.58万元，其中人员支出6419.9万元，占业务支出比例为45.22%，药品支出2523.83万元，占业务支出比例为17.78%，卫生材料支出1759.27万元，占业务支出比例为12.39%，其他运营费用3493.58万元，占业务支出比例为24.61%。收支结余为241.33万元，其中财政项目盈余30.81万元，医疗收支盈余223.72万元，资产负债率为16.21%，同比降低1.48个百分点。收入结构：门诊收入5712.29万元，占医疗收入的比例为50.92%，同比增长31.54%；住院收入4725.46万元，占医疗收入的比例为42.13%，同比增长3.43%；医疗机构比价关系为：医疗服务收入（不含药品、耗材、检查检验收入）占医疗收入比例为37.51%；药品、耗材收入占比35.84%；检查检验收入占比26.65%。

【医疗安全】 提升医疗质量，严格落实十八项医疗质量核心制度，每月定期组织相关专家对运行病历、终末病历进行检查，并开展了质控检查和质量分析，对存在的问题及时整改；充分利用每天业务查房、晨交班、月考核等多种形式进行核心制度落实情况检查和问题反馈，持续改进医疗质量；开展医务人员“三基三严”的培训，不断提高医务人员临床服务能力和技术水平，全面防范医疗安全风险，保障患者安全。全年未发生一起重大医疗责任事故。2021年，全院病案首页数据质量优秀率为94.29%，出院归档病历甲级率为92.21%，同比下降3.77%，出院病历7个工作日归档率为99.85%，同比增长0.07%；临床路径入组率60.93%，同期相比增长9.19%，临床路径入组完成率94.25%，同比增长0.96%。控制医疗费用不合理增长。在严格控制医疗费用不合理增长方面，医院制定一系列考核措施，从次均费用、药占比、耗占比、抗菌药物使用率等指标入手，做到因病施治、合理检查、合理治疗、合理用药。2021 年,门、急诊次均费用 178.69 元,同比下降 10.55 元,出院患者次均费用为 4388.19 元,同比下降 3.45 元。强化合理用药,建立医院抗菌药物临床应用长效机制,每月对抗菌药物医师使用量前十进行排名,并进行全院公示,对临床用药进行动态化管理。严格控制门、急诊抗菌药物的合理应用,规范住院患者抗菌药物临床应用。2021 年,抗菌药物使用强度 39.17 DDDs;基本药物采购金额占比 45.85%,同比降低 1.13%;集中采购中标药品使用比例 95.83%;重点监控药品收入占比 0.04%,同比下降 0.37%。加强院内感染管理。强化重点部门、重点环节、重点部位、重点人群的细节管理和管控;积极开展医院感染病例综合性监测、目标性监测以及环境微生物监测等,及时发现问题,及早干预,确保患者就医质量安全。全年共监测出院患者 10720 例,发生医院感染病例 31 例,例次感染 31 例,医院感染发病率为 0.29%;Ⅰ类手术切口为 1237 例,切口感染为 4 例,感染率为 0.32%,三管监测感染率均为零;对空气、物体表面及医务人员手工采集标本 920 份,合格 893 份,合格率 97.07%;全年对多重耐药菌进行目标性监测,共监测到 114 株,多重耐药菌感染发现率 1.06%。深入推进优质护理服务。开展护理品管圈活动及 PDCA 案例汇报,全面促进护理质量的持续改进,不断改进管理办法,达到“规范护理行为,提高护理服务质量,强化安全意识,构建和谐护患关系”的目的;举办 1 次“护理不良事件警示教育”讲座,对存在的问题进行分析讨论。2021 年,共收到护理不良事件 51 例,上报量较上一年同期上升 33.3%;召开 6 次护理质量管理委员会会议、12 次护士长例会;多次组织护理人员线上、线下学习新冠肺炎流行病学史、诊疗方案及护理措施、防控技术指南等;培训穿脱隔离衣、口咽和鼻咽拭子采集方法,指导做好个人防护,预防交叉感染并督导落实;南丁格尔志愿者服务团队分别在城关社区卫生服务中心、盐池县一小、幼儿园、农贸市场等开展急救技能、新冠疫情校园防护知识、手卫生标准操作、正确佩戴口罩等培训活动 15 次,均取得满意的效果。全年基础护理合格率 99.85%,病房管理合格率 99.82%,护理文书书写合格率 99.86%,急救物品药品管理合格率 99.81%,护理安全合格率 99.89%,健康教育覆盖率 99.74%。加强医保基金管理。2021 年,院内开展督导检查医保基金 12 次,对存在过度检查、重复收费、多记虚记费用、分解收费等违规问题及时整改,确保医保工作合理规范运行;通过县医保中心聘请天津第三方机构督察、吴忠市医保局全覆盖抽查全市定点医疗机构医保基金使用情况及医院自查的形式,全年共计上缴违规金额 300212.92 元。

【能力建设】 学科建设取得新成果。巩固现有 3 个区级重点专科(骨科、消化内科、呼吸与危重症医学科)的延伸发展;麻醉科和肝胆外科被评为市级重点专科;感染性疾病科、急诊科、新生儿科、神经外科申报为自治区县级薄弱专科;重症医学科、病理科、介入手术室相继投入使用,使盐池县群众在家门口享受到了优质的医疗服务。创伤中心于 2021 年 12 月通过宁夏创伤医疗质量质控中心现场评估验收,介入手术室收治患者 40 人次。人才培养实现新进步。通过“请进来,送出去,推上来,沉下去”等多种形式,先后与北京市顺义区医院、福州市第二医院、石狮市总医院、银川市第一人民医院等自治区内外三甲医院建立对口帮扶机制,通过三甲医院专家组团对县级医院派驻帮扶、县级医院专家下沉到乡镇卫生院对口支援等方式,不断提升医务人员医疗服务能力,着力解决基层卫生人才短缺、能力薄弱问题。帮扶医院选派 10 名知名专家来院坐诊,开展临床带教工作,医务人员医疗服务能力得到进一步提升;聘请区内17名知名专家定期来院指导,开展了多项适宜新技术,提高服务能力和水平;先后选派18名专业技术人员前往三级甲等医院进修学习,提升业务素质,进一步增强了医院自我“造血”功能;安排12名卫生专业技术人员到乡镇卫生院、社区卫生服务机构开展千名医师下基层对口支援活动,着力解决基层卫生人才短缺,能力薄弱的问题,切实解决患者就医负担;举办继续医学教育实体培训班14期,培训人次达1200余人,累计举办新冠疫情防控业务培训3场次,培训共计154人次;组织院内业务讲座4次、其他小型讲座6次;选派各科业务人员参加中华医学会组织的学术年会236人次,推进了医务人员学术交流,医务人员的专业知识得到了及时更新和夯实;通过事业单位公开招聘4名专业技术人员,院内自主公开招聘18名工作人员,并对新招聘的本科毕业生实行档案工资、绩效工资同工同酬,调动新引进人员工作的积极性,稳定人才队伍。新技术、新业务达到新突破。开展了冠状动脉造影术、外周血管介入技术、经内镜特殊治疗、人乳头状瘤病毒核酸检测、CT引导下经皮肺穿刺活检术、清醒气管插管技术等多项新技术,填补了医院多项技术空白。“两癌”筛查工作实现新开端。组织相关科室开展早期肺癌及早期上消化道癌重点人群免费筛查工作。2021年,早期肺癌筛查763例,其中高危人群62例;早期上消化道癌筛查326例,其中确诊2例癌症,均得到及时治疗;高危人群19例,全部进行干预管理。“互联网+医疗健康”工作实现新进展。强化远程影像、远程心电、远程检验三大中心的作用,充分利用远程视频门诊,促使优质医疗技术下沉。基层医疗机构只需采集数据信息,上级医疗机构进行诊断、分析并出具报告,切实实现“基层检查、上级诊断”的分级诊疗新格局,既解决了基层诊断医师短缺的难题,又减轻了患者的就医负担。2021年,为全县基层医疗机构远程心电诊断16445例、影像诊断15373万例、远程门诊诊断117例、远程检验57例、远程病理4359例。预约挂号得到新提升。优化预约诊疗流程,科学合理安排预约放号时间,通过手机App预约、网上预约、自助机预约等途径,预约时段精准到30分钟,满足患者随时随地预约,全年预约诊疗率达90.51%。新冠疫情防控工作取得新成效。先后派遣60余人支援吴忠、银川全员核酸采样、集中隔离点医疗保障工作和医院发热门诊,圆满完成支援任务及院内疫情防控工作;2021年,完成新冠疫苗接种26785人份,39216剂次;全年完成核酸检测208068人次;全年儿科、感染科上报发热患者3193人次,发热留观患者3人次。

【试点工作】 调整优化医疗收入结构区级试点工作稳步推进。组织相关科室人员结合医院2019年经济运行情况,通过分析医疗收入结构,优化选择调价项目,合理测算调价空间等一系列工作,于2021年4月1日对638项医疗服务收费项目进行价格调整,并严格按照《宁夏调整优化医疗收入结构试点工作实施方案》的试点原则和试点目标要求,通过“一升两降五控”(一升:调升医疗服务项目价格;二降:降低检验项目和检查项目价格;五控:控制医疗收入过快增长、控制次均费用、控制药品、耗材、检查检验不合理使用)及采取健全试点组织领导、建立目标责任机制、强化指标控制措施及建立公开监督机制等硬措施实现调整优化医疗收入结构和比价关系。DRG市级试点工作有序推进。为确保疾病诊断相关分组(CHS-DRG)工作有力、有序、有效推进,成立工作领导小组,制定《盐池县人民医院按疾病诊断相关分组(CHS-DRG)付费试点工作实施方案》并负责疾病诊断相关分组(CHS-DRG)工作的组织领导、统筹协调、整体推进、督促落实等工作。一方面,完善信息系统,完成接口改造,按照国家医疗保障局填写规范上传医保结算清单，在统一使用国家制定的疾病诊断、手术操作、药品、医用耗材和医疗服务项目编码的基础上，根据国家制定的疾病诊断相关分组(CHS-DRG)技术规范的要求，完善医保付费信息系统,处理好数据接口,确保与医保支付系统的顺畅对接，要按要求规范临床病历信息、医保收费信息,同步完善信息支持系统。另一方面,组织医务人员学习《吴忠市基本医疗保险疾病诊断相关分组(CHS-DRG）付费实施办法（实行)》和《吴忠市基本医疗保险按疾病诊断相关分组(CHS-DRG）付费业务经办流程(试行)》;按照国家、自治区最新有关规定,吴忠市医疗保障局对县人民医院医务人员进行了病案首页的规范化填写培训，在全院积极推进统一的疾病分类编码、手术与操作编码系统,规范病历及病案首页书写,落实临床路径、医疗服务项目等行业技术标准和规范，提高医疗机构标准化管理水平，为推行CHS-DRG付费打下良好基础。从7月至11月底(12月因切换国家医保平台暂无数据),县人民医院通过DRG结算人次3138人,其中职工324人，城乡居民2814人,入组率97.75%。其中普通组占总入组人次57.64%、基础组占比16.55%、极低组占比15.35%、住院天数极端小值占比2.53%、极高组占比0.65%,特殊费用极高组占比1.81%，不稳定组2.95%,条件未匹配占比0.52%。

【文化建设】 加强医德医风建设。组织医务人员学习《医疗卫生行业“九不准”》《宁夏回族自治区医疗卫生人员廉洁从业若干规定的通知》,并在院内醒目位置进行公示。深入开展“改善医疗服务,遏制收受红包、回扣及私自收费”专项整治活动，规范了医务人员的从业行为，并取得了良好的社会效益。2021年以来,拒收红包27人次,收到锦旗20面、感谢信6封。同时,加大医德考评,将医德表现与医务人员晋职晋级、岗位聘用、评先选优和定期考核挂钩,强化医务人员遵守相关制度,切实保障老百姓的利益。一年来,医院未发生违反九不准和自治区“若干规定”等违法违规事项。加强医院文化宣传。医院在“三八国际劳动妇女节”、“5·12”国际护士节、“8·19”中国医师节等重大节日里组织全院职工开展系列活动,提高医务人员职业素养,同时也丰富了职工的文化生活；俞明主任获得2021年宁夏“好医生”称号；慰问退休职工及探望生病住院职工，并为全院职工发放生日蛋糕卡，同时也为420名职工进行了健康体检，让广大职工切实感受到医院对大家的关心和爱护,职工的满意度达到90%以上。加强安全生产。及时安排部署医院安全生产工作，签订安全生产目标责任书，开展节前安全生产大检查活动，重点对消防设施设备、压力容器、制氧室、电梯等重点部位进行检查,严格落实医院安全生产工作,一年来,医院未发生一例安全责任事故。开展公益活动。积极开展义诊、对口支援、志愿者服务等多种形式的公益性社会活动工作,2021年,承担政府部门各种大型活动、会议、高考、中考等保障工作,共派出医务人员59人次;派出疫苗接种保障、机场执勤、隔离点保障、卡口执勤共493人次。

盐池县中医医院

【概况】 2021年,盐池县中医医院共有职工213人,其中在编人员54人，签订劳动合同人员144人;卫生技术人员181人,其中副高以上职称21人。总收入5272.05万元,其中医疗收入3298.19万元,财政补助收入1881.69万元,非同级财政补助收入85.88万元,其他收入6.28万元。药品收入1048.77万元,其中中药饮片收入为401.21万元，药占比为19.63%。总诊疗人次数145137人次，其中核酸检测人数37844人次，出院人数4378人次，门、急诊平均收费153元每人次，出院者平均医药费用3783元。县中医医院被评为全市先进基层党组织。武宇莉被评为“吴忠市优秀人才”。

【党史学习教育】 2021年，县中医医院加强党员思想教育。学习贯彻习近平新时代中国特色社会主义思想和中共十九届五中、六中全会精神，严格落实“三会一课”“组织生活会”“民主评议党员”、党员联系群众等制度，不断提高党员的政治素质和思想觉悟，使党员领导干部能够牢固树立“四个意识”、做到“两个维护”，自觉在思想上、行动上与中共中央保持高度一致。积极做好党史学习教育和十九届六中全会精神的学习贯彻，深入学习领会习近平总书记在党史学习教育动员大会上的重要讲话精神、习近平总书记“七一”重要讲话精神、十九届六中全会精神等，制定了《开展党史学习教育实施方案》《关于进一步开展党史学习教育的通知》，根据学习教育计划，通过领导干部带头学、主题党日活动专题学、个人自学等形式，开展集中学习30次，开展习近平总书记“七一”重要讲话精神、“党的百年光辉历程、四个伟大成就”“伟大建党精神、一个伟大号召”“五个庄严宣告、九个必须”、党的十九届六中全会等专题研讨13次。结合“大学习大讨论大调研”活动，开通“我为群众办实事”服务热线，设置征求意见箱，畅通群众反映“急难愁盼”问题通道，为老百姓销售瓜果蔬菜共计27036元，为疫苗接种点配备100个凳子和10把遮阳伞，提高包抓小区居民文明素养，加强基础设施投入11490元，组织完成基层医疗机构中医药适宜技术两期理论培训，培训对象为乡镇卫生院、社区卫生服务中心、村卫生室等中医医师130余名。定期通过公示栏公布“我为群众办实事”项目完成情况，接受群众监督。发挥在职党员在社区建设中的先锋模范作用，探索管理长效机制，在职党员按要求全部到所在社区（龙辰社区）报到。组织全体党员观看庆祝中国共产党成立100周年大会直播、党史教育片《党史故事100讲》《榜样5》《时代楷模李桓英》等，号召党员干部向“七一”勋章获得者、全国“两优一先”获得者、时代楷模学习。获得全县“奋斗百年路 唱响中国梦”红歌合唱比赛二等奖，吴忠市医疗保障系统“学党史、感党恩、跟党走”红歌联唱比赛三等奖，自治区卫健委举办的“颂歌献给党”——庆祝中国共产党成立100周年合唱视频比赛优秀奖。

【基础设施】 投入400余万元购置了乳腺钼靶X射线机、下肢肌力训练器、四肢联动康复训练器、六分钟步行分析系统、床旁监测系统、阴道分泌物分析仪等医疗设备。规范设置预检分诊、核酸采集点及疫苗接种点。争取政府资金160万元新建规范化发热门诊，争取政府资金350万元购置移动PCR方舱实验室。根据创建全国文明城市考察点位及标准，投入资金进行路面平整维修，规范设置院内标识标牌，志愿服务点，母婴室，机动车、非机动车停车位等，制作景观小品、公益广告等。投入30万元购置污水在线监测设备，新建污水处理事故池，更换水泵、风机等设施。投入30万元购置财务全面预算管理系统。投入50万元购置IDC机房设备。

【行风建设】 严格落实《医疗机构工作人员廉洁从业“九项准则”》《宁夏回族自治区医疗卫生人员廉洁从业若干规定》，与各科室签订党风廉政暨行风建设目标责任书，严把药品、医疗器械、卫生材料、后勤物资采购流程，将收受红包、回扣等侵害群众利益突出问题纳入医师执业信用管理，规范医疗服务执业行为。建立党支部主导、院长负责、党务行政工作机构齐抓共管的医德医风工作机制，建立完善医德医风考评制度，医务人员建立医德医风档案，将考评结果与医务人员职称晋升、岗位聘用、评先评优直接挂钩,定期对患者开展满意度测评,同时发挥“一键评”监管平台作用,公布投诉举报电话,接受群众监督。开展工程建设政府采购等重点领域突出问题专项治理、医疗乱象专项整治、“合理检查、合理用药、合理治疗”专项整治、纠正医药购销医疗服务中不正之风专项整治等活动,规范医务人员行为。

【疫情防控】 按照“外防输入,内防反弹”的防控要求,规范设置预检分诊、核酸采集点及疫苗接种点,优化布局流程。在院内相对独立区域新建发热门诊,合理设置“三区两通道”,人、物各行其道,有效避免院内感染。成立院感纪检监察组,进一步夯实疫情防控工作举措,切实维护患者及医护人员身体健康和生命安全。建立医院感染防控八项机制,完善院感防控工作制度,落实院感防控责任,实行一把手责任制,院领导每周带队到各科室进行检查,全面掌握医院感控工作情况,持续提高管理水平;严格实行预约诊疗制度,实行网上分时段预约挂号、缴费,有效对患者进行分流;同时提高住院患者的管理,各科室设有门禁系统,病区禁止患者家属探视。非必要不陪护,确需陪护实行“一床一卡一陪护”;落实院内“应检尽检”要求,入院患者及陪护人员均须进行核酸检测,医院重点以及高风险科室每周开展2~3次核酸检测。自5月6日起,承担疫苗接种工作,内设健康筛查台、登记台、接种台、等候区4个区域,截至12月末,共接种51300剂次(其中第一剂次24787、第二剂次21742、第三剂次4771),共进幼儿园学校接种9754剂次(3~11岁人群)。药械科落实药品供应保障制度,明确物资储备采购底数,严格按照相关规定,依法依规按需进行采购,切实提高防疫物资供应能力,为医务人员安全防护提供有力保障。院感科组织开展全员新冠肺炎院感知识培训和操作培训,并加以考核,确保人人过关,规范医务人员操作。

【医疗安全】 建立医疗质量管理与控制制度。成立医院各级质量委员会,明确医疗质量管理责任主体,制定了考核细则,每月进行一次医疗质量考核,并将考核结果纳入绩效考核指标体系。2021年,共考核12次运行病历及终末病历,抽取病历420份,不合格病历4份,甲级病历率为99%。严格贯彻医疗法律法规制度及操作规程,确保医疗安全。强化医疗的十八项核心制度执行,不断完善并持续改进各项医疗核心制度的落实。2021年,共举办3次病案首页及病案管理质量相关培训,一次十八项核心制度培训。开展临床路径管理工作。2021年,进入临床路径1598例,其中变异133例,入组率为82%,完成率为95%,临床路径总例数占全院出院病例总数比例为45%。

【护理管理】 结合疫情防控工作,重新修订疫情防控考核细则,进一步细化护理质量考核标准,并严格按照标准执行。新增《医院感染检查考核标准》。每月按照考核标准对临床科室进行一次大检查,严把医院感染关,杜绝交叉感染,防止医源性感染的发生,做好医护人员的个人防护及配套设施的保障。开展优质护理服务,制定护理延伸服务制度及措施,完善登记记录,进一步规范和倡导对出院患者的家庭访视,全年共开展护理延伸服务14次,走访20户。利用移动护理平台,加强对护理缺陷、护理投诉原因分析和整改模块的管理,对不良事件后期进行追踪评价,完善整个环节上的管理。加强护理人员的专业技术训练和能力素质建设,提高临床护理质量水平。全年组织护理人员业务学习15次,业务考核4次,培训率100%,考核合格率94.64%。

【院感管理】 每月对手术室、胃镜室、口腔科、供应室等高危区的环境卫生学监测及医务人员手卫生进行监测。2021年,共采样172份,其中空气采样培养52份,平均合格率为100%;物表采样培养

58 份，平均合格率 87.93%；无菌物品采样培养 11 份，平均合格率为 100%；医务人员手卫生采样培养 30 份，平均合格率为 100%；消毒液采样培养 5 份，平均合格率为 100%。加强全院人员院感知识培训，加强疫情防控，对全院工作人员进行 20 余次培训，培训内容涵盖新冠疫情防控方案、防护用品的穿脱、标准预防、消毒隔离、医疗废物处置等内容，对培训内容进行考核，相关知识知晓率达到 96%。开展两次大型疫情防控应急演练，有效提升各类工作人员应对新冠疫情的防范意识和处置水平。明确相关科室做好感染预防与控制措施，加强医疗废弃物全过程规范管理，严格落实防止院内感染各项措施，坚决防止出现二次污染和交叉感染。

【队伍建设】 实施高层次专家聘请工作，长期聘请区内针灸、心内科、结直肠外科 3 名专家坐诊，临床带教，聘请清华大学附属医院 1 名高年资专家坐诊，并聘请省外资深康复专家 2 名对康复科医师带教培训、针灸科专家 1 名对针灸科医师带教培训。通过招考和自主招聘，引进卫生专业技术人员 6 人，其中本科毕业生 4 名。与自治区中医医院建立对口帮扶关系，选派 5 名专家到中医院开展 1 年的帮扶工作。中医院选派 5 名业务骨干到麻黄山乡卫生院、城关社区卫生服务站、龙辰社区卫生服务站开展对口支援工作。注重现有人才培养，2021 年共安排 11 名业务骨干外出进修学习。2021 年 4 月，陈俊江被确定为 2021 年自治区基层中医专家传承工作室建设项目专家，建设自治区基层中医药专家传承工作室 1 个，临床带教继承人 5 人。

【药事管理】 转变处方点评抽样模式，从原来的每月抽取固定处方数量改为通过合理用药系统抽取每位医师固定处方数量，并对抗菌药物、中药饮片、中成药处方进行专项点评，扩大处方点评范围，督促医师规范开具处方，提高处方合格率。2021 年，点评处方病历数 19284 份，其中点评病历数 209 份，门、急诊处方 19075 张，其中包含抗菌药物、中药饮片、中成药处方，通过质量考核，处方点评合格率达到 95%以上。住院抗菌药物使用率为 31.65%。住院抗菌药物 DDD 值为 27.28。根据“合理检查、合理用药、合理治疗”专项整治行动的要求，加强药事管理组织工作，加强抗菌药物、辅助用药的监管，加强处方管理及药品不良反应监测、对不合理用药及时干预。严格落实药品、医用耗材“阳光”采购制度，通过药事管理与药物治疗学委员会勾选中标、中选药品、耗材，优先选择基本药物。2020 年基本药物品种占比 62.5%，2021 年基本药物品种占比 67.30%，较上年上涨 4.8%。

【创建文明城市】 2021 年，盐池县成立了创建全国文明城市工作领导小组，先后召开创建全国文明城市动员、推进会议，传达上级部门会议精神，部署医院创城工作，制定医院创城工作方案，明确分工职责。先后投入近 30 万元用于开展创城工作。按照《盐池县卫生健康系统 2021 年创建全国文明城市工作实施方案》要求及《盐池县卫生健康系统创建全国文明城市实地考察点位及标准》，就相应标准进行广告制作，门诊大厅播放公益广告。大厅设有行业规范，各类指示牌准确到位，建立投诉举报处理机制；设置无障碍引导标志 9 处，门诊楼设置无障碍卫生间 3 个、住院部病区每个病房都有；消防设施完好，消防通道畅通，每月对消防设施进行检查；候诊大厅、过道、楼梯、电梯等室内公共场所设置禁烟标志；门诊大厅设置志愿服务站点 1 个，志愿服务人员 9 人，并配备轮椅、雨伞、应急药箱助听器、导盲杖等基础设备，为患者提供导医、导诊、预约诊疗、排队、咨询、健康教育、残疾人陪诊等服务；按规定设置母婴室，地面按规定设有“一米线”标志，并配备婴儿床、热奶器等设备，为有需要的群众提供服务，门诊大厅以及楼道有明显引导标志；院内公共座椅都标有"遵德守礼""请勿踩踏""请勿卧躺"标语。对包抓小区玺玉园进行广告制作，设置公益广告牌7处，设置卫生健康知识、传染病防控知识应急救护知识宣传展板各1处；'善行义举榜' 更换小区老旧照明装置60余盏；累计花费23400余元。开展志愿服务活动，在包抓小区玺玉园，为小区居民清理道路两旁绿篱中的垃圾以及楼道内的杂物，参与垃圾分类活动，为小区民众营造干净整洁的生活环境，累计开展志愿服务20余次；同时，组织志愿服务队到社区、广场、乡下开展义诊活动，为群众提供戒烟咨询、健康宣教、慢性病用药知识、养生知识、传染病防控常识宣教和女性健康知识普及等服务，免费发放药品、健康教育宣传资料等，共开展义诊活动12次。

【医疗乱象整治】 医院召开动员部署会，制定方案，对标重点任务，做好自查和限期整改，科主任作为科室专项整治工作的第一责任人，强化责任担当，抓好各项任务的落实，不开大处方，禁止滥检查。加强宣传动员，有序组织专项整治工作，开展临床检查、用药、诊疗等方面相关的法律法规和业务知识培训，提升依法执业、规范执业、安全执业意识。严格执行国家药品价格和医疗服务收费标准，坚持问题导向，定期开展督导检查，查漏补缺，补齐短板，持续改进；通过开展专项整治查找过度医疗症结，规范诊疗行为，纠正不正之风，严格控制医疗费用不合理增长，切实做到合理检查、合理用药、合理治疗，为群众提供安全、高效、便捷、价廉的医疗服务。

【安全生产】 根据《自治区卫生健康委、安委会关于印发〈卫生健康系统安全生产专项整治三年行动实施方案〉的通知》对安全生产及消防安全管理工作进行安排部署。根据《自治区卫生健康委办公室关于印发〈宁夏卫生健康系统安全生产量化分级管理实施方案〉(修订)的通知》进行量化分级管理，管理更细化。结合医院"安全生产月"等活动方案，对医院重点部门、重点要害部位进行检查，发现问题及时整改。对全院重点部门和要害部位作业人员进行消防安全培训，重点体现在灭火器的使用和突发事件的处置上，确保发生安全事故时能够做出迅速反应。对院内易燃、易爆、有毒、有害危险化学品、毒麻药品、药库进行专人监管，加强巡查力度。对医院氧气房、配电房、药库、供应室等重点部门进行严格巡查，落实各项安全生产制度。与各科室签订《安全生产目标管理责任书》，确保医院安全生产工作的有序进行。

【文化建设】 加强医院文化建设及业务工作宣传，打造精神卫生特色品牌，利用微信公众号等新媒体，广泛宣传医院工作新动态、新举措。开展庆"三八"插花活动，让女职工们在快节奏的工作和生活中释放压力、愉悦心情，进一步提升生活品质和艺术修养。开展"传承红色基因创新发展护理"庆祝"5·12国际护士节"系列活动，振奋全院护理人员的精神，激发职工的工作热情。开展庆祝第四届"中国医师节"系列活动，激励广大医务工作者再接再厉、立足岗位、再立新功，弘扬医务人员抗疫精神。举办"迎冬至、包饺子"活动，弘扬传统节日文化，营造浓厚的节日气氛。参加庆祝中国共产党成立100周年全县"奋斗百年路 唱响中国梦"红歌合唱比赛、吴忠市医疗保障系统"学党史、感党恩、跟党走"红歌联唱比赛、自治区卫健委举办的"颂歌献给党"——庆祝中国共产党成立100周年合唱视频比赛分别获得二等奖、三等奖、优秀奖。

金融 保险

中国人民银行盐池县支行

【概况】 2021年，盐池县支行荣获中心支行2020年度业绩考核A级单位，获得盐池县政府2020年度“支持地方经济发展优秀奖”，荣获“2018—2020年度人民银行银川中心支行级文明单位”称号，支行党支部被评为“先进基层党组织”，盐池县支行牵头组建的金融系统代表队荣获盐池县委党史学习教育知识竞赛暨“学习强国”学习平台达人挑战赛团体一等奖。

【党史学习教育】 强化思想建设，筑牢从严治党根基。支行党组及时组织召开专题会议动员部署党史学习教育，聚焦学习重点，党组书记和党组成员分别为党员干部上专题党课，引导广大党员干部更好地从党的奋斗历程和伟大成就中鼓舞斗志、明确方向，从党的光荣传统和优良作风中坚定信念、凝聚力量。党组理论中心组集中学习7次，党员大会集中学习23次，职工大会学习23次。组织开展“汲取党史智慧、凝聚奋进力量”主题交流研讨会，参加上级行举办的各类党史学习教育培训班和知识竞赛，引导党员干部带着强烈的政治自觉、信仰追求和使命担当，切实做到真学真懂真信真用。支行青年党员通过微党课、微宣讲、微故事的形式讲述党史故事，选派退伍军人为全县党员干部讲述红色故事，积极助力地方政府党史学习教育。组织观看《八佰》《长津湖》等红色影片，重温革命历史，引导党员干部不断锤炼初心、坚定信念，学出新境界、新担当、新状态。严抓作风建设，坚守纪律规矩底线。全面落实中央八项规定及其实施细则精神和人民银行正风肃纪“十条禁令”，坚决反对“四风”特别是形式主义、官僚主义。认真贯彻中央厉行节约、反对浪费和廉洁过节各项要求，持续营造风清气正的政治环境。深入开展“我为群众办实事”实践活动，每周五组织党员干部开展“携爱心进社区”志愿服务，疫情防控期间组织全体职工参与小区值守，展示基层央行服务群众、奉献社会的良好形象。深入开展“领导干部廉政警示教育周”活动，通过理论学习、廉政谈话、参观盐池县革命纪念园、知识测试等方式，切实推动以案示警、以案促改、以案正风、以案肃纪。严抓意识形态工作，深入学习贯彻习近平总书记关于意识形态工作及网络安全管理的重要论述，严守重大活动和敏感节点的意识形态安全，修改完善《党组意识形态工作责任制实施细则》，组织全体干部签订落实意识形态工作责任承诺书，开展意识形态领域突发事件应急演练。不断巩固巡察整改成果，按月上报整改进度，防止问题反弹。

【履职尽责】 用好货币政策工

具,发挥信贷精准滴灌作用。按照宏观审慎要求，加强对地方法人金融机构的流动性管理，切实引导地方法人金融机构贷款适度增长。截至10月,盐池县金融机构各项存款余额1216085万元,较上年末增加21544万元，同比下降0.51%；各项贷款余额942944万元,较上年末增加58124万元,同比增长11.16%。落实两项政策工具,截至10月末,累计使用信用贷款支持计划向地方法人金融机构购买符合条件的信用贷款6492.32万元,惠及852户小微企业主和个体工商户。指导金融机构对小微企业贷款“应延尽延”,累计延期214户218笔，延期贷款本金2亿元。加强对扶贫再贷款合规使用和政策效果的监督考核，有效发挥扶贫再贷款引导扩大“三农”信贷投放的杠杆作用。截至10月末,为地方法人金融机构发放再贷款余额2.36亿元。聚焦重大战略任务，大力支持绿色产业发展。加快推动绿色金融发展,金融机构加大绿色金融投放,创新推动光伏贷、新能源企业中长期贷款落地，支持绿色产业蓬勃发展。截至9月末,辖内绿色贷款余额11亿元,同比增长45.53%。积极推动企业“碳账户”工作取得积极进展，引导36家企业入驻“融信通”企业融资信息服务平台,并指导企业填报了“碳账户”核算表。坚持为民服务解难题,切实提升金融服务水平。规范经理国库,做好相关退库工作,配合财政、税务做好部分行政性收费征收机关变更工作,确保及时入库,支持财税改革措施落地。截至10月末,共办理退库业务12923笔,金额15642万元,其中,个人所得税退税业务10326笔，金额511.50万元。提升反洗钱工作质效，配合中支反洗科对两家地方法人银行反洗钱信息安全现场督导工作，并完成对辖内7家金融机构反洗钱监管走访。做好假币收缴工作，开展假币收缴处置自查和假币危害重点地区专项整治工作，共收缴假币389张36525元。强化征信管理,加强对征信查询点的督查指导。累计查询个人信用报告3.14万人次,累计查询企业信用报告408次。加强消费者权益保护,在“3·15消费者权益日”“6·14信用关爱日”“全民禁毒宣传月”“金融知识普及月”等节点开展系列宣传活动，送金融知识“进乡村”、“进社区”、“进校园”。联合县财政局开办财政金融基层培训班，自行选派3名业务骨干进行授课，培训既有理论政策解读，又结合具体案例进行讲授，有效提升参训人员的金融素养。深推重点创新工作,多措并举助力乡村振兴。深入挖掘盐池老区“红色资源”,将“金融服务助力老区乡村振兴”作为重点创新工作,通过开展实地调研、成立领导小组、制定实施方案、推动服务升级等方式，充分发挥金融服务实体经济和乡村振兴的关键作用,让党员先锋模范融入乡村“神经末梢”,走好政策执行的“最后一千米”,以知行合一的方式进一步夯实盐池县金融系统知史爱国的思想基础，为推动农业农村高质量发展。

【内部管理】 紧扣“强调研、促履职”的工作要求,切实提升参谋服务水平。深入开展调查研究,深入一线获得一手资料，解决实际问题,推动工作进步。2021年,全年累计上报调研报告16篇，其中《基层央行创建现金服务示范区的实践与思考》被《宁夏金融》采用,《宁夏盐池红色金融实践研究及启示》等7篇被吴忠市经济金融方面的调研时采用。坚持“以人为本”的治行理念,切实加强人才队伍建设。坚持以发展论英雄,凭实绩选干部，激励支行干部职工“想干事、能干事、干成事”。支行通过民主推荐、组织考察、任前谈话、公示等程序选拔任用副股长2名。严格按照《中国共产党发展党员工作细则》要求规范党员发展工作,确保党员发展质量。2021年新确定发展对象2名，入党积极分子1名。坚持科学谋划在前,切实增强支行履职实效。时刻绷紧疫情防控这根弦，严密各项防护措施，加强离省外出人员管理，坚持“外防输入、内防反弹”的防控策略，精准防控、科学防控、有序防控，确保安全稳妥。坚持党务公开、政务公开和行务公开，严控“三公”经费，落实好长期“过紧日子”的要求。配合中心支行内审科完成对离任审计的“回头看”工作。组织全体干部职工开展消防、抗震应急演练。依法行政、节能减排、科技保障等工作有序推进。

盐池农村商业银行

【业务指标】 截至2021年12月末，各项存款保持平稳。各项存款余额达476847万元，较年初增加4593万元，增长0.97%。贷款投放稳中有升。各项贷款余额达429250万元(含贴现)，较年初增加33635万元，增长8.5%。其中，涉农贷款余额308680万元，占比71.91%，较年初增加10107万元，增长3.39%。盈利能力稳中向好。实现各项收入28939.44万元，实现经营利润6897.42万元。不良贷款额率“双降”。五级不良贷款余额7255万元，较年初下降45万元;不良贷款率1.69%，较年初下降0.16个百分点。战略发展指标稳步提升。信用卡新增发卡3357张，完成计划任务的101.73%;工会卡新增发卡702张，完成计划任务的70%；社保卡激活6345张，是计划任务的2.54倍;手机银行新增签约15121户，完成计划任务的54%；收单商户新增2879户，是计划任务的1.65倍;电子渠道业务替代率达95.56%，同比提升3.74个百分点。主要监管指标持续达标。资本充足率24.99%，高于监管标准14.49个百分点；拨备覆盖率超额84.57%，高于监管标准34.57个百分点。流动性比率达到42.88%，流动性保持充足，经营发展总体呈现稳中有进、持续向好态势。

【信贷业务】 紧盯县域，确保市场份额稳定。对符合条件的存量客户进一步挖潜、对流失客户二次营销、对他行优质客户专项营销、对盐池县六大特色产业全面对接服务、帮助暂时困难的客户渡过难关，并持续做好扶贫小额信贷服务。在同等额度、担保条件下，推进存量优质客户的增信工程，并实行利率优惠。加大与宁夏农业信贷担保融资公司、盐池县融盐担保公司的合作力度，信贷服务的供给压力和普惠性进一步提升，“根据地”“稳定器”作用更加凸显，贷款市场份额在当地9家机构居首，县域经济主流银行地位得以提升，生存发展的农村主阵地进一步加固。累计投放各项贷款491561万元，其中投放涉农贷款351853万元，占比达到71.58%。紧盯“三农”，切实提升服务质效。深耕农业农村市场，大力推进农户信贷服务优化升级，保持“三农”贷款的总体稳定。推进增户拓面工作，依托小微信贷移动平台现有产品，通过精简流程、建立金融服务“绿色通道”等方式，打通农村市场，提高农户营销覆盖面及客户体验度。在持续做好新增“整村授信”业务的同时，认真分析存量“整村授信”业务未签约的原因，做好对存量业务的回访对接工作，提升用信率。对承贷能力强、信用状况优的他行融资客户，积极进行挖掘，拓展获客。对村集体经济组织梳理摸排，对有发展项目的，开展对接合作。单列春耕支农专项信贷资金，与农业农村局、乡镇、村两委及小农户、农资经营户、种粮大户对接，确保春耕备耕资金供应充足。一季度发放支持春耕备耕贷款154100万元，保障了农民的春耕备耕工作顺利进行。金融支持特色产业发展。围绕盐池县滩羊、黄花菜、小杂粮、中药材、牧草种植、肉牛等特色产业发展规划，对新型农村经济组织和种植养殖大户，通过信用贷款、活体抵押以及土地经营权、养殖圈舍、大型养殖机械抵押等方式加大信贷投放，满足其融资需求。持续提升扶贫信贷服务质效。面对扶贫小额贷款集中到期、已脱贫户衔接转换、扶贫政策调整变动等诸多问题，保持在5年过渡期内，现有信贷支持脱贫攻坚政策、投入、帮扶力量总体稳定，稳步向全面支持乡村振兴平稳过渡。对已获贷户，在现有扶贫小额贷款的基础上，采用“扶贫小额贷款+商业贷款”的方式予以增信支持。发放已脱贫人口小额贷款（10万元及以下）4971户24750万元，较年初增加1707户9180万元。发放“扶贫小额贷款+商业贷款”2214户19065万元。用好用活支农措施。对农户信用贷款办理条件进行差异化管理，对信用较好的优质农户，适度提高单户信用贷款额度，鼓励通过小微移动平台办理业务，不受额度限制。引导新增和存量授信贷款农户主动办理抵押登记，力争确权的土地应抵尽抵。对于以户为单位已有存量信用、保证方式的借款人，在不突破政策要求的前提下可办理妇女创业担保贷款、全民创业担保贷款等有完善风险补偿机制的政策性贷款。发放农地贷贷款167户，金额1993万元；发放全民创业贷款1816户，金额26504万元；发放妇女创业贷款681户，金额6065万元。紧盯小微企业，推进实体经济发展。以“百行进万企”推广工作为契机，明确营销目标、营销举措，全面普查辖内企业、回应企业诉求、对接融资需求，着力解决小微企业有能力缺信用、有技术缺抵押、有市场缺资金等制约企业发展的融资问题。加大对小微企业的续贷支持力度，适度提高贷款额度和贷款期限占比，尽最大可能满足企业有效信贷需求，防止过度融资和多头授信。加强协调对接。通过定期上门走访，召开小微企业座谈会等形式，宣传和推广小微企业金融服务政策，了解企业融资需求变化、经营状况，充分挖掘和及时对接客户有效金融需求，实现对小微企业精准服务。投放小微企业贷款3645户，金额 97934万元，较年初增加403户，金额增加3506万元，增加3.71%。确保普惠型小微企业贷款实现两增目标。

【存款资金】 以计划任务为目标，层层分解抓落实。年初，及时召开工作会议安排部署全年工作，确定总基调，把大力组织存款作为重中之重去抓，提高全员的思想认识，增强紧迫感、危机感和责任感，为扎实全面开展工作提供思想保障。同时，同各支行行长签订《经营目标责任书》，明确了职责，增强了工作的目的性和任务性。以客户群体为目标，深度挖掘获资源。以物理网点网格化管理为基础，按照“突出重点、精准施策”的原则，重点对农村农户、政企员工、商圈商户、社区居民四类客群开展特色化、精准化营销，充分挖掘网格内客户资源，提升存款客户群体的渗透率，实现金融服务全覆盖、无缝隙。以专项活动为推手，促进存款稳增长。紧抓元旦、春节、中秋、十一等重点营销时机，制定详细的实施方案，分解任务，强化措施，狠抓落实。紧盯节日期间资金回笼的有利时机，开展“赢在春天”“奋战百天”等专项营销活动，有效扩大和巩固存款营销成果。以客户分层做划分，揽储更有针对性。进一步转变传统思想，改变以往“重大轻小”的存款营销模式，坚持存款组织“重小抓大”的原则，进一步细分客户群众，采取不同营销策略，重视小客户群体，使存款组织产生集聚效应，做大规模。对于高端的大客户，注重服务层次的提高，强化存款沉淀。以对公存款调结构，负债体系更合理。全员强化低成本对公存款营销意识，紧抓财政及政府资金存款，深化与社保、国土、交通、医院、国有国资公司等合作，加大对行政事业、机关团体等单位的营销力度，通过低成本存款营销，使负债构成更趋合理，维持盈利水平，保障收益增长。

【信贷管控】 及时修订不良贷款考核细则，层层压实管理责任，确保重点有人盯、有人管、有人负责。建立班子成员、业务条线部门包点清收制，全面落实清收责任。主动协调法院开展集中执行活动，推动不良资产清收化解。加大市场化处置力度，入驻阿里拍卖平台，加快抵债资产处置拍卖。以不良贷款清收为突破口，从严从紧抓实常态化清收。行党委对不良清收工作进行专题部署，要求各支行将不良清收作为各项工作的重中之重。进一步压实领导班子管理责任，带队到各支行开展不良清收专项督导，同支行人员召开不良清收工作例会，逐笔逐户分析研判、研究清收对策，资产保全部门每周定期通报不良清收工作进展情况。班子主要负责人及分管行领导经常同法院领导对接协调，全力加大司法集中清收力度。多措并举化解存量不良贷款。根据不良贷款主体实际情况，综合运用展期续贷、借新还旧、贷款重组等多种方式进行盘活，对恶意逃废债的客户坚决予以诉讼，通过采取司法强制措施达到“处理一个、震慑一片”的清收效果。夯实基础管理，严控新增不良。先后下发《关于进一步加强信贷业务管理的通知》《关于进一步加强到逾期贷款管理的通知》《关于进一步加强贷款诉讼管理的通知》《关于切实加强表外不良贷款清收管理工作的通知》《关于对信贷业务质量进行考核的通知》等文件，从贷款“三查”制度执行、合同文本管理、信贷业务结构调整、贷款到逾期管理、不良贷款清收诉讼管理、业务日常监督考核等方面进行全面规范。同时全面加强贷款审查审批，严格客户筛选准入，不断加强贷后管理，做到风险早预防、早处置、早化解。制定《盐池农村商业银行抵债资产管理办法》，明确管理部门及相关部门、支行职责，明确抵债资产接收条件、保管要求、接收处置流程、接收方式、接收价格及损益计算方法，规范抵债资产操作管理，有效降低资产损失，实现处置净回收现值最大化。累计清收转化表内不良贷款7149万元，其中，现金清收820万元、核销处置5684万元、盘活化解645万元，累计清收转化表外不良贷款910万元。

【内控管理】 针对屡查屡犯问题，分别制定《盐池农村商业银行“内控合规管理建设年”屡查屡犯问题集中整治工作方案》《盐池农村商业银行“内控合规管理建设年”内控合规机制运行排查方案》《盐池农村商业银行“内控合规管理建设年”消费者权益保护排查方案》，集中开展问题排查、整治整改工作。开展各项专项检查工作，以查促管、以查促改、以查促建，全面提升内控管理水平。根据黄河银行、监管部门要求，结合本行实际，组织开展“内控合规管理建设年”合规专项检查工作，切实做到检查处理到位，整章建制到位，问题整改到位，责任追究到位，彻底堵塞各种漏洞，有效防范各类风险。加强合规审查，做好风险事前防范工作。结合本行实际，在法律风险和业务风险防范的基础上，重点从业务操作、风险点控制、法律风险规避等方面加强合规审核，促使各项业务顺利开展。针对各类合规检查发现的违规问题，通报批评226人次，经济处罚225人次，处罚金额85500元，警告处分2人次。

【电子银行业务】 依托黄河银行网络信息科技平台优势，加快金融产品服务创新应用，科技助推业务能力显著提升。大力推广小微移动平台，推进线上线下业务融合，实现移动办贷和审贷，提升办贷效率。通过小微移动平台办理业务16399户、166932万元。客户使用手机银行功能更丰富，体验更便捷。积极推广使用二维码收单业务、无卡快捷支付，“缴费易”等新型支付工具，完善网上银行、电话银行、手机银行、自助银行功能，构建起多渠道、零距离电子金融服务体系。全行电子银行客户数、业务量、交易额均较上年同期稳步增长，电子渠道业务替代率达95.56%，同比提升3.74个百分点。

【金融普惠】 聚焦扶贫帮扶，贯彻党委、政府“脱贫不脱政策”的战略部署,支持高质量产业发展。信用＋产业＋金融的“盐池模式”得到进一步的巩固和提升。向6334户脱贫人口发放贷款62224万元，发放贷款的户数和额度均超过全县总数、总额的70%。坚持发展公益事业,2021年向黄河银行助学基金会捐款30万元,资助50余名贫困生圆了“大学梦”,积极传递正能量。疫情防控期间,设立“党员先锋岗”,抽调40余名党员干部，配合地方政府开展包抓小区的疫情防控工作，积极传递同舟共济、共克时艰的责任和情怀。积极配合县委、县政府开展创建全国文明城市工作，先后投入资金10余万元用于包抓小区和包抓路段的建设。

【从严治党】 行党委坚决贯彻落实黄河银行党委全面从严治党治行各项部署要求，始终把党建暨党风廉政建设工作与业务经营工作同安排、同部署、同落实。以深入推进“党史学习教育”为载体，着力完善党的领导体制，持续强化理论武装，深入学习宣传贯彻习近平总书记视察宁夏重要讲话精神。进一步完善支部阵地建设，加强党建工作，严肃党内政治生活，不断发挥基层党组织战斗堡垒作用。深入推进廉洁企业建设，班子成员带头严格落实“一岗双责”,通过签订目标责任书、现场警示教育、廉洁谈话、廉政党课、观看警示教育片、合规宣讲、知识测试、日常监督提醒等多种方式，不断筑牢党员、员工思想防线,逐级压实责任。聚焦疫情防控和各项经营任务,不断强化监督执纪，切实为全行稳健运营提供坚强的政治保证和纪律保障。

中国农业银行盐池县支行

【党史学习教育】 2021年,中国农业银行盐池县支行按照中央和总行党委部署,周密部署,精心组织,党史学习教育围绕“四史”和四本指定教材等进行专题学习11次,交流研讨43人次。班子成员逐一以普通党员身份参加所在支部专题组织生活会，剖析查找问题28个,全部完成整改。强化宣传推动。开展选优树先、演讲征文、党课竞赛等庆祝建党100周年系列活动,现场红色教育4次，专题宣讲2次、讲党课12次,带动全行党史学习教育走深走实，引导全行学史明理、学史增信、学史崇德、学史力行。抓“办实事”成效。坚持把“我为群众办实事”和推动高质量发展作为检验党史学习教育成果的“试金石”,组织辖内党支部围绕“六个重点方面”，用心用情用力办实事、解难题,16条办实事清单完成率100%,重点领域支持有力,服务升温、流程优化、基层减负取得实效。

【金融服务】 坚决扛实金融服务实体经济职责,围绕“两大定位”，持续优化金融供给，推动战略领域服务到位、重点领域监管达标。全年累放各项贷款10.77亿元，年末各项贷款余额210542万元，贷存比87.32%。打造服务乡村振兴领军银行。落实县域“三农”战略。认真贯彻执行县委、县政府，总分行党委关于乡村振兴金融服务工作安排，挂牌成立乡村振兴金融部，党委会专题研究部署乡村振兴工作6次，落实农业农村优先发展总方针,以创建信用村、信用户为抓手，落实乡村振兴金融服务措施，推广西吉“玉丰模式”,各项工作稳步开展。巩固拓展脱贫攻坚成果。落实“四个不摘”政策,强化已脱贫农户专属服务,年末,农户贷款余额48580万元,累放58400万元,净增4123万元,农户贷款增速9.27%,高于各项贷款增速6.16%，农户建档累计达到3168户,新增1719户。保持结对帮扶、消费扶贫力度,持续对150户已脱贫户定点帮扶，捐赠化肥等生产资料5万元,助推消费扶贫累计达500余万元。加快数字乡村建设。坚持农户建档开路、惠农e贷敲门、综合营销跟进，新增信用村5个、信用户200户，惠农e贷超额完成计划。实施数字乡村工程,试点升级“5G版惠农通”,行政村金融电子机具覆盖率100%，县域农村数字化、智能化综合服务能力有效提升。争当服务实体经济主力银行。强化普惠型金融服务。围绕园区、商圈、专业市场等优质小微客户集群以及盐池县确定的滩羊养殖等“六大重点产业”，强化“信贷+”“+信贷”双向拓展。全年累放小微企业贷款55454万元，年末，监管口径普惠贷款29164万元，新增4885万元，普惠型贷款增速20.12%，高于各项贷款17.71个百分点，普惠型有贷客户1632户，新增255户，当年新增普惠型贷款利率为4.52%，较上年下降0.29个百分点，两增两控达标。新增首贷户19户，占比14.75%。严格落实无还本续贷、展期和减费让利政策，2021年存量实体贷款加权利率5.08%，较上年下降0.23%，新发放实体贷款10.77亿元，加权利率4.89%，较上年下降0.28%，持续降低实体经济和小微企业融资成本。积极帮助小微企业纾困，为当地1户小微企业办理续捷e贷100万元，累计延期还本贷款12户64.8万元，解决企业面临暂时还款困难的问题。积极服务重大项目。围绕碳达峰碳中和，持续强化清洁能源、节能环保和碳减排领域支持，抢抓绿色金融，紧盯盐池县风力和光伏发电项目，新营销某光伏企业项目融资近3亿元，并陆续出货，全年投放支持法人小微企业贷款19户，金额2000余万元，存量法人贷款企业57户8亿元。多渠道加大个人贷款投放，满足人民群众多层次金融需求。积极对接房地产开发商和二手房中介，不断加大人民群众购房需求信贷支持，全年累计发放住房按揭贷款5294万元，住房贷款加权利率较上年下降0.02%。

【经营管理】 凝心聚力狠抓存款，资金实力再上台阶。年末，各项存款时点余额241120万元，新增13639万元，增速6%，各项存款、对公存款存量市场份额占比较年初分别提升1.02、3.77个百分点，为集中信贷资源支持地方经济奠定了基础。抢抓高质量扩户，新增对公有效结算账户289户，同比增加130户，增长82%，增加存款6300万元，填补村级账户、企业年金、托管和投行空白。大抓特抓农民工代发工资业务，新增代发户数63户，全年累计代发金额1796.65万元，为农民工提供高效便捷结算服务。智慧场景加速搭建，惠民便民初见成效。坚持“赢在网点”和“赢在线上”并重，积极践行“我为群众办实事”，主动对接政府、学校，免费提供设备，最大程度解决机关事业单位、教职员工食堂就餐、党费交纳等业务，累计为全县百姓办理掌上银行30985户，电子医保户11484户，方便群众省事、省心、省力足不出户办理金融业务。大力推广简化农户办贷流程，全年新增农银e贷16230万元，农户贷款整村推进，惠农e贷余额31909万元，新增6538万元。防范化解金融风险，严守贷款风险底线。始终把金融风险防控放在第一位，正确处理业务发展和风险防控关系，对于信用记录良好经营暂时困难的企业和个人采取多种风险化解措施进行风险化解和盘活。同时，加大客户宣传和教育，坚决打击非法集资、电信诈骗等非法金融活动，确保地方金融生态稳定和平安。截至2021年年底，我行不良贷款余额1049万元，不良贷款率0.48%，全年累计清收处置不良贷款1936万元，资产质量稳定，风险总体可控。

【社会责任】 创城活动主动担当，凝心聚力倾情投入。在全国志愿者服务系统公开发布志愿者项目，组织本行志愿者参与长城路（花马池街至文化街路段）、兴安苑小区开展“创建文明城市”志愿服务活动，累计90余次，投入经费约10万元改造包抓小区各类设施及亮化工程。认真落实门前“三包”。每日安排文明引导员和志愿者对门前环境卫生和车辆停放进行清理和疏导，遇特殊天气及时安排人员清扫，保证门前整洁、无卫生死角，按照消防标准划定消防安全通道，保障客户停车安全，车辆摆放有序。提升员工服务水平。为营业部配备志愿者 2 人，文明引导员 1 人。在显著位置展示行业规范，职业规则、服务承诺等制度，公布投诉监督电话，设立投诉台。全体员工能够做到用语文明、礼貌待人、规范服务，未发生“门难进、脸难看、事难办”等突出问题和庸懒散拖现象，并获得文明规范服务窗口流动红旗。大力推进服务升温，提升网点服务能力。紧扣分行服务升温工作部署，积极履行国有大行社会责任，深入践行“客户至上、始终如一”的服务理念，深入推进“服务升温”工程，大力提升金融服务水平。优化网点硬件环境，配好网点桌、椅、柜，督促服务形象和服务质量提升。在网点设置无障碍通道、爱心座椅、轮椅、“爱心窗口”等，落实“适老化”服务要求，全行开展上门服务 12 次。开展警示教育宣传，提高群众安全防范意识。深入校园、社区、农贸市场等地，开展“送金融知识进校园”、征信宣传、反假宣传等活动 30 余场次。疫情防控精准施策，复工复产持续发力。坚决贯彻落实中共中央关于疫情防控决策部署，严格落实县委、县政府、监管部门及总分行各项防控要求，慎始如终抓好疫情防控工作。全年累计投入防疫经费 10 万余元，全力保障疫情防控物资需要，全面落实金融支持疫情防控部署，累计延期还本贷款 12 户 64.8 万。充分发挥基层党组织战斗堡垒和党员先锋模范作用，疫情防控期间自行组建党员先锋队 1 支、动员 20 余名员工积极加入社区疫情防控志愿活动中，值守兴安苑小区达 30 余天。

【从严治党】 着力加强班子自身建设。强化政治建设。坚持把学习习近平新时代中国特色社会主义思想作为党委会“第一议题”，自觉在重大实践中强化政治历练，不断提高政治判断力、政治领悟力、政治执行力，自觉在思想上、政治上、行动上同以习近平同志为核心的党中央保持高度一致。专题研究意识形态工作 3 次，压实责任，文化引领、阵地管理持续加强。强化理论武装。坚持党委理论学习中心组学习制度，围绕习近平总书记“七一”重要讲话精神、党的十九届六中全会精神等，开展集中学习 15 次，并通过带着部门主要负责人一起学，带动全行深刻领会“两个确立”的决定性意义，不断增强“四个意识”，坚定“四个自信”，做到“两个维护”。强化党内民主。严格落实集体领导和个人分工相结合的工作制度，班子成员各司其职、密切配合。推行谈话提醒制度，及时咬耳扯袖，相互提醒、相互帮助、相互监督。严肃组织生活，开诚布公讲真话、谈实情，形成“想批评、敢批评、能够接受批评”的良好机制，班子凝聚力和向心力不断增强。推进基层党建标准化规范化。加强队伍建设。严肃党内政治生活，狠抓党员日常管理。组织党员到社区报到，参与创建全国文明城市工作。全年发展预备党员 4 名、转正预备党员 2 名。扎实推进基层党建质量提升年。开展“评星定格”“两优一先”评选，强化示范引领作用；带头落实“双重组织生活”、民主评议党员等制度，开展党支部书记述评考等活动；开展支部书记培训班 2 次，落实党员教育培训。贯彻落实各类巡视巡察整改“回头看”，组织党委扩大会 4 次专题研究部署，压实整改责任，确保整改到位。深入落实关爱基层“五项行动”，改善乡镇网点“职工之家”，完善职工食堂 5 个，新增消毒柜 3 台，解决职工宿舍夏季降温、冬季采暖问题，配备冷风机、电暖器等 51 台。帮扶慰问困难员工等 6 人次，全行凝聚力、向心力不断增强。狠抓全面从严治党。压实主体责任。党委专题研究全面从严治党工作 4 次，从 2021 年年初抓起，按照分行党委主体责任重点任务安排，明确 31 项重点工作，制定考评方案，推动压茬落实。强化党风廉政建设。紧盯关键少数，严管关键岗位，守牢重要环节，梳理廉洁风险点38个，完善防控措施105条。常态化开展廉政教育，召开全员警示教育大会2次，出具各类廉洁提示13份。持续纠治“四风”。修订实行财务报销、公务招待、公车管理等办法，安装行车记录仪3台，“三公”经费同比下降7.87万元。持续整治形式主义官僚主义，发文同比下降5%，整治微信群6个，实行基层提请办理事项限时办结制，建立督办反馈评价机制，提升服务质效。加强管理监督。落实加强对“一把手”和领导班子监督主要任务，定期组织班子成员汇报管党治党情况，交换意见。开展“一把手”监督谈话3次，班子成员同分管部室监督谈话2次，压茬推进履职尽责。

工商银行

【经营目标】 利润目标方面。截至2021年12月末，中国工商银行盐池支行实现拨备前利润4133万元，同比减少221万元，降幅5%，完成全年任务的87.73%；实现净利润3196万元，同比减少71万元，降幅2%，完成全年任务的92.42%。负债业务方面。各项存款余额173465.41万元，较年初减少29192.45万元，降幅14.4%；各项存款日均余额188080.2万元，较上年末减少11910.63万元。其中，储蓄余额98187.81万元，较年初新增513万元，未完成分行下达新增8000万元的目标任务，较同期减少7968万元，在县域四大国有银行中，增量排名第四，在全区储蓄存款增量排名倒数第五；储蓄存款日均余额96843.55万元，较年初增加3822万元，个人金融资产余额134071万元，较年初增加10009万元。对公存款时点余额75277.60万元，较年初减少29705.48万元，对公存款时点余额的任务为较年初减少9000万元，未完成全年任务目标，其中公司存款时点余额为26998.39万元，较年初减少147.77万元，机构存款时点余额为48279.21万元，较年初减少29557.21万元。对公存款日均余额91236.65万元，较上年末减少15732.57万元，对公存款日均余额的任务较年初减少7200万元，未完成全年任务目标。其中公司日均余额23499.19万元，较上年末减少265.17万元，机构日均余额67737.46万元，较上年末减少15467.4万元。对公存款下降的原因主要为上半年财政局按照财政厅要求将社会保障基金户全部医保资金29000万元上划到吴忠市统筹管理及盐池县人社局账户累计退农民工保证金3985万元所致。资产业务方面。各项贷款余额80789.37万元，较年初增加2684.27万元，其中公司贷款余额61984.75万元，较年初增加1783.72万元，完成全年任务的59.46%，主要为国华发放项目贷款15400万元，小企业贷款全力冲刺实现新增有贷户10户，小企业贷款较年初新增1430.23万元；个人贷款余额16918.17万元，较年初增加1602.25万元，超额60.22%完成全年任务，其中个人住房贷款余额为13788.19万元，较年初增加1724.58万元，个人经营贷款1706.16万元，较年初增加212.43万元，个人消费贷款1423.81万元，较年初减少339.08万元，全年共计办理个人贷款218笔，贷款金额6096.16万元，办理公积金委托贷款65笔，贷款金额2294.5万元。普惠型人行降准口径贷款余额为6496万元，较年初增加1881万元，是序时任务的2.09倍，普惠银保监口径贷款余额5690万元，较年初增加1556万元，超额72.88%完成全年任务。票据业务方面。办理银行承兑汇票5600万元，余额3000万元。票据贴现6679.71万元，超额48%完成全年任务，其中小微客户贴现5954.25万元，大中客户贴现725.46万元，全年新增票据贴现客户3户。各项贷款逾期情况。各项贷款逾期共257.77万元，全部为个人逾期贷款，其中关注类贷款85.96万元，不良贷款

164.81万元，个人贷款不良率为0.97%，全年不良贷款控制目标为150万元，个人贷款证券化7户，金额87.22万元。基础业务拓展方面。对公账户1196户，全年新开账户190户，净增账户数55户，其中公司客户1010户，全年新开账户165户，净增账户数40户，机构客户账户165户，全年新开账户21户，净增账户21户。中间业务方面。实现中间业务收入829万元（不含卡分期），同比减少75万元，降幅8%，完成全年任务的70.73%；实现营业收入5624万元，同比减少99万元，降幅1.7%，完成全年任务的91.84%。2021年，实现整体安全营运，无重大差错、事故、案件。

【党的建设】 2021年，中国工商银行盐池支行持续学习党的十九届六中全会精神和中央经济工作会议精神，围绕"习近平总书记七一重要讲话精神"和"党的十九届六中全会精神"开展专题研讨，通过持之以恒贯彻六中全会精神、深刻领会中央经济工作会议精神，从党的百年历史中坚定初心使命，明确历史发展方向，锚定既定发展目标。严守党的组织纪律，强化党的组织生活，组织开展丰富多彩的主题党日活动，如"学党史固本铸魂，明初心淬炼党性""缅怀革命先烈·传承红色基因""光辉历程、保密有我"、学党史悦读书等主题党日活动，并开展党建工作实务培训、召开党史学习教育动员会、开展党史学习教育读书班，充分调动支行党员爱岗敬业、敢为人先的工作热情。严守廉洁纪律，筑牢拒腐防变底线，毫不松懈地推进党风廉政建设和反腐败工作。2021年，支行通过开展党史学习教育，规范党员干部言行，持之以恒正风肃纪，将党建引领工作，推动经营发展的理念充分运用在工作中。

【"第一个人金融银行"战略】 将个人客户拓展作为全行个人金融业务领域最重要的核心指标之一来抓，通过持续跟踪营销，将全县400多名"三支一扶"见习生、实习生代发工资转到支行，新拓客户300余户。大力拓展代发工资业务，结合盐池县几家重点房地产开发商的项目开工，加强公私联动营销，为盐池县玺悦府、盐池县华府豪庭等项目按揭、项目建设办理建工卡300多户，办理借记卡30多户。加快信用卡不良清收及处置力度，继续对前期不良大额客户通过法律诉讼程序进行清收，对清收效果不明显的，结合总、分行相关政策，加快推进不良资产证券化及核销工作，力争将支行信用卡不良贷款压降至分行下达的任务指标内，2021年，信用卡业务中收451.6万元，较同期增加22.2万元。

【"强对公"战略】 乡村振兴工作取得新进展，结合上级行乡村振兴政策及产品优势，通过上报"滩羊贷"产品融资方案，经总、分行审核发布《"宁夏盐池滩羊贷"分行特色场景实施方案》。走访县域10个自然村，营销办理乡村振兴主题卡474张，组织宣传金融知识10场，实地了解乡村金融市场。导入名单48户，金额729万元，累计发放73万元。持续加大信贷投放力度。2021年初为国华（宁夏）新能源有限公司发放项目贷款15400万元，实现信贷投放开门红。普惠型贷款持续增长，小企业全力冲刺实现新增有贷户10户，小企业贷款较年初新增1430.23万元。GBC联动营销成果显著，深化政务和产业布局，在G端、B端、C端同时发力，初步构建起GBC三端联动的闭环营销服务体系，拓展政府机构客户21户，拓展公司目标客户40户。为县教育局建设资金提供监管服务，拓展公司客户4户，实现资金承接1000万元。营销盐池县慈善协会对公账户购买理财产品200万元，通过走访营销企业年金客户拓户8户，实现支行业务的突破性发展。为盐池县医保中心对接银企直联，加强银政合作，为后续B端药店及C端医疗报销客户营销打下坚实的基础。个人贷款稳步增长。个人贷款余额16918.17

万元，较年初增加1597.93万元，其中个人经营性贷款1706.16万元，较年初增加212.43万元；个人住房贷款13788.19万元，较年初增加1724.58万元，2021年实现5个按揭项目的准入，通过积极开拓一手按揭资源，密切与公积金管理部沟通，全年共计办理个人贷款218笔，贷款金额6096.16万元，办理公积金委托贷款65笔，贷款金额2294.5万元。

【风险防控】 不断强化风险控制水平，实现支行业务自2019年起“无重大违规、违纪案件发生”的安全运营目标，内控运行专业排名持续靠前，可控风险事件暴露水平低于全行平均水平，运营管理水平不断提升，推动全面从严治党、从严治行向纵深发展。支行在保证内部控制，坚守风险防控底线的同时，将疫情防控作为防范外部风险的重中之重，在疫情初期第一时间成立防控领导小组，严格根据分行的各项文件开展疫情防控工作，保证支行在疫情新常态下的正常运行。

中国人民财产保险股份有限公司盐池支公司

【概况】 2021年，中国人民财产保险股份有限公司盐池支公司实现全险种保费收入15298.77万元，同比增量保费504.21万元，同比增速3.4%，市场份额67.5%。其中车险保费收入7180万元，商业保费收入1908万元，农险保费收入6210万元。全年处理各类理赔案件45159起，已决已赔款总计11406.87万元，未决案件364件，未决金额3713.49万元。

【党史学习教育】 2021年，财保盐池支公司党支部采取“党史学习教育+业务发展”的措施，推进党支部的党建党史学习教育工作和公司业务发展工作。及时召开全员党史学习教育启动会，制定学习方案计划；采用集中与自学、线下+线上相结合的方式，学习指定书籍；在专题教育中开展专题学习4次、专题研讨11次；支部书记讲党课3次；主题党日活动12次；观看红色教育电影2次；根据“我为群众办实事”实践活动工作方案要求，本着“人民保险，服务人民”的企业使命，尽职尽责实时推出“疫苗保”产品，为广大接种者提供安全保障，使处于犹豫中的可接种新型冠状病毒疫苗的人群，更安心放心地接种，推动居民群众、各单位的工作人员积极接种疫苗，扩大人群接种覆盖率；召开党史学习教育专题组织生活会，组织集中学习1场次，研讨交流1场次；党支部委员之间谈心谈话5人次，党支部委员和党员之间谈心谈话3人次，党员和党员之间谈心谈话2人次；班子查摆问题数3条，班子成员查摆14条，征求意见4条；相互提出批评意见5条，支部班子制定整改措施3条，已整改3条，支部班子成员制定整改措施5条，已整改5条。通过系列活动开展学习，党员们深刻体会到党奋斗历程的艰辛，决心时刻反思自己的不足，加强学习，保持共产党的优良作风，正向引导党员们从学思践悟党史中汲取精神力量、坚定理想信念，在矢志奋斗中秉持红之本色、常念党之恩情。同时，把党史学习教育融入业务发展中，提高客户满意度、增加客户增值服务项目、提升理赔服务链的服务质量，让客户更加安心、舒心、顺心，使党史学习教育走深走实。

【农业保险】 承保情况。2021年，在全县8个乡镇开展政策性农业保险，共承保种、养殖户11070户，收取保费6207.61万元，增速16.93%，为盐池县农业产业提供风险保障40.74亿元。其中，政策性农业保险，2021年承保普通农户6832户，保费收入4461.97万元，提供风险保障36.37亿元，全年共承保建档立卡户4238户，保费收入1745.64万元，提供风险保障4.37亿元。理赔情况。2021年，农险理赔已决案件共计38548件，案件增量6800件，赔款支出6308.17万元，简单赔付率

101.62%,赔款增速42.14%,累计受益农户40642户次。大灾理赔情况。2021年面对全县农作物遭遇60年来最严重旱情,承保普通农户的玉米种植保险以及建档立卡户承保的饲草种植保险(青贮玉米),涉及面积7.2万亩,所有作物均受灾,单支付玉米赔款就高达542.07万元,简单赔付率是往年的3.54倍;2020年6月承保的黄花菜价格保险,保险截至2021年6月,平均4个季度黄花菜价格低于合同约定价,启动赔付机制,黄花菜价格保险支付赔款255.2万元,投保农户全部受益。

【民生保险】 联合相关部门积极承办全县各类民生类保险业务,保费收入总计287.22万元,累计提供风险保障金1042.06亿元,累计赔款支出(含未决)212.77万元,简单赔付率74.08%。其中,残疾人意外险保费收入79.38万元,提供风险保障金18.96亿元,赔款支出46.57万元;外出务工人员"铁杆庄稼保险"保费收入170.11万元,提供风险保障金187.53亿元,现已发生7起案件,支付赔款163.8万元;精神病患者责任保险保费收入2.05万元,提供风险保障金0.21亿元;见义勇为意外伤害综合保险保费收入1.88万元,提供风险保障金824.56亿元;家庭农机综合保险保费收入16.04万元,提供风险保障金0.79亿元,赔款支出2.02万元;乡村振兴保费收入2.94万元,提供风险保障金0.08亿元;乡村干部意外伤害保险保费收入6.74万元,提供风险保障金3.13亿元,赔款支付0.17万元;"三支一扶"人员和实习生意外伤害保险保费收入8.08万元,提供风险保障金6.78亿元;城乡居民大病保险,自2014年作为城乡居民大病保险服务项目承办方,城乡居民大病保险覆盖全县城乡居民,较好地解决广大城乡居民因病返贫,因病致贫的问题,近三年累计赔款支出323.6万元,其中2021年支付赔款42.48万元。

【社会责任】 创建文明城市方面。根据盐池县创城办相关要求,主动融入,全面履职,深入实施市容环境治理和乱停乱放治理,在包抓小区为住户配备垃圾桶4个、制作创城宣传展板4个、改造重设营业大厅门口无障碍通道1个、设置营业大厅便民服务台5个、开展志愿服务活动每周1次、站岗执勤5天、捡烟头垃圾3次、清理积雪1次,雇专人随时清理居民区生产生活垃圾等,不断加强环境秩序整治和氛围营造,完善服务设施,增强服务意识,规范柜面人员服务礼仪、不断提升服务质量和效能,高质量完成创建文明城市任务。疫情防控方面。全年面对严峻、反复、多点暴发的疫情防控形势,成立应对新型冠状病毒肺炎疫情工作领导小组,更新疫情防控方案,制定疫情防控应急预案,高效有序推进疫情防控工作,确保公司员工和协管片区居民零密接、零感染,制定细化疫情防控方案,组织中层干部及党员奋战抗疫一线,做好协管小区门口站岗执勤、人员排查登记上报、每日的消毒杀菌、重要疫情防控公告宣传;实时向管辖社区和分公司办公室上报居家监测人员情况、上报离盐备案情况;做好公司办公楼内的消毒杀菌、来客登记测温、查看行程码等工作,及时根据疫情发展情况储备必要的防疫物资,保障特殊时期全员的健康安全;创新线上查勘理赔和承保服务,提高理赔服务效率;营业大厅门口全天候播放防控知识,提高群众防范意识和安全意识,切实做到疫情防控和业务发展两手抓、两不误。服务"三农"方面。为了服务好地方经济,让农户少跑路、多办事,人保财险盐池支公司先后在大水坑、惠安堡、花马池、高沙窝建立4个乡镇营销服务部和王乐井、麻黄山、冯记沟、青山4个"三农"保险服务站,并配置专职农险工作人员27个,协赔员13个,服务触角延伸到每一个乡镇,形成完整的"三农"服务网络。农户承保、理赔后,只要拨打预留的客服电话,接线员利用网点的优势，就近调度服务人员第一时间上门服务，切实践行做有温度的保险公司理念，赢得广大农户的赞誉。脱贫攻坚成果巩固方面。向帮扶的李记沟村党支部、村委会捐赠空调6台，解决了村干部冬季办公取暖的问题；带领员工进村入户，为118户建档立卡户宣传政策、制订产业发展计划、帮助解决生产生活中的其他困难，助力2021年地方做好巩固拓展脱贫攻坚成果同乡村振兴有效衔接工作。农业保险的实施，减轻政府压力，提升政府的公信力，扩大保险服务社会的影响力，农户的投保意愿大大增强，提升农户通过保险手段防范风险的意识和能力，保险扶贫改变长期以来财政扶贫送钱送物的“输血式”扶贫所带来的弊端，贫困户从“等靠要”变成积极主动“我要发展”，自我发展的能力和思想意识大大提升。

中国人寿盐池支公司

【党史学习教育】 2021年，中国人寿盐池支公司紧紧围绕“学史明理、学史增信、学史崇德、学史力行”和“学党史、悟思想、办实事、开新局”目标要求，将“规定动作”和“自选动作”相结合，使党史学习教育落实到位。在盐池县长城博物馆开展“学党史、强党性、践行动”主题党日活动，邀请盐池县党校教师讲党课，激励全体党员干部铭记光辉历史、牢记初心使命，树立积极进取、团结奋进、履职担当的良好形象。及时编发公司党史学习教育动态30期、开展主题党日活动4次，积极宣导党史知识，共同传承红色基因，践行使命担当。

【业务指标】 2021年，中国人寿盐池支公司实现总保费1.19亿元，占市场份额的66.86%，继续位居当地第一，比市场份额与排名第二的平安人寿高出45个百分点。标准保费预算指标665万元，实际完成392万元，完成率59%；首年期交预算指标1906万元，实际完成1282万元，完成率67.3%；10年期及以上期交预算指标684万元，实际完成387万元，完成率56.6%；短期险预算指标2140万元，实际完成1989万元，完成率93%。全年受理理赔5233件，赔付金额1662.98万元。理赔短险707件，保全701件，调查261件；受理“95519”及监管投诉22件，“95519”会办单92件。积极开展电子回执、长险电子保单等服务，大力推广寿险APP 3.0、智能客服2.0等软件。2021年7月，盐池支公司获中国人寿保险(集团)公司“协同发展先进单位”铜奖。

【渠道业务和队伍发展】 营销渠道。标准保费预算指标442万元，实际完成227万元，完成率51.4%；首年期交预算指标1196万元，实际完成742万元，完成率62%；10年期及以上期交预算指标456万元，实际完成226万元，完成率49.6%；短期险预算指标220万元，实际完成177万元，完成率80.5%。营销年末在册人力68人，月均持证人力77人，超额4.05%达成持证目标74人；月均长险举绩34人，达成月均举绩53人的64.15%；季均有效人力56人，达成季均有效73人的76.71%；月均星级人力14人，达成月均星级人力24人的58.33%。收展渠道。标准保费预算指标208万元，实际完成131万元，完成率63%；首年期交预算指标510万元，实际完成310万元，完成率60.7%；10年期及以上期交预算指标228万元，实际完成161万元，完成率70.6%；短期险预算指标146万元，实际完成119万元，完成率81.5%。收展年末在册人力27人，月均举绩人力达成目标24人的81.6%，年度下差52人；季均有效人力达成26人的100%；星级人力月均达成11人，达成月均目标的122%。多元板块。团险渠道实现短险保费1684万元，完成年度指标1689万元的95.2%，系统排名第二。其中，传统业务1081万元，扶贫保288万元，其他315万元。借助防贫保平台，自付费业务取得了良好的成绩，盐池自付费模式在全区推广，传统性业务占比较上年度提升10个百分点。队伍稳步扩大，年度实现新增人力14人，离司5人，留存率达到64%，年末在册人力25人。团险渠道部门经理米岩明获评中国人寿保险股份有限公司2020年度团险渠道岗位先进个人；团险部销售主管吴岳宏获评中国人寿保险股份有限公司2020年度卓越销售精英。银保渠道年度实现首年期交保费231万元，超额15.4%，系统排名第二；五年期及以上期交保费138万元，是完成目标的2.1倍，系统排名第三；短期险保费10万元，超额67.2%。年末在册客户经理5人，月均举绩3人。针对各行局的状况和特点，找准突破口。牢固的合作基础和合作友谊，注重小节、细节，用真诚架起友谊的桥梁。强抓基础管理，提升客户经理专业素养。着重加强早夕会的管理，以基本法为抓手，为客户经理制定目标和方向，同时加强巡点服务打卡。银保渠道客户经理李进珍获中国人寿保险股份有限公司2020年度优秀客户经理渠道新单件数奖。

【管理监督】 统一思想、坚定信心。紧盯每个阶段业务指标达成，尤其半年冲刺、八九联动、年末收官关键战役。加强队伍建设，强化培训。以基本法为核心，推动制度经营，引导队伍持续发展、自主经营，并建立规范的会议经营、活动量管理、队伍日常管理，有效提升队伍的出勤率、参会率和举绩率。转变销售观念，强化自主销售。回归自主销售的经营思路，强化职场训练，以保障产品为抓手，结合职场销售平台提升业务发展；打破以养带促的销售局面，积极主动改变销售策略撬动团队与市场（如盛世传家销售、销售伙伴荣誉表彰），迅速提升整体业务。强化追踪督导机制。在业务发展各阶段，强化会议经营，建立业务分析会、主管例会、节点总结会、项目组小结会等；依托微信建立互动交流平台、依托节点会建立总结激励平台、依托喜报和战报建立氛围营造平台、依托电话和面谈建立督导追踪平台，利用多方位追踪机制，增强业务督导追踪力度，确保各阶段业务目标有效落实。规范早会运作，强化基础管理。规范早会运作流程，重视早会经营的各个环节，通过职场独立经营做到主管主导、内管辅导。结合分公司视频抽检制定严格的检查办法和早会要求对早会经营、参会人力进行检查，严格追踪参会真实性，通过每日参会提升早会氛围。

【经营保障】 认真贯彻执行《关于开展销售行为风险管控专项风险排查工作的通知》，全面开展风险排查工作，向全体销售人员发放《销售人员问卷调查表》及《销售行为合规承诺书》，签订工作覆盖率达到100%。通过开展销售误导、非法集资、反洗钱、客户投诉、舆情管理等重点风险防范工作，对各环节和风险点进行排查，杜绝了风险的发生，进一步加强公司风险管控能力。着力推进风险整改，重点对开展的治乱打非、防范重大风险的排查、非法集资、自媒体风险排查等一系列自查自纠工作中发现的问题进行认真整改，将各类问题化解在萌芽状态。

国有公司

滩羊集团

【抓党建】 2021年，宁夏盐池滩羊产业发展集团公司党支部围绕中心、服务大局，牢牢把握主题主线，认真学习贯彻落实中共中央、自治区党委、县委重要精神和工作部署，聚焦学党史、悟思想、办实事、开新局四个关键环节，以加强党的执政能力建设、先进性建设为主线，坚持敢于担当、务求实效的思想观念，坚持党员讲党性、工作讲标准、用人讲导向的基本要求，坚持重视基层、加强基层、服务基层的基本路径，切实履行抓党建及党风廉政建设第一责任人职责，及时研究新情况、解决新问题，基层党建呈现新亮点，党员职工作风有新气象，工作总体水平得到新提高。2021年，滩羊集团党支部被授予"全区先进基层党组织"称号。

【保品种】 完善滩羊繁育基地硬件设施和软件系统，规范羊只选育繁育工作，成功取得农业农村部农产品质量安全中心颁发的中国良好农业规范认证一级证书。按照三级良种繁育体系建设要求，扩大滩羊良种繁育选育群规模至1.5万只，向县内及周边市县投放优质种公羊4790只，并通过种公羊拍卖，提高种公羊单只销售价至3万元。自主开展"滩羊专用颗粒料、羔羊料、母羊料饲喂试验""生态养殖对滩羊育肥及胴体品质的影响试验""黄花菜包膜青贮对育肥羊品质影响试验"和"滩羊早期断奶人工哺育育肥技术试验"，并实施《滩羊良种繁育基地建设项目》和《双羔滩羊选育及其综合配套技术研发与示范项目》。积极与中科院地理科学与资源研究所等科研院所合作完成优质地理产品生态环境保护与可持续发展案例第1案例——盐池滩羊花马池镇干旱草原生态环境保护与可持续发展案例。

【保品质】 积极开展滩羊产业惠民政策宣传，利用微信公众号、微信群、主动上门等多种方式加大对盐池滩羊订单收购、"优质优价"订单收购惠民政策的宣传，共发放惠民政策宣传单11000余份，与2353户养殖户签订26.3万只盐池滩羊订单收购合同，与标准化示范村、示范场、生态牧场签订5万只盐池滩羊优质优价收购合同。以"一访二送三服务"的工作模式为养殖户协调拉运饲草料8600余吨，为老弱病残弱势群体养殖户无偿拉运羊只3000余只，解决养殖户羊只屠宰销售、饲草料采购困难等问题。2021年，滩羊集团荣获盐池县农业农村工作先进集体称号。

【保品牌】 积极开展地理标志运营工作，成功获批2021年宁夏回族自治区地理标志运营试点企业。成功注册"盐池百里香""晌盐""盐池滩贵贵""兴羡"等商标，成功获批3款盐池滩羊包装专利。自主设计拍摄盐池滩羊肉精美小视频6期，接待全国各地参观、考察团队380余场次9200余人，多元化、立体式宣传盐池滩羊品牌。营造滩羊文化氛围，在青银高速黄河大桥处和银西高铁河东机场站候车厅、惠安堡站制作盐池滩羊广告牌，扩大盐池滩羊品牌宣传阵地。依托屠宰加工厂、生态牧场和饲草料加工厂，打造盐池滩羊产业融合发展示范基地，成功争创国家AA级旅游景区。

【拓市场】 创建营销中心，打造“滩羊宴”美食体验店，与半亩良人电商团队合作，融合滩羊文化宣传、产品展示、现场品鉴、即时消费为一体，用线下体验带动线上消费，形成了“直销店+品牌专卖店+超市专柜+网络电商”的消费模式。研发制作滩羊肉自热小火锅、手抓羊肉和红杞羊肉等休闲食品。主动参加各类特色农产品展示展销、推介会25场，与40家企业达成合作，授权二级经销商19家。加强企业信息化建设，完善滩羊大数据平台和溯源体系，被农业农村部列为2021年度全国农业农村信息化示范基地。

【争项目】 共投资1.1亿元，实施5个项目。投资4017万元实施盐池县滩羊产业融合发展项目，建成盐池滩羊产业技术研发中心（含宁夏生态牧业技术研究院）和冷链物流，打造滩羊产业科技研发和技术推广服务平台，提升盐池滩羊肉仓储能力，补齐产业短板；投资4516万元实施盐池滩羊专用饲料加工厂建设项目，着力将饲料加工厂打造为服务于示范园并辐射全县的滩羊专用饲料加工示范点，通过研发、生产高品质的专用饲料，进一步提升滩羊肉品质，为滩羊产业健康高效发展提供保障；投资1600万元实施盐池滩羊种羊繁育基地建设项目，进一步扩大繁育基地优质滩羊饲养量至5000只；投资800万元建设电商物流分拣中心，提升物流配送能力；投资130万元建设乡村振兴人才技能转化培训中心，培养具有较强理论基础与实务操作能力的专业实用型人才，构建优秀的人才队伍。

盐池县融盐国有资本投资运营有限公司

【党的建设】 2021年，盐池县融盐国有资本投资运营有限公司坚持党对国有企业的全面领导，牢牢把握新时代党的建设总要求，规范党组织研究讨论作为企业重大事项决策的前置程序。落实党总支班子成员联系基层党组织制度，强化基层党组织班子抓党建主体责任、党组织书记抓党建第一责任人责任，将党建责任制考核结果与国有企业领导班子绩效薪酬挂钩。围绕“基本组织、基本队伍、基本制度”，持续推进基层党组织标准化规范化建设。持之以恒落实中央八项规定、纠正“四风”问题，扎实开展工程建设和政府采购领域突出问题整治，提醒约谈主要负责人和项目负责人14人。同步履行意识形态工作主体责任，认真排查风险隐患，统筹抓好民族宗教、“七五”普法和工青妇等群团工作，始终保持团结协作氛围和良好社会舆论环境。深化党史学习教育，扎实开展“我为群众办实事”实践活动，公司办实事项目36项，其中延长10天供暖时间、为学校免费提供室内环境检测、义务植树5亩、打造“环卫工人之家”等10项实事列入全县“我为群众办实事”项目清单，努力把学习成果转化为工作动力和成效，着力推动党建与生产经营深度融合，以高质量党建引领企业高质量发展。

【企业制度】 按照国有企业改革三年行动部署要求，着力开展对标一流企业管理提升行动，厘清公司党组织、董事会和经理层的权责边界，建立起党组织把方向、管大局、保落实，董事会定战略、做决策、防风险，经理层谋经营、抓落实、强管理的公司治理机制。持续加强企业管理的制度体系建设，修订完善工作职责、议事规则、管理制度三类50余项规章制度，基本形成系统完备、科学规范、运行高效的中国特色现代国有企业管理体系。将内部审计监督作为理顺运营机制、规范管理和防范经营风险的重要工具，推动各公司健全完善以章程为核心的企业制度体系，开展全面审计1次，专项审计3次，聘请会计师事务所进行财务报表审计1次。建立和实施以劳动合同管理为关键、以岗位管理为基础的市场化用工制度，公开招聘高学历专业人才22人。建立健全安全生产管理体制机制，扎实开展“安全生产月”活动，定期组织开展专项应急演练、各类专题安全检查和事故预防工作，保证公司安全形势整体平稳。

【降本增效】 优化成本管控，严格控制生产性开支，压缩非生产性开支，着力提升公司发展质量和效益。供热公司试点引进安装换热站节能循环泵节约用电，广泛开展修旧利废、技改攻坚技能竞赛节约维修成本，根据室外温度合理调整供回水温度，既保证供热温度又实现节能降耗，2020—2021年度采暖期累计节约电费、维修费、燃煤费200余万元；公交公司取消购买全部车辆车损险，将线路里程长的班线安排电动公交车运行；盐池宾馆严把设备设施、原材料采购关和使用关，对水、电、气总能耗指标进行控制，制定客房一次性用品节约办法并鼓励废物利用；市场公司公开拍卖花马池市场和综合农贸市场保洁服务，并不定期组织职工自行粉刷各市场墙面、清洗下水箅子、清理卫生死角；兴盐公司低价购买盐池宾馆旧家具用于大水坑石膏园区公寓装修，将货运车辆大型停车场路灯全部更换为LED灯；农产品公司收购散黄花菜时直接在农户家打包装箱。共节省费用70万元。

【项目建设】 围绕县委、县政府六大主导产业，积极推动国有资本向重要行业和关键领域集聚，增强国有经济整体功能和市场竞争力。完成大水坑石膏产业扶贫基地配套现代物流综合服务区建设。完善石膏产业扶贫基地商务洽谈、产品展示、餐饮住宿、加油加气、物流仓储等配套服务，畅通天然石膏产品外运渠道，打造天然石膏生产加工基地和产品集散中心。完成惠苑村万头肉牛养殖基地激活运营。投资1000万元、引进社会资本4000万元，共同出资5000万元成立合资公司融禾牧业，存栏肉牛2200余头，搭建“国企＋龙头企业＋村集体合作社＋农户”的肉牛产业联合体，提供统一贷款、统一采购、统一防疫、统一饲草料配送、统一销售“五统一”服务，推行“托管代养”“孵化培育”等方式，引领带动农户增收，已辐射带动周边5个村集体、2户养殖大户和21户小散户养殖肉牛400余头。完成冰鲜黄花菜加工厂建设。购置冰鲜黄花菜生产线和冷冻配套设施，延伸产业链条，开发高附加值特色产品，提升盐池黄花菜的知名度和市场占有率，生产冰鲜黄花菜33.6吨。实施县活禽屠宰加工厂建设项目。规范全县活禽定点屠宰经营行为，确保禽产品卫生质量和消费安全，已屠宰滩鸡2批次。实施国家耕地占补平衡补充耕地项目。争取政策性银行中长期贷款8000万元解决建设资金缺口，采取外聘技术总监监督、派驻精干力量全程监督、委托第三方工程量复核及质量检测单位严把工程各个关口的监管模式，短期内高质量完成土地平整，蓄水池、泵站、田间管网等85%的主体工程建设以及新增耕地等别评定、拍照验证入库等工作。

【市场服务】 从主动作为、抢抓市场方面抓好落实工作，着力提升公司价值创造能力。承建县法院、武装部、第七小学等供热效果不好单位的维修改造和豪宸府、玺悦府等小区的供热管网代建工程，增收320万元；投资性购入紫东苑小区、鸣翠苑小区沿街商网47套12790平方米，发挥国有企业资源优势，出台招租优惠政策，招租19家，售出8套，实现租售收入505万元；在长城关增设共享单车、新建儿童游乐设施、改造游客中心卫生间等，年内还将新增海盗船、旋转木马、强力风暴、观光小火车等游乐设施，增加和提升旅游休闲娱乐功能，持续优化擦亮景区休闲娱乐品牌；创新推进公共停车场建设，将通过全面优化提升运营管理水平和服务保障能力，规范城区停车秩序，改善静态交通环境；开通妇幼保健院—疾控中心—中医院—县医院专线和大水坑镇至惠安堡高铁站公交线路，完成新泉井、圈湾子、断兔沟、谷山塘、关记圈5个自然村通车覆盖工作，优化调整城区公交线路4条；完成宾馆北楼维修改造，打造4D管理体系，服务水平和接待能力再次提档升级，投入使用以来，入住率达95%以上；拓展和强化监测检测能力建设，顺利通过自治区计量和检测资质双认证，建筑工程质量检测能力由三大类57项提升至六大类271项，检测服务能力不断提升；创新融资担保业务，下调担保费率至1%，以缓解小微企业、“三农”融资难融资贵为宗旨，助力巩固盐池县脱贫攻坚成果，累计为辖区内从事特色产业的各类经营主体提供融资担保8654笔，担保金额18.38亿元，在保1924笔，在保余额5.81亿元。

【文明城市创建】 按照盐池县创建全国文明城市工作要求，对照创城实地考察点位及标准，累计投入150余万元，亮化办公楼宇6栋，制作安装景观小品5处，制作创城形象墙7处、宣传展板20余块；在长城关、古城墙制作安装公益广告牌40余块、条幅200条；完善市场基础设施9处2140平方米，制作安装各类广告牌92块、路灯宣传旗布108块、禁烟标识等提示牌315块，在花马池市场、小微企业孵化园和综合农贸市场安装充电桩3处，在各停车场制作标识标牌164块、公益广告牌138块；在公交站牌展示公益广告142处，公交车体及车厢内吊环张贴公益广告500余块；为包抓的9个小区制作安装便民服务卡、公益宣传栏及公益广告牌80余块，配备垃圾桶70个，施划停车位160处，补种绿化带裸露地块约800平方米，粉刷墙面约800平方米；成立12支志愿服务队伍，对包抓小区、包抓路段实行网格化服务，将包抓责任落实到人到户，每周五发动百余名职工深入包抓小区、路段及辖区各市场、景区开展环境卫生整治等志愿服务活动，提高群众对创城工作的知晓率和支持率，为全县创城工作贡献国企力量。

兴盐建设开发有限公司

【经营指标】 2021年，兴盐建设开发有限公司实现总收入504.1万元，完成全年目标任务。应收账款547万元，实际回收431万元，应收账款率达78.8%，超出全年目标任务8.8个百分点；房屋出租率89%，超出全年目标任务4.0个百分点；完成固定资产投资5900万元，同比增长7.5%；安全生产零报告（零事故、零伤亡、零损失）；信访事件零报告。

【项目建设】 2021年，兴盐公司开工在建项目数量为3个，总投资为1.07亿元。大水坑石膏产业扶贫基地配套现代物流综合服务区项目，投资7716万元，建设面积107.3亩，建筑面积15000平方米，主要建设内容为7栋商业楼、2座仓储大棚、201个车位硬化及外网工程，项目主要建设内容已完成建设，达到完工条件，并进行了消防和工程质量初验，正在进行质监验收和审计结算。大水坑石膏产业基地加油加气站项目，投资1400万元，建设面积10.98亩，主要建设内容为1栋站房、5座储油罐、加油加气设备、场地硬化、围墙，项目主要建设内容已完成建设，质监、环保、安评验收及审计结算未完成，项目于2021年2月完成整体打包转让至宁夏中油鼎盐能源有限公司，转让合同价为2000万元。货运车辆大型停车场综合宾馆工程，投资1600万元，建筑面积6800平方米，主要建设内容为1栋5层商业楼，室外铺装工程，主要建设内容基本完成建设，剩余室外铺装，整体项目达到销售条件并销售至宁夏大诚顺开发有限公司。货运车辆大型停车场二期续建工程，完成消防验收、质检验收工作，财政审计结算、房产证办理、预售转现房销售工作未完成。货运车辆大型停车场1#商业楼宾馆装修工程，投资130万元，装修面积1300平方米，装修客房26套，已完成全部装修工作、消防验收、审计结算。10月初正式投入运营。

【资产运营】 通过宁夏金槌拍卖行对紫东苑25套营业房进行公开拍卖，成功拍卖出10套，降低资产负债率和增加现金流。与宁夏中油鼎盐能源有限公司合作建设大水坑石膏产业基地加油加气站，完成建设后进行转让，实现收入2000万元。招商引资。与县域内快递公司沟通，成功引进邮政、“三通一达”等8家快递公司、德邦等3家物流公司及农村蔬菜配送、啤酒配送、饲料配送等企业入驻，形成了以物流仓储、城市配送、零担运输、快递物流为一体的物流行业集聚效应，为园区创造良好营商活力。同时主动开展“吴忠市B级物流园区”“兴盐农民工返乡创业基地”申请工作，并成功挂牌“兴盐农民工返乡创业基地”，争取到补助资金8万元。通过对停车场门禁系统、监控设备进行升级完善，增加24小时免费热水供应、免费加水点、电动车充电桩设施设备，开展每月商户回访工作及时解决商户合理诉求等举措为商户司机提供优质营商服务环境，吸引商户司机入驻停车。公司现有营业房81套、仓库大棚35套、公寓32套。2021年度出租89套，出售12套。停车场日均车流量达180余辆。打造兴盐商务宾馆客房26套和兴盐公寓32套，完善了停车场住宿功能，为过境车辆司机和上班族提供住宿场所，为停车场经营气氛创造良好口碑。

【生产管理】 建立健全规章制度，强化企业管理，全年修订完善《章程》《职工薪酬管理办法（试行）》及《企业年金方案（实施细则）》等20余项制度，调动职工劳动积极性和主动性的同时，保证公司的各项工作有章可循。严格按照安全生产标准化要求。通过安全生产例会（12次）、专项巡查（18次）、安全生产培训（4次）、应急演练、人员考试（2人次）等措施（2次），查找安全隐患，落实整改意见，实现建筑安全生产及停车场运营安全闭环管理，确保安全生产零事故。

【文明城市创建】 推进文明城市创建，制作社会主义核心价值观景观小品2处、公益宣传墙体300平方米、宣传展板12处，安装楼体亮化灯带400米，投放分类垃圾桶40余个。按照常态化疫情防控要求，细化强化工作责任，严格落实戴口罩、测温、验码、消毒等疫情防控措施。利用电子屏、宣传海报、音响、小喇叭等工具广泛宣传。加强对物流行业全流程、各环节疫情防控，严格落实溯源登记工作，确保场区安全工作平稳运行。11月初，县疫情防控指挥部将货运车辆大型停车场东门设置为核酸检测点，为来往车辆人员进行核酸检测。公司为核酸检测点提供专用房屋1000平方米、停车场地12000平方米。安排专人专员，确保核酸检测点后勤保障工作。

盐池县中民融盐扶贫担保有限公司

【党史学习教育】 2021年，盐池县中民融盐扶贫担保有限公司党支部围绕本年度党建工作计划，继续加强组织建设，强化理论基础，深入开展党史学习教育，脚踏实地为民办实事。先后累计为客户减担保费约300万元，累计为客户免担保费约3万元，有效减少了客户的融资成本，缓解融资难、融资贵等难题。累计投入资金约6000元，对老党员、残障人士等进行走访慰问；成立志愿服务小组，积极参与创城工作，累计投入资金18.8万元，为盐池县创城工作贡献企业力量；在疫情防控工作中，成立党员先锋队，对包抓小区进行值守、排查。

【指标任务】 累计为盐池县4个乡、4个镇98个行政村的“三农”客户及中小微企业提供融资担保8570笔，金额18亿元；业务总规模达6.3亿元，融资性担保业务在保笔数为1991笔，在保余额为5.81亿元，其中个人客户1939笔，在保余额2.1亿元；企业客户52笔，在保余额3.7亿元；累计为建档立卡户提供融资性借款担保2382笔，金额为2.06亿元，在保327笔，余额为0.32亿元；为分布式光伏发电项目提供借款担保443笔，金额为0.11亿元。发放委托贷款1笔0.3亿元。完成董事会制定的任务目标，实现在保余额达到5.81亿元的105.17%。2021年，公司针对代偿业务，成立不良业务清收专项工作小组，每周召开不良业务清收专项工作会议，逐笔对代偿业务进行梳理，根据形成代偿业务的原因，一案一议，压实责任，责任落实到人，确保清收工作取得良好成效。公司代偿业务共105笔，收回代偿款项279.67万元，代偿余额为3830.41万元。

【经营管理】 公司积极对担保业务品种进行创新，春耕时期，推出“助耕保”，为县域内有融资需求的种植大户及企业提供融资性贷款担保，推出“滩羊保”，为县域内有融资需求的养殖大户及企业提供融资性贷款担保。进一步健全公司法人治理结构；根据法律法规的变化，结合公司实际情况，修订和完善公司各项规章制度，为公司可持续发展夯实基础。

盐池县供热有限公司

【概况】 2021年，盐池县供热有限公司完成营业收入8057万元，完成率为111.9%；年初净利润目标任务值为-450万元，全年净利润为-937万元；2020—2021年度采暖期实收采暖费7343万元，收费率为97.67%；燃煤能耗较目标任务21.02公斤标煤/平方米，下降0.46公斤标煤/平方米；2021年，采暖期供热服务总体满意率测评达91.2%。被列为自治区住建厅2020—2021年度绿牌供热单位，2021年度被吴忠市评为“和谐劳动关系模范企业”。

【党的建设】 坚持每周一组织党员及中层以上管理人员学习习近平《论中国共产党历史》等党史学习教育指定教材。同时，依托“学习强国”学习平台App开展职工积分大比拼活动，利用企业微信工作群推送“百年党史天天读”，确保党史学习教育质量和效果。2021年共举办读书班1期，集中学习40场次，收集党员撰写的各类交流发言材料和心得体会300余篇。严格执行组织生活会、“三会一课”、主题党日活动等制度，年内召开2020年度组织生活会1次，党史学习教育专题组织生活会1次，党员大会6次，支委会28次，支部书记讲党课2次，主题党日活动12次。同时，根据发展党员规范要求，培养积极分子9名，发展预备党员2名，转正党员2名。在深入调查研究的基础上，把党建工作与供热管理工作同谋划、同部署、同检查、同考核，确保党建工作和业务工作两不误、两促进。制订并印发《盐池县供热有限公司党支部2021年党建工作计划》《供热公司党支部2021年全面从严治党、党风廉政建设和反腐败工作计划》《盐池供热有限公司党支部2021年意识形态工作计划》等，促进党支部工作的顺利开展。以建党100周年为主题，积极选派职工参加县委、国资企业党委举办的诗歌朗诵、党史知识竞赛等系列活动。组织观看红色教育专题片和新华网直播的《走进盐池革命历史纪念馆》

等红色专题片。开展"讲好红色故事传承革命精神""学党史、感党恩、跟党走演讲比赛""庆祝建党100周年知识竞赛"等系列活动，教育引导全体职工增强"四个意识"，坚定"四个自信"，做到"两个维护"，确保了系统全体职工政治能力和专业本领"双过硬"。

【内控管理】 坚持"定制度、抓管理、严奖惩"的工作思路，以管理过程中的薄弱环节问题整改为契机，修改完善适合公司发展的规章制度20条，剔除与当前现代化企业管理不相适应的规章制度8条。及时召开阶段性工作任务安排部署会议，引导和要求各部门充分利用每天的晨会机制，及时总结工作经验、成果，研究解决问题的办法，合理安排职工下一步工作任务。按照阶段性工作安排、绩效考核内容、业务工作实际，激励奋发有为的职工干事创业、惩戒消极怠工和违规违纪，推动集中供热向快、向好发展。组织公司管理人员和业务骨干外出培训6场次，线上、线下授课8场次，提升职工专业知识、业务能力和安全生产意识及应急处置能力。接待红寺堡、平罗等4家供热单位，就促进规范供暖、深化供热企业经营和发展进行广泛和深层次的研讨交流。不断加强疫情防控、巩固脱贫攻坚、创建国家文明县城和扫黑除恶等工作力度，选派2名党员分别挂职麻黄山乡下高窑村第一书记和驻守左记湾疫情防控值守点工作；投入资金和人力，全力完成创建文明县城、包抓小区和路段、疫情防控包抓小区的工作任务并建立健全长效机制。同时，按照县政府工作安排，继续高质量完成大水坑镇集中供热的托管工作。

【经营管理】 联合农村商业银行开展了2021—2022年度采暖期缴费送礼品活动，拓宽为民便民的服务渠道，增强采暖收费的力度和强度。通过上门催缴、强停和法律诉讼等方式，追缴银湖名邸等小区和部分用户拖欠的增容费和采暖费335万元。稽查用户违规用暖面积4.8万平方米，挽回直接经济损失67余万元，供用热环境和秩序得到逐步提升。积极争取采暖期延长供热时间及东区、南苑热源厂环保设施升级改造项目及税务退税等各类补助资金1777万元。主动寻求增收创收新途径，争取承揽法院、武装部、第七小学等单位的用热改造和豪宸府、玺悦府等小区的供热管网代建工程，增加收入100万元。通过持续开展修旧利废、技改攻坚的技能竞赛，鼓励职工自主学习和探索设备的拆解和维修，有效地解决冷渣机喷灰、减速机振动等一些设备的故障问题，节约维修资金17万元。联合研发安装换热站节能循环泵，节电率达60%以上，核算节约电费83万元。

【工程建设】 根据工程领域专项整治精神，自查出2018年盐池县棚户区安置房供热管网改扩建工程存在未批先建等9项19条问题，积极研究解决方案和措施。在全部完成存在问题整改工作的同时，依规对相关责任人进行提醒谈话、通报批评和经济处罚。投资226万元，实施西区热源厂130蒸吨锅炉节能改造及维修工程，有效地提高锅炉热效率并降低燃煤消耗。2019年保障房配套基础设施供热工程已完成项目竣工验收工作；南苑热源厂环保设施升级改造项目和东区热源厂40蒸吨锅炉环保设施升级改造项目正在进行审计结算工作。

【安全生产】 完成2020—2021年度供热任务，较法定152天日期超供24天。停炉后及时发放调查问卷1000余份，征求社会各界和广大用户供暖意见建议15条并积极落实整改。组织职工对供热锅炉、换热机组、环保设施等运行设备进行全方位的维修改造和保养，更新改造运行期间跑冒滴漏和用热不畅"带病运行"的供热分支管网。完成锅炉安全阀、压力表校验，辅机设备的安装调试和换热站板片冲洗等前期准备工作，并通过划区域、分片区的形式完成管网注水打压工作。公司与新雇用的季节性临时工全部签订《盐池县供热有限公司季节性临时工劳务协议》,并进行岗前“三级教育”培训学习和职业健康检查。安全生产小组定期对各热源厂、各部进行安全隐患排查,投资70万元补齐东区热源厂除渣机没有围栏等35项短板问题。2021年,公司全年安全生产零事故,平稳供热运行165天。

盐池水务公司

【党史学习教育】 2021年,盐池县水务公司党总支精心打造党史学习“三大课堂”,使党史学习教育深入人心、做实做细。“固定课堂”让党史学习“热”起来,依托党总支理论学习组、思政大讲堂、“宁国运夜校”、党史天天学等平台,着力打造“固定课堂”,组织党总支理论学习23次、“宁国运夜校”29期、专题党课及辅导报告8期,给党员上好红色党课,引导党员干部坚定理想信念、牢记初心使命。“流动课堂”让党史学习“活”起来,扩大党史学习教育阵地,推出多种形式的“流动课堂”,搭建更加便利有效的党史学习教育平台,灵活党史学习教育途径。开展演讲比赛、知识竞赛、先进典型选树等形式多样的主题活动,带领党员走进党史馆、红色革命旧址亲身感悟党的光荣历史,赓续奋斗精神,提高党员职工的政治素质和理论素养。“实践课堂”让党史学习“实”起来,始终坚持把党史学习教育成果体现在“争当表率、争做示范、走在前列”的“实践课堂”中,把“为群众办实事”作为党史学习教育的落脚点,梳理“我为群众办实事”实践活动18项,每月两次跟进办实事工作进度,高质量推进乡镇污水治理、水资源综合利用、高效节水灌溉等惠及民生的项目建设,在提高群众满意度上争当表率,先后得到自治区党史学习教育巡回指导组、盐池县国有资产经营有限公司党委的一致好评。

【经营目标】 重点工作完成情况。年初与集团签订的5项重点工作均已全部完成。其中:出厂水、管网末梢水水质全部合格,日常供水规范化年度考核得分98.3分;管网漏损控制已完成三级分区计量管理体系,综合管网漏损率控制在10.19%以内;6月底前完成了集团统一的网上营业厅智能客服系统上线,并具备试运营条件,供水服务满意度达标;签订大水坑镇等3个乡镇污水处理厂特许经营协议和德胜墩水资源综合利用委托运行管理协议;已接管运营6000亩高效节水灌溉业务并签订代管运营协议。重点项目建设推进情况。围绕年度投资计划和建设任务,持续加强工程管理,压实主体责任,狠抓施工质量、安全及进度,确保各建设项目顺利实施。2021年重点续建项目1项,盐池县大水坑镇等3个乡镇污水建设改造工程,总投资7705.23万元。工程于2021年3月15日复工,6月底完成合同工程量所有内容,机电设备调试运行稳定,出水水质达标。9月通过专家正式评审、验收后取得3个污水处理厂的排污许可证、环保评价报告及安全评价报告。

【国企改革】 按照国企改革三年行动工作要求,公司组织成立专项工作领导小组,根据改革重点,结合发展实际制定三年任务清单,明确责任部门、时间节点和工作举措,将改革工作纳入年度重点工作。公司合并口径35项(评估表4项,工作台账31项)任务完成29项,完成率80%以上。强化检查督办力度。公司“一把手”负总责,按月跟踪通报改革推进进度,深入基层宣贯改革重要意义和最新动态,将改革工作纳入绩效考核指标,切实提高改革效力。健全完善制度体系。对照中国特色现代企业制度建设要求,进一步修订公司《章程》,完善公司法人治理体系,制定公司《权力清单》及各层级议事规则,规范党总支、经理层依法依规行使职权,严格落实“第一议题”制度,全面促进党建融入生产经营。重新梳理修订制度汇编，不断健全以公司《章程》为基础的内部制度体系。推进用工市场化。公司中层管理人员全部“起立”，组织公开竞聘上岗，经过竞争角逐，16人脱颖而出，激发出内部比拼赶超的活力，形成岗位不胜任退出、人员能上能下的市场化用人机制。内外对标综合提升。持续推进“管理提升年”和“对标一流管理提升行动”工作，主动对标集团内部改革成效突出的兄弟单位，博采众长，及时调整改革举措，以“见实效”为着力点推动各项改革任务落地。积极组织技术骨干前往上海、重庆、云南等地考察学习管网漏损控制、节能降耗、智慧水务管理等先进理念和管理经验，不断开阔眼界，激活创新思路。

【项目建设】 农村污水治理擦亮环境治理原色。大水坑镇等3个乡镇污水处理改造项目在最短时间内完成规划设计、建设施工，投入运行正常，出水稳定达标和再生综合利用。在此基础上，快速完成其余各乡污水治理现状摸排调研，综合分析处理规模和运行成本，规划对11处已建成的农村污水集中处理点进行集中收集处理，编制完成县城污水处理提标改造方案、麻黄山等3个乡镇和移民新村污水处理方案，积极对接地方政府着力整合县域污水业务，打造城乡污水处理和再利用的集约化管理模式。水资源综合利用打造生态文明亮色。公司主动参与盐池县再生水厂和德胜墩水资源综合利用项目规划建设和PPP项目推进，充分发挥企业优势使再生水利用率由过去的30%提升至90%。水利部、自治区水利厅对盐池节水用水、生态治理工作给予高度评价，农村污水治理项目和水资源综合利用项目成为地方经济发展宣传典范，《人民日报》、新华网、《宁夏日报》等多家主流媒体相继报道宣传。

【经营管理】 公司以“开新局”的勇气，认真学习领会黄河流域生态保护和高质量发展先行区内涵实质，分析研判区域市场环境，瞄准盐池县“高效节水灌溉”领域，多次实地调研论证，抢抓机遇和先机，全力接管惠安堡杜记沟灌区6000亩农田灌溉运行管理，创新“公司+农户”管理模式，着力在“引、调、投、改、管、维”上求突破，形成“水权到户、定额管理、计量到户、管理到户”的精准管水用水机制。通过一系列管理举措，设备运行良好，有效降低漏损率，发挥了高效农业节水典型示范和推广效应，并在全国农业综合水价改革现场会作经验交流。多措并举，加强服务，全力提升抗旱保供能力。2021年6月以来，面对数十年不遇的持续高温大旱天气，在水源供不应求的情况下，公司积极谋划制定抗旱保供应对方案，按照“先生活、后生产，先地表、后地下，先节水、后调水”的原则，全员在岗加班加点保供水。正确引导用水。合理调配生态水用水指标，引导使用再生水进行绿化浇灌。大力开展节水宣传，倡导企事业单位树立节约用水意识，使辖区旱情期间未出现大面积长时间停水现象。破解问题供水现象。领导班子分组带队下基层对各乡镇面临的供水不足问题，及时调整供水方案，优化供水管网，提升供水能力，形成水源互补、统筹互配的供水格局，将理论设计的“不可能”变为实际运行的“可行”，成功解决了95个自然村的供水瓶颈。加强供水保障。运用自动化信息化平台，合理优化供水调度方案，加强供水设备设施检修频次，确保满负荷高效运转，为持续高温干旱天气下城乡居民正常饮水提供强有力保障。攻坚克难完成经营任务。在供水主业保人饮限企业限绿化，供水水费收入减少的情况下，着力创收增收、降本增效，对外积极主动出击拓展城市小区内网建设、给水工程建设等业务收入，对内多措并举加强预算管控，精简费用支出，压实欠款追缴责任，上下齐心攻克难关。供水服务持续向好发力。基础建设堡垒不断建强。主动配合县水务局，以解决供需矛盾，满足地方经济社会发展需要为前提，全面摸排梳理城乡供水“底数”情况，积极争取农村人饮提升改造工程项目资金1000余万元，进一步提高城乡供水一体化建设标准，不断提升“同网、同源、同质、同服务”均等化服务质量。供水规范化管理有提升。积极协调骆驼井水源地取水许可办理，地下水取用从过去的60万吨增加到348万吨。日常巡查、检修、保养按时间节点高质量开展，500余台供水机电设施设备、2300余千米供水管网管理条目清晰，运行维修记录准确，满负荷运转不停歇。水质检测中心完成资质扩项认证工作，人饮水检测能力进一步增强，污水、农田灌溉水质检测工作全面展开。线上线下服务融会贯通。标准化供水服务大厅、客服运营平台、“96669”服务热线同步运行，56个供水宣传栏遍布各乡各镇，微信公众号、“我的宁夏”App等线上平台全面推广，“不见面就能办”“一个电话马上办”成为用户口头禅。特别是在抗旱保供这块“试金石”下，24小时不掉线服务更是彰显了盐池水务品牌力量。

【疫情防控】 认真履行防疫职责。通过电子屏、微信群、悬挂宣传标语、设立防疫宣传点和数据分析等多种方式，做到疫情防控宣传到位、管控到位；储备必备防疫物资和防护用品，坚持定时对办公及生产场所进行全面消毒，严格核查员工外出情况、进出人员健康信息，建立信息反馈和卫生防疫联动机制，安排全员核酸检测，确保出现问题及时处理；安排小区卡点志愿服务48人次，组织40余名干部职工累计献血1.3万余毫升，凝聚热血助力抗疫。切实保障生产稳定。加强供水设施、设备维护，发挥智能化信息化平台优势，压实调控中心责任，紧盯供水数据变化，合理调配确保城乡居民用水平稳；加大水质检测频次和覆盖范围，严把进出厂水质合格关，确保用水安全；严格落实领导带班和值班制度，强化应急救援队伍保障能力，随时应对突发状况；大力推广线上缴费和网上业务办理，做到疫情防控期间欠费不停水，业务办理无障碍，经营管理有序开展，疫情防控整体形势良好。

【自身建设】 下基层调研形成制度化。机关职能部门每月带着问题下基层调研，密切与生产单位协调配合，推进重点工作落实，听取基层意见建议，不断优化改进管理方式方法。联合开展水务大稽查活动，直面问题，互查互评，及时纠正和杜绝服务上的短板，促进高效运行管理。财务管控能力有效发挥。充分发挥财务的核算与监督职能，建立预算管控台账，按照“上下结合、分级编制、逐级汇总”的程序，细致分解预算，按月统计执行情况，确保全年经营任务和各项费用指标良性运行。配合集团大力推行财务一体化管理系统建设，实行无纸化报账，提升业务和财务协同开展能力。进行会计信息虚假问题专项自查，聘请第三方审计公司对2020年度财务报表进行严格审查，强化财务风险管控能力。工程管理不断积攒经验。对标集团工程项目安全质量管理、成本管理、风险管理等要求，以大水坑镇等3个乡镇污水建设改造工程为抓手，加强业务流程和施工建设标准化、规范化管控，突出对招投标、合同管理、施工管理、资金使用及预决算等重点环节合规性检查，总结分析项目建设中遇到的问题和困难，分析原因，不断积累大项目建设管理经验。优化管人用人机制。深入推进三项制度改革，中层管理人员、各级主管、值班长全部实行公开竞聘上岗，实现岗位优胜劣汰，人员能上能下。严格开展职级晋升评聘，灵活运用KPI考核激励约束，调动全员工作热情。按照集团要求，系统梳理规范公司内部业务流程33项，针对重点环节、关键问题进行细致推敲，不断推进完善内控体系建设。组织各类专题培训、实操演练等活动，夯实人才队伍根基。不断提升依法治企自信。严格落实法务管理三项制度及多个实施方案，重点加强合同的法务审查和分类管理，认真开展《中华人民共和国宪法》《中华人民共和国民法典》等宣传教育，重视信访维稳，积极参与文明城市创建，深入挖掘科技创新潜力。运用自动化信息化平台远传抄表和阀井环境监测功能，及时堵漏、更换受冰冻灾害破损的水表和井内管件，有效减少漏损。创新采用无人机完成供水管网测绘、巡查巡护等工作，提高工作效率及测量的准确性。立足企业本质安全，结合信息化平台，研发城乡供水生产安全管理系统，加强生产安全科技创新，提高安全保障能力。信息宣传工作有了提升。积极与《宁夏日报》、宁夏财经网、宁夏电视台等新闻媒体单位开展合作，专题报道城乡供水优质服务、农村污水治理、再生水综合利用、高效节水灌溉等重点亮点工作，被转载至新华社、《人民日报》《光明日报》、"学习强国"学习平台等媒体，取得了较好的宣传效果。

【安全生产】 安全管理责任常抓不懈。年初明确安全目标责任，细化分解到岗到人。修订并新增《安全生产责任制》《重大危险源管理制度》《交叉作业安全管理制度》等10项安全管理制度，进一步推进安全管理制度化。实行安全生产例会制，加强安全生产目标任务、责任制落实情况考核，以问题为导向及时消除安全隐患，确保安全生产责任落在实处。安全标准化登上新台阶。对标集团标准化班组建设工作要求，积极推行规范化管理，健全完善班组安全管理制度，落实班前(后)会，组织内部自评和交叉考评，年内4个班组建设自评均达到合格。搭建公司应急管理体系，配套完善7项应急管理制度及多项生产安全事故综合、专项应急预案，新增有限空间、触电、淹溺等现场处置方案18项，规范建立3个应急物资库房，组织开展5期应急管理培训和演练，公司应对突发事件的应急处置和自救、救援能力得到提升。安全宣传教育覆盖全员。全年开展交通、消防、职业危害、安全操作规程、生产安全等各类培训10多次，邀请专家专题解读安全生产专项整治三年行动和新《中华人民共和国安全生产法》，组织现场安全风险辨识、对标学习、专项提升系列活动，全面提升业务能力及安全管理水平。重点部位严格安全检查。以安全生产专项整治三年行动为主线，全年针对现场施工、生产运行、防洪度汛、消防、交通、危化品等领域开展10余次专项安全隐患排查治理，发现各类安全隐患126条，全部按照闭合管理立查立改，将安全隐患扼杀于萌芽状态。安全经费计提使用到位。全年足额提取安全费用121万元，重点用于安全隐患排查治理工程、安全生产责任险、安全教育培训、应急物资配备、标准化班组建设、安全目视化建设等关键环节，保障安全生产各项工作正常开展，全年各领域未出现1起安全生产事故。

【党的建设】 持续夯实党的领导基础。制定年度党建工作要点，签订责任书16份，全年组织召开党建及党风廉政建设工作会议2次、党总支会议30次，严格落实"第一议题"和"常设议题"制度，用习近平新时代中国特色社会主义思想武装头脑、丰富实践。结合国企改革三年行动进一步明确规范党总支会、经理层职权，推进党的领导融入公司治理，构建决策科学、运行高效、监督有力的工作格局。筑牢意识形态领域阵地。党总支书记带头抓意识形态领域工作，全年召开2次意识形态专题工作会议，强调严格开展党员信教排查工作，各支部每季度一次排查，32名党员未出现信教、搞封建迷信活动问题。关注舆论导向，加强信息发布审核、"两微一端"使用、敏感热点话题及书籍报刊管理，时刻关注党员思想动态。深入学习贯彻习近平总书记"七一"重要讲话精神和关于民族工作的重要论述，灵活学用方式，支部联合社区开展主题鲜明的“民族团结进步月”活动，党员通过集中学习、线上讲座、观看政论片等形式掀起民族团结进步的新热潮。抓实抓细组织管理工作。全面推进党支部组织生活标准化、规范化，加强党费收缴和使用管理，培养吸纳优秀青年入党，组织党务工作者参加上级党委党建业务能力提升培训班4期，以国资委党建工作互查互检、集团公司党委巡察问题整改为抓手，定期开展“回头看”，不断提升支部党建工作水平。建强支部战斗堡垒，创建党员先锋岗、责任区、突击队，联合社区做好在职党员“双报到、双报告”，积极参与盐池县文明城市创建工作，开启“党员教育+志愿服务”红色模式，让党旗高高飘扬在生产一线。党建融入生产更加紧密。党员先锋岗、突击队在抗旱保供、应急抢险、创收增收、便民服务等方面走在前、干在前，激活企业发展“红色动力”。主题党日活动讲政治、接地气，紧扣学党史、悟思想、办实事、开新局要求，组织党员走进一线，深度了解和参与水资源综合利用、农村污水治理、现代化节水灌溉等重点建设项目，激发党员职工履职尽责、干事创业精气神。严肃党风党纪责任落实。党总支书记履行党风廉政建设“第一责任人”职责，认真自查排查2017年以来依法必须招标、自主委托以及自主招标的67个工程项目，严格按照时间节点整改落实存在的问题，高标准写好工程项目规范化管理“后半篇文章”。围绕拒腐防变主题，扎实开展违规吃喝隐形变异问题排查、“案件质量提升年”专项活动、重要节日监督执纪等工作，组织干部职工开展警示教育活动5次、廉政谈话会议3次，使廉洁警钟长鸣。凝聚群团力量服务发展。在春节、中秋等中国传统佳节慰问在职员工，开展内容丰富、积极向上的文娱活动，用有温度的企业文化凝聚起以企为家、拼搏发展的强大力量。同时，发动党员、职工向扶贫驻村点捐赠防疫物资，联合社区慰问困难群众，为盐池县天使特教中心的“特殊儿童”送去学习用具，彰显企业社会责任。

市场管理服务有限公司

【概况】 2021年，盐池县市场管理服务有限公司实现营业收入337万元，净利润-480万元；房屋出租率达到93%，租赁费回收率达到96%。

【公共停车场建设】 根据县人民政府关于进一步规范停车秩序管理工作要求，于2020年12月底完成公建停车场设施安装、数据中心改造及试运行设备调试等工作，并建立完善各项管理制度，配备管理人员，明确岗位职责，同时每天安排专人开展日常巡查工作，定期对闸机、监控、护栏等设施设备进行维护，协助解决剐蹭事件38起。拟定《盐池县公建停车场泊车收费管理实施方案》上报相关部门审定，推动收费运营工作。

【资产经营管理】 制定房屋租赁优惠政策，吸引43家新商户入驻所辖市场，引进宁夏西鲜记科技有限公司入驻小微企业孵化园，在综合农贸市场举办双十二暨元旦惠民促销、冰雪嘉年华、民俗文化年货节、商品展销和政府冷冻肉投放等活动，发挥资产的经济效益和社会效益。2021年，除综合农贸市场外，其余经营性资产出租率均为100%。

【安全生产】 绷紧安全之弦，强化红线意识，落实安全防范措施，完善所辖企业及商户登记造册等工作，同入驻商户企业签订消防安全和门前“三包”责任书1200余份。不断规范消防管理，加大辖区消防设备和安全隐患日常排查力度，积极开展节前安全检查，全年安全日常检查20余次，专项检查12次，覆盖率、隐患整改率均达到100%，同时加大安全防范宣传力度，积极开展“安全生产月”宣传活动，组织消防安全应急演练活动2次，安全知识测试1次，年度未发生消防安全事故。

【文明城市创建】 推进文明城市创建工作，累计发放宣传资料1800余份，制作永久性公益展板230块（设在停车场138块），路灯旗布108条，“遵德守礼”温馨提示牌315个。施划机动车、非机动车停放点31处。拆除、更换破损陈旧门头牌匾17处，清理“一店多牌”32处。投入70余万元对各市场塌陷地面、破损墙面等基础设施进行维修。按照常态化疫情防控要求，细化强化工作责任，严格落实戴口罩、测温、验码、消毒等疫情防控措施。利用电子屏、音响、小喇叭等工具加强宣传，发放《致盐池县广大居民的倡议书》《致广大商户一封信》《疫情防控温馨提示卡》800余份，及时入户排查中高风险地区返盐人员，配备巡查员劝导群众正确佩戴口罩、保持一米间距，不扎堆、不聚集。加强蔬菜冷链食品全流程、各环节疫情防控，严格落实溯源登记工作，坚决切断疫情物传链条。

盐池宾馆

【概况】 2021年，盐池宾馆接待宾客14.9万人次，完成国家级、区（市、县）大型会议、培训服务接待233次，全年实现营业收入1939.48万元。

【党史学习教育】 2021年，盐池宾馆党支部把开展党史学习教育作为重大政治任务，重点学习了中共十九届六中全会精神、习近平总书记重要讲话精神等，深入开展“四史”教育和“传承党的百年光辉史基因，铸牢中华民族共同体意识”主题教育。召开党史学习教育专题组织生活会，扎实开展“我为群众办实事”实践活动，围绕庆祝建党100周年，组织参加盐池县开展“向党送祝福 感恩新时代”主题党日活动、盐池县庆祝中国共产党成立100周年“奋斗百年路 唱响中国梦”红歌合唱比赛等系列活动。开展集中学习37次、读书班1期，围绕习近平总书记党史学习教育动员大会重要讲话精神、“七一”重要讲话精神等开展专题交流研讨10次，围绕十九届六中全会精神、“社会主义是干出来的”号召开展专题宣讲2次。同时，将学党史同推动工作、解决实际问题紧密结合起来。2021年为职工办“急事”5件，同时拓展“服务面”，设立“户外劳动者驿站”为环卫工人、快递员等户外劳动者提供就餐、休息等服务。推出10元爱心优惠套餐，解决学生上晚自习吃饭难的问题。为畜牧局家属楼、馨源公寓配备分类垃圾桶、维修楼道灯、更换门锁，开展周五志愿服务日活动，做到精准真情为民办实事。

【经营管理】 2021年，盐池宾馆切实加强企业管理。加强对部门、管理人员、基层员工的考核，不断提高管理人员管理水平和员工综合素质，推动整体效益不断提升。根据公司2021年第一次内部审计和内部专项审计反馈问题，针对制度建设、重大决策、财务管理、固定资产管理、招投标管理、物资采购及薪酬、绩效考核管理方面存在问题和不足进行逐项整改，有效促进了经营管理能力提升。全面提升服务技能。坚持把员工业务提升作为促进发展、提高经营收入的重要抓手。聘请专业人员，先后多次对全员进行4D现场管理培训，引导员工创造和维护良好工作环境，提高工作效率，更好地控制成本、提升利润、提高品质。选派人员先后参加“餐饮业职业经理人培训班”、全区酒店市场营销及领导力公开课、全区星级饭店综合服务提升交流座谈会等，有效开拓管理人员经营思维，增强经营管理能力。组织厨师赴周边知名餐饮企业学习特色菜品10次，共推出创新菜肴48道。坚持不懈地利用周二培训日，对员工进行服务意识、岗位技能等方面培训。2021年，全年共完成员工培训141场次。组织全员参加由盐池县就业创业和人才服务中心主办，吴忠市大力职业培训学校承办的盐池县2021年企业职工岗位技能培训。积极参加技能比赛，以赛代训。组织人员参加宁夏乡村振兴职业技能大赛吴忠赛区选拔赛，宾馆职工关静、宁艳琴分别获中餐宴会摆台第一名、第三名。参加2021年全国地域特色美食创意大赛，宾馆员工郑永兴获银奖，秦磊、史峻丞、杭云云、左东获铜奖。参加“寻味盐州食全食美盐池县2021年餐饮美食大赛”员工武瑞、左瑞峰获名厨一等奖；郑永兴、秦磊获名厨二等奖；万方慧、邵涛获名厨三等奖。员工秦磊制作的全羊宴、忘忧前羊腿，郑永兴制作的打平伙手抓肉、绝味风干鸡，左瑞峰制作的特色烤全羊、面蒸羊羔肉获得“盐池十佳名菜”称号，盐池宾馆被评为盐池餐饮名店。不断提升综合实力。坚持把改善硬件设施作为促进发展，增加宾客满意度、舒适度的重要举措。6月，对北楼进行维修改造，改造后的北楼大大提升宾客入住的舒适度、满意度和便捷度，入住率达98%。着力提升服务品质。在打造安全舒适、干净整洁的住宿、就餐环境的基础上，关注入住客人的需求，持续不断地在客房部、餐饮部开展用心服务、感动服务，为宾客提供贴心服务3003件，宾客满意率达99.3%。参加各类美食活动提升品牌影响力。完成第四届吴忠黄花菜产业发展高峰论坛暨产销对接大会服务接待工作以及黄花菜品鉴活动，在黄花菜品鉴活动中展出黄花菜品60道；高质量完成宁夏国家葡萄及葡萄酒产业开放发展综合试验区挂牌仪式接待宴会菜品烹制，制作盐池滩羊、黄花菜肴12道；参加2021大西北吴忠早茶美食文化节美食展，展出盐池滩羊、盐池黄花菜15道；参加盐池县2021年餐饮美食大赛，大赛中24位参赛选手、15位交流名厨共推出羊肉菜品78道；参与盐池县2021“中国农民丰收节”暨体育赛事活动——九口大锅炖羊肉；系列活动的参加为提升盐池滩羊、扩大盐池黄花菜品牌影响力发挥积极作用。确保国有资产保值增值。严格履行国有资产管理制度和日常管理职责。定期清查盘点，并做好编制固定资产预算、计划采购、验收入库、登记入账、领用出库到维修保养、处置等各个环节的实物管理和财务核算。2021年末，宾馆总资产为1539.18万元，净资产-694.61万元。

【安全生产】 始终坚持“安全第一”的原则。在食品安全方面，做到严把采购关，保证采购渠道的合法合规、索证索票资料的真实完整，向宾客提供安全放心食品；在消防安全方面，实行消防安全责任制，逐层级签订安全责任书。同时，每月组织全员开展安全培训，增强员工安全意识；每周组织防火检查，及时消除安全隐患；每季度开展消防实地演练，提高消防应急处理能力。在日常安全工作中，每天利用晨会强调用电安全、操作安全等，进一步明确各部门的安全工作重点，强化各级责任人的安全意识。

【文明城市创建】 提高文明创建满意度。将创建全国文明城市与全域旅游示范区以及自治区文明旅游饭店创建工作有机结合，按照旅游饭店行业创建要求逐项对照，推进创建工作有序开展。顺利通过自治区文明旅游示范单位复核验收。加大文明宣传力度。在客房、餐厅摆放文明旅游、文明礼仪等公益广告，摆放“遵德守礼”提示牌，通过宣传进一步增强广大职工及宾客的社会责任感和道德意识。科学合理推出半份菜、小份菜，制作文明用餐宣传公益广告、温馨提示牌，主动提醒客人光盘行动剩菜打包，通过系列措施的常态化坚持和运用，有效制止餐饮浪费。全面贯彻落实“门前三包”责任制，保持室内室外环境整洁，做到日常管理常态化；积极开展以“文明健康有你有我，绿色环保人人参与”为主题的“爱国卫生日”活动。动员餐饮部、客房部、党校、机关灶、盐州客栈开展部门环境卫生大清洁，优化服务环境，提高宾客满意度。创建试点引领发展。在服务业标准化试点项目建设中，严格按要求开展工作，先后修订、完善、更新管理标准、服务标准、工作标准等 270 项，试点期间先后 4 次迎接自治区、市、县标准化主管部门检查及调研工作，并于 2021 年 12 月 9 日通过自治区市场监督管理厅标准化管理处终期验收。

【党的建设】 着力加强基层党建工作。全面贯彻落实党的建设总要求，抓紧抓实党建工作责任，做到党建工作与党风廉政建设、意识形态和业务工作一起推动落实。先后组织召开支委会议，研究党建、党风廉政建设、意识形态工作，将党建工作与业务工作紧密结合，以党建强业务，以业务固党建，一体推进各项工作顺利开展。争先创优加强基层工会工作。持续推进工会工作平稳运行。做好公益事业、服务职工工作。在全县“金秋助学”活动中为贫困大学生捐款 10000 元。时刻想职工之所想，解职工之所难。慰问患病职工、帮扶困难职工，号召全体职工为患病困难职工捐款 20560 元，并积极与县总工会对接联系，为宾馆家庭困难的职工申报困难职工帮扶。为职工缴纳企业年金，切实为广大员工谋取了利益。积极开展职工活动。组织开展职工趣味运动会，参加知识竞赛、演讲比赛，系列活动的开展，进一步丰富职工文化生活，增强宾馆团队的凝聚力、向心力。

盐池县长盐资源开发服务有限公司

【目标任务】 2021 年，盐池县长盐资源开发服务有限公司实现营业收入 2243 万元，完成全年目标任务 1910 万元的 117.43%；净利润 730 万元，完成全年目标任务 730 万元的 100%；成本费用率 55%，低于目标值（60%）5 个百分点；明翠苑商网出租率 90.48%，完成目标任务（85%）的 106.45%；安全生产零事故。

【党的建设】 党建工作稳步推进。结合党史学习教育，做实“三会一课”、党务公开、党费收缴、发展党员等规定动作，丰富“主题党日”，开展“弘扬光荣传统·赓续红色血脉”“民族团结进步月”等活动，完成专题组织生活会整改工作。建立支委班子联系点和党员责任区，深入基层服务站开展地产油井服务工作，深度融入公司生产经营工作，为公司实现发展目标提供坚强组织保证。全年完成“我为群众办实事”6 件，其中 1 项为志愿服务工作实行常态化，研究确定正式党员 2 名、预备党员 1 名、入党积极分子 2 名、推选全县党代表 1 名。党风廉政建设不断加强。认真贯彻落实中央八项规定精神，履行“一岗双责”，严格执行公司“三重一大”制度、议事规则及决策程序，先后开展纪律作风集中教育整顿活动，违规吃喝隐形变异问题专项整治自查工作，规范钻前工程、地产油井企业、重大投资项目等费用及程序，对重点岗位、重点业务环节进行动态管控，有效实现权力制衡，从源头上规避了经济责任风险，助推公司转型升级的同时筑牢廉政防线。意识形态工作统筹推进。坚持党对意识形态工作的领导权，严格落实意识形态工作责任制“三个清单”，签订职工保密承诺书，从严开展“大排查、大起底、大检视”、意识形态领域风险点、党员信仰民族宗教等自查排查、微信涉密自查工作，加强网络舆情管理，党员职工思想意识大幅提升，构建意识形态工作新格局。群团组织作用持续发力。紧紧围绕公司经营发展的总体目标，充分发挥工会主力军作用，积极参与到公司各项事业和生产经营活动中，凝心聚力提质增效。组织开展庆祝“三八”妇女节、“七一”建党节和慰问困难职工等活动，召开职工大会 3 次，会员大会 1 次。为职工购买企业年金、团体意外伤害保险，协调县总工会帮扶困难职工 2 名、慈善协会救助困难职工 1 名（资金 5000 元）。创建“县级文明单位”，被团县委授予“青年文明号”称号 1 个、“青年岗位能手”1名。

【重点任务】 聚焦油气企业开发布局，以拓宽渠道提高钻前收益。准确把握盐池县油气资源开发布局，拓增中石油玉门油田环庆公司、中石化华北分公司采油一厂、采气二厂钻前及泥浆池固化治理业务，实现了中石油、中石化在盐池勘探开发的各采油采气厂、项目组钻前业务全覆盖。全年完成钻前井场23个，泥浆池固化4个，实现钻前收入353万元，同比增长23.43%。聚焦标准化井场建设，以优化服务、规范油区管理。针对地产油井产量及油价不断上下波动的严峻趋势，创新服务措施，提升服务质效。从改善油区运营环境、强化安全教育培训、提升产油量等方面入手，先后修订完善地产油井维修、产量核定等办法，坚持标准化井场建设，规范污油污水处置，维修油区道路46千米、土桥21千米、边沟28处、河道护坡3处，道路洒水降尘20余次，开展安全培训2次，主动化解土地矛盾10起，鼓励复产油井20口（日增产30余吨）。通过一系列的暖心服务，扭转自疫情以来利润不断下滑的局面，地产油区运营环境大幅改善，各井场面貌焕然一新，实现历史性突破。全年地产油井产油量达6.5万吨，同比增长1.5%；收取服务费1847万元，同比增长5.85%；代征税款1875万元；清缴历年欠费10.15万元（其中税费7.11万元、服务费3.04万元）。聚焦资源能源合作平台，以项目实施加速企业转型升级。主动实施2021年盐池县土地开发整治（补充耕地）项目，严格按照倒排工期，采取外聘技术总监、派驻精干力量驻场、委托第三方工程量复核及质量检测单位严把工程各个关口的监管模式，短期内高质量完成土地平整、蓄水池、泵站、田间管网等主体工程建设和新增耕地等别评定、拍照验证等入库工作，实现新增耕地1.68万亩。与中石油吴忠销售分公司合作的城北加油（气）站通过调整经营模式，实现扭亏为盈。全年营业收入3603万元，净利润95万元。完成投资石膏矿项目的可行性分析报告编制工作，并与巨拓公司达成青山石膏园区废弃矿渣有效利用合作意向；为盘活国有资产，确保资产保值增值，对购买的明翠苑商网采取以租代售形式，实现商网招租19家（其中长期协议16家、短期协议3家），收取租赁费42.19万元。聚焦建设美丽盐池，以履行社会责任彰显国企担当。以常态化志愿服务活动践行创建全国文明城市，先后投资10万余元，为公司办公楼及4个包抓小区修缮墙体、暖气管道、照明设施，购买垃圾桶等公共基础设施，并制作宣传展板30块，悬挂宣传横幅20条，张贴《倡议书》50余处，发放宣传单200余份，清理包抓小区、服务的地产油井井场内外及河道垃圾5吨，为创建全国文明城市积极贡献力量。并组织和倡议盐池县地产油井企业向宁夏盐池县慈善协会捐款150余万元。聚焦源头管控，以闭环管理打好新冠疫情防控阻击战。严格落实疫情防控政策，建立健全机制保障，严格实行职工绿码登记管理、办公区域定时消毒、24小时值班及日报告、零报告制等常态化管理。强化地产油井、重点项目等从业人员疫情输入风险防范，措施得当，过程管控严密。职工新冠疫苗接种率98.4%（1名因患有严重肾病无法接种），督促业务人员接种率达100%。

【自身建设】 准军事化管理成效显著，凝聚战斗力。持续将军队的优良传统和作风融入公司管理，以“坚持周一例会集中学习、月末理论抽考、职称奖补激励”等方式创建学习型企业，以“实行分片包抓、各负其责，优化绩效考核，奖优罚劣、奖勤罚懒”等措施形成干事创业与刚性约束结合的管理模式。以坚决服从命令，一切行动听从指挥的严格要求，持续提升准军事化管理水平，干部职工的执行力、向心力大幅提升，公司内一派欣欣向荣景象，保证运营行稳致远、内部安定和谐。职工大专及以上学历占比64%，报考国家级注安师、经济师等资格的人员3人，报考大专以上学历的4人，营造比学赶超的浓厚氛围。处罚履职不到位5人、绩效考核及考勤不合格40人次，全年扣罚绩效1万元。严格落实内控制度。完善工程项目、钻前及地产油井业务管理制度及财务审批流程等内控机制，将制度和流程进行"固化"并达到常态化，真正实现从"人治"管理向"法治"管理和科学管理的转变。同时，树立过"紧日子"思想，严格执行预决算制度，优化收支结构，控本节支，实现收支预算与公司发展同频共振，成本费用率较上年下降5%。严格规范安全生产管理，严格落实企业安全生产主体责任和地产油井监管责任，紧绷安全弦，织密监管网。建立健全安全生产管理机制，层层签订责任书，组织职工取得行业安全资格证，购买员工安全责任险。持续开展了地产油区安全生产专项整治三年行动，并结合"安全生产月"活动，扎实开展地产油井领域"安全百日会战喜迎百年华诞"和灾害防御百日专项整治活动以及"大排查、大整治"活动，共检查地产油井60场(次)、发现各类隐患问题80余处，现已全部整改完成。全年投入安全生产费用4万余元，开展安全培训教育2次，桌面演练1次，发放安全环保知识宣传册100余份，组织地产油井业主植树3万余棵，地产油井安全环保形势稳定。14人取得"七大员"资格证、2人取得西部钻探承包商HSE合格证、2人取得中石化承包商管理人员安全合格证及直接作业环节审批证。

盐池县兴盐公共交通有限公司

【概况】 2021年，盐池县兴盐公共交通有限公司经营目标任务为300万元，净利润目标为–610万元，载客量目标为226万人次。全年完成收入265万元，完成目标的88.3%。其中公交车运营收入133.3万元，租车费57.7万元，大水坑分公司客运服务收入23.4万元，其他收入50.6万元。利润总额–668万元，比全年目标净利润额多亏损9.5%。全年公交运营总里程249万千米，全年载客量总计237.89万人次，车辆首末站准点率为94.3%，完成客流量首末站准点率全年目标任务。通车覆盖面增加7个自然村(柳条井、陈大梁、新泉井、断兔沟、谷山塘、关记沟、圈弯子)，完成新增通车覆盖任务。

【党史学习教育】 始终把坚持党的领导作为工作的首要政治任务，坚定不移把坚持党对公司工作的全面领导作为根本政治原则，推动全面从严治党在基层落地生根。抓学习，不断提升理论水平，认真开展主题党日活动，在完成规定动作的同时，利用微信、学习强国等新媒介进行学习；每周组织公司党员职工进行一次集中党史学习教育并撰写心得体会；开展以"传承党的百年光辉史基因、铸牢中华民族共同体意识"等内容的专题学习研讨。抓廉洁，不断增强倡廉意识。召开廉政警示教育学习会议，观看警示教育片，以案为戒使全体党员职工真正在思想上受到警醒和教育；组织党员职工参观革命烈士纪念园、李塬畔革命旧址，让大家通过学习认识到先辈们敢于奋斗、甘于清贫，为祖国为人民牺牲一切的奉献精神，使党员职工更加坚定理想信念。抓意识形态与民族团结，不断加强思想道德建设。加强职工的社会主义核心价值观教育，牢固树立正确的祖国观、民族观、文化观、历史观，对构筑各民族共有精神家园、铸牢中华民族共同体意识至关重要。通过开展评选"民族团结示范车"、慰问公司少数民族职工等工作，让公司全体职工充分了解民族团结工作的重要性。促进公司各民族职工互帮互助、团结奋斗。组织开展主题朗诵比赛与党史知识竞赛，切实增强主题教育的实际成效，着力推动思想教育走深走实。

【安全生产】 认真贯彻落实习近平总书记关于安全生产重要论述，坚持“安全第一 预防为主 综合治理”的安全生产理念，认真统筹安全生产工作，以推进安全生产常态化、实效化为抓手，有效防范化解重大安全风险，坚决遏制较大及以上生产安全事故，切实把确保“安全生产放在第一位”落到实处。全年共计召开月度安全培训12场次，安全例会12场次，专项安全培训4场次，参加培训人员累计1100人次。组织季度安全考试4场次，培训涵盖春运安全行车、恶劣天气安全行车、法律法规、文明服务等内容，对未能及时参加安全例会暨培训的驾驶员，均安排会后补学，培训率达到100%。对涉及安全行车违规行为“零容忍”，开展路检路查460车次，现场纠正各类违规行为16人次。节前安全检查6次，排查各类隐患35起，均实现闭环整改；组织开展安全生产大检查专题活动2次，对公司存在的安全隐患进行全面排查，实行闭环管理。应急管理。开展本年度安全生产应急演练活动，及时总结经验，提升职工应急处理能力，有效促进公交公司应急抢险能力再上新台阶；鼓励职工积极参与应急管理部“测测你的安全力”网上知识竞赛活动，营造安全生产工作浓厚的宣传氛围。完善事故处理工作机制，规范突发事故处理工作程序，切实用事故教训推动公司安全生产工作有序开展。全年未发生较大及以上交通事故，未造成人员伤亡。

【精神文明建设】 5月，举办兴盐公交公司第二届技能大赛，提高职业技术水平，增强职工凝聚力；公司职工在街道上宣传“绿色出行”的环保知识，积极引导广大群众绿色出行；在中高考期间，安排12辆公交车，运送考生3800余人次，完成2021年中高考送考运输工作。大水坑分公司开展“进学校、进厂区、进乡村、进社区、进大集”的主题活动。积极宣传绿色出行环保理念，讲解安全乘车注意事项，让群众支持公交事业发展，优选公交绿色出行。为更好地发挥职工之家的作用，为大水坑分公司活动室购置配备跑步机1台、乒乓球桌1套、台球桌1套、综合训练器1台等系列设施，丰富大水坑分公司职工业余文化生活。文明城市创建。开展创建文明城市专题培训4场次，志愿者在包抓小区入户发放宣传材料、填写“创城满意度调查问卷”共计500余份，确保小区居民认识到创城工作的重要性，营造全体职工积极参与创城工作的浓厚氛围。在县城主要街道公交站台展示公益广告共142处，在公交车身车厢内吊环增设公益广告共计450块，张贴“望眼贴”创城公益广告50条，公交车车载视频循环播放公益广告宣传片。每月派专人清洗公交站台一次，每周巡查清除站台张贴小广告一次，共清洗站台165处，铲除小广告12处，维修站台4处，落实创城责任，维护公共环境。

【便民服务】 配合县政府大力倡导群众积极接种新冠疫苗的工作，公司开通妇幼保健院—疾控中心—中医院—县医院专线公交线路，每周一至周五（节假日除外）通车，为盐池县群众接种新冠疫苗提供便捷的乘车服务。开通大水坑镇至惠安堡高铁站的专线公交，每天4班，方便周边群众乘坐高铁，增加公司营运收入。2021年，安排班线车辆在每周周一至周二早上，免费接送500名老年人乘车到老年大学上课，全力配合盐池县老龄工作的开展；持续优化调整城乡公交线路，延伸周庄子公交线路至野湖井村，延伸1路公交线路至冯记圈自然村，在紫都学府、万丽盛世东门增设公交站点，解决城乡居民出行困难。在公交车上配备平价医用口罩，在乘客乘车时未携带口罩的情况下可购买使用，并做好常态化疫情防控工作。

盐池县昫盐文化旅游服务有限公司

【党史学习教育】 2021年，盐池县昫盐文化旅游服务有限公司坚持以习近平新时代中国特色社会主义思想为指导，深入学习贯彻中共十九大、十九届历次全会精神和习近平总书记视察宁夏重要讲话精神，以党的建设为统领，着力深化理论武装、夯实理论基础、推进正风肃纪，强化红色引擎作用，以高质量党建引领企业发展。强化党史学习教育，提升四个自信。结合“四史”进企业，深入推进落实习近平新时代中国特色社会主义思想入脑入心工程，着力促进“不忘初心、牢记使命”主题教育常态化，全年组织集中学习30次，专题研讨12次，讲党课6次。同时利用“三会一课”、主题党日、群团活动，组织实地参观、观看影片及专题片、举办“微宣讲”比赛、开展志愿服务、参与社区共建等活动，由支部党员帮贫济困，对小井坑社区和兴武营村困难党员群众6户进行慰问。深入践行为民办实事，推进成果转化。推进文化旅游工作与“学史明理、学史增信、学史崇德、学史力行”紧密结合，深入开展“大走访、大排查、大调研”活动，开展“我为群众办实事”实践活动，开展“百企帮百村”活动，送去了米面油等慰问品；完善A级旅游景区在线预约、智能导游、电子讲解、实时信息推送等服务；优化集散中心功能，设立志愿服务站及母婴室，引进自驾车租赁业务；改造长城关游客中心，解决了游客夜间如厕难问题；在景区开展志愿讲解服务，充分发挥党员先锋模范作用。

【运营管理】 落实常态化疫情防控，确保景区安全运营。按照各级部门防疫要求，形成“预约旅游、间隔游览、错峰入园、限定流量”的常态化管控机制，全年接待各类团队221批次。强化宣传推介，聚焦品牌效应。以“两晒一促”为契机，配合投资促进中心征集特色旅游商品420件，为盐池县政府在宁夏电视台宣传“扛硬盐池”，推介特色商品做好后勤保障。丰富文创产品种类，满足游客购买需求。新增旅游纪念品10类200余件。旅游纪念品、文创产品达50余种1000余件。落实安全生产责任，提升保障能力。建立完善景区安全应急预案，加大安全隐患排查治理，尤其狠抓春节、五一、国庆等小长假安全排查和防范工作，开展“安全生产月活动”，排查安全隐患共35处，全部整改完毕；组织职工参加安全生产实战演练9次，安全培训16次，有效提高职工安全事故应急防范和处置能力。加强队伍建设，提升文化旅游服务水平。邀请专业讲师、金牌讲解员、博物馆馆长等专业人士开展技能培训，举办内部技能比赛，以赛代训，组织讲解员参加自治区、市、县技能比赛及各类演讲比赛，2021年，公司员工在各类比赛中获得市级奖项3项，县级奖项6项，国资企业党委奖项8项。

【重点项目】 电动观光单车落地景区，招商齐行四海公司投资30余万元，引进电动观光单车、双人车、四人车共45辆，布设在长城关和花马池古城墙景区运营，增加了景区营业收入。红色旅游接待再创新高，昫盐公司以中国共产党成立100周年和党史学习教育为契机，依托红色旅游资源，利用各类媒体广泛宣传红色研学路线，吸引区内外游客来到盐池重温红色故事，追忆红色印迹。全年接待红色教育和研学团队135批次、1.3万余人次，为宣传老区盐池红色文化，弘扬老区革命精神发挥了作用。持续提升集散中心服务功能。西部通用机场盐池分公司投资26万元，引进航空模拟飞行器1台，安装在集散中心。协调相关单位和三大通信运营商及时更新大数据中心数据和信息，对常用公共信息符号进行升级和完善，达到了一目了然、精准指向的要求。集散中心的旅游接待、功能配套、设施配备、数据监测应用等软硬件实力位列全区同行业前列。筹措资金,实施长城关娱乐体验项目。经公司谋划,县人民政府专题会议通过,自筹资金110万元,采购并安装海盗船等4组游乐设施。

【全域旅游】 协助西部通用机场盐池分公司,引进5家通航企业,开展常规飞行310架次、19587分钟,滑跑9092分钟;中国旅游日之际,筹办风筝表演赛,出动动力伞6架、三角翼1架,共计飞行66架次、111分钟。7—9月,在长城关开通热气球体验项目,丰富了景区夜游项目旅游业态。在县内交通主干线安装旅游交通标识牌5块,安装擎天柱旅游宣传牌1块(18米长×6米宽×22米高),安装全域旅游标识标牌85块;配合县文广局举办民俗嘉年华、中国旅游日、农民丰收节等重大文化旅游节庆赛事系列活动11项,提升了“滩羊之乡·激情盐池”的品牌影响力,经过不懈努力,扎实创建,9月24日,盐池县被批准为“宁夏首批全域旅游示范区”。

【文明城市创建】 营造宣传氛围。在景区、集散中心设置公益广告、文明服务橱窗,宣传文明用语、文明提醒、文明规劝等;安装社会主义核心价值观景观小品,亮化集散中心和长城关游客中心;通过微信公众号、抖音、电子屏等媒介,播放旅游公益广告、文明旅游标语、旅游动态信息等,定期更新文明景区橱窗、展板内容、创城宣传标语等,全年文明城市创建共投入155994元。开展志愿服务活动,在集散中心和长城关设置文明旅游志愿者服务驿站和文明旅游志愿服务岗共4处,劝导游客遵守旅游公约,增强市民创城意识;定期安排志愿者赴包抓小区及包抓路段开展志愿服务活动。做好包抓小区创城工作,清理并粉刷包抓小区楼体外墙面,制作安装创城宣传栏,划分非机动车停车位,更换损坏的楼道照明灯,协助解决了包抓小区无人保洁等细节问题。

盐池县融盐农产品开发有限公司

【概况】 2021年,盐池县融盐农产品开发有限公司实现主营业务收入1529.58万元,其中黄花菜销售金额1304.81万元,其他业务224.77万元,同比增加646.61万元,实现净利润1.45万元。发展新客户47家,完成全年目标任务的235%,应收账款回收率93.86%。收购鲜黄花菜178.6吨,干黄花菜223.3吨,共带动农户215户(其中建档立卡户20户)增收致富。2021年,公司入选全国生态环保优质农产品包装标识试点单位;荣获中国科学院“美丽中国生态文明建设科技工程”乡村振兴地域模式与规划技术研究及示范基地;参加农业农村厅举办的农产品微视频大赛,制作《金色的产业 幸福的花》微视频并获得一等奖。

【安全管理】 组建销售团队赴湖南祁东、山西大同等地考察市场5次,参加区内外展示展销活动21次,学习先进经验。接待自治区、市、县经济观摩会等各类活动78次。对黄花产业园、惠苑村肉牛养殖基地、活禽屠宰加工厂及包抓小区等各个区域进行全面消毒、定时清洁,确保疫情防控工作落实到位。开展安全生产会议12次,安全生产大检查12次、安全生产教育培训5次、安全生产知识竞赛2次,安全应急演练1次;支持、鼓励职工参加与业务相关的学习和培训,2人取得安全员证书,2人取得特种设备作业证书。

【市场营销】 采取“线上+线下”营销模式,线上通过中国扶贫832、淘宝、京东等平台,将产品销往全国30个省市,销售金额11.7万元;线下与福建夏商集团、步步高连锁超市等公司合作,精准对接产品供给;产品在大润发、沃尔玛、永辉等130家商超上架销售。利用标准化生产线,提供代加工服务,依托该环节为公司增加收入。在上海、杭州、成都等地开设“盐池黄花菜”直销店9家,共销售黄花菜89.3吨，销售金额390.61万元。与宁夏弘耘行生物科技有限公司合作，已将黄花菜产品出口至日本横滨商超。为抵御市场剧烈波动或外地客商恶意压价造成黄花菜价格低迷，公司以保底价兜底收购合作社及农户黄花菜，通过稳价，确保农户收益。招标采购印有“盐池黄花菜”公用商标和“中国特色农产品优势区”字样包装箱15万个，“订单式”发放给合作社及农户，为其送货上门，不断扩大黄花菜市场占有率。

【项目建设】 投资1800万元建设冰鲜黄花菜加工厂，实现当年开工、当年建设、当年投产，全力跑出了项目落地加速度，满足市场需求。与百川牧业共同出资成立盐池县融禾牧业有限公司，提供“五统一”服务，帮扶5个村集体购买肉牛146头；为23户农户“托管代养”肉牛400头，现养殖基地共存栏2200头。投资1300万元建设盐池县活禽屠宰加工厂，已基本完工。

盐池县污水处理有限公司

【经营指标】 2021年，政府为县污水处理公司补助2021年运营经费138万元，与上年持平。全年净利润目标值-20万元，实现净利润1.2万元，高于目标值21.2万元。污水处理率目标值88.5%，实现污水处理率达到90%，高于全年目标值。出水水质达到国家一级A排放标准。

【日常监管】 强化对接与沟通，想方设法克服问题。在运行期间，随着污水处理量的上升，剩余污泥也同时增多，公司要求盐池县桑德水务有限公司加装一台脱泥设备，确保出水指标符合排放标准，污泥处理稳定。配合相关单位进行管网排查，及时掌握污水管网中存在的串管、漏排等情况，进一步摸清现状，发现问题；协助盐池县桑德水务有限公司加强化验室管理，提高职工专业能力，增加检测频率，保证化验质量。2021年，县污水处理厂进水量为527.7万立方米，处理水量为468.6万立方米，污水处理率达到90%，日均处理水量为1.4万立方米，进水COD平均浓度为248.4毫米/升，出水COD平均浓度为37.5毫米/升；进水氨氮平均浓度为45.3毫米/升，出水氨氮平均浓度为0.7毫米/升，出水指标全部达到一级A排放标准；污泥产生量2775.9吨，含水率在60%以下，全部拉至垃圾填埋场进行卫生填埋。

【项目建设】 盐池县再生水利用工程提标改造项目于2020年6月底全部完成并进行工艺调试，2021年运行稳定。2021年3月，实施盐池县再生水利用工程升级改造绿化项目建设。该项目概算建设总投资176.68万元，已于6月完成所有管网铺设及绿化种植工作，进入植被养护阶段。

【安全生产】 紧紧围绕“消除事故隐患，筑牢安全防线”目标任务，履行好安全生产监管工作，督促第三方运营单位深入开展隐患排查，及时消除安全隐患，抓细抓实各项安全生产措施，筑牢安全生产防线。2021年，开展安全大检查8次，对厂内配电室、生产车间、救生器材及设施等进行全面的检查，更换灭火器2支，补充车间数量不足灭火器6支。组织员工安全培训学习12次，应急演练1次，并通过多样化方式进行强化式教育，提高员工安全意识，年度内无一例安全事故发生。

盐池振兴水利开发工程有限公司

【概况】 截至2021年12月31日，振兴公司主营业务收入4015万元；上缴税金225万元；人员工资412万；为职工缴纳社会养老保险、医疗保险等70万元；住房公积金29万元；车辆、办公及其他开支144万元；本年实现利润369万元。

【党史学习教育】 2021年，盐池振兴公司把开展党史学习教育作为重要政治任务。支部召开专门会议安排部署党史学习教育工作，重点抓进度、出思路，确保各项工作稳步推进、高效落实。共组织集中理论学习10余次，参加水务局党委组织的读书班1期，围绕习近平总书记在党史学习教育动员大会上的重要讲话开展集中研讨4次，集中学习中共十九届六中全会精神2次、开展集中研讨1次，支部联系领导讲党课1次，支部书记讲党课2次。撰写学习心得10余篇，并把“学习强国”学习平台时政内容纳入党员职工理论学习，创新学习载体。充分利用公司宣传展板、电子屏及微信公众平台等自媒体，宣传党建及党风廉政建设工作情况。按照水务局党委“党建工作引领业务工作，业务工作促进党建工作”的思路，在施工现场项目部设立临时党小组，抽调党员干部参加工程建设，确保工程不发生安全事故，保质保量地按照合同要求完成施工任务，同时便于党员能够按时参加支部安排的活动与学习。经支委会研究决定，抽出一部分人力和财力，将以前单一的业务转型为水利施工和向民生服务的复合型企业，把为民节水灌区服务纳入到企业发展规划上。接管王乐井乡灌区高效节水灌溉管理工作，承揽该乡灌区泵站机电设备和田间输水管道的维修与养护。成立以党员干部为领导的维修队伍，对扬黄灌区高效节水工程泵站的机电设备、田间输水管道出现的问题进行管理与维修，每年在放水、停水时间对泵站的机电设备和田间输水管道进行检修与保养、定期对泵站看护人员进行技术指导与培训，确保各项设备在通水时顺利运行、确保老百姓的种植地按时通水浇灌。让老百姓切身感受到党的政策和社会主义制度的优越性，真正体现我们为民办实事、办好事的承诺，为进一步响应为民服务、升级服务的会议精神做出企业应有的贡献。

【主要业绩】 2021年，参加公开招标、邀请招标中标项目10项。全年共签订工程合同70份(其中维修及零星工程60份)，工程总造价4778万元。主要代表项目有:2021年盐池县冯记沟乡叶儿庄村高标准农田建设项目、2021年盐池县李塬畔、孙家楼高标准农田建设一标段、2021年盐池县冯记沟乡平台村土地开发整治三期一标段、麻黄山何记山小流域综合治理项目、盐池县惠安堡镇麦草掌小流域综合治理项目二标段、盐池县德胜墩等村人饮巩固提升改造工程一标段、盐池县滩羊产业融合发展项目配套迁移工程2021年盐池县青山乡太平庙高标准项目、大水坑石膏产业扶贫基地供水专线工程、2021年安全生产隐患治理建设工程等。

乡镇　街道

花马池镇

【党史学习教育】 参观学习提高学习实效。充分利用盐池县革命烈士纪念园、北塘新村红色收藏馆、佟记圈村党性教育基地、四墩子村《王贵与李香香》发源地等丰富的红色资源、红色基地，开展体验式学习，让干部群众在现场学习中感悟党的百年艰辛历程、巨大变化、辉煌成就。党史故事提升爱国情怀。依托微信公众号，开设“春华秋实·忆党史”语音播报学习专栏，创新开展“光荣在党50年”活动和“党史小故事”语音播报；发挥村村通“大喇叭”广播时效强、覆盖范围广的优势，定期播报党史教育资料，切实让老阵地发挥新作用，在全镇营造出感党恩、知党恩、跟党走的浓厚氛围。开展“朝花夕拾·诵党史”——我身边的党史故事征集大赛，唤醒红色记忆、传承爱国情怀。红歌联唱激发爱党热情。结合开展新时代文明实践活动，在曹泥洼全国旅游重点村拍摄红色快闪视频，唱响《没有共产党就没有新中国》等经典爱国主义歌曲，用嘹亮的歌声，表达对党的敬爱和听党的话、跟党走的决心，让广大干部重温中国共产党波澜壮阔的革命史，经历灵魂的洗礼。广场舞大赛提升感染力。进一步加强基层群众文化队伍建设，举办花马池镇红歌联赛和广场舞比赛，6月21日在北塘新村文化馆举办花马池镇“光荣在党50年”纪念章颁发仪式暨文艺会演，营造积极、健康、向上的文化氛围。党史竞赛重提升理论素养。以党史知识为生动教材，用好用活“学习强国”学习平台，创新开展了“学史增信强国有我”党史学习教育专项答题和全镇党史知识竞赛，持续点燃学习热情，增强和巩固学习效果。党史教材拓展学习深度。把四史教育与盐池县革命史贯通起来，认真组织学习习近平总书记“七一”重要讲话精神，不断丰富党史学习教育专题培训内容，结合“我为群众办实事”实践活动，创新开展以“进村部、进村庄、进农户、进田间地头，深入群众、深入人心”为主要内容的“四进两深入”行动，通过行动将党史学习教育和全年具体工作融合起来，推动解决干部进村不入户、办事走过场、走马观花、办事效率低下的问题，推动化解一批群众“急难愁盼”的问题，累计办实事121件，让群众真切感受到学习教育带来的新变化，达到进一步密切干群关系、助推乡村产业发展、助推村集体经济发展壮大的目的。

【产业布局】 以“绿色生态”为主攻方向，构建北部生态治理区、中部高效特色产业集聚区、西部高效节水灌溉示范区、城市周边商贸服务区四大产业发展布局。产业结构调整深入推进。充分发挥县级主导产业政策、“一村一特”

产业政策以及各类强农惠农政策优势，完成农作物播种面积27万亩，在保证粮食作物种植面积稳定下，积极发展李记沟红葱、东塘黄萝卜、沙边子沙西瓜、皖记沟白玉山药，郭记沟、八岔梁辣椒、马铃薯，城西滩黄花菜、中药材等特色经济作物；原苏步井旱作区种植小杂粮和优质牧草。草畜产业蓬勃发展。落实建设生态牧场10个，在滩羊示范村新建草料棚5395平方米，新增皖记沟村滩羊养殖示范村，继续培育李华台和李记沟村区级滩羊示范村；受旱情影响，为受灾群众发放救灾资金62万元；鼓励青贮制作、秸秆捡拾打捆、野草打储，发展优质苜蓿、优质牧草种植，完成种植面积2.7万亩，助力养殖业发展。全镇羊只饲养量达到74万只，存栏量达35万只，生猪、肉牛、滩鸡饲养量分别达到2万头、0.6万头和10万羽。扶持政策全面落实。投放国家畜牧良种补贴滩羊种公羊710只；为惠泽、盈德、田记掌等黄花种植户发放有机肥1立方米/亩、水溶肥25公斤/亩，打造黄花绿色标准化种植示范区；邀请"九三学社"专家在曹泥洼、惠泽村举办农村实用技术人才培训班，培训200余人次；与县农业农村局联合举办新型农民培训和农村实用技术人才培训班3期，培训120人。

【乡村振兴】 认真开展防止返贫动态监测和帮扶大排查工作，对脱贫不稳定户、边缘易致贫户，以及因病因灾因意外事故等刚性支出较大或收入大幅缩减导致基本生活出现严重困难户进行了拉网式排查，共排查纳入监测帮扶范围14户36人。完善基础设施，共申报项目27个，完成四墩子、郭记沟、北塘新村、佟记圈4个乡村振兴示范村建设。四墩子新建育苗温棚2座及配套育苗设施，大力发展休闲采摘，助力农文旅融合发展；北塘新村新建四季保温棚10座及配套设施，创新"大棚采摘+餐饮+住宿+红色基地研学+旅游"模式，加快发展以设施温棚采摘、民宿乡村休闲旅游为重点的休闲观光农业，持续发展壮大村集体经济；郭记沟投资165万元新购6台农机具，佟记圈村购买铲车1辆、撒料车1辆、提升机2台，投资150万元购买母牛40头及饲草料，着力壮大村集体经济。在北塘、惠泽、盈德等6个移民村实施百万移民致富提升行动，对搬迁脱贫人口予以产业支持、就业帮扶，完善集中安置区配套设施和服务，加强社区治理和社会融入，确保稳得住、有就业、能致富。紧盯已脱贫和边缘易致贫劳动力家庭，加强脱贫劳动力转移就业和后续服务。全镇脱贫劳动力和边缘户已外出务工人数为2554人，安置公益岗14名。开展农村基础教育质量提升行动，持续开展订单式、定向式、定岗式技能培训，全面提升贫困劳动力技能素质，完成各类培训1150人。对全县农户家庭综合意外伤害保险财政补贴70%。对部分产业险种提标降费，降低群众发展种养殖业风险，提高群众种植养殖信心，确保"防贫保"的精准性和可持续性。

【美丽乡村】 全力做好农村人居环境卫生整治。围绕巩固提升乡村振兴示范村和美丽村庄建设，重点打造吴记圈等21个示范村庄，以点带面，示范带动，召开爱心企业助推乡村振兴座谈会，发动社会力量参与人居环境整治，通过慈善协会接受捐助230余万元，组织实施了李记沟村黄沙窝屋顶墙面改造、高利乌素村庭院围栏等项目，在清理主要道路垃圾、硬化巷道、安装路灯、安装栅栏、美化墙体等方面出实招，通过持续用力，促进整治工作提档升级。同时，落实"门前三包"制度，开展"美丽庭院"创建、"红黑榜"评比和积分超市兑换活动，以"榜样"的力量，示范引导群众讲卫生、树新风、除陋习。强化督查考核管理制度，压紧压实各村属地管理责任，组织人居环境整治观摩2次，实行"半月一督查、一月一评比"机制，以督查倒逼责任，以时限倒逼进度，并对工作进展情况进行现场督查，将检查结果定期通报，并与奖励资金挂钩。扎实推进村庄绿化建设。完成退化草原人工种草生态修复项目自然修复9348亩、退化草原人工撒播4370亩、草方格加人工撒播773亩、自然修复围栏51千米；发包造林绿化1920亩；育苗户自主造林2794亩；补植补造442.1亩、荒山造林136.5亩；柠条平茬99649亩；天保围栏工程10.24千米；抚育林木管护1791亩，完成东塘等16个自然村村庄绿化，面积2217.4亩。实行全天候巡山护林防火管理制度，有效地加强林木管护和消除森林火灾隐患。落实“河长制”巡河制度。严格落实“携手清四乱、保护母亲河”和“清河畅源行动”工作，加大村级河长及巡河员培训工作，进一步明确各自管护的沟道位置和管护段，确保工作落到实处。共集中整治4次，共出动人员123人次，车辆38台次，整治河道岸线长度156.4千米，整治清理建筑和生活垃圾共26.1吨，进一步改善河道环境。

【基层治理】 开展综合治理“七大专项行动”。传达学习了全国扫黑除恶专项斗争总结表彰大会会议精神，制定《花马池镇综合治理“七大专项行动”实施方案》《花马池镇群防群治工作实施方案》。持续推动扫黑除恶专项斗争常态化发展，开展新一轮扫黑除恶专项斗争工作。开展乱点乱象治理。印发《开展社会治安综合治理领域问题整改工作方案的通知》《全镇重点行业领域突出问题专项整治工作实施方案》，派出所围绕各类治安乱点进行集中拉网式清查和整治，从源头上遏制黑恶势力滋生蔓延。花马池镇共处理土地及资源权属纠纷61件，婚恋家庭纠纷52件，邻里纠纷67件，物权相关纠纷3件，合同及相关纠纷4件，金融借贷纠纷8件，侵权相关纠纷2件，劳动人事争议1件，其他纠纷44件。各村围绕城乡接合部和城中村的强占抢建，移民搬迁村倒卖土地房屋，征地拆迁、工程项目建设中煽动闹事、强揽工程等乱点乱象全面排查，严厉打击。共排查流动人口114人(流出72人、流入42人)；排查登记刑满释放人员83名、涉毒人员116名、社区矫正人员25名，为18名肇事肇祸重度精神病患者统一购买了第三方责任险；化解“12345”便民服务平台举报线索49起；排查乱点乱象8处，已全部整改完成。排查化解矛盾纠纷。依托党史学习教育和“四进两深入”行动，坚持领导干部接访下访包案机制，每天安排1名领导在综治中心坐班接访。共处理国家信访平台转信访案件10起，县信访局交办问题22件，书记信箱转信访案件3起，县长信箱转信访案件3起；排查调处各类矛盾纠纷160起，成功调处135起。

【改善民生】 社会事业方面，完成村“两委”换届工作，认真做好教育、医疗、卫生、就业等工作，为116户困难群众发放临时救助金19.41万元；对139户困难群众上报民政局进行大额救助。做好疫情防控常态化的同时，推进全员接种新冠疫苗，在花马池镇卫生院接种第一剂17118人，第二剂15027人；免费孕前优生健康检查198对，做到每季度随访，随访1194人次，其中怀孕190人，已分娩113人。民生服务中心办理城乡居民社会保险参保登记38件，养老保险人员定期待遇资格申报222件，开具农产品自产证2900份，全力做好民生服务政策咨询等工作。乡风文明方面，进一步完善红白理事人员信息，深入推进移风易俗，整理上报全区移风易俗工作先进村镇材料；打造1个新时代文明实践所和24个新时代文明实践站，组织开展“腊八送粥温暖卡点人　同‘粥’共济助力疫情防控”“传承雷锋精神”等志愿活动415场次，群众参与1.4万人。平安建设方面，先后主动开展和配合有关部门集中开展安全生产大检查16次，出动车辆32台次，排查各类企业55家。下发安全生产整改通知书6份，排查出各类隐患52处，已整改52处。

【从严治党】 加强基层组织建设。完成镇党委、镇政府换届工作。持续开展"三大三强"行动和"两个带头人"工程，培育村党组织书记后备力量72人，培养村级后备力量124人，农村致富带头人187人。按照"一村一策"的要求，扎实整顿高利乌素、苏步井、八岔梁3个软弱涣散村党组织。积极开展"六个先锋"示范引领行动，评定"六个先锋"户681户，组织开展"导师帮带制"试点工作和"强村带弱村"活动，并做好"七一"慰问和"光荣在党50年"纪念章颁发工作。建好用活党建阵地。打造佟记圈村党性教育基地暨智慧党建阵地和北塘新村红色收藏馆。建好用活党建工作站24个，积极推进三级组织体系和四级网格化管理融合。全镇构建"网格+党建工作站"模式，将党建工作站建在网格上，将党员活动融入网格中，设立党员中心户165户，联系群众5889户。巩固曹泥洼、下王庄、佟记圈、沙边子党建工作站建设成果，打造四墩子村、盈德、长城、北塘新村特色党建工作站4个。强化党风廉政建设。严格落实中央八项规定，持之以恒纠正"四风"，努力构建作风建设长效机制。开展重大节假日廉政风险教育3次，参观县廉政警示教育基地2次，组织村干部旁听庭审2次，共受理问题线索14件，初核了结8件，立案4件，给予党内警告处分3人，开除党籍1人，诫勉谈话问责2人，批评教育7人。

大水坑镇

【党史学习教育】 坚持深学细悟，不断凝聚奋进力量。严格落实党委会"第一议题"学习和中心组学习制度，深入学习贯彻习近平新时代中国特色社会主义思想等重要内容，举办读书学习班、交流研讨110余场次，真正把思想政治建设坚持抓在日常、融入平常。组织班子成员、老党员、驻村干部通过上讲台、走基层等形式讲党课45场次，组织开展知识竞赛、演讲比赛15次，推动党史学习教育入脑入心。践行"知行合一"，紧紧围绕群众急难愁盼问题，领导班子带头深入全镇15个村，摸实情、搞调研、解难题、促落实，基本遍访所有自然村。坚持勇于担当，助推经济社会发展。持续发挥基层党组织引领作用，助力脱贫攻坚同乡村振兴有效衔接。积极开展"六个先锋"示范引领、"两优一先"推荐评选等活动，先后评选表彰先锋示范户204户、先进基层党组织3个，以先进模范引领社会文明新风尚。充分发挥党员先锋模范作用，全面推广我为群众办实事模式，着力解决镇区冬季集中供暖等民生好事实事960余件。突出党员中心户作用，探索建立"四专员四到户"志愿服务制度，评选64名党员中心户联系服务群众6146户，进一步夯实基层党组织基础。依托四级网格化管理，创新建立"智慧大水坑"综合服务管理平台，打造数字化基层治理新路径。

【从严治党】 压实责任，全面落实"四责协同"。坚持逢会必讲党风廉政建设，努力构建主体明晰、有机协同、层层传导、问责有力的管党治党责任落实机制。镇党委带头履行主体责任，明确领导班子职责分工，坚持书记抓、抓书记，建立抓党建项目清单制度，实行全程留痕、实时监控、过程管理、动态评定的全程纪实制度，推动责任落实横向到边、纵向到底。突出教育，严明党的政治纪律和政治规矩。全年召开12次镇党委理论学习中心组会议及21次干部理论学习会议，深入学习贯彻习近平新时代中国特色社会主义思想、中共十九大及十九届五中、六中全会精神、习近平总书记视察宁夏重要讲话精神，切实将领导干部的思想行动统一到以习近平同志为核心的党中央决策部署上来。查摆问题，严肃党内政治生活。坚持问题导向，切实用好批评和自我批评武器，高标准召开

2021年度民主生活会与组织生活会，要求党员干部认真总结工作，开展相互批评，做到讲真理不讲面子、讲原则不讲关系，敢于直言直谏，一针见血提出问题，达到统一思想、共同提高的目的。正风肃纪，营造风清气正政治环境。大力推进清廉建设，构建一体推进不敢腐、不能腐、不想腐体制机制。全年受理县纪委、监委转办信访件7件，办结7件，初核了解5件，立案2件，2人受到党纪处分。强化部署，筑牢意识形态防线。始终保持意识形态工作高压态势，制定完善《大水坑镇宣传工作及意识形态管理办法》，不断压紧压实意识形态工作责任，全年召开专题会议4次，及时分析研判意识形态领域风险隐患，牢牢掌握意识形态工作的领导权主动权。

【民主法治】 保障民主政治“生命线”。做好人大代表选举工作。高质量完成新一届县、乡两级人大代表选举工作，顺利召开大水坑镇第十八届第五次、第六次人代会以及第十九届第一次人代会，听取审议政府工作报告、人大主席团工作报告及财政收支状况报告，成功选举新任人大主席、政府镇长及副镇长和新一届人大代表。全面加强“代表之家”“代表工作室”“代表联系点”建设，组织开展人大代表乡村振兴专题调研，并听取各村工作汇报，切实履行人大代表监督职责。不断加强群团工作。镇工会召开第四届第三次工代会，选举新一届工会主席、经审主任及委员，全年举办职工文化活动2次，开展“困难职工关怀慰问”工作，资助困难学生3名，慰问困难职工4人。召开大水坑镇第十九届共青团代表大会，选举产生新一届镇团委委员会，扎实开展“希望工程·圆梦行动”助学工作，共资助学生73名，发放助学金14.6万元。召开大水坑镇第二届妇女代表大会，选举新一届执委、常委委员，全年累计发放妇女小额贷款18户102万元，积极开展“两癌”贫困妇女救助发放工作，累计发放救助金3万元。切实做好国防动员，完成春秋两季征兵工作，组织民兵综合救援连完成集中点验，进一步提升民兵队伍应急应战能力和支援保障能力。砌好法治建设“保障墙”。严格依法履行法定职责，规范行政行为，进一步推进法治政府、规范化服务型政府建设。制发《大水坑镇2021年法治政府建设工作要点》，明确目标、压实责任，将法治政府建设向纵深推进。健全重大行政决策机制，聘请大水坑镇法律服务所为常年法律顾问，为政府各项决策提供法律保障。强化政务公开，着眼深化“放管服”改革优化营商环境，以公开促落实、促规范、促服务，全年公开信息100余条。组织群众参加“政府开放日”活动，进一步促进政务工作公开透明、提升政府形象、提高政府公信力。向各类报刊、网站及媒体平台投送新闻信息164篇，增强政府工作透明度。

【平安建设】 不断加强社会管理综合治理力度。扎实开展“六清”行动，纵深推进扫黑除恶专项斗争。完成转办、自办线索2条，收到上级行业部门“三书一函”9份，全部核结办理完毕；对标对表自治区扫黑除恶特派督导专员巡回督导第三督导组反馈意见，主动认领17个问题，做到了即知即改、立行立改，扎实开展14项重点行业领域专项整治，整治线索90余起，全部办理完毕。全年累计办理“12345便民服务平台”事项62件，办结率、满意率均达到100%。压实属地管理责任，严格落实安全生产“一岗双责”。联合派出所、市场监督管理所、执法大队等部门对辖区企业不定期检查安全落实、应急处理、值班值守、疫情防控等情况，坚持严格检查与指导服务并重，对高危行业领域重点企业检查全覆盖。全年累计督查检查26次，确保全镇安全生产形势总体平稳。调整优化应急管理指挥领导小组，严格落实自治区、市、县应急管理指挥部关于防汛抗旱、抗震救灾等相关工作的安排部署，组织救援队伍开展应急演练，及时储备各类应急抢险物资，确保出现灾情能够第一时间妥善处置，全年共发放各类救灾资金58万元。全面贯彻落实自治区、市、县党委、政府关于政府债务等重点行业领域风险工作要求，通过微信公众号、广场电子大屏、发放传单等平台和方式，不断增强公众防范金融诈骗、“套路贷”风险意识和识别能力，通过镇政府排查、驻镇单位督查、群众举报等形式，全面防范各类风险隐患。全力构建和谐劳动关系，成立治理拖欠农民工工资问题工作小组，建立健全工作机制，为农民工讨薪提供坚实后盾保障。积极开展双拥共建。全面加强禁毒工作，积极创建自治区级社区戒毒（康复）工作示范点，以“12345”禁毒工作思路（即一管、二教、三帮、四心、五联）不断强化工作措施，形成领导机构健全、专职人员齐全、工作机制完善、保障措施到位的良好工作格局，推动社区戒毒、社区康复工作迈上新台阶。社区戒毒2人，社区康复9人，社会面吸毒史人员5人，戒断三年未复吸134人，社区戒毒康复执行率100%、戒断三年巩固率88.2%、强戒出所未满三年管控率100%。严守食品药品安全。积极开展农村家宴风俗宣传、“3·15”消费者维权日主题宣传、食品安全进校园等活动，显著提高全民食品安全意识。通过积极宣传普及《中华人民共和国食品安全法》等食品安全知识，培训从业人员120余人次，提高辖区群众食品安全意识，营造良好的社会氛围。

【综治维稳】 持续推行“三级一律”闭合式矛盾纠纷调解机制，累计排查化解矛盾纠纷982件，化解率100%。深化数字化乡村建设，不断强化基层治理能力。以网格化管理为支撑，创新开发了涵盖党务村务财务公开、便民服务、积分超市等内容为一体的“智慧大水坑”微信小程序，打造“积分制+N”治理新模式，用数字化赋能乡村生活生产新业态。全面贯彻党的民族政策，坚持民族区域自治制度，依法推进全镇民族宗教工作，深入开展“民族团结进步月”活动，7个村（社区）争创新一轮县级民族团结进步创建示范点。成功评选自治区民族团结示范乡镇。

【民生保障】 扎实推进动态监测帮扶。及时召开防止返贫动态监测和帮扶工作动员部署会议，逐级细化分工，层层压实责任。制定《大水坑镇开展防止返贫动态监测和帮扶大排查工作方案》，动员镇、村、组所有干部和帮扶责任人，进村入户，及时排查因病因灾因意外事故等刚性支出较大或收入大幅缩减导致基本生活出现严重困难户，对排查出的7户24人，认真分析返贫致贫风险因素，及时在产业、就业、兜底保障、金融信贷、医疗教育等多方面给予政策支持，确保监测对象尽早消除返贫致贫风险。精准施策落实兜底保障，全面落实“六保”措施，确保大旱之年不减收。全镇享受城乡低保684户1188人，全年累计发放低保金520.01万元；五保户53人，发放补助资金55.82万元；2021年，临时救助305户460人，发放救助金127.79万元；发放退役军人重点优抚对象优抚金33.8万元，实现“应保尽保、应救尽救”。建成村级养老互助院2个、老年饭桌3个，留守老人生活品质不断改善。全年向残疾人发放两项补贴1429人1344279元，发放残疾人燃油补贴173人44980元。配合全县完成动态更新，大水坑镇完成1103人，新增残疾人55人。全面完成两险缴纳任务，完成养老保险缴纳8738人，完成比率达97.85%，医疗保险缴纳21227人，完成比率达98.27%。完成养老认证工作，2021年共计认证60岁以上老人922人，全年办理新增养老金享受人员172人。充分发挥敬老院、互助院典型引领带动作用，规范老年饭桌运营模式，新建兴盛社区老年人日间照料中心1处，打造“区级”残疾人扶贫基地1处，在石油社区建立“四点半课堂”为留守儿童服务。坚持提升基础教育质量，巩固“普九”成果，强化“控辍保学”工作，全面促进义务教育优质均衡发展，协助学生返校复学，对因残疾而无法到校上课的5名学生安排送教上门，通过公筹和自筹的方式资助了70余名大学生；同时，定期走访各学校，查看校园食堂卫生状况，整改卫生不达标食品经营店2户，全力守护好学生们“舌尖上的安全”。制定完善“村规民约”。紧紧围绕群众关心的热点问题，广泛听取村民意见建议，从遵纪守法、倡树新风、团结邻里、孝敬父母等方面，根据村情实际，有针对性地制定完善村规民约，使村规民约具体翔实，操作性强，对村民的行为习惯进行约定，实现群众自我教育、自我管理、自我服务。推动公共服务均衡发展。健全完善家庭医生签约等医疗卫生服务新模式，严格落实教育扶贫政策，确保不“因病因学”返贫。继续落实好金融扶贫政策，不断激发群众干事创业热情。争取扶贫专项资金1000万余元，新修岌岌峁村道2千米，硬化巷道10千米，修建排水边沟5千米，增设村道防滑设施13处；通过技能培训，输送务工人员8000人次以上。

【产业结构】 夯实壮大产业基础。持续深化土地承包流转经营模式，重点打造二道沟、马坊、东风、李伏渠集中连片示范区，提升土地使用效率；以产业支撑为依托，突出区域特色，建设宋堡子滩羊生态牧场、柳条井反季葡萄、蔬菜种植园，打造乡村文旅特色品牌，以优质产业基础，吸引社会资金投入，让老百姓在产业发展中实现增收致富。打造产业示范基地。紧密联系县滩羊集团和滩羊协会，发挥奋林农畜产品交易中心等龙头企业带动作用，不断完善“企业+合作社+贫困户”的利益联结机制，打通“互联网+”模式，拓宽销售渠道，打造特色优势品牌，壮大养殖规模，培育扶持规模以上滩羊养殖园区25个，500只以上的养殖大户52家、滩羊示范村3个、滩羊示范场2个，全镇滩羊饲养量达28万只。发展壮大村集体经济。以“强村带弱村、导师帮带制”行动为抓手，实现村集体经济发展与村干部绩效、群众致富、集体增收“三结合”，积极探索“党支部+公司+合作社+农户”发展模式，全镇所有行政村年内村集体经济经营性年收入均超过10万元。新建红井子、柳条井村集体经济项目，其中红井子村新建滩羊养殖圈舍1400平方米、储草棚400平方米，购买育肥滩羊400只；柳条井村新建标准化养殖场1处，普通羊棚2座、育肥羊棚1座，饲草料棚300平方米。运营好二道沟、宋堡子、新泉井村养殖合作社，马坊、东风、新建村农机合作社等村集体经济项目。

【项目建设】 实行项目班子成员包抓责任制，做好土地征用、项目协调等基本服务，有效推动社会投资落地动工。实施政府投资类项目4个，投资估算6550万元。续建大水坑镇公共租赁房二期项目，概算投资2800万元；筹措资金1600万元，实施裕民南街沿街平房低效土地利用改造工程；投资1500万元，实施步行街和综合市场道路、排水、外立面等基础设施改造项目；投资650万元，实施大水坑镇污水处理厂尾水回收利用人工湿地项目。部门实施项目4个，投资630万元，完成盐池县草原试验站宁夏农牧交错带温性草原生态系统定位观测研究站项目建设；投资230万元，由县供销社实施大水坑农业综合服务中心；自治区交通厅投资3300万元，实施309省道银百高速出口至201省道9千米连接线；县交通局投资1650万元，实施大水坑东南环路道路扩建工程2.85千米。企业投资项目6个，对大水坑镇原汽车站片区商业开发项目，估算投资3000万元；在英才街与兴民路新建宾馆及附属用房项目，估算投资1975万元；融盐公司投资7716万元，建设大水坑石膏产业扶贫基地综合服务区、汽修服务区、加油站等配套现代物流综合服务区项目；引进宁夏嘉泽环保有限公司投资4.2亿元，建设年处理钻井废弃泥浆、岩屑、油污泥180万立方米的油田废弃物资源再利用项目；宁夏德昌集团投资5亿元，续建德昌铁路物流园二期项目。

【生态环境】 持续开展农村人居环境整治。扎实开展秋冬季村庄清洁“百日提升”行动，成立农村人居环境整治工作领导小组，建立健全监督考核机制，重点做好农村“五清五改”“厕所革命”“门前三包”“美丽庭院”等工作，动员农户、公益岗、保洁员6000余人次参与环境整治行动，拆除农村危房及私搭乱建622间、残垣断壁5268米，清扫垃圾1.5万余吨，304户改厕任务全部完成。开展农村人居环境整治观摩评比活动，由村党支部书记自评，主要领导点评的方式，对先进村表扬、后进村激励，促进农村人居环境整治工作有效提升。不断完善监督检查机制。利用广场电子屏、微信公众号等新平台广泛宣传环境卫生知识，引导农户树牢环保意识；成立15个环境卫生整治督导组，建立完善主要领导负总责，包村领导主抓，包村干部、村组干部包抓的农村人居环境整治网格化管理机制，实行“日清扫、周检查、月评比、季通报、年表彰”督导制度，确保整治工作走深落实、落地见效。组建由农户、公益岗、保洁员组成的环境整治队伍，集中对农村生活垃圾、村内河沟杂物、畜禽养殖粪污等农业生产废弃物进行清理，实现环境卫生村村有人管、村村有人抓的可持续机制，形成“覆盖全面、层级分明、责任明晰、管理高效”的村庄环境卫生治理体系。全面推进“林田河草”综合治理。强化草原禁牧巡查执法力量，充分发挥248名护林员管护作用，配备禁牧执法车辆2辆，实行一周七天全天候禁牧巡查工作，持续加大封山禁牧力度。完成主干道路绿化、荒山造林、村庄绿化0.63万亩，补植补造1.2万亩，柠条平茬12万亩，草原生态修复1.1万亩。坚持“河长制”长效机制，全面开展巡河、治河、护河工作。完成摆宴井、莎草湾小流域治理0.62万亩，维修加固洪漫坝117道，建设前指自然村梯田0.1万亩，改善农民生产生活条件，全面提升区域水土保持和环境质量。打好“四权”改革“攻坚战”。抢抓黄河流域生态保护和高质量发展先行区建设机遇，把发力点聚焦到山林、土地、水等不动产上，在节水增效、盘活增值、降污增效、植树增绿上做文章，尤其是把山林资源作为农村环境的刚性约束，选定5个村示范引领先行先试。

【党的建设】 坚持党建引领，着力夯实基层基础。持续深化基层党建“六项行动”和农村党建“一抓两整”示范县、乡创建，统筹推进各领域基层党建工作。完成镇村换届工作，坚持把纪律规矩挺在前，切实选好用好各年龄段干部，镇、村（社区）“两委”班子换届实现学历年龄“一升一降”，领导班子结构不断优化。强化党员队伍建设，扎实开展农村发展党员违规违纪问题排查整顿工作，乡镇已完成初步认定工作；培养村级后备干部75名、致富带头人227名，储备入党申请人员71名、积极分子106名，新发展党员20名，年度党员发展任务全部完成。积极开展“导师帮带制”试点工作，先后开展联建联学活动60余次。精心打造党建示范点，积极探索“党建+X”内核外延，按照“一个支部一个特色”的工作思路，着力打造宋堡子村生态牧场、马坊村农机服务合作社、宁夏巨拓石膏实业有限公司等党建示范点，党建引领产业发展作用不断强化。坚持问题导向，全面抓好整改落实。坚持提高政治站位，积极认领中央、自治区、市、县巡视巡察反馈问题18个、贯彻落实习近平总书记对宁夏重要指示批示精神“回头看”自查问题18个、2020年度基层党建述职评议中查摆问题4个，制定各类整改措施249条，全部整改完毕。

惠安堡镇

【党史学习教育】 扎实开展党史学习教育，开展领导班子读书班1期，中心组理论学习10期，党员集中学习36期，各支部按照学习计划，每月开展1次集中学习和交流研讨。通过采取线上＋线下、集中学习＋上门送学、主题宣讲＋交流研讨、文化活动＋知识竞赛相结合的学习方式，做到规定动作和自选动作同步抓，把日常工作和党史学习教育有机融合，以群众需求为导向，结合“我为群众办实事”专项行动，已办理维修硬化生产道路、实施村庄绿化、解决黄花用工等实事40件。发展壮大村集体经济，采取“党建＋”发展模式，抓好惠苑村饲草料中心，杨儿庄、大坝、狼布掌、杜记沟黄花合作社等集体经济发展，利用好杜记沟黄花晾晒场、大坝村冷库等往年实施的村集体经济项目，通过流转、租赁等方式持续为村集体经济创收。新建四股泉、杏树梁村肉牛养殖场，入栏肉牛136头，实施隰宁堡村山羊养殖项目，入栏山羊452只，年内所有村集体经济经营性收入超过10万元。

【乡村振兴】 深入排查走访。发动镇、村、组干部开展防止返贫大排查4次，广泛入户宣传《2021年巩固拓展脱贫攻坚成果同乡村振兴有效衔接惠农政策三十八条》，引导各村围绕县级主导产业，形成“一村一特”产业发展格局，及时兑付“一村一特”补贴资金89.7万元。强化帮扶措施。对排查出的全镇10户29人“低收入人口”采取定期监测，动态管理，制定一户一策，采取“普惠＋特惠”方式对“低收入人口”实施精准帮扶，兑现低收入人口帮扶资金13.5万元。实施雨露计划项目，兑现117户雨露计划补助资金36万元。运用预警监测系统对农户进行预警监测，确保不出现规模性返贫。落实金融扶贫政策。全面落实脱贫人口5万元以下免担保、免抵押贷款贴息政策，共向791户脱贫户投放小额信贷3595万元，为脱贫户小额信贷贴息80.6万元。大力宣传，推动脱贫户购买防贫保实现“全覆盖”。大力实施“百万移民致富提升”行动。整合投入1482万元实施3个移民安置点基础设施建设和改造工程，安置移民公益岗8人；在惠苑村、杨儿庄务工移民新村维修新建生活污水处理设施工程各1处；在杨儿庄务工移民新村维修混凝土巷道2.5千米；为萌城安置点购买化粪抽渣车1辆；在惠苑移民新村新建护坡3400平方米，加强基础设施建设。

【特色产业】 稳固滩羊产业。培育滩羊生态牧场5家，其中萌城生态牧场，实现3个自然村5000只滩羊出户入园。全镇滩羊饲养量稳定在35万只以上。拓展黄花产业。打造万亩黄花绿色标准化种植示范基地1个，黄花产业园冷鲜生产线投入使用，黄花产业采摘、存贮、销售三大难题有效破解。黄花留床面积稳定在2.2万亩左右，产值达1.5亿元。培育肉牛产业。争取4500万元资金，对惠苑村养殖园区E区进行改造，引进融禾农牧业公司，采取“党支部＋企业＋农户”联农带农养殖新模式，带动群众发展肉牛养殖，入园肉牛2200头，其中村集体发展肉牛养殖200头。全镇肉（奶）牛存栏达到9800余头。打造2个万亩牧草产业示范基地，优质牧草种植面积稳定在8万亩。推动第三产业发展。依托上峰集团、四股泉煤矿等规模以上工业企业，为近千名农村劳动力就近务工增收创造条件。银西高铁、银百高速等重点项目建成投运，交通区位优势进一步扩大，商贸物流等配套服务行业迎来新发展机遇，镇区商户、快递代收点、餐厅等经营实体数量扩增至1200余家。全镇城乡居民人均可支配收入分别达2.99万元和1.4万元，年均增长率稳定在10%以上。

【生态治理】 坚持生态优先，大力实施禁牧还绿、造林增绿、产业兴绿工程。全面实施绿化造林，采取标段造林、自主造林、庭院经济三种模式，共实施春季造林1万亩，发动群众自栽自育经果林4万株，基本实现宜林地段应绿尽绿，其中高铁站以东集中连片造林5000亩。大力推进环境卫生整治，坚持把农村人居环境整治作为推动乡村振兴的首场硬仗，采取“日常考核+月度考核”方式，每月一督查，一月一排名，逐级定责问效。建立完善积分超市、红黑榜、村规民约等环境卫生治理长效机制，奖优罚劣，压茬推进，并通过培育示范组、示范户等形式，发动群众广泛参与，全面推动村庄“五清一改”整治。评选评定环境卫生示范组32个，美丽庭院示范户105户，实施农户改厕280余户，村组人居环境较以往有较大幅度改善。持续巩固环保督察整改成效，反馈问题已全部整改销号，并长期坚持。协助吴忠市生态环境局盐池分局开展“散乱污”企业清理整治，巩固萌城矿区治理成果，常态化开展苦水河等跨界河沟污染防治行动，加强河道管理。

【民生保障】 持续抓好就业帮扶工作，通过就业培训、发放务工补贴、安置公益性岗位以及协调镇区企业定向帮扶提供就业岗位等方式，全力保障就业稳定，安置护林员、网格员、巡河员等农村公益性岗位400余个，实现就业转移6000人次。加快推进基础设施建设，以乡村振兴示范村为重点，整合资金3450万元，实施狼二组美丽村庄、集中排污以及惠苑、杨儿庄、萌城等移民村基础设施提升项目。硬化杏树梁、老盐池等村组道路32千米，村组硬件设施进一步改善。常态化开展疫情防控，压紧压实四级网格管理责任，强化对镇区超市、宾馆、药店等重点区域严格管控，加强疫情防控宣传，累计发放宣传材料1.5万余份，悬挂横幅标语300余条，群众疫情防控意识明显提高。全力推动疫苗接种工作，完成新冠疫苗第一针接种12102人次、第二针接种12251人次。加强群众生活保障，加大对低收入、困难、残疾等特殊群体摸排力度，按照应纳尽纳的原则，全部纳入低保进行保障，2021年，新纳入低保33人、临时救助125人。特殊群体和城乡居民医保缴纳工作稳步开展，电子医保注册率达95%。深入推进基层审批执法力量改革，完成“五办四中心”人员隶转和挂牌运行。对民生服务中心进行改造提升，整合税务、市场监管、户籍管理等业务，设置5个综合窗口和1个户籍窗口、3个税务窗口，并明确145项服务事项，面向群众办事服务。15个村(社区)服务事项代办点实现全覆盖，村级代办员全部配备到位，规范“一站式”服务办理事项，切实提升村级代办服务能力。加强文化队伍和阵地建设，新建9个村级综合文化服务中心并投入使用，组织开展庆祝中国共产党成立100周年知识竞赛、演讲比赛、讲党课、主题宣讲及文艺演出165场次，15个新时代文明实践站、所主阵地作用充分发挥。推进法治政府建设，大力学习宣传贯彻习近平法治思想，开展专题讲座2次，专题培训班1次。抓好“八五”普法工作，倡导群众树立法治思维。维护基层社会稳定，着力推行“三调联动”“村官”“法官双助理”调解机制，实行领导接访制度，全年排查化解各类矛盾纠纷312起，接访7批次9人次，办理全国政法队伍教育整顿中央第四督导组转办信访件3件，办理“12345”便民服务平台事项141件，办结率、满意率均达到100%。依法加强新时代民族工作，深入学习贯彻中央民族工作会议精神，扎实推进民族团结进步创建工作，铸牢中华民族共同体意识。全力抓好安全生产工作，深入开展安全生产三年专项行动，针对企业开展专项督查检查81次。落实路长制，开展道路交通隐患排查30余次，全镇安全形势稳步向好。积极推动文明城市创建任务落实，加强新闻舆论引导，做到文明创建深入人心，转发信息200余条，发放宣传折页、海报等5000余份。加快推进“四权”改革，高质量完成5020户35.8万亩承包地的确权登记颁证工作，全面开展林权登记、规范林权流转，完成26万亩集体林地确权，确权、颁证率达99%，有序流转土地3.9万亩。

【党的建设】 强化党建制度落实，持续巩固“三大三强”行动、“两个带头人”工程成果，严格落实“三会一课”、主题党日、“四议两公开”等制度。强化“一抓两整”，打造四星级党组织3个、三星级党组织6个。深入实施“导师帮带制”，确定3对帮带党组织，制定帮带目标及任务清单，开展帮带活动18次。建立村级后备人才档案信息库，及时调整村级后备力量73名。组织动员3名大专以下学历的村党组织书记、村委会主任参加学历提升行动。完成换届工作，召开中国共产党惠安堡镇第十四次代表大会，完成党委换届工作。完成人大、政府、工会、妇联换届工作。利用村(社区)“两委”换届契机，将一批年纪轻、学历高、能力强、素质优的后备力量换进村(社区)“两委”班子，新一届班子在学历和年龄上实现了“一升一降”。下派1名事业单位工作人员任村党支部书记，推动7个村实现“一肩挑”，进一步夯实基层战斗堡垒。深入开展农村发展党员违规违纪问题排查整顿工作，对纳入排查范围的79名农村党员进行“背对背”2轮细致排查，建立问题台账，10月底全面完成排查整顿。增强基层治理实效，建立完善“四级网格化”基层治理体系，压实疫情防控、矛盾纠纷化解、返贫动态监测等责任，确定党员中心户33户，联系1109名群众，及时解决群众操心事、烦心事、揪心事。常态化开展“六个先锋”示范引领行动，累计评选“六个先锋”示范户133户，大力推广“红六条”“积分超市”经验，推动全镇村风、民风持续好转。

【从严治党】 常态化开展提醒约谈，坚持监督检查、提醒约谈就是关心关爱党员干部的原则，落实“一书三册一本”制度。2021年，镇党委班子成员、村干部共签订党风廉政建设责任书33份，累计提醒约谈27次，责令3名村干部作出检查，协助镇党委对新任职的村干部进行集体廉政谈话，筑牢思想防线。强化“3+1清单”制度落实，建立健全党委主体责任、监督责任及班子成员一岗双责清单130个，问题清单8个、问责清单2个，督促15个支部全部建立支部“三个清单”，各村紧盯廉政风险点，严格落实三个清单，全面整改落实。严格落实形式主义、官僚主义突出问题自查自纠工作，从领导班子成员、各站所负责人、党员干部、村干部四个层面，自查自纠形式主义、官僚主义突出问题，建立问题整改台账、明确整改责任人和整改时限，共查出存在问题4条，全部整改销号。全面规范财务管理，聘请第三方公司对近年政府财务进行自查自纠，并针对自查出问题建立整改台账，逐项限时整改，进一步建立完善内控制度。修订完善惠安堡镇干部考勤、下乡、请销假制度等领导干部管理制度，持续转变工作作风。加强对村务的监督管理。深入开展工程建设和政府采购领域突出问题专项治理，梳理限额以上项目7个，限额以下项目3个，开展政府自查5次，共计查出工程建设项目和政府采购领域存在验收、决算工作滞后及档案资料不完善等16个问题，现已全部整改到位。

高沙窝镇

【概况】 2021年，高沙窝镇紧扣“12345”工作思路，即始终坚持高质量发展一条主线，牢牢把握巩固拓展脱贫攻坚成果同乡村振兴有效衔接两大任务，突出做好高标准重点小城镇提速推进、特色产业提质增效、人居环境提档升级“三篇文章”，大力实施百万移民致富提升、城乡居民收入提升、基础教育质量提升、全民健康水平提升四大提升，扎实推进重点项目、特色产业、生态建设、社会治理、民生保障“五大工程”，制定了《高沙窝镇2021年重点工作任务分工及责任落实进度表》，对梳理归纳的17类33项重点工作任务逐项明确包抓领导、任务目标、措施要求、完成时限，做到挂图作战、对表推进。农民人均可支配收入15400元，同比增长10%以上。

【党史学习教育】 认真组织开展党史学习教育，组织发动全镇376名党员全员参与，创新推出“4456”工作机制，确保党史学习教育走深走实。全镇先后开展党课宣讲90余场次，送学送服务18场次，组织赴盐池革命烈士纪念园接受红色教育1次，在镇新时代文明实践所开展各类教育20场次，受教育人数达500余人次。认真开展“我为群众办实事”活动，帮助群众解决产业发展、教育医疗、扶贫帮困等实事80件。

【乡村振兴】 严格落实“四个不摘”要求，充分运用“四级网格”“红黄绿”三色动态预警管控机制，常态化开展“四查四补”，组织226名帮扶责任人，大力开展脱贫攻坚“回头看”工作，聚焦低收入人口、特困人员、因病因灾刚性支出较大等民生保障重点及“两不愁三保障”和安全饮水问题，对潜在返贫致贫风险2户3人提前介入，严格落实帮扶部门一名副科级以上领导干部结对和镇、村、两级干部包扶机制，精准制定“一户一策”，为每户落实产业帮扶资金1.5万元，并协调对接种养殖专业合作社将产业帮扶资金进行托管，确保脱贫群众不返贫、边缘群众不致贫。同时，针对严重旱情灾害，组织119名网格员对4100多户进行“四查四补”大排查，加大“三类人口”帮扶力度，积极引导农户应对旱情不利因素，严格落实抗旱减灾“六保”政策，确保农民减产不减收。全镇共排查梳理各类问题13件，全部整改落实。累计跟进落实低保救助25户36人，临时救助共99户170人，其中乡镇68户117人，县级31户53人。组织外出务工3881人，累计收入达4290.35万元，并为外出务工人员全部购买防贫保险、“铁杆庄稼保”。安置公益岗位23个，其中，农村公益岗20人，城镇公益岗3人。完成扶贫小额信贷469户2345万元，互助资金放贷1293户2392.5万元。高标准完成“一村一特”产业验收及兑付工作，累计兑现资金642750元。另外，以乡村振兴示范村建设为切入点，大力推进乡村振兴战略，在巩固长流墩、大圪㙊示范村建设的基础上，高质量完成新增宝塔、施记圈2个示范村和高沙窝1个巩固提升示范村建设任务，为推动乡村全面振兴夯实基础。

【城镇建设】 紧扣宁夏能源枢纽中心、全自治区产城融合示范区、盐池脱贫攻坚巩固提升暨乡村振兴样板区“一心两区”建设目标，将高沙窝镇定位为以“滩羊+清洁能源”为主导的特色小城镇，按照一次规划、三年实施要求，规划实施项目82个，总投资94.39亿元。2021年开工建设镇区金沙街改造、道路服务中心等17个项目和镇域范记圈小流域综合治理、盐池县高沙窝镇取水口计量等16个项目，已完成投资24.1亿元，占总投资的25.5%。此外，高标准完成新修断头路、硬化集雨场等9个“一村一年一事”项目和村道建设等4个“一事一议”项目。

【产业发展】 推动工业经济转型升级。坚持走“工业强镇”路子，依托“三大工业园区”扩量提质，全力保障全县重大项目集中开工，支持推动宁夏汉唐能源50万吨/年甲醇制乙醇及产业链一体化项目、中能建120兆瓦光伏发电项目落地建设。三大园区先后入驻企业60余家，基本形成以光伏、煤化工及油气化工下游产业为主导的工业发展格局。狠抓产业结构调整。坚持“产城融合、农工互补、种养加结合、全产业链发展”的思路，围绕培育“高沙窝西红柿”特色品牌，成立高沙窝西红柿协会，新改建日光温室4座，维修完善32座，成立高沙窝西红柿产业协会，加快打造高沙窝、宝塔、大圪垯三大产业基地，实现户均增收4万元。围绕发展“滩羊+清洁能源”主导产业，采用农光互补理念，新建生态牧场5个，加快推进施记圈村集体生态牧场、绿牛饲草料配送中心等产加销一体化现代农业示范项目建设，完成宝塔生态牧场建设及人畜分离项目规划。围绕推进农业差异化发展，积极配合高标准完成生猪养殖基地规划编制，加快推进德明24万头生猪、华恒瑞农牧5万头法系种猪、福宝3万头生猪标准化养殖项目建设，带动李庄子村集体合作社及全镇散养户抱团发展。加快文旅融合发展。围绕全镇重点工作，开展各类文化活动26场次，组织群众参加县广场舞大赛并荣获三等奖。依托光伏示范园、兴武营、毛卜喇古城和明长城遗址资源优势，积极申报黄记台自然村宁夏特色旅游村项目，着力打造以黄记台光伏旅游村庄及民宿、兴武营边塞旅游村庄为重点乡村旅游观光线路，持续巩固兴武营全国重点旅游村成果。全力扶持高沙窝、大圪垯等村发展生态采摘休闲游，推动形成南部光伏科普体验游、北部乡村观光休闲游两大特色旅游带。

【生态治理】 完成村庄绿化1158亩，实施荒山造林、补植补造1.25万亩、草原生态修复1.42万亩、柠条平茬3万亩。不断充实镇、村两级禁牧力量，实行全天候禁牧，全力巩固封山禁牧封育成果。扎实推进“四权”改革，制定实施方案，建立工作清单，完成全镇3515户9.8万亩承包地的确权登记颁证工作，对2864户农村宅基地实现应登尽登，积极配合上级部门完成改革任务。坚持把人居环境整治作为乡村振兴首场“硬仗”来打，大力开展人居环境整治行动和2021年秋冬季村庄清洁整治百日提升行动，全面推行班子分片包村、干部包组联户，每周一督导、每月一考评，考评结果直接与年终考核、奖补资金和干部绩效“三个挂钩”，以超常规举措抓整治、建机制、严管理。具体推进中，严格按照“原生态、高标准、低成本、有特色”的思路，科学组织开展“五清”“六化”大整治，集中打造了3个示范村、10个示范组、100个示范户，并探索建立党员干部带头、网格化管理、积分制激励、立体式宣传、“三包”责任倒逼“五种长效”机制，引导群众全程参与，着力实现由集中整治向长效保洁转变。累计拆除各类废旧建筑9940平方米以上，清理残垣断壁及乱堆乱放5000余处，硬化农村广场1400平方米，新修巷道14.8千米，增设300个垃圾箱，建成1处固废处理场，危窑危房改造16户，完成农村改厕191户，建设抗震宜居房10户，新建垃圾分拣中心4座，建成杂物存放点4处，安装透视围栏及景观围栏20360米、路灯477盏。

【乡村治理】 积极推进乡镇机构改革，按照人岗相适要求，制定制度、调配人员、整合队伍，率先完成基层整合审批服务执法力量工作。持续深化“四级网格化”社会治理模式，构建“党建+网格+警格”基层治理体系，整合综治、信访、公安、司法等资源，打造了乡村治理中心，推动乡村公共管理、公共服务、公共安全得到有效保障。深入推进文明创建工作，打造升级镇新时代文明实践所，新建新时代文明实践站5个，实现全镇10个村（社区）文化活动场所和新时代文明实践站全覆盖，镇民风教育基地被吴忠市列为“爱国主义教育基地”和“盐池县家庭婚姻文化教育基地”。深入推动志愿服务活动，累计注册志愿者920人，组织开展各类志愿服务活动150余场次，受益群众3000余人次。打造县级文明村1个，积极申报市级文明乡镇、市级文明村1个、市级民族团结进步示范村1个及县级民族团结进步示范村4个。深入开展矛盾纠纷排查化解工作，认真落实班子成员接访下访制度，共梳理各类矛盾纠纷75件，通过领导包案、定期推进、月末调度化解，化解51件，正在化解24件,初信初访案件全部就地妥善化解,全力打造平安乡镇。大力推进安全生产专项整治三年行动,多次组织召开安全生产联席会议,定期不定期对辖区企业开展安全生产大检查,开展安全生产检查100余次,排查整改隐患问题18个。结合“八五”普法工作,采取多种形式全方位开展安全生产教育活动。

【党的建设】 高质量完成村(社区)“两委”换届工作,实现了“一降一升”,完成镇党委、镇政府换届选举工作。大力推行导师帮带“一对一”培养机制,确立帮带导师3人,帮带党组织2对,创新探索建立村企联建机制,打造了村企联建示范点6个。积极开展“六个先锋”行动,先后评选出123户移风易俗等先锋示范户。持续深化“强村带弱村”结对机制,详细制定协同发展计划,明确发展目标6个,规划重点发展事项6项。扎实开展排查整顿农村发展党员违规违纪问题工作,严格步骤程序,组织推动实施。认真落实党风廉政建设责任制,坚持教育、监督、惩治“三个在先”,有效发挥监督保障执行、促进完善发展作用。修订完善《高沙窝镇干部职工管理制度》等8项制度,将干部教育管理抓在经常、严在日常。创新推行村务监督工作机制,推动村监会工作由“事后监督”向“全流程监督”转变。认真开展工程建设政府采购领域专项治理行动,通过定方案、列清单、压责任、强措施、抓整治,进行全面整改,并对涉及的相关人员进行了集体约谈。

青山乡

【党史学习教育】 紧紧围绕“学党史、悟思想、办实事、开新局”的总要求,聚焦主题主线,精心组织实施,高标扎实推进党史学习教育,设置宣传标语37个,公众号定期推送党史学习内容18期,开展专题讲党课12场次,集中学习测试9场次,撰写心得体会200余篇,开展送学上门活动50场次。在“七一”来临之际,发放政治生日贺卡420张,简笔画、书法等文艺作品300余份,为民办实事131件。推行“党员暖心服务圈”,建立党员服务圈100个,开展环境治理、志愿服务等100余次,真正实现“电话一响、党员就来,微信在线、随叫随到”。

【党的建设】 扎实推进全面从严治党。制定完善《青山乡2021年全面从严治党责任清单》,明确党委主体责任清单22项、监督责任清单19项。成立工程建设政府采购等重点领域突出问题专项治理工作专班,紧紧围绕工程建设政府采购等重点,找问题、抓整改,确保专项治理工作取得实效排查7个问题全部整改完成。积极开展廉政风险排查工作,聚焦乡村两级干部“关键少数”,从源头上加强监督管理。运用监督执纪“四种形态”,提醒谈话56人,1名党员正在审理中。持续加强基层组织建设。深入开展“三大三强”行动,实施“两个带头人工程”,选培村级后备干部24名、致富带头人16名,培育党群共富示范基地5个,着力推动“一村一品”产业发展与基层党建工作站有效融合。全力抓好发展党员工作,发展入党积极分子20名,发展对象7名,预备党员13名,优化党员结构,保证发展党员工作的延续性。建立“党建+村集体+村干部+农民”的村集体经济发展模式,把农民增收和集体增利结合起来,不断吸引村民入股,旺四滩投资30万元对养殖园区进行提升改造,建设滩羊跑道1000米,新建青贮池3座;郝记台村投资112万元,村集体经济合作社流转土地500亩,种植优质牧草等经济作物,打造优质牧草生产基地;投资400万元,建设畜牧微量元素营养性舔砖加工项目,项目建成后,每年为村集体增加经济收入达20万元,全乡各村村集体经济实现多元化、规模化、引领化发展,既联合抱团,也差异互补。全乡8个村集体经济经营性收入全部突破10万元。深入开展“强村带弱村、先进村带后进村”行动，由乡党委副书记、纪委书记帮带2名村党支部书记，5个先进村帮带3个后进村，制定帮带结对台账，因人因村制定帮带措施，及时调整了领导班子成员基层党建联系点，靠实党建联系点领导“一对一，点对点”的指导基层党组织建设工作。有序推动基层改革。成立由乡党委书记任组长、党委副书记任副组长、班子其他领导任成员的工作领导小组，多次召开乡党委和专题安排部署会议，制定成熟的改革方案，对内设岗位进行全面统筹设置。全乡设置“五办四中心”，核定行政人员编制18名、事业人员编制29名、聘用制人员1名，做到职责明确、分工到位。全面开展换届工作。及时制定工作方案，严格工作程序。通过多种形式大力宣传乡镇换届选举，组织干部认真学习贯彻落实“换届纪律十个严禁”，签订换届纪律承诺书300余份，开展谈心谈话270人，使严肃的换届纪律贯穿于整个换届选举工作全过程。选举产生101名乡党代表、10名出席中国共产党盐池县第十五次代表大会代表以及55名乡人大代表、13名出席盐池县第十八届人人民代表大会代表。

【乡村振兴】 产业基础不断夯实。采取“企业＋农户”“合作社＋农户”“协会＋农户”等发展模式，重点扶持以滩羊、小杂粮、中药材、优质牧草为主的特色产业发展。种植玉米4万余亩，马铃薯3200亩，瓜果蔬菜600余亩；存栏羊只14万余只，生猪1.4万余头，家禽2.8万羽，建设滩羊生态牧场7个。精准推动“一村一品”特色产业发展，扎实推进品牌强农发展战略，发挥盐池县芝麻香瓜产业发展协会统筹作用，在青山乡东四村扶持发展以“芝麻香瓜”为主的瓜果蔬菜类大拱棚，打造村级产业合作社8个，累计建成大拱棚836座(其中2021年新增39座)，成功注册“青山芝麻香瓜”商标，打造“青山芝麻香瓜”品牌，实现年产值700余万元，带动瓜农户均增收5万元以上，约占其年收入的50%。深入推进“一村一特”项目的实施，东四村发展大拱棚产业，西四村发展草畜产业。农民秋收谷子340亩，一年生优质牧草11000亩，玉米7000亩，荞麦50154.9亩。健全防止返贫动态监测机制。组织乡村两级干部、驻村工作队、帮扶责任人和乡村网格员逐村逐户逐人进行实地排查，深入开展脱贫攻坚“回头看”“四查四补”和防止返贫动态监测帮扶大排查工作，针对家庭人均可支配收入是否稳定超过监测范围，已消除风险监测对象撤掉帮扶措施是否仍然存在返贫风险，符合条件农户是否做到“应纳尽纳”“应消尽消”，是否存在体外循环等问题，认真分析潜在返贫致贫风险，及时落实产业帮扶、就业扶持、兜底保障、小额信贷等政策，切实在面上兜住防贫底线。精准开展帮扶。对排查出的8户突发疾病等严重困难户，建立防止返贫动态监测人员结对帮扶制度，8户动态监测人员均由1名帮扶单位实职负责人1名乡党委班子成员和1名村干部3人共同帮扶，因地制宜制订帮扶计划，做到早发现、早干预、早帮扶。全面落实稳岗就业。充分结合汪四滩村土地流转集约化、规模化发展，广泛宣传稳岗就业扶持政策，积极引导群众外出务工，并及时跟踪核实外出务工劳动力的岗位落实情况，建立专门台账，“一对一”跟踪服务。全乡农村劳动力转移就业3800人，其中脱贫劳动力和边缘户已外出务工人数1431人。大力实施百万移民致富提升行动。围绕产业、就业、社会融入3件事，加快推进产业发展、就业帮扶、基础建设等重点工作。在方山、旺四滩移民安置点各安排1名公益岗人员就近就地就业，公益岗人员已正常在岗2个月。同时，扶持奖励移民安置点5名自主创业和外出务工人员各给予一次性1000元的创业就业补贴，投资130万元扶持方山村搬迁点建设黑毛猪养殖基地一处，投资

620万元打造营盘台村红庄自然村闽宁示范村。逐步有效推进农村改革。认真做好“土地确权”收尾工作，收集化解因确权而引发的矛盾纠纷7件，申请分户20件，实地打点150余户。做好土地承包经营权流转管理工作，上半年新增加土地流转1800亩，完成交易鉴证500亩，剩余1300亩完善交易鉴证前期相关手续。强化农村集体“三资”管理，出台《青山乡村级财务内控管理制度》，使村级财务管理更加规范。抓好村级互助资金监管，全乡共评定A1类互助社6个、A2类互助社2个。2021年，8个扶贫互助社共发放借款1201户2191.5万元，其中建档立卡户借款517户868.2万元。抓好宅基地管理，核实确认审批地块属性，主动与有关部门对接做好备案。2021年共受理宅基地审批62件，审批34件。

【民生保障】 民生保障不断加强。坚持“应保尽保，应退必退”的原则，按时完成低保核查调整工作，全乡农村最低生活保障354户624人（其中新增34户49人，退出12户13人），特困供养36户36人，享受高龄津贴177户177人，发放残疾人护理补贴和生活补贴共计87.66万元，设立建档立卡贫困人口公益性岗位8人、城镇公益性岗位1人、乡村公益性岗位13人，“4050”人员社会保险补贴55人，医疗保险和社会养老保险达到全覆盖，民生保障持续增强。文体事业不断发展。举办青山乡第二届“香瓜节”，推介乡村“产业＋旅游”品牌，旅游产业影响力明显提升。积极开展庆祝建党100周年系列活动，开展红歌比赛、发放纪念章等多种主题鲜明、形式多样的活动，营造庆祝中国共产党百年华诞的浓厚氛围。全乡8个文化综合服务中心开展文化系列活动10余次，群众文化生活不断丰富。开展“真情连万家、文化惠民生”送戏下乡文艺演出11场次，深入推进各村文艺活动开展。卫生健康事业高质量发展。积极宣传健康扶贫、卫生健康相关政策，落实家庭医生签约服务。组织开展健康教育培训活动4场390人次，举办全国爱国卫生运动日活动9次，提高群众健康知识知晓率。全面推动“三项制度”落实，“少生快富”项目享受奖励扶助201人，享受独生子女保健费37人。孕前优生健康检查工作完成71对，占全年目标任务的61.7%。精神文明建设深入推进。利用微信公众号、新时代文明实践站（所）等思想理论与新闻舆论阵地，定期宣传习近平新时代中国特色社会主义思想，筑牢基层意识形态“根据地”。提升“红白理事会”地位，有效推动移风易俗工作向好开展。

【社会治理】 扫黑除恶专项斗争工作稳步推进。把扫黑除恶与惩治基层腐败、基层社会治理、民风建设有机结合，对辖区内交通领域、环境领域、油气开发领域、安全生产领域中发现的超载、超限大车绕行的违法行为、农村环境污染、安全隐患等乱点乱象问题，采取有效措施，全面有效整治。2021年接扫黑办转办案件2件，办结1件，剩余1件正在办理。开展矛盾纠纷“大走访、大排查、大化解”，共接收各类矛盾纠纷65件，调处办结55件，调处成功率85%。其中书记信箱转办信访件3件，已全部办结；矛盾纠纷排查34件，已化解33件，剩余1件正在调处；接待群众来访14件，已全部办结。接到信访局转办信访件10件，办结7件，剩余3件正在办结。社会治理深入开展。整合现有综治中心、民生服务中心、司法所、派出所、退伍军人服务站、社区戒毒康复中心6个方面资源，实行统一调配、统一安排、统一指挥，建立乡村六级网格体系，形成网格化管理、精细化服务、信息化支撑的乡村管理服务平台，集中管辖全乡8个行政村的综合治理、治安防控、司法服务、便民服务等于一体的综合为民服务，切实打通基层治理“神经末梢”和为民服务“最后一千米”，实现“小事不出村、大事不出乡、矛盾不上交”的工作目标。收到吴忠市“12345”转办投诉件16件，全部办结；在盐池县社会治理服务创新工作系统和吴忠市市域社会治理信息系统录入事件290件，全部办结；矛盾纠纷排查调处系统录入43件，全部办结。强化社会治安防范机制。查处“黄、赌、毒”，各类违法犯罪行为和犯罪分子。青山派出所接待群众报警202起，受理治安案件16起，查处16起，行政拘留10人。对全乡在册有吸毒史人员63人、刑满释放人员1人加强管理，把帮教工作落到实处。安装监控摄像头180余个，不断提高群众安全感。安全生产工作不断加强。及时制定完善《青山乡安全责任事故排查履职任务分工》和《青山乡突发公共事件应急预案》，开展全乡安全生产大检查10余次，严防安全事故发生。继续抓好安全生产专项整治三年行动，督促企业落实主体责任，切实防范化解安全生产风险隐患。成立乡森林草原防火工作领导小组，与8个行政村签订《森林草原防火责任书》，建立乡村两级森林草原防灭火扑火小队，组织3辆皮卡车针对清明节前后祭祀进行一周全天巡查。

【生态环境】 持续加大环境卫生整治力度。统筹山水林田湖草沙系统治理，结合创建全国文明城市，建设完成猫头梁、郝记台、旺四滩3个乡村振兴示范村建设任务。深入推进生态环境改善和农村环境卫生整治，完成春季造林面积1086亩，村庄绿化459亩，种植夏播柠条2000亩，补植补造10000亩，柠条平茬4万亩，林木抚育30万余株，实施9000亩草原生态修复项目，自主造林1100余亩。建立“五清、两建、四化、一改、一升”长效机制(即“五清”：清理农村生活垃圾、清理村内塘沟、清理畜禽养殖粪污等农业生产废弃物、清理残垣断壁、清理杂物，“两建”：对清理出的场地规划建设菜园、果园，“四化”：美化、亮化、绿化、硬化，“一改”：改变影响农村人居环境的不良习惯，“一升”：通过人居环境的改善，进一步倒逼群众素质的全面提升)，由表及里、查漏补缺，突出清理死角盲区。深入推行“积分奖励”和“门前三包”制度，建立“支部组织、群众参与、网格评议、乡风融合”的共建共享环境治理长效机制。深入开展2021年秋冬季村庄清洁整治百日提升行动，发动群众140人次，使用车辆43台，刷写标语75条，清理垃圾160吨，整治乱堆乱放110处，拆除废弃房屋20间，棚圈10间，拆除残垣断壁550米，推动村庄清洁行动常态化、制度化、持续化，实现农村人居环境再提升。探索融合发展途径。强化技术引进和技术指导，邀请农技专家到村、到户指导修剪树木，帮助群众熟练掌握果树修剪技能。借助天然生态植被和浅层沟坝水优势，计划经过3～5年治理3万余亩荒山、荒滩、沟坝，有序推进经果林规模化种植，逐步将雷记沟流域打造成为春夏旅游“杏花谷”。禁牧封育全面落实。积极落实禁止秸秆焚烧政策，扎实做好禁牧工作，及时调整充实禁牧工作人员，全面压实禁牧责任，累计发现偷牧放牧行为88次，累计罚款165100元。

冯记沟乡

【党史学习教育】 深入开展党史学习教育，推动党史学习教育不断走深走实。全年共开展党课宣讲23场次，组织新时代文明实践教育140场次，开展“我为群众办实事”活动，组织“霞光红”等志愿者服务队开展志愿服务120场次。推行导师帮带“一对一”培养机制，建立帮带师资库，培养储备优秀导师20人、帮带党组织2个，推荐帮带对象34人。以基层党建提升和村集体经济发展为重点，持续深化“强村带弱村”结对机制，不断拓宽村集体经济增收路径，推广“一村一策”，抓实“企村联建”，确保所有村集体经济均保持在30万元以上。

【项目建设】 以示范村建设为抓

手，聚焦优化升级，发展壮大产业，加快全乡经济高质量发展步伐。提质增效强产业。围绕做大主导产业和“一村一特”产业扶持项目，争取闽宁协作、中航油、中央彩票公益金等项目4260.42万元，提升马儿庄饲料加工厂、新建冯记沟生猪养殖场、回六庄美食文化苑、丁记掌节水滴灌带加工厂等一批村集体经济工程，培育滩羊养殖示范村11个，新建、扩建标准化滩羊养殖园区6个、肉牛养殖园区1个、生猪养殖园区1个，全乡滩羊饲养量保持在40万只、肉牛饲养量2000余头、生猪饲养量达2万头；种植玉米3万余亩，一年生优质牧草8万亩，黄花种植面积近3000亩，中药材种植面积1500亩，创新推出旱地集中连片种植，新建高标准农田7000亩，高效节水灌溉“马儿庄模式”向全区推广。依托优势促招商。借助资源、产业、区位优势，瞄准重点产业和关联项目，全方位、宽领域、多渠道开展产业链招商，引进投资近1.5亿元的马儿庄村天牧钰丰4000头奶牛养殖、投资1.2亿元冯记沟村米孚环保科技有限公司煤矸石深加工、投资1.8亿元苦水1.2万亩螺旋藻和投资4000万元平台村2000头肉牛项目，规划争取实施马儿庄、平台、回六庄生态休闲旅游开发，打造种养加游一体化、规模经营与个体发展相结合、生态效益与经济效益兼具的特色草畜产业发展示范区。千方百计促增收。积极探索“产业＋人才”发展模式，推进“人才链”与“产业链”深度融合，盯紧紧缺工种大力开展实用技术教育培训，培养村级后备力量和致富带头人103名，精准排摸各类项目用工需求，帮助200余名农民工优先就业，转移劳动力3840人，为3043人购买“铁杆庄稼保”，累计收入3916.8万元，逐步培养一支有文化、懂技术、能致富的乡土人才队伍。2021年，全乡农民人均可支配收入达到15544.3元，同比增长11.6%。

【美丽乡村】 以建设全域美丽乡村为目标，推进精准规划、精致建设、精细管理，打造生态之乡、美丽村庄、田园农居。用发展的眼光谋长远。坚持全域规划、连片打造、梯次推进、动态提升，坚持保护开发原则有效进行实用性村庄规划，推动“多规合一”，实现科学、持续、智能发展。完成金凤煤矿采煤塌陷区冯记沟乡政府驻地搬迁安置新址确定，资金洽谈、拆建评估、前期规划、方案拟定等工作，打造“六镇五矿”经济圈，重点围绕银西高铁惠安堡站，向黄河生态经济带上的银川、吴忠、惠安堡、青山等城镇辐射扩散，创造新的经济增长点，重点发展商贸服务业和交通物流业，成为我乡新的经济增长极，辐射带动其他村共同发展，促进全乡经济快速多元增收。用服务的角度固根本。高标准提升李新庄美丽村庄建设。新建军民团结广场1处，实施村庄道路硬化铺装10千米，安装路灯60盏，庭院绿化围栏1.3万米，墙面外保温改造2610平方米，实施叶儿庄、老庄子高效节水改造5500亩，新增调蓄灌溉能力33万立方米，总规模达1097万立方米。持续配合推进国能风电等重点项目顺利实施，国道338改线全程通车。用科学的管理推典型。以乡村综合治理为抓手，建成李新庄村乡村振兴体验馆，探索打造集资源管理、生态管理、资产管理等功能模块为系统的李新庄数字化乡村治理平台，逐渐形成“党建统领、联动治理、大数据应用、融合发展”的乡村治理格局，乡村治理向网格化、数字化、智能化方向转变。

【生态治理】 大力植绿添彩。全面提升生态系统质量和稳定性，深入实施山水林田湖草沙综合治理，实施冯记沟乡村庄绿化项目605.3亩、荒山造林5000亩、补植补造7000亩、柠条平茬1.5万亩、草原生态修复7000亩。实施雨强非煤矿坑回填复垦2700亩、水土流失治理3万亩、新增耕地1.8万亩、新增高效节水自动化灌溉5500亩，农村改厕任务全面完成，做好城乡生活垃圾分类工作，不断增强全社会生态保护意识。优化提升环境。以秋冬季村庄清洁整治百日提升行动为契机，高标准落实“十百千”示范村创建任务，大力实施“四清一改”行动，清理生活垃圾数量1820吨、村道沟渠数量4.1千米、畜禽养殖粪污等农业生产废弃物240吨、乱堆乱建130座、废弃房屋残垣断壁236处，危墙3460米，柴草堆423处，实施农户厕所改造项目287户。压实“四队一网”责任，借“三榜一通报”载体，广泛发动群众参与到村庄环境整治中，抓好常态保持和长效建立，推动人居环境从“一时美”到“长久美”。强化生态保护。树牢绿色发展理念，严守生态保护红线、环境质量底线和资源利用上限。继续开展污染防治攻坚战，持续改善空气质量，巩固扬尘防治、秸秆禁烧、燃煤小锅炉整治成果。高度重视污水处理问题，对石井坑、李新庄等3个污水处理厂实行统一管理。全力做好禁牧封育工作，严厉打击违规放牧行为，处置处罚98群次，严格落实草原生态保护补助奖励政策，发放退耕还林补助、退牧还草、耕地地力保护补助1200万元。

【民生保障】 完善常态化疫情防控体制机制，坚决落实“外防输入、内防反弹”防控措施。以网格为作战单元，由包村领导牵头，两委班子带动，以9个村（社区）为中心，划定56个网格片区，采取“零报告”“日报告”工作机制，确保第一时间掌握流动人员信息，对重点地区返盐人员全部分类落实管控措施，加大力度宣传疫苗接种，全乡疫苗接种全覆盖，着力构建党组织引领、党员带头、居民群众广泛参与的联防联控、群防群治防控体系。兜住保障底线。持续巩固脱贫成果，防止返贫致贫。识别纳入脱贫不稳定户1户2人，突发严重困难户3户10人，通过低保救助、务工奖励和产业托管等方式，力促收入稳固提升。共发放城乡最低生活保障、临时救灾救济、残疾人补贴等294万元，发放高龄补贴156人62.2万元。共发放妇女创业担保贷款582万元，基本医疗保险、大病保险、医疗救助和65岁以上老人免费体检实现全覆盖。全乡义务教育阶段适龄学生无一例辍学，为冯记沟小学资助维修改造费用9万元，为马凯等89名新入学贫困大学生发放“雨露计划”及“贫困助学金”12.8万元，推动教育水平全面改善，冯记沟小学被评为“全国国防教育示范学校”。优化治理效能。创新“四级网格化”治理方式，将全乡群众按照四级网格划分全部定位到相应的网格，确保人人都在网，每网都有格，全乡累计109名网格员，掌握群众动态、状况、生活等方方面面，坚持逐级上报。深入开展安全生产专项整治系列行动，杜绝各类安全生产事故发生。建设应急物资储备库，提高应急处置能力。严厉打击各类违法犯罪活动，加强食品药品安全监管，落实重大动物疫病防治，维护社会和谐稳定。弘扬民风建设。坚持把培育文明乡风、良好家风、淳朴民风作为重大工程，积极推进“婚俗改革”工作先行先试。以强记滩新时代文明实践站、冯记沟国防教育广场为教育基地，发挥“沙枣花艺术团”带动效应，结合党史学习教育，“三榜”“六个先锋”“优秀党员”“好媳妇”“好婆婆”“文明家庭”等先锋人物评选为载体开展文明实践、党史宣讲、志愿服务、政策宣传、文化活动、疫情防控等活动85场次。重点依托回六庄村创建民族乡村振兴试点乡，争创全国少数民族特色村寨（冯记沟乡回六庄村岔岱自然村），创建市级文明村镇1个，县级文明村镇5个，成功创建自治区文明乡镇。

【自身建设】 把党建抓在手上。全面完成党代会、人代会、团委、妇联及村（社区）“两委”换届工作。严格执行“三校三审”制度，充分利用“冯记沟乡党建”公众号发布信息286篇，主动公开政府信息46条，在各级各类媒体刊发新闻220余篇，黎明村变迁、回六庄笑脸积分等稿件在中央和区级媒体刊发，教育、引导、服务群众效果显著。把法治刻在心中。坚持依法行政，自觉接受人大法律监督及政协民主监督，高质量办理人大代表建议和政协委员提案9件。特邀选聘1名法律专家担任政府兼职法律顾问，依法行政水平不断提高。主动接受社会监督、舆论监督，不断提高政务公开质量。“12345”公众服务热线处理工单26件，办结群众投诉事项98件。规范政府决策程序，强化法治思维，以政府依法行政带动全社会更好尊法守法。把纪律挺在前面。严格落实中央八项规定及其实施细则精神，锲而不舍纠治“四风”，坚决杜绝形式主义、官僚主义。聚焦“落规、落地、落实、提升”的工作理念，大力弘扬埋头苦干、久久为功、善作善成的优良作风。坚持从严落实主体责任，深入推进政府系统党风廉政建设和反腐败斗争。紧盯重点领域和关键环节，强化财政监管、审计监督，推进财政资金、公共资源、重点工程和领导干部经济责任审计全覆盖。把权限放在基层。全面推行“四级网格化”治理方式，基层审批服务执法力量改革实现人在网格“走”、责在网格“定”、事在网格“办”，改革经验作为县级示范点在全区交流推广，建成李新庄村乡村振兴数字化展示馆1处，力促“党建统领、联动治理、大数据应用、融合发展”的乡村治理格局逐渐形成。

麻黄山乡

【概况】 2021年，麻黄山乡围绕实施乡村振兴战略“一个主题”，突出产业发展、基层治理“两个重点”，大力实施乡村建设、民生改善、生态环保“三大工程”，持续推进特色产业培育、基础设施完善、生态治理修复、民生保障改善、基层治理现代化五项重点工作，乡党委获评自治区先进基层党组织，李塬畔革命旧址先后被确定为自治区、市党史学习教育基地、市级爱国主义教育基地，李塬畔、何新庄村获评“宁夏首批特色旅游村”。

【党的建设】 扎实开展党史学习教育。以党史集中大讲堂、大走访、微宣讲、非遗“道情”等活动为载体，创新举办“红色基地学党史 忆苦思甜颂党恩”红色教育、文艺演出等活动13场次，解决下高窑牛场提质改造、黄羊岭村道路建设等“为民办实事”28件。基层党建水平全面推进。聚焦“基层党建全面提升年”任务要求，坚持问题导向，靶向精准施策，大力推进“一抓两整”示范乡创建，创建三星级党组织8个、四星级党组织3个，成功创建党建示范乡镇。深入开展“六个先锋”示范引领行动，评选出致富能手、崇文重教、移风易俗等先锋示范户299户。党员干部队伍建设持续加强。完成村“两委”换届工作，9个村实现村级负责人“一肩三挑”。培育致富带头人70余名，党委班子成员联系培养农村优秀人才18名，发展党员21名，储备入党积极分子23名。开展导师帮带工作，被帮带的3个党组织中，管记掌村集体经济收入突破15万元。大力实施“素质提升工程”，组织村干部、致富带头人、农村实用人才围绕肉牛养殖、乡村旅游、大接杏种植等内容培训30余期。组织阵地建设不断完善。从经费投入、责任落实等方面入手，加快推进村级组织活动场所建设，准确把握我乡各村基层党组织活动场所建设需求，呈报上级党委争取项目资金支持，实施李塬畔、何新庄等4个活动场所建设项目。集体经济收入稳步提高。采取“整合资源、捆绑发展、村村联动、区域连片”的方式，以“导师帮带制、强村带弱村”为抓手，下高窑、管记掌等村抱团发展、联合经营养殖肉牛，存栏量150头，集体经济收入达50万元，13个村集体经济经营性收入均突破10万元。全面从严治党纵深推进。认真履行党风廉政建设“两个责任”，围绕中心强化担当，驰而不息纠正

“四风”，力戒形式主义、官僚主义，持之以恒正风肃纪，坚定不移惩治腐败。围绕重点项目建设、乡村振兴示范村建设、农田水利建设等重点工作开展跟踪监督6次，办结信访案件21件，查办问题线索3件，立案查处1件，批评教育2人，党内警告1人。意识形态工作有序开展。严格落实“第一责任人”职责，将意识形态工作纳入重要议事日程、干部绩效考评、领导班子和领导干部目标管理，与业务工作同部署、同落实、同检查、同考核，全年召开党委会议4次研究意识形态和网络意识形态工作，与各支部签订意识形态工作责任书14份，自上而下将意识形态工作责任制落到实处，开展意识形态风险点排查4次，排查风险点27条，并逐一制定应对措施。

【产业发展】 大力发展主导产业。把培育和做大做强龙头作为引领主导产业壮大的重要抓手，通过“生态牧场引领＋小农户分散养殖”模式，滩羊饲养量稳定在26万只，采取“合作社＋基地＋企业＋农户”的产购销一体发展模式，小杂粮种植面积稳定在7万亩，全乡形成以农民专业合作社为引领、农户参与为支撑的现代农业发展新格局。积极培育特色种养。充分发挥大接杏协会引领带动作用，采取统一栽植、统一管理、统一包装、统一防治“四统一”经营机制和“线上＋线下”销售模式，拓宽销售渠道，实现由小农经济“单打独斗”转变为合作联营“聚集发展”，种植户户均增收5000元。采取“补助鼓励＋农户散养”方式，提升“农家土猪肉”品质，确保价格优势，黑毛猪饲养量1万余头。全面拓展文旅产业。立足“红色研学游＋乡村休闲游”定位，修复县委旧址、游击队旧址，完成红色记忆步道、采摘温棚、烧烤营地等设施，破解了“体验项目少、人气集聚难”的瓶颈，打造了李塬畔、何新庄、下高窑3个乡村振兴示范村，对内形成两日精品旅游路线，对外通过东干线、201省道双向对接全区游客，扶持培育农家乐6家，全年吸引游客4万余人次，旅游综合收入400余万元。深入挖掘红色资源。以麻黄山乡李塬畔村被中共中央组织部确立红色美丽村庄试点为抓手，整合各类资金1200余万元，完成李塬畔村红色美丽村庄建设，李塬畔村高质量美丽宜居村庄建设，宁夏工委唐平庄旧址窑洞党校、红色餐厅、民俗文化街建设，何新庄王道山休闲步道建设等项目，让红色资源形成集聚效应，红色教育基地品牌日益显现。2021年，李塬畔、唐平庄深入开展爱国主义、理想信念、革命传统教育，累计接待团体500多批次、6000多人次。

【生态治理】 生态建设成效显著。坚持“绿山头、美庭院”的工作思路，做到美丽村庄和美化庭院“两手抓”，累计造林5500亩，林木抚育7.5万亩，修复草原1.9万亩，栽植经果林1.6万株，村庄造林2000亩，发展大接杏等庭院经济1.5万株，见缝插绿、裸山植绿、绿化山头、美化庭院的乡村振兴画卷逐步展现。人居环境持续改善。创新推行“三包四色”落实机制，建立“党委书记＋政府乡长”包片、“班子成员＋党支部书记”包村、“村干部＋网格员”包组的三包责任体系，采取“周通报＋月考评”的方式，每月将各村卫生整治评定“绿、蓝、灰、红”4个等次进行动态管理，大力开展农村人居环境整治“十百千”行动，高标准创建卫生示范村3个、示范组15个、示范户100户，累计拆除破旧房屋186间，清理垃圾800余吨。生态环保工作不断抓实。着力开展蓝天碧水净土专项整治行动、农村环境综合治理、封山禁牧和农村“厕所革命”，排查油区油井、农家乐、养殖场40余家，建立问题台账，逐项整改销号，杜绝生产污染，现已全部整改完毕。建立河长制和河湖水域长效保护治理机制，对全乡18条河沟有效管理，乡、村两级河长及巡河员开展巡河工作5000余次，清理河道140余千米，河道环境质量得到明显改善。

【基础设施】 高标准编制乡村建设规划。突出田园风貌和产业特色，以基础设施、公共服务设施、村庄发展国土空间和产业发展预留空间为重点，分类推进乡村建设，完成松记水、下高窑等4个村“多规合一”实用性村庄规划编制工作。大力完善农文旅融合发展基础设施。积极谋划项目争取资金，实施李塬畔村传统村落保护，完善历史文物、古建筑的抢救性、保护性加固修缮。以“红色教育+乡村旅游”为主线，完成李塬畔村高质量美丽宜居村庄建设项目、李塬畔红色美丽村庄建设项目、宁夏工委唐平庄会议旧址公厕、雕塑项目、民俗文化街建设项目、何新庄王道山休闲步道建设项目。大力开展农村公益事业一事一议项目。建成李塬畔村广场和公厕一处。完成何新庄、下高窑村路灯安装221盏。新修管记掌、后洼、黄羊岭等村道4千米。新建何新庄、井滩子护坡5600平方米，改善乡村基础设施薄弱环节。大力实施开展农田水利项目。整合资金1100余万元，治理水土流失面积15.65平方千米，新推水平梯田7585亩，实施土壤深耕改良培肥8700亩，新修生产道路65千米，封禁治理面积1200余公顷，河沟整治10千米。

【民生保障】 巩固拓展脱贫攻坚成果。严格落实“四个不摘”要求，过渡期内保持现有帮扶政策、资金支持、帮扶力量总体稳定。健全防止返贫动态监测和帮扶机制，紧盯“两不愁、三保障”，深入开展“四查四补”等重点工作，组织返贫致贫风险点大排查2次，动态监测“三类人口”6户17人，通过产业托管分红、纳入低保等帮扶措施，全部实现收入稳定。社会保障惠及民生。聚焦留乡人员务工需求，帮助指导就近务工，农村劳动力转移就业3000余人。认真落实城乡居民最低生活保障制度等各类救助政策，加强动态管理，切实做到“应保尽保，应退尽退，阳光施保”。2021年，发放低保、临时救助等各类保障资金662万元，慈善救助12户9万元。全乡城乡居民基本医疗保险应参保缴费人数10628人，完成县政府下达的参保缴费任务。教育事业健康发展。认真做好控辍保学工作，麻黄山乡无脱贫户、监测户等群体出现子女辍学现象。广泛开展校园安全隐患排查治理工作和平安校园创建活动，加强学校“三防”建设。文旅事业繁荣发展。以创建全国文明城市为抓手，大力宣传社会主义核心价值观。打造唐平庄村书画大院，组建农民文艺团队13支，年内举办以“学党史、创文明”为主题的农民自编自演文艺活动15场次、拍摄《坚守》社会主义核心价值观宣传片1部。成立党员志愿者队伍13支，组建文艺宣传队4支，每月开展1～2个主题服务活动，用“百姓语”“家常话”讲好党的创新理论和身边榜样故事。卫生工作扎实推进。不断完善村标准化卫生室建设，13个村标准化卫生室和持证村医配备均实现了“全覆盖”。乡卫生医疗服务得到优化，全年开展健康扶贫知识讲座62场次，全面完成家庭医生签约服务工作，签约实现常住户全覆盖，医疗保险参合率达到100%。群团组织作用显著，乡团委大力推进职工文化建设，重新打造青年之家，规范化阵地建设，结合青年实际需求，不断拓展“青年之家”服务项目，丰富服务功能。深入实施“希望工程·圆梦计划”，筹资9.3万元资助应届困难大学生32名。全面落实妇女组织有关工作要求，发放妇女创业担保贷款58户651万元，切实解决了农村妇女发展产业资金短缺的问题。以“科普中国”推广应用为抓手，大力推进科普信息化工作，结合科普宣传进农村、进社区、进学校，大力宣传注册“科普中国”宣传员。退役军人服务工作有保障。创建全国示范性退役军人服务站，为退役军人、其他优抚对象登记优待证。高质量完成兵役登记目标任务。积极组织盘点装备器材,不断补齐阵地建设短板弱项，及时补充冬季作训服、军用棉大衣等物资，更好保障了各项工作有序开展。全年通报情报信息员上报调解处理各类矛盾纠纷20余起。就业创业扎实推进。组织已脱贫户参加县、乡技能培训,通过发放生活费补助、免学费等方式鼓励脱贫户主动参加职业技能培训;定期开展的“送技下乡”“乡村振兴”等专项培训行动，增强脱贫户家门口创业就业“造血”功能。完成技能培训1100人次，转移就业3748人,400余户1200人在外从事运输、餐饮等个体经营,帮助指导54人在巨拓公司、宁鲁石化等公司就近就业。

【基层治理】 围绕共建共治。深入推进基层整合审批服务执法力量改革,完成“五办四中心”机构设置、人员隶转和挂牌运行。全面推广“四级网格化”管理体系,全面开展乡风文明评议。持续巩固民族团结进步模范单位创建成果,成功创建何新庄、李塬畔2个市级民族团结示范村。围绕安全生产。全面落实安全生产责任制,不断加强森林防火、食品卫生、道路交通等重点领域专项整治,累计开展安全生产专题培训、演练22场次，全乡安全形势稳步向好，年内未发生重大安全生产事故。围绕平安建设。整合乡综合治理中心、村党群服务中心和“四级网格化”服务功能,实现德治、法治、自治“三治融合”,推动“乡村联动”，乡村治理效能不断增强。坚持和发展新时代“枫桥经验”,深入推进村组群防群治机制,实现对辖区社会治安全时段、全方位、全覆盖、多层次管控,乡村矛盾纠纷化解率达100%,连续5年获评无上访乡镇。围绕矛盾化解。不断强化乡村组“三级联动”矛盾纠纷调处机制,全面实行“五包一保”矛盾纠纷化解和“限时办结”和“办结答复”,不断加强普法宣传和教育，推动广大群众运用法治思维和依法、守法的方式解决各类矛盾和纠纷。借助县法院在冯记沟乡设立惠民诉讼服务站,适度推行“自治调解”,引导广大群众有序参与乡村治理,促进政府法理和村民自治良性互动，构建德治、法治、自治相结合的乡村治理体系。累计摸排各类矛盾纠纷60余件,现均得到有效及时处理。

【效能建设】 不断强化制度建设。全力强化制度建设,从制度上保证机关效能建设的有效性、规范性和长期性,认真落实《麻黄山乡“三重一大”决策制度》,进一步完善了《制度汇编》等32项工作制度,全面实行乡灶刷卡制、办公用品购买派单制和乡财务收支定期公示制度等一系列管理制度，做到用制度管人、用制度管权,干部作风明显改变，工作效率和群众满意率明显提高。持续提升服务能力。打造成立乡村治理中心,整合乡综治、民生、公安、司法等部门进行集中办公，探索创新基层社会治理。通过整合综治、信访、公安、司法、民政、社保等基层资源力量,打造协作配合、精干高效、便民利民的乡村治理中心,旨在为基层群众提供精简高效、集约统一的服务。着力推行政务公开。重点依托麻黄山乡政务公开平台,公开全乡推进疫情防控、脱贫富民、环境整治、社会救助、教育医疗卫生、灾害事故救援、食品药品安全、重大环境污染和生态破坏事件调查处理等重点工作的政策文件和调查处理结果，全年在盐池政府网公开政务信息68条,通过短信平台、微信群公开政务信息6000余条。

王乐井乡

【概况】 2021年,王乐井乡完成全乡地区生产总值5.5亿元,同比增长14%，农民人均可支配收入1.4万元,同比增长11%。排查纳入“三类人员”8户23人。累计培育滩羊养殖示范村21个;规模化养殖场(养殖园区、家庭牧场)56个,以种草养羊为主的滩羊养殖专业合作社28个,羊只饲养量稳定在42万只以上，存栏16万只,出栏26万只,以滩羊为主的畜牧业年产值2.3亿元。生猪存栏1.7万头,其中农户散养占40%,合作社和养殖大户占60%。

【党的建设】 聚焦庆祝中国共产党成立100周年和“基层党建提升年”,开展“一抓两整”示范创建,培养农村致富带头人97名,评选六个先锋示范户136户。扎实开展党史教育,解决群众“急难愁盼”问题132件。利用乡党校主阵地培训农村实用人才113名,柔性引进种养技术、规划编制、电商运营等农村急需专业人才16名。高质量打造文明实践站13处,实现文明实践站全覆盖。巩固提升党建工作站20个,丁记井“王香蜜”西甜瓜党建工作站、王吾岔生猪养殖党建工作站不断发挥效能。以“强村带弱村、导师帮带制”为抓手,坚持把特色产业、村干部收入、农民增收有机结合起来,力促集体经济结“硕果”,13个行政村经营性收入均达到10万元以上。压实乡村“六级责任”,推行“四级网格化”管理,创新推行“五户四联”网格化管理模式,常态化推行红黑榜通报、村规民约引导、文明积分管理机制,扎实开展平安乡村、法治乡村、数字乡村建设,着力构建“三治融合”乡村治理体系“大网络”。

【重点项目】 对接全县“六大产业”规划,坚持高标准规划引领乡村建设,做到“三个避免”即避免低层次导致重复建设、避免同质化导致千村一面、避免缺乏文化植入失去农村风貌,高标准完成“十里瓜廊”、重点村庄绿化、曾记畔红色美丽村庄、王乐井乡乡村旅游、西沟滩羊养殖园区、王乐井村实用型村庄等规划,形成示范村规划与专项规划有效衔接的规划体系。整合各类项目资金4400万元,集中打造曾记畔党史教育+红色研学+乡村体验、郑家堡村集体经济+特色采摘、牛记圈党支部+合作社+生态牧场3个特色鲜明乡村振兴示范村。整合中央彩票公益金、自治区衔接资金、县级财政资金1416万元,打造官滩、郑家堡、刘四渠、牛记圈4个生态牧场,新建养殖棚圈18座,配套基础设施。新建曾记畔红色大讲堂1处。投入闽宁资金450万元,新建王吾岔高标准日光温室15座。逐步走出一条以规模化养殖、标准化生产、产业化经营为重点的乡村振兴新路子。

【产业发展】 融入全县农业产业区域化布局,突出主导产业,整合各类资金,打造官滩、郑家堡现代化滩羊养殖园区4处,培育自治区级滩羊示范村2个、生态牧场9家,年滩羊出栏42万只,滩羊规模化养殖达60%,加强与宝丰集团、湖南中烟等企业和滩羊集团合作,培育线上销售新业态;以孙家楼12万头生猪养殖园区为龙头,抓好王吾岔等3个生猪养殖区规范化建设,实现年生猪饲养量8万头,逐步打造现代化生猪养殖全产业链。突出农旅融合,以郑家堡、刘四渠、王吾岔为重点,新建日光温室20座,完善生产、娱乐基础设施,发展以黄金小吊瓜、羊角蜜等为主的无公害绿色瓜果300亩,打造休闲度假、特色采摘等为一体的“十里瓜廊”示范种植基地;坚持农文旅融合发展,完善张家沟窑洞农家乐基础设施,打造佟记山窑洞9孔,启动曾记畔红色讲堂等一批重点项目,为打造“一带一路”四组团的乡村旅游布局奠定了良好基础。

【生态治理】 推进国土绿化行动,集中连片生态治理1.2万亩、柠条平茬5万亩,通过政府植面、群众植点完成村庄绿化1000亩、庭院经济7000株。发动群众投劳5000余人次,清理“三堆”4000余处3万余吨,拆除废旧房屋、猪棚440余座,完成农村改厕340户。既注重村庄环境“面子”,更注重群众庭院“里子”,采取项目补一点、群众出一点的方式,完成美丽庭院改造137户。拆违治乱腾退土地1000余亩,为实施“一村万树”工程奠定基础,有效推动农村增颜值、提品质、展新貌。

盐州路街道

【概况】 盐州路街道辖区面积13.13平方千米，下辖花园、芙蓉、利民、小井坑、南关、北关、龙辰、振兴、西苑、龙翔10个社区，辖区常住人口3.4万户、8.2万余人。街道党工委下设8个社区党委、2个社区党支部、1个机关党支部、16个网格党支部，有直管党员703人。2021年机构改革后，核定编制34个，现有在编在岗24人。街道领导班子成员5名，社区工作者63人，网格员56人，禁毒专干10人。2021年，盐州路街道党工委、办事处先后获得司法部坚持发展"枫桥经验"实现矛盾不上交试点工作表现突出集体、全国经济普查自治区级先进集体、全区"扫黄打非"先进基层示范标兵等奖项。

【党史学习教育】 开设"庭院式"党史课堂，邀请老党员、老干部讲家国故事，让党史学习教育接地气、聚人气。把"我为群众办实事"作为党史学习教育的落脚点，坚持从群众反映最强烈的道路破损、屋顶漏雨等具体问题入手，争取资金200余万元，完成民生"微实事"项目26个。积极筹措资金18.79万元，为91个老旧小区安装太阳能灯315盏。

【党的建设】 建立上下联动、一体化推进"四级网格化"管理新机制。深入实施"街道—社区—小区—楼栋""四级网格"管理机制，将全县195个小区划分为54个网格，街道班子成员、在职干部、社区工作者、专职网格员、禁毒专干、社区民警、网格协理员等7类人员全部进入网格，448名网格协理员全部"镶嵌"入网格，实现了城市党建、社会综合治理、民生服务等工作"一网通办"。建立横向到边、纵向到底"党建+综合治理"新机制。健全党组织设置，延伸党建工作触角。调整优化"街道党工委—社区党支部—网格党小组—党员楼栋长"党组织设置，建立大工委1个、社区联合党委10个、党支部19个、网格党小组54个，有力增强党组织"核心"功能。打造服务驿站，构建便民服务圈。在芙蓉园、清秀苑2个小区探索性地打造红色物业党群活动服务驿站；在东顺苑、龙辰苑等8个小区打造党群活动服务站；在10个社区建立新时代文明实践站，充分发挥"文明实践+"作用，依托主题党日、传统节日等，组织开展居民群众、党员广泛参与的系列活动，实现居民在"家门口"服务升级。健全联动机制，配置优化区域资源。深化"双向联系""双向服务""双向认领"机制，组织开展党员"戴党徽、亮身份"活动。全县124个机关、企事业单位1358名在职党员认领服务岗位或群众微心愿1560余件，下沉网格为民办实事2170余件。建立志愿服务、广泛参与的县域社会化综合治理新机制。深入实施积分超市志愿服务活动，建成10个社区积分超市，对自愿参与社会治安、公益美德服务事项的居民、党员等给予相应积分，鼓励居民参与社区治理。累计有3万余人次党员、居民通过参与小区基础设施建设、文明城市创建等志愿服务积分32.8万分。依托网格党群服务站点"矩阵"，实现政策通过网格宣传、民意通过网格收集、矛盾通过网格化解、措施通过网格落实，让网格成为党群"连心桥"。先后排查矛盾纠纷511件，调处496件，调处率为97%；政法云反馈事件320件，办理309件，办结率96.6%；接受"12345"便民服务平台工单130件，办结121件，办结率为93.1%。

【疫情防控】 按照"预案在先、及时响应、联合处置、精准施措"的原则，筑牢疫情防控前沿。构建扁平化指挥体系。完善"四级网格"防控体系，实行"定人、定楼、定岗、定责"管控机制，将108个机关企事业单位干部职工、153名街道社区干部及448名网格协理员全部下沉一线、划分到点，切实将防控责任压实到人。实行多类别精细管控。创新疫情防控"三个四"工作法，建立"五表四码一台账”工作机制,“每日工作提示单”等，确保取得疫情防控阻击战的胜利。开展立体化正向引导。坚持多渠道、立体化宣传覆盖模式,实时推送疫情防控知识与权威资讯。建立居家健康监测“五包一”联系制度,制作便民服务卡1000张,及时收集居民生活物资需求,为管控居民提供快递送达、物资采购、垃圾收运等各类服务。加大疫苗接种宣传动员工作，完成一剂疫苗接种57859人，二剂疫苗接种58667人。

【文明城市创建】 在责任体系上，对照创城实地考察点位标准(社区9项、小区8项),成立创城工作专班,按照“定领导、定任务、定进度、定责任”的要求“打桩定位”,建立分片包抓及“一小区一方案一台账”工作机制,确保创城工作稳步推进。在宣传引导上,依托社区、小区展板、宣传栏等制作创建文明城市宣传喷绘；在微信公众号建立创城专栏，推送创城“小贴士”、新闻动态等78篇,着力提高居民群众对创城工作的知晓率、满意度。在基础设施改善上，对25个居民小区实施硬化8200平方米、绿化4.8万平方米；新建凉亭2个、小区活动房2个、购买健身器材42件;为老旧小区更换楼道照明灯9806盏;划设小区机动、非机动车停车位8815个、购买安装灭火器4238个,对117栋楼强弱电线进行整治。新增便民服务信息张贴栏288块、制作消防检查记录卡7000余张,常态化做好非机动车辆乱停乱放劝导、整治,完成创城测评验收工作。

【民生保障】 抓就业稳收入,不断激活增收“新动能”。积极协调县就业创业和人才服务中心,安置公益性岗位18人。对接需求招工企业或个体私营户，先后为盐池美雅滩羊裘皮有限公司、灵芝手工饺子加工部等公司输送劳动就业人员120余人。为城镇长期失业人员、残疾人员、退伍军人、戒毒康复、刑满释放等人员进行就业困难认定。抓培训提技能,不断拓宽增收“新渠道”。积极协调县就业创业和人才服务中心,针对辖区低保户、零就业家庭、就业困难家庭,先后举办中式面点师、编织、烹饪、育婴、形象设计等培训班6期700余人。抓分配强基础,不断织密增收“保障网”。按照“应保尽保、分类施保”的原则,每月核查低收入家庭经济状况和生活情况，全面做到底数清、情况明。2021年共有低保858户1380人，月保障金额为68.5万元;临时救助48户72人14.8万元;残疾人957人，享受两项补贴753人，发放两项补贴89.5万元;为28名易肇事肇祸精神病人按照每人216元的标准购买了保险。

【廉政建设】 从关键环节着手,不断加强廉政建设。认真落实党工委书记第一责任人职责和领导班子成员“一岗双责”。党工委会上坚持做到违法违纪案件通报必学、各类督查问题反馈必学、各领域专项整治方案必学，使全体干部时刻绷紧廉政之弦。开展提醒约谈16次,开展对社区廉政建设的督查检查3次,层层传导压力,切实改进作风，努力推动各项工作落实。从监督问效着手,不断提升工作质效。结合党史学习教育、文明城市创建等重点工作，建立了街道“一周一调度”、社区“一周一安排”、小区“一日一督查”的“三级会议”制度,建立街道领导班子成员包片、机关干部包社区工作机制，确保各项工作部署及时传达落实。

荣　誉

先进集体

国家级先进集体名录

【全国脱贫攻坚先进集体】

盐池县

颁奖单位：中国共产党中央委员会　中华人民共和国国务院

【2017—2020 年度平安中国建设示范县】

盐池县

颁奖单位：平安中国建设协调小组

【第七次全国人口普查先进集体】

盐池县第七次全国人口普查领导小组办公室

颁奖单位：国务院第七次全国人口普查领导小组

【2018—2020 年全国计划生育优质服务先进单位】

盐池县

颁奖单位：中华人民共和国国家卫生健康委员会

【全国残疾人工作先进单位】

盐池县人民政府残疾人工作委员会

颁奖单位：国务院残疾人工作委员会

【第 20 届全国青年文明号】

盐池县政务服务中心

颁奖单位：共青团中央等 23 部门

【全国巾帼建功先进集体】

盐池县卫生健康局

颁奖单位：　中华全国妇女联合会

【中华人民共和国第十四届运动会群众展演广播体操一等奖】

盐池县花马池镇、盐池县教育体育局

颁奖单位：国家体育总局

【全国体育系统先进集体】

盐池县教育体育局

颁奖单位：人力资源和社会保障部　国家体育总局

【全民科学素质工作先进集体】

盐池县科学技术协会

颁奖单位：中国科协

【2016—2020 年全国普法工作先进单位】

盐池县人大常委会办公室

颁奖单位：全面依法治国委员会

【全国小微企业个体工商户专业市场党建工作表现突出集体】

盐池县市场监督管理局

颁奖单位：国家市场监督管理总局

【全国水利扶贫先进集体】

盐池县水务局

颁奖单位：水利部

【盐池毛泽民红军小学获“传承红色基因赓续红色血脉”先进单位】

盐池县大水坑二小

颁奖单位：中国关心下一代工作委员会、全国妇联、中国妇女网、中国红军小学建设工程发展促进会、全国红军小学建设工程理事会

自治区级先进集体名录

【全区脱贫攻坚先进集体】

盐池县花马池镇

盐池县高沙窝镇

盐池县青山乡

盐池县王乐井乡

盐池县教育体育局

盐池县乡村振兴局

盐池县冯记沟乡

盐池县马儿庄村

盐池县税务局

颁奖单位：自治区党委、自治区人民政府

【2020年度自治区效能目标管理考核结果良好等次】

盐池县工业园区管委会

颁奖单位：自治区党委办公厅、自治区人民政府办公厅

【全区先进基层党组织】

盐池县花马池镇四墩子村党支部

盐池县惠安堡镇狼布掌村党支部

盐池县麻黄山乡党委

盐池县滩羊产业发展集团有限公司党支部

颁奖单位：自治区党委

【科学技术进步二等奖(宁夏主要粮食作物病虫草害农药减量控害技术示范推广项目)】

盐池县农业技术推广服务中心

颁奖单位：自治区人民政府

【2020年度自治区污染防治攻坚战成效考核优秀等级】

盐池县

颁奖单位：自治区党委办公厅、自治区人民政府办公厅

【全区“七五”普法工作先进集体】

盐池县宣传部

盐池县司法局

颁奖单位：自治区党委、自治区人民政府

【全区双拥模范城(县)】

盐池县

颁奖单位：自治区党委、自治区人民政府　宁夏军区

【2020年度自治区效能目标管理考核结果优秀等次】

盐池县

颁奖单位：自治区党委办公厅、自治区人民政府办公厅

【2020年度党委信息报送全区考核第一名】

盐池县委办

颁奖单位：自治区党委办公厅

【2020年度全区政务信息工作先进集体】

盐池县政府办

颁奖单位：自治区人民政府办公厅

【2020年度实施乡村振兴战略先进集体一等奖】

盐池县

颁奖单位：自治区党委农村工作领导小组

【2020年度自治区安全生产工作成绩突出集体】

盐池县

颁奖单位：自治区安全生产委员会

【移风易俗工作先进县】

盐池县

颁奖单位：自治区精神文明建设指导委员会

【精神文明建设先进集体】

盐池县文明办

颁奖单位：自治区精神文明建设指导委员会

【自治区文明村镇】

盐池县麻黄山乡麻黄山村

盐池县大水坑镇新泉井村

颁奖单位:自治区精神文明建设指导委员会

【移风易俗工作先进村镇】

盐池县青山乡

盐池县大水坑镇裕民社区

颁奖单位:自治区精神文明建设指导委员会

【自治区文明单位】

盐池县市场监督管理局

盐池县司法局

颁奖单位:自治区精神文明建设指导委员会

【移风易俗工作先进红白理事会】

盐池县惠安堡镇杨儿庄村红白理事会

颁奖单位:自治区精神文明建设指导委员会

【自治区未成年人思想道德建设先进单位】

盐池县科学技术协会

颁奖单位:自治区精神文明建设指导委员会

【2020年度平安县(区)】

盐池县政法委

颁奖单位:平安宁夏建设协调小组

【全区扫黑除恶专项斗争先进集体】

盐池县政法委

颁奖单位:自治区扫黑除恶专项斗争领导小组

【2020年度全区农田水利基本建设“黄河杯”竞赛二等奖】

盐池县农业农村局

颁奖单位:自治区农田水利基本建设指挥部

【2020年度健康宁夏建设考核一等奖】

盐池县卫健局

颁奖单位:自治区健康宁夏建设领导小组

【2020年度住房保障工作目标责任考核一等奖】

盐池县住建局

颁奖单位:自治区推进新型城镇化工作领导小组

【地方志工作考评县级优秀一等奖】

盐池县党史研究室

颁奖单位:自治区地方志编审委员会

【全区组织系统信息工作先进单位】

盐池县委组织部

颁奖单位:中共宁夏回族自治区委组织部

【应急管理(安全生产)工作先进集体】

盐池县应急管理局

颁奖单位:自治区安全生产委员会办公室、自治区应急管理指挥部、自治区应急管理厅

【全区第七次全国人口普查先进集体】

盐池县大水坑镇

盐池县盐州路街道

盐池县青山乡

盐池县公安局治安管理大队

颁奖单位:自治区第七次全国人口普查领导小组办公室

【2020年度全区公立医院绩效考核二级综合类优秀等次】

盐池县县医院

颁奖单位:宁夏回族自治区公立医院管理委员会办公室

【全区优秀公安局】

盐池县公安局

颁奖单位:自治区公安厅

【全区公安机关优秀基层单位】

盐池县公安局

颁奖单位:自治区公安厅

【全区公安机关扫黑除恶专项斗争集体嘉奖】

盐池县公安局扫黑办

颁奖单位:自治区公安厅

【全区供销合作社系统2020年度综合业绩考核工作一等奖】

盐池县供销社

颁奖单位:自治区供销社

【2020年全区教育工作先进单位】

盐池县教体局

颁奖单位:自治区教工委、教育厅

【全区教育系统庆祝中国共产党成立100周年系列活动优秀组织奖】

盐池县教体局

颁奖单位:自治区教工委、教育厅

【第六届全国学生“学宪法 讲宪法”活动宁夏赛区暨宪法卫士学习优秀组织单位奖】

盐池县教体局

颁奖单位:教育厅办公室

【全区教育系统先进基层党组织】

盐池县教体局

颁奖单位:自治区教工委、教育厅党组

【盐池县2019年R&D经费投入强度较上年增幅山区县第二名】

盐池县科技局

颁奖单位:自治区财政厅、科技厅

【盐池县2020年农业科技进步贡献考评山区县第一名】

盐池县科技局

颁奖单位:自治区财政厅、科技厅

【“乡味宁夏”特色农产品微视频宣传大赛一等奖】

盐池县融盐公司

颁奖单位:自治区农业农村厅

【2020年县级审计机关审计项目三等级】

盐池县审计局

颁奖单位:自治区审计厅

【农村饮水安全脱贫攻坚先进集体】

盐池县水务局

颁奖单位:自治区水利厅

【2020年度全区水土保持目标责任考核优秀】

盐池县水务局

颁奖单位:自治区水利厅

【“阅宁夏鉴优品”飞跃2021全民电商节先进集体】

盐池县投资促进服务中心

颁奖单位:自治区商务厅、自治区财政厅

【2020年度全区消防救援队伍先进大队】

盐池县消防大队

颁奖单位:宁夏消防救援总队

【2020年度全区消防救援队伍先进基层党组织】

盐池县消防大队

颁奖单位:宁夏消防救援总队

【自然资源执法先进单位】

盐池县自然资源局

颁奖单位:自治区自然资源厅

【国土“三调”先进单位】

盐池县

颁奖单位:自治区自然资源厅

【全区自然资源系统扫黑除恶专项斗争先进单位】

盐池县自然资源局

颁奖单位:自治区自然资源厅

【先进基层党组织】

盐池县供电公司

颁奖单位:自治区国资委党委

吴忠市级先进集体名录

【2021年度全市法院先进集体】

盐池县高沙窝法庭

颁奖单位:吴忠市中级人民法院

【2021年吴忠市公安局大数据建模大赛组织奖】

盐池县公安局

颁奖单位:吴忠市公安局

【全市公安机关警务实战大比武团体第三名】

盐池县公安局

颁奖单位:吴忠市公安局

【集体三等功】

盐池县公安局治安大队

盐池县公安局法制大队

颁奖单位:吴忠市公安局

【集体嘉奖】

盐池县公安局

盐池县公安局高沙窝派出所

颁奖单位:吴忠市公安局

【2021年全市禁毒工作先进集体】

盐池县大水坑镇人民政府

颁奖单位:吴忠市禁毒委员会

【庆祝中国共产党成立100周年“永远跟党走 幸福生活舞起来”全区广场舞复赛(吴忠市赛区)暨2021年吴忠市广场舞大赛二等奖】

盐池县大水坑镇裕民社区

盐池县委宣传部

颁奖单位:中共吴忠市委宣传部、吴忠市文明办、吴忠市文化旅游体育广电局

【我身边的战疫模范】

盐池县青山乡党委

盐池县委组织部

颁奖单位:中共吴忠市委员会、吴忠市人民政府

【优秀宣讲品牌】

盐池县青山乡党委

颁奖单位:中共吴忠市委宣传部

【2019—2022年度吴忠市级文明村镇】

盐池县青山乡人民政府

颁奖单位:吴忠市文明委

【全市先进基层党组织】

盐池县退役军人事务局

盐池县中医院党支部

盐池县第一幼儿园党支部

盐池县大水坑镇东风村党支部

颁奖单位:中共吴忠市委员会

【庆祝中国共产党成立100周年“颂歌献给党——全市劳动者之歌”合唱大赛优秀组织奖】

盐池县总工会

颁奖单位:吴忠市总工会、吴忠市文化旅游体育广电局

【全市“安康杯”知识竞赛团队二等奖】

盐池县总工会

颁奖单位:吴忠市总工会

【全市组织系统“学党史、强业务、提能力”知识竞赛二等奖】

盐池县委组织部

颁奖单位:中共吴忠市委组织部

【“讲好红色基因 传承红色基因”第四届基层理论“微宣讲”大赛优秀组织奖】

盐池县委宣传部

颁奖单位:吴忠市党史学习教育办公室 吴忠市委宣传部

【2021年优秀宣讲品牌“移动大讲堂”】

盐池县委宣传部

颁奖单位:中共吴忠市委宣传部

【2021年优秀宣讲品牌“三先基层宣讲团开路”】

盐池县委宣传部

颁奖单位:中共吴忠市委宣传部

【2021年优秀红色宣讲品牌“红色宣讲团”】

盐池县委宣传部

颁奖单位:中共吴忠市委宣传部

【“爱鸟周征文活动优秀组织奖”】

共青团盐池县委会

颁奖单位:吴忠市团委、吴忠市少工委

盐池县级先进集体名录

【2021年效能目标管理责任制考核工作】

1.乡镇

优秀等次(4个)

盐池县花马池镇

盐池县青山乡

盐池县麻黄山乡

盐池县大水坑镇

良好等次（4个）

盐池县惠安堡镇

盐池县冯记沟乡

盐池县王乐井乡

盐池县高沙窝镇

2.县直部门

优秀等次（28个）

盐池县委办公室（档案馆）

盐池县委组织部

盐池县人大常委会办公室

盐池县政协办公室

盐池县纪委监委（巡察办）

盐池县委政法委（综治办）

盐池县科学技术协会

盐池县总工会

盐池县残疾人联合会

盐池县财政局

盐池县农业农村局

盐池县发展和改革局

盐池县水务局

盐池县乡村振兴局

盐池县政府办公室

盐池县教育体育局

盐池县文化旅游广电局

盐池县人力资源和社会保障局

盐池县公安局

盐池县卫生健康局

盐池县信访局

盐池县政务服务中心

盐池县滩羊集团

盐池县融媒体中心

盐池县县医院

盐池县融盐公司

盐池县医保中心

盐池县社保中心

良好等次（39个）

盐池县委宣传部

盐池县委统战部（宗教局）

盐池县委政研室

盐池县委党史研究室

盐池县委编办

盐池县委网信办

盐池县盐州路街道党工委

盐池县委党校

共青团盐池县委员会

盐池县妇女联合会

盐池县工商联

盐池县文联

盐池县红十字会

盐池县自然资源局

盐池县住房和城乡建设局

盐池县科学技术局

盐池县交通运输局

盐池县审计局

盐池县市场监督管理局

盐池县退伍军人事务局

盐池县民政局

盐池县应急管理局

盐池县司法局

盐池县医疗保障局

盐池县审批服务管理局

盐池县统计局

盐池县就业中心

盐池县投资促进服务中心

盐池县机关事务服务中心

盐池县中医院

盐池县消防大队

盐池县交警大队
盐池县资能中心
盐池县城管大队
盐池县交通运输综合执法大队
盐池县农机中心
盐池县农经站
盐池县供销社
盐池县公路段

3.区市驻盐部门

支持地方经济社会发展突出贡献部门(4个)

盐池县税务局
盐池县气象局
盐池县供电公司
盐池县农村商业银行

支持地方经济社会发展成绩优秀部门(6个)

盐池县电信公司
盐池县水务公司县中队
盐池县人民银行
盐池县住房公积金中心
盐池县工商银行
盐池县农业银行

4.村级(社区)工作

优秀村(26个)

花马池镇皖记沟村
花马池镇红沟梁村
花马池镇沟沿村
花马池镇北塘新村
花马池镇长城村
大水坑镇二道沟村
大水坑镇马坊村
大水坑镇东风村
大水坑镇新泉井村
惠安堡镇狼布掌村
惠安堡镇杨儿庄村
惠安堡镇惠安堡村
高沙窝镇长流墩村
高沙窝镇大圪垯村
高沙窝镇宝塔村
王乐井乡边记洼村
王乐井乡曾记畔村
王乐井乡刘四渠村
青山乡旺四滩村
青山乡猫头梁村
青山乡青山村
冯记沟乡马儿庄村
冯记沟乡回六庄村
麻黄山乡何新庄村
麻黄山乡李塬畔村
麻黄山乡下高窑村

优秀社区(5个)

盐州路街道芙蓉社区
盐州路街道龙翔社区
盐州路街道利民社区
花马池镇南苑社区
大水坑镇裕民社区

【落实效能目标责任制考核项目工作任务成绩突出的部门】

一、创新驱动战略

1.高质量发展(六大产业)

一等奖

盐池县发展和改革局
盐池县惠安堡镇

二等奖

盐池县委办公室
盐池县工业园区管理委员会
盐池县麻黄山乡

三等奖

盐池县科学技术局

盐池县农业农村局
盐池县投资促进服务中心
盐池县冯记沟乡

2.工业经济运行

一等奖
盐池县工业园区管理委员会
盐池县发展和改革局
二等奖
盐池县统计局
盐池县科学技术局
盐池县资源能源开发服务中心
三等奖
盐池县财政局
盐池县自然资源局
盐池县审批服务管理局
盐池县投资促进服务中心

3.争项目争资金

一等奖
盐池县发展和改革局
盐池县财政局
二等奖
盐池县住房和城乡建设局
盐池县农业农村局
盐池县乡村振兴局
三等奖
盐池县交通运输局
盐池县教育体育局
盐池县医疗保障局
盐池县文化旅游广电局

4.重点项目建设

一等奖
盐池县工业园区管理委员会
盐池县发展和改革局
二等奖
盐池县政府办公室
盐池县住房和城乡建设局
盐池县高沙窝镇
三等奖
吴忠市生态环境局盐池分局
盐池县资源能源开发服务中心
盐池县花马池镇
盐池县大水坑镇

5.招商引资工作

一等奖
盐池县工业园区管理委员会
盐池县投资促进服务中心
二等奖
盐池县发展和改革局
盐池县农业农村局
盐池县资源能源开发服务中心
三等奖
盐池县文化旅游广电局
盐池县科学技术局
盐池县自然资源局
盐池县工商联

6.全县工业经济“龙头骨干企业”

宁夏宁鲁石化有限公司
宁夏金裕海化工有限公司
宁夏盐池马斯特能源有限公司
宁夏深燃众源天然气有限公司
宁夏天利丰能源利用有限公司

7.全县工业经济“纳税领军企业”

中民光扶(宁夏)投资有限公司
国家能源集团宁夏煤业有限责任公司金凤煤矿
宁夏宝丰能源集团股份有限公司四股泉煤矿
宁夏宁鲁石化有限公司
宁夏深燃众源天然气有限公司

二、维护政治稳定

1.平安建设

一等奖

盐池县公安局

二等奖

盐池县政府办公室

盐池县卫生健康局

三等奖

盐池县花马池镇

盐池县大水坑镇

盐池县王乐井乡

2.综合治理

一等奖

盐池县委政法委

二等奖

盐池县委办公室

盐池县委组织部

三等奖

盐池县司法局

盐池县农业农村局

盐池县人力资源和社会保障局

3.扫黑除恶

一等奖

盐池县扫黑办

二等奖

盐池县纪委监委

盐池县人民检察院

三等奖

盐池县人民法院

盐池县自然资源局

盐池县冯记沟乡

4.信访工作责任目标考核成绩突出乡镇(部门)

(1)乡镇、街道

一等奖

盐池县大水坑镇

二等奖

盐池县冯记沟乡

盐池县高沙窝镇

三等奖

盐池县青山乡

盐池县麻黄山乡

盐池县盐州路街道

(2)部门

一等奖

盐池县信访局

二等奖

盐池县人力资源和社会保障局

盐池县住房和城乡建设局

盐池县自然资源局

三等奖

盐池县发展和改革局

盐池县公安局

盐池县民政局

5.信访工作责任目标考核成绩突出村(社区)

一等奖

花马池镇佟记圈村

花马池镇沙边子村

花马池镇裕兴村

花马池镇田记掌村

花马池镇李华台村

花马池镇东塘村

花马池镇红沟梁村

花马池镇冒寨子村

花马池镇硝池子村

花马池镇郭记沟村

大水坑镇新泉井村
大水坑镇李伏渠村
大水坑镇王新庄村
大水坑镇新桥村
大水坑镇莎草湾村
大水坑镇马坊村
大水坑镇二道沟村
大水坑镇东风村
大水坑镇向阳村
惠安堡镇杏树梁
惠安堡镇四股泉村
惠安堡镇大坝村
高沙窝镇大疙瘩村
高沙窝镇营西村
高沙窝镇宝塔村
王乐井乡官滩村
高沙窝镇曾记畔村
高沙窝镇狼洞沟村
青山乡营盘台村
冯记沟乡雨强村
麻黄山乡松记水村
麻黄山乡后洼村
麻黄山乡井滩子村
麻黄山乡唐平庄村
麻黄山乡管记掌村
麻黄山乡李塬畔村

二等奖

花马池镇惠泽村
花马池镇柳杨堡村
花马池镇李记沟村
花马池镇芨芨沟村
花马池镇北塘新村
大水坑镇摆宴井村
大水坑镇新建村
大水坑镇大水坑村
惠安堡镇惠安堡村
惠安堡镇杨儿庄村
惠安堡镇狼步掌村
高沙窝镇高沙窝村
高沙窝镇李庄子村
高沙窝镇长流墩村
高沙窝镇二步坑村
王乐井乡边记洼村
王乐井乡石山子村
王乐井乡双疙瘩村
青山乡青山村
冯记沟乡冯记沟村
冯记沟乡暴记春村
冯记沟乡平台村
冯记沟乡马儿庄村
冯记沟乡汪水塘村
麻黄山乡麻黄山村
麻黄山乡黄羊岭村
麻黄山乡沙崾岘村
麻黄山乡胶泥湾村
麻黄山乡包塬村
盐州路街道北关社区
盐州路街道振兴社区
盐州路街道利民社区
盐州路街道南关社区
盐州路街道龙辰社区
盐州路街道花园社区
盐州路街道龙翔社区
盐州路街道西苑社区
盐州路街道小井坑社区

6.治理拖欠农民工工资工作

一等奖

盐池县人力资源和社会保障局

二等奖

盐池县信访局

盐池县花马池镇

盐池县住房和城乡建设局

三等奖

盐池县惠安堡镇

盐池县高沙窝镇

盐池县公安局

盐池县人民法院

盐池县农业农村局

三、党建综合工作

1.组织工作

一等奖

盐池县委办公室

二等奖

盐池县人力资源和社会保障局

盐池县发展和改革局

三等奖

盐池县青山乡

盐池县王乐井乡

2.宣传思想文化工作

一等奖

盐池县委宣传部

二等奖

盐池县冯记沟乡

盐池县大水坑镇

三等奖

盐池县文化旅游广电局

盐池县融媒体中心

3.民族团结进步创建先进集体

一等奖

盐池县冯记沟乡

二等奖

盐池县人力资源和社会保障局

盐池县市场监督管理局

三等奖

盐池县退役军人事务局

盐池县总工会

四、群团工作

一等奖

盐池县委组织部

二等奖

盐池县团委

盐池县总工会

三等奖

盐池县残联

盐池县妇联

五、全面推进河湖长制

一等奖

盐池县水务局

二等奖

盐池县大水坑镇

盐池县麻黄山乡

盐池县青山乡

三等奖

盐池县惠安堡镇

盐池县花马池镇

盐池县王乐井乡

六、安全生产工作

一等奖

盐池县应急管理局

盐池县公安局

二等奖

盐池县花马池镇

盐池县工业园区管理委员会

盐池县自然资源局

三等奖

盐池县冯记沟乡

盐池县住房和城乡建设局

盐池县消防救援大队

宁夏天利丰能源利用有限公司

宁夏宝丰能源集团股份有限公司四股泉煤矿

七、食品安全工作

一等奖

盐池县市场监督管理局

二等奖

盐池县教育体育局

盐池县农业农村局

三等奖

盐池县花马池镇

盐池县高沙窝镇

盐池县冯记沟乡

八、生态环保和生态绿化建设工作

一等奖

盐池县麻黄山乡

盐池县自然资源局

二等奖

盐池县大水坑镇

盐池县王乐井乡

盐池县惠安堡镇

三等奖

盐池县青山乡

盐池县住房和城乡建设局

盐池县农业农村局

盐池县教育体育局

九、卫生健康和疫情防控工作

1.卫生工作先进集体

一等奖

盐池县中医院

盐池县疾控中心

二等奖

盐池县花马池镇卫生院

盐池县卫生监督所

盐池县城关社区服务中心

三等奖

盐池县妇幼保健所

盐池县高沙窝镇中心卫生院

盐池县惠安堡镇卫生院

盐池县麻黄山乡卫生院

2.疫情防控先进集体

一等奖

盐池县盐州路街道

盐池县惠安堡镇

盐池县公安局

盐池县卫生健康局

二等奖

盐池县大水坑镇

盐池县冯记沟乡

盐池县委宣传部

盐池县市场监督管理局

盐池县交通运输局

盐池县县医院

三等奖

盐池县青山乡

盐池县麻黄山乡

盐池县纪委监委

盐池县委办公室

盐池县委组织部

盐池县委政法委

盐池县政府办公室

盐池县发展和改革局

十、推进“四大提升”行动

1.百万移民致富提升行动

一等奖

盐池县花马池镇

盐池县乡村振兴局

二等奖

盐池县惠安堡镇

盐池县冯记沟乡

盐池县农业农村局

三等奖

盐池县青山乡

盐池县麻黄山乡

盐池县住房和城乡建设局

盐池县交通运输局

吴忠市生态环境局盐池分局

盐池县就业中心

2.城乡居民收入提升行动

一等奖

盐池县人力资源和社会保障局

盐池县农业农村局

二等奖

盐池县发展和改革局

盐池县调查队

盐池县统计局

盐池县就业中心

三等奖

盐池县盐州路街道

盐池县花马池镇

盐池县大水坑镇

盐池县高沙窝镇

盐池县农经站

盐池县融媒体中心

3.基础教育质量提升行动

一等奖

盐池县教育体育局

盐池县财政局

二等奖

盐池县发展和改革局

盐池县花马池镇

盐池县大水坑镇

三等奖

盐池县第三中学

盐池县第四中学

盐池县第六小学

盐池县惠安堡中心小学

盐池县第六幼儿园

4.全民健康水平提升行动

一等奖

盐池县花马池镇

盐池县县医院

二等奖

盐池县高沙窝镇

盐池县财政局

盐池县教育体育局

三等奖

盐池县王乐井乡

盐池县住房和城乡建设局

盐池县医疗保障局

盐池县农村局

盐池县文化旅游广电局

十一、创建全国文明城市

一等奖

盐池县住房和城乡建设局

盐池县公安局

盐池县盐州路街道

盐池县王乐井乡

二等奖

盐池县委宣传部

盐池县委政法委

盐池县教育体育局

盐池县财政局

盐池县市场监督管理局

盐池县审批服务管理局

盐池县花马池镇

盐池县青山乡

三等奖

盐池县纪委监委

盐池县委办公室

盐池县人大常委会办公室

盐池县政府办公室

盐池县政协办公室

盐池县委组织部

盐池县人力资源和社会保障局

盐池县退役军人事务局

盐池县交通运输局

盐池县惠安堡镇

盐池县高沙窝镇

盐池县麻黄山乡

优秀单位

盐池县卫生健康局

盐池县民政局

盐池县科学技术局

盐池县医疗保障局

盐池县统计局

盐池县农业农村局

盐池县乡村振兴局

盐池县科协

盐池县总工会

盐池县城管大队

盐池县交警大队

盐池县政务服务中心

盐池县中医院

盐池县县医院

盐池县滩羊集团

盐池县农业银行

十二、乡村振兴工作

1.乡镇

一等奖

盐池县惠安堡镇

盐池县冯记沟乡

盐池县花马池镇

盐池县王乐井乡

二等奖

盐池县麻黄山乡

盐池县高沙窝镇

盐池县青山乡

盐池县大水坑镇

2.部门及单位

一等奖

盐池县委组织部

盐池县委宣传部

盐池县农业农村局

盐池县乡村振兴局

盐池县发展和改革局

盐池县财政局

二等奖

盐池县农村商业银行

盐池县中民融盐扶贫担保有限公司

宁夏滩羊产业发展集团有限公司

盐池县马儿庄村祥源种植养殖专业合作社

盐池县郭记沟农机服务专业合作社

宁夏绿牛生态产业开发有限公司

十三、全域旅游示范县创建工作

一等奖

盐池县文化旅游广电局

盐池县花马池镇

二等奖

盐池县王乐井乡

盐池县交通运输局

盐池县昫盐文化旅游服务有限公司

三等奖

盐池县麻黄山乡

盐池县投资促进服务中心

盐池县高沙窝镇

盐池县青山乡

盐池县大水坑镇

十四、农田水利基本建设工作

一等奖

盐池县麻黄山乡

盐池县惠安堡镇

二等奖

盐池县冯记沟乡

盐池县花马池镇

盐池县王乐井乡

三等奖

盐池县大水坑镇

盐池县青山乡

盐池县农业农村局

盐池县水务局

盐池县长盐资源服务有限公司

十五、“一村一年一事”工作

花马池镇四墩子村

花马池镇佟记圈村

花马池镇柳杨堡村

大水坑镇王新庄村

大水坑镇柳条井村

惠安堡镇惠苑村

大水坑镇杜记沟村

大水坑镇狼步掌村

高沙窝镇李庄子村

高沙窝镇南梁村

高沙窝镇施记圈村

王乐井乡双圪垯村

高沙窝镇郑家堡村

青山乡方山村

青山乡旺四滩村

青山乡郝记台村

冯记沟乡汪水塘村

【盐池县第十八批县级文明单位】

盐池县委网信办

盐池县委编办

盐池县委党史和地方志研究室

盐池县审批服务管理局

盐池县盐州路街道办事处

吴忠市生态环境局盐池分局

盐池县城市管理综合执法大队

盐池县融媒体中心

盐池县草原实验站

盐池县人民医院

盐池县妇幼保健计划生育服务中心

盐池县卫生计生监督所

盐池县融盐国有资本投资运营有限公司

盐池县长盐资源开发服务有限公司

盐池县融盐检测有限公司

盐池县应急救援协会

【县级文明社区】

盐池县大水坑镇石油社区

【党建工作示范乡镇】

盐池县大水坑镇人民政府

【扶贫工作先进村】

盐池县大水坑镇马坊村

【全县五四红旗团(工)委】

大水坑镇团委

【2021年度农业农村工作先进集体】

盐池县惠安堡镇

先进个人

国家级先进个人

【全国脱贫攻坚先进个人】

郭　状　盐池县乡村振兴局

杨　锋　盐池县惠安堡镇狼布掌村

颁奖单位：中国共产党中央委员会　中华人民共和国国务院

省(部)级先进个人名录

【全国应急管理系统二级英雄模范】

樊镇洪　盐池县应急管理局

授奖单位:应急管理部

【全国应急管理系统先进工作者】

樊镇洪　盐池县应急管理局

授奖单位:人力资源和社会保障部、应急管理部

【“退役军人服务保障先进个人”称号】

王生岩　盐池县文化旅游和广电局

颁奖单位:退役军人事务部　中央军委政治工作部

【国家公共文化云“最美歌声”一等奖】

周　波　盐池县图书馆

颁奖单位:文化和旅游部

【2017—2020年度全国群众体育先进个人】

李秉满　盐池县教育体育局

颁奖单位:国家体育总局

【全区脱贫攻坚个人】

吴　科　盐池县人大常委会

李玉龙　盐池县委办公室

李自仙　盐池县委组织部

崔雪峰　盐池县惠安堡镇人民政府

冯菊梅　盐池县水务局

叶舒华　盐池县麻黄山乡人民政府

韩敀纯　盐池县城乡建设局

刘彦龙　盐池县人社局

冯彦东　盐池县农业农村局

张志麟　盐池县医疗保障局

呼延保卫　盐池县冯记沟乡暴记春村第一书记

张　华　自治区信访局驻王乐井乡曾记畔村第一书记

自治区厅(局)先进个人名录

【全区禁毒先进个人】

王　婷　共青团盐池县委员会

颁奖单位:自治区禁毒委

【成绩突出个人】

张源平　盐池县公安局

颁奖单位:自治区公安厅

【嘉奖】

路宝荣　盐池县公安局

颁奖单位:自治区公安厅

【个人三等功】

陈建鹏　盐池县公安局

颁奖单位:自治区公安厅

【个人嘉奖】

何贞霄　盐池县公安局

王春芳　盐池县公安局

吴帅奇　盐池县公安局

温仲飞　盐池县公安局花马池派出所

颁奖单位:自治区公安厅

【个人三等功】

范星雄　盐池县公安局花马池派出所

颁奖单位:自治区公安厅

【全区公安警保部门大练兵警保基础常识科目比武一等奖】

刘菊娟　盐池县公安局

颁奖单位:宁夏公安厅警务保障部

【全区公安机关救助群众成绩突出个人】

张　旭　盐池县公安局惠安堡派出所

颁奖单位:自治区公安厅

【全区教育系统优秀党务工作者】

李志勇　盐池县教育体育局

颁奖单位:中共宁夏回族自治区教育工委、宁夏回族自治区教育厅党组

【空中课堂精品数字课程指导教师一等奖、二等奖】

罗志瑛　盐池县教育体育局

颁奖单位:宁夏回族自治区教育厅教研室

【2021年“欢乐宁夏”全区群众文艺会演优秀辅导奖】

尤　薇　盐池县文化馆

罗惠霞　盐池县文化馆

颁奖单位:宁夏回族自治区文化和旅游厅

【“心中的旗帜”百名讲解员讲百年党史·红色故事讲解员大赛金牌讲解员】

张雨潇　盐池县博物馆

王亚茹　盐池县博物馆

颁奖单位:自治区文化和旅游厅

【“庆祝中国共产党成立100周年全国博物馆讲解大赛”宁夏赛区优秀奖】

王亚茹　盐池县博物馆

薛艳峰　盐池县博物馆

颁奖单位:宁夏回族自治区文物局

【“庆祝中国共产党成立100周年全国博物馆讲解大赛”宁夏赛区三等奖】

张雨潇　盐池县博物馆

颁奖单位:宁夏回族自治区文物局

【2021年度“宁夏好医生”】

俞　明　盐池县人民医院

颁奖单位:宁夏回族自治区卫生健康委员会

【2021年自治区就业创业工作先进个人】

和泽民　盐池县就业创业和人才服务中心

颁奖单位:宁夏回族自治区就业工作领导小组

吴忠市级先进个人名录

【吴忠市优秀共产党员】

王凤玲　盐池县教育体育局

任兆斌　盐池县教育体育局

陈　静　盐池县教育体育局

颁奖单位:中共吴忠市委员会

【宁夏黄河流域非遗讲解大赛吴忠赛区一等奖】

王亚如　盐池县博物馆

颁奖单位:吴忠市文化旅游体育广电局

【宁夏黄河流域非遗讲解大赛吴忠赛区二等奖】

薛艳峰　盐池县博物馆

颁奖单位:吴忠市文化旅游体育广电局

【全市“讲好红色故事传承红色基因”第四届基层理论“微宣讲”大赛二等奖】

王亚如　盐池县博物馆

颁奖单位:吴忠市文化旅游体育广电局

【“2021吴忠市导游(讲解员)服务技能大赛”三等奖】

余媛媛　盐池县博物馆

颁奖单位:吴忠市文化旅游广电局

【优秀党务工作者】

田广东　盐池县教育体育局

徐彦才　盐池县教育体育局

颁奖单位:中共吴忠市教育工委

【2020年第五届全国学生“学宪法　讲宪法”活动吴忠赛区优秀组织个人】

冯　吉　盐池县教育体育局

颁奖单位:吴忠市教育局

【吴忠市委工会组织青年教师技能大赛获得优秀评委奖】

贾永科　盐池县师资培训中心

罗志瑛　盐池县第一中学

颁奖单位:吴忠市总工会,市教育局

【吴忠市教研室选拔青年教师优质课大赛获得优秀评委奖】

贾永科　盐池县师资培训中心

罗志瑛　盐池县第一中学

颁奖单位:吴忠市教育研究室

【2021年吴忠市"优秀宣讲员"】

耿媛媛　高沙窝镇

颁奖单位:吴忠市委宣传部

【个人三等功】

李荣华　盐池县公安局

高　智　盐池县公安局

宋华旺　盐池县公安局

蔡力军　盐池县公安局

郭　宇　盐池县公安局

陈　庚　盐池县公安局花马池派出所

武盐宁　盐池县公安局

刘春春　盐池县公安局禁毒大队

颁奖单位:吴忠市公安局

【个人嘉奖】

罗　昊　盐池县公安局

任学山　盐池县公安局

颁奖单位:吴忠市公安局

【个人三等功】

吴伟章　盐池县公安局

刘利虎　盐池县公安局

颁奖单位:吴忠市公安局

【个人嘉奖】

蔺银伟　盐池县公安局

宋思敏　盐池县公安局

黄　峰　盐池县公安局

高　智　盐池县公安局

颁奖单位:吴忠市公安局

【优秀职业化工会工作者】

李　巧　盐池县总工会

颁奖单位:吴忠市总工会

盐池县级先进个人名录

【2021年农业农村工作先进个人】

单泳霖　盐池县高沙窝镇

宗如潇　盐池县高沙窝镇

张灵瑜　盐池县科技局

牛庆芳　盐池县民政局

张　瑜　盐池县统计局

李时新　盐池县乡村振兴局

王堰民　盐池县政协

贾永锋　盐池县政策研究室

宋旭英　盐池县纪委监委

【"四有"好老师】

杨吉新　盐池县教育体育局

颁奖单位:盐池县教育基金会

【盐池县2019—2021年连续三年年度考核确定为优秀等次公务员记三等功】

张彦芬　盐池县审计局

【2021年盐池县第九届"书香三八"读书活动征文比赛一等奖】

者莘雅　盐池县文化和旅游广电局

颁奖单位:盐池县总工会

【2021年全县疫情防控期间"突出贡献奖"】

尤　薇　盐池县文化馆

颁奖单位:盐池县委宣传部

【2019至2021年度连续三年考核优秀等级】

1.县直部门

张少华　盐池县纪委监委

赵军平　盐池县纪委监委

郑民祥　盐池县委员会办公室

李玉龙　盐池县政府办公室
石学晶　盐池县政协办公室
刘挺文　盐池县检察院
张自文　盐池县政法委
李佳玲　盐池县政策研究室
唐馥香　盐池县档案馆
顾炎卿　盐池县发展和改革局
左淑霞　盐池县发展和改革局
余金凤　盐池县发展和改革局
徐　凤　盐池县公安局
李学春　盐池县民政局
牛雅民　盐池县财政局
孙才彪　盐池县人力资源和社会保障局
杨秀芳　盐池县人力资源和社会保障局
孙　峰　盐池县水务局
高　琴　盐池县卫生健康局
高　婷　盐池县卫生健康局
袁志杰　盐池县审计局
丁生关　盐池县审计局
张志文　盐池县市场监督管理局
李培东　盐池县市场监督管理局
宋佳玲　盐池县市场监督管理局
刘桂伟　盐池县市场监督管理局
王永鲜　盐池县医疗保障局
陈　顺　盐池县信访局
丁长青　盐池县就业创业和人才服务中心
朱晓兵　盐池县就业创业和人才服务中心
和泽民　盐池县就业创业和人才服务中心
石天翔　盐池县总工会
周永霞　盐池县总工会
张天勇　盐池县工商联

2.乡镇(街道)

黄　蕊　盐池县花马池镇
周永娇　盐池县大水坑镇
白志强　盐池县惠安堡镇
汪　婷　盐池县青山乡
陈向明　盐池县青山乡
孙世瑞　盐池县麻黄山乡
赵志峰　盐池县盐州路街道
何宝娟　盐池县盐州路街道

附　录

·组织机构与负责人名单·

中国共产党盐池县委员会

书　记　龚雪飞(3月任)
　　　　滑志敏(3月免)

副书记
　　　　王海宁(4月任)
　　　　禹小平(7月任)
　　　　施选峰(9月免)

常　委
　　　　明智安
　　　　马学荣(回)
　　　　张　飞
　　　　刘永辉(4月任)
　　　　张　旭(回,5月任)
　　　　丁立群(回,5月任)
　　　　艾　辉(5月任)
　　　　王生彦(7月任)
　　　　邱永丰(7月任,挂职)
　　　　郑慧玲(女,7月任)
　　　　马丽红(女,回,5月免)
　　　　孙佰柱(5月免)
　　　　马瑞英(女,回,7月免)
　　　　尹益龙(9月免)
　　　　拜　杰(1月免)

盐池县人民代表大会常务委员会

党组书记、主任
　　　　吴　科

党组副书记、副主任
　　　　蒋　刚(10月任)
　　　　强永海(回,10月免)

党组成员、副主任
　　　　曹　军(1月任)
　　　　陈有强(10月任)
　　　　温锦梅(女,10月任)
　　　　官秀敏(女,10月免)
　　　　刘宝清(10月免)

盐池县人大常委会工作部门

县人大办公室主任
　　　　孙才彪(12月免)
　　　　闫生武(12月任)

财政经济工作委员会主任
　　　　陈东虎

人事选举代表工作委员会主任
　　　　李岩铭

法制民族工作委员会主任
　　　　石春林

教科文卫委工作委员会主任
　　　　魏立宏(10月免)
　　　　石治敏(10月任)

农业环保工作委员会主任
　　　　温锦梅(女,10月任)

县人大办公室副主任
　　　　赵芮霞(女)

盐池县人民政府

县　长　王海宁(4月任)
　　　　龚雪飞(4月免)

副县长
　　　　刘永辉
　　　　李国强(回)
　　　　薛　双(1月任)
　　　　郑　参(4月任)
　　　　鲍菊艳(女,10月任)

李奉恒(5月免)
张　晨(11月免)
边　卡(1月免)

政协盐池县委员会

党组书记、主席
张　晨(10月任)
贺满文(10月免)
副书记、副主席
范海荣(女,11月任)
副主席　张立泽(10月任)
王振学(10月任)
吴斌辛(10月免)
蒋　刚(10月免)

政协盐池县委员会工作部门

秘书长、办公室主任
王玉标(10月任)
经济委主任
王堰民
社会治理委员会主任
石学晶
提案和委员联络委员会主任
李　锐(12月任)
经济委副主任
杨延晨(女,4月任)

盐池县纪委监委

书记、监委主任
丁立群(回,5月任)
孙佰柱(5月免)
副书记、监委副主任
张少华(女)
宋旭英
常委、监委委员
唐文虎
段爱民
李昀利
巡察办
主　任　周　坦(8月免)
唐文虎(12月任)
副主任　冯彩萍(女,8月免)
张志安(12月任)

盐池县人民法院

党组书记、院长
胡　超(8月任)
陈国鸿(8月免)
党组副书记
李春华
党组成员、副院长
刘贵峰
党组成员、副院长
张　博
党组成员、审委会专委
牛锦民
李生国
党组成员、政治部主任
任　燕(女)

盐池县人民检察院

党组书记、检察长
孙德荣
党组成员、副检察长
刘　德
派驻纪检监察组组长
张海燕(女)
党组成员
武占祥
党组成员、检委会专委
包和萍(女)
党组成员、政治部主任
李宗权

宁夏哈巴湖国家级自然保护区管理局

书　记　胡　斌
局　长　吴　宏
副局长　张维军
任宝成
单　广

盐池县委工作部门及所属事业单位

县委办公室

主　任　李建荣(12月任)
张宏贤(12月免)
副主任　李长根(2月任)
姚　华
冒万鹏

档案局

局　长　李建荣(12月任)
张宏贤(12月免)

档案馆

馆　长　唐馥香(女,12月任)
施原明(12月免)

县委组织部

部　长　艾　辉（6月任）

马丽红（女，回，6月免）

副部长、老干部局长

丁佐前

副部长、非公经济和社会组织党工委书记

饶　秀（1月任）

李自仙（女，12月免）

副部长　杨靖启

部务委员

刘　娜（女）

县委宣传部（文明办）

常委、宣传部部长

郑慧玲（女，7月任）

马瑞英（女，回，7月免）

副部长、文明办主任、新闻出版局局长

侯永琴（女，2月任）

高巧仙（女）

张金成（2月免）

李　锐（12月免）

县委统一战线工作部（民族宗教局）

部　长　王生彦（9月任）

尹益龙（9月免）

副部长、宗教局长

齐　向（12月任）

强永军（回、12月免）

副部长、工商联党组书记

蔡生文（4月任）

官生全（4月免）

县委政法委

县委副书记、政法委书记

禹晓平（9月任）

施选峰（9月免）

县委常委、公安局局长、政法委副书记

薛　双（1月任）

拜　杰（1月免）

县委统战部部长、政法委副书记

王生彦（9月任）

尹益龙（9月免）

副县长、政法委副书记

张　晨（11月免）

常务副书记

金明科

副书记　张自文

县委政策研究室

主　任　贾永锋

副主任　刘君子　（12月免）

县委网络安全和信息化委员会

主　任　刘　丽（女）

副主任　汪敏俊（12月任）

王浩宇（4月免）

县委机构编制委员会

主任、事业单位登记管理局局长

刘世琛

副主任　饶　政

孙荣业（8月任）

县委党校

校长、自治区党校盐池分校校长、县委党校校长

龚雪飞（3月任）

滑志敏（3月免）

院长、宁夏行政学院盐池分院院长

王海宁（4月任）

龚雪飞（4月免）

支部书记、常务副校长

张志奋

副校长　李佩楠（女、12月免）

县委党史和地方志研究室

主　任　党英才

副主任　张德龙

县委融媒体中心

主　任　周于智（10月任）

副主任　饶天宇

姬志国

群众团体

县总工会

党组书记、主席

曹　军（11月任）

官秀敏（女，11月免）

常务副主席

张文懋（12月任）

齐　向（12月免）

副主席　石天翔

田卫华（4月任）

黎　东（4月免）

经费审查委员会主任

周永霞（女）

共青团盐池县委员会

书　记　王新华（女，4月免）

陈艳宁（女，9月任）

副书记　王鑫荣（女）

县妇女联合会

主　席　陈淑艳（女，12月任）

王永鲜（女，2月任，12月免）

副主席　王义梅（女）

刘建宏(女)

县科学技术协会

主　席　范庭山

副主席　刘春玲(女)

县文学艺术界联合会

主　席　崔明智

副主席　呼连存

县工商联合会

主　席　王振学

党组书记　蔡生文(4月任)

官生全(4月免)

副主席　张天勇

县残疾人联合会

理事长　丁振宁

副理事长　周桂琳(女,12月任)

官杰红(女,12月免)

盐池县人民政府工作部门及所属事业单位

县政府办公室(外事办)

主　任　李玉龙(5月任)

郑　参(5月免)

副主任、信访局局长

陈　顺(12月任)

唐馥香(女,12月免)

副主任　吴晓强

蔡林鹏(8月任)

杨志伟(12月任)

陈艳宁(女,8月免)

县发展和改革局

书记、局长

杨　威(12月任)

王金文(12月免)

副局长　钱永智

唐　国(5月任)

陈　华(12月任)

屈　昊(10月免)

陈　慧(1月免)

盐池县投资促进服务中心

中心主任　李永亮(12月任)

张文懋(12月免)

副主任　牛创民

郭　状(12月任)

陈　华(12月免)

县教育体育局

党组书记

陈有强(5月任,10月免)

书记、局长

刘廷志(12月任)

石治敏(10月免)

副局长、体育中心主任

郭凤红(女)

副局长　李佩楠(女,12月任)

左海飞(12月免)

县科学技术局

局党组书记、局长

屈　昊(10月任)

王紫琥(10月免)

党组成员、副局长

陈志栋

朱　娜(女)

县公安局

党委书记、局长

薛　双(1月任)

拜　杰(1月免)

党委副书记、政委

锁国艺(12月任)

吴军章(12月免)

党委委员、纪委书记、副局长

冒万峰

党委委员、副局长

刘　闯

派驻第八纪检监察组组长

左向东

党委委员、治安大队长

李向峰

党委委员、刑侦大队长

张广茂

党委委员、政工监督室主任

徐凤英(女)

县民政局

书记、局长　李学春(女)

副局长　李生权

焦凤东(5月任)

刘贵礼(5月免)

县司法局

党组书记、局长

王　有

党组成员、副局长

崔明峰

牛庆润(女)

县财政局

党组书记、局长

卢星明

党组成员、副局长

路光全(5月任)

刘玉嵘(女,10月任)

牛雅民(女,9月免)

县人力资源和社会保障局

书记、局长

孙才彪(12月任)

刘廷志(12月免)

副局长 强秋香(女,回)

杨秀芳(女,10月任)

刘彦龙(10月免)

县就业创业和人才服务中心

主 任 张永胜

副主任 丁长青(回,4月任)

县社会保险事业管理中心

主 任 温 增

县自然资源局

党委书记、局长

王 军(4月任党组书记,10月任局长)

蒋 刚(10月免)

副局长 王 勇

冯秉旭

李永亮(12月免)

党委委员、绿化办副主任

郭 毅

党委副书记

谢 玉

县住房和城乡建设局

书记、局长

杨吉林(12月任)

蔡向阳(12月免)

副书记、纪委书记

路 炬

党委委员、副局长

王国军

党委委员、副局长

蔡 俊

县城市管理综合执法大队

队 长 黄明泰

县交通运输局

党组书记、局长

饶文志

副局长 焦 远

高文伟

综合执法大队长

路增记

县公路管理段

段 长 官 晴(12月任)

吴军章(12月免)

交通运输综合执法大队

大队长 路增记

副队长 李学功

王海玉

侯 波

县水务局

党组书记、局长

孙 峰(10月任)

王玉标(10月免)

党组书记

高 琴(女,4月任,10月免)

党委副书记

张建军

副局长 张宏坤

孙 峰(10月免)

县农业农村局

书记、局长

胡建军(8月任)

赵 军(1月任,8月免)

曹 军(1月免)

副局长 刘贵银

冯彦东

周永胜

县农村合作经济经营管理站

书记、站长

郭胜安

副站长 寇 磊(12月任)

冯全东(12月免)

县农业机械化推广服务中心

主 任 张 峰

副主任 杨晓瑜

县文化旅游和广电局

党组书记、局长

李月新(女,9月任)

郭晓澜(5月免)

党组副书记、纪检书记

蒋佩宏

副局长 张 岩(12月任)

周于智(10月免)

杨德礼(8月免)

县卫生健康局

党委书记、局长

郭文科

副局长 高 琴(女,10月任)

王海升

杨秀芳(女,10月免)

县退役军人事务局

书记、局长

强永军(12月任)

张海波(12月免)

副局长 马刚刚

县应急管理局

书记、局长

樊镇洪

副局长 王旭鹏

张　虎
高万东(8月退休)

应急管理保障中心

蒋　听

县审计局

党组书记、局长
蔡向阳(12月任)
袁志杰(12月免)
党组成员、副局长
秦玉雪(女)
苏文江
冯彩萍(女,12月任)
丁冬花(女,回,12月免)

县市场监督管理局

书记、局长
张海波(12月任)
张旭斌(12月免)
副局长　郝峰蓉(女)
张志文(5月任)
牛海燕(女,12月任)
谢永宁(5月免)
田鸿强(5月免)
副书记、纪委书记
牛志东

县乡村振兴局

书记、局长
周　坦(8月任)
胡建军(8月免)
副局长　李树禄
刘君子(12月任)
周桂琳(女,12月免)

县统计局

书记、局长
周　勇
副局长
丁冬花(女,回,12月任)
刘玉嵘(女,10月免)

县医疗保障局

书　记　范学礼
局　长　王永鲜(女,12月任)
鲍菊艳(女,12月免)
副局长　杨继刚

县审批服务管理局

书记局长
焦　智
副局长　王学信

县政务服务中心

主　任　张铁胥
副主任　蒯　军

县工业园区管理委员会

书　记　王海宁(4月任)
龚雪飞(4月免)
副书记、主任
王金文(7月任)
张立泽(7月免)
党工委委员
易　鑫(5月任,挂职)
党工委委员
高云林
党工委委员
孙付升
党工委委员
张孝君

县资源能源服务中心

主　任　曹　忠(10月免)
副主任　王琪刚
尤　涛

县机关事务服务中心

主　任　何　强
副主任　郭军伟
杨　虎(5月任)
唐　国(5月免)

县供销合作社

主　任　鲁　虎
办公室主任
乔泽华(女)

县人民医院

书记、院长
饶　锐
执行院长　尤　攀
副院长　王国刚
魏永军
副书记　吴　德
副院长　朱　芩(女)

县中医院

书记、院长
宋彦梅(女)
副院长　曹　亿
刘　敏
尤　伟
孙　武

县妇幼保健计划生育服务中心

书记主任　尤　雁

县疾病预防控制中心

党支部书记、主任
高　琴(女,10月任)
饶　锐(10月免)
副书记　魏永新
副主任　冯　金
李　剑

县卫生计生监督所

所　长　官生茂

副所长　黄文兴

李　刚(8月免)

国资公司

融盐国有资本投资运营有限公司

书记、董事长

许鹏程

总经理、副书记

王泽奋

副书记　韩卫民

副经理　管明杰

黄永兴

牛　鹏

程东玉(5月挂职)

蔡国雄(12月挂职)

兴盐国有资本投资运营有限公司

经　理　管明杰

副经理　李　强

县供热有限公司

书记、经理

金宏峰

副书记

官智博

副经理

李耀宏

贾　瑞

董宏波

县长盐资源开发服务有限公司

经　理　李天军

副经理　刘　欢

夏　冰

周敏梅(女)

盐池县宾馆

书　记　陈志宁

副总经理　孙艳霞(女)

张　枭

王　诺(女)

县市场管理服务有限公司

经　理　薛　柱

副经理　郑士宁

屈建升

盐池振兴水利开发工程有限公司

董事长、经理

要立峰

副经理　高建新

郭永皑

乡镇(街道)

盐池县花马池镇

党委书记

张宏贤(12月任)

王生彦(12月免)

政府镇长

付兴军

人大主席、工会主席

贺满栋(12月任)

陈　顺(12月免)

党委副书记

何淑清(女4月任)

郑　军(4月免)

纪委书记

李国军(4月任)

黄清林(4月免)

政府副镇长

王贵东

方　正(4月任)

冯凯祥(6月任)

吴晓鹏(4月免)

组织委员

黄　蕊(女)

盐池县大水坑镇

党委书记

张　旭(回,5月任)

李玉龙　(5月免)

党委副书记、政府镇长

王增吉

党委委员、人大主席、工会主席

周轩宇(4月任)

高　琴(女,4月免)

党委副书记

王浩宇(4月任)

孙世瑞(4月免)

党委副书记、派出所所长

胡永锋

党委委员、纪委书记

于根万

党委委员、政府副镇长

陈红喜(4月任)

蔡婷娥(女,4月任)

冯　彪(4月免)

黄波涛(4月免)

党委委员、组织委员

周永娇(女,4月任)

党委委员

郑建楠(6月任)

盐池县惠安堡镇

党委书记

郑文林(12月任)

杨　威(5月任,12月免)

陈有强(5月免)

党委副书记、政府镇长

崔雪峰

人大主席、工会主席

李越荣(6月任)

石志林(6月免)

党委副书记

王登海

纪委书记　张永昊

副镇长　赵建宁

胡金钟(4月任)

王　强(6月任)

丁长青(回 5月免)

陈红喜(4月免)

组织委员

王甜甜(女)

盐池县高沙窝镇

党委书记

张旭斌(12月任)

杨吉林(12月免)

党委副书记、镇长

黄　飞(4月任)

蔡生文(4月免)

党委委员、人大主席

谢国臣(4月任)

黄明森(4月免)

党委委员、副书记

官永刚

党委委员、纪委书记

李春柱

党委委员、副镇长

杨丽霞(女)

吴永昱(4月免)

胡金钟(4月免)

副镇长　张　元

党委委员、组织委员

蒋媛媛(女,4月任)

党委委员

单泳霖(6月任)

李国军(4月免)

盐池县王乐井乡

党委书记

郭晓澜(5月任)

杨　威(5月免)

副书记、乡长

郭永幸

乡人大主席、工会主席

王占军(4月任)

牛树林(4月免)

副书记　冯　冰(1月任)

饶　秀(1月免)

纪委书记

张媛媛(女,1月任)

王继刚(1月免)

副乡长　苏比青(女,5月任)

刘福义

王　强(5月免)

组织委员　宁学芳(女,6月任)

苏比青(女,5月免)

盐池县青山乡

党委书记

龙鹏春(4月任)

王　军(4月免)

副书记、乡长

陈文森(2月任)

王增吉(2月免)

人大主席、工会主席

黄清林(4月任)

冯锐东(2月免)

党委副书记、机关党支部书记

贺满栋(4月任)

王占军(4月免)

党委委员、纪委书记

黄波涛(4月任)

贺满栋(4月免)

副乡长　党惠波

汪　婷(女,4月任)

杨延晨(女,4月免)

党委委员

张　斌

党委委员、组织委员

李　浩(6月任)

汪　婷(女,4月免)

盐池县冯记沟乡

党委书记

张金成(2月任)

赵　军(1月免)

政府乡长

王新华(女,4月任)

黄　飞　(4月免)

人大主席

石志林(6月任)

李越荣(6月免)

副书记

张佳钰(4月任)

周宇轩(4月免)

副乡长　王雅娜(女,1月任)

周文亮(4月任)
郭建松(6月任)
焦凤东(4月免)
张志文(5月免)
纪委书记
张增琴(女,1月任)
党委委员、组织委员
马艳玲(女)

盐池县麻黄山乡

党委书记
李自仙(女,12月任)
李建荣(2月任,12月免)
王永鲜(女,2月免)
政府乡长
孙世瑞(4月任)
龙鹏春(4月免)
人大主席
张　宁
副书记　冯美瑾
副书记、派出所所长
郭邦起
纪委书记
薛万刚(4月任)
吴　岩(4月免)
副乡长　陈有泉(5月任)
杨　涛(6月任)
关天龙(10月任)
张佳钰(4月免)
谢国臣(4月免)
党委委员、组织委员
牛　娜(女,6月任)
薛万刚(4月免)

盐池县盐州路街道办事处

党工委书记
郑文林(12月免)
副书记、主任
杨彦宁
人大常委会主任
王世雄
副书记　赵志峰
办事处副主任
丁秀娟(女,回)

自治区、市驻盐单位

国家税务总局盐池县税务局

书记、局长
金文涛(回)
副局长
刘永宏
冒万军
刘仲东
王　慧
纪检组组长
李万仁

国家统计局盐池县调查队

队　长　张天优

吴忠市生态环境局盐池县分局

副局长　张铁汉
任海明

气象局

局　长　龚晓德
副局长　石玉龙

吴忠市住房公积金管理中心盐池县分中心

主　任　周景秀

县烟草专卖局(吴忠市烟草公司盐池分公司)

局　长　经理
孙桂兰(女)
副局长　杨　勇
副经理　黄贵福

宁夏水投盐池水务公司

书记、执行董事
吴占荣
副书记、总经理
潘丽婷(女)
副总经理
王全龙
张志权
苏　华

国网县供电局

经　理　陈有霖
党总支书记、副经理
李新振
副经理、工会主席
范　舜
副经理　石文波

县邮政局

总经理　郭　涛
副总经理
李　宁

宁夏电信盐池分公司

总经理　饶　钊
副经理　熊海林

宁夏移动公司盐池营业部

经　理　蔡忠忠

宁夏联通公司盐池营业部

经　理　顾　浩

盐池新华书店有限公司

经　理　苏　楠

金融保险机构

中国人民银行盐池县支行

行　长　马　佳

副行长　岳爱军

　　　　刘廷君

中国工商银行盐池县支行

行　长　赵　楠

副行长　白文平

　　　　赵　艳(女)

　　　　康　啸

中国农业银行盐池县支行

书记、行长

　　　　牛自华

副书记　杨德虎

副行长　陈良文

　　　　陈　雪

县农村商业银行

董事长　徐海云

行　长　马泽平

监事长　刘　杰

纪委书记

　　　　何诗琴(女)

副行长　钟驰南

　　　　史建龙

　　　　李海宁

中国人寿保险股份有限公司盐池分公司

总经理　陈　勇(4月任)

　　　　袁旭亮(4月免)

　　　　副经理　王建宏

中国人民财产保险股份有限公司盐池支公司

总经理　叶　盛

副总经理

　　　　杨　莲(女)

　　　　冀　丽(女)

·中共盐池县委、盐池县人民政府制定的重要文献·

中共盐池县委、盐池县人民政府制定的重要文献一览表

附表 1

发文标题	发文文号
中共盐池县委 2021 年要点	盐党发〔2021〕1 号
关于制定国民经济和社会发展第十四个五年规划和二〇三五年远景目标的建议	盐党发〔2021〕2 号
关于同意人大党组召开 2020 年度民主生活会的批复	盐党发〔2021〕3 号
关于同意县政府党组召开 2020 年度民主生活会的批复	盐党发〔2021〕4 号
关于表彰 2020 年度党管武装好书记、武装工作先进单位和个人通报	盐党发〔2021〕5 号
关于印发《盐池县关于落实自治区党委审计组反馈问题整改方案》的通知	盐党发〔2021〕6 号
关于同意刻制印章的批复	盐党发〔2021〕7 号
关于印发《盐池县政法队伍教育整顿实施方案》的通知	盐党发〔2021〕8 号
中共盐池县委印发《关于在全县开展党史学习教育的实施方案》	盐党发〔2021〕9 号
中共盐池县委关于中国共产党成立 100 周年庆祝活动的通知	盐党发〔2021〕10 号
关于刘占发等同志职务任免的通知	盐党发〔2021〕11 号
关于命名 2020 年度盐池县党建工作示范乡镇和党建工作示范村的通知	盐党发〔2021〕12 号
关于同意刻制两枚印章的批复	盐党发〔2021〕13 号
中共盐池县委关于中国共产党成立 100 周年庆祝活动领导小组的通知	盐党发〔2021〕14 号
关于同意刻制两枚印章的批复	盐党发〔2021〕15 号
关于同意启用印章的批复	盐党发〔2021〕16 号
关于同意启用两枚印章的批复	盐党发〔2021〕17 号
关于对 2020 年度获得市厅级以上表彰奖励的乡镇部门(单位)予以通报表扬的决定	盐党发〔2021〕18 号
关于表彰奖励 2020 年度效能目标管理责任制考核及落实重点工作、重大战略任务先进集体和先进个人的决定	盐党发〔2021〕19 号
同意召开共青团盐池县委二十届二次全体(扩大)会议的批复	盐党发〔2021〕20 号
中共盐池县委员会关于废止、宣布失效和修改部分党内规范性文件的决定	盐党发〔2021〕21 号
中共盐池县委 盐池县人民政府关于印发《关于全面推进乡村振兴加快农业农村现代化的实施意见》的通知	盐党发〔2021〕22 号
2020 年度公务员记三等功和给予嘉奖奖励的决定	盐党发〔2021〕23 号
中共盐池县委员会关于同意召开中国共产党花马池镇第五次代表大会的批复	盐党发〔2021〕24 号
中共盐池县委员会关于同意召开中国共产党大水坑镇第五次代表大会的批复	盐党发〔2021〕25 号
中共盐池县委员会关于同意召开中国共产党高沙窝镇第五次代表大会的批复	盐党发〔2021〕26 号
中共盐池县委员会关于同意召开中国共产党惠安堡镇第五次代表大会的批复	盐党发〔2021〕27 号
中共盐池县委员会关于同意召开中国共产党王乐井乡第五次代表大会的批复	盐党发〔2021〕28 号
中共盐池县委员会关于同意召开中国共产党王冯记沟乡第五次代表大会的批复	盐党发〔2021〕29 号

续附表 1

发文标题	发文文号
中共盐池县委员会关于同意召开中国共产党青山乡第五次代表大会的批复	盐党发〔2021〕30 号
中共盐池县委员会关于同意召开中国共产党麻黄山乡第五次代表大会的批复	盐党发〔2021〕31 号
中共盐池县委员会关于印发《盐池县委换届工作筹备方案》的通知	盐党发〔2021〕32 号
中共盐池县委员会关于成立盐池县第十五次党代会筹备工作领导小组和工作机构的通知	盐党发〔2021〕33 号
中共盐池县委员会关于表彰全县优秀共产党员、优秀党务工作者和先进基层党组织的决定	盐党发〔2021〕34 号
中共盐池县委员会关于同意刻制印章的批复	盐党发〔2021〕35 号
中共盐池县委员会关于转发《中共盐池县人大常委会党组关于做好县乡两级人民代表大会换届选举工作的意见》的通知	盐党发〔2021〕36 号
中共盐池县委员会关于中国共产党盐池县第十五次代表大会代表选举工作的通知	盐党发〔2021〕37 号
中共盐池县委员会关于《严肃换届纪律谈心谈话方案》的通知	盐党发〔2021〕38 号
中共盐池县委员会关于下放出席中国共产党盐池县第十五次代表大会代表的通知	盐党发〔2021〕39 号
中共盐池县委员会关于印发《盐池法治社会建设实施方案（2021—2025 年）》的通知	盐党发〔2021〕40 号
中共盐池县委员会关于印发《法治盐池建设规划（2021—2025 年）》的通知	盐党发〔2021〕41 号
中共盐池县委员会关于同意组织各乡镇（街道）、部分部门（单位）外出考察学习的批复	盐党发〔2021〕42 号
中共盐池县委员会关于同意刻制两枚印章的批复	盐党发〔2021〕43 号
中共盐池县委员会关于同意启用两枚印章的批复	盐党发〔2021〕44 号
中共盐池县委员会关于同意召开共青团盐池县委第二十届三次全体（扩大）会议的批复	盐党发〔2021〕45 号
中共盐池县委员会关于同意召开盐池县第十八届人民代表大会第一次会议的批复	盐党发〔2021〕46 号
中共盐池县委员会关于同意召开政协第十一届盐池县委员会第一次会议的批复	盐党发〔2021〕47 号
中共盐池县委员会关于成立政协第十一届盐池县委员会第一次会议临时党委、临时党支部的通知	盐党发〔2021〕48 号
中共盐池县委员会关于成立盐池县第十八届人民代表大会第一次会议临时党委、临时党支部的通知	盐党发〔2021〕49 号
中共盐池县委员会关于调整盐池县应对新型冠状病毒感染肺炎疫情社会管理和交通保障组临时党委交通检查工作临时党支部的通知	盐党发〔2021〕50 号
中共盐池县委员会关于同意县监察委员会向县人大常委会报告专项工作的批复	盐党发〔2021〕51 号
中共盐池县委 盐池县人民政府印发《关于在全县公民中开展第八个五年法治宣传教育的实施方案（2021—2025）》的通知	盐党发〔2021〕52 号
中共盐池县委 盐池县人民政府关于表彰奖励 2021 年度农业农村工作先进集体和先进个人的决定	盐党发〔2021〕53 号
中共盐池县委 盐池县人民政府关于授予闽宁协作和中航油定点帮扶突出贡献单位荣誉称号的通报	盐党发〔2021〕54 号
中共盐池县委员会关于共青团盐池县第二十届委员会第一次全体会议选举结果的批复	盐党发〔2021〕55 号
中共盐池县委 盐池县人民政府关于印发《关于中央第四生态环境保护督察组通报“宁夏吴忠盐池县工业园无序发展 违法排污多发”典型案例问题的整改方案》的通知	盐党发〔2021〕56 号
中共盐池县委员会关于印发《盐池县推荐出席党的二十大代表候选人初步人选工作方案》《盐池县推荐出席自治区第十三次党代表大会代表候选人初步人选工作方案》的通知	盐党发〔2021〕57 号
中共盐池县委员会关于同意刻制印章的批复	盐党发〔2021〕58 号

续附表 1

发文标题	发文文号
盐池县人民政府关于 2018 年“回头看”自治区整改措施清单第 1 项暨吴忠市整改措施清单第 1 项整改工作验收的请示	盐政发〔2021〕1 号
盐池县人民政府关于 2018 年“回头看”自治区整改措施清单第 2 项暨吴忠市整改措施清单第 2 项整改工作验收的请示	盐政发〔2021〕2 号
盐池县人民政府关于 2018 年“回头看”自治区整改措施清单第 3 项暨吴忠市整改措施清单第 3 项整改工作验收的请示	盐政发〔2021〕3 号
盐池县人民政府关于 2018 年“回头看”水专项督察清单自治区整改清单第 13 项暨吴忠市水专项督察整改措施清单第 3 项整改工作验收的请示	盐政发〔2021〕4 号
盐池县人民政府关于盐池县 2021 年第一批次城镇建设用地的请示	盐政发〔2021〕5 号
盐池县人民政府关于盐池县省道 309 线银百高速大水坑出口至省道 201 段公路工程建设用地的请示	盐政发〔2021〕6 号
盐池县人民政府关于盐池县 2021 年第二批次城镇建设用地的请示	盐政发〔2021〕7 号
盐池县人民政府关于政府隐性债务变动统计结果核查工作的报告	盐政发〔2021〕8 号
盐池县人民政府关于债务管理财政问题整改情况的报告	盐政发〔2021〕9 号
盐池县人民政府关于上报盐池县 2021 年财政总预算的报告	盐政发〔2021〕10 号
盐池县人民政府关于盐池县 2021 年第三批次城镇建设用地的请示	盐政发〔2021〕11 号
盐池县人民政府关于盐池县 2021 年第一批次集体农用地转用为集体建设用地的请示	盐政发〔2021〕12 号
盐池县人民政府关于盐池县 2021 年第三批次城镇建设用地选址情况的报告	盐政发〔2021〕13 号
盐池县人民政府关于审批盐池县近期国土空间规划实施方案的请示	盐政发〔2021〕14 号
盐池县人民政府关于审批盐池县近期国土空间规划实施方案的请示	盐政发〔2021〕15 号
盐池县人民政府关于推荐实施可再生能源应用试点示范项目的请示	盐政发〔2021〕16 号
盐池县人民政府关于印发《盐池县国民经济和社会发展第十四个五年规划和二〇三五年远景目标纲要》的通知	盐政发〔2021〕17 号
盐池县人民政府关于举办盐池县 2021 年“5·18 国际博物馆日、宁夏长城保护宣传日”“5·19 中国旅游日”暨庆祝建党 100 周年文化旅游体育赛事系列活动的请示	盐政发〔2021〕18 号
盐池县人民政府关于审查批准盐池县 2021—2022 年土地征收成片开发方案的请示	盐政发〔2021〕19 号
盐池县人民政府关于印发盐池县畜禽养殖禁养区划定调整方案的通知	盐政发〔2021〕20 号
盐池县人民政府关于宣布部分失效、废止和继续保留适用政府政策性文件的决定	盐政发〔2021〕21 号
盐池县人民政府关于对宁夏海纳年产 20400 吨信息新材料项目进行安全风险论证的请示	盐政发〔2021〕22 号
盐池县人民政府关于国道 338 线盐池（蒙宁界）至红寺堡公路金凤煤矿沉陷段建设用地的请示	盐政发〔2021〕23 号
盐池县人民政府关于印发盐池县征收农村集体土地社会稳定风险评估工作实施方案的通知	盐政发〔2021〕24 号
盐池县人民政府关于印发宁夏盐池工业园区区块二（宝塔）涉煤企业整治工作方案的通知	盐政发〔2021〕25 号
盐池县人民政府关于印发盐池县征收农用地区片综合地价和临时用地补偿标准的通知	盐政发〔2021〕26 号
盐池县人民政府 红寺堡区人民政府关于印发盐池县与红寺堡区行政区域界线第四轮联合检查工作实施方案的通知	盐政发〔2021〕27 号
盐池县人民政府关于上报盐池县 2021 年中央专项彩票公益金支持欠发达革命老区乡村振兴项目申报书的报告	盐政发〔2021〕28 号

续附表1

发文标题	发文文号
盐池县人民政府关于印发盐池县2021年承担国家统筹补充耕地项目实施方案的通知	盐政发〔2021〕29号
盐池县人民政府关于盐池县2021年第四批次城镇建设用地的请示	盐政发〔2021〕30号
盐池县人民政府关于盐池县2021年第五批次城镇建设用地的请示	盐政发〔2021〕31号
盐池县人民政府关于对宁夏茂维化工科技有限公司年产4万吨新型建材添加剂羟丙基甲基纤维素项目进行安全风险论证的请示	盐政发〔2021〕32号
盐池县人民政府关于印发盐池县支持鼓励社会资本建设危险化学品运输车辆专用停车场实施意见的通知	盐政发〔2021〕33号
关于聘请盐池县招商顾问的决定	盐政发〔2021〕34号
盐池县人民政府关于盐池光伏扶贫试点村级电站项目建设用地的请示	盐政发〔2021〕35号
盐池县人民政府关于盐池县2021年第六批次城镇建设用地的请示	盐政发〔2021〕36号
盐池县人民政府关于盐池县2021年第七批次城镇建设用地的请示	盐政发〔2021〕37号
盐池县人民政府关于扩展工业园区规划控制范围的请示	盐政发〔2021〕38号
关于对宁夏金裕海化工有限公司灌区技术改造项目进行安全风险论证的请示	盐政发〔2021〕39号
盐池县人民政府关于盐池县2021年第八批次城镇建设用地的请示	盐政发〔2021〕40号
关于调整宁夏盐池工业园区控制范围及规划建设用地范围的请示	盐政发〔2021〕41号
盐池县人民政府关于盐池县2021年第二批次集体农用地转用为集体建设用地的请示	盐政发〔2021〕42号
盐池县人民政府关于盐池县2021年第九批次城镇建设用地的请示	盐政发〔2021〕44号
盐池县人民政府关于举办盐池县2021年“中国农民丰收节”暨滩羊美食文化旅游体育赛事系列活动的请示	盐政发〔2021〕45号
盐池县人民政府关于盐池县老盐池村分散式风电项目建设用地的请示	盐政发〔2021〕46号
盐池县人民政府关于建设2万亩退化草原改良示范项目的请示	盐政发〔2021〕47号
盐池县人民政府关于宁夏盐池120MWp光伏复合发电项目建设用地的请示	盐政发〔2021〕49号
盐池县人民政府关于盐池县2021年第三批次集体农用地转用为集体建设用地的请示	盐政发〔2021〕50号
盐池县人民政府关于盐池县平台村分散式风电项目建设用地的请示	盐政发〔2021〕51号
盐池县人民政府关于对自治区生态环境保护督察反馈意见第十二项整改工作验收的请示	盐政发〔2021〕52号
关于省道202线南梁至冯记沟段公路项目建设用地的请示	盐政发〔2021〕53号
关于验收自治区生态环保督察反馈意见整改工作的请示	盐政发〔2021〕54号
盐池县人民政府关于对自治区生态环境保护督察反馈意见第十九项整改工作验收的请示	盐政发〔2021〕55号
盐池县人民政府关于对自治区生态环境保护督察反馈意见第二十八项整改工作验收的请示	盐政发〔2021〕56号
盐池县人民政府关于对自治区生态环境保护督察反馈意见第二十九项整改工作验收的请示	盐政发〔2021〕57号
盐池县人民政府关于自治区生态环境保护督察反馈意见第十八项整改工作验收的请示	盐政发〔2021〕58号
盐池县人民政府关于自治区生态环境保护督察反馈意见第二十项整改工作验收的请示	盐政发〔2021〕59号
盐池县人民政府关于对自治区生态环境保护督察反馈意见第十五项整改工作验收的请示	盐政发〔2021〕60号
盐池县人民政府关于对自治区生态环境保护督察反馈意见第七项整改工作验收的请示	盐政发〔2021〕61号
盐池县人民政府关于对自治区生态环境保护督察反馈意见第八项整改工作验收的请示	盐政发〔2021〕62号

续附表 1

发文标题	发文文号
盐池县人民政府关于对自治区生态环境保护督察反馈意见第十一项整改工作验收的请示	盐政发〔2021〕63 号
盐池县人民政府关于对自治区生态环境保护督察反馈意见第十四项整改工作验收的请示	盐政发〔2021〕64 号
盐池县人民政府关于对自治区生态环境保护督察反馈意见第十项整改工作验收的请示	盐政发〔2021〕65 号
盐池县人民政府关于对自治区生态环境保护督察反馈意见第二十七项整改工作验收的请示	盐政发〔2021〕66 号
盐池县人民政府关于盐池县 2021 年第四批次集体农用地转用为集体建设用地的请示	盐政发〔2021〕67 号
盐池县人民政府关于对自治区生态环境保护督察反馈意见第二十三项整改工作验收的请示	盐政发〔2021〕68 号
盐池县人民政府关于对自治区生态环境保护督察反馈意见第二十二项整改工作验收的请示	盐政发〔2021〕69 号
盐池县人民政府关于印发《盐池县人民政府工作规则》的通知	盐政发〔2021〕70 号
盐池县人民政府关于对自治区生态环境保护督察反馈意见第三项(一)暨问题清单第 3 项整改工作验收的请示	盐政发〔2021〕71 号
盐池县人民政府关于盐池县 2021 年第十批次城镇建设用地的请示	盐政发〔2021〕72 号
盐池县人民政府关于对自治区生态环境保护督察反馈意见第十七项整改工作验收的请示	盐政发〔2021〕73 号
盐池县人民政府关于对自治区生态环境保护督察反馈意见第六项整改工作验收的请示	盐政发〔2021〕74 号
盐池县人民政府关于建设 2 万亩退化草原改良示范项目的请示	盐政发〔2021〕75 号
盐池县人民政府关于 2022 年地方政府债券需求的报告	盐政发〔2021〕76 号
盐池县人民政府关于 2022 年棚户区改造财政承受能力评估的报告	盐政发〔2021〕77 号
盐池县人民政府关于对自治区生态环境保护督察反馈意见第十六项整改工作验收的请示	盐政发〔2021〕78 号
盐池县人民政府关于对自治区生态环境保护督察反馈意见第三十二项整改工作验收的请示	盐政发〔2021〕79 号
盐池县人民政府关于 2021 年自治区生态环境保护督察反馈意见第十九项整改工作验收的请示	盐政发〔2021〕80 号
盐池县人民政府关于进一步摸清隐性债务底数核查工作的报告	盐政发〔2021〕81 号
盐池县人民政府关于 2021 年自治区生态环境保护专项督察反馈意见措施清单第三项(二)暨问题清单第 27 项整改工作验收的请示	盐政发〔2021〕82 号
盐池县人民政府关于 2021 年自治区生态环境保护专项督察反馈意见措施清单第十二项(问题清单第 32 项)整改工作验收的请示	盐政发〔2021〕83 号
盐池县人民政府关于 2021 年自治区生态环境保护专项督察反馈意见措施清单第十三项整改工作验收的请示	盐政发〔2021〕84 号
盐池县人民政府关于 2021 年自治区生态环境保护专项督察反馈意见措施清单第十四项整改工作验收的请示	盐政发〔2021〕85 号
盐池县人民政府关于 2021 年自治区生态环境保护专项督察反馈意见措施清单第十五项(问题清单第 46 项)整改工作验收的请示	盐政发〔2021〕86 号
盐池县人民政府关于 2021 年自治区生态环境保护专项督察反馈意见措施清单第十六项(问题清单第 47 项)整改工作验收的请示	盐政发〔2021〕87 号
盐池县人民政府关于对自治区生态环境保护督察反馈意见第一项整改工作验收的请示	盐政发〔2021〕88 号
盐池县人民政府关于对自治区生态环境保护督察反馈意见第二项整改工作验收的请示	盐政发〔2021〕89 号
盐池县人民政府关于对自治区生态环境保护督察反馈意见第三项整改工作验收的请示	盐政发〔2021〕90 号
盐池县人民政府关于对自治区生态环境保护督察反馈意见第三十四项整改工作验收的请示	盐政发〔2021〕91 号

续附表 1

发文标题	发文文号
盐池县人民政府关于对 2021 年自治区生态环境保护专项督察反馈意见整改措施清单第四项暨问题清单第 11 项整改工作验收的请示	盐政发〔2021〕92 号
盐池县人民政府关于对 2021 年自治区生态环境保护专项督察反馈意见整改措施清单第八项(二)整改工作验收的请示	盐政发〔2021〕93 号
盐池县人民政府、红寺堡区人民政府关于第四轮县级行政区域界线联合检查工作情况的报告	盐政发〔2021〕94 号
盐池县人民政府关于对自治区生态环境保护督察反馈意见第二十三项整改工作验收的请示	盐政发〔2021〕95 号
盐池县人民政府关于 2021 年自治区生态环境保护专项督察反馈意见措施清单第十项(问题清单第 30 项)整改工作验收的请示	盐政发〔2021〕96 号
盐池县人民政府关于 2021 年自治区生态环境保护专项督察反馈意见措施清单第十一项(问题清单第 31 项)整改工作验收的请示	盐政发〔2021〕97 号
盐池县人民政府关于对自治区生态环境保护督察反馈意见第二十五项整改工作验收的请示	盐政发〔2021〕98 号
盐池县人民政府关于对 2021 年自治区生态环境保护督察反馈意见第二项整改工作验收的请示	盐政发〔2021〕99 号
盐池县人民政府关于对自治区生态环境保护督察反馈意见第五项整改工作验收的请示	盐政发〔2021〕100 号
盐池县人民政府关于对自治区生态环境保护督察反馈意见第九项整改工作验收的请示	盐政发〔2021〕101 号
盐池县人民政府关于对自治区生态环境保护督察反馈意见第十三项整改工作验收的请示	盐政发〔2021〕102 号
盐池县人民政府关于涉企违规收费整改情况的报告	盐政发〔2021〕103 号
盐池县人民政府关于对 2021 年自治区生态环境保护督察反馈意见整改措施清单第十八项暨问题清单第五十四号、第五十六号整改工作验收的请示	盐政发〔2021〕104 号
盐池县人民政府关于对自治区生态环境保护督察反馈意见第二十四项整改工作验收的请示	盐政发〔2021〕105 号
盐池县人民政府关于宁夏江鑫石油化工有限公司三期 42000 立方米油品仓储项目进行安全风险论证的请示	盐政发〔2021〕106 号